天台宗典編纂所編

續天台宗全書

史傳3

日本天台僧傳類II

春秋社

續天台宗全書　史傳3　日本天台僧傳類Ⅱ　目次

東叡山寛永寺子院歴代年譜

東叡山寛永寺子院歴代年譜

東叡山歴記

東叡山寛永寺子院歴代主僧記　三巻 …… 147

『續天台宗全書』編纂趣旨

1　天台宗全書刊行の目的は、天台宗の教学・歴史を学ぶに必要な典籍を網羅し、出来得る限り研究の便に供するにある。けれども、天台宗開創以来一二〇〇年に亙って伝えて来た諸寺の宝庫に所蔵されている書籍は極めて多く、『續天台宗全書』数百巻の刊行を必要とするほどであり、これに中国天台さらに経典の注釈書を加えると、なお多くの刊行が必要となろう。このような大規模な出版計画は、短期間に完成し難い。今回の刊行は前『天台宗全書』（昭和十年～十二年発刊）に続くものとして計画したものであり、第1期十五冊・第2期十冊・第3期十冊合わせて三十五冊とした。第3期完成後は、第4期第5期と継続する予定である。

2　編纂の基本方針は、入手された中で最も重要と思われる書籍の刊行を主とし、貴重珍稀な写本と重要希少な木版刊本を選択したが、すでに刊本が流布する書であっても重要と認められる書については採択した書もわずかながらある。

編纂上、諸典籍を顕教部・密教部・論草部・口決部・円戒部・法儀部・神道部（山王神道）・史伝部・寺誌部・修験部・悉曇部・雑録文芸部の十二に分けた。刊行順序は、出来るだけ成立の古い書籍から出版するのが望ましいが、その順序に従えなかったものもある。

3　明治以来、活版印刷によって流布した書籍については、天台宗の根本経疏であっても重複を避けて選択採用しなかった書籍が多い。すなわち、前『天台宗全書』はもちろん、『大日本校訂縮刻大蔵経』（縮蔵）、『大日本校訂訓点大蔵経』（卍蔵）、『大日本続蔵経』（続蔵）、『大正新修大蔵経』（大正蔵）、『大日本仏教全書』（仏全）、『日本大蔵経』（日蔵）、『伝教大師全集』『智証大師全集』『恵心僧都全集』『慈眼大師全集』『群書類従』『続群書類従』等の中に収められる書籍は、原則として省略し採用しなかった。

4　書籍の翻刻には、厳密なる校訂のもとに確定本が作られる必要がある。異本の対校には出来る限り努めて訂正注記した。

凡例

使用文字

1　翻刻に当たり、原則としてすべて正字に統一した。しかし正字であっても、さして用いられない文字の場合は、通用の旧字体を用い、また別体字は生かして用いた。固有名詞は俗字・異体字でも使用した場合がある。

返り点・送り仮名は原典を尊重しながら表記統一を行い、句点「。」と中点「・」のみを適宜に付した。

傍注は、原則的に右側の行間に記した。

〔表記例〕

岳嶽天台五臺山。辯辨辨總綜燈灯。以邑為氏。（［凡例2c］辨總㋑[ナシ]　［凡例2c］「㋑子孫因）

「潁川郡名。」〔在豫州秦所置也〕（［凡例3b］（潁カ）　［凡例2b］「」㋺[ナシ]　［凡例2b］㋺㋩　［凡例3a］豫州㋺許州ノ西　［凡例4b］㋩[朱]有潁河）

「謂照了分明體達無礙」法華花儼經。（［凡例3a］「」㋑照了分明。取譬於日體達無礙　［凡例3b］（ママ））

寂澄筆跡名蹟示迹也（［凡例1］　［凡例4a］イ大師傳也）

〔〕および「は対校本の挿入

（）は参考注記（本文中では対校注記）

「」『』は範囲指示

2　脱字・加文の注記（表記例参照）

脱字・脱文、加字・加文の場合の挿入・注記。

2a　対校本は㋑・㋺・㋩等を用いて表示し、各書目末にその対校本の所蔵処と種類を明記した。

2b　底本に長脱文ある場合は、〔〕を用いて本文中に対校本加入文を加入して㋑・㋺・㋩等で出典の対校本を表示した。対校本に長脱文ある場合は、脱文相当を「」で囲み、対校注を[ナシ]で表わした。（例）「」㋺[ナシ]

2c　対校本加入字の傍注は、「㋑㋺㋩□□□などとした（原則的に短文）。対校本脱字の傍注は、本文の横に相当脱字を小文字で指示し、[ナシ]で表わした。（例）辨總㋑[ナシ]

3　校異文字の注記（表記例参照）

置き換え字・文（文字が対校本で異なる）の場合の傍注。

3a　3文字までは、本文の横に相当文字を小文字で指示し、続けて傍注した。（例）傳㋺傅

4文字以上の場合は、相当文を「」で囲み、傍注した。

（例）「」㋑□□□□□

3b　（ママ）（□カ）は、異読文字の校訂者注。

4　原典注の表記（表記例参照）

原典に記されている傍注等の表記。

4a　底本および対校本に元来ある短文傍注は、あるままに印刷してあり、○のないイが付されている場合がある。

4b　[朱]は朱書き、[押]は付紙、[裏]は裏書、[頭]は頭注を示し、長文注記の場合は2字下げて本文同様に印刷した。

朱書は[朱書]、付紙は[押紙]、裏書は[裏書]、頭注は[頭註]

重興籠山一乘僧略傳

(底本表題)重興籠山一乘僧略傳　全

(底本扉書)重興籠山一乘僧略傳　全帙

(對校㋑本表題)一乘僧略傳第一

一。登壇ノ人アル時ハ。先ツ假リニ其ノ傳ヲ記シ置キ。六月會ニ至テ。衆中一覽ノ上ニテ。念入レ書キ載スベシ。ヒタト書キ續クユヘ。傳ノ終リ見合セ白紙殘シ置クベシ

一。兼學或ハ死亡等ノ事。六月會ニ吟味シテ書キ加フベシ

享保十年(一七二五)四月下浣日識

重興籠山一乘僧略傳　卷上

(對校㋑本各卷總目なし)

總目

1 吉祥院溯流字元同傳　元祿十二年(一六九九)十二月二十七日
2 護心院變至字素道傳　元祿十六年(一七〇三)九月四日
3 無量院祖京字覺門傳　正德二年(一七一二)十月二十九日
4 禪定院眞明字燈外傳　寶永四年(一七〇七)九月三日
5 圓乘院南寶字楚善傳　享保七年(一七二二)二月三日
6 大林院卽藩字義价傳　寬保二年(一七四二)九月八日
7 圓教院妙玉字卉(キ)潤傳　元文三年(一七三八)十一月二十四日
8 喜見院妙峯字性登傳　寶永五年(一七〇八)十一月二十六日
9 本行院慈陽字普育傳　延享四年(一七四七)九月十一日
10 禪定院慧脈字性貫傳　延享二年(一七四五)四月十三日
11 無量院萬谷字同空傳　延享五年(一七四八)五月十二日
12 寶珠院可透字祖關傳　享保十九年(一七三四)正月二十九日
13 佛乘院澄誓字等如傳
14 大林院可敦字體(智堂カ)道傳　享保十二年(一七二七)正月三日
15 南樂坊義詮字體道傳　寶曆三年(一七五三)三月二十八日
16 千光院義深字城求傳　元文四年(一七三九)六月十七日

重興籠山一乘僧略傳　卷上總目　終

重興籠山一乘僧略傳　卷上

述曰。於住山僧附與一乘號。事見一心戒文。今於名上。加一乘二字。不全祖式。則不加之也。

1「吉祥院溯流傳」

溯流。字元同。尾州之人也。初係蓮宗徒。後從州之城南院靈胤僧正改宗。元祿五壬申（一六九二）年登山。六年之春。主横川大林院。尋移東塔吉祥院。同十二己卯年。二三同志共約復祖規。受梵網戒。先修懺摩。俄罹重病。以十二月二十七日逝。享年二十五。

系曰。同公不受大戒而終。列于此何也。曰以其所志實大也。

2「護心院變至傳」

一乘變至。字素道。三河刈屋人也。年十六從東武觀理院舜盛僧正祝髮。後登山主東塔護心院。元祿十二己卯（一六九九）年四月十日。登壇受戒。期一紀籠山。修止觀業。同十六年九月四日寂。壽二十九。僧臘五夏。

3「無量院祖京傳」

祖京。字覺門。丹波笹山人也。貞享三（一六八六）年主無量院。元祿十二己卯（一六九九）五月十二日。升壇受戒。誓一紀住山。修止觀業。寶永丙戌（一七〇六）。未滿一紀。有故出山。正德二壬辰（一七一二）年十月二十九日。於洛東岡崎謝世。

系曰。空和尚。嘗講指要於東麓。至談修性。從武林破或說。門公反是或說。往復多番。如矢石不相容。公謂。既背師。不可一日居此。遂出山焉。然則載之。或有議者。但公等數人。在重興祖規之效。故列在此耳。

4「禪定院眞明傳」

一乘眞明。字燈外。野州眞壁郡人也。十七歲。從東叡松林院榮存法師剃髮。後登山。主横川禪定院。元祿十二己卯(一六九九)十二月四日。與善公同登一乘壇。受梵網戒。誓一紀栖山。修遮那業。以寶永四丁亥(一七〇七)年九月三日入滅。俗壽四十三

5「圓乘院南寶傳」

一乘南寶。字楚善。越之後州頭城郡人也。貞享元甲子(一六八四)年八月。從本州關山寶藏院不可宜法師脫白。後登山。主飯室圓乘院。元祿十二己卯(一六九九)年十二月四日。受梵網戒。誓一紀蟄山。修止觀業。正德三癸巳(一七一三)年十二月十七日。於安樂院圓戒檢。享保七壬寅(一七二二)年二月三日。於下野中里東明律寺。端坐終焉。閲世五十五

6「大林院卽藩傳」

一乘卽藩。字義价。俗姓土屋氏。尾州人也。幼投本州延命院良陳法師受經。年甫十五。從東照宮靈胤僧正圓頂。年十八上山。師事戒心大林知峯法師。法師臨終。囑尸本院。時年二十五矣。寶永改元甲申(一七〇四)之冬。結壇修懺。明年正月二十一日。請安樂靈空律師。受沙彌戒。二十三日。請靈空師及先住山輩。爲證明。登壇受戒。隨例立一紀住山誓。修止觀業。時年三十一。「享保三戊戌(一七一八)」年「三月二十二日」。進具于安樂院。住持于湖東櫟野寺。「同十七壬子年。輪住東叡淨名院。居九年或曰三年法益普潤」。元文五庚申(一七四〇)年。輪住安樂院。「居三年」。寬保二壬戌(一七四二)秋嬰疾。九月八日。脫化「於安樂別坊」焉。壽六十有八〔師住湖東。居安樂三年。享保十七壬子(一七三二)年。輪住東叡山淨名院三年〕

四

7「圓教院妙玉傳」

一乘妙玉。字卉潤。世姓邊見氏。越前福居人也。十二歲從州之愛宕山宥榮法師薙染。十四登山。後補師處。卽東塔圓教院也。寶永二乙酉(一七〇五)年三月十日。從靈空和尚。受沙彌戒。十二日登壇受戒。誓一紀籠山。脩毘盧遮那業。享保二丁酉(一七一七)年九月十日。就安樂院登具。退隱越之横根寺。元文三戊午(一七三八)年十一月二十四日。因病謝世

8「喜見院妙峯傳」（「」イナシ）

一乘妙峯。字ハ性登。俗緣ハ千原氏。備中賀陽郡ノ人也（也イナシ）。貞享四丁卯（一六八七）（丁卯イナシ）年。禮シテ二備前金山ノ遍照院（「イ母）賢厚法師ヲ一剃髮シ。從テ二福泉子院祐盛法師ニ一。以テ申ニ二北面ヲ一。元祿十二己卯（一六九九）（己卯イナシ）年。出ニ二世ス于西塔ノ喜見院ニ一。寶永二乙酉（一七〇五）（乙酉イナシ）年五月。登壇籠山シテ。修ス二止觀業ヲ一。五年十一月二十六日。正念ニ唱ヘレ佛ヲ。右脇ニシテ示レス寂ヲ。俗壽三十五

9「本行院慈陽傳」（「」イナシ）

一乘慈陽。字ハ普育。俗姓ハ吉田氏。備前岡山ノ人ナリ也（也イナシ）。十五歲ニシテ。從テ二本州利光院ノ久海法師ニ一斷髮ス。二十六歲ニシテ登レル山ニ。後チ主トル二西塔ノ本行院ヲ一。寶永八辛卯（一七一一）（辛卯イナシ）年四月二十五日。從テ二靈空和尚ニ一。受ク二室灑戒ヲ一。五月二日。登壇納戒シ。期シテ二一紀籠山ヲ一。脩ス二止觀業ヲ一。時ニ年三十一。享保八癸卯（一七二三）（癸卯イナシ）年五月十六日。納ル二滿足戒ヲ於安樂院ニ一。延享四丁卯（一七四七）（丁卯イナシ）年九月十一日ニ。寂ス二于播州ノ太山寺寶珠院ニ一

10「禪定院慧脈傳」（「」イナシ）

一乘慧脈。字ハ性貫。俗姓ハ永田氏。濃州可兒郡ノ人ナリ也（也イナシ）。少シテ離レテ二塵網ヲ一。依リ二尾州安樂寺ノ諦順法師ニ一。十五歲ニシテ。從ニ二密藏院ノ智洞僧都ニ一鏟髮ス。十九歲ニシテ登レル山ニ。禪定院ノ（院イナシ）燈外律師。納レテ爲ス二弟子ト一。寶永四丁亥（一七〇七）（丁亥イナシ）年補フ二師席ヲ一。正德二壬辰（一七一二）（壬辰イナシ）年六月五日。從テ二靈空和尚ニ一。爲リ二沙彌ト一。八日躋ミレ壇ヲ。受戒シテ成ル二大僧ト一。卽チ期シテ二一紀住山ヲ一。脩ス二大悲胎藏業ヲ一。時ニ年三拾（拾イ十）三。享保九甲辰（一七二四）（甲辰イナシ）年八月十五日。於テ二安樂蘭若ニ一。稟ク二具足尸羅ヲ一。同十一年。尸ル二泉ノ之松尾ノ寶光院ヲ一。尋テ移リ二尾ノ之法藏寺ニ一。兼ヌ二濃ノ之春性菴ヲ一。同十九年。輪ニ住ス安樂院ニ一。元（五カ」）文庚申（一七四〇）（「年カ）。隱レ二禪定ノ別坊ニ一。延享二年（一七四五）四月十三日ニ寂ス。俗壽六十六

頭註「（天全二四、一六八上）禪定院第九世智濤。濃州ノ產。燈外ノ弟子。寶永四年（一七〇七）十月入院。正德二年（一七一二）六月八日。誓フ二一紀住山ヲ一。爲ニ二初修業ノ菩薩ト一（遮那業）改ム二名ハ惠脈字ハ性貫ト一（横河各坊世譜）」（「」イナシ）

11「無量院萬谷傳」（「」イナシ）

一乘萬谷。字ハ同空。俗姓ハ松田氏。上州（イ上野）里見ノ人ナリ。十二歲ニシテ。從テ二本州ノ光明寺榮存法師ニ一落髮ス。十六歲ニシテ登レル山ニ。寶永（「三カ）丙戌（一七〇六）ノ歲。主ル二無量院ヲ一。正德三年（一七一三）四月二拾（拾イ十）三日。

從靈空和尙。受沙彌戒。二十五日。受五十八（拾㋑十）戒而成大僧。期一拾二年。脩學密教。時歲二十八。享保十年（一七二五）五月八日進具于安樂院。十六年辛亥九月。輪住于日光山興雲院。寛保二（一七四二）戊（壬カ）戌年十月。輪住于安樂院。三年癸亥。移輪于湖東雪野寺。延享二（一七四五）年乙丑七月。兼雪野寺。輪住安樂院。五年戊辰五月十二日。久染病。示寂雪野寺。俗壽六十四。僧臘二十四

12「寶珠院可透傳」（「」㋑ナシ）

一乘可透。字祖關。姓寺地氏。備前人。幼年出家。依豪快法師。於州之岡山寺法師後「改名神慧。爲比丘」（「」㋑爲比丘改名神慧）字吉州十二歲。從金山賢厚法師剃染。十七歲登山。後嗣寶珠院榮俊僧都席。正德三年（一七一三）後五月二十一日。登壇受戒。期於紀住。修止觀業。時年三十二。透著顯戒論贊宗鈔一卷。普育律師隨喜冠序。享保六年（一七二一）。透諮決大戒義於空老和尙。往復數次。輯之命大戒決疑編。一名籠山問答。乃成三卷。於其跋中。議大戒中興主。九年夏。透曾所諮決之諸義錄爲一卷。命審問雜錄。常然律師。寫之且書右語。留之淨土院。蓋以多闕籠山事故也。享保十年乙巳七月晦日。受具足戒於弘律場。享保拾（㋑十）九年正月二十九日。示寂于備前佛心律寺。春秋五十三

13「佛乘院澄誓傳」（「」㋑ナシ）

澄誓。字等如。肥前佐喜（嘉カ）城人。年十五。從本州大田村寶光院舜山法師剔髮。二十歲登山。從相住房定嚴僧都爲弟子。後繼席。享保元年（一七一六）十月某日。從靈空和尙。受沙彌戒。十二月二日。登壇稟戒。期一紀住山。修遮那業。時年二十五。九年冬。未滿一紀。有事出山。明年春。贈書和尙。永絕師資誼

系曰。不滿紀出山。贈書絕師資。據此二事。何得列于此乎。但爲人不倣如此之㚆㚆事故。不削之云

14「大林院可敦傳」（「」㋑ナシ）

一乘可敦。字體道。俗氏平岩。尾州人。十又五歳。從本州白雲寺良陳法師剃染。明年春登山。師事大林義价律師。享保三年（一七一八）春。師主辭山。令敦尸院。明年四月。結壇修（㋑脩）懺。八月二十一日。請安樂知雄和尚。受沙彌戒。二十四日。請知雄和尚。本師義价律師。及同法數輩。爲之證明。與南樂詮公。同登壇稟戒。歸院立一紀籠山誓。修止觀業。時年三十。十二年正月三日。因病謝世。俗壽三十八。僧臘七歳

15「南樂坊義詮傳」（「」㋑ナシ）

一乘義詮。字智堂「或曰覺明」（「」㋑ナシ）。姓（㋑俗）村瀨氏。濃州可兒郡人。十六歳。從本郡願興寺寂仙法師圓顱。十九歳登山。事性貫律師爲師。享保三年（一七一八）夏。出世于横川南樂房。明年己亥八月二十一日。從知雄和尚。受沙彌戒。二十四日登壇納戒。卽日立紀修誓。研磨止觀。時年二十八。十六辛亥歳九月。受具足戒於安樂律院。改字智堂。寶曆三癸酉歳（一七五三）三月二十八日。寂于寶國寺。俗壽六十有二

16「千光院義深傳」（「」㋑ナシ）

一乘義深。字誠求。武陽入東郡人。十七歳。從東叡凌雲院義天大僧正。脫俗爲僧。二十一歳登山。二十六歳。主千光院。享保五年（一七二〇）七月二十四日。受沙彌戒。二十八日。受菩薩大戒。期一紀籠山。修止觀業。時年三十二。十七壬子歳。受具足戒於安樂律院。元文四己未（一七三九）六月十七日。臥病寂于郡仰木邑神宮律寺。俗壽五十一。僧臘六歳

17「護心院雪皎傳」（「」㋑ナシ）

一乘雪皎。字忍月（後改守敬）。山州宇治郡人。十四歳。投江戸東江寺諄海法師下髮。後登山。主東塔護心院。享保六年（一七二一）十一月二十七日。從知雄和尚。受沙彌戒。二十八日。登壇受戒。期一紀籠山。修（㋑脩）止觀業。時年三十八。享保十九年正月二十八日。進具于安樂院。後寶曆九歳（一七五九）次己卯正月朔旦。寂于護心之

別業ニ「イ于時謝年」

18「不動院亮忠傳」「」イナシ

一乘亮忠。字ハ懷樸。姓ハ大久保。下總州ノ產ナリ也。寶永六（一七〇九）年。歲十二ニシテ登リ山ニ。依ル不動院兼高良山ノ座主亮恕權僧正ニ。同年七月七日。僧正請ヒテ天台座主梶井大王ニ剃度ス。正德五年（一七一五）。僧正白シテ輪王大王ニ繼シム席ヲ。享保壬寅（一七二二）（「七カ）。年二十五。與ニ慈光ノ靖公ト。同ク發シテ一紀住山ノ願ヲ。修懺シテ得レ相ヲ。七月八日。從テ安樂ノ知雄和尚ニ。受ケ沙彌戒ヲ。十一日。請シテ和尚及ヒ同法上首數輩ヲ爲シ證明ト。登壇受戒シ。卽日爲シ紀住ノ誓ヲ。脩ス遮那業ヲ。十九甲寅年七月。住山紀滿。十月辭シテ院ヲ。隱ル于談嶺ニ。安永五年（一七七六）丙申三月七日ニ。示レ寂ヲ。壽八十

19「慈光院行靖傳」「」イナシ

一乘行靖。字ハ慧玄。姓ハ齊田。武州江城ノ之產ナリ也。幼ニシテ入リ本州世尊院ニ。十五歲ニシテ。就テ院主廣屯法師ニ脫素ス。正德五年（一七一五）登リ山ニ。享保三年（一七一八）主トル東塔ノ慈光院ヲ。七年七月八日ニ爲リ沙彌ト。十七日成ニ大僧ト。修ハ期シ紀住ヲ。業ハ依ニ止觀ニ。時ニ二十六歲ナリ。十九甲寅年七月。住山紀滿。乃チ辭レ院ヲ。明年乙卯四月三日。進コ具ス於安樂院ニ。延享元子（一七四四）（イ甲」）歲。五月二十二日。示ス寂ヲ于遠州縣川驛龍華ノ之子院ニ。春秋四十有九

20「上乘院智寂傳」「」イナシ

一乘智寂。字ハ常然後ニ改ム大洞ト。俗姓ハ南氏。下總ノ產ナリ也。年甫カニ十一ニシテ。就テ州ノ之泉福寺傳泰法師ニ翦髮ス。後師トシ事フ洛西二尊院ノ印光法師ニ。二十二歲ニシテ登リ山ニ。後チ主ル上乘院ヲ。享保八年（一七二三）五月四日。從テ知雄和尚ニ。受ケ求寂戒ヲ。十一日請シテ禪忍律師ヲ雄和尚時ニ臥ス病ニ。故ニ令ム律師ヲシテ代ラ及ヒ同法數輩ヲ爲シ證明ト。與ニ妙行ノ一公ト。同ク登壇受戒シ。期シテ一紀籠山ヲ。脩ス止觀業ヲ。時ニ年三十七。十六年十二月九日。因テ病ニ謝ス世ヲ。俗壽四十五。僧臘九歲

21「妙行院守一傳」「」イナシ

一乘守一。字ハ千外。俗氏服部。勢州渡會郡ノ產ナリ也。少フシテ依リ飯野郡朝田寺祐快法師ニ。十三歲ニシテ師爲メニ髮落ス髮イ剃。二十五歲ニシテ登レ山ニ。師トシ事フ性貫律師ニ。享保六年（一七二一）六

月。主妙行院。八年五月八日。受沙彌戒。十一日登壇受戒。卽日誓一紀住山。脩止觀業。時歲三十七。二十乙卯年五月十五日。受具於安樂院。住勢州久居極樂寺。寶曆八戊寅(一七五八)年九月六日。示寂

22「安詳院虛窓傳」
(「」イナシ)(祥カ)

一乘虛窓。字性月。下總國逆井氏子也。元祿十六年(一七〇三)。拜上總行元寺典海法師緇薙。正德五年(一七一五)登山。師事無動寺天慧僧都。享保五年(一七一九)主西塔安詳(詳イ祥)院。九年八月十七日。請安樂知雄和尚。受息慈戒。十八日。登壇。自誓受輕重戒。脩期一終(紀カ)。業練十乘。時三十二歲。十二年春染疾。四月二十五日。溘然而化。俗壽三十五。僧臘二歲

23「淸泉院堯空傳」
(「」イナシ)

一乘堯空。字顯眞。武藏州比企郡産也。寶永七庚寅(一七一〇)年。甫十一歲。從東叡觀成院堯純闍梨薙染。享保七壬寅(一七二二)年。主東塔淸泉院。十一年丙午五月二十四日。拜安樂知雄和尚。受沙彌戒。同月二十八日。

請和尚及上首。爲證明師。登壇受戒。卽日爲一紀住山誓。脩(修イ脩)止觀業。時年二十七。丁未夏罹重病。九月十一夜。請同法。專唱佛號。頭北面西。十二淸旦。正念脫化。戒一。俗二十八

24「寶積院淸求傳」
(「」イナシ)

一乘淸求。字妙乘。自號直至。生于本州澤山日夏氏。享保二年(一七一七)。甫十五歲登山。依寶積院範淸闍梨。次年十二月十二日。禮僧正亮空薙髮。十年四月。闍梨辭院。擧求代尸。次年八月。欲受菩薩戒(ママ)。脩懺得相。九月十五日。禮安樂知雄和尚。受十善戒。尋請和尚及同法數輩。爲證明。登一乘戒壇。受梵網重輕。實此月十八日卯時下刻也。乃期一紀住山。修止觀業。時年二十四。享保(享保イナシ)某年十二月二十九日寂

25「乘實院實成傳」
(「」イナシ)

一乘實成。字修圓。乘實院再興第八世。俗姓中氏。本州滋賀郡産也。十一歲。投第六世大僧都實純薙

染ス。享保四己亥（一七一九）ノ春尸ル二院ヲ一。十六年辛亥七月二十三日ニ。登壇受戒ス。年三十五。期シテ二一紀住山ヲ一。修ス二止觀業ヲ一。寛保三癸亥（一七四三）仲秋辭シテレ院ヲ。隱二居ス湖東ニ一。寶曆八戊寅（一七五八）年八月二十九日ニ寂ス

26「榮泉院亮範傳」（「」イナシ）

一乘亮範。字ハ妙嚴。武州小宮領平澤ノ產ナリ也。俗姓ハ內田。歲甫メテ十二ニシテ。投シテ二州ノ之高築圓通寺諶盛法師ニ一薙染シ。享保辛丑（一七二一）登リ二本山ニ一。就テ二正觀院前ノ大僧正亮空ニ一學ヒ。又事ヘテ二寶積ノ範清ニ一爲スレ師ト。戊申二月尸ル二榮泉院ヲ一。壬子四月十日。從テ二匿嶺和尚ニ一。爲ル二沙彌ト一。十三日ニ登壇シテ受ケ二大戒ヲ一。翌日爲シテ二一紀住山ノ誓ヲ一。修ス二遮那業ヲ一。時ニ載三十一。延享元年（一七四四）甲子四月十五日。受ニ具シ於安樂院ニ一。後歷テ二東叡ノ淨名院等ノ輪住ヲ一。復タ歸リ二坂本ニ一。住ス二大和ノ莊ノ普門寺ニ一。寶曆ノ末年。去テ在リ二京師ノ大佛ニ一。所ノレ居ル菴ヲ稱ス二淨妙菴ト一。花山ノ元慶寺廢址僅ニ存ス。師捨シテ二金若干ヲ一贖ヒレ之ヲ。復タ係ク二本宗ニ一。時ニ爲ニ安永九年（一七八〇）ト一。明年天明改元辛丑（一七八一）十月二十一日。示ニ寂ス于淨妙菴ニ一。壽八十

27「南樂坊慈勇傳」（「」イナシ）

一乘慈勇。字ハ大爲。下野國佐野出井氏ノ子ナリ。十又二ニシテ。往キ二日光山ニ一。投シテ二醫王院ノ諶宥ニ一。禮シテ二輪王大王ヲ一。得二剃度スルコトヲ一。二十二歲ニシテ登リレ山ニ。二十四歲ニシテ尸ル二南樂坊ヲ一。明年壬子ノ之秋七月二十七日。從テ二匿嶺和上ニ一爲ル二沙彌ト一。二十九日登壇シテ成リ二大僧ト一。卽日立テ二紀住ノ誓ヲ一。修ス二遮那業ヲ一。時ニ享保十七年（一七三二）ナリ也。延享元甲子（一七四四）八月八日。於テ二安樂院ニ一進具ス。「安永七年（一七七八）癸巳（戊戌カ）十月十日寂ス。壽七十一」（「」イナシ）

28「唯心院智鈞傳」（「」イナシ）

一乘智鈞。字ハ活道（イ慧操）「後ニ改ム二慧操ト一」（「」イナシ）。俗姓ハ河邊氏。紀州那賀郡ノ產ナリ。年甫メテ十四。就テ二本州ノ粉川寺御池坊ノ亮覺ニ一薙髮ス。十七歲ニシテ登リ二本山ニ一。師トシテ二事フ戒定院ノ慧輪ニ一。享保九年（一七二四）甲辰十月。尸ル二唯心院ヲ一。十九年甲寅八月八日。從テ二匿嶺和尚ニ一。受ケ二沙彌戒ヲ一。十四日ニ。登壇受戒シ。卽日誓フテ二一紀住山ヲ一。修ス二止觀業ヲ一。時ニ享（イ亨）年三十九ナリ。延享三丙寅（一七四六）「年某月日」（「」イナシ）。於テ二安樂院ニ一進具ス。寛延元戊辰（一七四八）九月十四日。示ニ寂ス于安樂院ニ一。俗壽五十三。僧臘二歲

29「龍珠院本純傳」（「」㋑ナシ）

一乘本純。字守篤。俗姓瀧氏。駿河府城之產也。年十二歳。投當州志駄智滿寺純庸薙髮。享保五年（一七二〇）庚子。初登本山。寓光圓院。九年甲辰。時年二十三。主龍珠院。十九年甲寅九月九日。從智堂律師。受沙彌戒。十日辰時。登壇受大戒。期一紀住山。修止觀業。時年三十三歳。延享三丙寅（一七四六）九月十七日。於安樂院進具。明和六丑（一七六九）（ア己カ）四月。寂于京師

30「禪定院眞流傳」（「」㋑ナシ）

一乘眞流。字忘處。號（㋑ナシ）圓耳。俗姓田中。勢州洞津產也。十一歳登本山。投禪定院主性貫薙髮。及十四歳貫一紀住山滿。辭院進具。白輪王大王。以流爲監院。二十歳爲院主。享保二十年（一七三五）九月五日。禮性貫和尚。受沙彌戒。八日登壇納戒。卽日立一紀住山誓。脩遮那業。時年二十五。延享四丁卯（一七四七）冬辭院。安永三甲午（一七七四）年七月十八日。寂于攝州大坂。壽六十四

31「大慈院海印傳」（「」㋑ナシ）

一乘海印。字非相。俗姓竹中氏。野下州都賀郡人。年十四。投日光山澄海法師薙髮。二十二登本山。二十六出世横川大慈院。享保二十年（一七三五）乙卯冬十一月二十六日。請覺道律師。受十善戒爲沙彌。二十九日登壇自誓稟梵網戒。爲大僧。期籠山一紀。修（修㋑脩）止觀業。時年二十有八。延享四丁卯（一七四七）臘月中四。於安樂院進具。安永五丙申（一七七六）年十月。寂于備前佛心寺。世壽六十九

32「觀樹院義慚傳」（「」㋑ナシ）

一乘義慚。字龍門。姓高屋氏。攝津州島上郡產。享保七壬寅（一七二二）冬十一月。年十有四。投本州安岡寺阿彌陀院英岳法師薙染。同九年甲辰補師跡。同十九年甲寅年。二十六登本山。師觀樹院兼加州西養寺快善法師。冬十二月尸院。元文三年（一七三八）戊午三月七日。從安樂性貫和尚。受十善戒爲沙彌。八日請和上及同法數輩爲證明。登壇自誓稟受大戒。乃

期シテ二一紀ヲ一住山。修二止觀業ヲ一。時ニ年三十ナリ。寛延三庚午(一七五〇)年三月八日滿紀。然ルニ因テレ有ルニレ求聞持法七度願未タレ滿コト。乞フテ二管領大王ニ一留ルコト一年。翌辛未ノ年四月辭シレ院ヲ。五月八日於テ二安樂院ニ一。受ク二小乘具足戒ヲ一。寶曆八年(一七五八)輪王大王。被ルレ改メ二制セ祖法ヲ一。則チ蒙リテ二大王ノ命ヲ一。歸シテ二山家ニ一而。住ス二紀州ノ寂光律院ニ一

33「千葉院常穩傳」(「」イナシ)

一乘常穩。字ハ知足。姓ハ福岡氏。攝州島上郡產ナリ。享保戊(一七二八)午(申カ)春三月。投シテ二本州安岡寺阿彌陀院ノ義慙法師ニ一薙髮ス。同十九甲寅ノ秋。尸ル二阿彌陀院ヲ一。元文元丙辰(一七三六)冬十月。移ル二住シ本山ノ千葉院ニ一。寛保癸亥(一七四三)(ア三カ)ノ春三月二十八日。從テ二同空和尚ニ一。受テ二十善戒ヲ一爲ル二沙彌ト一。四月一日。請シテ二和上及同法ヲ一。爲シ二證明ト一。登壇受戒シ。卽日誓ニ期一紀ヲ一。修ス二止觀(イ業)ヲ一。時ニ年二十又九

34「習禪院觀道傳」(「」イナシ)

一乘觀道。字ハ無蹤(「初メ名ク二(イナシ)千海ト一」)。俗姓ハ矢野。筑ノ之前州名島ノ之產ナリ也。年十一歲ニシテ。投シテ二州ノ神宮寺快運ニ一出家シ。禮シテ二源光院ノ豪惠僧都ヲ一薙髮ス。享保十四己酉(一七二九)登リテ二本山ニ一。寓ス二延命院ニ一。癸亥更ニ爲ニ二本州ノ松源院豪一ノ一。執ル二弟子ノ禮ヲ一。後ノチ復タ拜シテ二徧詢周(二カ)和尚ヲ一爲スレ師ト。元文丁巳(一七三七)(ア二カ)十一月。主トル二什善坊ヲ一。寛保元壬戌ノ歲。移ヨ住シ習禪院ニ一。延享元年甲子(一七四四)五月十一日。從テ二忠谷和尚ニ一。受ケテ二圓ノ十善戒ヲ一。爲ル二沙彌ト一。十二日登壇シテ受ケ二大戒ヲ一。卽日誓ヒ二一紀住山ヲ一。修ス二止觀業ヲ一。時ニ年三十九歲ナリ。寛延元戊辰(一七四八)十月三日ニ。染テレ病ニ逝ス。俗壽四十有三。僧臘五歲ナリ

35「大興坊覺本傳」(「」イナシ)

一乘覺本。字ハ靜天。姓ハ白岡(岡イ國)。播陽飾東郡ノ之產ナリ也。年十四ニシテ而出家シ。投シテ二州ノ增位山ノ長吏(長吏イナシ)三學院憲昌(「イ長吏」)法師ニ一薙髮ス。元文庚申(一七四〇)(ア五カ)ノ歲七月登リ二本山ニ一。爲ル二大興坊昌椿弟子ト一。明年辛酉八月尸ルレ院ヲ。延享元甲子(一七四四)ノ秋八月三日。從テ二忠谷和尚ニ一。受ケ二十善戒ヲ一。爲ル二沙彌ト一。明日請シテ二和尚及同法ヲ一爲ス二證明ト一。登壇シテ受ケ二大戒ヲ一。卽日誓ヒ二一紀住山ヲ一。修ス二遮那業ヲ一。年三十一。紀滿テ進ヨ具ス於安樂院ニ一。寶曆十辰(一七六〇)(ア庚カ)八月入滅ス

36「安禪院大航傳」（「」㋑ナシ）

一乘大航。字ハ偏明。俗姓ハ新井氏。野ノ之下州舟津川村ノ之產ナリ也。幼ニシテ登リ二州ノ光嶺一ニ。投シテ二大樂院ノ貞海一ニ。乃チ禮シテ二輪王寛大王ヲ一薙髮ス。越ヘテ四歲。更ニ參シテ二慧乘院ノ大忍一ニ。而作ル二弟子一ト。年二十五遂ニ補フ二師跡一ヲ。又タ四歲移リ二住ス本山ノ安禪院一ニ。延享元甲子（一七四四）十一月十八日。從テ二忠谷和尙一ニ。於テ二安樂ノ別業一ニ。受テ二十善八齋戒ヲ一作ル二沙彌一ト。二十三日卯ノ時ノ下刻ニ。請シテ二和尙及同法一ヲ。以テ作シ二證明一ト。登壇シテ受ケ二大戒ヲ一。卽日誓フテ二住山一紀ヲ一。修ス二遮那業一ヲ。時ニ年二十九。延享五年戊辰二月二日。因テレ病ニ謝スレ世ヲ。俗壽三十三。僧臘三歲ナリ

37「寂光院義覺傳」（「」㋑ナシ）

一乘義覺（定カ）。字ハ幻空。播陽赤穗ノ產ナリ。享保十二丁未（一七二七）ノ秋。投シテ二備前ノ銘金山偏照賢澄法師ニ一（㋑院）髮染シ（髮㋑剃）。享保十八癸丑（一七三三）ノ秋。登リテ二本山一ニ。師トシテ二事フ定光院ノ朗賢一ニ。賢移ルノ二于偏照院一ニ之後。令ムチ三覺ヲシテ補ハ二其ノ席一ヲ。延享四丁卯（一七四七）十一月四日。拜シテ二安樂ノ智堂和尙一ヲ。稟ク二圓ノ十善戒一ヲ。同六日卯ノ時ノ下ノ刻ニ。請シテ二和尙及ヒ同法數輩一ヲ。登壇受戒シ。卽日於テ二自坊一ニ。誓テ二一紀住山一ヲ。修ス二止觀業一ヲ。時ニ年三十五。寶曆三年癸酉（一七五三）ノ冬。輪ヨ住シ當院一ニ。〔㋑十二月二十二日染レ病未ニ幾許一而終ニ于當院。〕移シテ二遺身ヲ於彼寺ニ殯葬ス焉。世壽四十一。僧臘五歲ナリ

38「教王院圓住傳」（「」㋑ナシ）

一乘圓住（㋑寶曆二壬申年改圓住字義登）（圓住㋑義因）「初メ名ク二義圓一」（「」㋑ナシ）字ハ洸絲（絲㋑緣）「後改二義登一」（「」㋑ナシ）姓ハ增田氏。山城ノ州クニ深草（草㋑艸）ノ之（之㋑ナシ）產ナリ也（也㋑ナシ）。年十有一ニシテ。投シテ二愛宕山長床坊大僧都義諦ニ一薙（薙㋑雉）髮ス。年二十登リ二本山一ニ。寄リ二寓（寓カ）ス善光院一ニ。元文六年（一七四一）尸ル二教王院一ヲ。延享五戊辰（一七四八）二月三日。拜シテ二安樂ノ智堂和尙。〔㋑受二圓十善戒一爲二沙彌一。同四日辰時上刻請二和尙〕及ヒ同法數輩一ヲ。登壇受戒シ。同五日誓ヒテ二一紀住山一ヲ。修ス二止觀業一ヲ。時ニ年三十二。寛政二戌（一七九〇）（㋑庚カ）三月。寂ス二于野岡ノ玉（玉㋑寶）光寺一ニ

39「華德院照諄傳」（「」㋑ナシ）

一乘照諄。字ハ妙偏。初メ名ク二玄覺一ト。元祿（祿㋑錄）九丙子（一六九六）ノ年ニ。生ル二常州眞壁ノ比企氏ノ（㋑郡）家一ニ。年十有二ニシテ。投シテ二東叡山等覺院ノ玄照僧都ニ一雉（薙カ）染シ。享保三戊戌（一七一八）ノ年ニ。尸ル二本山ノ華德院一ヲ。延

（一七四八）享五戊辰ノ歳四月五日。修懺シテ得レ相ヲ。同七日從テ二安樂ノ智堂和尚一ニ。受テ二圓ノ十善戒ヲ一爲ル二沙彌一ト。同十一日卯ノ時ノ下刻ニ。請テ二和尚及同法數輩ヲ一爲ニ二證明一ト。登壇自誓シテ。受テ二梵網戒ヲ一爲ル二大僧一ト。同十三日。立テテ二一紀住山ノ誓一ヲ。修ス二遮那業一ヲ。時ニ年五十三。後チ依リテ二瓔珞ニ一受クレ具ヲ。安永五年（一七七六）丙申五月三日ニ。寂ス二于叡麓一ニ。壽八十二ナリ

40「大林院慈徧傳」（「」㋑ナシ）

一乘慈徧。字ハ明空。俗姓ハ飯田氏。尾州愛知郡ノ人ナリ。十三歳ニシテ登リ二本山一ニ。師トシ二事フ義价和尚一ニ。价師辭ス二山院一ヲ。後チ師トス二法兄體道律師一ヲ。享保十二年（一七二七）ノ春補ヒ二師席一ヲ。延享五年（一七四八）六月八日。從テ二安樂院ノ智堂和尚一ニ。爲ル二菩薩ノ沙彌一ト。同シク十一日ニ登壇受戒シテ。同十二日ニ立テテ二一紀ノ誓一ヲ。修ス二遮那業一ヲ。時ニ年四十六ナリ。寶暦十年（一七六〇）ノ秋滿ス二一紀一ヲ。染ミテレ病ニ寂ス二安樂ノ別業一ニ。實ニ此ノ歳霜月ナリ也。一月也

41「觀樹院義源傳」（「」㋑ナシ）

一乘義源。字ハ靈雄。俗姓ハ下村氏。攝津ノ州高槻城ノ人ナリ也（也㋑ナシ）。元文五年（一七四〇）庚申ノ之（之㋑ナシ）春二月。歳十二ニシテ登リテレ山ニ。投シテ二觀樹院ノ龍門比丘一ニ。以テ二三月十八日一ヲ。薙髪シ爲ル二附弟一ト。寛延三庚午（一七五〇）ノ之（之㋑ナシ）春三月八日。師一紀已ニ滿シテ依レ有ルニ所期スル。白シテ二輪王大王一ニ。復タ住シレ山ニ。明年四月辭シレ院。乃チ使ム二源ヲシテ補ハレ席ヲ。同年十月二十三日。拜シテ二安樂院ノ覺道和尚一ヲ。受テ二圓ノ十善戒ヲ一爲ル二沙彌一ト。翌日請シテ二和尚及同法數輩ヲ一爲ス二證明一ト。辰ノ時ノ上刻ニ自誓受戒シ。卽日誓ヒ二一紀住山一ヲ。修ス二遮那業一ヲ。時ニ年二十三。後チ寶暦十三（一七六三）「癸未ノ之」（「」㋑ナシ）秋。染ミテレ病ニ示スレ寂ヲ。年三十五ナリ

42「玉林院豐雲傳」（「」㋑ナシ）

一乘豐雲。字ハ寶洲後（後㋑ナシ）改ム二龍潤一ト（名ニク（名㋑ナシ）又タ大潤ト）。洛陽ノ之人ナリ。「幼ニシテ（「」㋑初薙染）投シ二南京（於南京）ノ之某院ニ薙染ス」。後チ歸ス二盧山（廬カ）ノ之完公一ニ矣。亦タ以テ二（「㋑以）延享（「元カ）甲子（一七四四）一登リレ山ニ。寓ス（寓㋑寓）二等覺院一ニ。寛延三年（一七五〇）而主ル二玉林院一ヲ。寶暦四甲戌（一七五四）年十月二十三日。拜シテ二安樂ノ妙道和尚一ヲ。受ケ二十善沙彌戒一ヲ。又タ請ニ二和尚及同法數輩ヲ一爲シ二證明一ト。登壇受戒シ。乃チ期シテ二一紀住山一ヲ。而修ス二大日業一ヲ。時ニ年三十三。實ニ此ノ月二十四日ナリ也。紀滿ノ之後。因テレ病ニ寂ス二于京都一ニ。安永三甲午（一七七四）ノ年（年㋑ナシ）七月五日ナリ。春秋（春秋㋑寂年）五十四

43「千手院了辯傳」（「」イ无）

一乘了辯（ママ）。字ハ道眼。俗姓ハ平山氏。常州ノ河內郡阿波村ノ人ナリ也（也イ无）。享保十三（一七二八）戊午（申カ）ノ之（之イ无）春三月。年十五ニシテ從テ二本州ノ安穩寺ノ了觀法師ニ一薙髮ス。明年法師臥シテレ病ニ寂ス。因テレ之ニ。十五年。從テ二東叡山大慈院ノ守中法師ニ一。元文三戊午（一七三八）ノ之（之イ无）春。登リテ二本山ニ一。寓（寓カ）ルニ法曼院ニ一。寬保元辛酉（一七四一）ノ年。主ルニ千手院。雖レトモ有リト二一紀住山ノ志願一。多ク逮（逮イ違）テレ緣ニ久ク不レ果タレ之ヲ。寶曆五乙亥（一七五五）ノ年四月二十二日。拜シテ二安樂院妙道和上ヲ一。受テ二圓ノ十善戒ヲ一爲ル二沙彌ト一。翌日辰ノ時ノ上刻ニ。請シテ二和上及ヒ同法數輩ヲ一爲ニ二證明ト一。登壇受戒シテ。卽日誓ヒテ二一紀住山ヲ一。修ス二遮那業ヲ一。時ニ年四十二。後依ル二瓔珞ノ受具ニ一。寬政四壬子（一七九二）（壬イ无）年（年イ无）八月六日ニ。寂ス二于東叡淨名ノ別院ニ一

44「大興坊榮傳」（「」イ无）

（イ頭此時復一向大乘）一乘榮傳。字ハ玄德。俗姓ハ芳野氏。上ノ之總州夷隅郡ノ產ナリ。正德三癸巳（一七一三）（癸イ无）ノ年。投シテ二同郡ノ新官長寺榮元（「イ秀）法師ニ一。祝髮染衣ス。寶曆六丙子（一七五六）ノ年主トル二大興坊ヲ一。同七丁丑（「イ年）（年イ无）ノ年八月十六日ニ。拜シテ二教王院義登律師ヲ一。受テ二十善戒ヲ一爲ル二沙彌ト一。同十八日請シテ二同法數輩ヲ一而爲ニ二證明ト一。登壇受戒シテ。誓ヒ二一紀住山ヲ一。修ス二止觀業ヲ一。時ニ年五十四。後依ニ二瓔珞ニ一受クレ具ヲ。安永六丁酉（一七七七）（丁酉年イ年丁酉）年六月十二日ニ。終ル二于叡麓ニ一。壽七十五歲ナリ

45「樹王院秀辨傳」（「」イ无）

一乘秀辯（辯イ辨）。字ハ蓮海。俗姓ハ河村氏。上ノ之總州武射郡ノ產ナリ。享保十九丙寅（一七三四）（甲カ）ノ年。投シテ二同州同郡芝山村ノ天應山觀音教寺秀音法師ニ一落髮ス。寶曆六丙子（一七五六）ノ年主トル二樹王院ヲ一。同十（十イ七年）丁丑ノ年（年イ无）十二月十三日。拜シテ二教王院義登律師ヲ一。受ケテ二圓ノ十善戒ヲ一爲ル二沙彌ト一。同十五日卯ノ時ノ下刻ニ。請シテ二同法數輩ヲ一而爲ニ二證明ト一。登壇受戒シテ。誓ヒ二一紀住山ヲ一。修ス二遮那業ヲ一。時ニ年三十三。一紀未タレ滿セ。明和六己丑（一七六九）年八月二十二日。因テレ病ニ謝スレ世ヲ。俗壽四十四ナリ

46「惠雲院深詮傳」（「」イ无）

一乘深詮。字ハ稱如。姓ハ齊藤氏。其ノ父事ニ於肥前ノ州土井氏ニ一。乃チ生ル二土井家ノ武江ノ邸中ニ一也。幼ニシテ喪（喪カ）レ父ヲ兄モ亦タ亡矣。有レ故棄テテ二家係ヲ一。與レ母ト去ル二土井ノ麾下ヲ一焉。歲十二ニシテ。事フ二東叡山東圓院深海僧都ニ一。十五ニシテ薙染。稟ニ習

所業。元文丙辰(一七三六)夏。奉崇保大王之命。主本山惠雲院。于〔元カ〕時年二十五矣。後當海公司執政佐之有年矣。四十餘歳。嬰疾且患眼。因茲退隱焉。乃寶暦五乙亥(一七五五)冬也。丙子春投淨名院。拜妙嚴律師。受八關齋戒。及梵網十重。後住本山安樂院。暨寶暦八戊寅之秋。輪王大王。復天下律院。爲一向大乘寺。令遵祖規許於安樂院奉規詮亦改宗。便拜明空律師。受十善戒。爲山家沙彌。既而掛錫於泉州寶光律寺。未幾遭圓耳專信兩和尚之勸。蒙大王之嚴聽。請同法數輩爲證明。登壇受戒。誓一紀住山。修止觀業。時年四十七。安永二癸巳(一七七三)年以事自退山。隱于紀州雲蓋院支院

47「光聚坊秀光傳」

一乘秀光。字慧旭。姓赤星氏。肥後高瀬之產也。甫十二歳投城下神護寺憲明僧都脱白。十八離國。見于東叡大王。侍十一年。寶曆八(一七五八)戊寅年。命主光聚坊。十一年辛巳。請誓一紀住山。王許之。於自坊修懺得相。八月十四日。禮淨土院別當圓耳大和尚。受圓十善戒爲沙彌。十五日請大和尚。爲傳戒師。登壇納戒。惟夫山家相承。羯磨隱者久矣。此日復興。因之用此羯磨。同法侶亦再受。可謂千載之一遇也矣。乃誓一紀住山。修遮那業。時年三十二。寶曆十四甲申(一七六四)年。染疾久不起而終。此實五月二十七日也

48「一乘幸潤傳」

一乘幸潤。字義雲。下總州香取郡小見川產。俗姓宮崎氏。十一歳從常州江戸崎神宮寺五世幸海出家。享保十四己酉(一七二九)年十一月晦日。從匿嶺比丘。而受菩薩戒。元文四己未(一七三九)年六月。從智堂和尚。爲形同沙彌也。寶暦八戊寅(一七五八)年。逢改制祖法。歸入東叡淨名院。九年見於圓耳大和上淨名院。時潤在武州榛澤郡。十年使潤監攝州金龍寺。十一年五

月輪王大王。以圓耳大和上。爲淨土院別當。兼安樂院住持傳法大阿闍梨職。八月圓耳大和上。勸潤及仙巖。白輪王大王。使誓一紀住山。即蒙輪王大王之洪許。遷安樂院而修懺得相矣。十二月二十三日。拜圓耳大和上。爲山家沙彌。二十四日卯下刻。登壇受戒。請大和上幷同法之師。爲證明矣。二十六日誓一紀住山於安樂院。于時俗年六十二

49「一乘算海傳」

一乘算海。字仙巖。下野州那須郡人也。幼從同州長沼宗光寺權僧正觀空薙髮。以下總州香取郡溝原東榮寺某爲師。享保十五庚戌(一七三〇)年正月二十三日。從吉州比丘。受十重戒。寶曆七丁丑(一七五七)年八月。從妙嚴比丘。爲形同沙彌。八年逢改制祖法。歸入東叡淨名院。十一年八月。由圓耳大和尚勸發。立一紀住山之誓。即蒙輪王大王許。遷安樂院。而修懺得相矣。十二月二十三日。拜圓耳大和尚。爲山家沙彌。二十四日卯時下刻。登壇受戒。請大和尚幷同法侶。爲證明矣。二十六日誓一紀住山於安樂院。于時俗年五十三。誓紀之前嬰疾。翌年病疾矣。終不起而化。實十二年四月二十二日也

50「唯心院亮胤傳」

一乘亮胤。字慧達。俗姓渡邊氏。江東甲賀郡產也。十四歲。投眞藏院亮顒薙染。先師後住正觀。任大僧正。又移正覺寂矣。予示尸唯心院乎。既延享三丙寅(一七四六)之秋也。寶曆十四甲申(一七六四)年五月十七日。拜玉林院寶洲律師。受圓十善戒。爲山家沙彌。翌十八日。請傳戒師及同法數輩爲證明。登壇受戒。于時年四十九。誓一紀住山。精修止觀業。安永五丙申(一七七六)年紀滿。辭院隱于湖東深川峯堂。九年庚子十一月十四日示寂。世壽六十五。僧臘十七

「重興籠山一乘僧略傳　卷上　終」

重興籠山一乘僧略傳　卷中

(對校㋑本總目なし)

總目

重興籠山一乘僧略傳　卷中總目　終

「重興籠山一乘僧略傳　卷中」

51「金臺院考然傳」

一乘考然。字中法。姓荒井氏。武江之產也。歲十四從東叡山覺成院宜考僧都薙髮。年二十登本山。寄住松林坊正徧。寶曆三(一七五三)癸酉之夏。奉輪王大王之命。主金臺院。明和四(一七六七)丁亥年四月二十九日。拜玉林院寶洲和尚。登壇受戒。年三十四。期一紀住山。修止觀業。有所以出界

52「五智院覺明傳」(缺傳)

53「溪廣院慧洞傳」

一乘慧洞。字靈鶴。號醉香(後改光瑞)上之野州邑樂郡。太田氏之子。年十三登二荒山。禮大樂院無門虎洞剃髮。師事法印貫道。後從金龍敬雄。遊學於京師。卜居於北山。都九年矣。明和二(一七六五)乙酉年春。神祖百五十回忌之香火。再登二荒山。奉東叡法王之命。住溪廣院。四年丁亥之秋九月二十

二日。請大興坊榮傳律師於淨土院。受十善戒。二十三日辰之上刻。於戒壇院受戒。年三十三。有所以出界。陰于京師賀茂帝釋堂。文化十二(一八一五)「乙亥年」八月四日寂。「行壽八十一」

54「什善坊覺賢傳」(缺傳)

〔一乘覺賢。字求乘〕

55「大慈院寂禪傳」

一乘寂禪。字體玄。姓上邑氏。湖東蒲生郡之產也。寛保元辛酉(一七四一)之仲秋。年十三登本山。投一音院映珍阿遮梨室。二年壬戌九月二日薙髮。寶曆六丙子年(一七五六)中冬。爲大慈院前住海印之弟子。而依輪王大王之命。主大慈院。時年二十有六。明和元甲申(一七六四)之秋。切追夙志。到豫州常信寺謁師(卽映珍也。嚮移于此)。慇請受諸經軌等。師乃許焉。於是涉五月傳受畢。六年己丑之秋八月八日。拜安樂院誓紀義雲律師。受八齊戒衣鉢。爲形同沙彌。九月十七日於淨土院。拜稱如律師。受圓十善戒。爲山家沙彌。翌十八日請傳戒師稱如。及證明師數輩。而登壇受戒。誓一紀住山。修遮那業。年四十一。天明元辛(一七八一)丑年紀滿。同壬寅之夏辭院。後於安樂院進具。天明四「甲辰年」十一月二十九日寂。「行壽五十六。僧臘十六」

56「吉祥院實榮傳」

一乘實榮。字慈門。俗姓高橋氏。武州橘樹郡之產也。十有三歲。投同州明長敎寺辨良法師剃度。明年中春。攀於東叡幹林。師事伴頭永順。數歲於茲矣。寶曆六丙子年(一七五六)春登當山。寓居吉祥院。明和二乙酉(一七六五)之秋。院主靈公。及奉輪王大王之命。移於東叡松林院。私爲師資。約使實乘爲嗣院。因明年住持吉祥院。明和七庚寅年二月十三日。於淨土院。拜義雲律師。受圓十善戒。爲山家沙彌。明日請義雲律師。爲傳戒師。幷請同法侶。爲證明師。登壇受戒。卽日誓期一紀。修止觀業。時年四十三矣。天明二壬寅(一七八二)年紀滿。四月辭院。隱于若州蓮如菴。後於兼學寺進具。寛政七乙卯年(一七九五)三月十二日。寂于湖東雪野寺。「世壽六十八。僧臘二十六」

57「瑞雲院貞猷傳」

一乘貞猷。字守門。俗姓松井氏。上野州利根郡石墨之産也。寛延二己巳年(一七四九)。投州之柳澤寺乘海薙髮。寶曆六丙子年(一七五六)。初登本山。師事瑞雲院貞宴。明和五戊子年(一七六八)。師因疾而亡。於是同年嗣主瑞雲院。六年己丑臘月二十三日。從義雲律師。受八齊戒。爲形同沙彌。七年庚寅二月二十八日。受山家沙彌戒。明日請傳戒師並證明師。登壇受戒。誓一紀住山。修止觀業。時年三十五。「安永四乙未年(一七七五)十一月十七日」謝世。俗壽四十。僧臘六夏

58「慧雲院慈順傳」

一乘慈順。字覺性。俗姓佐山氏。下之野州産也。從武州小日向妙足院孝順法師剃染。寶曆三癸酉歲(一七五三)。登本山寓清泉院。後移圓龍院貫剛之室。十一辛未之春。奉輪王大王之命。主惠雲院。明和七庚寅年(一七七〇)四月五日。於安樂院。請稱如律師。受沙彌戒。八月二十日於淨土院。拜唯心院律師。受圓十善戒。爲山家沙彌。二十一日請唯心院律師。爲傳戒師。請同法爲證明。辰時登壇受戒。二十二日誓期一紀。修止觀業。時年四十又二。安永七戊戌(一七七八)年四月。因病寂台麓松林別坊。俗壽五十。僧臘九夏

59「樹王院貫超傳」

一乘貫超。字藏海。俗姓佐和氏。武陽之産也。幼投城南城林寺觀空律師受經。年甫十三。從東叡青龍亮體阿遮梨圓頂。明和六己丑(一七六九)年登本山。樹王蓮海律師。納爲弟子。師時罹病。一紀將滿謝世。尋補師處。八年辛卯之冬。結壇修懺。明春正月十四日。請圓耳大和上。受求寂戒。十五日請和上及同法數輩。爲證明。登壇受大戒。誓一紀籠山。修止觀業。時年

四十有四。紀滿シテ受ニ具ス於安樂院ニ。

60 寶乘院孝珍傳

一乘止觀業釋ノ孝珍。字ハ順臺。俗姓ハ宮地氏。越中ノ州礪波郡(郡イ群)廣瀨鄕竹內里ノ之(之イ无)產ナリ也。初メ依テ淨土門ニ而剃染ス焉。既シテ而及ビ冠年ニ。遊(遊イ游)學シ于京師ニ。尋テ以テ寶曆改元ノ(一七五一)之冬ヲ。投シ比叡山藥樹院ノ已講法印孝賢ニ。而シテ改メ其ノ宗ヲ。約シ以テ師資ヲ。賜フ名ヲ孝珍ト。頃ノ之住山ノ緣差ヒ。辭シテ適キテ紀州ニ。寓ル雲蓋院ニ。明和四(一七六七)丁亥ノ之秋。紀伊ノ黃門公以テ法事ヲ見ル命セ。繇リテ此レ自リ紀州ニ。之ク東都ニ。掛ク(掛イ卦)錫ヲ於(於イ无)于紀伊邸ニ。八「辛卯年」(「」イ年辛卯)七月輪門法主有リテ命矣。令ム領セ山門ノ寶乘院ヲ。十月登リテ山ニ入ル院ニ。翌安永元壬辰ノ(一七七二)年(年イ无)五月。告テ請ヒ蟄山ノ之事ヲ。六月許牒屆ク焉。迺チ往テ安樂院ニ。拜シテ圓耳大和上ヲ。受ケ沙彌戒ヲ。尋テ修ス梵網懺ヲ。稍ヤ感(感得イ)得(得感)ス好相ヲ。九月十四日。依テ例ニ請フテ大和上ニ。於テ淨土院ニ。稟ケ十重戒ヲ。翌十五日ノ淸旦ニ。請フテ大和上ニ。爲シ傳戒師ト。更ニ請シテ現前ノ同法六口ヲ。以テ爲シ證明師ト。於テ戒壇院ニ。稟ク大僧戒ヲ。于レ時ニ春秋方ニ四十一。天明二(一七八二)壬寅(壬寅イ无)ノ年滿紀ス。更ニ住スルコト山ニ二年ナリ。同五(四カ)甲辰ノ之(之イ无)春辭シテ院ヲ。依テ瓔珞ニ假ニ受ス小戒ヲ。寬政九(一七九七)丁巳(丁巳イ无)年九月三(「イ巳)日(三日イ无)。寂ス于湖東ノ雪(雪イ无)野寺ニ。「世壽六十六。僧夏二十六ナリ也」(「」イ无)

61 「淨泉院剛幹傳」(「」イ无)

一乘剛幹。字ハ海空。俗姓ハ萩氏。武陽ノ之產ナリ也。十四歲ニシテ。投シテ江府淺草梅園院慈贇ニ薙髮ス。二十五歲。初メテ登リ本山ニ。寓ル金光院ニ。安永元(一七七二)壬辰(壬辰年イ年壬辰)ノ年。主トル淨泉院ヲ。明年癸巳ノ十一月二十七日。從テ寂進和上ニ。受ク沙彌戒ヲ。明日登壇シテ受ク大戒ヲ。期シテ一紀住山ヲ。修ス止觀業ヲ。時ニ年二十八。天明二(一七八二)壬寅ノ年二月二十七日(日イ无)ニ示ス寂ヲ。俗壽三十七。僧夏十(十イ九)臘ナリ

62 善住院寂信傳

一乘寂信。字ハ照鏡(鏡イ境)。俗姓(姓イ无)ハ中澤氏。江州蒲生郡佐佐木庄ノ之(之イ无)產ナリ也。十有一歲(歲イ无)ニシテ登リ山ニ。投シテ惣持坊ノ照眞(イ眞覺院」)「號ス眞覺院ト」(「」イ无)僧正ニ薙(薙イ雉)染ス。後チ(後往イ中年)往キテ野洲(洲イ州)郡守山ノ東門院ニ。師トシ事フ(師事イ寄任)行昌法印(印イ師)ニ。寶曆二(一七五二)「壬申ノ之」(「」イ无)秋。給ニ仕シ橫川(橫川イ无)ノ龍禪院寂忍ニ。後チ爲ル弟子ト(「イ從)。尋(尋イ无)テ主トル善住院ヲ。安永四(一七七五)乙未ノ年(年イ无)十一月十五

日。修シテレ懺ヲ得レ相ヲ。同月〔月イ无〕二十二日。從テ二安樂院〔院イ无〕ノ大超和尙一ニ。受ケ二圓ノ十善戒一ヲ。爲ル二沙彌一ト。二十三日〔「イ同〕辰ノ之〔之イ時〕ノ上刻。請シテ二和尙ヲ一「爲シ二傳戒師一ト。屈シテ二」〔」イ及〕同法數輩一ヲ。爲ス二證明一ト。登壇〔「イ誓〕自誓シテ受ケテ二梵網戒一ヲ爲ル二大僧一ト。同二十四日。誓〔誓イ立〕フテ二一紀住山一ヲ。修ス二遮那業一ヲ。時ニ年四十二。「後ノチ以テレ事ヲ辭スレ山ヲ矣」〔」イ有所以出界〕

（以上イ「第一」）

（後出「78南樂坊光完傳」イこの位置）

イ（表題）〔二乘僧略傳第二〕

63　眞藏院慧潭傳〔傳イ无〕

一乘慧潭。字ハ諦珠。姓ハ高見氏〔氏イ无〕。丹州多喜郡ノ之〔之イ无〕產ナリ也。年甫〔甫イ始〕メテ十歲。投シテ二郡ノ之高泉寺華乘院明眞一ニ。翌年ノ之〔之イ无〕春二月薙髮ス。寶曆十一（一七六一）「辛巳ノ年」〔「」イ年辛巳〕登リテ二叡峯一ニ。從フ二妙觀院ノ知遠闍梨一ニ。明和六（一七六九）己丑〔己丑イ无〕ノ年〔年イ无〕。尸トル二眞藏院一ヲ。安永五（一七七六）丙申ノ年七月七日。請フテ二安樂ノ輪主〔主イ住〕大超和尙一ヲ。於テ二自坊一ニ受ケ二沙彌戒一ヲ。八日於テ二戒壇院一ニ受ク二大戒一ヲ。此ノ日延ヒテ二超和尙及ヒ同法諸德一ヲ爲シ二證明一ト。期シテ二一紀棲山一ヲ。修ス二遮那業一ヲ。時ニ年四十一。〔」イ无〕天明元（一七八一）「辛丑ノ年」〔「」イ年辛丑〕九月十五日ニ寂ス。俗年四十六ナリ。「僧臘六夏」

64　觀明院僧慈傳〔傳イ无〕

一乘僧慈「初名ハ神韶ト」（「」イ无）〔「イ初名神韶〕字ハ無緣。號ス二密庵一ト。俗姓ハ鹽野。勢州洞津ノ之產ナリ也〔也イ无〕。弱齡ニシテ投シテ二本山〔山イ寺〕東塔惣〔惣イ總〕持ノ眞水阿遮〔遮イ闍〕梨一ニ脫白ス。後チ十餘年。明和庚寅（一七七〇）ニ尸トル二觀明院一ヲ。省スル二院事ヲ一者ノ四五年。恃怙相尋テ長逝ス。於テレ是ニ。安永三（ア七カ）（一七七四）年。有リ二閉關ノ之志一。五年丙申正月。懺摩シテ祈ルレ相ヲ。二月二十二日。禮シテ二安樂院ノ大超和尙一ヲ。稟ク二圓ノ十善戒一ヲ。翌二十三日於テ二戒壇院一ニ。自誓シテ納レ二梵網ノ三聚戒一ヲ。延テ二安樂ノ輪主〔主イ住〕和尙。及ヒ同法諸大德一ヲ。以テ爲ルコト二證明一ト。一ニ如シ二故事一ノ。乃チ期シテ二一紀一ヲ。脩ス二遮那業一ヲ。時ニ年四十。天明八（一七八八）戊申ノ年。滿紀シテ進ミ二具ス安樂院一ニ。文化五（一八〇八）「戊辰年」〔「」イ年辰〕十月十六日。示ス二寂ヲ〔示寂イ无〕於世尊寺一ニ。「俗壽七十二」〔「」イ歸寂〕

65　大乘院慈谿傳〔傳イ无〕

一乘慈谿。字ハ探源。俗姓ハ上武氏。下野ノ州足利郡ノ之〔之イ无〕產ナリ〔「イ也〕。年十有一ニシテ。投シテ二東叡山福聚院ノ大僧都慈秀一ニ薙髮ス。十六歲ニシテ登リ二本山一ニ。寄ス二寓ヲ大乘院一ニ。明和八（一七七一）辛卯ノ年。主トル二大乘院一ニ。安永七（一七七八）戊戌年七月二十八日。從二寂進

和尚。受沙彌戒。明日登壇受大戒。期一紀住山。修遮那業。時年三十二。九年庚子春二月十六日。依疾終焉。僧夏一歲。「俗壽三十四」

66 千手院了中傳

一乘了中。字香純。號寂聞。俗姓長谷氏。信濃州水內郡柳庄赤沼里產也。十三歲之秋。投本州善光寺別當大勸進大僧都香雲祝髮。未幾十四歲之秋。師依疾謝世。復師事嗣席慈熏大僧都。僧都曾在山日。有蟄山願不果。明和壬辰（一七七二）之春。召予及弟子。告云汝等有住山護祖規之志者。我爲外護。予乃承旨。十九歲初登本山。掛錫於大乘院。二十四歲冬。奉貫主法王命。主千手院。安永七戊戌（一七七八）之冬。懺摩得相。翌「八年己亥」正月二十二日。請寂進和尚。受沙彌戒。同二十三日。登壇自誓受菩薩大戒。卽日誓一紀栖山。脩止觀業。時年二十六歲。天明五乙巳（一七八五）年四月出界。寛政五癸丑（一七九三）年五月十日。於東都寂。自號護念律師香純。「世壽四十歲」

67 壽量院覺傳傳

一乘覺傳。字大悲。號空寂。姓黑川氏。肥後八代之產也。幼白投白木山神宮之梵輪阿遮梨剃髮。明和五年（一七六八）戊子登叡峯。就東溪正覺院前大僧正豪覺而學焉。後爲弟子。安永元年（一七七二）壬辰冬。主壽量院。安永八己亥年正月二十四日。請安樂寂進和尚。於自坊受沙彌戒。明日登壇自誓。得梵網三聚淨戒。憑和尚及同法諸大士。以爲證明。乃誓一紀。脩舍那業。時年三十三。寛政四辛亥年正月滿紀。進具安樂院。號大悲。住岩根善水寺

68 禪定院榮照傳

一乘榮照。字知造。俗姓頓宮氏。備之前州和氣縣之產也。年甫十一。投州之金山寺妙音院榮範法印。預圖出家。丁卯之夏。從同寺遍照院朗賢阿遮梨薙髮。癸未登本山。初寓事惠心院僧正忍達。後師侍惠光院義遍僧正。癸巳之春主禪定院。辛

丑ノ之〔イナシ〕冬結ヒテレ壇ヲ修スレ懺ヲ。天明二壬寅（一七八二）ノ年四月七日。請シテ二安樂院ノ光遠律師ヲ一。稟ケ二圓ノ十善戒ヲ一。十日請シテ二遠師及ヒ同法數輩ヲ一。爲ス二證明ト一。登壇シテ受ケ二大戒ヲ一。誓ヒ二一紀籠山ヲ一。修ス二遮那業ヲ一。時ニ年四十有六。寛政六甲寅（一七九四）年〔イナシ〕ノ年四月ニ滿紀ス。於テ二安樂院ニ一進具シ。自ラ稱ス二知造ト一。九年〔「イ年〕九月晦日〔「イ同〕〔「イ巳〕ニ。示ス二寂ヲ于東麓ノ瑞光庵ニ一。「〔」イナシ〕俗壽六十一」

69 觀樹院宏範傳〔傳イナシ〕

一乘宏範。字ハ芳雲。姓ハ池田氏。信州水內郡ノ之〔イナシ〕產ナリ也。年十二歲ニシテ。投シテ二總（武カ）州隅田河木母寺ノ主惠宏阿遮〔イ闍〕梨ニ一薙髮ス。十有七歲ノ之秋。師主命シテ使ムレ登ラ二天台ニ一。乃チ從テ二南峯法曼院已講觀道ニ一而學フ。天明壬寅（一七八二）ノ之夏。奉シ二貫主大王ノ之〔イナシ〕之命ヲ一。主トル二觀樹院ヲ一。天明四（「二カ）甲辰ノ之冬。發シ二納戒ノ之志ヲ一。懺摩シテ得レ相ヲ。同ク十二月十七日。於テ二淨土院ニ一。屈シテ二安樂院ノ性潭律師ヲ一。稟ケ二山家ノ沙彌戒ヲ一。翌十八日。於テ二戒壇院ニ一。自ラ誓ツテ受ク二梵網ノ三聚淨戒ヲ一。此ノ日延ヒテ二性潭遮〔イ闍〕梨。及ヒ同法ノ諸大士ヲ一。以テ爲スレカ二之證明ト一。乃チ依テ二祖制ニ一。一紀屏居シ。修〔イ脩〕ス二大悲遮那業ヲ一。時ニ年トシ二十有四。寛政八丙辰（一七九六）年〔イナシ〕ノ多滿紀ス

70 三光院秀圓傳〔傳イナシ〕

一乘秀圓。字ハ易行。姓ハ打田氏。伊勢鈴鹿（イセスズカ）縣ノ之產ナリ也。明和三丙戌（一七六六）年ノ春。投シテ二東溪三光院ノ秀侃闍梨ニ一薙髮ス。天明元辛丑（一七八一）ノ年。侃師永ク逝ク。於テカレ是〔イ茲〕ニ乎。有リ二登受ノ之志一。明年ノ之〔イナシ〕春。尸トル二三光院ヲ一。天明戊申（一七八八）〔「イ八〕ノ之歲〔イ年〕六月。懺摩シテ得ルレ相ヲ。八月七日。禮シテ二安樂ノ輪住寂玄大和尚ヲ一。稟ケ二圓ノ十善戒ヲ一。翌朝登リテ二戒壇院ニ一。自カラ誓テ得ニ梵網ノ三聚淨戒ヲ一。依〔イ便憑〕テ二玄和尚。及ヒ同法ノ諸大士ニ一。以テ爲ス二證明ト一。乃チ誓ツテ二一紀栖山ヲ一。脩〔イ修〕ス二止觀業ヲ一。時ニ年三十六。寛政十二庚申（一八〇〇）ノ年〔イナシ〕紀滿。同ク十二月三日。〔「イ年〕進ミ具シ于安樂院ニ一。自カラ號ス二寶行ト一。文化十癸酉（一八一三）年〔イナシ〕六月十五日。寂〔イナシ〕ス二於上州ノ長樂寺指善庵ニ一。〔「イ寂〕時ニ年トシ六十一。僧夏十三ナリ

71 松林坊正道傳〔傳イナシ〕

一乘正道。字ハ大住。號ス二慈先ト一。姓ハ中川氏。江州淺井郡川道縣ノ之產ナリ也。歲トシ十有二ニシテ。而登リテ二叡嶽ニ一。投シテ二南谿圓龍院ノ貫剛權僧正ニ一。明年ノ之秋八月祝髮ス。十有五歲〔イナシ〕ニシテ。

爲當院之先住。正眞大僧都之資。十有九歳。依師繼席武都之大泉寺。附院爲看坊。二十又三。被免稱號。明年寛政紀元（一七八九）。懺摩感相。八月十四日。於淨土院。請安樂輪主覺忍和尚。稟圓十善戒。翌朝登戒壇院。自誓受於梵網大戒。憑和尚及同法諸師。以爲證明。即日誓一紀。修止觀業。時年二十又四。享和元辛酉（一八〇一）年八月滿紀。文化十一（一八一四）甲戌年七月晦日。寂於途中勝華寺。「世壽四十九」

72 護心院詔堂傳

一乘詔堂。字導念。姓益田氏。武州江戸之產也。二十歳。投東叡山寶勝院貫純薙髮。後登台嶺。爲探題僧正詔順之弟子。天明二壬寅（一七八二）年。主西溪護心院。寛政元己酉（一七八九）年十月。懺摩得相。十二月十四日。禮安樂輪主覺忍和尚。稟圓十善戒。十五日登壇。自誓得戒。憑和尚及諸大士。爲證明。乃誓一紀。修止觀業。時年四十。享和元辛酉（一八〇一）十二月滿紀。同二年壬戌二月十日寂。號制心「院。俗壽五十三」

73 千手院守良傳

一乘守良。字妙傳。姓星野氏。武州江府之產也。九歳而登東叡。投眞如院覺印祝髮。十五爲執當眞覺院守寂之弟子。二十四歳之夏。主千手院。後寛政二庚戌（一七九〇）之春正月。懺摩祈相。同三月二十七日。於淨土院。請寂玄和尚。稟圓十善戒。翌朝登戒壇院。自誓受梵網大戒。憑和尚及同法諸大士。以爲證明。即日誓一紀。修止觀業。時年二十八。享和二年壬戌（一八〇二）三月滿紀。同年四月七日。於安樂院進具。稱聖寶。嘉永四年辛亥（一八五一）十二月二日。示寂於有門庵。時年八十有九

74 十妙院觀禪傳

一乘觀禪。字寶輪。姓清水氏。本州澤山之產也。安永三甲午（一七七四）年。十三歳。而事多賀成就院義隆法印。翌年六月祝髮。後登本山。爲前住已講觀道之弟子。二十二歳爲看坊。二十五歳而尸院。寛政

（一七八九）元己酉之秋。發登受志。明年正月懺摩感相。同三月二十七日。於淨土院。請寂玄和尚。受山家沙彌戒。明日登壇。自誓納梵網重輕。憑和尚及以同法諸師。以爲證明。（一八〇二）即日誓一紀。修遮那業。時年二十七。享和二壬戌年三月滿紀。紀後住山。（一八〇五）文化二乙丑年五月辭院。隱攝州神峯山寺。（一八三八）天保九戊戌年九月十八日。於十妙院里坊示寂。俗年七十又五。僧夏四十九。

75 上乘院亮慧傳

一乘亮慧。字叔玄「後改號空如。」姓伊藤氏。上總國夷隅郡御宿之產也。明和九壬辰年。（一七七二）投郡之妙音寺晃賢遮梨薙髮。十有七歲之春登叡峯。乃爲西溪妙音院慧門之弟子。翌年之秋。師永逝矣。於茲有登受之志。又拜當院先住亮圓爲依怙。師附當院。自移住惠日院。年二十有四而主院。寬政（一七九一）三辛亥年春。以有志願。修懺摩得相。同年七月二十二日。於淨土院。請寂玄和尚。而受沙彌戒。翌日登戒壇院。自誓得戒。憑和尚及以同法諸大士。以爲證明。乃誓一紀。修止觀業。時年三十。（一八〇三）享和三歲癸亥七月滿紀。紀後住山。（一八〇五）文化二歲乙丑八月。辭院隱山西華園矣。「後改字空蓮也」

76 等覺院角言傳

一乘角言。字慧菴。俗姓安田氏。濃州不破縣里之產也。投縣之南宮正行院賢宗遮梨薙染。明和年中。登本山。寓南谷眞藏院。安永十辛丑年（一七八一）三月。尸等覺院。寬政四壬子年（一七九二）八月七日。於淨土院。請于安樂輪住省我和尚。稟圓十善戒。翌朝八日。登壇自誓。受于梵網大戒。乃憑和尚及以同法諸德。以爲證明。即日誓一紀。修遮那業。時年四十七。享和四歲（一八〇四）次甲子春正月八日入滅。「世壽五十九」

77 樹王院慧鎧傳

一乘僧慧鎧。字眞求。姓河野氏。常陸國行方縣之產也。年十三投本山無量院慈門師。而爲弟子。于時師在東叡。以故拜彼山等覺院主忍善法印。

為剃度師。鎧歳十九。逢師大故。天明三癸卯（一七八三）年。初登台嶺。寄寓寶嚴院。翌年之春。為樹王院看坊。同年之冬。被免稱號。寛政辛亥（一七九一）。既雖起閉關之志。時節未至。寛政八丙辰（一七九六）之夏。漸全本志。修懺感好相。於茲八月七日。請安樂輪住寂玄和尚。於淨土院。稟受圓十善戒。翌朝延屈寂玄和尚。及以同法諸大士。以為之證明。乃登戒壇院。自誓受持梵網大戒。即日誓約一十二年。修止觀業畢矣。時歳三十又四。寛政十一己未年四月四日入寂。「俗壽五十二」

78 南樂坊光完傳（㋑前出「63眞藏院慧潭傳」の前）

一乘止觀業光完。字十乘。號歡城。姓渡部氏。羽州櫛引郡之產也。安永五丙申（一七七六）年三月。投州之井岡寺有秀薙髮。後師事華藏院同以。寛政七乙卯（一七九五）年冬。尸南樂坊。同九年丁巳七月。懺摩得相。同八月七日。從覺忍和尚。受沙彌戒。明日登壇。證明諸大衆。受大戒。誓一紀住山。于時年三十八。文化六己巳（一八〇九）年八月滿紀。雖然紀後。住界七年矣。蓋楞嚴院中。無蟄山之者也。同年丙子之秋。大林院主全公蟄山焉。由是出界。住安樂院進具。天保七丙申（一八三六）年二月十九日寂。「世壽七十七」

79 吉祥院實光傳

一乘實光。字圓諦。號觀空。俗氏高橋。下野都賀郡之產也。十有三歳。投本州普門寺光遍闍梨薙髮。十五登東叡。為凌雲院前大僧正實乘之弟子。十九登本山。從金勝院鎮祐僧都修學焉。後事吉祥院實運。享和三（一八〇三）「癸亥之」冬。運移西教寺。因欲以院附光。於是。明年之春。奉管領大王之命。主吉祥院。運初有蟄山志。而為事緣。不果所願矣。一日告光曰。今乏于護祖規人。遺誡將絕。子夫依祖法。一紀住山乎。光固有其志也。同年八月。懺摩祈相。十月二十二日。禮覺忍和尚。受圓十善戒。二十三日。屈和尚及同法諸師。以為證明。登壇自誓。受梵網大戒。

誓一紀修止觀業。文化十三丙子年（一八一六）十月二十三日滿紀。自號行圓。天保七丙申年（一八三六）六月十二日。於禪林院別墅示寂。俗年五十又七。僧夏三十一歲

80　三光院周善傳

一乘周善。字體性。號寶音。姓柏木氏。紀陽日高南鹽屋縣之產也。寬政元己酉（一七八九）之秋。十一歲而投松見覺周薙染。同十二庚申年登台嶺。寓西溪常智從含闍梨而學焉。後爲三光寶行律師之資。文化元甲子（一八〇四）之夏。補師席。時年二十六歲。秋九月因從來之懇願。欲果登壇納戒之事。乃修懺得感好相。同十一月十四日。於淨土院。屈安樂覺忍大和尚。稟山家沙彌戒。翌十五日。登戒壇。自誓受得圓頓大戒畢。乃和尚及以先輩大德。爲證明。誓一紀籠山。修遮那業。文化十三丙子年（一八一六）十一月十五日滿紀。進具於安樂院。弘化三丙午年（一八四六）八月八日。於同刹示寂。「時年六十八」

81　無量院慈哲傳

一乘慈哲。字以保。姓猪鼻氏。武州比企郡下伊草邑之產也。年甫十二。從東叡山勸善院慈岡祝髮。寬保三癸亥（一七四三）年。登本山修學。主大智院。凡十七歲。移住越前府中引接寺。後辭院務閑居某寺。文化三丙寅年（一八〇六）。更發欲遵山家式。誓受梵網大戒之志。還住本山無量院。其年七月修懺所求好相遂。以八月七日。請安樂院知津和尚。受十善戒。翌日以同和尚及同法諸德。爲證明師。自誓受大戒。期願一紀。修止觀業。已而獲疾。即月十八日歸寂。年八十三

82　放光院孝圓傳

一乘孝圓。字本爾。號驗迷。俗姓千葉。江州蒲生小谷之產也。年十有五。投本山東塔佛頂壽量融法師。薙髮脫白。於大悲和尚所。受戒染衣。後事讚壽僧正。爲弟子。繼順臺和尚之法系。文化五年（一八〇八）戊辰冬。尸放光院。既遂閉關之志。同年十一月十四日。請吉祥諦律師。始懺摩祈取相。至臘月

二十五夜。漸得取相。歲暮事繁。「文化六」年己巳正月十四日。禮安樂院忍海和尚。稟圓十善戒。一日護持沙彌戒法。翌日辰時。登壇自誓納梵網三聚之大戒。便以安樂輪住和尚。同法諸大德列爲以證明。翌十六日誓期一紀。修止觀業。時年三十三。嘉永六癸丑(一八五三)歲十一月四日寂。號忍堂。「俗壽七十七」

83 金光院亮照傳

一乘亮照。字方明。號坎溪。江戸產也。享和辛酉(一八〇一)臘八。禮東叡山明王院住持長嚴祝髮矣。文化二年(一八〇五)乙丑之夏。登山寓學東溪光聚坊。同十二年乙亥之夏。住持本院。中興第十五世也。相尋欲依祖式蟄山。修遮那經業故。就十如海和尚。受八關齊戒。於弘律道場。專行懺摩。乃遂感相。以九月念三日。請海和尚。受沙彌戒於祖堂。翌日登壇。自誓受大戒矣。請海和尚及同法諸大士。爲之證明事。一如舊式也。維時享年三十。文政十丁亥(一八二七)年九月滿紀。依梶井承眞親王之內命。隱魚山香光菴。後遯于松尾山。天保五甲午(一八三四)十二月五日。「示寂於」湖東八幡。「俗壽四十九」

84 嚴王院慈湛傳

一乘慈湛。字實應。號千空。姓佐藤氏。城州乙訓郡之產也。生年十三。投洛陽般舟三昧院實邦。享和二年(一八〇二)壬戌五月十一日。禮彼師實賢祝髮矣。其後登本山。師事于嚴王院慈英。英移寶園院。仍而文化十二(一八一五)乙亥。住持其院。明年丙子五月。受八關齊戒。專行懺摩。遂感相。同九月七日。請仁海和尚於祖堂。受沙彌戒。明日登壇自誓。受得大戒矣。則請仁海和尚。及以同法諸大士。爲證明。一如舊式。明日誓一紀。修止觀業也。時年二十有八。文政十一戊子(一八二八)年九月滿紀。天保七丙申(一八三六)年八月二十日寂。「俗壽四十八」

85 大林院慈全傳

一乘慈全(後ニ改ム全味ト又名ク全道ト)字忍禪。號恬菴(「後ニ改ム淡庵ト」)加州

金澤之產也。俗姓加藤氏。文化四丁卯年(一八〇七)八月六日。禮同所西養寺住持孝忍薙髮。同六年中冬登本山。師事龍禪院順理。學「天台教義」。同十二「乙亥之」春。住持本院。明年丙子之七月。受八關齊戒。專行懺摩。乃感好相。同九月七日。請仁海和尚。受沙彌戒於祖堂。翌日登壇自誓。受大戒。請仁和尚。及同法諸大士。爲證明。明日誓一紀。行法遮那業也。時年二十六。文政十一戊子(一八二八)年九月滿紀。然依院内闕如。紀後住山。

86 星光院豪觀傳

一乘僧豪觀。字了具。羽州山形城頭裏。山寺氏之五男也。寶曆六丙子(一七五六)年十一月產。明和五戊子(一七六八)年十一月。出雙親家。投郡之泰安寺(在城內)眞闍梨之室。翌己丑年仲春十三日。拜師脫素剃染。安永五年丙申(一七七六)之初夏。辭鄉掛錫于武之野山。同八年辛卯(己亥カ)之初夏。從他勸誘。入衆東叡之學館。肄業經歷八箇年。而天明五年乙巳(一七八五)之初冬。欲遂先師之遺情。一錫飄然。登涉山門。翌年丙午之孟秋初旬。尸大仙院。寛政六(一七九四)年甲寅之夏。掌持西院之記業。同八年丙辰之春。起首回峯。期三箇年修練。至三百日止。同九年丁巳之秋九月。應西院大衆之需。教授山灌。享和元年(一八〇一)辛酉之孟秋。役十津之十軸。同三年癸亥之正月下浣。兼領西教寺。號眞粱。同年秋八月。補望擬講。初冬從前大僧正豪恕和尚。傳授法勝寺之戒灌。而掌一派之傳戒師。暮年掎彼之寺職。還歸本溪。文化元(一八〇四)年甲子五月。於台麓之來迎寺。從戒和尚前大僧正豪恕。稟承元應寺之戒灌。同丁卯仲春。於轉法輪堂。勤別請竪義之竪者。其年四月。移席于寶園院。同五年戊辰八月。進兩法華會之講師。暮年爲勸賞。賜院室一色。同八年辛未五月十八日。別請竪義一問。於橫川勤之。同年秋九月。奉梨下之宮之台命。參勤宮講。昇極官。同九年壬申夏六月。轉正觀院。秋九月封新題者。並賜紫衣。同十一年甲戌冬十月三日。於根本中堂。別請竪義判談努之。同十二年乙亥春三月。轉任正官。十四年丁丑春。轉大僧正。秋八月役勸學會大學頭。文政二年(一八一九)己卯十月仲浣。辭正觀院。號阿吽庵。遯行泉院別墅。凭曩有籠山志願。同三年庚辰三月。領星光院。五月十五日。企前行。行法得相。八月十三日於淨土院。拜寂善和尚。受圓沙彌戒。翌十四日辰時上刻。延善和尚並同法龍象。爲證明。登壇受戒。期一紀修遮那業。時歳六十五。天保三壬辰(一八三二)年八月滿紀。時年七十七。隱星光院別房。弘化四丁未(一八四七)年正月四日歸寂。俗壽九十有三。僧夏二十六

87 榮泉院慈雄傳

一乘慈雄。字靈巧。姓芝原氏。勢陽洞津之產也。十有二投前住行泉院大僧都慈存薙染。文化十二(一八一五)龍集乙亥春三月。尸本院。文政第三(一八二〇)歳次庚辰秋八月。受八關齊。修懺摩行。初冬十一月。從聖寶和尚。受沙彌總相十善性戒。次日和尚。及同法大德。以爲證明。登戒壇場。方納一乘圓廣具足大戒。遵奉祖式。一期蟄山。圓頓止觀。以爲所業。維時亨年二十有八。乙酉六月九日。疾病而寂。葬于西塔院北溪寒林。俗年三十又三。僧夏四歳

88 安禪院薦道

一乘薦道。字純如。姓津田氏。武陽府城之產也。年十有三。投東叡元光院權僧正長道脫素。文化壬申(一八一二)登台嶺。寓善學院。文政改元(一八一八)三月。尸安禪院。同三年秋八月。結壇修懺。同十一月七日。禮安樂院惠雲和尚。稟山家沙彌戒。翌八日登壇自誓得戒。則請雲和尚。及同法諸德。爲之證明。乃期一紀。修止觀業。時年三十一。天保三(一八三二)壬辰年十一月滿紀。進具於安樂院。天保五甲午年三月十二日。於同刹歸寂。時年四十五

89 圓教院晃然傳

一乘晃然。字夢蘊。姓眞田氏。信陽小縣郡之產也。年十二。投同郡常樂寺義周脫白。同乙亥之秋。

寓西溪地福院堯丈學。後事行光坊快然。文政庚（三カ）（一八二〇）辰之冬。尸本院。相尋欲依祖式。一紀棲山。修遮那經業。同壬午三月。結壇（壇イ檀）懺摩。遂感好（好イナシ）相。同六月十三日。從聖寶和尚。受圓十善戒。翌（翌イ翼）十四日（日イナシ）於戒壇（壇イ檀）場。自誓受大戒矣。和尚同法大德。以爲證明。如舊式。時年三十有二。天保六乙未（一八三五）年滿紀。隱馬山。天保十三壬寅年五月三日寂。「行年五十二歲也」（「」イナシ）

90　延命院德融傳（傳イナシ）

一乘德融。字無染。姓（姓イ性）木村氏。淡海州蒲生郡之產也。文化三（一八〇六）寅（「丙カ」）年仲秋。登山投延命院德善。脫白（白イ素）染衣。時年十歲。終思立一紀十二年之別行。依之文政十一（一八二八）子（戊カ」）歲（歲イナシ）初冬。依安樂院安忍（「己カ」）和尚。受八關齊（齋カ）。行梵網懺摩百餘日。同十二丑歲二月十三日。受（受イナシ）沙彌戒。十四日（「イ受于同師。翌」）於戒壇（壇イ檀）道場。自誓受大戒。和尚及同法諸大德。以爲證明。時（時イ享）年三十二（「イ有）。紀中行事。以止觀業。爲所修焉（焉イナシ）。天保十二辛丑（一八四一）年二月滿紀。隱延命院別房。

91　大乘院亮讓傳（傳イナシ）

一乘亮讓。字忍鎧。姓（「イ俗）內田氏（氏イナシ）。信州水內郡鶴里之產也。文化七年（一八一〇）。就州之善光寺靈山院亮寬大僧都。受歸戒。十年之（之イナシ）秋登東台。隨現龍院慈範大僧都得度。時年十二。文政八年（一八二五）四月。初登本山。寄寓法曼院。九年春。承慈範之法系。住大乘院。時年二十五。十一年志籠山修業。冬十月。修取相懺。臘月末取相成就。翌年己丑二月十三日。請安忍和尚。與延命院德融。受圓十善戒。翌十四日於戒壇院。辰上牌（刻カ）。與德融同自受受具。二十三日依遮那業誓紀。時年二十八。天保十二年（一八四一）二月二十三日一紀滿時。因止觀楞嚴籠山闕少。依兩院大衆勸發。紀後仍住山七年。弘化四丁未年（一八四七）（年イナシ）八月。辭（「イ年）院號慈心庵。晚隱善住院別房。安政二年（一八五五）乙卯之秋。嬰疾不治。明春正月二十一日。召諸弟子告終。束衣鉢及圓戒章疏。付之律師慈讓。

收メテ密具及ヒ諸部ノ祕籍ヲ。屬シテ之レヲ法資實讓ニ。教誡言ヒ訖テ而歸寂ス。俗年五十五。僧夏二十七。荼毘ノ烟(烟イ煙)リ盡テ舌根不レ壞ブレ

92 玉林院覺明傳 (傳イナシ)

一乘覺明。字ハ慧長。越ノ之後州蒲原郡ノ之產ナリ也。弱齡ニシテ投シテ江府龍寶寺ノ慧隆ニ薙髮ス。長シテ登リテ山ニ從テ學フ行光坊ノ義宥ニ。爾(ソ)ノ後奉ニ仕シテ歡喜心院法王ニ。司トル道場ヲ。稱ス善王院ト。文政十一(一八二八)戊子(戊子イナシ)年ニ法王薨シタマフ。因テ寓ル無動寺ノ玉林院ニ。同十三庚寅(庚寅イナシ)年。繼キテ大行滿覺道ノ法系ヲ。主トリ玉林院ヲ。改ム名ヲ覺明ト。其ノ年爲メニ薦(スス)メンカ先王ノ冥福ヲ。請シテ貫主大王ヲ。改メテ衣ヲ誓フ紀ヲ。秋修(修イナシ)シテ懺摩ヲ行成ス。九月二十二日。請シテ蓮堂和尚ヲ。受ク沙彌戒ヲ。翌二十三日。登リテ壇ニ受(修カ)ケテ具ヲ。依ニ止觀業ヲ。俄ニ病ミ十月三日ニ示ス化ヲ(以上イ「第二」)

〔一乘僧略傳第三〕(イ(表題))

93 大興坊昌德傳 (傳イナシ)

一乘僧昌德。字ハ無想。天保二(一八三一)卯(ア辛カ)三月二十八日。尊ンテ祖式ヲ。登壇受戒シテ。翌(翌イ翼)日誓ヒテ一紀棲山ヲ。修ス止觀業ヲ。一十二年勤修シテ佛眼大法ヲ。一日モ未タ曾テ廢セ。天保十四卯(ア癸カ)三年(年イ月)滿ニ一紀ヲ。然レトモ依テ祖廟四輪ノ缺如ニ。八箇年中。紀後住ス山ニ。嘉永三(一八五〇)戌(ア庚カ)年(アイ時)十一月隱居ス東麓ニ。安政四(一八五七)年(年イナシ)丁巳三(アイ年)月十六日ニ入寂ス。年七十七ナリ

94 榮泉院乘如傳 (傳イ譜)

一乘菩薩僧乘如。字ハ實道。俗姓ハ笠原氏。享和元(一八〇一)年辛酉。生ル越ノ之前州丹生郡ニ。文化十一(一八一四)年甲戌ノ年甫メテ十四。投シテ州ノ之今立郡放光寺ノ覺忍ニ薙染ス。文政四(一八二一)年辛巳。傳教大師滅後ノ之一千(千イ年)年ナリ也。慨乎トシテ發ス踏(踏イ蹈)ミ祖跡ヲ。山修山學ノ之意ヲ。而シテ苦ム無キヲ資ノ之支ル師ノ之可キヲ依ル。寓シ居スル台麓ニ者一年。翌年壬午ノ五月。詣テハ雲母不動明王ニ。七日斷チテ食ヲ。祈ル遂ンコトヲ心期ヲ。七月正觀院慈映大僧正。引テ爲シ弟子ト。看セシム其ノ山坊ヲ。蓋シ以ナリ放光ノ忍公。曾テ有ル待(待イ侍)シテ大僧正ノ本師慈哲律師ニ。師資ノ因緣也。九年丙戌。正教坊圓如大僧正。延(延イ引)テ爲ス弟子ト。十一年戊子。百日回峯修行。六十餘日絕チ穀ヲ飡フテ菓ヲ。修スルコト不動明王立印護摩ヲ百座。更ニ期シテ二七日ヲ。斷チ一切ノ食ヲ。最後ノ一日一

夜。修八千枚護摩。是歳臘月。主榮泉院。天保元年庚寅（一八三〇）。感得不動明王靈像。悲喜交集。修立印供五百座。而立受持大戒。一紀棲山。手寫大般若。法華。仁王。金光明。及淨土三經。以欲建六角石寶塔。供養之之願。同年十月預洞中懺法會。六年乙未九月。受八齊戒十重禁。修常行三昧。翌年丙申。懺悔行道。一百五十餘日。感見好相。十一月十四日。請篤應和尚。於淨土院祖廟。稟沙彌戒。十五日登戒壇院。受一乘戒。請應師。及同法諸大士。爲證明。翌日誓一紀棲山。修止觀業。于時年三十七。越十七日。始寫大般若經。弘化元（二カ）乙未（巳カ）年（一八四五）七月。寫六百軸畢。翌年丙午七月。法華等諸經書寫全遂功。而建寫經塔於生源寺觀音寶前。嘉永元戊申年（一八四八）十一月滿一紀。同四年辛亥十二月。辭寺職隱台麓。號紫雲庵阿彌陀坊。安政四丁巳（一八五七）。建一切經石刻發願碑。於正教坊別墅之門前。此年十月。依衆人之勸發。安樂入衆兼學矣。時年五十七。安政五年戊午七月二十一日寂。

95 佛乘院淑祐傳

一乘僧淑祐。字守和。姓平田氏。和州高市之產也。文政四年辛巳（一八二一）十一月。登山。投佛乘院大僧都常偏薙染。天保五年（一八三四）夏四月。尸本院。同六年春。起回峯之志。期三箇年。修練至六百日止。同丁戌（ママ）之冬。既雖起閉關之志願。時節未至。同庚子之冬。漸全本志。依之翌辛丑之春。受八關齊（齋カ）。修懺摩行。初秋二十二日。從淡菴和尚。受沙彌總相十善戒。明日請和尚。及同法諸大德。以爲證明。登戒壇場。方納一乘圓廣具足大戒。奉遵祖式。一紀屛居。修大悲遮那業。時年三十三。嘉永六（一八五三）丑（「癸カ）七月滿紀。辭院隱佛乘院別房。安政五戊午（一八五八）歲九月十二日示寂。時年五十

96 圓乘院深恭傳

一乘僧深恭。字專阿。號欣淨。姓松田氏。伊豫州松山產也。文政八乙酉年（一八二五）六月四日。禮松山常信寺九世

大僧都體恭ヲ薙染ス。後ノチ登リテ本山ニ。寄住ス于横川ノ覺常院ニ。弘化改元甲辰年（一八四四）十二月。依テ為ルニ師跡ト。主トル圓乘院ヲ。同二年乙巳六月。受ケテ八關齊戒ヲ。專ラ行シテ懺摩ヲ。乃チ感ス好相ヲ。同十月十七日。請シテ安樂院ノ輪住淡庵和尚ヲ於祖堂ニ。受ケ沙彌戒ヲ。翌十八日。於テ戒壇院ニ。自誓シテ受ク大戒ヲ。淡庵和尚。及ヒ同法ノ諸大士為シ證明ト。卽日期シテ一紀棲山ヲ。修ス遮那業ヲ。于時ニ年三十六。安政四丁巳年（一八五七）十月十八日滿ス一紀ヲ。同月二十四日。安樂院入衆兼學。時ニ年四十八

97 等覺院考忠傳

一乘僧考忠。越前ノ人ナリ也。不知ラ其ノ姓氏ヲ。十二歳ノ之春。投シテ本覺院ノ之室ニ。為ル考諶ノ之弟子ト。天保某年。主トル等覺院ヲ。同十二年（一八四一）辛丑ノ正月。登壇受戒シテ。誓フ一紀籠山ヲ。未タ幾ナラ病ミ卒ス于大林ノ精舍ノ別墅ニ。世壽三十二。實ニ天保十二年三月十日ナリ也

98 「善學院眞常傳」（缺傳）

（イ「101蓮光院觀榮傳」この位置）

---

99 千手院乘觀傳

一乘僧乘觀。字ハ傳明。號ス是心ト。俗姓ハ林氏。薩摩州ノ人ナリ也。十歳ニシテ出テ家ヲ。投シテ州ノ之南泉院權僧正周山ニ。薙髮染衣ス。及テ漸ク成ルニ長ト。幡然トシテ攀ツ台嶺ニ。尚ホ責テ身ノ之不ルコトヲ足ラ。嘉永元年（一八四八）ノ之冬。受ケ八關齊ヲ。臘月初八。方ニ修ス懺摩ノ行ヲ。明年二月中三。從テ大寶和尚ニ。受ケ圓ノ十善戒ヲ。為ル山家ノ沙彌ト。明日請シテ「和尚。及ヒ同法」ノ諸大德ヲ。以テ為ス證明ト。登リテ戒壇院ニ。受ケ菩薩ノ大戒ヲ。卽日誓テ一紀ノ棲山ヲ。精ニ修ス止觀業ヲ。于時ニ年二十八。然レトモ生死ノ事大ニ。無常迅速ナリ。乃チ萬延元申年（一八六〇）仲冬。惱ルコト凡ソ二旬ニシテ。頭北面西シテ。溘然トシテ圓寂ス。俗壽三十九。僧夏十二

100 慈光院順昌傳（缺傳）（イ後出「104一音院光忍傳」の前）

〔一乘僧順昌〕

「重興籠山一乘僧略傳　巻中　終」

重興籠山一乘僧略傳　卷下

（對校㋑本總目なし）

總　目

重興籠山一乘僧略傳　卷下總目　終

「重興籠山一乘僧略傳　卷下」（「」イナシ）

101 蓮光院觀榮傳（傳イナシ）（イ前出「99千手院乗觀傳」の前）

一乘菩薩僧觀榮。初名觀超。號空寂菴。俗姓加藤氏。因州鳥取（鳥取イ取鳥）之產也（也イナシ）。文政十三（一八三〇）庚寅之曆。年十歲。從因州大雲院觀讓「大僧都」（イ大僧都」）（「」イナシ）得度。天保十一（一八四〇）年庚子。登山隨從法曼院大僧都豪榮。不幾歸國。居止三年。弘化二（一八四五）乙巳之春。再登山。寄寓十妙之山院。蓋依本師讓公住跡之院也。此歲職蓮光院。秋九月。補鎭國灌頂大阿遮（遮イ闍）梨。自爾已來。連年苦修回峯。練行三百日。葛川參籠九度。嘉永七年（一八五四）甲寅六月。發願一紀籠山。閉（閉イ開）居。禮懺不懈。秋九（九イ八）月好相行成。同月七日。從淡庵（庵イ菴）和尚受沙彌十戒。明八日和尚。及同法諸大德。以爲證明。受一乘具足大戒。依遮那業誓紀（誓紀イ紀誓）。安政五年（一八五八）戊午之晚秋（イ之頃」）。嬰于（于イナシ）微恙。同冬十二月二十三日。謂修不動立印祕法。兼誦大毘盧遮那經要文。終寂於（於イナシ）十妙之山院。僧歲四夏。俗壽（壽イ年）三十八。

102 等覺院考辨傳（傳イナシ）

一乘僧考辨。字念阿。姓小堀氏。洛陽人也。天保三年（一八三二）壬辰之春。十四歲。初登台嶺。投考諶僧正于本覺院薙染。翌年癸巳之（之イナシ）秋。僧正遷化。後事法兄考忍累年。同十二年辛丑之（之イナシ）夏。主等覺院。嘉永二（一八四九）年己酉之（之イナシ）春。登壇受戒。期止觀業。誓一紀籠山。文久元年（一八六一）辛酉之（之イナシ）春滿紀。退隱左麓之別墅。號念阿庵（庵イ院）。翌壬戌之（之イナシ）春。一朝隱跡。不知其所往也（也イナシ）。

103 淨國院貞歡傳（傳イナシ）

一乘僧貞歡。號禿堂。輪王寺（寺イナシ）門主之坊官。奥村宮内卿之末子也。文政丁亥（一八二七）之三月。投谷中感應寺之住護法院大僧都海侃公薙染。天保十五年（一八四四）晚秋登山。翌年戸本院。嘉永改元（一八四八）戊申之臘月。任大僧都。同三年庚戌之（之イナシ）秋。懺摩得相。十月十三日登壇。拜圓乘之深恭和尚。稟傳大戒。誓紀修遮那業。時年三十五。文久二年（一八六二）壬戌之初冬滿紀。隱棲矢背（ヤセ）村（村イ邑）之妙傳寺。慶應三年（一八六七）

丁（イナシ）丁卯七月十五日命過ス。年五十二

（イ「100慈光院順昌傳」この位置）

104 一音院光忍傳（傳イ年譜）

一乘菩薩僧光忍（初メ云フ光親ト）字ハ懷月。肥ノ之前州大村ノ產ナリ也。未タレ詳カニ其ノ傳（傳イ姓）ヲ。於テ長崎ノ長禪寺ニ薙（薙イ雉）髮ス。遊ニ學シテ東叡山ニ。爲（爲イ成）ル見明院光千ノ之資ト。及テレ成ルニ長ト登ル本山ニ。天保十二（一八四一）丑年ニ（ア辛カ）。依テ大王ノ鈎（鈞カ）命ニ。主トル一音院ヲ。弘化三年（一八四六）二月。仁孝天皇御中陰ニ參籠ス。同年被ルレ任セ大僧都ニ。嘉永五年（一八五二）ノ春。於テ戒壇院ニ。受ケテ菩薩ノ大戒ヲ。誓フテ一紀ノ棲山ヲ。精ニ修ス止觀業ヲ。文久四年（一八六四）二月滿紀。依テレ命ニ重テ籠山スルコト（イ箇」）四年。因テレ疾ニ（因疾イ依病）隱居ス。慶應三年（一八六七）丁卯四月十三日。於テ甘露庵ニ示寂ス（イ時」）。俗壽（壽イ年）五十八。葬（葬イナシ）ムル遺骸ヲ（「イ葬）于阿彌陀ケ峯ニ

105 大乘院慈讓傳（讓傳イ幢年譜）

一乘比丘慈讓（讓イ幢）「初ハ云フ慈道ト。後ニ名クト慈幢ト」（「」イナシ）字ハ宗圓。號ス念西ト。姓ハ（「イ俗）長田氏。信州水內郡吉田「邑ノ人ナリ也。」（「」イ氏）母ハ傳田氏。文政九年（一八二六）丙戌十月十一日ニ生ル。天保四年（一八三三）癸巳。登リテ東叡山ニ。師トシ事フ普門院ノ慈廣大僧都ニ。七年丙申八月二十九日。剃髮染衣。嘉永二年（一八四九）己酉。登リテ比叡山ニ。爲ル廣學竪義ノ竪（竪イ立）者ト。三年庚戌（「イ年十一年）。主トル大乘院ヲ。相ヒ續ス慈谿律師ノ之法脈ヲ。五年壬子。發シテ一紀棲山ノ之志（志イ願）ヲ。八月乃チ修ス前行ヲ。十一月十四日。於テ淨土院ノ祖廟ニ。受ク圓ノ十善戒ヲ。翌十六（六イ五）日。登壇（壇イ檀）受戒シテ。誓テ修ス止觀業ヲ。時ニ年二十七。安政六年（一八五九）己未。請シテ三井法明院ノ敬彥和尙ヲ。於淨土院ニ。與ニ榮泉院ノ覺如師ト。倶ニ受ク圓戒諸系。弁（弁イ及）ニ達磨大師一心戒ヲ。元治元年（一八六四）甲子冬十一月一紀方ニ滿ス。於テレ是ニ隱居シテ勢州矢頭山ノ神宮寺ニ（在リ一志郡ノ波瀬村ニ）而專ラ修ス淨業ヲ。時ニ年三十九。明治元年（一八六八）戊辰九月十一日ニ「示寂ス。壽」（「」イ命終。年）四十五ナリ

106 延命院德融傳（傳イ譜）

一乘菩薩僧德融。字ハ觀西。俗姓ハ前田氏。寬政九年（一七九七）生ル淡海（淡海イ近江州）蒲生郡ニ。文化二年（一八〇五）ニ登リテ北嶺ニ。投シテ延命院ノ德善ニ（「イ權大僧都）薙染（染イ髮）ス。不シテ幾年ナラ師逝ス。更ニ隨從（隨從イナシ）シテ老師德賢ニ「德賢師。時ニ住ス南紀ノ陽照院ニ」（「イ南紀陽照院大僧都）（「」イ隨從）勵行苦學積ミテレ功ヲ歸ル師蹟ニ。文政三庚辰（一八二〇）年臘月主トル延命院ヲ。文政十一戊子仲（仲イ中）冬。遂ケテ志願ヲ。賜ヒテ輪王大王ノ之命ヲ。受ケテ八關齊（齋カ）ヲ。修シテ懺摩ノ苦行（「イ之）ヲ。滿ス一百二十日ヲ。

行已成感好相。同十二己丑年三月。請聖寶和尚。受沙彌戒。翌日於戒壇院。自誓受菩薩大戒。請寶和尚。及同法諸大士。「為證明。」期一紀住山。修止觀業。天保十二(一八四一)丑年五月滿紀。辭院隱延命別墅。嘉永年間遁山科元慶寺。更萬延之頃。棲住西京西岡寶菩提院。専修淨業。明治元戊辰(一八六八)年十月十日。無病惱而西面示寂。時年七十三

107 榮泉院覺如傳

一乘菩薩僧覺如。字念道。姓筒井氏。平安城之產也。九歲而拜園城寺法明院敬長和尚薙染。天保八年(一八三七)丁酉九月登山。為榮泉院乘如律師之弟子。弘化三年(一八四六)丙午七月。新清和院尊儀御中陰參籠。嘉永三年(一八五〇)庚戌晩冬補師跡。同六年丑九月。預洞中懺法會。同七年甲寅夏。修行回峯一百箇日。安政五年(一八五八)戊午九月。發願一紀棲山。受齊戒十重禁。乃修前行一七箇日。從同十月二日。正行苦到禮。懺悔一百有餘日。明年己未正月。感見好相。依之二月請淡庵和尚。於淨土院。受沙彌戒。明二日請和尚及同法諸大德。以為證明。登戒壇院。自誓受具。卽日誓紀。練修遮那業。于時年三十五。明治四年(一八七一)辛未二月滿紀。然依祖堂四輪闕如。紀後住山矣

(以下「111金藏院讓道傳」まで㋑本なし)

108 雙嚴院道薰傳　缺傳

109 千光院義遵傳

一乘菩薩僧義遵。字性圓。姓河彌氏。武陽江戶之產也。文政八(一八二五)乙酉年生。天保十三(一八四二)壬寅年九月十七日。投東叡山眞如院義嚴薙染。嘉永元(一八四八)戊申年七月戶本院。師凌雲院大僧正義嚴為手助。在府九年。安政四(一八五七)丁巳年。為登山。蓋廣學竪義竪者也。文久元(一八六一)辛酉十二月。御祈禱列參衆。文久三癸亥年十月朔日。平門院御懺法出勤。被任大僧都。同四甲子年二月發一紀棲山之願。同月二十九日。修懺摩苦

行滿六十日。行已成感好相。五月請德雲和上。受沙彌戒。翌日於戒壇院。自誓受菩薩大戒。請雲和上及同法諸大德。以爲證明。期一紀住山。修遮那業。時年四十矣

110 淨國院貞湛傳　缺傳

111 金藏院讓道傳　缺傳

（以上㋑ナシ）

（以下對校㋑本追記）

112 金藏院眞等

一乘菩薩僧眞等。俗姓伊藤氏。萬延元年（一八六〇）四月十一日。生滋賀縣犬上郡彦根町芹橋。明治八年（一八七五）四月七日。十六歳本山什善坊從岩崎眞讓師得度受戒。同十六年九月十五日。於法曼院灌室從明德院中山玄航阿闍梨入壇灌頂。同二十二年一月十九日。登壇受戒。同年十月六日。探題大教正赤松光映會下竪義遂業。同十八年五月五日。金藏院住職拜命。同二十一年十二月一日。二十九歳籠山入律。同三十四年一月四日。補權僧正。同月八日。紫衣緋紋白着用許可。越同三十六年六月二十九日。轉住守山慈眼寺。復同四十三年十二月二十六日。但馬相應峯寺。同四十五年四月二十四日。轉住柏原村石堂寺。大正十五年（一九二六）七月十九日遷化。世壽于時年六十七歳也

113 教王院孝正

一乘菩薩僧孝正。俗姓飛田氏。明治五年（一八七二）十一月六日。生滋賀縣蒲生郡桐原村池田三八番地。仰延暦寺寺中觀明院深山孝信師剃髮染衣。明治二十五年七月二十五日。大學林第三年前期修業。同年八月十五日。比叡山善光院住職拜命。同三十七年二月十五日。轉住教王院。被仰付淨土院侍眞。時三十三歳。同年四月二十一日。昇補大僧都。大正四年（一九一五）三月六日。岡山縣勝田郡河邊村國分寺特命兼住。大正八年三月一日遷化。同日補權僧正。于時世壽四十八歳也

114 戒定院實情

一乘菩薩僧實情。俗姓三枝氏。天保十三年（一八四二）五月五日。産兵庫縣飾磨郡鹿谷村前庄二百六十二番地。自明治二（一八

九〇)十三年四月十八日。經二兵庫縣神積寺。寶積院。本壽院一。同四十年三月十一日。戒定院住職拜命。同日籠山。誓二一紀棲山一。修二止觀業一。被レ仰二付淨土院侍眞一。生年六十六歲。越テ大正四年(一九一五)二月二十三日遷化。于時戒臘六十三。世壽七十四歲也。弟子ニ有二三島實榮。永濱實(ママ)　。佐藤(實三)亮英等一。墓碑在二飯室谷墓地一

115　寶珠院賢昂

一乘菩薩僧賢昂。俗姓醍醐氏。嘉永六年(一八五三)六月十五日。產ス二愛媛縣東宇和郡宇和町伊賀上一二。文久二年(一八六二)一月五日。年甫テ十歲。得度受戒ス。第二十五敎區齒長寺ニ初任住職。明治三十四年(一九〇一)四月二十日。補二權大僧都一。大正四年(一九一五)三月十二日。被レ命レ轉二住本山寶珠院一。于時生年六十三歲ニシテ。淨土院侍眞拜命。大正九年五月十九日遷化屆出ラル

116　清泉院賢道

一乘菩薩僧賢道。字聖行。姓仁科氏。信陽長野市三輪桐原之產也。投二善光寺別當大勸進習道大僧正一得度。明治四拾參年(一九一〇)。受檢卒二業於大學四年一。昇二級于權大僧都一。掛二錫三河國渥美郡泉福寺一矣。大正五年(一九一六)。登レ山。從二于智光大和尚一受二沙彌戒一。修二懺摩之行一。感二乎好相一。同六年二月六日。登壇納戒。忻二慕於慈覺大師之芳躅一。期二於六年一籠山。修二止觀業一。亦主二東塔清泉院一。臨二于時大正十年一。修二宗祖千百年遠忌一。大正十二年二月七日滿紀。三月辭レ院焉

117　日增院寛雄

一乘菩薩僧寬雄。俗姓岡氏。安政六年(一八五九)五月三日。出二生三重縣安濃郡片田村大字藥王寺一二。明治元年(一八六八)六月四日。年甫テ十歲。投二眞盛派蓮生寺實要誓雄一薙髮ス。同七年二月十日。於二蓮生寺道場一就二誓雄阿闍梨一四度滿行ス。同三十六年五月五日。探題大僧正坊城皎然會下竪義遂業。自二明治元年六月一至二同六年一。就二誓雄一顯密修學ス。同六年三月。入二三重縣中學林一。同八年八月卒業。同年九月。入二眞盛派大敎黌一二。同十一年八月卒業。自二同十二年一月一至二同十三年十月一。入二伊勢松坂町土井熟一攻二究外典一。明治二十四年(一八九一)八月二十四日。補二權律師一。昭和二年(一九二七)四

月二十一日。僧正功進ス。明治二十六年(一八九三)二月一日。照明院初任住職。同二十八年五月二十日。轉ニ住茨城縣安穩寺一。宗務職員等略レ之。大正十三年(一九二四)十二月六日。任ニ本山日增院住職一。同日籠山。誓ニ一紀棲山一。修ニ止觀業一。淨土院侍眞就任。時六十六歲。昭和五年(一九三〇)十一月一日解任。爾後於ニ慈眼堂一養レ老。同九年五月四日遂ニ遷化一。于時世壽七十六歲也。依レ功贈ニ補權大僧正一

118 本行院善淨

一乘菩薩僧善淨。字ハ諦了。號ニ卍庵如如一。丹州篠山城北雲部村太野垣氏ノ三男也。明治二十二(一八八九)己丑年四月十八日產ス。同三十一年三月。出テ雙親ノ家一投ニ播ノ御嶽山。清水谷善惠ノ室一。同三十七年四月二十八日。拜レ師剃髮染衣。同三十九年一月五日。從ニ善惠阿闍梨一四度ヲ滿ス。同年九月。法曼院ニテ從ニ中山玄親權大僧正一入壇灌頂。大正四年(一九一五)十一月一日。傳戒師不二門智光座主ノ下登壇受戒。同五日。探題勝契大僧正ノ會下竪義遂業。昭和五年(一九三〇)九月七日。鷄足院灌室ニテ澁谷慈鎧僧正ヨリ開壇傳法。自ニ三十一年一至ニ四十四年一就ニ善惠僧正一顯密受學。大正二年。東都遊學。淸水寺全山烏有ノタメ中途歸山。豫テ籠山ノ有ニ志願一。默嘯大僧正。並ニ赤松執行。山田幹事ノ厚意ト一山ノ認所。昭和五年六月四日。淨土院ニ登リ岡寬雄侍眞ノ助番トナリ。同九月十日。入ニ好相行一ニ。十月二十六日。初夜戌之刻得レ相。十一月一日巳之時。梅谷座主。幷ニ總務。執行。部長。幹事等拾數口ノ龍象證明。登壇自誓受戒。祖廟前ニ誓ニ一紀籠山一。修ニ遮那業一。同日自ニ湖東會勝寺一轉ニ住西塔本行院一。被レ仰ニ付侍眞一。翌年四天王寺木下寂善大僧正好トセラレ。阿吽庵豪觀律師所用二十五條衣被ニ付屬一補ニ薄德一。資例月四日ニ着用奉仕。故ニ無ク大過一。至ニ二十七年十二月十日一侍眞引退。在勤閱スニ二十有二星霜一。祖恩深厚ナル感懷無量。亦是滿山大衆之慈懷而已。亦先ニ學問所被レ任ニ能化一。東麓慈眼堂ニ隱棲。于時臘二十三。壽六十四歲也。因ニ二十五年五月二十日。補ラルニ望擬講一。猶因ニ昭和十一年五月。山家灌頂於ニ生源寺密室一。敎授阿闍梨從ニ觀幢僧正一傳受畢レ之

（以上對校(イ)本追記）

（底本奥書）
重興籠山一乘僧略傳上中下合帙七十五紙ハ者。據ニテ法華淸淨土院ノ藏本ニ謹寫者ナリ也
明治三十八歲（一九〇五）次乙巳二月十一日
山門無動寺善住沙門長田 俗三十歲
昭和十八年（一九四三）二月二十二日夜十時上卷校了
史宗老衲
昭和二十八年（一九五三）六月三十日全卷再校畢
史宗老衲 俗壽七十八
（對校㋑本奥書なし）

〔重興籠山一乘僧略傳　卷下　終〕

（底　本）叡山文庫池田史宗藏、明治三十八年（一九〇五）二月十一日長田書寫、昭和二十八年（一九五三）六月三十日史宗再校奥書一册寫本
（對校本）㋑＝叡山文庫淨土院藏、書寫年不明三册寫本
（校訂者　武　覺超）

重興籠山一乘僧略傳　終

山中奇僧傳　目　次

（以上目次新作）

（表題）山中奇僧傳　續正

山中奇僧傳序

恩上人來テ請フ三余ニ撰ンコトヲ二山中ノ之秀才一ヲ。辭ス。不レ免サ。仍テ出ス二此ノ傳一ヲ。乃懷ニシテ而去ル矣。厭テ二閑暇ニ一睡ル二窓前ニ一焉。倏チ有レ客。曰。問フ二秀才ヲ一曷ソ出スヤ二奇才一ヲ。答曰。秀ハ不レ所ニアラ二瞶ノ任一ル。奇ハ賢愚倶ニ知ル。維レ所コ以ン秀ヲ移スレ奇ニ也。曰。山ノ語廣シ。何ソ不ルレ甄ハ。答曰。豈ニ不ヤレ聞哉。言ヘハレ山ト則局リ二日枝ニ一。言ヘハレ寺ト則限ル二三井ニ一。非ス二外無キ一ニ。隨テレ高ニ云フトレ之ヲ。爾ラハ何ソ疑ン。曰。有ニ愚ニシテ而在一有ニ才ニシテ而不ルレ加。其ノ意奈ン。答曰。取テレ奇ヲ不レ取ラレ才ヲ。詎ソ怪ン。曰。次第ハ必ス由ルカ二優劣一ニ歟。答。不レ然ラ。委レ筆ニ從スレ意ニ。意倦テ筆止ム。客笑テ而行。余モ亦驚悟ム。艸扉無レ人。只披クニ赤壁ヲ於机上一ニ。笑テ曰。於ン-戲吾レ夢閒作ルカ二蘇子一ト乎。須レ惜ム。世下テ東坡無レ才。是ヲ爲レ序ト

時天保十四（一八四三）星在癸卯　大呂中七日

林下拙夫誌

瞶ハ謂ニ眼不ルヲレ明ナラ。甄トハ者簡ナリ也。其ノ義依ル二佛傳一ニ。叡嶺世ニ號シ二日枝一ト。園城俗ニ名コク三井一ト

山中奇僧傳

(1)〔豪觀〕

釋豪觀以密學鳴。兼精內外諸典。今年八十八。德行響普天。雷名轟卒(牽カ)土。都鄙見公偏如佛世尊也

贊曰。學云壽云戒臈云德行云無敢不足。加何稱讚。但默無處。故亦聊擧筆矣

(2)〔貫海〕

釋貫海以吾大道鳴。其聲極高矣。余覆耳倩視其人內剛而外柔。大智而非小才。可謂英雄也。然而公亦巧盤上

論曰。或云。有公容佞之失。蓋天生才不盡。縱不虛何以之誤其人。況以余見視之不可實。仍取筆贊曰。一時謀計相如云瑕。不知者或謂。和璧原有瑕。我爲惕之。遠人不知公而勿議公焉

(3)〔慈校〕

釋慈校於議論有山中第一稱。且秀內學又巧盤上。公入論場也握扇則講答驚。開口則滿坐悅。或有知享保年閒在義空而不知天保年閒在公者。豈非不幸耶。而公戲作歌舞。有春花飄風。秋月漂波之風。奇奇

(4)〔行俊〕

釋行俊以內學轟兼能世事。且論場欺他平話欺世。若公辨論余未聞也。頻重席戴憑驚巧談是非玄齡愕。嗟夫英雄歟人者公之謂歟

論曰。校俊二公俱明智優辨而其功不同。蓋似彼秦儀。如花發春月輝秋。皆由得其宜乎

(5)〔慈本〕

釋慈本學通內外才及和漢。于詩于文無人不觀羨之。于書于和歌無衆不仰賞之。閒者去

在于東山。吁夫張良入山朝廷悲。公出於此山僧憂。蓋志實非可奪歟。將不能山侶容之歟。竊疑焉

贊曰。愛花者必怒風。好月者定惡雲。公花而不開。月而不曜。余爲惡其風與雲矣

(6)〔玄理〕

釋玄理少年而好畫佛像。師誡。不肯。及長彌巧。近來以此道公大鳴。他或嘲。余竊以謂經説（大正藏九、九上）而畫作佛像（〇カ）皆已成佛道。假令雖釋氏何妨畫佛像

贊曰。明兆握筆則四海驚。雪舟動手則一天怪。吁後世可畏。今日復見此奇怪

(7)〔覺洞〕

釋覺洞以持齋稱。兼富内學。公平生麁服異形恰如仙。言輕而能笑人。好談故事來歷

(8)〔賢空〕

釋賢空學兼内外且能詩歌又能書。天生才不盡之唱余於公怪矣

(9)〔亮然〕

釋亮然才渡世出世兼能聲明。外溫順而他歡見。内眞實而衆有賴。惜哉。苗而不秀。去歲早沒。年二十有九。或者問曰。以今爲集何取往人耶。答曰。三平原不預其場。而是義士。嗚呼其人而其名。此人而何不加。所以是我不捨也

(10)〔亮純〕

釋亮純以内學稱。兼巧議論。握扇則必有喰人之勢也。亦好詩

(11)〔皆如〕

釋皆如動靜木訥而似世才乏。性好愛默然。余知公既五年。未曾聞其言。實是奇奇論曰。子曰（論語、子路篇）。剛毅木訥近仁。嗟夫令公生魯國則賞讚倍於今矣。可謂不得其時也

(12)〔慈谿〕

釋慈谿以人愛稱。兼宜內外及和漢諸事。然以愚見視公智富才貧。而以通人比公則不及幾百步。蓋可謂羊中之虎矣

(13)〔堯款〕

釋堯款學兼內外藝通和漢。且能言能語。實是奇才。然其學未熟。其藝尚淺。而却自以謂四海無人。近頃土俗閒云會天狗。余竊思。若非公哉乎

(14)〔順忍〕

釋順忍名于吾大道。蓋螢雪之功不可得言。玉磨而始生光者斯公之謂歟。而公異風猶如羅漢。內祕菩薩行外現是聲聞之唱。(大正藏九、二八上)余親見數千年之後。豈不奇乎

(15)〔眞純〕

釋眞純最精內典兼能世閒。而顧下有瘿。公往日欲見法性之深理讀金光明玄疏。日夜忘寢食于茲有年。氣凝爲瘿。於戲世之瘿須恥。公之瘿宜稱。學之高予由此識

(16)〔亮洞〕

釋亮洞以辨舌轟。余亦與公親。入則怪富樓那尙在。出則疑蘇張未死。吁不可思議不可思議。而他或云公有褊躁之失

(17)〔孝健〕

釋孝健雖才乏世出世亦好學知諸家之先例格式及官祿高下。可謂世界之一器物。通情捨之余拾之

(18)〔考忍〕

釋考忍蓋愼其獨者也。或云。公雖才亙內外緩而不可用。余取其人不取其才。嗟乎公學可謂勤矣

(19)〔顯精〕

釋顯精雖精勤吾大道依才不富名不彰。可謂困而知之類。天性無才乃笑不足。螢雪

作學乃賞有餘。余舉不足顯有餘。而公能將棋。與才不等

⑳〔貫穀〕

釋貫穀性極猛勇。好甘相撲。而雖常言少而且靜起居不靜。如無酒醉似無餅飽。其勢湯湯而消日歷年唯在角力。奇哉

㉑〔慈明〕

十指更(交カ)出計其數。俗云之劵(拳カ)。釋慈明秀此道矣。所謂百戰百勝山中無敵殆似彼獅子王。下輩或云無京坂及公者。嗚呼可謂奇中之奇

㉒〔顯明〕

釋顯明以聲明鳴。所謂近聽則不高。遠聞則不低。音聲曲律其妙難言焉。恰有開口乃頻伽愧之色。更一奇不可以不賞

㉓〔光鎮〕

釋光鎮以修法稱。晨祈夜念造次不已。顚沛不廢。吁可謂佛家之一大器。而巧筆道也。

嘗遊卷大任之門

㉔〔道盈〕

釋道盈以內典稱。兼能信心。或云有狂亂驚人之失。余未詳其實

㉕〔覺寶〕

釋覺寶巧議論及內學。論場必有挫人之勢

評曰。山徒將亮純對公。是呼論場之二勇。余以謂此說非誣也

㉖〔秀胤〕

釋秀胤精內外道兼能詩文。又巧書畫。而有阿難美富樓那辨。蓋謂其才能則遠不恥廣澤。近歎佛菴。嗟夫此人而在此山。非敢曰不得其處。然唯恨白雲深而不露其名也。余比土中之璧惜之

評曰。世人以公與慈本為雙玉。衆目所視豈其不宜哉

㉗〔圓如〕

釋ノ圓如ハ學ハ秀テ世出世ノ事ハ精シ大小ニ。和歌殊ニ巧ニシテ而詩モ亦不拙カラ。今年七十有二。老テ益〻壯ナリ也

贊ニ曰。名ハ耀テ等ク四明峯ノ月ニ。德ハ流テ類ス琵琶湖ノ水ニ。天台ノ棟梁匪シテ公ニ誰ソ

〔山中奇僧傳　續〕

〔奇僧傳拾遺序〕

此ニ有リ稱スル山中奇僧傳ト者。余得テ讀ムニ之ヲ評品スルヤ其ノ人ヲ也。宛モ盡セリ焉。而シテ其ノ序ニ云。有リ愚ニシテ而在ル有リ才ニシテ而不ル加ハ。其ノ意ヤ奈ン。答テ曰。取テ奇ヲ不取ラ才ヲ。詎ソ怪ント。余微笑シテ曰。至レル哉此ノ集乎。夫レ奇ハ猶ヲ如シ畸ノ也。名ケ於不ルノ耕サ之田ニ用ユ於不ルノ耡カ之圃ニ。人ノ之與世相ヒ背テ而不ル尋常ナラ。取ルヤ之ヲ於此ノ畸ニ也。誠ニ然リ矣。而シテ奇ノ類太タ多シ。或ヒハ有リ奇ニシテ而奇ナル者。或ヒハ有ニ不シテ奇ナラ而奇ナル者。好テ學ヲ不ル尋常ナラ。是レ不シテ奇ナラ而奇ナリ焉。或ヒハ伎藝。或ヒハ惡行ニシテ而與世不ル同カラ。所謂奇ニシテ而奇ナル者也。今マ依テ于集ニ點撿スルニ山中ヲ猶ヲ如シ有ルカ所漏ルル。故ニ拾フト之ヲ云爾

弘化三（一八四六）歲次丙午　晚秋盡日　　樹閒頑夫記

奇僧傳拾遺

(28)〔豪榮〕

釋豪榮號紫雲菴。學兼内外才通和漢。又巧筆道矣。或云。密門之習。權家之式。其精不可謂也。天保辛丑（一八四一）之秋公役戸津之説法。余往視之形容枯槁顏色憔悴。因怪其不辭焉。然而至踏座開口。乃有戴憑重席之勢秦宓論天之威矣。實不可麟之爲靈以犬豕計也。役畢而逝。故人皆稱最後之説法

贊曰。密書顯典充棟汗牛。況儒。況神。唯公特得讀之。讀解之。解説之。未知生知上性之徒乎

(29)〔豪純〕

釋豪純最精内學兼通密乘。又能悉曇。又秀梵唄矣。而謙遜辭讓默多言少。雖非顏氏猶如愚也。昨乙巳之暮辭職入于律場。今丙午之春勤修常行三昧焉。吾山富人也。余於公謏矣

贊曰。顯密二門戒定惠三道乃原是入法性都之要路也。不可以不踐。而不迷邪路能攀一道者。世甚稀也。於戲公何等宿福乎哉。體達於是心是佛之旨淨行不懈。解了於一體無二之理修善無倦。開口則梵唄響。動手則雲煙起。不南山之猛虎則寧玉泉之鯉魚乎

(30)〔誓海〕

釋誓海才智出群名轟内典。論辨巧而且有詩文之譽焉。頃聞鳴于東台五十韻之咏而聲聞于外

(31)〔考忠〕

釋考忠精于内學名于議論。天保辛丑（一八四一）之春壯而卒。光映悼之序云。公嘗非秀才。亦非智者。蓋生而知之。何足賞。學而知之。亦以

易。困而知之。特為難。公得其難而此逢回之不幸。此言似能顯其平生焉

(32)〔實雅〕

釋實雅天保年間縱横山中而頗震才焉。雖學不高藝能不精密。人皆尊其器。後託病致仕。又贈物於法族及親友之所。而報遺意隱跡焉。衆無敢不惜也。土俗相傳云。聞者在僧而償得島原之大夫某於洛東之岡崎新卜居者。便過視之則公也。嗟夫可惡乎。然包事去山也。有始有終。後謀之也。猶似新生者焉。公一生而有二生。知是一奇之大面目也

贊曰。用之不同也。盜跖之飴世憎之。公以二百年來之洪名取之惡事。蓋天耶命耶。惜哉

(33)〔亮定〕

釋亮定其性好邪。且貪而不知厭矣。雖人嫌之如糞穢怖之如蠆蜂不敢以為憂也。加之瞋恚之恣經日甚矣也。或謂余曰。神佛之攝折。諸天之賞罰。及因果報應之道理。我於公疑。余曰。人盛而勝天天定而制人。（史記、伍子胥列傳。取意）惡其然耶。白衣鄙俗之閒。猶未見斯人也。吁是四海之一奇僧乎哉

論曰。人作惡而無報則不幸之一也。若有報則恐改之。不則不改。不改則終是地獄之人也。今為此傳者在舉一凶毒而欲制百千萬凶毒焉。此我微意也。看客察之

(34)〔長田〕

釋長田動靜似木訥焉。而文學之才秀於衆也。訥於言而敏於行之類乎

(35)〔妙祐〕

釋妙祐所謂困而知之者乎。不怠晝夜。以學故近年得名於內典高鳴于論室

(36)〔貞觀〕

釋貞觀好愛舞樂歌詠亦自作之。謠則必

横口且其聲大而如聾尚驚耳。踊則四肢柔而猶如無骨也。他皆仰歎異。就中妙於地藏舞。以由世俗咸以地藏稱。又以甚好酒與喚極道能化焉

贊曰。嗚乎盛哉。吾山諸惡奉行猶不出菩薩之域。況其餘乎

(37)〔誠意〕

釋誠意天性愛寢。恰如螺又似蟒。年年歲歲唯夢是貪。焉知其餘。伏見翁投枕嘆曰。嗟乎後世可畏也。臥行者何足論矣。阿那律飛錫而去

贊曰。莊生胡蝶夢。楚客邯鄲眠。其味無人識頑愚笑聖賢

(38)〔深享〕

釋深享才兼眞俗。雖學不拔群。亦不常庸

(39)〔覺嚴〕

釋覺嚴名響于論筵。舌刀似不可敵焉。豈有花大而池不深者耶。余聽其辨論而知公之有學也

(40)〔慈遵〕

釋慈遵專修學兼信心。若而得其名焉。蓋云苗而秀乎

(41)〔慈田〕

釋慈田無子貢之才能方人。無宋朝之美能謗人。嗟夫有暇乎哉。而復能讀内外書探大小事。此所謂奇中之奇者矣乎

(42)〔深映〕

釋深映最弱冠也。苦學追日香名滿于論席。勃閣上之譽余於公觀

(43)〔乘如〕

釋乘如苦修練行之人也。專念佛傍事寫經。（大正藏九、三〇下）頌者寫大部之般若畢建立大塔焉。經云。受持讀誦解說書寫。孰不到寶刹乎吁

(44)〔德麟〕

釋德麟初住西塔後移上毛之榛嶺。以天保甲辰（一八四四）臘月終。生涯溫順而不拘小事。懸念於西方而偏求往生。臨終名號現于其室光明赫奕而恰如有來迎也

贊曰。經云。臨命終時阿彌陀佛與諸聖衆現在其前。（大正藏十二、三四七中。阿彌陀經）不可以不仰也。而公唯感名號不感聖容者行猶不足歟。罪猶不盡歟。然末代之奇瑞豈誰加焉

⑷⑸〔韶澄〕

釋韶澄號摩訶三毒又稱荷香菴。學識恰如宮中之鐘鳴于內而聲及于外。握筆則必有枝山之才焉。書畫雙映殆奪仁目也。歌乃不恥延喜之精。詩乃髣髴唐宋之粹。且優辨而平語驚四隣。況於議論之席乎。然而其所願異於人。唯如愚夫愚婦專念阿彌陀佛至受病則定沐浴安坐于棺槨之中不用藥。又斷食矣。若薦之則笑曰。我爲幸而免。何吝穢身過淨報。天保之末如願安詳而化

贊曰。相傳謂公云。我看世諦總如瓦礫。只芝居不然。後年著記言。用心視之則物皆淨業之一助。我癖却爲益焉。雖余未見其記竊案之。夫芝居者必苦樂相交善惡相競。蓋苦與惡猶如此土。憎之乃厭離之心歟。樂與善猶似彼地。愛之乃欣求之心也。公之視物也。吁難矣哉。名譽有餘。稱讚何盡。聊擧一事云

（奧書なし）

（底　本）叡山文庫池田藏、天保十四年（一八四三）林下拙夫誌。弘化三年（一八四六）樹間頑夫記（拾遺）一冊寫本

（校訂者　武　覺超）

山中奇僧傳　終

東叡山寛永寺子院歴代年譜

（挾紙）
目録

地福本
一。各坊世譜。三巻
地福本
一。東叡世譜。一巻
無量本
一。西塔世譜。二巻
無量本
一。東叡世譜。二巻

合八巻

（扉裏書）
二巻　山門無量院慈本

〔目　次〕

東叡山暦記（歴カ）

凌雲院歴代傳

○凌雲院第一世亮運。世姓平氏。上總國武射郡富田郷人也。父千葉之裔。成東武庫令。胤安四男也。母祈藥師像有懷孕。永祿元曆（一五五八）四月八日誕焉。九歳師事光明寺住持法印賢榮。十五歳剃落受戒名定賢。謁僧正定珍學台教。十九歳於常州江戸崎與禪門之英。天龍和尚問答法義。龍至三問箝口。二十一（一カ）歳與關山派下亭首座角道義。及五問答。卒首座窒礙不言。故剝取衣鉢。文祿三曆（一五九四）。主總州光明寺。慶長四曆（一五九九）。於同州八幡原與日蓮黨常樂院住持對論。彼黨緘默逃去。同五曆。同州沼田郷。日蓮雄大如坊來于光明寺。每及問答數箇度。大如屈。同七曆。於同州蓮成院與日蓮之徒大妙坊諍論宗義。大妙杜口而退。同九曆。遷同邦荻原行元寺。九曆六月。同州大田喜（多カ）城主。本多雲州刺史。乞修請雨法。故口呪手揮。時一日一夜雨澤沛然。同十三暦。遂業。元和三暦（一六一七）。居常州行方西蓮寺。又兼住同所寶幢院。法華品談義百箇座。書以入慈眼大師高覽。大師喜賞令移野之下州。佐野春日岡。時寛永二年（一六二五）。改字巖海。同六暦。兼帶於武城東叡山。凌雲院住職。同九暦。蒙大師令旨領當寺。更改字亮運。同十載。任權僧正

同十一年。大師赴帝都。運亦相伴入宮賀謝。同二十暦。大師臨寂。奉遺告大樹左僕射源家光公曰。我滅後可詢台家法要于運矣。此故時時對公呈示吾宗奥旨。公加崇敬。正保元暦（一六四四）。降大樹鈞（鈞カ）命以凌雲院永定學頭之室。賜碩學之資糧參百石。慶安元（一六四八）十一月四日化。九十二歳。領當寺住職十七暦也。元祿十四年（一七〇一）七月二十四日。贈大僧正。一品公辨親王所奏。因弟子大僧正最純所請也

○第二世僧正周海。世姓藤原氏。若州人也。父香取主膳晴氏。母三浦氏。早登叡山。摳衣於南光坊祐能之室。顯密奥祕無餘蘊矣。後住持東塔北谷總持坊。第十八世。正保四年（一六四七）丁亥十二月十三日。住持武州仙波喜多院。第二十九世。慶安四暦（一六五一）辛卯。住持東叡山凌雲院。是歳職進探題。爲東塔執行。承應二暦（一六五三）癸巳十月十日。任大僧都。三年甲午五月二十日。任權僧正。寛文三年（一六六三）癸卯十月二十六日。轉權任正。延寶三年（一六七五）乙卯。辭退凌雲院。還住喜多院。同四年丙辰十一月二十九日寂。壽八十歳。寶永三年（一七〇六）贈大僧正。是門弟幸海等。託宦金於大僧正義天。白准三宮一品公辨親王所奏也

○第三世釋氏胤海。俗姓藤原。誕于山州九重之內。則慶長十八（一六一三）癸丑年也。父前施藥院。諱宗伯（位敍法印。隱居號長生院）。母佐佐木氏之女子（法名曰台生院）。然海也幼而秀發。性固溫柔也。嘗不甘肉。若强食之則爲不快。常好讀書染筆爲業。起居自有脫塵之相。故父母胥議。將以出家。一日謂曰。子須剃度否。海乃有喜色。答曰。唯唯。父母聞之。欣然大悅。于時伯

也。與大僧正（諱天海。謚賜慈眼大師）舊識之友。而交最深。則話以前事。請使爲法弟。海師輒諾。而謂伯曰。善哉。老人志慮之逮于茲。儻令斯兒而爲出家。後日必爲宗之法匠。是豈不以大幸乎哉。善事可急敢勿緩焉。伯愉愉乎爲謝歸矣。及其長也。雅言。予雖頑愚而以不肖。爲法爲人身心無倦。所以生涯爲人至夥爲法甚勤。又其於乎日也。嚮人以仁慈。語之以善言。故無緇素。雖以凜雨暴風。酷暑嚴寒之時。不避而到。稀人之乏。豈非德化之能溢盈而施及於萬庶乎哉。猶且若夫憺然臨事而無驚異。優然觸物而無迫逼。則實弗人之所能逮焉。十有二歲。出於京都父母之家。至于坂麓滋賀院矣。三院之徒衆豫聞此事。已中其日迎待于途云云 而暫住滋賀院。是時海師（慈眼大師）寄書於伯曰。兒及克長將以附與伯州大山三千石。而今先餽二百石云云 時乃寛永改元（一六二四）甲子之年也。齡及十

四於滋賀院而薙落矣。戒師二品親王（梶井宮諱最胤。後號圓明院）此日也三塔之衆侶。自餘之道俗。不問貴賤爲群而集。茲時親王乃賜本實成院之名。自是呼爲梶井親王之院室。慈眼大師之直弟也。于時寛永三（一六二六）曆次丙寅之秋。九月下旬。是年攀于叡峯而學云云 十有五而任法橋。明年應約下于武州。至東叡山而謁海師（慈眼大師）大師喜之甚矣。是年有志登于叡峯。此時住持東塔東溪藥樹教院。乃遵二品親王（最胤）稟受而修加行護摩。則法曼之支流也

十有七歲而稟台教章海・實祐兩師之下。一點其旨不違如愚。衆咸奇異而比七步孜孜晝夜不日而通。每月朔日。迎於檀那先德之齊忌而集合衆十有餘人以結論講。偕爲勸學。今於叡山每朔設會名一院講自是而始云云 明年復赴東叡。而以住持東叡之寺宇涼泉院（此之時以本實成院名式名于寺）矣。兼領伯州大山三千石。特居滿山之貫首焉。十有九而灌頂受持。則阿闍梨師毘沙門堂之大僧正（諱公海）教授師妙

法院宮（堯然親王）也。儀則嚴重而營爲畢。時自大樹（家光公諱號）（大猷院殿）賜於白銀牧(枚カ)五十數所以賀焉明年而謁幸憲・實承兩匠。稟學輪下敬信尤醇。二師竊識海之法器。皆爲授與罄無不盡。則徹惠檀兩流之奥旨窮顯密一致之玄趣。天台教觀皆悉知識焉。二十一歳紋任法眼。一日慈眼大師懸識海之度量。子衿之中最爲高者。藏中之書藉(籍カ)皆悉許可而令見焉(云云)。正保元甲申年(一六四四)。大樹（家光公）垂命使海處二丸。歸依思慕切于旦暮。所以登城一日弗遑。時齡三十有餘(云云)。正保四年比隨逐輪王寺一品之宮（守澄親王）遠上洛陽。因次而勤東照講會之初會（茲之講也。三院皆出。是故亦名曰三院講）。此時海也不幸患眼不能閲書。空空乎只需日之到而已。於是章海暨法侶等皆竊憂曰。海也久而上自關武。今幸中于講師。人嘗識有海之越量。然而不幸累日患眼無由稽古。意何故哉。數日痛之。既而迎其之日。海乃整衣肅然而揖登座已唱。于茲三院侶衆預

聞海之學識有其氣力。則首其豪傑咸以列座（未審論題當時如何）聽徒數千不分緇素。大堂雖廣無一隙明。少焉徒衆各露數年之見聞。皆拂多日之懐抱。而縱横難破無盡問起。海乃詞辨巧妙文義淋淋(彬彬カ)。破邪顯正擧非示理。一一而答。節節而酬。問答往復自晨至昏。論衆聽徒都忘其倦。皆無不爲之感心焉。當時探題自餘賢哲相胥歎言。海之有器也。嘗竊聞之。未知如斯精明之學也(云云)。自是才名滿于世間。是年任權少僧都。明年紋權大僧都慶安二歳(一六四九)次己丑之九月盡日。迎於先師慈眼大師七回之逮夜。而欲設別請竪義之勝會薦乎冥福以報師矣。則請當時學頭周海僧正。出於業副兩科之題。所謂梨耶一念（業義）權乘下種（副義）也。乃周海僧正請爲題者。生順法師進爲竪者。海自努問者。爰海也馳奔于公私無燕居之暇。雖然報恩謝德之營。令法久住之設。其之施益弗一事焉。故抽思發志。而講此會。不及固辭。自當問者。遂以既成矣。時人謂曰。廣學竪義營爲

旣廢。而抵二于今一四十餘年。大業幾ントレ息ナントス。豈有二宗家トシテ不レ悲者一哉。今海也。爲二師之報恩一繼レ絕興レ廢。其功莫レ大レ焉。可レ謂偉人也ト云云是時海也年過二三十一。臈餘二二十一。名聲大振。海設二此會ヲ一之後。于レ今叡峯傳レ之不レ斷云云承應三年(一六五四)敍二于法印一。寬文改元(一六六一)任二權僧正一。明年二品親王(梶井宮最胤)遠賜二尊翰一恃(特カ)預二檀那院之號一。自レ是改二檀那院一ト云云是之比也。有三海之妹名曰二森山一。嘗テ事二大樹一(家綱公。諡號二嚴有院殿一)一日相國。辱クモ自ラ書二畫シテ宗伯(父也)胤海(兄也)像暨假名一ヲ賜レ之。森山乃類受。淹藏二寶庫一後貽二之海一。此之兩幅今在二山門藥樹院一云云

寬文六年(一六六六)轉シテ二權僧正一而任二僧正一。伯州大山本社暨閣社。不レ分二大小一零落頹破ス。海嘗痛レ之。遂發二夙志一咸修覆竟。又承應三年(一六五四)之比。自二院中一火始起。而釋迦堂。觀音堂。自餘之堂舍。一時皆焦土トナンヌ矣。海又憂レ之有レ年。則索メ二材所所一請二加戶戶一。造營將レ創。不幸又遘二火災一。材木亦爲二灰燼一。粵海也爲レ起無レ儲爲レ罷虛レ施。進退起居窮二于斯一矣。然而夙志不レ能二徒輟一。信施不レ能二唐捐一。遂以再建戮レ力經營。居諸遞ヒ移リ皆悉ク旣二成ンヌ矣。至若新以調(彫カ)二刻釋迦。文殊。普賢尊像一。及以遙贈二一切經一矣。而納二寶藏一云云海之於二大山一也。可レ謂其功重大也哉

是之比也。於二叡峯一有二恆例大會執行之談一。則時徒衆遙寄二於書一請レ海以二探職一。雖レ然罣乎トシテ不レ任二其意一。唐乎トシテ其事息矣。爾後馳二驚公務一不レ遑二于茲一云云延寶三(一六七五)年之秋。海乃中レ選移二于東叡之學頭凌雲院一矣。甚雖二以固辭一如何大樹(家綱公)召レ城嚴命尤切。親王(守澄宮)垂レ言勸誘驟急。因レ茲應レ命遂以徙レ之。於二此時一也。負笈日繁。緇素交集。咸無レ不二爲レ之鎖(鑽カ)仰一焉。至若邁ノ之公卿詠レ歌而嘉二其功一。雄俊之緇白賦レ詩而稱スニ其德一ヲ。時ノ人以テ爲二東叡之法燈。台宗之偉人一矣。嘗テ所二住持一之實成院。令二弟子(公侃)附一焉

延寶三年(一六七五)之初冬。迎二於先師慈眼大師三十三回之遠忌一。乃爲二追福作善之薦一。設二於經文三十首題一。上啓二竹園攝錄一。下告二公卿僧侶一。暨至二武臣一盡詠レ之。海亦加二于中一矣。越自二一品之宮一(守澄親王)使三此首達二新院御所之叡聽一

矣。乃辱賜於卷頭御製。三十首之和歌既以成焉。又海自書寫紺紙金泥之法華經全部。納之。皆在日光山矣。又每歳十月二日。於東叡山大師之堂。爲法供養。滿山徒衆皆講八座。海每講出精義。意旨深長聽者忘倦云云　凌雲寺院逮頽破。海則告公儀。請於修覆。時之老中。濃州大守拾遺正則。以無先例不容其言。海暢以理往復再三其言。正則遂伏道理。而訟公聽。其事成矣。凌雲教院永世以爲公儀修造之地。皆是海之力也。一旦有自一品親王（守澄宮）賜一切經。海乃建藏納之永貽凌雲院云云

延寶五年（一六七七）之冬。恭奉輪王門主（守澄宮）之旨。兼以於羽州羽黑山執行別當。而伯州大山令附實成院焉。明年發駕入羽黑山。扈從穰穰儀粧堂堂。人皆靡然慕風顧然送途云云　已而到于羽州遊歴諸所。海見權現之本社暨餘閣日就破壞痛傷甚矣。一旦酬夙志皆悉修覆焉云云　叡山藥樹院締造年深頽毀日甚。便遣修料而以建焉。延寶八年（一六八〇）之比。著東叡山兩大師之緣起數卷。是則爲令以遣（遺カ）後世而垂無窮。彼兩大師恢恢聖蹟。未曾知者悉知之也。然海也。名于和書故。依人之請應衆之索。處處緣起及以記等。編無長短述作頗多云云

天和改元（一六八一）辛酉之冬。先祖全宗之碑銘。以立山門東塔東溪。乃知法印全宗以爲叡山中興之祖焉。天和二年壬戌之秋。綿歴既漸積年多過耳順。是故衰老急于其身。亦復病氣侵于其體。海也嘗猒世榮隱遁待緣。時非可默。則告以老病敢請以退辭。輪門主（守全親王）不肯聽焉。非啻獨門主然。滿山惜而留之。然而海決志。屢請不已。是用竟允許焉

海遂夙志甚懷悅豫。而謂徒弟曰。我願既滿衆望亦足。自今將赴江州而隱身台麓矣。遂擬如言。日既以定。相知之緇白。咸以贐儀幷詩歌贈焉。其於出東武日也。群賢瞻視少長思慕。皆送趨路畢到待之。而以莫不爲之歎惜焉。既而至江州。潛居於坂麓之房。更名於藥樹院矣。自是三時勤修。而不閒一日。

世務之昔。猶尚二時誦經念佛。不二日而怠一。況於レ今哉。永絕二世榮一。彼此自適。雖レ然萬人無レ不三望レ風懷レ德而來集二焉。至若輪王門主（守全親王）每歲年甫二命二シテ於賀慶一而賜二祝儀一。東叡徒衆猶慕不レ忘。曁以武臣尊崇渴仰。恰如二在世之昔時一也（云云）

是之比也。於二禁裏一修二懺法講一。任レ例梶井親王（諱慈胤號二常修院宮一）導師。親王預命レ海曰。予嘗常懷レ之。而乃在二東武一夙志卒不レ果。幸既遜至二于斯一。今正是其時也。冀令下一務二此之講會一而以轉レ正敍中大僧正上。吾達二叡聞一必毋レ辭矣。海恭奉レ旨謹對曰。尊命誠厚退覺レ難レ謝。然愚固猒二世榮一而退居。胡爲望レ之。伏乞尊主察二知愚之意一矣。親王曰。宜哉言也。寧如レ意矣。海唯唯而退

貞享二年（一六八五）之春。輪門主（守全親王）已二上洛一焉。海乃告二門主一而受二許命一。令三藥樹院屬二弟子一（秀胤）焉。而私自改二遍知院一矣。元祿改元（一六八八）之秋七月。不レ圖遘レ疾。一旦似レ驗還復如レ故。時謂レ人曰。吾世無二遺恨一。何以保レ命。年既過二古稀一。醫藥奚療。但盡二此界之因緣一。而至二無爲之樂邦一。是我之素意耳。豈二不レ知哉。不レ加二治方一。然而其於二門弟親戚曁從者等一。徒然堪二以見一レ之乎哉。故二爲二請二醫療一屢奏不レ已。海也固不二諍競一。乃容二其言一。於レ是乎。招レ醫進テレ藥保養盡レ底。且若レ有レ利。聿以復レ始。一日覺二報緣將一スルヲレ盡ント。而謂二門弟子一曰。我之命終究メテ在二于今一。應下以西壁掛二於三尊一。燒香散花息二世情話一。一心念佛上。言訖乃著二袈裟一持レ珠合爪拜レ尊。懇誠移レ時口稱二佛名一。意觀二實相一奄然而逝。于レ時行年七十有七。元祿二年（一六八九）四月七日也。遠近緇白無レ不二痛惜一焉。然海也雖レ遘二疾病一。晨旦昏暮不レ廢二其勤一（誦經念佛）亦一日不レ臥二病牀一。且至二于死一言語鮮明ナリ。豈可二悠悠之徒而能如一レ此乎哉。明日寄二遺體於藥樹教院一。同九日儀則嚴成葬送既畢。乃葬二乎檀那尾一。道俗行哭日日相詣（云云）

海素好二和歌一。是故隨二時之和歌所。亞相通村卿一而學。幷歷二諸卿一得二以聞一レ之。謂雅章卿。資慶卿。弘資卿。通茂卿等也。一斯詠艸其數饒レ之。天和三年（一六八三）之比。諸卿相與訪尋。到二于坂麓之房一。所謂通茂卿實業公起等也。時乃八月

十四日也。不幸ニシテ雨降至レ不レ見レ月。衆卿皆恨レ之。時各有レ吟珠玉揮レ毫。海亦詠レ之。卿皆感二其歌一云云一日通茂卿。以二此歌一式テ供二叡覽一。帝感心焉。則命曰。有二平日所レ誦之所詠一。可三以入二叡覽一矣。卿唯唯而退。後日告二之海一。海乃書三艸十首一。并詠二一首一附レ之贈焉。卿又以レ時備二叡覽一。帝彌稱美焉

海昔所レ書之者多。謂妙經三部。摩訶止觀全編。源氏六十帖三部。此外隨レ時應レ請。而貞艸之修書。未レ知二其數一海也平昔至二乎禪教神道及以儒醫莊老之書一。皆莫レ不二綜渉一。養父花山院正二位左大臣定好公。元祿三年（一六九〇）庚午十二月二十七日。追三贈大僧正一。是依テ二梶井宮常修院親王慈胤之執奏一也

○第四世僧正慈海。世姓源氏。武州荏原郡人也。母清水氏。寛永元年（一六二四）甲子九月十九日生焉。九歳師三事生順一（東叡山護國院開基。後爲二僧正一）寛永十三年戒三師祐盛一（比叡山南光坊）得度ス。明暦三年（一六五七）丁酉五月。繼二於師跡一住三持護國院一。時年三十四。延寶五年（一六七七）丁巳十月九日。住三持武州仙波喜多院一。第三十世。今年十二月二十六日。任二大僧都一。往年五十四。同六年戊午十二月四日。任二權僧正一。天和二年（一六八二）壬戌八月二十日。管二東叡山凌雲院一。第四世。是歳十一月十日。領二山門西塔寶園院一。往年五十九。同三年癸亥五月十九日。爲二山門西塔執行職一。貞享二年（一六八五）乙丑四月十五日。轉レ權任レ正。同年十二月十三日。補二紅葉山別當職一。先レ是依二告レ官數辭一。同二年春告二輪門大王天眞一。辭二山門執行職一。初營三構寶園之廢宇一。修三造西樂之舊院一。然寶園者碩學之名室。而非二其器一不レ管。故動虚レ席山衆憾焉。以聞二大王一改二額圓通一。以付二弟子亮辨一。元祿五年（一六九二）冬。有二偏風不仁之患一。超レ歳而病彌篤。二月十五日曉。淨三掃室內一。掛三二十五聖來攝之幀像一。點レ燈焚レ香。手執二念珠一。口唱二佛號一。至二翌日未刻一端坐示寂矣。實元祿第六癸酉二月十六日庚寅日也。世壽七十。僧臘五十八。門人奉二全身一以塔二于院之西北隅一也

吾師之學智德業。遍ク銘二口碑一不レ勝二具載一焉。所著有二三（「大カ）部序勘文五卷。四教集解標指鈔十八卷一。已行レ世矣。又法華・仁王・藥師・六字・聖無動・寶篋印・理趣分等經。正二

誤字附音釋。以印施於世。嘗講法華科註之次鼇頭加評註。且三部大本最究研覃。乃至義例・隨釋・金錍・指要等。一家之諸部及倶舍論疏。無不悉加朱墨以校讎焉。沒後依輪門主之嚴命。令采納凌雲院之法庫。其餘藏書因師之遺囑。分施知舊及徒弟。元祿六年八月二十三日。追贈大僧正

○第五世大僧正義道。字清白。姓藤原。父伊藤貞林。母大熊氏。信之濃州和科郡松城產也。寛永十三丙子年(一六三六)九月十九日誕焉。十九壬午年(七歳)妙德院廣次上人。養以爲子。育于越後國藏王金峯山安禪寺靜觀院。正保元年甲申(一六四四)(九歳)隨從廣次上人登東叡山。請久遠壽院准三宮公海之戒師。薙染於本坊。茲秀(年カ)東漸院開基。眞光院權僧正宣祐。承准三命爲師資契約。而后隨遂僧正宣祐焉。慶安三庚寅年(一六五〇)(十五歳)於東叡山密室受者灌頂勤修焉。承應二癸巳(一六五三)(十八歳)山門初登山焉。萬治元戊戌稔(一六五八)(二十三歳)補山門西谷常智院住職。寛文四甲辰年(一六六四)(二十九歳)於山門行光坊室成三部都法大阿闍梨

寛文五年乙巳(三十歳)蒙一品守澄親王命。兼蔕(帶カ)東叡眞乘院(後改養壽院)藏王安禪寺住職焉。寛文十一辛亥年(三十六歳)山門本院天台會講師勤之(論題上土之弘經)延寶元年癸丑(一六七三)(三十八歳)修常智院之弊宇復舊制焉。之年秋蒙准三宮命。移轉于覺林坊。二年甲寅(三十九歳)夏承梶井宮二品親王盛胤命。賜院室四王院稱號。任大僧都。爲飛鳥井大納言雅章卿養子。同三年乙卯(四十歳)本禮拜講勤行之

延寶六年戊午(四十三歳)從山門退去越州安禪寺。延寶七己未年(四十四歳)新禮拜講勤修焉。同年春辭覺林坊及院室。天和二年壬戌(一六八二)(四十七歳)蒙解脫院一品大王命。任山門東谷雙嚴院住職。三年癸亥(四十八歳)六月七日。蒙一品大王命。拜任和州國軸山學頭職。且賜院室十願王院稱號。茲稔承大王命以藏王安禪寺。附與于法弟傳法院宣存焉。七月登山門入院于雙嚴院。九月入院於吉野山實城(寺カ)院」貞享元年甲子(一六八四)(四十九歳)七月。敕許探題職。蓋超登新題者。再興已來未曾有者也。八月任山門本院執行職。十二月蒙一品宮命。住職東塔學頭正覺院。命弟子(某)雙嚴

院住職。四年丁卯（五十二歳）九月辭正覺院住職退去于實城寺。元祿三年（一六九〇）庚午（五十九歳）依大王不豫來于東叡山。八月七日。准后大王請台命任權僧正。四年辛未（五十六歳）十月。辭國軸山學頭職。安住于山門坂本。茲年再任藏王安禪寺住持。七年甲戌（五十九歳）蒙准三宮命。來于東叡山。三月十五日。承台命拜補凌雲院住職。十一月三日。轉任正僧正

元祿七甲戌夏。依大王命講佛心印記。尋講指要鈔。十一年戊寅（六十三歳）八月八日。轉任大僧正。東叡學頭任大僧正始也。十五年（六十七歳）秋。辭學頭職結艸廬於弟子見明院側。而退隱焉。稱三諦院。寶永元年（一七〇四）甲申（六十九歳）五月九日。俄罹于病。十一日卯剋。稱名念佛終示寂焉。依曾遺告以荼毘焉。塔于凌雲院精舍。歷代墳塋之次也

〇〔第六世〕大僧正廓如傳

師諱義天。字廓如。俗姓津守。攝州住吉人。父名貞守。母舟越氏。生于慶安四年（一六五一）辛卯十二月四日卯時。室有祥瑞族人异之。自幼英敏絶倫。八歳而投郡之津守寺成海公薙染。海公者。慈眼大師之徒。卽師之伯父。知其非凡器。托天台山千光院卞海師。於是專研教觀。兼探密乘。受灌頂法。尤善議論辨如河瀉。宿德先進莫不歎服。十八歳繼主千光。兼董攝州神宮寺西僧房及津守寺

延寶三年（一六七五）乙卯經營禁闕。詔天台座主梶井盛胤親王行安鎭法。親王率台徒二十口勤修。師預焉。當此時妙立和尚居東麓。嚴奉佛制唱教觀正旨。山中學徒見其異已所習。議論如鋒起。獨四王院義道甚信服焉。師與之戮力翊贊。日親法誨誓受十重。和尚喜其能通圓旨。與偈曰。情之取物如水浸山。智之觀境異鏡照顏。誰知斯趣。誰愛斯辭。四明峯頂名是天師。貞享元年（一六八四）甲子値東福門院七周忌。詔吾大王（在時毘沙門堂）延台徒十餘口大內。修法華懺者七日。師亦預焉。敕任權大僧都。時年三十有四矣

元祿庚午（一六九〇）冬。大王召住泉龍。辛未秋。賜大佛頂院號（以黄門平松時量卿爲父）補執當職。白公府爲大僧都。尋遷見明

院一。既莅レ職忘レ軀。爲レ法他事置而不レ言。當テ下吾大王請テ二
大樹君一創刱上寢食無レ安。其功最偉。又大王以二天台安樂
院一。永爲二弘律之場一。請二大樹君一賜二其恆產百石一。自レ是吾
宗奉律者。得三朝夕安レ心行レ道。而無二外侮一者。雖二皆大
王願輪之力一。而師ノ輔佐ノ之功亦居多ナリ焉。安樂空和尚嘗
戲テ曰。公ハ是レ安樂伽藍神ナリ也

己卯夏。擢二權僧正一。主二星野山一。時年四十有九矣。四月十
五日進レ山。五月二十二日。大樹君召二大僧正義道等一講
論。是日義道講二般若心經一。師講二法華法師功德品一。皆與（大正藏九、五〇上）
實相不相違背章一。諸宗碩德名公巨儒。側レ耳擧レ目感服歎
美。壬午秋。潤（閏カ）八月二十九日。大樹君命移二凌雲院一。時年
五十有二矣。九月七日入院。十月晦日轉二僧正一。是歲請レ
宦修二葺星野神廟一。改二造僧舍一。凡寺制宜レ有。而未レ有者
悉皆補焉

癸未春。大樹君。召レ師問二吾宗綱要一。師對說甚詳。君大悅
賜以二絹帛一。秋八月。爲レ衆講二指要鈔一。聞者莫レ不二欣慶一。
大王莅レ席深加二歎賞一。是歲星野山。生二靈芝三莖一秀色
可レ愛。大樹君。大悅賜二師銀帛一以旌二其德一。寶永元年（一七〇四）甲
申正月十七日曉。師夢謁二東照神君于星野寶殿一。衣冠莊
麗容儀端嚴向レ師曰。轉明既覺未レ會二其旨一。是歲改二造久
能山神廟一。師承二釣（鈞カ）命一代二大王一往落慶焉。是時轉二大僧
正一。於レ是初感二悟神之所一レ告。時年五十有四矣

丙戌春。捨二金一百五十一。改二造千光院一。是歲秋九月。師忽
示レ疾。大王令二國醫診視一。大樹君命二松平伊賀守忠榮公一
慰問。其餘問レ病者。不レ可二枚擧一。丁亥春三月。師退二凌
雲一。養二疾於見明艸菴一。大王賜二號究竟院一。五月十八日。
呼レ存囑以二後事一而止二鐵（鍼カ）藥一。設二香案佛像一。日坐唱レ佛。
六七月ノ閒。病少ク愈。於テレ是時ヾ命二肩輿一逍二遙林下一。然トモ
自ラ知二竟不一レ復。不レ令三左右ヲシテ復進二鍼藥一。十月朔日。
臥二於彌陀像前一。集二故舊一共唱レ佛。瞑目而化。僧臘四十
有七。世壽五十七歲。闍維無二臭氣一。存等收二眞骨一。塔二于
凌雲南丘一。於戲師性介潔。貌嚴恭。志遠行端不二妄悅一レ人。
凡見二事不レ可者一。必直言斥レ之。故爲レ人所レ畏。亦多爲レ
人所レ喜

庚午冬。承二大王命一以來。中閒幾二十年。念念衞レ法不レ顧二危亡一。毎下應二大樹君召一與二佗宗匠一議論上。乃以二明辨一能屈レ之。吁非二道高德大一。則安有下若レ是事上耶。時寶永四年丁亥十月二十一日。住千光門人義存謹撰

○第七世實觀。字體具。初名實增。字相如。三州額田郡岡崎村人。姓平氏中根。母太田氏。寛文元年(一六六一)辛丑三月二十二日壬申生焉。六歳從二住心院贈大僧正實俊一。至二東叡山常照院一。十歳亦從至二比叡山淨教坊一。十二年壬申(子カ)六月四日戊寅就レ師剃度ス。延寶元年(一六七三)癸丑冬。就レ師修二四度密法一。三年乙卯十月。爲二法華會立者一。七年丙(己カ)未九月。於二法曼院一傳法灌頂。天和二年(一六八二)壬戌十二月。住二持淨教坊一貞享二年(一六八五)乙丑五月。兼二住城州蓮華寺一。十月於二法曼院一爲二大阿闍梨一。三年丙寅六月。任二權大僧都一。爲二御懺法講賞一。元祿九年(一六九六)丙子。洛陽以二三昧流失一レ傳。蒙二曼珠(殊カ)院良應親王令一。適二常州黑子千妙寺一。就二權僧正亮宣一傳法灌頂。尋爲二大阿闍梨一。十二年己卯六月。擢爲二望擬講一。九月爲二小川坊城一位俊廣卿猶子一。十四年辛巳五月。任二大僧都一

寶永元年(一七〇四)甲申十月。爲二法華會擬講一。二年乙酉四月。補二法勝寺和尚一。十一月爲二別請立義竪者一。其月爲二上乘院權僧正尊通・尊勝院法印慈晃一。於二靑蓮院一傳法灌頂。四年丁亥七月。改二其坊名一曰二實藏一。蓋復レ舊也。八月任二權僧正一。十一月補二東塔執行一。是月應二准三宮一品大王之召一來二東叡一。十二月住二持淩雲院一。尋兼二仙波喜多院一。五年戊子正月轉二僧正一。閏正月辭二法勝寺和尚一。八月適二比叡一。十月爲二法華會探題一。是月還二東叡一

△慈眼大師御遷化。寛永二十年(一六四三)癸未。御影堂ハ正保元年(一六四四)甲申三四月比。造畢可レ有レ之哉

△開山堂別當

○第一世權大僧都宗圓。所氏不レ知。正保元甲申年(一六四四)。毘沙門堂御開(門カ)跡。依レ命別當職被二仰付一。承應元(一六五二)壬辰十月二十三日寂

○第二世權大僧都天英。父茂木氏。常陸國行方郡人也。

幼名菊千代丸。年十三得度。御戒師。慈眼大師。餘師匠無レ之。大師御奉公相勤。年二十五。寛永八年辛未(一六三一)。出羽國山形寶光院住職被二仰付一。大師御遷化已後。承應元壬(一六五二)辰年九月。羽州欲二下向一御暇乞。大師堂參詣。御拜殿誦經。頻睡來不レ覺睦(睡カ)。大師御息災時御形。目前御出被レ遊。汝山形へ止レ往。我別當勤被レ仰。夢中答申上。難レ有御意。乍レ去別當東雲房相勤旨申上。時東雲我別當不レ可レ勤。汝相勤被二仰出一。覺(覺ナシカ)夢覺。不思儀存而感涙不レ止。則賴二東雲坊一。御膳上山形下向。暫時有テ最敎院・雙嚴院。早速登山可レ仕旨。以二書翰一被二仰下一。追付登山仕處。開山堂別當職被二仰付一。且大師御在世時。求聞持祕法修行可レ仕旨被二仰付一。則當山於二求聞持堂一兩度右祕法修。兩度共成就有二靈驗一。寛文七丁未(一六六七)極月二十日。壽六十一寂

○第三世大僧都法印智英。父加藤氏。上綱(總カ)國望陀郡若宮鄕人。十二歳當山護國院開基。至二贈大僧正生順法印所一。十三歳成二生順弟子一。十四歳亦爲二當院天英弟子一。十五歳明曆(寛文カ)七丁未歳。二十六歳當院住持職被二仰付一。當院祕密道場故。寒松院順海(純カ)法印爲二祕密師一。西山流胎金兩部灌頂習學。首尾未レ終和尙寂。殘所純海弟子玄海傳二授之一。故於二此道場一敎授數度相勤。亦後解脫院一品親王依レ仰。京都養眼(源カ)院前大僧正慶算。法曼流灌頂不レ殘傳受。印信有。兩流相傳故。祕密印明等。不レ斷懸レ意。無二可レ習師一。依レ之先哲之古書取纂。而雖レ爲二披見一。從來性愚鈍故。不レ能二思量一。所レ習祕印之中。一印異說有レ疑。常時思二此事一。或夜夢不動尊拜見。明王仰言。其印是也。御手御結拜二見之一。覺思合。從二若年一當奉二信心一故。感應難レ有事言語有レ恐。讀二誦法華一千部餘。元錄(祿カ)九年丙子(一六九六)十一月五日。五十五歳觀理院住職被二仰付一。爲二山王別當一。同十二月十二日。於二御本坊一權僧正被二仰付一。同十五壬午十月晦日。於二御本坊一正僧正被二仰付一

○第四世智勝院僧正公淵。初名慧淵。別第堂號。承應二(一六五三)癸巳年生。寛文七丁未(一六六七)年。山科毘沙門堂於得度。御戒師。准后公海。後山門西塔地定院住持。延寶六戊午(一六七八)年。山科毘沙門(亍堂カ)御門主承レ命。公辨親王傳。貞享四丁卯(一六八七)年。嵯峨二

尊院住持。元祿三庚午年（一六九〇）。公辨親王之召應東叡山來。本院護摩堂監トナル。元祿四辛未年。二尊院住持轉。最上立石寺住持。元錄（祿カ）五癸申（壬カ）年。一品大王命承。灌頂奉行。住心院室領セシメタマフ

元祿四辛未年。平松中納言平時量猶子トナル。元祿五壬申年。大僧都任ス。元祿八年乙亥。當山本坊ニ於テ三百日之祕密供ヲ修行ス。元祿九丙子年。當山福聚院住職命セラル。同十一月。執當職命セラル。同暦湯嶋喜見院兼住命ヲ蒙。元祿十六年未暦。天神社回祿。依レ之公儀ヨリ黄金五百兩ヲ給フ。寶永元甲申年（一七〇四）。公命承。登城ナリ。日光山學頭職幷福聚院住職辭。寶永二乙酉年閏四月。以レ病辭。山科毘沙門堂塔中戒光院退去也。山形柏山寺兼帶ス。林泉院號。寶永四年僧正轉。寶永五戊子年三月三日寂。壽五十六。臘四十二。山科雙林院葬。智勝院謚

○第五世大僧都慶海。寶永元年（一七〇四）申八月八日。一品准后依レ仰。修禪院當院入院。同五年戊子四月。上杉民部太輔吉憲爲ニ檀主一。則吉憲知行二百石永代寄有レ之。同六年己丑二月五日。大慈院住職被ニ仰付一。其外委大慈院之傳記讓レ之

○第六世慈泉。字性淵。吉川大藏卿法眼宗也。萬治元年（一六五八）戊戌八月十七日。生ニ武州東叡山下一。六歳喪レ父。十五歳蒙ニ本照院一品大王剃度一爲ニ房宦一。名ニ常也一敍ニ法橋一。十六歳。延寶元癸丑年（一六七三）奉レ從ニ本照院大王一入レ洛。此歳新宮御得度。被レ住ニ滋賀院一。受命奉レ侍ニ滋賀院一。延寶五丁巳年十五日（「八月カ」）。於ニ叡山一出家（時二十歳）初名ニ慈香一後改ニ慈泉一。復改ニ慈仙一。天和元年（一六八一）春。應レ召來ニ東叡山一。同年冬。蒙ニ大王示許一修ニ四度加行一。同二年壬戌賜ニ號惠命院一。爲ニ本院内權現幷靈堂知事一。同年五月十九日。從ニ濃州南宮僧常林房定榮一傳ニ授悉曇一

天和三癸亥年五月。於ニ日光山妙道院一從ニ福聚阿闍梨智英一受ニ傳法灌頂（「頂カ」）一。教授師。法曼院前大僧正慶算。同月十一日。受ニ瑜祇灌一。同年七月。從ニ願王院義道一受ニ大師祕密片供一。同年十月。於ニ東叡福聚院一受ニ第五三摩耶一。貞享元甲子年（一六八四）十二月二十六日。爲ニ本院護摩當（堂カ）別堂（當カ）一。同五年

戊辰夏。從二不動院泰全一傳二授十度一。經二數月一練修
元祿三庚午（一六九〇）四月。蒙レ恩住二持西久保八幡宮別當普門院一。
元祿三年冬。蒙二法曼院前大僧正示諭一。欲レ修二八千枚護
摩一。先前行不動立印法一百（每日三座）翌ノ年從二二月朔日一一七
日。菜食持齊念二滿慈救呪一洛叉一。三時立印法。日中修二
護摩一。八日斷食一晝夜。自二酉上刻一至二子刻一。八千牧（枚カ）護摩
事業成就畢。元祿六癸酉年十月。於二山門一勤二竪者一。同
於二無動寺法曼院一。修二大阿闍梨灌頂一
寶永六己丑（一七〇九）年三月二日。蒙レ恩來繼二福聚院席一。同年夏。
數扣二觀理院僧正智英一。習二傳祕要一。借二寫密部一。同七年庚
寅二月下旬。再二開法曼流灌頂檀（壇カ）一。繼開壇阿闍梨十人。入
壇弟子八十餘輩。同年五月任二大僧都一

本覺院歷代記

○第一世僧正晃海（一六〇三）。中原氏。洛陽人。大夫大府侍郎職忠ノ
次男也。慶長八年九月一日誕焉。十四年。七歲。爲二庭田
黄門。銀靑光祿大夫。源重定郎（卿カ）之猶子一。十六年。九歲。登二
叡山一師二事慈眼大師一。十九（年カ）歲有レ敕開二論席於禁闕一。延二
大師一爲二題者一。法印久運（山門藥王院）爲二講師一。晃海時十二歲。
童形而爲二問者一。九月薙髮。依二大師命一住二南谷櫻本坊一。
元和二年（一六一六）。十四歲陪二大師一下關。寛永三年（一六二六）大樹秀忠公上
京。誘二引大師一。晃海爲二扈從一。時於二掖庭一啓二講場一。敕二大
師一爲二題者一。法印什譽（三途臺住持）爲二講師一。晃海膺二問者一。七年
蒙二大師命一移二住江城山王城林寺一。以三先レ是無二別當職一。
使三法印豪倪（山門雙嚴院）掌二寶殿之銀鑰一。越大師一夕夢。搢紳
公子來告曰。必以二晃海一爲二別當職一。九年經二營院宇一。此
年妙法院宮。賜二院室一號二最教院一。十二年。大樹家光公。
加二增山王社領一（高都合六百石）十四年。於二東叡山一新劍（創カ）二建日吉
社一。營二構本覺院一。十九年三月一日。從二大師一勤二法曼流
之灌頂一。大阿闍梨位。二十年修二補山門櫻本坊一。此年家光
公命下可レキノ爲二台宗長吏一之旨上
慶安四年（一六五一）有レ命兼二持江戸崎不動院一。以レ爲二大師之遺跡（蹤）一
也。承應元年（一六五二）十一月。勤二葉上流之灌頂大阿闍梨位一。九月
依二毘沙門堂准三后之令旨一。兼二主鎌倉寶戒寺一。二年任二

權僧正一。此年一夕夢。一童子容貌端嚴。威儀偉麗也。海問曰。何人哉。何故微笑乎。童子答曰。稲荷明神也。居二於此地一年久。今此山爲二佛法流布之地一故微笑也。卽建二神祠一以二銅金一鑄二吒枳尼天像一。納二石屈(窟カ)一爲二當山鎭守一。三年陸奥刺史羽林次將藤忠勝。達二于上聞一奉レ勸三請東照宮于管內一。又承二毘沙門堂准三后命一。赴二于仙臺一爲二遷宮供養導師一。八月蒙二一品尊敬大王令旨一。兼二領黑子千妙寺一。十一月。勤二三昧流灌頂大阿闍梨位一。明暦元年(一六五五)二月。於二江戸崎不動院一建二不動尊堂宇一。且大樹家綱公賜二江城紅葉山東照宮假殿ノ四足門一。忍城主拾遺阿部忠秋。奉レ運二送之一。於二此地一營二建日吉東照稲荷一。以二封境甚狹一捨レ財乞二覓隣地一

二年轉二正僧正一。此年於二千妙寺一造二營日吉東照及拜殿一。

同二年九月。於二日光山一經二營含滿淵一。歷二數歲一竟二其功一。演二供養儀一二年。安二置石像不動尊一。鐫二彫唅滿梵字於岩頭一。營二建石柱護摩堂一。且勤二修一千座護摩一以祈二國運一。從二承應元年一至二明暦二年一。凡五歲而畢レ功。明暦元年。一品尊敬親王。喜二此地勝一而有下此處宜レ建二納骨堂一命上。蓋往年東照宮皆有二納骨堂一。大師憚二神威一毀二除之一。遺二言於衆一曰。我沒後宜レ再二興此堂一矣故今承二大王嚴命一鑿レ山疊レ石成二經營功一。時若狹侍從忠勝。奉二鈞命一至二此靈場一。一瞻望不レ勝二歡喜一。仍命二林氏道春一。銘二納骨堂石碑一。造二建一宇一。號二慈雲寺一。命二佛工一刻二彫大師遺像一以爲二本尊一

明暦三年。時年五十五歲。罹二江城回祿變一。山王宮宇寺院盡燒失。於レ是晃海捨レ財造二營院宇一。時堯海指事終二其功一。萬治元年(一六五八)請二大王一。附二城林寺本覺院一。妙解院堯海。當院傍結二一廬一而閑居。稱二金剛壽院一。先レ是明暦年中預建二迷(キヤク)(逆カ)修塔一上銘二東叡山開山慈眼大師一。下彫二刻晃海一。蓋欲二師忌日示一レ寂也。而寛文三年(一六六三)癸卯秋。痾疾忽發。大樹使二重臣一日日訪二可否一。十一月二日。六十一歲寂

○第二世堯海。中原氏。從四位行大藏轉(輔カ)職存子也。元和九(一六二三)癸亥年三月十五日。生二於洛陽一。及レ長從二慈眼大師一召二來於東叡山一。寛永九年(一六三二)秋九月二十四日。瞻二禮大師一

而薙染。時歳十歳也。正保元年（一六四四）登二台山一寓二止南光坊一。二年蒙二毘沙門堂准三后命一。主二東塔理性院一。四年奉二任權律師一。慶安五年（一六五二）夏。賜二妙解院號一。此年爲二勸修寺大納言經廣之猶子一。明歷（暦カ）元年（一六五五）冬。勤二別請竪義問者一。探題惠心院僧正等譽。竪者寶園院大僧都覺然。二年於二根本中堂一勤二別請竪義竪者一。探題正觀院僧正祐存。問者覺林坊大僧都幸憲。十二月一日。任二大僧都一。萬治元年（一六五八）。勤二法曼流灌頂一。此年移二東叡山本覺院一。兼二領山王別當城林寺一。賜二最教院號一。寛文二年（一六六二）冬。敍二於法印一。五年冬。於二大講堂一勤二已講役一。寛文十年庚戌十一月十六日。行年四十八而示寂

○第三世舜盛。松井氏。信州木曾郡人。寛永七年（一六三〇）庚午十月十八日生。後爲二日野大納言弘資卿猶子一。及レ長投二台山東塔明覺坊舜澄一而薙染。承應三年（一六五四）。蒙レ命主二台山明學坊一（改二號圓光院一）。明歷（暦カ）二年（一六五六）。從二本照院一品大王命一。於二武陽一常奉レ事二大王一。三年。登二台山一住二圓光院一。寛文五年（一六六五）進二大阿闍梨一。六年。下二武陽一領二東叡明靜院一。八年冬。任二執當職一。九年秋。賜二觀理院號一。十年。任二大僧都一。冬十二月二十六日。移二本覺院一。亦兼二領山王別當職・常林（城カ）寺一。貞享四年（一六八七）冬。任二權僧正一。元祿五年（一六九二）秋。轉二正僧正一。七年冬。辭二城林寺一陰二台麓一。十年丁丑二月五日寂

○第四世叡海。酒井飛彈（騨カ）守源重之子。母久世氏。武州豐嶋郡人。明曆二年（一六五六）冬。十二月五日生。年十有一。而從二東叡山最教院堯海一落髮。及レ長登二台山一寓二止白毫院一。延寶二年（一六七四）甲寅爲二竪者一。七年。解脱院一品大王賜二智覺院號一。天和二年（一六八二）壬戌春二月。蒙レ命住二本覺院一。元祿十七（一七〇四）任二大僧都一。寶永七庚寅年（一七一〇）。因レ疾辭レ院退號二靜陰一

○第五世智海。武陽豐島郡人。清水氏。延寶二年（一六七四）十二月生也。貞享五戍（戊カ）辰年（一六八八）十月二日。投二東叡山本覺院叡海一而薙髮。及レ長登二台山一寓二止東塔松林院一。寶永七庚寅年（一七一〇）六月一日。蒙レ命主二本覺院一

正德元年（一七一一）辛卯冬十一月。東叡山本覺院住持智海

一乘院記

○第一世慶舜僧正。寛永十四年(一六三七)冬。肥前州高木郡。吉利支丹賊起。將軍家令二九州候(侯カ)伯一出レ兵伐レ之。越十五。二月二十七日。指揮使會二諸將一約二明日合レ衆同破一レ賊。刺史(諱勝茂)其軍先登戰而克レ之。賊所陷滅ス。合國清平矣。先レ是權僧正慶舜(肥前人。姓七田氏也)白二刺吏一言。余幸ニ知二瑜伽之祕軌一。當下ニ以二法力一加シテ令ヒ得レ成二軍中第一之功一也。既而指揮使上言。以下刺史雖二功勳一而犯中軍令上。以レ故命幽二閉刺史於武府之私弟(第カ)一。十一月三日。慈眼大師謁二幕下一謂曰。鍋島拔レ群滅レ賊。是爲レ國不レ顧レ身者也。何合レ賞郤(卻カ)テ罰レ之爲耶。對曰。實如二師言一。吾當レ議二於尾州紀州等諸公一。翌日大師親往二兩家一。告以二其事一兩公然レ之。十二月十七日。大師重謁二幕下一謂曰。向請レ賜二恩免於鍋島一。非三吾爲二鍋島一。蓋致レ功郤(卻カ)得レ罪。則當時或有レ事。天下士誰爲レ君赴レ難者アラン乎。願熟思レ之。二十八日。大師又价二圓義(肥前人號二覺了房一)於二官廳一乞レ之不レ止。於レ是命令二刺史朝參一。與二大師一相好有二素聞一レ之。後感荷倍厚。十七年六月十七日。刺吏朝二東照宮一。因訪二大師本院一。謝二昔日之懇志一。兼請レ建二一院於山中一。大師悅諾。乃胥共相二攸於本院傍一創起セシム焉。又相議命二慶舜一主レ之。以三舜住二武州兒玉郡金讚(鑽カ)一乘院一移レ號以名レ之。舜因レ緣還レ鄕。金寶山一乘院爲二開基一。當院開基爲二第一世一

○第二世圓義僧正。先慶舜僧正弟子也。生國(肥前臣(巨カ)勢鄕修理田人。性(姓カ)巨勢也)初同國住二寶琳院一。兼二元忠寺一。後慶舜僧正歸レ國。故爲二當院後住一。兼二金讚(鑽カ)寺・長樂寺二院一。是時檀主鍋嶋信濃守勝茂。附二院領百石一矣。正保元年(一六四四)甲申慈眼大師遷化。而久遠壽院宮即同二年。將軍家光公。以二中根壹岐守一使二久遠壽院宮一曰。今世良田長樂寺爲二無住一。蓋是爲二大師崇敬之高一故。今欲下擇二器量之僧一而使レ爲中住持上也。乃仰二壹岐守一使レ伺二圓義器量一。其上正此僧可レ然言上。於レ是圓義。召二御城一而命二長樂寺住職一。因レ茲當院後住。以二慶盤一。然後圓義移三轉日光山修學院一。亦兼三住長樂寺一。再歸二長樂寺一。延寶四年(一六七六)九月二十日。八十五歲寂

○第三世大僧都慶盤。先圓義僧正弟子。生國肥前人(姓永田氏)圓義日光山移二修學院一。故檀主松平丹後守光茂依三願之一。

慶盤二十五歲而爲二當院住持一。尙兼二金讚(鑽カ)寺一。及二四十歲一爲二御城使役一。是時檀主光茂增二附院領百石一。合爲二寺領二百石一。四十八歲賜二院室一。而歸二肥前一爲二寶光院住持一。至二此時一義辨爲二當院後住一。天和元辛酉(一六八一)十月五日。五十七歲。於二肥前寶光院一寂

○第四世義辨。先慶盤弟子。生國肥前州。姓千葉氏也師慶盤歸二肥前一。故檀主丹後守光茂依レ願。義辨二十五歲而爲二當院住持一。然後貞享二年(一六八五)乙丑三月十日。三十二歲寂

○第五世圓雄。先圓義僧正弟子。上野國人。初日光山住二持照尊院一。貞享二年(一六八五)及二義辨死後一。檀主丹後守光茂依レ願爲二當院後住一。而元祿七年(一六九四)移二轉四谷自證院一。同十五年十月二十九日。於二自證院一寂

○第六世大僧都守玄。生國肥前佐嘉人。姓鍋嶋氏。同國寶光院慶嚴弟子也。圓雄移二四谷一。故檀主丹後守光茂依レ願爲二當院住持一。二十五歲賜二維摩院室一。貞享二年(一六八五)冬。至二于山門一有レ病。爲二保養一下二於大坂一。不幸而終卒

(第七世大僧都慈航。缺文)

○第八世大僧都圓舜。肥前州佐嘉郡。姓岡村氏人也。自二幼年一同懸(縣カ)惠日山龍造寺寶琳院昌舜爲レ師事。十三歲春。同國寶光院以二權僧正慶鑑一爲二戒師一剃二除髮一。十六歲而行二四度一。十九歲秋。赴二東關一隨二從大僧正慈海一學二習經一。十九歲而以歸鄉。師跡住二持惠日山一。然後檀主信濃守綱茂。造二于武府之祈願所一。於レ是檀主奏願。以二十月十一日一奉二大僧都免許一。同年十一月十八日參二內禁裏一。後又歸國。于二辰年一移二轉同國于背振山修學院一而職レ之。慈航以レ轉二於四谷自證院一。故檀主信濃守綱茂。當院開基從來以レ有二由緒一奏願。於レ此受レ命。同年十二月二十三日。使三舜爲二當院ノ住持一

泉龍院記

○第一世慶倫。丹州笹山人也。少年薙髮。最長二密行一。祈レ福必驗。松平若狹守別峯。信二其修驗一爲二檀越一。院舊在二不忍池側一。慈眼大師開二東叡一之後。命移二山上一而屬二於子院一。守助二其費一殿堂構成。且永附二香積資百五石一也。

而奉二大師命一兼二領台山靑蓮坊一。大破壞。倫修補數月。而
寛文五年(一六六五)正月十九日寂
○第二世公慶。武州江戸人也。師二事於倫一。寛文五年(一六六五)有レ
命繼二席於東(當カ)院一兼二領台山靑蓮坊一。檀主減二僧糧三分一一。
而相約言。雖レ減永助二繕修之費一。延寶四年(一六七六)五月四日寂
○第三世元雄。谷氏。奥州會津人也。幼從二當山寒松院玄
海一薙髮。蒙二本照院法親王命一。住二台山金臺院一。延寶四年(一六七六)
移二當院一。又移二千駄木保福寺一。後請還二於台山一。有レ命住二
於壽量院一。未レ幾退二居于台麓一
○第四世宣融。佐久門(聞カ)氏。洛陽人也。與二元雄一同二師門一。
初蒙二嚴命一住二台山壽量院一。後移二住於當院一。又移二於寒
松院一。元祿年中歸レ洛而陰ル
○第五世義天。字廓如。元祿三年(一六九〇)。蒙二於當院住職之命一。
自餘事跡詳二于凌雲院記一。今略二于茲一
○第六世智豹。字妙變。木(俣カ)役氏。駿州富士郡人也。明曆三(一六五七)
年九月四日生。寛文十一年(一六七一)二月二十三日。投二當山護國
院亮順一薙髮。天和三年(一六八三)蒙二輪王命一。住二台山習禪院一。四年

拜二洛東妙立和尚一受二十重一。元錄(祿カ)四年(一六九一)秋。受レ命移二住當
院一。十一年春。登二台山一從二靈空和尚一受二輕戒一而歸。冬
十月請二大王一附二當院於延順一。又登二台山一。明年夏爲二形
同一。寶永四年(一七〇七)二月六日。進レ法。同翌日受レ具。居二江州志
賀郡仰木邑神宮律寺一
○第七世延順。武陽兒玉郡人也。寛文五年(一六六五)四月二十一日
生。天和壬亥(ママ)七月二十四日。從二當山護國院亮順一而脱
白。元祿九年(一六九六)蒙レ命領二台山習禪院一。十一年冬。一品大王
命二當院住職一。十二年春。有レ故移二院於當山東一。檀主松平
紀伊守扶助而得レ復二舊觀一。右應二輪王大王命一記二當院之
事蹟一
時
正徳元年(一七一一)辛卯冬十一月。東叡山泉龍院住持延順

寶勝院歴代記

○第一世權大僧都法印豪仙。奥州會津人也。開祖慈眼大
師法弟。始山門玉藏坊兼ネ(今改二定光院ト一云)會津圓壽寺住。寛永十(一六

（三七）四年丁丑常陸國江戸崎不動院移。而後寛永年中。當寺兼ネ開（此時寺料十五石。後加増有テ二十五石成ル）當寺經營既畢。弟子豪圓付屬。不動院燕居。慶安（一六五一）四年四月二十日。年齡七十有二寂

○第二世權大僧都豪圓。下野州榎本縣。柏倉氏人也。學豐才高シテ義論最巧也。嘗仙臺少將藤原朝臣忠宗。當寺檀越契約有。承應（一六五四）三年春。忠宗盡建創。且寺料三拾石寄ス。同年三月。仙臺於テ忠宗草二創東照神一。祠造畢遷座有リ。忠宗。豪圓以別當仙岳院移欲。圓之固辭終往カス。而後中將綱村代至。寺料五十石加增。合八十石成。故圓以當寺中興爲レ祖。寛文（一六六六）六丙午年四月三日。壽四十有三。而泊然逝

○第三世大僧都法印豪永。下野州戸恆邑。川島氏人也。豪圓弟子。寛文（一六六五）五年二月八日。剃度。御戒師。一品守澄親王也。然豪圓翌年已滅。是以豪永當寺看坊命蒙。年臘方滿。當寺許容有。寛文九年二月二十五日夜半。自坊火災發。坊寺一時炭燼（餘院類燒ナシ）同年三月。檀越綱村。院字（宇カ）不日故如重興。翌年秋八月。登二台山一東塔北溪教王院寓居五年。會台山辭后。黄金五十兩喜捨。以山門東塔北溪本願堂講演料寄。蓋當寺元山上西北。本院ノ右在。元祿（一六九八）十一年戊寅冬。台命依山下東南移。翌年四月。檀主綱村。亦悉修造（今ノ地是ナリ）同年四月三日。奉レ敕大僧都任。寶永（一七〇四）元年甲申二月。壽五十有五。當寺弟子智洞付屬。坊中ノ傍退居。而無量壽佛寶號。三萬餘唱以爲二日課一

○第四世權大僧都法印智洞。野ノ上州群馬郡西島縣。父反町。母瀨下氏也。元當山東漸・圓珠兩寺之第三世權僧正宣存弟子。天和（一六八三）三年六月二日薙髮。御戒師。一品天眞親王。後十六歳時至。豪永附弟成。元祿（一六九三）六年八月。登二台山一東塔北谷教王院寓居四年。元祿十三年七月。台山無動寺千手院被レ補。寶永（一七〇四）元年二月。當寺住職之蒙二嚴命一。千手院辭移二當寺一。寶永（祿カ）六年己丑二月八日之夜。山外火災發。餘炎當寺及院宇盡回錄。同年從レ夏冬至。檀主少將吉村。坊舍悉重建

明靜院歷代

○開基第一世幸海。姓佐佐木氏。大膳亮高和長子也。師天海大僧正。寛永九壬申年(一六三二)。十四歳而出家。賜二靜慮院室一。車坂之上。基地六十餘閒。得二自縄絶一。越前太守松平伊豫守忠昌爲二檀主一。寺令レ造且坊料百石寄。以相續之資料。充住十年辭。北叡(比カ)山登。東塔南谷櫻本坊・青蓮坊之兩寺住。六七年經。愛宕山教學院兼賜。後皆是辭。嵯峨之邊退去。此時權僧正任。七八年經。三州田原泉福寺賜。十年後院職辭。重命有。世良田長樂寺轉住事十五年。元祿四(一六九一)年辛未八月十四日以寂。壽七十三

○第二世公倪。美濃部氏。越前人也。紀州雲蓋院豪倪僧正師。北叡(比カ)山金勝院住。寛永十八年辛巳(一六四一)移二當院一。寛文五(一六六五)乙巳年。愛宕山威德院移轉。隨緣院室賜

○第三世舜盛。姓松井氏。信州人也。北叡(比カ)山光國(圓カ)院主。寛文六丙午年(一六六六)。當院移。同八年戊申十二月。承レ命執當成。同九年己酉。觀理院室賜。同十年任二大僧都一。同年十二月。本覺院移住。山王城林寺兼賜。貞享四年(一六八七)十二月二十七日。任二權僧正一。元祿五年(一六九二)七月。正官轉。具有二本覺院記一

○第四世廣海。寛文庚戌年(一六七〇)十二月。賜二當院一

○第五世廣屯。姓添田氏。越前福居(井カ)人也。廣海師出家。天和元年(一六八一)賜二當院一。元祿五壬申年(一六九二)。檀主綱昌請二坊料五十包加增一。元祿十一戊寅年九月回祿遭。承レ命寺跡改今所在移今見明院地乃其舊跡也寶永五年壬子(戊カ)(一七〇八)五月。千駄木世尊院轉住。而任二大僧都一

○第六世良然。姓新莊氏。常陽行方產也。初十四歳。而郡之藥師山東海從雑(雜カ)染。後江府來。僧正常然師。元祿十一(一六九八)戊寅十月。依二公辨大王命一。北叡(比カ)山善光院爲レ主。寶永五(一七〇八)年又應二大王命一當院轉住

見明院歷代記

○第一世權僧正盛憲。笠原氏。江州產也。山門東塔竹林房住。當山來。當院開基。江城二丸東照宮別當職成。後和州多武峯學頭職被レ補。其餘事實不レ詳

○第二世大僧都行海。羽州會津生。氏高田。本日光山醫

王院住。後當院移住。羽州岩根澤日月寺。江戸崎不動院。兩寺兼領。後日月寺以弟子憲海附與。延寶四辰年（一六七六）。執當職成。且賜二信解院號一。天和元辛酉年（一六八一）辭二執當職一。不動院退去。貞享四卯年（一六八七）九月十五日終。壽六十八歲

○第三世大僧都憲海。俗姓淸瀨。幡（播カ）州生也。羽州住二日月寺一。護心院號。天和元酉年（一六八一）。師行海繼當院住。日月寺領如レ初。貞享四卯年（一六八七）。日月寺轉。江戸崎不動院兼領。元祿二己巳年（一六八九）七月十日。津梁院移住。嚴有靈廟別當職成。同六年癸酉正月二十八日寂。壽五十三歲而終

○第四世大僧正最純。具等覺院年譜在。故略

○第五世大僧正義天。具凌雲院年譜在。故是贅

○第六世法印義圓。本山門東塔雙嚴院住。元祿十五壬午（一七〇二）九月一日。當院住持成。寶永元甲申（一七〇四）十一月二十一日。春性院移住。高巖院殿別當職成

○第七世眞圓。波多氏。城州洛陽之產也。貞享二乙丑年（一六八五）十有三。而解脫院一品大王陪從當山來。本院居。同七月薙髮。御戒師。且御名字賜。同四丁卯年。明王院慧宏室入。三部密灌受。元祿五壬申年（一六九二）。山門法華會爲二竪者一。寶永元甲申年（一七〇四）十月。當院爲二住持一。同庚寅年三月。大阿闍梨之職位登

東叡山寛永寺子院歴代年譜

寒松　　勸善 [朱]十九
津梁 [朱]九　　林光 [朱]二十四
春性 [朱]十二　　護國 [朱]三十二
大慈 [朱]十六　　觀成 [朱]五十

寒松院

開基辯海權僧正傳

寛永四丁卯(一六二七)天。東照大權現御宮。藤堂和泉守造二-立之一。同年寒松院建立。此年台德院様御參詣

○辨海僧正者。下野國長沼保土嶋鄉ノ人也。永祿五壬戌(一五六二)年生。自レ幼聰明出レ群。始入二乘海法印ノ室一ニ。讀レ經學レ字。自リ二乘海法印遷化一後。入二亮辨僧正ノ室一ニ剃度シ修二-加スル行護摩一ヲ。慶長九年(一六〇四)甲辰二月登二叡山一ニ勤二大講堂竪義一ヲ。到二東武一ニ移二-住鎌田西光院一ニ。中ニハ依二那須ノ屋形之招請一ニ移二-住皿土法輪寺一ニ。城主尊敬不二尋常一。剰爲リ二天海大僧正ノ之侍者一。大僧正每レ往二クニ江戸駿河一ニ必供奉シ。於二將軍家之御前一ニ論義。每座得二奇特一ヲ。嘉名聞二天下一ニ。故爲二家康公・秀忠公・家光公一被二唱嘆(稱カ)一賜二月山寺一ヲ寛永丁卯(一六二七)年。再被レ任二東叡山寒松院社僧一ニ。寛永十年四月八日。被レ任二權僧正一ニ。同年八月十三日。賜フ二寂靜院號一ヲ。辱ク受二クル將軍家之御恩遇一ヲ。千妙寺亮諶僧正。雖レ欲レ

屬二セント千妙寺ヲ於辨海一ニ。是ハ唯密寺也。因テ下長沼ノ宗光寺ハ爲タル中顯密兼學之寺。且ツ師跡上有二天海大僧正之命一賜フ二辨海一ニ

寛永十年癸酉二月中旬入院シ。拜二師乘海・亮辨之御影一。思レ古感涙ス。同二十二日ノ夜。報恩會ニ聚二十八箇碩學一ヲ。全テ二別講(請カ)豎義ヲ一刷ロフ二先師報恩之儀一ヲ。二十三日巳ノ剋ニ論義訖ヌ。寛永十四丁丑年十一月十五日。六十六歳示寂。自二弁海一到二忠海一ニ之際タ。喜見院賢盛爲二看坊一。事實未レ祥(詳カ)

○當院第二世忠海

慶安元年(一六四八)。東照權現三十三回忌辰。於二日光山一爲二御八講之聽衆一。事實未レ詳

○當院第三世大僧都純海

生國越前ノ人。住二持叡山壽量院一ニ。隨テ二護國院生順一ニ來二東叡一ニ。慶安四辛卯年(一六五一)四月八日。自二官府一初有二東照宮之修營一。此時有二將軍家光公御參詣一。委ハ御造營御記錄有レ之相二勤執當職一ヲ。當山灌頂西山流者。當寺玄海。福聚院智英兩人傳レ之。尤於二當寺一ニ執二行ス灌頂一。此時玄海・生順等修レ之。福聚院智英爲二受者一。於二福聚院一ニ修二灌頂一之時。爲二教授阿闍梨一ト。爲レ示ミ爾來寒松院者。號二西山流灌頂之室一。至テ二玄海之時一當山護摩加行多從二當寺一授。寛文四(一六六四)年甲辰正月二十一日示寂

○當院第四世權僧正玄海

玄海姓ハ源氏。林某嫡子。越前國東下野鄕ノ人也。寛永四(一六二七)年出生。兒童之時。爲二學文一住二越州松玄院一。純海到二彼院一見二聰明ナルヲ一爲二師弟之約一。相從到二叡山一ニ剃度。而附二屬壽量院一。其後到二關東一ニ。寛文四年(一六六四)甲辰移二當院一ニ。貞享三丙寅(一六八六)十一月二十四日。務二執當職一。賜二戒善院室一ヲ。同年十二月十四日。執當職御書出頂載(戴カ)。同四年丁卯正月十四日。轉二任大僧都一。

元祿三庚午年(一六九〇)。移二轉圓珠院一。同四年辛未七月。賜二日光山修學院之學跡一ヲ。同年九月二十九日。任二權僧正一。同五年壬申。兼二領常陸國小野逢善寺一。同八年乙亥二月二十一日。轉二任僧正一。同十三年庚辰十二月。隱二居小野逢善寺一。同十五年壬午四月二日。酉刻示寂。壽七十五歳

○當院第五世宣融

生國江州坂本人也。住壽量院。後移東叡泉龍院。元祿三庚午年(一六九〇)。移當院。同十二己卯年四月。有故蟄居山城國嵯峨之邊

○當院第六世僧正公然

公然始名公慶。姓藤原氏。花山院前內府定誠之猶子也。延寶六年(一六七八)戊午十月二十四日。於山城國山階鄉毘沙門堂。乃戒師久遠壽院准三后剃度。而賜號行嚴院。天和二年(一六八二)壬戌八月。除(敍カ)法眼。貞享元年(一六八四)甲子六月八日。轉少僧都。同五年戌(戊カ)辰九月十九日。又轉大僧都。是時改名公然。元祿三年(一六九〇)庚午三月晦日。隨事一品公辨親王赴東叡山寬永寺。恩顧日深。甚爲昵近。同年賜號濩(護カ)法院。明年辛未三月。受大王之命兼領不忍辨天之別當職。同七年(五カ)壬申四月二十七。奉大王之命住持等覺院。在院六年。同年六月。創營辨天堂。且護摩堂・神廚・庚申堂・八幡社及前門橋華表・聖天宮前橋・連房若干。皆復修造。同年十二月十九日。修辨財天遷座供養之儀。時請大王。爲之導師。及滿山僧侶皆預焉

元祿十二年己卯四月十二日。又奉大王之命住持寒松院。在院二年。時辭辨天之別當職。寶永三年(一七〇六)丙戌十月二十七日。承大王之命掌執當職。同五年戊子四月。蒙大王之命兼領越後國藏王。同年十一月二十七日。數請辭執當職。被允而因大王之命任權僧正。明年六月辭兼領藏王之職。是年。松平美濃守吉保。新有檀越之因。且附米穀百五十包于寒松院。歲率以爲常。同七年庚寅二月十八日。承大王之命住持金龍山淺草寺。賜號傳法心院。同年二月二十三日入院

○當院第七世大僧都覺同

生國野州日光山。姓藤原氏。入日光山龍光院豪傳室。十五歲剃度。十六歲東叡隨養壽院惠觀修加行護摩。二十三歲追陪公辯親王到叡山居玉泉院一兩歲。而後有大王之命爲覺林坊留守

五年。二十七歳ニシテ到二關東一。三十三歳ニシテ務コト二學寮伴頭一
四年。三十七歳シテ賜フ二下總法漸寺ヲ一。三十八歳ニシテ兼二-領叡
山巧安院一。四十一歳ニシテ住ス二當山等覺院ニ一。在レ院ニ十三年。
庚寅年。移二-轉ス寒松院ニ一。寶永七年(一七一〇)五月朔日。任二大僧都一

津梁院年譜

○開基法印本祐。常州行方郡之產也。不レ詳二氏姓一。嘗爲二
淺艸常福寺之住寺(持カ)一。寛永八年(一六三一)正月十四日。津輕城主越中
守卒。葬二於常福寺一。後越中守以二別邸一營二-建寺院一。令三本
祐ヲシテ爲二住寺(持カ)職一。移二常福寺所在ノ廟ヲ此院一。以號二津梁
院一。蓋津梁其謚號也。寛永十五年。津輕府營二-建東照宮及
別當藥王院一。亦令三本祐ヲシテ兼爲二住寺(持カ)一。正保丁亥四年(一六四七)十
月七日寂
○二世法印本好。不レ詳二所生一。從二本祐一得度。受二本祐附
屬一當院住職。兼二藥王院一。慶安年中。津輕府內建二-立菩提
所一。令三本好ヲシテ爲二開基一。則請二久遠壽院准三后一賜二報恩
寺號一。萬治二年(一六五九)己亥九月十二日寂

○第三世中興大僧都宣海。事跡詳見二於等覺院年譜一。今
略二於茲一。萬治二年(一六五九)九月八日。三十六歳移二-轉於當院一。兼二
國分寺一如レ本。延寶八年(一六八〇)六月以二當院一爲二嚴有院殿別
當一(舊地嚴有院殿二天門傍今ノ空地也)天和三年(一六八三)癸亥十二月二十六日。辭職退
居。貞享元年(一六八四)乙子(甲カ)七月三日。六十二歳寂
○第四世大僧正最順(純カ)。事跡具二於等覺院年譜一故略レ之。
天和三年(一六八三)癸亥二月二十七日。從二修禪院一移二-轉於當院一。
元祿二年(一六八九)己巳七月二日。賜二大學(覺カ)王院室一。被レ附二執當職一。
移二-轉於見明院一
(第五世・第六世缺文)
○第七世大僧都寂仙。事跡詳二於松林院年譜一。元祿十二(一六九九)
年己卯十二月。移二-轉於當院一。十六年癸未十一月二十九
日。寺院類燒。寶永元年(一七〇四)甲申四月二十二日。成就寺院御
建立。六年己丑正月十日。就二常憲院殿御他界一。爲二御佛
殿御用地一墮二寺院一。正德元年(一七一一)辛卯四月。寺院成就御建
立。同年七月六日寂。春秋五十九歳
○第八世大僧都長存。事跡具二於元光院記一。正德元年(一七一一)辛

卯七月十日。移二轉於當院一。寺内嘗有二津輕稻荷宮一。同年冬。津輕太守。新加二建立一以寄二附扶持米三口一

春性院

○開基廣海。三州岡崎ノ人。父原田某。母宇野氏。師二事延壽院廣圓一而薙染。修二四度之密法一。而受二其口譯(訣カ)印契一。正保三年(一六四六)初登二東叡一寓二於本院衆寮一。而隨二從於權智坊一承應元年(一六五二)。於二常州小野逢善寺一。蓮華流灌頂之受者勤レ之。三年於二山門惠心院一相二承血脈ヲ於等譽僧正一。寛文九(一六六九)年蒙二本照院一品大王嚴命一。爲二東叡明靜院住職一。又蒙二嚴命一法曼流灌頂勤(「者カ)レ之。十一年於二大講堂一竪勤レ之延寶元年(一六七三)自二山門執行周海僧正一頂二戴永補仕(任カ)一。八年五月。蒙二解脱(「院カ)一品大王嚴命一。爲二春性院住職一。九年九月五日。登城蒙二台命一爲二高嚴(巖カ)院殿別當職一。元祿五年(一六九二)四月十六日。任二大僧都一。寶永元年(一七〇四)十月二十三日。登城蒙二台命一任二權僧正一。移二住上州新田莊世良田山長樂寺一。三年春。准三后一品大王賜二院室一號二佛頂院一。爲二梅小路正二位亞相不亂常道猶子一焉。法臘六十三。壽齡近二于耋一

正德元年(一七一一)辛卯(寂カ)十一月

○第二世義圓。宗忍。父吉岡某。母高梨氏。信州ノ產也。延寶五稔(一六七七)丁巳五月七日。於二山門覺林房室一薙髮。戒師四天王院義胤(後號二三諦院前大僧正義道一)教授師千手院義天(困光カ)(後號二究竟院大僧正一)嘗義胤僧都爲レ師隨從焉。六稔(七カ)己未夏。於二覺林房室一修二密法加行一。教授師行光坊廣海(後號二大僧正寂隱一)天和二(二カ)壬戌稔夏。於二日光山妙道院一成二兩部入壇受者一。教授師法曼院前大僧正慶算焉。貞享元年(一六八四)十月。於二大講堂一竪者勤レ之。同年自二權律師一權大僧都法印迄之永補任頂(戴カ)二載之一焉。同年冬。依二解脱院大王命一補二山門雙嚴院住職一焉。三稔丙寅春。於二于山門正覺院室一。任二穴太一流阿闍梨職一焉

元祿十五(一七〇二)壬午秋。依二一品大王命一補二見明院住職一焉。寶永甲申(一七〇四)冬。蒙二台命一補二當寺住職一焉。二稔乙酉夏。就二長昌院殿御佛殿御造營一。高嚴(巖カ)院殿御境内三千坪餘。爲二御用地一上レ之焉。五稔戌(戊カ)子秋。就二高嚴(巖カ)院殿三十三回御法會一御佛殿廻御修復。同別當所全分御修復焉。六稔己丑

春。就ニ淨光院殿御佛殿御造營一。寺地西南方曳レ之御修復焉。七稔庚寅夏。依ニ准后大王命一拜ニ任大僧都一。同稔夏。賜ニ舊寺餘地千六百坪餘一。以爲ニ往年所レ上之代地一。萬治三稔(一六六〇)庚子春出生。至ニ于正德元稔(一七一一)辛卯一。世壽五十二。延寶五(一六七七)丁巳稔得度。至ニ于辛卯年一。戒臘三十五也焉

大慈院

○武江東叡山大慈院開基。大僧都慶海。生國奧州津輕。父ハ浮須氏。母ハ田中氏。慶安四年(一六五一)辛卯十月三日卯中剋ニ出生ス。寬文四(一六六四)甲辰年六月四日。同所報恩寺。第三世權大僧都遵海爲レ師新得度。寬文八戌(戊カ)申年霜月九日。當山ノ福聚院ェ來テ。智英爲ニ能化一。慈眼大師御靈前御奉公仕ルコト十七年也。貞享元(一六八四)甲子年。羽州山形寶光院英純依ニ病氣一弔ヲ。後住就ニ願上一ニ。解脫院一品親王依レ命。則六月二十一日。行年三十四。而彼寺ノ住職被ニ仰付一。同年霜月十四日ニ入院ス。然ルニ彼寺自ニ於中興造立一。依レ及ニ百年餘一ニ悉破壞ス。依レ之不レ得レ止ムコトヲ。元祿元(一六八八)戌(戊カ)辰年。自力ニテ新建立ス。同十一年戊寅八月五日。一品公辨親王依レ命。當山修禪院住職被ニ仰付一。同年九月三日。中堂供養ノ列ニル衆僧一ニ。同月六日。寺院類燒シ。同年霜月。今ノ修禪院ノ移ニル寺地一ニ。同十三年庚辰。檀主松平大和守基知ニ所レ願ニ寺建立一ヲ。早速造畢。同年九月四日大僧都被ニ仰付一。同十四年七月。日光山大猷院殿。御施餓鬼之御名代相ニ勤之一ヲ。同十六癸未年七月二十四日。於ニ御本院一ニ御城使可キ二相勤一旨被ニ仰出一候由。住心院・願王院・大慈院被ニ申渡一候。丑年マテ七年相勤。寶永元(一七〇四)甲申年七月二十一日。一品親王依レ命開山堂別當職被ニ仰付一。八月八日入院ス

同四年丁亥十月四日。久能山就ニ大地震一。彼ノ御地ヘ急ニ罷越可レ奉レ窺ニ御內陣一ヲ旨。從ニ公儀一被ニ仰出一候間。早速可ニ罷越一旨。楞伽院任ニ指圖一ニ。同七日酉ノ剋當山罷立。同九日卯ノ剋久能山罷着キ奉レ窺ニ御內內陳(陣カ)一ヲ。同日牛(午カ)ノ剋。久能山罷立。同十一日寅ノ剋當山ヘ罷歸リ。則御別條無レ之旨。卯ノ中剋。松平美濃守殿ヘ書付持參差ニ出之一也。同五年從ニ上杉民部大輔吉憲一。知行二百石。福聚院永

代爲レ致レ寄二附之一訖
同六年己丑二月五日。於二中堂一土屋相模守政直。大久保加賀守忠增。三宅備前守康雄。本多彈正少弼忠晴。松平石見守乘宗。楞伽院貫通。信解院惠順。惠恩院惠潤。右列座ニテ准后御方依二思召一。新御別當職被二仰付一由被二申シ渡一候。從レ其直ニ御本院參上。御前ヘ被二召出一。難レ有蒙二御意一ヲ。新御別當職被二仰付一。同年霜月。大慈院造畢。同月二十六日入院ス
松平右京大夫輝貞。以二石川備中守綱乘一ヲ知行百石。當院ヘ永代爲レ致レ寄二附之一ヲ訖。同七庚寅年五月六日。當院寺附之諸色爲二道具料一。銀子五百牧(枚カ)拜領被二仰付一訖

勸善院

○一。開基舜承 初ノ名ハ光憲 江州犬上郡彥根ノ產人。父ハ海老江某。母ハ平田氏。十五歲ニシテ師二シテ事武州府中深大寺豪雄一ニ而薙髮ス。拜二謁シ慈眼大師一ヲ寓二仙波喜多院一ニ而學レ焉ニ。
(「」朱書)「寛永庚辰(一六四〇)。光憲感二聖德太子ノ夢告一ヲ卽著二太子ノ禮文一ヲ。上下置二敬禮等ノ偈一ヲ。」正保元年(一六四四)甲申八月。補二セラレ常州下妻泊(法泉カ)寺住職一ニ居ルコト五歲。此時大猷公新ニ以二テ御朱印ノ教書一ヲ。賜二二十五石ノ領地一ヲ。三年丙戌正月。爲テ二毘沙門堂准后之近侍一ト。掌ル二一宗大小寺主ノ繼目之執柄。及一宗寺院ノ本末ノ選擇一ヲ
慶安元年(一六四八)戊子。依テ二准后ノ命一ニ辭シテ二法泉寺一ヲ移ル二於春名山光明寺一ニ。二年己丑九月。上テ二於山門一ニ務ム二豎義一ニ。承應二年(一六五三)癸巳光明寺殿宇悉ク再ヒ建二之一ヲ。此年嚴有公新ニ以テ二御朱印ノ教書一ヲ。賜フ二幾多山林一ヲ。十二月於二東叡ノ開山堂一ニ。受二三摩耶灌頂一ヲ。三年甲午補ラル二寶樹院殿別當職一ニ。賜フ二常德院之號一ヲ 此時院宇未レ成。寓二御陰居所之長屋一ニ 明曆二年(一六五六)丙申。嚴有公自ラ畫キ二舜承ノ像一ヲ。傍ニ書シテ二常德院ノ號一ヲ。以賜フ二侍女某(今カ)一ニ。令傳フ二於當寺一ニ
萬治三年(一六六〇)庚子。著二淺學教導集十一卷。法寶集十卷一ヲ。寛文元年(一六六一)辛丑十月。新ニ建二立ス當院一ヲ焉。先キレ是ヨリ嚴有公賜二殿材幷黃金一ヲ。以爲二營建之資一ト。二年壬寅八月。增山兵部少輔利彌。寄二附佛供料米五十石一ヲ。四年甲辰十二月。寶樹院殿。御供料三百俵ヲ加增 併レ舊ヲ凡チ八百俵云 依レ之別當領五十石

増レ之（合テ爲二百石一ト）六年丙午。春名山社頭及ヒ三重ノ塔。九十末社。悉ク修二補ス之一。本地堂。護摩堂。樓門。二（仁カ）王門。新ニ造レ之。十三年二月。辭二春名山一讓二於第（弟カ）子光寬一ニ。兼二帶住持職一。凡二十六年也。延寶四年（一六七六）丙辰補ラル二長沼宗光寺住職一ニ。令三第（弟カ）子光寬ヲシテ代リ二補セ當院住職一ニ。師第（弟カ）同登城繼目ノ御禮勤レ之

五年丁巳二月。任ラル二權僧正一ニ。三月十五日。登城禮勤（勤カ）レ之。六月十九日。參內。任官之御禮勤レ之。宗光寺新御堂甚タ破壞ス。不レ待二他ノ助力一成ス二再建之功一ヲ矣。時ニ貞享元年（一六八四）甲子六月也。二年八月。辭シテ二宗光寺ヲ一卜シテ二小齊（齋カ）於當院一ニ而隱居ス焉。四年丁卯五月二十一日寂ス。壽七十三歲

○一。第二世光寬。上野國安中ノ產人。父ハ安中某。母ハ河口氏。師二事ス常德院舜承一ニ。慶安四年（一六五一）辛卯十一月二十四日薙髮ス。時ニ行年十五歲也。御戒師。毘沙門堂准后。寛文九年（一六六九）己酉十月。於二常德院一ニ〔齒隹〕（儲カ）レ壇受二三摩耶灌頂一。爾シヨリ來タ依テ二本照院宮ノ命一ニ。東叡山法曼一流ノ教授勤（勤カ）レ之。十二年壬子三月。修二求聞持乳加持法ヲ。於東叡山御隱地一ニ（今勸善院境內也）本照院宮命シテ補ラル二春名山學頭職一ニ。令レ繼二舜承一ニ

延寶五年（一六七七）丁巳三月。舜承移ル二宗光寺一ニ。依レ茲ニ光寬ヲ補ラル二常德院住職一。九年辛酉四月。蒙リ二解脫院宮ノ命一ヲ。移二於愛宕山教學院一。同二ク十七日山門寶幢坊（今呼二嚴王院一ト）慈仙ト。登城御禮之式勤レ之。慈仙ハ補ラル二常德院住職一ニ。元祿九年（一六九六）丙子歲四月。准后（缺文）

○一。第三世慈仙ハ上野國群馬郡ノ產人。父ハ長野某。母ハ金井氏。十歲ニシテ師シテ二事フ常德院舜承一ニ。明曆元年（一六五五）乙未三月二十四日薙髮ス。御戒師。毘沙門堂准后。寬文十年（一六七〇）庚戌。補ラル二山門寶幢房住職一ニ。延寶八年（一六八〇）庚申四月。於二山門正覺院一ニ受ク二三摩耶灌頂一ヲ。天和元年（一六八一）辛酉四月十七日。於テ二御本丸一ニ蒙ル二常德院住職一ヲ。七月割テ二高嚴（巖カ）院殿北方之地一ニ三千餘坪ヲ（今屬二長昌院殿ノ境地一ニ）以テ補ラル二寶樹院殿封疆之地一ヲ

天和二年壬戌八月七日。井伊掃部頭直興寄二附宿坊料二百石ヲ一（此料金五十兩）三年癸亥六月四日。改テ二常德院之號一ヲ爲二勸善院一ト（淨德院響キ同故ニ可レ改旨。於二寺社奉行所一ニ有二命令一）貞享元（一六八四）甲子年十月。以テ下別當所爲ルヲ中

狹陋。臺所學文所。長屋二箇所。土藏二箇所御起立。元祿五年壬申（一六九二）四月。任大僧都。十二年己卯九月。奉請立像彌陀如來爲本尊（慈覺大師之御作。長三尺七寸圓木作也）十五年壬午十一月。起立大書院（自投金五百兩）十六年癸未十一月二十九日。羅（罹カ）火災寺院悉燒亡矣

寶永元甲申年（一七〇四）二月。准后一品親王。賜御隱居所之地。以爲當寺之境地。依其地與寶樹院殿相隣也。此時代以高嚴（巖カ）院殿北方之地。及舊寺境地。七月依御起立院宇全備矣。八月白須氏光政院。喜捨黃金寄附客殿護摩堂之佛具。十二月增山對馬守正忠。寄附佛供料米十石

林光院歷代紀年錄

〇一。第一世宣雄備之前州人也。未詳其姓氏。始師州岡山光珍寺宣傳（雍カ）雉髮。雄天資質直志氣弘大。嘗有訪道大方之志。不安小節。寛永（一六三〇）年庚午春。裝腰包布遠來當山。因寒松院弁海初拜謁大師。時年十八歲。其後受業弁海。是時當山未有衆寮。方來之徒皆寓支院。然至雲衆遂（逐カ）年而雜遝。房宇無所容之。故望龍門而倒退者不知其幾。雄見之慨然曰。雖爝火之明不助大陽（太カ）。一簣之功積而成山。我若唱之。則必有續而和之者。既而欲造寺。大師美其志意。賜閑地若干畝於本院北隅（今嚴有院源公二天門前之地）不涉數月而成一宇。乃林廣院是也。大師召雄座下加嘆曰。汝無隨身之財。且無勠力檀。我恐事難擧。然美汝深心有足以激勵他者。故且從其取索（所カ）。不意起大功於不日。嗚（鳴カ）夫有志者事竟成。其此之謂乎

慶安四年辛卯（一六五一）夏四月。家光公薨。卜其宅兆以移護國院。是時當院始移於北方（是時所移之地。與舊址僅閒於一街。久遠壽院准三宮。刱造勸學寮於當院舊址）拾遺源忠弘（總州刺史松平氏。時守羽州山形）嘗崇信於雄。至是歲而始契永爲檀越。乃捨其家材吏

造於寺。尙許長知繕營。又安奉台德公等尊牌。且割俸百石以充香積焉

寛文三年(一六六三)癸卯冬十月。於福聚院道場受阿闍梨(常照實俊爲教授師)八年(戊カ)戊申。本照院宮命雄兼知粉河・大谷兩寺(倶在野州宇都宮。是年源忠弘承更代之命來守宇都宮。本照院宮本知其信敬於雄故賜之。以期其蕃衍)延寶二年(一六七四)甲寅秋。九月二十七日寂于粉河寺。春秋六十二。葬全身於彼寺

○一。第二世傳雄(初曰諶雄)字皎月。父保科氏。母松本氏。東都人也。寛文五年(一六六五)乙巳秋九月。始從事宣雄。時年十四歲。七年丁未冬。十一月二十三日。就權僧正亮傳(現龍院主)祝髮。延寶二年(一六七四)秋。迄雄寂承本照院宮命繼住當院。三年乙卯冬。於台岳總持房(時周珍主)登壇灌頂。八年庚申夏五月。家綱公薨。迨築其廟院。復移當院於新淸水門左偏(當院初所移之地。初移津梁院之地是也。於今成大慈院境内。又當院是時所移之地。卽今東圓院所建是也)忠弘移致於材具而再修造之。傳雄素善聲明。因解脫院宮使之傳長音供養文於魚山南之房憲眞。當今關東傳是音調者。傳雄一人而已。其性隱逸不樂憧憧於世間。遂元祿三年(丁十カ)庚辰夏六月。歲四十九擧弟子慈潭補席而遯於谷中。然有修灌頂於當山。則他無傳此音者。故强請之以唱之

○一。第三世慈潭。松平氏(某爲養子)東都人也。天和元年(一六八一)辛酉夏始投東漸院宣純。時年始十歲。貞享二年(一六八五)乙丑冬。十月二日。拜權僧正宣存(圓珠院等之主)得於剃度。三年丙寅秋。因大僧都亮甚登阿闍梨位。灌頂于靑龍院道場。厥后傳雄乞於宣純。而以慈潭爲己弟子。元祿三年(一六九〇)庚午春。登于台岳學於北谷龍珠院。七年甲戌春歸本山。十一年戊寅冬。復登于台岳得阿闍梨位於總持房道場。十三年庚辰夏六月。憑傳雄乞始住當院。十六年癸未夏四月。普門院虛席。遂移住彼院

○一。第四世智顯。字靈淵。父宮川氏。母河合氏。美州安八郡人。幼丁父之憂。因寛文八年(一六六八)戊申。秋九月。年甫十一歲母兄相謂棄顯爲僧。爲先人祈

福。乃投州野口村。寶光院圓雄。十年庚戌春正月。雄請叡山覺林房幸憲。偶偶至于比(此カ)境令得度。十二年壬子夏五月。雄臨死遺囑曰。汝當繼主當院。然汝今既志年。尤不可不學。襄事之後。宣遄登叡從憲師。而專學顯密兩乘矣。因卒適于叡山方訪憲師

明年癸丑春。師臥病危篤。預識其不起。令顯依行光房廣海(后移正覺院曰豪鎮)是年八月。就海稟灌頂。肥州刺史藤氏西(戸田氏累世守郡之垣)雅欲培植於顯。故延寶四年丙辰春(一六七六)。招顯於東都。而托眞如院宗順受學。居有年于茲矣。貞享二年乙丑夏(一六八五)。適染疾日漸。以故歸鄉治之寶光院。然明年丙寅秋九月。由解脫院宮齎命於本州而遺(遣カ)顯住叡山等覺院。直上于叡山住持焉

元祿三年庚午(一六九〇)秋八月。有故辭等覺院。又以寶光院付弟子慧寂(初住西谷玉泉院。后移谷光院)六年癸酉春。采女令藤氏定(氏西之嗣)憂顯之轗軻。亦招顯於東都。更給稍食以令寓眞如院(時惠順主)九年丙子冬十月。始奉事准后宮。賜號淨如。十一年戊寅秋。及瑠璃殿將落成。乃命顯及賢空統理其清規。兼知常行・法華兩堂及日吉神祠等。凡一十餘(餘カ)區矣。粤思如顯等有得自此大殿落慶之始奉於彼靈像也者。若非篤之有宿緣。奚能有然乎

十二年己卯春。空涼泉院之後。顯獨管其事耳。其冬十月。由大僧正豪鎮。乞以常智院屬於顯(初鎮以年邁辭職退院之日。准后宮憐其枯淡許以常智院資終其齊(齋カ)廚。以故有憐此事也)便有命主之。於是顯再列于山從(徒カ)。十三年庚辰秋九月。是時叡山有制。不許未任大僧都之徒。木蘭於衣色也。然顯雖未拜之。特始被聽之(至十六年叡山始置大僧都外。色衣五人。然唯限常在山之徒。未曾苟在山外者。蓋顯執瑠璃殿事賞乎)十六年癸未夏四月。命顯住當院。冬十一月二十九日。災起于小石川。漸延而終火當院等及學寮。時拾遺源忠雅(忠弘嗣。總州史。時守備州福山。今移居勢州桑名)遽令拂灰燼。假構房宇以芘寒暑

寶永二年乙酉(一七〇五)秋七月。充長昌院殿主事(至其冬欲更葬之。故)

預行如此等事時換寺題之一字以廣字換光字三年丙戌夏四月。承命以常照院屬弟子惠照。四年丁亥五月二十七日。任大僧都第(弟カ)子惠寂代拜之朝寶永六年己丑春正月。至家宣公始享國。准后宮告當院於公府。以下癸未災後。今尚假宇。而且其遠距於廟下不使(便カ)奉事之。因茲卽日十六日監護之拾遺。藤原姓。大久保忠增。督寮營事。播州刺史源姓。閒宮信明。爲營監。源四郎。藤原姓。加藤景利。源藏藤原姓。西山昌生副之及下宦工董振衆工備中源姓。溝口紀郿。飛彈(驒カ)源姓。鶴正任爲工師自是年始於其事。至明年庚寅春三月二十七日。方告其成。至於此日殿堂門廡。方丈雲廚。煥然一新於此矣。正德二年(一七一二)壬辰。以當廟五十周忌在於明年故。此春三月二十八日。有命新築拜殿。於廟塔前大修飾舊殿堂等改造庫門。又更製舊廟器且加附新器若干品。復追贈廟於從一位始贈從三位及增置祭供百石事詳於再造修記三年癸巳春二月。依家宣公遺命追薦當廟五十遠諱修讀法華萬部會等矣是時集天下台徒。又其他山中門門之警備。及法會之司職使等。無慮與所祀大考之式無異。但缺中使及洛下台門。法親王之請而已。已事具於法會記凡及當家追福太妣修此大法會者。是正其肇也已先是既雖有祀崇源・桂昌兩太妣修讀萬部經會。但無量壽三經而非法華經也當於此時充於此任也。實顯爲慶幸者乎

護國院

開祖贈大僧正生順傳

○師諱生順。字風山。俗姓漆氏。作州人。貴族。時國公之苗裔也。父名某。母某氏。師幼而不凡。容貌奇偉。性質慈良。每見沙門至其家喜而親之。稍長父母察其有方外緣。託中藏山圓融寺生盛執童子之役。既而祝髮受台教。孜孜不懈。且善書梵漢俱通。一日自思。龍子。豈肯求生于蹄涔。卽杖錫來東武。時慈眼大師敷揚大教于武之星野山。海內仰之如景星。師往願受教。大師見形容不凡。許侍左右。於是晝則勒(勤カ)行公務。夜則專研教觀。兼探密乘。旁究禪要。勒(勤カ)之日久。自爲衆所推。

曁寛永之初。大師開山東叡。師相東嶺幽邃之地。新刱一院。榜曰護國。矩矱甚廣。未幾護摩堂。客殿。書院。廚庫。煥然一新。莊麗雄偉頗稱巨觀。大師聞之大悅。賜一千金以旌其功焉。人初見其基之大以爲其不知量者。至于此自愧。又大師建大雄寶殿于院之中央。安置古昔佛工春日所刻釋迦文殊普賢像。而以院定爲闔山之塔所。蓋其鞏同於日光山妙道院也。畢功之日。大師與闔山衆共落慶焉。既而僧舍門廊。所宜有者悉皆備焉。於是師欲普極群迷。結衆勧（勤カ）不斷念佛。今已若干年。一日不闕。又師時時升座說法。四方緇素聞風慕化奔走相聚。法筵無所容。時師加持九重符有請求者授焉。此符也。靈妙善避刀箭。有人疑之。卽掛符於狗頸。恣射之。數矢皆不中。開符視之。乃有箭痕。疑者大駭。謁師懺罪感嘆不已。又師於江嶋石窟內修頓成法。時有神女。日獻奇菓。喫之味甘。不辯其何物也。一日神女請彌陀名號。師卽書而與焉。神女謂曰。吾欲報斯法恩。師之所欲何事。師知是龍女。答曰。我每憂爲風波溺死者。我與名號者。請君救其難。神女許諾。授以印璽（其形如甕。故俗稱曰甕判）水瓶（容水纔二合計。毎年除日。汲江嶋石窟內之水容之。以爲硯滴。終一年之間用之。「未沒シテ而後」（「嘗竭カ））鈴（其音殊妙。振之祈ルトキハ則無不感應者也。以上三ノ者。師常寶惜而不命（令カ）人妄觀也。師沒シテ而後忽失所在）而シテ後請名號者甚衆。

時有豊州敕史。日根織部正ト云者。家藏佛舍利。曾齎泛西海。忽爲龍神所奪去。後復得佛舍利。恐復爲他所奪。謁師求脫其難之符。師卽書彌陀名號一百幅而與。且謂曰。海上遇難則投此名號。敕史拜謝而去。後泛西海。俄風雨大作舟將覆。衆人危懼。投名號於水中。時神女忽現。走潮蹴波取其名號而去。風雨亦止。敕史大喜歎曰。護國師之功德。非凡情之所能測也寛永七年庚午（一六三〇）。師兼領妻驪瀧泉寺。乃不動明王顯靈之勝地而慈覺大師之所創建也。星霜甚久寺宇悉廢。唯艸堂破屋而已。甲子年。大猷君出遊于此。誤失所愛之鷹。左右奔走索捜不得。君自詣堂祈明王之加被。須臾所失鷹飛來于堂前之松樹。君大悦命建大寶殿。前二王門側架鐘樓。丹青輪奐。隨喜瞻拜者。憧憧弗絶。於是日日修護摩供祝國利民。以爲永式。至今一日莫懈

十一年甲戌。師請官修葺殿閣鼎革寺宇。其莊麗有加于前。正保二年乙酉（一六四五）。師兼領上總州三途招提。數載之閒興廢修壞。且造彌陀小像一千軀安奉之。慶安二年己丑（一六四九）丁慈眼大師七周忌辰。開別請竪義會。時請僧正周海爲證義者。擢胤海爲問者。而推師爲竪義者。師既登猊座立兩科義。業（梨カ）曰。利耶一念。副曰。權乘下種。時敵者詞鋒甚熾。聽人傾耳。師輒決擇無滯。已鑒證者辯論。師與之對辨。其旨甚圓妙也。四衆嘆服。此會四十年來棄廢。自此而後於叡嶽相續至今不絶

四年辛卯。宮給金若干移護國院于北嶽。就其趾建大猷君廟。承應二年癸巳（一六五三）。師兼董長沼宗光寺。爲權僧正。興廢修壞如三途招提。又新設八祖像使人瞻禮敬仰。師或夜夢神人。峨冠偉服容貌甚嚴。師問卿爲誰。答曰。影向月也北野之天津風。師知是北野神欲次其句而覺。一日會達和歌者。次爲百韻。時有狩野信悦者。齎菅丞相手所寫肖像來。謂曰。此靈像我家藏之已久。夢神告曰。奉我于護國院。否則必災。如是者三。請師奉之。師亦語嘗所夢相與感歎。燒香瞻禮。以爲鎭刹之神。是像并和歌。今尚存矣

又師每年除夜詣江嶋修天女法。一朝因夢想鑿地獲辨財天暨十五童子像。感喜交集。齎歸護

國院命工繪飾焉。其靈也。一切祈願無不應。又夢天女告曰。今日大黑天來。師宜供養。翌日果有人。持大黑天像來。乃傳教大師之手刻也。師感喜贖之。是諸像今見(現カ)在矣。一日師慨然有終焉之志。欲奉彌陀靈像。時有齎彌陀像來者。其梵相殊妙殆非庸工之所能及。且有像記。乃前青蓮院宮某親王之眞蹟也。曰。昔慧心僧都。手刻是像。貯以寶龕。龕內又自繪曼荼羅。以與安養尼而令事之云。師生難遭想喜不自勝。捨金三百贖之。是像與記倶今尚在焉。蓋師之志。其餘則推而可見也

明曆元年(一六五五)乙未六月八日。羅(罹カ)微恙。問疾者雲如至。且請名號者屢滿門庭。左右皆欲距之。師不聽。悉書與之。一日紫雲靉靆集于庭際。四方緇素望之競來。師知死期至集諸子囑後事。自嗽口洗面。更衣燒香。面彌陀像端坐合掌而化。實明曆二年丙申三月二十八日也。由遺命停龕三日。顏貌如生。緇素瞻禮至數萬人。哀慕涕泣如失怙恃。門人奉全身葬于院之西北。世壽七十。臘五十有一

元祿九年(一六九六)丙子。敕賜贈大僧正。師平生來弗拒。去不追。不擇緇素。諄諄善誘。輪下常不減一千餘指。自公卿大夫至士庶無不歸敬。而其自處則麁袍糲食。綽然有餘裕。每見凍餓者分食與衣。且造釋迦・彌陀・藥師小像。凡五千餘軀。繪觀音像若干幅。修廢寺若干所。師偉行甚衆。不勝詳載也。門弟子出據師位者衆。而擢爲僧正者。僅五人耳

萬治元年(一六五八)戊戌。慈海夢。梵僧告曰。汝師生順者。無量壽佛之化身也。嗚呼師當吾宗中興之日多感靈異。能興荒廢。使人遠罪遷善。非乘願輪而來者不能與於斯

○護國院第二世贈大僧正慈海傳

師諱宗(宋カ)順。字證月。號慈海。俗姓源氏。武州荏原郡

人也。父名某。母清水氏。夢日入懐而有娠。復夢胎中有法華經八軸。而生師于寛永元(一六二四)年甲子九月十九日。師幼而不好畜髮。有塵外志。父母不敢拒。九歲而投身於生順僧正為驅鳥(烏カ)。僧正見之謂曰。我昨夜夢。詣明王堂顧視坂下有米嚢。童子自嚢中出。執我衣不放。想是福慧兒。他日為大法器。既而祝髮。受戒天台山南光祐盛公。稍長而學行日進。令聞四達。

明暦三年(一六五七)丁酉五月。住護國院兼領瀧泉寺。時年三十有四。未幾令亮順補席。卜艸堂於瀧泉寺側。若有終焉之志。延寶五年(一六七七)丁巳。星野山盧席。守澄親王選師主之。師不得已而應命。是歲十月二十六日。為大僧都。時年五十有四。明年戊午十二月四日。擢為權僧正。天和二年(一六八二)壬戌八月二十日。大樹君召師住持東叡山凌雲院第四代住持。時年五十有九。是歲十一月。兼領天台山寶薗院。明年五月。補西塔執行職。貞享二年(一六八五)乙丑四月。轉正。冬十二月。管轄紅葉山。時年六十有三。元祿二年(一六八九)己巳春。辭西塔執行。先是捨資鼎革寶薗院。修葺西樂院。元祿五年冬。示疾。踰年不愈。一朝淨掃室内。掛二十五聖來迎像。點燈燒香。手捻念珠。口唱佛號。端坐而逝矣。實元祿六年癸酉。二月十六日未刻也。壽七十。臘五十有八。門人奉全身葬院西北。

師為人容貌矩(短カ)小。而博學強記。所著有四教集解標指鈔十八册。三部序勘文(丁大カ)三册。既行于世。又訂法華・仁王・藥師・六字・聖無動・理趣分・寶篋印陀羅尼經等。或附音釋。以印施焉。又嘗奉天眞親王命。講(校カ)法華玄義・法華科註。其外所講書編。不暇牧擧。雖他宗疏鈔。無不加朱墨。令師所讀玩書册盡藏於凌雲院法庫。又平生異跡甚著。每詣明王堂有二神狗來衞。師恃(特カ)見之。餘人不能見。或修不動明王法。則一童子現于壇上。

或行明星供。則星降于華曼器。或行辨財天法則稻穗現于壇上。又嘗江城某婦。病疾危篤痛苦恃(特カ)甚。伎(技カ)窮術盡醫療不效。將死。因乞救于師。師爲期七日修不動明王法。及第七日有一沙門。到夫病家。請見病婦。其夫有難色。沙門變色曰。我自妻驪來。夫不得已。延沙門見之。沙門手撫病婦腹。痛苦忽止。疾病立愈。闔家大喜。時忽失沙門所在。師聞之曰。是不動明王之應現也。此等事人之所見聞。是故上自王公下及士庶。靡不望風向化焉。元祿六年癸酉。賜贈大僧正。

○護國院第三世權僧正圓山傳

師名亮順。字圓山。俗姓井田氏。乃井田攝津守是政曾孫。武州多麻郡人也。幼而不凡。喜戲聚砂爲塔。供養三寶。且拜神祇。有幕下士押田氏者。見其穎悟欲養爲子。父母察有方外之志而不與。生順聞之。卽到井田氏家請。父母喜而與之。一日慈眼大師。過護國院。見師謂曰。此兒他日爲大器。師年十有三而祝髮。十有九而登日光山。師事亮慶。一日諸友會于大樂院作連歌百韻。以師善書請爲執筆。連歌已畢歸路過修學院。圓義僧正問曰。今日有何事。師答曰。會于大樂院作連歌百韻。僧正曰。發句如何。師答曰。某作其(某カ)句。僧正曰。其次如何。師答曰。某作某句。僧正問不止。遂至百韻。師皆答之一句不失。僧正拍手歎曰。子非凡器。自此而後。師聲價日倍。承應元年(一六五二)壬辰。住藤本院。時年二十有六。慈海師。曾講法華于長沼宗光寺。師走輪下受其說。又師嘗夢。隣院火發延及藤本院。如是夢一月之間十餘度。師誓期三日。修慈慧供一千座。攘災。時慈海師遣人告曰。我氣衰倦于將迎。欲使子補。我已以聞守澄親王。子必莫辭。至此方

知ル。前夢表ルコトヲ二是ノ輭災一ヲ。竟ニ不レ得レ已ムコトヲ。强テ而應シレ命ニ。住二護國院一ニ。兼二領ス妻驪瀧泉寺一ヲ。時ニ年三十有四。此ノ年詣二スル江ノ嶋一ニ。謂ツテ二岩本院一ニ曰ク。我レ曾テ夢ニ詣二ス此ノ嶋一ニ。有二一ノ大德沙門一。引テレ吾ヲ到ル二石窟內一ニ。有二一ノ婦人一。儀眼(フク)(服カ)ニ甚タ美ナリ。傍ラニ有二二天童女一。年將ニ十四五。沙門告テレ我ニ曰ク。是レ生身ノ辨財天ナリト。今見ルニ二此ノ島一ヲ宛然トシテ如シ二嘗テ所一レ夢ミル。明年師期シテ二五十日一ヲ修ス二天女ノ祕法一ヲ。滿スル日。天女寶龕ノ下ニ有二一ノ白蛇一。長ケ八寸計リ。師感喜不二自ラ勝一ヘ。封シテ二之ヲ寶篋內一ニ。永ク爲ス二修儀ノ本尊一ト。此ノ白蛇今マ見(現カ)ニ在リ。此ノ年十月。當ル二慈眼會ノ講師一ニ。論ス二海中ノ權實一ヲ。西教院某シ。寶勝院某シ。時ニ稱ス二義龍一ト。二人相謀テ各ヾ作リ二難問十餘條一ヲ以テ難殺ス。師決擇無クレ滯ルコト還テ作ル二反問十餘科一ヲ。聞ク者莫シレ不ルハレ服セ。守澄親王聞テレ之ヲ大ニ悅。師曾テ植フ二松ヲ於瀧泉寺一ニ。有二枝葉如ナルレ蓋一。師自ラ祝シテ曰ク。我レ久ク住セハ二是ノ寺一ニ則チ汝必莫レト枯ルコト。奇ナル哉。數十松皆枯ル。而是ノ松恃(特カ)ニ枝葉繁茂ス。今ニ玄關ノ側ラニ鬱鬱トシテ如ナルレ蓋ノ者是也。師曾テ作ツテ二和歌一ヲ曰

よろつ世を。軒端の松に。契りおきて。しけれるかけに。すむのうれしさ

又有二檀越華屋九左衞門トイフ者一ノ。曾テ其家六人同ク病。一ハ者婦。一ハ者女メ。餘ハ者奴婢ナリ。醫藥不レ效アラ。卒ニ延ヒテレ師ヲ請フ二救護一ヲ。時ニ六人出テ見ユ。師乃チ知リ二狐惑一ナルコトヲ。詰(詰カ)ツテ曰。此ハ非スレ病ニ。必有ン二所ノレ祟(祟カ)ル者一。婦乃チ動シテレ眼ヲ答テ曰。我ハ是尾ノ長キ者ナリト。師ノ曰。是ノ尾ノ長キ者。憑ルニレ人ニ凡ソ有リ二三一ツ。一ニハ有テレ恨而憑ル。二ニハ有テレ求ムコト而憑リ。三ニハ爲ニ二人ノ所一レテ請而憑ル。除ク二是ノ三一ヲ之外無シ二可キノレ祟(祟カ)ル理一。汝等ニ有ルカレ恨ミ歟。有ルカレ求ルコト歟。抑ヾ又爲ニ二人ノ所一タルカレ請シ歟。曰有レ求ルコト。我等元ト棲ム二某ノ處一ニ。九在(左カ)衞門家衰ヘテ賣リ二其ノ地一ヲ去ル。我等今マ棲ムルニレ身ヲ無レ地。願ハ於テ二護國院ノ後山一ニ。爲ニ二我等一カ建テヨ二三祠一ヲ。我ハ號ス二大白大明神一ト。一人ハ我カ婦。福田大明神ナリ。餘ハ者我眷屬也ト。師ノ曰。國土廣キコト如レ此ノ。何カ故ニ求ムルレ建コトヲ二祠ヲ於吾カ山一ニ耶。婦人答テ曰。其ノ地淸淨ナルカ故ニ願フ焉。師ノ曰。是レ非ニ二難事一ニ也。汝等莫レ患ル。我今爲ニ二汝等一カ修ス二不動明王ノ祕法一ヲ。因テ二此功德一ニ近ハ赴キ二人天一ニ。遠ハ赴ニ二佛果一ニ。六人謹テ而隨喜シ。修法已ニ畢テ。師謂テ曰。我歸テレ院ニ建シメンレ祠ヲ。汝等須ク速ニ去ル。彼レ答テ曰。今日不レ吉ラ。後日去ン。師莫レ

疑。又彼謂曰。恐天雨歟。師曰。信哉。鴻雁嘶風。野干愁雨。天氣正好。汝等莫愁。彼聞喜。師便歸院。既而三祠成。擧家來拜。師熟視。野狐未離。師乃謂曰。三祠已成。尾長者何不離耶。其婦曰。多謝。昨夜師見何事耶。師答曰。昨夜只見多點火。彼曰。是吾眷屬之所作。即出拳曰。請師奉之。師開見其拳有舍利一粒。時林中忽有金鼓聲。彼曰。我眷屬歡喜奏樂。師乃與衆誦經便歸方丈。時忽一人迷悶倒地。泣曰。師何不爲眷屬誦經。師聞之復來爲眷屬誦經。六人聽受而喜。師謂曰。汝等所願已滿足。須速去。彼答曰。唯。即六人出戸倒地。野狐乃離。三祠見（現カ）在。其眷屬祠者。榜曰辨財天是也

貞享四年（一六八七）丁卯五月。奉天眞親王命到京。時賜大僧都。元祿四年（一六九一）辛未。住良田山長樂寺。爲權僧正。此寺修葺久斷。荒蕪已甚。師到則殿堂像設（修殿堂造佛像カ）法

器。不歳餘煥然一新。且新建開山堂泊（泊カ）開山ノ塔作渡月橋。文殊山建文殊石像。遠近無不瞻禮讚嘆。時公辨大王。賜領行嚴院室。元祿七年甲戌。師自思。人貴知止。何汲汲（勤カ）外求。終辭還妻驪。專勤淨業。時年六十有八

師曾二請宮修葺瀧泉寺。凡如大日堂・經藏・百觀音堂・子安堂・鬼子母堂・虛空藏堂・愛染堂・地藏堂・觀音堂・彌陀千體堂・八幡宮・天神宮。皆是師之手澤也

（第四世大僧正最純。缺文）

○第五世常然。姓者岸田氏。常陽行方ノ產ナリ。十四ニシテ郡ノ壽福寺。舜叡ニ從テ出家ス。寛文二年（一六六二）壬寅。江府ニ來テ。生池院常泉ヲ師トス。同八年。一品守澄親王ノ命ニヨリ生池院ニ主タリ。同九年己酉。辨財天ニ新ニ渡橋ヲ創ム。不日成ル。闔山請シテ供養ヲナス。天和二年（一六八二）壬戌。天眞親王ノ命ニヨリ。養玉院ニ轉住ス。此時弁財天ヲ辭ス。元祿五年（一六九二）一品公辨大王ノ命ニヨリ出世大僧都。光雲院ノ號ヲ賜フ。同年十月。等覺院ニ移ル。養玉院ヲ兼賜フ

同六年癸酉十二(二カ)二月八日。命ヲ承テ執當トナル。即日圓覺院ノ室ヲ賜フ。同月二十日。護國院ニ移住ス。同七年二月。中御門亞相資熙カ猶子トナル。同五月。伯州大山寺兼帶。此ノ時養玉院ヲ辭ス。同八年乙亥ノ春三月。常念佛二萬日ヲ回向シ。三萬日ヲ開白ス。爰ニ於テ開基權僧正。此ノ念佛ヲ開白シ。三萬日ニ至ルノ功ヲ感シテ。屢大僧正贈官ノ事ヲ思ヒ止マスシテ。大王ノ領旨ヲ請ケテ傳奏ニ達シ。元祿九年五月三日。贈官之義敕許。輪(綸カ)旨拜載(戴カ)シテ碑名ヲ改

權ヨリ大ニ轉スルコト。次弟(第カ)ヲ不シテレ經超越ノ義。其例ナシト云云 志願ヲトゲザルコトヲウラミ。猶又資熙ニ子細達ス。資熙コレヲ考例シテ曰。明暦年中。嵯峨ノ法輪寺ノ開基道昌。大僧都ヨリ贈大僧正ニ轉スト。則是ヲ執奏シテ。贈官ノ義成ル。往復二年ヲ暦(歷カ)

元祿十一年戊寅春。再ヒ辨財天ヲ兼賜フ。同年五月。護國院寺地。嚴有相公ノ御廟ニ近キヲ以テ。相去ルコト百五十間。西ノ方ニ移スベキノ由ヲ。米倉丹後守相達セラレ。釋迦堂ハ有來ル通リ由ナリ。寺ヲ西ニ移シ。堂ハ南ニ有テ。行事ノ使(便カ)リ。惡キヲ以テ。往昔寶樹院殿。高巖院殿。御入官ノ由ヲ申シテ御修理ヲ願ヒ。寺ト共ニ通路宜ク之ヲ引ク事ヲ。五月ニ初メ。八月ニ終ル 御手傳。津島左京。小普請。閑宮諸左衞門。永田半助。柴山甚太郎。棟梁。柏木周防 元祿十六癸未年六月。執當職御免。即日權僧正拜任。是年大山寺ヲ辭ス。寶永四年(一七〇七)丁亥秋八月。信州善光寺如來堂造畢。彼ノ地ニ到テ一品大王ニ代テ入佛供養ノ導師ヲ勤ム寶永五年正月二十九日。正官轉任。同年八月護同(國カ)院ヲ辭シテ。草菴ヲ明淨(靜カ)院ノ地ニ結テ隱ル。速成院ト號ス。辨財天ハ舊ニ從テ開居ノ資ケ賜フ

觀成院

○第一世賢空ハ。姓ハ源。父ハ小林氏。母ハ山根氏也。寛文四(一六六四)年甲辰春三月三日。產ニ於備之前州御野郡ニ。年始テ八歳入ルニ于州ノ銘金山ニ。延寶三年(一六七五)乙卯春二月十二日。戒ニ師シテ遍照院賢厚ヲ薙髮ス。是秋就テ阿闍梨祐盛ニ修ニ四度ノ密法ヲ。七年秋登テ台山無動寺ニ住ニ學於常光房ニ。冬。從テ大

僧正慶算ニ入壇灌頂ス。八年夏。從テ遍照院賢厚ニ來テ東武ニ。寄ニ宿淺草東光院ニ。天和元辛酉(一六八一)。入リ于本山ニ隨ニ侍ス凌雲院僧正胤海ニ。二年秋。隨テ胤海ニ肥遯ニ到ル於台麓ニ。三年春。胤海愛矜シテ爲ニ第(弟カ)子ト。而監ス于山上藥樹院ニ。冬十月勤(勸カ)ニ竪者ヲ
元祿二年己巳(一六八九)及テ海師滅(滅カ)ニ客ニ居洛陽眞如堂ニ。三年秋。復タ來テ東叡ニ承ニ事一品大王ニ。賜ニ智常院稱ヲ。充ツ賓贊受事ニ。四年春二月。賜ニ山門喜見院住ヲ而易ニ院稱ヲ。六年有レ命典トルニ使謁事ヲ。十一年。中堂既ニ成ル矣。時使ムニ空ヲ兼ニ知ラ中堂及ヒ法會ノ儀軌。支社祀令ノ事ヲ。十二年正月。涼泉院侃海。遽ニワカ罹レ病ニ臨レ死ニ遺言シテ。請フ空爲ンコトヲ後住ニ。事旣ニ達レ上ニ。遂ニ承ニ許命ヲ以テ二月十五日ヲ住職ス焉。是秋讓ルニ山門喜見院於性登ニ
十三年直アタルニ本山年齡ニ。是歳コトシ於ニ日光山ニ有ニ大猷院殿五十回ノ法會。因テ到レ彼ニ課スニ法會ノ事ヲ。冬務ムニ本山天台會ノ講師ヲ(六八 觀境)十四年秋。請フニ故國ノ行ヲ赴ニ備陽ニ。冬十月到ニ台嶽無動寺ニ。就ニ法曼院實延ニ爲ニ大阿闍梨ト。寶永甲申(一七〇四)。偶罹レ病ニ請テ往ニ雒陽ニ就クニ醫療ニ。三年冬痊イエテ而還ル。十一月五日。蒙ル許ニ容色衣ヲ之命ヲ。五年夏六月。有レ命任スニ闔山ノ使事ニ。六年二月二十二日。蒙テ台命ヲ(淨光院殿ノ中陰ノ法會行ルニ於中堂ニ。時從四位下侍從相模守源ノ政直。監ニ護シテ法事ヲ宿ニ衞ス本山ニ。是ノ日從四位下侍從伯耆守藤原ノ正永。齊(齎カ)ニ來テ台命ヲ與ニ政直ニ列席而坐ス。及レ傳レ命ヲ召ニ三人ノ執職ヲ爲レ之對擧ス。時ニ爲ニ執職ニ者ノ。楞伽院貫通。信解院惠順。惠恩院惠潤也)知トルニ淨光院殿ノ主事ヲ。由レ是二十七日。賜フニ觀成院ノ稱ヲ(司院未タ成。爲レ承ルカ台命ヲ先賜レ之)夏六月二十七日。爲シテ淨光院殿ノ御佛殿料ト。於ニ武州豐嶋ノ郡。志村・蓮沼村ノ二鄕ニ。七百石被レ附レ之。是年淨光院殿ノ司院新ニ成ル(移ニ城中之守殿ヲ以テ爲レ之。侍(特カ)トニ爲ニ奇麗ニ也)名ケテ院ニ於觀成之稱ヲ爲ニ之カ鼻祖ト也。以テ冬十二月十六日ヲ移住ス焉。七年夏五月十六日。爲シテ司院什器之料ト。下ニ賜白銀三百牧(枚カ)ヲ。正德三年癸巳(一七一三)春二月任スニ大僧都ニ

寫ニ戶隱勸修院堯威大僧都之本ヲ

山門無量院慈本

一見之刻盈私加ニ朱點ヲ畢

(扉裏書)
二卷　山門無量院慈本

東叡山寛永寺子院歷代年譜

〔目　次〕

圓珠院歷代年譜

○第一世宣祐。姓多多良氏。周防州人。幼喪㆓恃怙㆒。夙悟㆓虛幻㆒。意樂㆓出塵㆒。投㆓州之氷上山聖智院源康㆒而剃度焉。泊(洎カ)㆓乎壯年㆒登㆓天台山㆒。託㆓於東谿尊法院㆒。氣稟㆓豪爽㆒。砥礪甚精。遂因㆓苦學㆒而患㆓眩暈㆒。弗㆑能㆓讀書㆒殆十載矣。由㆑是廢學而赴㆓東都㆒。適從㆓慈眼大師㆒。大師一見大懽猶如㆓舊識㆒。大師入滅之明年。水谷伊勢守勝範。新闢㆓一院㆒寄㆓糧百石㆒。請㆑祐爲㆓第一世㆒。院號㆓東漸㆒。久遠壽院故準(准カ)三宮。受㆓大師之囑㆒待遇尤厚矣。乃令㆑兼㆓領越後州藏王寺㆒。慶安四年(一六五一)辛卯四月。台君薨。謚㆓大猷院㆒。乃以㆓東漸㆒爲㆓大猷院殿之香火院㆒。命㆑祐掌㆓別當㆒。以㆓官租一千三百七十斛㆒。永充㆓香積之資㆒。且蠲㆓千駄木林㆒以給㆓薪菜(採カ)㆒。承應元年(一六五二)壬辰。靑山因幡守宗俊。輸㆓米五十石㆒以爲㆓檀信㆒。同年周防・長門二州刺史毛利候(侯カ)。拾遺大江綱廣。爲㆑祐刱㆓圓珠院㆒。附㆓百斛料㆒。蓋祐之父。日向守景範。是大江之族。而毛利候(侯カ)附庸之臣。祐產㆓於藩蘺裏㆒。而名達㆓於四遠㆒。

以レ故侯特加二鍾愛一耳。同年大猷台君ノ侍女彥子。台君薨後剃髪。名曰二壽盛一。欲レ薦二其冥福一。改二保福禪寺一。爲二大保福教寺一。請レ祐爲二重興第一祖一。二年(三カ)甲午任二大僧都一。明暦元年(一六五五)乙未二月。築レ壇修二三摩耶戒灌頂一。恭得下本照院故一品親王・久遠壽院故準(准カ)三宮臨二其戒壇一證中明法事上。松平伊豆守信綱。喜三捨黄金三十兩一以助二資縁一。萬治元年(一六五八)戊戌。特賜二室號一曰二眞光院一。二年冬。罹二劇疾一。鍼藥諸醫皆奉二嚴有台君命一來治。不レ幾而愈。寛文元年(一六六一)辛丑八月。有二微疾一。諸醫復奉レ命來。祐知二死至一辭不レ令レ治。伊豆守信綱。數來訪レ病。紀州大納言源頼宣公。遣二藤原了二一日問二安否一。且恭蒙二故一品親王・故準(准カ)三宮頻入瞻病一。八月五日任二權僧正一。閏八月七日。召二門弟子及供給者一。各告以レ別且囑二後事一。顧三問晷景一。旁人對以二日正中一。便起洗浴。更衣。向レ西合掌。寂然而化。春秋六十有六。葬二全身于東漸之北林一。門弟子若干人。爲二僧正一者。凡三人。曰。凌雲大僧正義道。氷上山僧正行海。金龍山權僧正宣存也。補二其處一者。亦三人。曰。宣海。淸胤。宣純也。平素道行不レ可二具狀一。別有二行業記一卷一存焉

○第二世宣海。姓岡本氏。幼名伊勢千代。下野州日光山下人。到二十二歲一以二總丱一容三監南照坊一。後改レ坊爲レ院。十三歲依二慈眼大師一祝髮納戒。至二十八歲一登二天台山一主タリ二西溪常智院一。大師滅度之後。如レ無レ所レ歸。宣祐思二其手度一請爲二弟子一。時海年二十五歲。承應三年(一六五四)。祐移二東漸一。於レ是白二久遠壽院故準(准カ)三宮一。讓二圓珠于海一。明歴(暦カ)元(一六五五)年。登二兩部灌頂阿闍梨位一。寛文元年(一六六一)辛丑。祐暨レ告レ終。請令三海補二其處一。故準(准カ)三宮許レ之。住二持東漸一一紀而逝。時寛文十二年壬子二月十七日也。葬二於師塔廟側一

○第三世宣存。自號二默堂一。姓反町氏。上野州群馬縣西島人。母瀨下氏。祈二菅相廟求嗣一乃有レ娠焉。誕育之夕。屢有二異祥一。因三伯母感二奇夢一。小字曰二宮松一。天資非レ俗。人禰(稱カ)二神童一。年甫九歲。依二石塔寺長淸一執二童子之役一。既而淸見二其穎悟一。授二之宣祐一爲二弟子一。祐時在二東漸一。承應二(一六五三)年癸巳六月二日。得度削染。祐爲請二久遠壽院故準(准カ)三宮一以爲二戒師一。乃賜二名公祐一。從レ師受二四度密法及入壇灌

頂一。寛文元年(一六六一)辛丑閏八月。師宣祐順寂。於レ是故準(准カ)三宮。令三宣海移二於東漸一。宣存董二席ヲ圓珠一。明年存上二叡嶽一。寓二於西谷妙音院一。自レ是勵レ思習二慣教觀一探三討奥旨一。精二研義解一。寛文四年甲辰。住三持北澗教王坊一。更名二賢空一。于レ時院宇未レ完。存爲二修補一未レ幾落成。後水尾帝。徵二梶井二品盛胤親王一。於二内殿一行二法華懺法一。存亦預焉。帝親染二宸翰一書二諸惡莫作衆善奉行ノ八大字一。而特詔二賜之一今見在二於教王院一。十二年壬子。師兄宣海逝。於レ是乎東漸虚レ席。本照院故一品親王。令三存尸二其院一。存請二公廳一新創二護摩堂一。及構二僧寮若干開一。百凡ノ器具多是存之所レ置。天和二年(一六八二)壬戌六月。解脱院故一品親王命掌二執當職一。再轉二圓珠一。王賜二名守快一。蓋令レ不レ避二其諱一也。十一月。常憲台君。枉二駕ヲ於牧野備後守成貞之弟(第カ)二。存適傳二王之命一。台君賜二吳服三襲一以慰二其勞一。從レ時厥後寵恩日渥。覲謁相繼。十二月。新賜二傳法心院之號一。乃爲二清閑寺大納言某公之猶子一。三年癸亥二月。任二大僧都一。貞享元年(一六八四)甲子。兼管二越後州藏王寺一。三年丙寅十一月。以レ疾辭職。致職之後易以二今名一。元祿元年(一六八八)戊辰十二月。領二紅葉山一。貞享之年頃。松平長門守吉就。銀貳貫目寄附。毛利日向守元賢。十五牧(枚カ)。毛利甲斐守綱元。貳十牧(枚カ)寄附有レ之。此頃書院起立。長門守殿ヨリ銀百牧(枚カ)來。東照宮別當及擢二權僧正一。三年庚午。因二一品大王之命一出三世於金龍山淺草寺一。此刹締構年久。頽毀日甚。存有二慨然興復之志一。乃白二大王一而請二公廳一。未レ越二二旬一。台命俄下。正殿山門・樓門・浮圖・神祠・附庸之諸堂。勝概一新。盡復二舊貫(觀カ)一。土木環麗金碧交耀。自レ是永爲三公府之所二經營一者。存之力也。又自損レ貲重三修院廚・客舍・書院・浴室・僧寮・府庫等一。增二其舊制一恰如二新構一。謀二水戶侯黃門侍郎源光國(圀カ)公一。扁額而榜二於諸門一。募二備後守牧野成貞一鑄レ鐘令レ鳴二之ヲ於十二時一。淺草川鱗族甚多。罔罟莫レ禁。存起二悲愍一訴二諸公廳一。立二放生礙一永戒二佃漁一。且棄二衣盋(鉢カ)資一充二提舍會料一及置二大藏經一。時講二祖教一開三導諸子一。儲二三摩耶戒道場一。令三子院僧徒ヲシテ傳二灌頂瑜伽法ヲ一。書二金字經一百餘卷一。塑二賢聖像一三十餘軀。存司二金龍一

五年之閒營爲メニ不レ暇。百廢畢擧。六年癸酉。遯ニ于相陽鎌倉一。十年丁丑。歸ニ隱於台麓一。而有ニ終焉之志一。十五年壬午四月。應レ徵而來ニ於東叡一。拜ニ謁一品大王一。賜ニ白銀及絹若干匹一。居旬餘。而復反ニ乎台麓一。元錄(祿カ)十六年。桂昌院樣ヨリ縮緬三卷。羽二重三卷。金三十兩被レ下。牧野備後守殿取次也。自レ退ニ金龍一專期ニ西邁一。讀ニ誦妙經一千數百遍。日修ニ光明眞言法一。以爲ニ恆課一。所レ著顯戒論鈔三卷。詩文集一卷。未レ行ニ于也(世カ)一。寶永五年戊子(一七〇八)三月十七日。右脇而臥安然入滅。壽七十。闍維之後瘞ニ設利羅ヲ于台麓北澗。及東漸・圓珠・○「朱淺艸カ四處一ニ。各建ニ無縫塔一云

○第四世宣純。姓杉田氏。母島田氏。武藏州豐島縣。江城府人。年始七歲。入ニ東漸院一。師ニ事宣祐一。十一歲而薙染焉。十三歲修ニ四度行法一。十五歲受ニ三摩耶灌頂一。二十二歲登ニ台嶺一。主ニ龍珠院一。二十四歲爲ニ法華會竪者一。二十六歲爲ニ兩部灌頂阿闍梨一。寬文十二年(一六七二)壬子。宣存補ニ大猷院殿別當一移ニ於東漸一。乃以ニ本照院故一品親王之命一。純補ニ其席一。而主ニ圓珠一。延寶八年(一六八〇)庚申七月。常憲台君。因ニ大久保加賀守忠朝一。賜ニ金百三十兩一遷ニ寺于今處(宇カ)一。以ニ其舊地一爲ニ嚴有院殿之封疆一也。天和二年(一六八二)壬戌。宣存領ニ執當職一。然別當不レ可レ攝ニ行執當之事一。以レ故存復移ニ圓珠一。繇レ是令三純還補ニ東漸之席一。法門昆季更互住持。人以爲レ榮。純治ニ寺政一二十年。而嬰ニ病患一。一日預覺ニ大限方到一。身著ニ袈裟一。焚香念佛。漂然而寂。實元祿十一年(一六九八)戊寅五月九日也。葬ニ于師塋側一

○第五世玄海。元祿三年(一六九〇)。自ニ寒松院一移ニ於當院一。翌年轉ニ於日光山修學院一。後退ニ休於小野逢善寺一。元祿十五壬午四月二日逝。其事迹(跡カ)見ニ寒松院年譜一。今不ニ復出一焉

○第六世 宣清 姓野澤氏。生ニ于日光山下一。父結城苗裔。母申橋氏。十三歲。從ニ教城院天祐一而學焉。十四歲。來ニ乎本山一。以ニ宣存一爲ニ親教師一。寬文七年(一六六七)丁未。剃髮得度。奉レ請ニ本照院故一品親王一爲ニ戒師一。同年八月。伴ニ宣存ヲ上ニ叡峯一而學ニ于敎王坊一。寬文九年己酉春。修ニ加行護摩一。慈光院憲能爲ニ阿闍梨一。同年冬十月。於ニ總持坊一入壇灌頂。蓮華院豪珍爲ニ阿闍梨一。千手院秀僊爲ニ教授一。十年庚戌。

務二廣學立義一。延寶二年甲寅(一六七四)。反二于本山一寄二居東漸一。陪二從宣存一佐二別當事一。三年乙卯春。奉二解脫院故一品親王之令(命カ)一。管二羽州最上柏山寺一。同年冬。大保福寺清胤寂。遺言請レ令二宣清嗣一焉。蒙二故一品親王之允許一移二保福寺一。清胤ノ時。寺遭二回祿一。宣清住持三年。而建二客殿暨廚屋一。宣存寄金百兩助二土木費一。先レ是有二二百石之寺邑一。而無二將軍家之教書一。因請二故一品親王一得二常憲台君御朱印之教書一。天和二年壬戌(一六八二)。當二智者大師忌一。講師拈二出二種相卽之題一。元祿四年辛未(一六九一)。蒙二一品大王命一移二轉當院一。五年壬申五月七日。大王傳法灌頂時。預二讚衆數一。而執二鳴鈸之役一。十一年戊寅八月二十五日。務二吉祥閣供養講師一。九月三日。瑠璃殿供養會。加二於錫杖師之員一。十二年己卯十二月十六日。被レ允二許木蘭色衣一。松平大膳大夫吉廣。餽二白銀三百兩一而賀焉。十三年七月。承二御名代一而登二日光山一。十六年癸未。蒙二大僧都之宣詔一。同年十一月二十九日。小石河(川カ)失火ノ災延及レ寺。大膳大夫吉廣。贈二金五十兩一而造二草舍幷四邊之圍一。寶永二年乙酉(一七〇五)二月。大膳大夫吉廣。建二客殿幷廚屋一。六年己丑正月二十二日。常憲台君之棺。入二於本山一之時。預二先驅之列一。正德二年壬辰(一七一二)四月。松平民部大輔吉元建二表門一。

涼泉院曆(歷カ)代傳

○第一世贈大僧正胤海。山州洛陽人也。姓藤原氏。父施樂院。字宗伯。母佐佐木氏。師二慈眼大師一。養父花山院正二位左大臣定好公。寬永元年甲子(一六二四)。年甫十四歲。戒師梶井宮二品親王最胤。薙二髮於台麓滋賀院一。而賜二梶井之院室本實成院號一。三年酉(丙カ)寅。來二于東叡一謁二慈眼大師一。是秋復還二叡山一。而住二持藥樹院一。就二二品親王最胤一修二四度密法一。五年戊辰。重來二東叡一而住二持當院一。兼二帶伯州大山一。明年妙法院法親王堯然爲二教授一。毘沙門堂大僧正公海爲二阿闍梨一。以傳法灌頂。時大樹家光公。賀賜二白銀五十枚一云云。正保元年甲申(一六四四)。大樹家光公。特尊二寵之一從(徙カ)二居于城中貳館一。慶安二年己丑(一六四九)秋九月盡日。値二慈眼大師第七回忌辰一。同而欲レ報二答師恩一。設二別請竪義之滕(勝カ)會一。躬爲二問者一。此會廢二于此一四十餘年。蓋山門所レ行別請竪義。從レ是興焉。明曆三年(一六五七)丁酉冬。因幡少將光仲。爲二當院料一分國之內。永奇(寄カ)二附貳百石一。寬文元年(一六六一)辛丑。除(敍カ)二權僧正一。明年。梶井宮二品親王最胤。遠煩レ使翰賜二檀那院號一。蓋與二最大稱一以見二其寵稱之意一也。六年丙午。轉二遷正官一。延寶三(一六七五)乙丑(卯カ)。應二大樹家綱公命一。當山住二凌雲院一。補二學頭職一。五年丁卯(巳カ)。兼二羽州羽黑山執行別當一。後辭レ之遁二於台麓樂(藥カ)樹院之別房一。元祿二年(一六八九)己巳春。偶罹レ疾。因醫二療之一使(便カ)出テテ寓二居洛ノ眞如堂方丈一。藥餌無レ驗。遂知二世緣有一レ期。掛二彌陀三尊於西壁一。著二袈裟一持二念珠一。一心念佛。以二四月七日一終焉。行年七十有七。明日殯二遺骸於山上藥樹院一。至二九日一葬二檀那尾一。明年十二月二十七日。追贈二大僧正一（此依二梶井宮常修院慈胤奏請一也。其顚末如二凌雲院記一也）

○第二世大僧都公侃者。第一世大僧正之嫡弟也。姓源氏。松平（本姓池田）石川大守第四男也。齡十二歲。薙二髮於因州淳光院一。當時因府有レ理二東照宮正遷座之儀則一。屈二請導師於當山一時。當山吉祥院開基。靈山院亮海。承二輪王寺之命一赴二請於彼一。是時請以二亮海一代二久遠壽院准三宮公海一爲二之戒師一而剃度。因而加二賜諱字一。厥後登二叡峯藥樹院一學二教觀一。此時以二清閑寺大納言一爲二養父一。有二梶井宮二品親王最胤命一賜二城南院ノ室一。延室(寶カ)三年(一六七五)乙卯秋。來二當山一于受二海師附屬一住二職當院一。請改二稱號一爲二本實成院一。五年丁巳冬。兼二伯州大山學頭職一。天和二年(一六八二)壬戌。促裝大山之行。繼レ絕興レ廢。住一年而還。元祿三年(一六九〇)甲(庚カ)午夏。五月五日。遽罹レ病。翌日禺中端坐寂焉。年五十一。葬二遺骸於當院ノ西北一

○第三世權大僧都侃海者。第二世公侃之嫡弟。父御牧氏。母春日原氏。幼來二當院一年十一歲。則就二公侃一剃度。自レ是登二叡峯一住二學藥樹院一。元祿二年(一六八九)己巳。歸二于東叡一。明年逢二侃喪一時齡尤弱。而不レ堪レ繼二遺席一（以下木(本カ)山住職有中年未レ滿二二十五一以下ハ不レ許レ住レ之故事上。故有二竊議一焉）然有下不ルノレ忍レ絕二贈大僧正胤海法脈一之儀上。令レ之爲二監主一以待二年二十五春一被二一品大王慈命一轉二本職當院稱號一。十二年己卯。正月十日卒。嬰レ病翌日早晨寂矣。年二十九。葬二遺骸於院ノ西北一

○第四世權大僧都賢空。備之前州。御野郡人也。姓源。父小林氏。母山根也。延寶三(一六七五)年乙卯。到㆓于州銘金山㆒。戒師遍照院賢厚薙髮。七年己未。登㆓台山無動寺㆒習業勤學。就㆓大僧正慶算㆒入壇灌頂。後來㆓于東武㆒隨㆔待(侍カ)贈大僧正胤海㆒。天和二(一六八二)年壬戌。隨㆓胤海㆒肥遯到㆓於台麓藥樹院別房㆒。明年監㆓于于(于カ)山上藥樹院㆒。是時爲㆓胤海末弟㆒也。及㆓海師滅㆒。元祿三(一六九〇)年庚午秋。復來㆓東叡㆒。承㆔事一品大王㆒。賜㆓知常院稱㆒。四年辛未。賜㆓山門喜見院住㆒而易レ院。稱㆓典使謁事㆒。十一年戊寅。中堂落成ス矣時㆓使㆔空ヲシテ兼㆓知中堂及諸堂神祠之區處㆒。十二年己卯正月。侃海及レ病遺言シテ請曰。侃海之法緣獨有㆓賢空㆒耳。上君垂不レ舍㆓元動志㆒。而使㆔之踐㆓後蹤㆒。則幸㆓先師ノ靈喜㆓於幽㆒。而我願亦足。言訖歿矣。言既達レ上。二月承㆓許命㆒住㆓當院㆒。十四年辛巳。到㆓台嶺無動寺㆒。就㆓法曼院實延㆒爲㆓大阿闍梨㆒。寶永五(一七〇八)年壬子(戊カ)夏六月。被レ命任㆓一山使事㆒。明年乙(己カ)丑二月。被㆓台命㆒知㆓淨光院殿主事㆒。而從(徙カ)㆓觀成院㆒（是歲觀成院新成矣。賢空爲㆓之鼻祖㆒也）

○第五世權大僧都廣海者。武州江戶產也。姓平。父不破氏。母柳澤氏也矣。貞享二(一六八五)年乙丑。十二歲而登㆓比叡山㆒。師㆓東塔西谷之妙音院亮海㆒（紀州和歌浦雲蓋院世）同三年丙寅。於㆓妙音院㆒而據㆓于行光房快實㆒以爲㆓戒師㆒而薙髮。同年修㆓加行護摩㆒。同四年秋。於㆓行光坊㆒入壇灌頂也。元祿二(一六八九)年己巳。承㆓一品大(〔王カ)之尊命㆒。而爲㆓無動寺蓮光坊之監(看カ)坊㆒。同年賜㆓同寺之住職㆒。稱㆔號於此㆒。同年春。初修㆓回峯㆒。至㆓六月㆒而終。初百日。同秋於㆓法曼院㆒而勤㆓許可第五灌頂㆒。同八年乙亥。爲㆓一品大王御世靜寧㆒。欲レ修㆓七百日之回峯㆒。同年勤㆔終二百日㆒。於レ此賜㆓行用之金㆒也。從レ是年年相續。而至㆓元錄(祿カ)十六癸未年㆒。而滿㆓七百日㆒令㆓之ヲシテ成就㆒。同冬來㆓于東叡山㆒。叡(獻カ)㆓行滿之眞札㆒。即假㆔居護國院㆒。寶永四(一七〇七)丁亥年春。被㆓一品大王之尊命㆒。又欲レ修㆓一千日之回峯㆒。故寶永五戊子年。登㆓比叡㆒而成㆔就一百日之赤(苦カ)山若行㆒。又賜㆓行用之金㆒也。同年秋。重來㆓于東叡㆒獻㆓修行之札㆒。寶永四(六カ)年己丑。被㆓尊命㆒而賜㆓當院住職㆒。同七年庚寅春。欲レ滿㆓于(千カ)日之大修行㆒。是時又賜㆓行用之金㆒也。終修㆓一百日之大回㆒令レ滿㆓千日㆒。於レ此被㆓一品大王之免許一。即賜二許書一以達二于時之座主一。梶井宮。速經二座主之執奏一。而奏下爲二玉體安寧四海靜謐一千日修行之趣上。依レ之賜二綸旨一也。同冬歸二山于當院一。寶永八年辛卯夏。於レ院爲二一品大王御安全一。修二十萬牧(枚カ)護摩一經日而終

〔明王院〕

○開基明王院寛周傳

寛周。本國豐後國。生國筑前也。俗姓天地(智カ)天皇後胤。相州竹下孫八左衞門尉孫子。白仁氏也。豐後府內。上野原。總社山圓壽寺東以房。住持寛佐弟子也。加行護摩等之密法。孜孜勉レ之。而後笈負登二山門一。竪義灌頂勤學歷歲。後來二東叡山一。務二護國院生順贈僧正ノ會下一。而後應二慈眼大師命一。司二一山灌頂道場景樹院一（今中堂政所。闔山護(灌カ)頂道場舊跡也）承應元年(一六五二)。拜二領今寺地一（松平和泉守所持）不レ假二資緣(緣カ)一自力ヲ以開二建明王院一住持。承應二年癸巳。約二諸嶋津大隅守光久宿坊一。永代賜二知行米百貳(貳百カ)石一。寛文四甲辰年(一六六四)。自二公儀一賜二院領二十石一。又豐後臼杵城主。稻葉石(右カ)京亮通長懇息女（花山院内室法名永春院）卒。立二靈牌於當寺一。年忌追福。年年盆供。至レ今修レ之。又大久保加賀守忠朝懇故。正・五・九月。每歲日待。祈禱代參。至二今忠增一賴此謂也。寛周總通二連歌一。每歲正月。花下一同。登城接二連歌會一。又此寺有二祕佛一。號二疱瘡觀音一。江戶三十三番隨一。初參詣雲如レ集。順禮停止後。參詣希也（觀音由來不レ知。開基代代傳來。疱瘡之守護施レ今）行年六十二歲。瓌病終逝矣。維時寛文十二歲次壬子九月五日也。葬二院內一

○明王院二世亮宣傳

亮宣。武州豐嶋郡產也。父大竹姓。歲十五薙二髮護國院贈大僧正生順下一。而後爲二寛周附弟一。三十九歲繼テ師ノ滅後ニ住持シテ。兼二住ス下總國羽生之龍角寺一。四十歲餘患(徙カ)レ眼。辭二東叡一住二龍角寺一（解脫院一品宮賜二號本龍院一）病眼愈而應二尊命一從。上總國三途臺長福寺住持七年也。亦應二一品宮准三后嚴命一。徙二千妙寺一賜二號戒善院一。翌年被レ任二權僧正一。住持九年也。元錄(祿カ)十五(一七〇二)。十一月。亦稟二嚴命一從テ日光修學院。翌年被レ轉二正官一。兼二住下野國春岡(ㄱ日カ)山一。日光ノ學頭職務レ之五年。遂二老衰而養一病ヲ春日岡一。無二幾日一卒矣。寶永元歲(一七〇四)

次甲申。六月二十二日。僧臈五十七

○明王院第三世慧宏傳

慧宏。洛陽人也。父小川氏。母山本氏。十三歲。洛東泉涌寺塔頭。戒光寺天桂和尚隨剃髮出家。二十五歲。故有泉涌退。山門西塔金光寺(院カ)實然(俗兄)寄宿。同院東谷喜見院祐範。改宗加行護摩等勉レ之。二十六歲。同谷淨泉院公覺弟子。師兄中正院泰然ノ付屬受。延寶年中。解脫院宮令旨依住持。三十三歲。解脫院宮依レ仰。東叡山御本房(坊カ)近侍。三十七歲。天和年中。解脫院宮依レ仰。明王院住持。大僧都任。其後願立。薩州屋敷ヨリ寺院建立。又住持灌頂務。元祿八(一六九五)己(乙カ)亥年。五ノ丸御願依。千駄木世尊院御建立。准后宮御吹擧依テ開基住持仰付被。准后宮良家ト成。寶永五戊子(一七〇八)五月二十三日病死。壽六十歲。世尊院境內葬ル

○明王院第四世智周傳

智周。生國江州膳所產也。姓藤原戶田氏。母者紀氏。萬治二(一六五九)己亥年生。十歲。久遠壽院准三后。御戒師薙髮。江州芦浦觀音寺朝舜弟子ト也(朝舜ト俗緣也)山門正教院舜雄ニ親炙。十三歲。加行務。南尾西學坊等運。正教院移轉タル故。此人隨習學。二十六歲。貞享元甲子(一六八四)年。解脫宮仰依。山門瑞雲院住持(此寺代代芦浦觀音寺法者也)三十二歲。元祿三庚午(一六九〇)年。朝舜遷化。台命依。芦浦觀音寺轉住。三十五歲。公儀ヘ觀音寺住持職。御禮參府。三十七歲。元祿八乙亥年。准后宮令旨依。東叡山明王院住持。四十一歲。元祿十二己卯年。執當職幷十願王院ノ室仰付被。同年。准后宮御執奏依テ。大僧都敕許。同年。出羽國羽黑山。執行別當職兼帶。瑞雲院住職。依レ願令旨ヲ受ニ弟子智通府(付カ)屬。四十八歲。執當職御免。明王住職辭退。和州吉野山學頭幷權僧正。公儀御執奏之儀仰蒙。登城御禮申上。四十九歲春上京。權僧正ニ敕許參內龍顏拜。同歲。吉野山入院。竪義探題初務レ之。五十一歲。寶永六(一七〇九)己丑年。薩州大守吉貴。國府ニ於テ東照宮幷大雄山南泉院建立。則大守願依彼寺開基住持可レ爲旨。准后宮令旨受。翌年薩州下向入院シテ永規定也

○明王院五世尚志年譜

尚志。近江國坂田郡產也。父西川氏正知。母樋口氏。延寶

（一六八〇）八庚申歳十四。山門無動寺。千手院秀仙ノ下於出家薙髪シテ。加行等務レ之。翌年十五歳。龍珠院宣純ノ弟子成。東塔北溪從（徙カ）。貞享元甲子歳十八（一六八四）。宣純ノ府（付カ）屬受。九月解脱院宮令旨依。龍珠院住持。二十二歳。二十九歳至迄。東叡寓居。而東漸院ガ大阿闍梨灌頂勤。三十七歳。十一月准后宮令旨依。江戸本鄉。眞光寺移轉。時藤堂高睦願ニ依。色衣御免。同月晦日。寺院門前町屋迄委（悉カ）類燒。三十八歳。令旨依。山門龍珠院ヲ智城ニ付屬。四十歳。寶永丙戌年（一七〇六）。寺院不レ殘佛像雜具至迄再建落。十月十五日。東叡僧侶請。入佛供養。同年十一月。一品大王嚴命應。東叡從（徙カ）明王院。四十三歳。己丑二月。亦令旨稟。御使役務。正德元辛卯（一七一一）。四十五歳

淨圓院

○開基圭海。姓藤原增山氏。當初雖レ爲ニ日蓮宗ニ有ニ志于台家ニ。而寬文五年乙丑（一六六五）（己カ）十二月改宗。而後依ニ大樹家綱公之命ニ。而永井伊賀守伴ニ誘圭海ニ。東叡之本院。奉レ見ニ一品尊敬親王ニ。卽時賜ニ於淨圓院之稱號ニ。同六年二月。移ニ東叡毘沙門堂之傍室ニ。翌三月二十五日。受ニ尊敬親王之御示ニ。加行ニ二百五十日成滿。同年四月。於ニ谷中ニ賜ニ二千八拾九坪餘地ニ建ニ淨圓院ニ。同七年丁未二月。毘沙門堂之院家。被レ加ニ賜尊重院之稱號ニ。卽花山左府猶子成。同年七月。依ニ家綱公嚴命ニ。而於ニ武江西葛西領之內ニ寄ニ附寺領二百石ニ。同八年。羽州羽黑山。執行別當兼領。延寶三年（一六七五）乙卯十月。辭ニ羽黑山ニ。同月山城國愛宕。長床坊住寺。元祿四年（一六九一）辛未十一月。長床房住職。屬ニ弟子民部卿眞圭ニ。陰ニ嵯峨之幽里ニ。同七年甲戌正月二十三日示寂。行年六十有三

○第二世寬海。姓藤原增山氏。明曆元年（一六五五）乙未十月。於ニ武江府ニ產。寬文七年（一六六七）丁未。十三歳而得度。戒師。檀那院僧正胤海。淨圓院ノ開基圭海ニ師事。天和元年（一六八一）辛酉六月二日。受ニ圭海之讓ニ淨圓院住寺。元祿十七甲申年（一七〇四）。大僧都敕許

松林院

○開基久存。俗姓不レ知。此ノ寺元ト武州山手在。而金剛寺號。後當山移ルトイヘトモ。ナヲ金剛寺ト呼。其ノ後改テ松林院ト云フ（此時ノ院地。今ハ常憲院殿御牌所ニ天門前ト成ル）寺院。松平周防守建立也

○第二世榮存。俗姓ハ江州宮部城主。是定坊之孫也。出家也當院住。上州春名山光明寺ヲ兼ニ于當院ニ。辭春名山移住。寶永六年（一七〇九）己丑七月二十六日寂。壽八十四歳

○第三世學海。貞享元年（一六八四）甲子仲秋。信州善光寺ヘ移

○第四世寂仙。俗姓山上氏也。權僧正亮傳従剃髪。于ニ山門龍禪院ニ住。貞享元（一六八四）甲子歳。當院移。元祿十二年（一六九九）己卯十二月八日。津梁院移

○第五世雄憲。元祿十三年（一七〇〇）庚辰春。山門金光院ヨリ當院ニ移。元祿十六癸未年十一月二十九日夜。小石川失火。時ニ寺院類燒。元祿十七年甲申二月。院ヲ觀善院舊跡移。今大慈院是ヲ領。寶永六年（一七〇九）己丑。常憲院殿薨去。就ニ御牌殿ヲ造營シタマフ事有レ是。依テ院ヲ今之所ニ移サル。時ニ資料シテ金三百七十兩餘賜。其上御手傳。細川越中守自金五十兩投シテ作ニ事資ト一ス。此時壇（檀カ）越松平周防守康豐。金三百兩加益シテ助成。故客殿庫裏造營成就。寶永七庚寅年冬。現龍院移ル

○第六世慧隆。山城州愛宕（ヲタギ）郡產也。父村瀨某。母ハ服部氏。十一歳ニシテ江戸東叡山ニ來ル。御本房護摩堂於テ而安祥院公淵ヲ師ニシ行フ。元祿四年（一六九一）辛未八月四日ニ剃髪ス。時ニ行年カ三（〔十カ〕）也。御ニ成（戒カ）一師一品大王ヲ。同五年壬申冬。山門登。嚴王院ニ於テ學。同九年丙子十月五日。竪義務。同十三年庚辰十月二十三日。一品大王之命ニ依。山門安祥院住職補セラル。以テ公淵ニ繼カシム。然トモ寺院破壞ニ及ヒ得居住シカタシ。故ニ嚴王院止住ス。元祿十六癸未年。師公淵ヨリ金二百兩餘得。安詳（祥カ）院建立ス。寶永五年（一七〇八）戊子十一月朔日。山門正觀院ニ於テ三摩耶灌頂。大阿闍梨之職位受。是歳寶永八年辛卯正月二十四日。一品大王命依。當院住職ニ移補セラル。時

正德改元（一七一一）辛卯十一月二十九日

松林院當住慧隆謹識

〔覺成院〕

○開基覺成院忠俊傳

忠俊。姓水沼氏。常陸國鹿嶋郡人也。元和六年(一六二〇)庚寅(申カ)。建(逮カ)二十三歳一投二郡之祐順闍梨一出家薙髮。明年修二加行護摩一。居數歳。寛永三年(一六二六)丙寅登山。寄二止護國院一。同十一年甲戌。前橋侍從忠也(世カ)酒井雅樂頭偶爲二檀越約一遂啓レ地經二始寺宇一號(ママ)二覺成院一。是時酒井家少附二資糧一。同十年(十八カ)辛巳。三十有七歳。入檀(壇カ)灌頂。同年承二本照院宮命一兼二住江戸崎神宮寺一。於レ是繼レ絕興レ廢。大董二清規一。復有二嚴命一令三彼寺永ク爲二當山末院一也彼寺往古小野逢善寺末也寛文四年(一六六四)甲辰。從二公廳一賜二院領二十石一。同年冬。承二座主宮命一附二院於公稟一退二居當山等覺院一。又於二彼院一備前大守始爲二檀越一寄二十口料一。俊平生受二持法花一讀誦五千餘部。天和元年(一六八一)辛酉。染レ病預覺二死期一。十月四日。沐浴而坐。口唱二寂莫(寞カ)無(大正藏九、三二中。法師品)人聲。讀誦此經典。我爾時爲現。清淨光明身一。安詳トシテ而逝。春秋七十四

○覺成院第二世公稟傳

公稟。俗姓松島氏。上野國桐生產也。寛永二十年(一六四三)癸未。十有五歳。適二武州古尾谷灌頂院一投二辨清一落髮。十有七歳。修二行護摩一。正保年中登山來二當院一師二事於俊一。三十六年(歳カ)。寛文四年(一六六四)甲辰。俊辭二院務一。因レ茲承二座主宮令旨一稟乃チ住持。且兼二江戸崎神宮寺主務一。同六年。於二開山堂一入檀(壇カ)灌頂。延寶二年(一六七四)甲寅。又有下兼二古尾谷灌頂院一之命上。於レ此辭二神宮寺一。而得下因二命令一神宮寺附二忠俊一院居料上。同五年依二座主宮嚴命一兼二小野逢善寺一。於レ是亦辭二灌頂院一。元祿元年(一六八八)戊辰三月。六十歳任二大僧都一。同四年辛未五月二十一日。染レ病示寂。春秋六十三。同十六年。遺弟稟海。表奏贈宦(官カ)轉二任權僧正一

○覺成院第三世稟海年譜

稟海。父關口氏。母野下氏。常陸國河内郡產也。十四歳登山。延寶七年(一六七九)己未。十六歳。從二公稟一薙髮。同年修二加行灌(護カ)摩一。元祿二年(一六八九)己巳。二十歳(二六カ)。登二叡山一勤二豎義一。於二行光坊一入壇灌頂。元祿四年辛未。建(逮カ)二師入寂一承二一品親王嚴

命一住二持於院一。同十六年癸未。前橋少將忠擧永寄二百石料一。寶永元年(一七〇四)。榊原式部大輔政邦爲二檀越一。又寄二二十口料一。翌年因三政邦領二播州姫路一。於二國衙一新闢二一院一安三置大樹家尊牌一。令三海ヲシテ兼住一。因レ茲座主宮于二彼寺一賜二護念院ノ稱號一。永定二奠祭規矩一也。同五年戊子。依二尊命一被レ免二許黃衣一。正德元年(一七一一)辛卯。四十八歲也

東圓院

○第一世權大僧都法印乾海。吉田氏。參州額田郡人也。幼從二同郡甲山寺學頭玉運一落髮。長蒙二慈眼大師命一主二甲山寺學頭一。松平越中守源定綱。歸二依海一篤。遂爲二資檀之交一。慈眼大師開二東叡一之後。寬永十七年(一六四〇)。主請二大師一於レ地損レ財。造二建自院ヲ於屛風坂ノ測(側カ)一。營爲既成。方屬二東叡名藍ノ於子院一。且永附二香積ノ資百石一。以レ海爲二當院第一世一。又奉レ命移二甲山寺之稱號一。而名二院ヲ於東圓一。且兼二領甲山寺一。慶安四年(一六五一)。有レ故移二院於當山西北閒一。延寶三年(一六七五)。蒙レ命附二甲山寺於增海一。八年五月二十一日寂。壽八十三

○第二世權大僧都法印增海。吉田氏。尾州智(知カ)多郡人也。慶安三年(一六五〇)十月。從二乾海一薙髮。延寶八年(一六八〇)。奉二守澄法親王命一移二住當院一。亦兼二領甲山寺一。天和二年(一六八二)。甲山寺廢壞。海損二自財一力興修。未レ年殿堂構成。且本尊再修莊嚴之具寄附。貞享二年(一六八五)。勤二西山流傳法阿闍梨一。元祿五年(一六九二)四月。被レ任二大僧都一。時年五十八。七年。松平陰(隱カ)岐守源定直。營二添當院於一宇一。永充二二十口僧糧一。十一年五月。又移二當院於當山北一。嶋津左京亮御手傳指事營二修之一。十四年。蒙二一品大法(王カ)命一附二甲山寺於惠深一。且賜二安城院稱號一。十五年。甲山寺本堂大廢壞。海又損二資財一。堂宇鐘樓幷前立不動尊二尺五寸二童子・十二天立像三尺藥師立像三尺高祖天台・鼻祖傳教立像三尺莊嚴之具悉ク寄附。今略二于茲一。寶永六年(一七〇九)。重移二院於當山之西一。從二將軍家一賜二黃金八百有餘一。亦細川越中守御手傳。充二方金百四十人夫料一。檀主定直助二其費一。全二舊觀一。八(丁年カ)。三月二十日。七十六無常

○第三世惠深。吉田氏。尾州智(知カ)多郡人也。貞享二年(一六八五)。投二

增海室祝髮。元祿十四年(一七〇一)。奉一品大法(王カ)命。主甲山寺。寶永八年(一七一一)。一品大王命。當院住寺職。亦兼主甲山寺

養壽院

○一。開基廣海。小田氏。那須與市宗高之末葉也。幼而奉仕於慈眼大師。薙髮於本院。後奉仕於久遠壽院准三后。初住持下野國大(太カ)平山連祥院。後來開基當院。號養壽院。此時松平越後守光長爲檀那。寄附十五人扶持。于時延寶六年(一六七八)戊午八月二十七日寂。壽六十歲

○一。第二世慧觀。長尾氏。上野國人也。剃髮之後。來於當山。師事廣海。同奉仕於久遠壽院准三后。廣海沒後蒙當寺住職之命。兼領連祥院。此時從大樹給二十石。天和二年(一六八二)壬戌。爲御使役。此年兼主當國古尾谷灌頂院。貞享四年(一六八七)丁卯。任大僧都。元祿四年(一六九一)辛未春三月。移久能山德音院。未幾九月十二日逝。壽六十歲

○一。第三世慧順。安藤氏。稻毛三郎之末葉。武藏國稻毛領之人也。十二歲投護國院亮順而薙髮。後師當院慧觀。十六歲登于叡山。八年而還于當山。三十歲。蒙當寺及灌頂院住職之命。于時元祿未年也。先是當院境內僅千坪餘。此時賜隣寺壽昌院舊地。爲二千百餘坪。四年而移眞如院。元祿十六年(一七〇三)癸未秋。爲御使役。寶永二(一七〇五)年乙酉秋八月二十四日。補執當職。賜院室信解院號。十一月命兼目黑瀧泉寺。寶永五年戊子秋八月二十一日。移轉護國院

○一。第四世貫通。下野人也。剃髮之後入於當山學寮。遂爲伴頭。有命住持越州國分寺。元祿七年(一六九四)秋七月。移住當寺。此時松平越後守宣富。爲作州津山之城主寄附百石。十年而秋七月。蒙執當職命。賜院室楞伽院稱。元祿十六年冬十一月。當院燒亡。未爲起立移修禪院。四年而又移現龍院。寶永七年(一七一〇)夏六月。任權僧正。十一月十六日卒。壽五十九歲

○一。第五世慧山。田中氏。武藏國松山領之人也。薙髮而來當山。隨從慧順。元祿十年(一六九七)冬十二月十二日。慧順弟子。十一年秋七月。登于叡山。十二年夏。蒙香芳谷養壽

院住職命一。有レ故改二名大慈院一。時壽二十七歲住職。十七年秋八月。移二當院一。當レ在二今大慈院地一。寶永六年（一七〇九）遷二於今地一。自レ公給二營料一（金三百六十五兩）且越後守宣富。資二造營之用一。

元光院歷譜

○開祖長清。姓源。祖父反町美濃守直江（甲州幕下。初住二野之上州平井城一。後移二住同州中居縣一。其地有下美濃守所二草創一寺上。號二反町山一。美濃守到二于今一有二墓墳一）父反町大膳亮正胤（初仕二甲州一。後奉二仕越前宰相忠直卿一。知行二千石領二士卒二百人一。其後退而住二高崎一）母ハ瀨下氏（秋元越中守家臣瀨下隼人女）十五歲。師二淺草東光院詮長一雉（薙カ）染。十六歲春。奉レ拜二慈眼大師一。察二長清之爲レ人。儀客（容カ）挺恃（特カ）志氣剛建（健カ）。授以二護摩加行之日記一令レ勤二修之一。自レ是時時進見。昵二近本院一受有。神尾備前守元光（大樹家臣。當時町奉行也）尊二崇大師一每參二候本院一。長清之見レ爲レ人。爲二資壇（檀カ）之約一扶二助學業之料一。十八歲登二叡岳一。耐二飢寒一勤二學業一。最巧二於儀（議カ）論一。而檀（擅カ）二名於一時一。平日修二千手祕法一。二十歲。勤二竪義灌頂一。二十二歲。依二大師命一歸二於東叡一。于レ時神尾備前守。以三其ノ別邸隣二於本院ノ東北一寄二附大師一。大師命二長清一新構二一院一爲二開基一。是假用二備前守實名元光一爲二寺號一。漸立二客殿與レ廚。二十四歲。被レ補二上州妙義學頭職一（俗誤云二妙義山一。所謂妙義權現。依レ爲二所託ノ山一也。山號二白雲衣山一。寺號二石塔寺一。院號二高顯院一也。白雲衣山者。往昔七峯之一。而驗者入峯地也）七峯（大峯。羽黑。日光。大仙。大山。筑波。白雲山）金輪際自然涌出。絕頂二派。而顯二金胎兩部一。無量山形ハ表二示十界一。山頭突レ天。白雲廻レ腰。是則白衣觀音現相。付應衆生。效驗也。因名二白雲衣山一也。人王三十代欽明天皇御宇。妙影和尙來朝。日域爲レ弘二佛法一遍尋二靈山一。始而登二此峯一云云　寬弘三年（一〇〇六）二月二十四日卯日。託二于三歲兒童一曰。吾是山門座主。尊意僧正也。爲二佛法守護一垂二跡ヲ此山一。向後可レ仰二妙義權現一云云　自レ茲道俗運レ步。日日繁榮。院宇連レ斬（軒カ）境內二里餘云云　然天正十八年（一五九〇）關白秀吉公。責二小田原氏直一。氏直幕下籠二大道寺駿河守松井田城一。關白命二前田加賀筑前守利家・越後長尾景勝・眞田・蘆田一令レ責レ之。于レ時以二此山近レ城。神社佛閣。山林竹木。悉爲二兵火一燒失。此前住持重運。雖レ勵二再興之志一力不レ足。而纔開二社地一造二營二間四面茅

葺宮。建二立茅葺寺一。横五閒。長七閒。町家ノ數二十四斬(軒カ)
云云　長清入院ノ最初栽二松枚檜等之樹一不レ遺二尺地一
三十四歲。頂二戴妙義社領三十石御朱印一。三十五歲。頂二戴波胡曾明神社領五石御朱印一。四十二歲。始造二替妙義社一。社内陳(陣カ)九尺二閒 石閒九尺二閒 拜殿二閒四面 北廻廊八尺四閒 南廻廊八尺四閒 神樂堂二閒半五閒 護摩堂三閒四面 繪馬堂二閒三閒 本地堂四閒四面 地主波胡曾宮

頭註　本按二波胡曾ノ宮。胡ハ胡亂ノ之胡ニテ。ウトヨムベシ。シカラバ白雲衣山ハ白雲衣山(ハウソヤマ)ナリ。御衣ト書テ御衣(ミソ)トヨム。像材ノ御衣木(ミソキ)ナド是レ也

天神宮・八幡宮・辨天宮・愛宕宮・山王宮・稻荷宮・山神宮・蠶神宮・天狗宮・十二天狗堂・藥師堂・奥院・瀧不動・石垣・石階百七十段 四十六歲造畢。其外寶物等有二別記一。寺中。境知房・下之房・藥王房新造立。御宮役人。山伏四人・禰宜八人・御子(巫カ)十二人。大大神樂・大神樂・小神樂・湯立・御供。右之神事。各莊嚴器物。役人裝束。盡調レ之行レ之。四十八歲。建二寺院一。客殿六閒八閒半 書院四閒半七閒 茶閒四閒八閒 臺所九閒七閒 玄關二閒半二閒四尺 長屋三閒六閒 下長屋二閒六閒 山門二閒四面 中門・下門・裏門・風呂屋二閒半六閒 隱居屋二閒五閒 客屋。寺中塀百五十八閒。石垣等幷 門前屋。各加二助力一。町屋二十四斬(軒カ)。爲二九十七斬(軒カ)一。自レ始至レ終棄二捐財用一。凡臺(壹カ)萬貳千金餘 云云 五十歲。織田徒從平信久。爲二御供料一。寄二捨田畠一。佐竹修理大夫義宣。爲二元光院檀那一。每歲送金貳牧(枚カ) 秋田知行二百石也 五十一歲。頂二戴亦妙義社領及寺領御朱印一。五十三歲。時有二一人僧一於二武陽駒込一建二妙義宮一。搆二種種狂惑一。依レ之長清訴二寺社御奉行所一。使レ毀二其ノ院宇一禁二止妄語一 到二于今一俗呼二其地一云二妙義坂一云云 五十四歲。被二三山免許色衣一 其時以二色衣免許一猶少。令下而通シテ二於三山一著二色衣一爲中規模上 五十五歲。下之總州本所龜井戸宰府。天神社地。建二妙義權現宮一置二神前御子(巫カ)一僞二妙義符札一。依レ之長清訴二當山兩知事職一。則召シテ二天神別當信祐ヲ本院二檢レ之。信祐遁辭曰。以レ爲二法性房ハ菅相公ノ之師範一營二其堂一。全非二妙義ノ宮一。雖レ然以下御子(巫カ)旣擧二妙義之託一出中符札上。其罪不レ蔽。然以三信祐有二舊勳一宥二其罪一而禁二其僞詞一。五十六歲。依二眼病一辭二住職一。使三弟子長純兼二領兩院一。長清隱居以

後。六十二歳之時。本照院宮。賜乙妙義石塔寺ハ。雖レ爲二世良田長樂寺之末寺一。由二長清數年ノ苦勤一令二再興一。後來被レ屬二直末一之令旨甲。六十八歳之秋八月十日。於二石塔寺一寂。前レ此三日預知二死期一。沐浴坐亡。寶永六己丑（一七〇九）六月四日。准后御所。賞二妙義再興之功一。賜二權僧正贈官一

○二世長純。姓源氏末流。瀨下豐後守正農（晨カ）嫡也 正農（晨カ）甲斐信玄幕下。先備之中也。甲州沒落以後。退二居於上州高崎一。有レ故而安藤右京進扶二助五百石一。雖レ然不レ爲二家臣一 母濱川喜兵衞娘 安藤右京進家臣 十六歳。而爲二長清弟子一。十七歳。雉（薙カ）髮并加行護摩勤レ之。二十五歳。登二叡山一寓二住本院北谷教王院一。竪義勤レ之。四十二歳。蒙二當院住職命一。兼二石塔寺一。四十五歳。佐竹義處。改二金貳牧（枚カ）一爲二金五十兩一并任二大僧都一。五十一歳。遷二寺院於今之地一 舊地爲二嚴有院殿之陵地一。寺院引料金四百五十兩。於二大久保加賀守宅一賜レ之 五十二歳。松平出羽守爲二檀那一。年年寄二捨銀貳十牧（枚カ）一由レ爲二義處之緣者一也。五十三歳。中嶽矛盾甚獲二利運一 別記有レ之 五十四歳。住持灌頂勤レ之。于レ時佐竹義處。寄二銀百牧（枚カ）一充二于僧供之料一。五十歳（ママ）。頂二戴妙義ノ寺領社領及菅原天神社領御朱印一。五十七歳。松平出羽守。改二銀貳十牧（枚カ）一爲二二百石一。六十五歳。妙義宮・波胡曾宮・本地堂・廻廊・仁王門・山門・下門。盡總爲二葺替彩色等一。六十六歳。元祿九丙子（一六九六）六月十三日。仗レ病而寂

○三世長存。姓源氏。猪俣小平六ノ末葉。父猪俣莊右衞門政重 奥平大膳大夫家臣 母喜多條氏 土井大炊頭ノ家臣。小平次娘 十三歳。爲二長純之弟子一而雉（薙カ）染。戒師本照院宮。十五歳。而加行護摩勤レ之。十八歳。登二叡峯一寓二住教王房一。後移二善光院一。住山十壹年。二十五歳。竪義勤レ之。三十五歳。蒙二元光院住職命一。三十八歳。佐竹公ノ邸。建二新羅明神宮一。囑二別當職於當院一。四十二歳。寺院類燒。同年。色衣免許。四十三歳。從二秋田侍從・出雲侍從一營二建客殿・玄關・廚一未レ終二造作一。五十歳。任二大僧都一。五十一歳。移二津梁（樂カ）院一

○四世純昌。野之上州甘羅郡之產也。姓ハ源氏。大嶋出雲久吉ノ末葉。父ハ大嶋助兵衞 佐竹大膳大夫家臣。知行五百石 母ハ多賀谷氏。十四歳。爲二二世長純弟子一而雉（薙カ）染。十五歳。加行護摩行レ之。十八歳。入壇灌頂。二十二歳。登二叡山一寓二住北谷龍珠院一。二十四歳。竪義勤レ之。同歳。蒙二安禪院住職命一。爲二

東漸院第五世宣英ノ附弟。二十五歳。下二關東一寓二住東漸院一。三十二歳。而亦登二山門北谷一。於二惣持房一勤二祕密灌頂一。三十六歳。正徳元辛卯年(一七一一)七月九日。蒙二當院住職ノ命一

等覺院開基俊海
第二世　宗海
第三世　宣海
第四世　須應(順カ)
第五世　忠俊
第六世　公觀
第七世　常然
第八世　最純
第九世　公然
第十世　覺同
第十一世　玄照

右年譜奉二准三宮一品大王命一雖レ考レ之多失二其傳一。只取二傳聞一二一記レ之而已
正徳三年(一七一三)歳次癸巳五月中五

等覺院紀年錄

○開基俊海。越後國産。爲二長尾輝虎之姪一。明德院兄也。

初住持州關山寶藏院。寬永年中承開山大師命入于山來。草建當院號等覺院。海遊歷之閒。凡所轉錫兼領寺宇若干。所謂越之後州國分寺。愛宕寶持院。信州戶隱山勸修院。下野國日光山淨土院・妙道院。上總國三途臺。其餘不暇縷擧。同二十年癸未(一六四三)。附院於弟子宗海。退隱越後國。正保三年丙戌(一六四六)正月二十有七日。於關山寶藏院歸寂。海住世閒。大師賜以青赤二衣云

○第二世宗海。越之前州。一向派。常光寺之息也。投俊海祝髮稟學。寬永年中承師附屬住持于院。兼信州戶隱山主務。號普光院。後爲飛鳥井雅章卿猶子號圓德院(梶井宮院室)元祿四年辛未(一六九一)四月十八日。戶隱山示寂

○第三世宣海。越後國人。父鯰江氏。從俊海雉(薙カ)染。與宗海爲法門兄弟也。後補宗海跡一住于當院。兼領越後國關山寶藏院。萬治二年己亥(一六五九)。因津梁院本好遺囑。蒙尊敬親王命轉錫彼院。貞享元年(一六八四)七月三日入寂

○第四世順應。水無瀨宰相氏成卿之息也。蒙守澄親王命住于此院。賜覺樹院號。帶羽州羽黑山主務。其餘行狀未悉詳

○第五世忠俊。常陸國行方郡產。父藤原氏。本爲覺成院開祖也(行狀委如彼院之記)後辭彼院退居後園。雖然檀越歸仰敦厚不乏財帛(酒井雅樂頭忠清送退居資具)寬文四年(一六六四)。尊敬親王命。俊令住當院。于時院無檀越資糧乏少。俊常與檀越忠清憂慮此事。寬文十二年壬子春。忠淸與舍弟日向守忠能告之。大井新右衛門尉以議于備前大守伊豫守綱政。此時綱政於當山未有寄托寺。乃幸其言遂爲當院檀越。約寄十口糧(由是大井氏亦爲檀越也)延寶四年(二カ)(一六七四)甲寅春。蒙兼領江戶崎神宮寺之命。同八年庚申。以寺院密邇大樹廟。轉賜寺地於谷中(寺院本在嚴有院殿二天門地。今門前井乃是常院舊井。阿部四郞五郞。大久保甚右衛門尉。司其事。轉寺院於今地。賜料金百八十兩)於是同年冬。松平伊豫守相共勠力修造寺宇。天和元年辛酉(一六八一)春。附院公觀。退居號慈觀院。同多十月四日寂。春秋七十有四歲。葬于覺成院。後贈大僧正。慈海爲導師。闔山諷經回向。俊生平修光明眞言祕法以爲日課。及讀誦法華至四千五百餘部

○第六世公觀(後改公寬)下野國宇都宮產。九歲登山。師事忠

俊。十五歳雉(薙カ)髪。久遠壽院准三宮爲二剃度師一。山徒二十餘口。爲レ之證明。魚山南坊憲眞唱レ唄。十六歳。從二凌雲院周海一受二四度三部大阿闍梨職位一。天和元年(一六八一)辛酉冬。蒙二天眞大王命一。住二持于院一輔二翼師跡一。同三年癸戌(亥カ)。檀越綱政增二十口糧一爲二二百石一。元祿五年(一六九二)。退二居上野國一。元祿十三年庚辰。蒙二一品大王嚴命一。住二于前橋龍藏寺一

○第七世常然。本住二下谷養玉院一。元祿五年(一六九二)冬十月。應二准三宮大王命一。轉二錫於當院一。同六年雪月八日。補二執當職一。賜二大圓覺院號一。轉二移護國院一。事實委如二彼院記一

○第八世最純(傳記缺)

○第九世公然(始號二公慶一)元祿七(五カ)年壬申四月二十七日。奉二一品法王命一住二持于院一。同十二年(一六九九)己卯四月。移二住寒松院一。事實委如二彼院記一

○第十世覺同。下野州產。姓藤原氏。從二日光山龍光院豪傳一剃度。從二當山養壽院惠觀一受二四度加行一。遊二歷諸國一者多年。後承二久遠壽院准三宮命一。登二山門一。看二守西谷覺林坊一(歷二五年一)於二行光坊一受二三部灌頂一。而后歸二于山一來。

蒙二准三宮命一。爲二勸學寮首座一。兼二領下總國八幡法漸寺一。元祿十一年(一六九八)戊寅。重蒙下住二持山門大興坊一(後改二巧安院一)命上。同十二年己卯四月。又奉レ命住二于當院一。同年所レ兼二法漸寺一。新造二彌陀像一(一尺五寸)爲レ殿。本尊及置二大日(弘法所作)藥師(行基所作)不動・地藏・觀音像一。同年。彌陀如來像(是像本爲二常行堂本尊一。大王命賜)及天台・傳教像各安二置院客殿一。同十三年庚辰。有レ命付二巧安院於弟子湛道一。同年登二山門一勤二大講堂竪者一。於二法曼院一受二大阿闍梨職位一。同年於二所帶八幡一立二華表一及寄二金五兩一永充二修造費一。明年辛巳。造二營鐘樓・仁王門及二力士像一。同十六年癸未十一月二十有九日。偶係二于災一院宇燒失。寶永二年(一七〇五)己(乙カ)酉。備前大守綱政。再營二寺宇一(客殿六門(閒カ)半九間。玄關三間七間。廚五間九間。御供所二間三間)同年修二八千枚護摩一。同三年三月十七日。寺宇復失火。同四年丁亥春。又復登二北嶺一。勤二修回峯一百日一(俗壽四十八歳時也)葛川六月會入寺。同年十月七日。從二飯室松禪院台俊一。傳二虛空藏求聞持法一。於二其院一修レ之。明年閏正月十二日結願。卽歸二當山一來。同年十月二日。蒙下明年六月。可レ修二慈惠大師祕密大法一之命上(此法非レハ命不レ能レ修。)

故今同奉レ命有二此擧一。信解院惠順。以二其言一令レ聞二知一山一同六年己丑六月。開二修大法一。同年秋。投二自財一建二院廚一五間十一間半同七年庚寅二月。有レ命移二于寒松院一彼院第七世。委在二彼院記一山門結界勸發。及西塔院勸學講。横川如法經料。葛川明王堂再建之募緣等。皆由レ同二之發起一也

○第十一世玄照。下野國產。爲二薗田秀房猶子一也。貞享(一六八六)三年丙寅三月。九歲登山。師二事一乘院圓雄一。元祿(一六九一)四年辛未五月二十四日得度。覺王院最純爲二剃度師一。同五年壬申。從二福聚院智英一受二四度加行一。同九年丙子。登二山門一寓二止飯室谷一。同十年丁丑春。歸二東武一來。同十三年庚辰。復登二山門一寓二居東塔北谷一。同年九月。於二惣持坊室一從二善學院子曉一受二三部灌頂一。從二惣持坊智湛一受二論(瑜カ)祇祕密灌頂一。同十五年壬午七月九日春。一品法王。命住二持無動寺寶生院一。是歲修二不動明王立印祕軌一七百座畢。冬十月。逮二圓雄ノ寂一。東武來寓止之閒。爲二追福一修二八千枚護摩供一此法爲二追福一修者。往往在二舊記一由レ是今亦修レ之同十六年癸未春。還登二山門一。勤二北嶺回峯一百日一。同年六月會。葛川入寺。同年十月。有レ命下山。奉二仕大王御所一役客將依レ命改二號明德院一。寶永(一七〇四)元年甲申十一月初一日。始行二歡喜天供一從二最純一傳レ之同二年乙酉二月二十七日。常憲院尊君入二御本院一之時。應二大王命一與二蓮光院廣海一二人咫二尺御座一。連聲加二持君體一裝束。淨衣。結袈裟同四年丁亥八月。聖天供。一千日功畢。由レ是一七日浴油。同六年己丑八月。立印一千座功畢。修二八千枚護摩供一。同七年庚寅二月二十八日。奉二大王命一住二持于院一。同三月。於二開山堂一從二慈泉一受二諭(瑜カ)祇第五灌頂一。及傳二私記一。同四月。從二覺同一傳二慈惠大師祕密供一。一百日精二修之一是法道場及道具等不レ通二餘尊一故。拜二借御所道場一以終二其功一同年十月十一日。檀越備前大守伊豫守綱政。重營二建寺宇一宇(客カ)殿七間九間。玄關三間五間半。御供所二間三間極月十日落成。正德(一七一一)改元二月。奉レ命登二山門一。修二造所兼明德院一客殿五間八間。祕密供道場二間(四カ)面。御供所一間半三間。虛空藏求聞持堂二間半四面。御供所一丈一尺三間同年六月會。葛川入寺。七月十七日。重修二祕密供一百日一。十月於二法曼院一受二三部大阿闍梨職位一。極月二十五日。從二松禪院台俊一傳二虛空藏菩薩求聞持法一修。同二年壬辰二月二日。終二其功一。同月彫二刻慈惠大師像一二尺五寸寄二附備前岡山

圓務院一。大守綱政。一拜二聖像一歸敬深而。毎月三日。所領國內。禁二斷殺生一。爲レ業者。與二其日糧一。還二東武一來。備前大守爲二家運永昌一。喜二捨大藏經一藏一。同年十月。一位尼公。於二院內一造二建護摩堂一（三間五間幷御供所二間半八間）以祈二將軍家續（繼カ）公高運永久一。同三年癸巳四月八日。至二同月二十有九日一。開二修如法經一。傳二備前國一。銘二金山觀音寺儀則一

東漸　靑龍［朱］十二　顯性［朱］二十
現龍［朱］二十三　眞如［朱］二十九

東叡山歴記

修禪［朱］三十五　壽昌［朱］四十一　吉祥［朱］四十四
普門［朱］四十九　常照［朱］五十二

〔東漸院〕

○東漸院始祖宣祐行狀

先師權僧正法印ハ周防州人也。州之大守輝元卿（號毛利右馬頭）之家臣。日向守多多良ノ景範（法名玄隆）第三ノ子也。父有テレ事死シ。昆弟仳離。師幼シテ而不レ羈。深思フ二脱屣ヲ一。遂ニ投シテ二于州之氷上山聖智院ノ法印源康ニ一削染出家ス矣。早ク上テ二台嶺一トム二居ヲ於本院ノ東塔ニ一也。師天性聰敏テ才辯雋徹ス。最モ長セリ二論義一。時ニ有二北澗蓮華院ノ憲海トイフモノ一。與レ師齊シレ聲交情忘レ形ヲ。台徒呼テ曰二東北二龍ト一也。師嘗テ罹テ二夙病ニ一周シ二于七載一學葉（業カ）總テ廢ス焉。而海カ學日進也（受二覺運傳來ノ脈譜ヲ於實憲ニ一。爲二檀那一流ノ列祖ト一。後移二紀陽東照宮別當ニ一。任二僧正ニ一。退去シテ名二一陰ト一也）師謂ク多病與レ歲積テ學山難レ攀。原以眞俗不二。吾カ宗ノ常談也。以二世諦ヲ一入ニ眞諦ニ一又可也。于レ時慈眼大師大ニ興二祖風ヲ一。幾冠タリ二諸宗ニ一。爲リ二皇帝之護持ト一。爲二將軍之師範ト一。可レ謂閒世之偉人。玄門之權化也ト。後水尾ノ帝。寬永之初。扶テ二錫ヲ於東叡ニ一徒トシ二事フ大師ニ一。大師常ニ示誡シテ曰ク。吾カ滅後莫レ下汝敢テ受二他ノ請ヲ一而徙ルコトヲ中於別山ニ上。吾レ須クシレ護ス汝カ生計ヲ於泉下ニ一。欲二利レ物ノ興レ法者ハ。先撰二居處ヲ一必莫レハレ去コトレ此ヲ矣。大師滅後。正保ノ初水戸黄門源ノ賴房卿。將スニ請シテレ師ヲ補ント二如日山東照宮ノ別當ニ一。師憶テ二大師ノ遺命ヲ一確乎トシテ不レ起タ焉。樂ミレ貧ヲ養レ志。屏ニ居ルコト於東叡本院ノ傍舍ニ有リレ年二于茲ニ一。先レ是ヨリ大樹家光公。召ニ毘沙門堂前大僧正公海及ヒ法弟等ヲ於營中ニ一。計ニ問タマフ大師沒後之事ヲ一。時ニ師應ス二其命ニ一也。又當テ二大師三周ノ忌月ニ一。大樹詣ニ二于東叡ノ影堂ニ一。尋テ入ニ本院ニ一謁二公海ニ一。次ニ召二門弟等ヲ一恩賜有レ差。師復其一リ也。慶安二（一六四九）年己（丑カ）也。公海等之門生。上テ表ヲ奉ルレ賀ヲ於去年賜フ二慈眼大師之追謚ヲ一。師居ス二其第四位ニ一也。同年水谷伊勢守源勝隆（先主タリ二野州下館城ニ一。後ニ移二備中松山之城ニ一）營ニ小院ヲ於本院ノ東隣ニ一而寄ニ齊糧一百石ヲ一。將レ師ヲ初祖トシテ。師素ヨリ欲ニ東遊シテ而興ント法ヲ。因テ目レ院曰ニ東漸ト一也。又公海繼テ二大師之遺志ヲ一。恆ニ厚ク惠ニ乎師ヲ一。所以ニ同稔令レ兼二領越之後州。藏王ノ別當ヲ一。同四年。奉テ二台命ヲ一居ス二于大猷院ノ別當職ニ一。宦（租カ）祖一千三百七十石ヲ。永充ツ二供料ニ一。於添ニ造ス院宇ヲ一。而降タ修營全爲ル二官家之務ト一

矣。又山西十餘町外。割四至數百步之林畔(俗曰千駄木林)供薪柴也。承應初。青山因幡守藤宗俊(先主信州小室城。後移遠州濱松城)私附食糧五十石於東漸以爲檀信。同年防長二州之主。大江綱廣(後敍拾遺號大膳大夫)創建圓珠院(今嚴有院之廟地是也)請師爲初祖(附百石)同年。大比丘尼壽盛(大猷院之侍女。俗名ハ彥子。法號理性院)爲報先君洪恩。方歸天台宗。改曹洞宗大保福寺爲東叡末山。請師爲始祖。且奉安大猷院靈牌。以師爲入佛供養導師。同二年十二月十日。詔任大僧都。明歷(暦カ)元年(一六五五)乙未春二月。遂三部都法灌頂。時一品大王尊敬(後改守澄)前大僧正公海。臨鑑三昧耶戒場。又松平伊豆守源信綱(主川越城。時預天下之政事)納黄金三十兩以充戒供。萬治初補輪王寺院室。乃賜新號曰眞光院。蓋此室自師始也。同年三月。大樹家綱公。命凌雲院僧正周海。實成院胤海(後與師同時任權僧正也)暨師便(使カ)監紏於圓覺院諶泰(後兼千妙寺改亮傳。贈任權僧正)住心院實俊(後任山門執行探題。兼領和州談山學頭。轉任僧正)知事職之是非矣。寬文元年(一六六一)八月五日。擢權僧正(將軍家先執奏于京師。沒後達叡聞。然用存日賜宣故同現官)先茲萬治二年(一六五九)冬。師罹沈病。大樹命宣醫法印宗格(號吉田意安)針醫法眼道熙(號山本友仙)令加針藥。病速愈也。此寬文元年(一六六一)秋七月。又示微疾。嘗謂門弟子曰。吾病不可治。無敢勞醫術矣。事達台聽。更命宗格・道熙令施治術。師曰。吾雖不思病痊。豈忤台命乎。於是兩醫日夕就房不看他病。然針藥共無功。而台命及於他醫。師固辭焉。源信綱素傾信師。屢來問病。又令家士日記飲食增減。病質安否。厚情若弟徒。同八月二日。信綱又來訪。諶泰・實俊亦相從。師自病發已後未嘗倚臥狀(牀カ)。故出對於客院。信譚以淸。遺告實善。信綱使兩知事而能聞之。是以沒後事不差師意矣。一品大王。數枉駕而問勞。毘沙門堂大僧正。日夜來看病。仍使家令松田正純常在院時告可否。紀州權大納言源賴宣卿。遺(遣カ)家臣藤了二(花山院安忠公之弟。公海之俗舅。而師舊知也)日日溫問焉。一日使豫記葬地建牌及沒後事。自印紙尾。且呼宣海(上足二祖)長淸(元光之始祖。師之法侶)附前件之記。既而招外座客揖謝年月音問。又

召テ二供給ノ輩一ヲ尉二辭ス夙夜勒勞(勤カ)一ヲ。有レ頃黜二去テ俗一ニ視テ二一僧一ヲ問二漏刻一ヲ。曰ク。正ニ向レフト午ニ。卽厥(蹷カ)是然シテ而起テ到二俗(浴カ)室一ニ。澡浴。更衣。還坐シテ陰レ几ニ。面西合掌。寂然トシテ化ス矣。春秋六十有六。夏臘五十三。實ニ寛文元年辛丑後八月七日也。同夜葬二ル院北ノ林丘一ニ焉

古來吾山ノ寺主示寂ノ時。請二高僧一ヲ爲二引導ノ儀一ヲ。於レ是門弟子等。請二僧正周海一ヲ爲二ントス引導ノ師一ト。海曰。吁吾カ小德豈堪レンヤ接二引スルニ於師ノ冥福一ヲ乎。因テ率二大衆一ヲ來テ。燒香回向耳（山僧入寂。大衆惣回向始二於此一ニ）師臨終ノ正相流二傳シテ人口一ニ。而終爲二和書ニ所レ載（題二上野物語一ト。未レ詳二作者一也）昔日見聞ノ緇素。今復多シ焉。豈爲二ンヤ虛記一耶。畫工法眼狩野永眞。曾テ歸二仰ス師一ニ。能憶二生客一ヲ。焚レ香ヲ圖レシテ眞ヲ。以爲二之カ功德一。一品大王贈レ經ヲ資レク福ヲ。毘沙門堂大僧正。詣二于影前一ニ燃香諷經ス。又當時元老羽林次將源忠勝（若狹國主酒井讚岐守。退職入道シテ號二空印一也）造二牌前一ニ爇(燒カ)香作禮シ。更ニ恨テ二窮老之殘生一ヲ。悲泣吞レ聲ヲ。且其舊緣ノ高家檀信ノ貴戚來テ弔追慕者。爲レ不レ少焉。源信綱特ニ設二リ中陰嚫一ヲ矣。先レ是明歷(曆カ)ノ夏日。信綱延二師ヲ樓上一ニ清二話シ涼風一ニ。

少クシテ焉謂レ師曰。天台ノ教法。俗諦常住之說。吾レ可二得テ而聞一乎。師卽諳二誦シテ法華體玄義ノ中一ヲ。略二述仕レ君利レ民之世道。卽是歸レ妙入レ法ニ之直路ナルコトヲ一。信綱本ヨリ雖レ不レ依二佛學一ニ。天資聰明ニシテ事理貫通ス。而疑滯氷ノコトク釋ク。明慧火ノコトク揚。是以歸重益甚シ矣。師之爲レルヤ人也。朴略ニシテ不レ飾二言行一ヲ。闊大シテ不レ省二毀譽一ヲ。惟愛シテ二性直一ヲ而不レ捨二愚蠢一ヲ。每レニ日入二本院一ニ勵ス二親王之學一ヲ。親王預メ令三人ヲシテ告二師ノ到一ルヲ。乃端シ客(容カ)ヲ嚴色談論。久シテ之無レ倦コト。善哉。親王敬二持於師一。似三於彼君子ノ得ルニ二其人一ヲ與。衆人所二服從スル一可二推シ而知一焉。嗚呼師有二一癖一也。坐ハ則就レ睡二時發二スル鼾聲一ヲ。然トモ座中ノ談事。睡中ニ能聞ク。曾有リ二儒生堤清玄トイフモノ一。冬夜師召テ使三之ヲシテ讀二史記一ヲ。素黑悉コト對レ書ニ聽ク。現龍院ノ主公雄（後神(補カ)ン二知事職一ニ。轉二圓覺院ノ室一ニ）等在二其次ナミ一ニ。師獨リ背レ書靠テレ案眠ル。及テ二講終ルニ一稍カニ覺ム。然シテ評二ス其所一ヲ讀。物名文科宛モ如二シ向テレ書誂(說カ)一カ。非レハ二宿殖(因カ)之力一ニ胡爲至レンヤ是乎。公雄今故ナヲ現在ス。每ニ語テ奇トスレ之。師專事トス二于營緝一ヲ。東漸最爲二其先一ト。凡ソ自二佛閣・書院ノ甲觀一。至二食堂・浴室ノ小

宇一。又佛像經卷。法貝世器。即今所レ有物。無レ不レ有二師功一。尚有二其餘一。致二之於圓珠・保福一而爲二什物一。加旃。四圍之竹林。師乎(手カ)自植レ之。終爲二屛壁之備一。嗟夫自レ今而後居二職於此一者。不レ可レ不レ思二其功一。故記レ之以傳二後世一

時元祿二年(一六八九)龍集己巳仲秋七日

不肖弟子權僧正宣存謹記

○東漸二世宣海年譜

野之下州產也。俗性(姓カ)岡本氏。童名伊勢千代。十二歲之時。童俗而住二持日光山南照院一。十三歲。慈眼大師爲二戒師一剃髮。十四歲加行。十八歲。從(徙カ)二比叡山常智院一竪義。灌頂。學業等勤レ之。癖二詩文一。二十五歲。爲二當院開基宣祐僧正附弟一。三十五歲。從(徙カ)二東叡山圓珠院一。四十一歲。從(徙カ)二東漸院一。五十一歲。臥二病狀(牀カ)一寂。維時寬文十二(一六七二)龍集壬子二月十有七日

○東漸三世宣存年譜

野之上州群馬郡西嶋縣人也。父母共二姓源氏。慶安四年(一六五一)辛卯冬十二月。入二于東叡山東漸一師二事宣祐一。承應二年(一六五三)六月二日。薙髮得度。毘沙門堂前大僧正公海爲二戒師一。寬文元年(一六六一)移二圓珠院一。明年三月。登二台嶽一而籠山。若學殆一紀也(此閒居二住於北谷敎王坊一)寬文十二年。奉二台命一從(徙カ)二東漸院一。同二十八日。見二大樹一奉レ謝二別當職之命一。住院一紀中。宦家新二造護摩堂一。造二替內院外舍一。附二佛像法器一非レ無二其功一(具有二什物記一)天和二年(一六八二)六月二十八日。任二知事職一。別當・知事。兩職難レ兼。還移二居于圓珠院一。同十二月。補二輪王寺之院室一賜二新號一曰二傳法心院一。存此室之爲二初祖一。同二十八日。入二營中一見二大樹一謝二院室任補之賀一。同三年二月二十五日。任二大僧都一。貞享元年(一六八四)。兼二領越之後州藏王別當一。三年十一月。辭レ職以レ病。元祿元年(一六八八)十二月十日。奉二台命一補二紅葉山別當職一。同二十八日。入二營中一奉レ謝二別當職恩命一。同二十四日。奉下敍二權僧正一之台命上。同二十八日。見二大樹一申二轉任之賀一。元祿三年十月。奉二台命一移二于淺草寺一

○東漸四世宣純年譜

武州豊嶋郡産也。父杉田氏。母ハ嶋田姓。七歳ニシテ來ニ東漸院一師ニ宣祐僧正一。十一歳薙髪。十三歳ニシテ加行護摩勤(勤カ)レ之。十五(丁歳カ)受者勤(勤カ)。二十二歳。住ニ職山門龍珠院一。二十四歳ニシテ竪義勤(勤カ)。二十六歳。大阿闍梨灌頂勤(勤カ)。三十(丁歳カ)住ニ持東叡圓珠院一。四十歳。東漸院從(徙カ)リ。五十九歳懷レ病自知ニ死至一ル。著ニ袈裟一ヲ禮ニ彌陀佛一。燒香念佛。終坐亡ス矣。時元祿十一年(一六九八)次戊寅五月九日

○東漸五世宣英年譜

武州江府産也。俗姓久我氏。師ニシテ大僧都宣海一。十五歳薙髪。爲ニ久遠壽院准后公海戒師一ト。本照院二品親王守澄明而入御。十六歳。加行護摩勤(勤カ)レ之。十七歳。爲ニ普門院秀海之附弟一。自ニ二十三歳一至ニ二十八歳一。負笈登ニ山門東塔西谷一竪義等勤(勤カ)レ之。三十三歳。住ニ持普門院一。開基秀海之次也。三十五歳。住持灌頂勤(勤カ)レ之。白銀百枚(枚カ)。松平淡路守綱矩賜レ之。四十九歳夏。從(徙カ)ニ東漸院一。同年晩秋。寺院回祿。五十歳春。寺院御建立。同年。任ニ大僧都一ニ。六十歳。寺院亦類燒。六十一歳。寺御建立

青龍院歴代住持記

○當院開基亮盛。姓ハ米津氏。三州ノ産也。比叡山西塔行榮房盛圓ノ（圓ハ米津小太夫政信ノ子ナリ。三州上條邑。神光寺ノ開基ナリ）弟子也。幼ヨリ圓ニ從テ叡山ニ登リ薙髪シ。假名ヲ左京ト號ス。即チ同院ノ碩學正觀院舜能ニ（後東塔正覺院ニ移テ豪慶僧正ト稱ス）隨仕シテ學フ。年戒稍高フシテ柳上房ト號ス。寛永四年(一六二七)丁卯。遂ニ東武ニ下テ當山ニ住シ。慈眼大師ニ奉事シ。久シク御城御使役ヲツトム。同八年辛午(未カ)。師兄行榮房豪圓卒ス。乃チ大師ノ命ニ依テ行榮房ノ席ヲ繼ク。同十七年庚辰。大師ノ命ヲ奉テ。三州瀧山寺ヲ領ス。此ノ時始テ青龍院ノ號ヲ賜フ（ナヲ行榮房ヲ兼帶ス。後弟子覺雄ニ付屬ス）然ルニ瀧山寺ハ古跡ニシテ藥師佛ノ靈像アリ。右(古カ)ヘハ供料ノ御朱印アリト云ヘトモ紛失ス。盛コレヲ歎コト久シ。依テコレヲ公府ニ請ヒ訴フ。幸ヒニ大猷院殿ノ台聽ニ達シ。使(便カ)チ命有テ。同十八年辛巳九月二十七日。大猷公。三州瀧山寺領。四百十貳石ノ御朱印ヲ賜フ。盛新ニ是ヲ頂戴(戴カ)ス。正保元年(一六四四)甲申。安藝少將源光晟ハ兼テ盛ト檀越ノ契リアリ。コレニ因テ

當院ヲ建テンコトヲ請ヲ。則少將ソノ請コトヲ許諾シ。當院ヲ造營シ。且ツ寺領二百石ヲ寄セラル。卽光晟藝州ニ於テ。永代二百石寄附スルノ判物ヲ賜ヒ。今ニアリ（此時當山配當料。十五石アリ。後五石加増有テ二十石トナル）同年。大猷院殿ノ昵近。中根壹岐守正盛ト縁者ナリ。ヨツテ正盛ヲシテ言上シ奉ルハ。三州御當家御代代ノ御本國ナリ。然ニ未タ國中ニ東照宮ノ御勸請ノ事アラズ。幸ヒ瀧山寺ハ役ノ優婆塞創業ノ地ニシテ。殊ニ藥師佛ノ靈場アリ。仰キ願クハ。彼地ニ東照宮ノ造營成シメン事ヲ奉請ス。正盛乃チ上聞ニ達ス。大猷院殿。速ニ其請ヲ免許シ。乃チ造營ノ命アツテ。正保三年丙戌。瀧山寺ニ於テ東照宮ノ別廟新ニ成ル。且ツ社領貳百石新加アリ（舊ニ合テ六百十貳石トナル）是ノ時諸堂等。始テ修理アリ。同年冬十二月十七日。盛ヲ御城へ召テ。大猷院殿御前ニ於テ。瀧山寺領四百十二石。社領新加貳百石。合テ六百十二石ノ御判物賜ヒ。今年ヨリ毎年彼地ニ至テ。イヨイヨ天下安全ヲ祈ルベシト嚴命アツテ。御菓子ヲ賜ヒ。乃チ三州上下往來人馬ノ御朱印。幷ニ呉服・黃金等ヲ賜フ。是ヨリ毎年極月彼地ニ至テ。正月元旦ヨリ

十七日迄テ。天下安全之祈ル。コノ時。久遠壽院准三后。盛ハコレ瀧山寺ノ中興ノ祖ト御稱歎ノ仰ヲ蒙ル（コレニ依テ盛ヲ）瀧山寺中興。寛永年中。安藝少將光晟。管內ニ東照宮ヲ營セン事ヲ公府ニ請フ。則台聽ニ達シ。同十九年（一六四二）壬午八月二十七日。大猷院殿。造營ノ命アツテ。慶安元年（一六四八）戊子七月。藝州廣島ニ東照宮造營成ル。御神體開眼ノ事ヲ。久遠壽院准三后ニ請テ成ル。コノ時。盛。久遠壽院准三后ノ命ニヨツテ彼地ニ赴キ。遷宮供養ノ導師ヲ勒（勤カ）ム。ナヲ山門ヨリ衆僧ヲ請ス。道中御神體供奉スルナリ。慶安三年庚寅。筑前大守從四位下行源朝臣忠之。管中ニ東照宮造營セン事ヲ公府ニ請トキ。大猷院殿ノ上聞ニ達シ。速ニ公許ヲ蒙リ。同五年壬辰。筑前國福岡ニ東照宮ノ別廟成ル時。亦盛。久遠壽院准三后ノ命ヲ承テ。彼地ニ赴キ。遷宮供養ノ導師ヲ勒（勤カ）ム。同年秋八月二十四日。久遠壽院准三后ノ命ニ依テ。大僧都ニ轉任シ。且ツ妙法院堯然親王ノ院室寂場院ヲ賜フ。承應（一六五二）改元ノ冬。自房ニ於テ法曼流祕密灌頂大阿闍梨位ヲ受ク（是ノ時大檀那藝州大守光晟。灌頂ノ資トシテ白銀百牧（枚カ）ヲ賜フ）明曆二年（一六五六）丙申。當山黑門前廣

小路。薬師別當東福寺ヲ今麻布ニアリ兼領ス。ノチ弟子晃雄ニ付屬ス。萬治二年(一六五九)己亥冬十月九日示寂ス。壽五十有七。寺ノ東北ノ隅ニ葬リ。塔ヲ建ツ

○第二世大僧都法印亮甚。姓ハ米津氏。三州ノ産也。開基亮盛ノ弟子ナリ。幼ヨリ盛師ニ從ヒ。慶安四年(一六五一)辛卯十四歳比叡山ニ登リ。西塔南谷行營(榮カ)坊ニ於テ薙髪也。假名ヲ大貳ト號ス。正觀院祐存ヲ戒師トス後移ニ東塔正覺院ニ。稱ニ大僧正亮觀一 承應二年(一六五三)癸巳。東塔西谷行光房ニ於テ。三部ノ密灌ヲ受ク。明暦三年(一六五七)丁酉。西塔南谷ノ初講ヲツトム。萬治元年(一六五八)戊戌。遂ニ東武ニ下リ。當院ニ居テ盛師ニ随侍ス。同二年己亥ノ春。盛師予ニ青龍院ノ稱號ヲ屬セント欲シ應安年中。盛師寂場院ノ室ヲ賜ニ依テナリ 執當寒松院純海。常照院實俊ニ請テ。本照院一品大王ノ高聽ニ達シ。卽免許ヲ蒙リ青龍院ト號ス。同年。叡山ニ登リ。法華會ノ竪者ヲ勒(勤カ)ム。九月中旬ヨリ盛師俄ニ病痾嬰ル。コレニ依テ叡山ヨリ急ニ歸リ。盛師ヲ看病ス。師ノ病愈ヘス。同年冬十月九日終ニ寂ス。則本照院一品大王ノ嚴命ヲ蒙リ。師席ヲ續キ。及ヒ三州瀧山寺ヲ兼領ス。寛文五年(一六六五)乙巳七月十一日。嚴有院殿ノ三州瀧山寺領ノ御朱印ヲ頂載(戴カ)ス。同十一年辛亥。三州瀧山寺。東照宮及ヒ諸堂學頭ノ院宇等盡ク破壞ニ及フ。依テ修覆ノ事ヲ始テ公府ニ請フトキ。速ニ許可アツテ同年ノ秋七月事始リ。同九月中旬造畢ス。同九月十七日。正遷宮アリ。コノ時將軍家ノ御名代。水野監物忠善登山 延寶年中。奥州二本松ノ城主。丹羽若狹守長次。兼テ檀越ノ契アルニ依テ資糧百石ヲ寄ス。天和元辛酉年(一六八一)。解脱院一品大王ノ命ニヨツテ。御城御使役ヲツトム。貞享三(二カ)年乙丑六月十一日。常憲院殿。三州瀧山寺領御朱印頂載(戴カ)ス。元祿元(一六八八)年戊辰。自房ニヲヒテ法曼流祕密灌頂阿闍梨職位ヲ受ク此時大檀主。藝州ノ大守綱長ヨリ白銀百牧(枚カ)ヲ賜フ 同五壬申年五月。准三后一品大王ノ嚴命ニヨツテ。大僧都ニ轉任ス。同十年丁丑。三州瀧山寺。東照宮及諸堂等悉ク破壞ス。依テ又修覆ノ事ヲ公府ニ請フ。卽免許ヲ蒙リ。同年九月十九日事始リ。同十二月十三日造畢。同十七日正遷宮將軍家ノ御名代トシテ大澤越中守基敎登山 同十一年戊寅九月六日。江都市中ヨリ火災起リ。餘炎當山ニ至リ。當院モ回祿ス。ヨツテ寺造立ノ事ヲ。檀主松平安藝守侍從綱長

ニ請フ。則檀主速ニ其請ヲ許諾シ。同十三年庚辰四月。院宇悉造營成ル。寶永五年(一七〇八)戊子春閏正月二十日。准三后一品大王嚴命ヲ下シ。寂場院ノ室ヲ賜ル。正徳元年(一七一一)辛卯冬。當院ヲ弟子亮純ニ附屬セント欲シ。執當信解院惠順。惠恩院惠潤ニ請フ。則准三后一品大王ノ高聽ニ達シ。速ニ免許アツテ。當院ヲ弟子亮純ニ附屬ス

○第三世亮純。初ハ最祐ト名ク。後亮純ト改ム。武州下谷ノ產ナリ。米津氏。梅干助盛直ノ猶子。第二世亮甚ノ弟子ナリ。幼ヨリ師ニ從ヒ。常ニ奉事ス。元祿五(一六九二)壬申年六月四日。當院ニ於テ薙髮シ。假名ヲ左京ト號ス。戒師ハ覺王院大僧正最純ナリ。同十三年庚辰ノ秋七月。比叡山ニ登リ。西塔眞藏院玄海(後チ同院北谷正觀院へ移ル)隨仕シテ學ス。同年九月。東塔北谷惣持坊ニ於テ。三部ノ密灌ヲ受ク。同年冬十月。法華會ノ竪者ヲ勤ム(勤カ)。同十四年辛巳七月。准三后一品大王ノ命ニ依テ。西塔行榮院ヲ住職ス。同年秋九月。正觀院ノ室ニ入テ。祕密灌頂大阿闍梨位ヲ遂ク。同十五年壬午春三月。江府ニ下テ當院ニ居シ。師ニ從ヒ絡(給カ)仕ス。正徳元年(一七一一)冬十二月七日。師ノ願ニ依テ准三后一品大王ノ許命ヲ蒙リ。師席ヲ續ク。及ヒ山門行榮院ヲ兼領ス

顯性院歷代傳

○顯性院開基第一世上乘院權僧正珍祐。其ノ生國姓氏分明ナラス。尾張東照宮別當神宮寺ノ住持ナリ。尾州亞相義直卿。當院ヲ建立セラレ。僧正ヲ以テ開基トナシ。慶安元(一六四八)年。寺領五十石ヲ寄附セラル。僧正義直卿ノ爲ニ崇敬セラル。是ニ依テ同國野田ノ密藏院。山門ノ日增院ヲ再興シテ兼主タリ。新ニ日光日增院ヲ建立ス。其功少カラス。寬永二十(一六四三)癸未十月二十八日。神宮寺ニ於テ寂ス

○第二世大僧都信祐。開基珍祐ノ弟子ナリ。生國俗姓知レス。寬文六年(一六六六)。市谷自證院。元ト日蓮宗ナリシヲ。靈仙院殿ノ願ニ依テ天台宗ニ改メ。本照院ノ宮常院室ニナシテ信祐ヲ移住持セシメタマフ。延室(寶カ)元(一六七三)癸丑年二月十五日。自證院ニ於テ寂ス

○第三世權大僧都營(榮カ)祐。二世信祐ノ弟子ナリ。武州下谷

ノ人ナリ。姓氏知レス。寛文十年(一六七〇)。大納言光友卿。寺領三十石加增セラレ。都合八十石トナル。延寶六年(一六七八)戊午七月三日。當院ニ於テ寂ス

○第四世權大僧都宏祐。二世信祐ノ弟子ナリ。武州江戸ノ人ナリ。姓ハ石原氏。市谷自證院ニテ剃度シ。幼年ニシテ比叡山ニ登リ。東塔南谷龍城院ニ寓居シテ學道ス。二十五歳ニシテ當院ニ住持ス。元祿六年(一六九三)。黄門綱誠卿。寺領二十石加增セラレ。都合百石トナル。元祿九丙子年五月。病ニ罹ル。起タサルコトヲ知テ後事ヲ屬シ。臨終ヲ唱ヘ。正念ニシテ當院ニ於テ寂ス。年四十三ナリ。溫良質直。學ヲ好ミ義ヲ重ス。朋友ノ爲ニ惜マル

○第五世大僧都最妙。字ハ靈知。大僧正最純ノ弟子ナリ。野ノ下州阿蘇郡佐野ノ人ナリ。姓ハ奥澤氏。延寶五年(一六七七)。十四歳ニシテ日光山ニ登リ。日增院ニ寓居シ。同年九月十八日。御本房ニ於テ剃度ス。大御戒師。本照院宮一品守澄親王ナリ。同六年。十五歳ニシテ山門ニ登リ。此時大僧正最純。東塔南谷龍城院ノ住持タルニ依テ隨テ學道ス。天和二(一六八二)年。十九歳ニシテ龍城院ニ住持ス。貞享三年(一六八六)。二十三歳ニシテ叡(「東カ)山ニ來リ。津梁院ニ寓居シテ。老師最純ニ隨テ嚴有院殿靈廟ノ勤(勤カ)事ヲ代リ勤(勤カ)ム。老師執當職ニ補セラレテ紅葉山別當職ヲ仰付ラレ。淺草寺學頭ニ移テ住持ス。最妙モ亦隨持(侍カ)シテ離レス。院務ヲ輔ケ勤(勤カ)ム。元祿九年(一六九六)七月。三十三歳ニシテ當院ニ住持ス。四世宏祐。臨終ノ願ニ依テ。准后大王黄門綱誠卿ト議シタマヒテ命ヲ降シタマフ。同十一年六(「九月カ)日。寺回祿ス。此時中堂近キ寺。悉ク左麓ヘ移サル。當院モ其内ナリ。同十二年ノ春。黄門綱誠卿。財ヲ捨テ今ノ寺ヲ建ラル。御像幷ニ莊嚴ノ道具等悉ク寄附セラル。寶永六(一七〇九)年二月。御城御使役ヲ仰付ラル。正德三年(一七一三)二月八日。大僧都ニ任セラル。同年三月八日。執當職ニ補セラル。眞覺院ノ室ヲ賜ル

現龍院歷代傳

○現龍院開基。稻葉佐渡守政成。寛永五年(一六二八)戊辰九月十七日寂。天海大僧正。賜二現龍院輝宗道範ノ號一ヲ。塔ヲ建ニ院ノ

於前園ニ。自レ是號ニ現龍院一ト

○第一世權大僧都法印什譽。兼ニ主ル三途臺一ヲ。寛永十癸(一六三三)酉年四月七日寂。俗姓行業未ニタ考得一

○第二世權大僧都法印顯海。寛永十九壬午(一六四二)正月七日寂。俗姓行業未ニタ考得一。神田宗庭所レ盡(畫カ)スル東照權現ノ尊影。海護持スルコト年久シ。大樹家光公。或夜夢中ニ拜ニシタマフ是尊影一ヲ。覺テレ夢爲ニ奇異思一ヒ。乃命シテ奉レ請シ於城中ノ殿内一ニ。瞻禮シタマフニ容相巍巍タルコト夢中ニ不レ異。大樹歡喜シタマヒ布ニ施シタマフ顯海ニ白銀三千兩一ヲ。且ツ狩野探幽所ノ畫スル東照尊影賜レ之。海護持シ來テ奉レ安ニ護摩堂一ニ常祈ニ武運一ヲ。今所ノ安ニ置スル眞影是也。尊影讚。慈眼大師文言曰。陰陽不測。造化無爲。弘誓並(亞カ)佛。護國爲心。三國傳燈大僧正天海書

○第三世贈權僧正亮傳。權僧正名ハ諶泰。兼ニ主千妙寺一改テ號ニ亮傳一ト。俗姓ハ藤原氏。母ハ根岸氏。上野州那波郡ノ人ナリ。慶長十九甲寅(一六一四)年七月二十七日巳刻生ル。師ニ千妙寺僧正亮諶一ヲ出家ス。是年十一。寛永十四年(一六三七)。到ニテ東叡一ニ慈眼大師ノ爲ニ近仕一ト。正保二乙酉(一六四五)年。依ニテ大師ノ遺命一ニ住ニ持武州慈恩寺一ニ。慶安二己丑(一六四九)年。應シテニ大僧正公海ノ命一ニ移ニ住現龍院一ニ。承應二年(一六五三)。輪王大王命シテ編ニシム慈眼大師行業記一。寛文元辛丑(一六六一)年。大樹家綱公命シテ爲ニス執當一ト。輪王親王賜フ二圓學(覺カ)院號一ヲ。任ニ大僧都一。寛文二年。兼テ主ニ比叡山南谷歡喜院一ヲ。延寶元年(一六七三)。尊敬親王赴テ于帝都一ニ傳モ亦扈從フ。同ク八月六日。參内院參近ク拜シ龍顏一ヲ。且ツ賜ニ敕書ノ額一ヲ。乃大圓覺院(院衍カ)ノ三大字ナリ也。同四年秋。罹レ病。酒井雅樂頭忠清。稻葉美濃守正則。阿部播磨守正能。日日ニ馳使。或ハ自ラ來テ親ク問レ病。同中秋。自知テ醫藥無レ驗シ專稱ニ佛名一ヲ。同八月十七日。泊然シテ化ス。到ニ百ケ日一ニ賜フ權僧正贈官一ヲ。生年六十三。住コト當寺一ニ二十八年

○第四世權僧正名ニ公雄一ト。兼ニ帶シ黑子千妙寺一ヲ。改テ號ス亮研一ト。俗姓ハ成田ノ孫。父ハ中村氏。母ハ久久宇氏。武州崎(埼カ)玉郡ノ人ナリ。師ニ伯父慈因(恩カ)寺亮雄阿闍梨一ヲ出家ス。雄滅後復師ニ事フ亮傳一ニ。依ニテ守澄大王ノ命一ニ。住ニ持フ武州慈因(恩カ)寺一ニ。傳示寂之後移ニ現龍院一ニ。兼ニ帶ス慈因(恩カ)寺一ヲ。天和元年(一六八一)七月。天眞大王命シテ爲ニ執當一ト。賜フ圓覺院ノ號一ヲ。養ニ父ス千種前亞

相有維卿。貞享元年甲子(一六八四)。尸王命羽州羽黒山。同二月。王赴於洛陽。研亦扈從。參內院參近拜龍顏。同三年六月。詣於羽州羽黒山。元祿二己巳(一六八九)年。免執當職進權僧正兼主常州千妙寺。是年辭羽黒山。同四年。請王付現龍院於敬諶。移住千妙寺。同三年。紺紙以金泥書寫法華經。納千妙寺。且讀誦法華經一(「千カ)部。臨絡(終カ)之夕悉回向淨土。元祿四年冬。初染病。自知醫藥無驗。命終不久。乃屬後事於亮全。自是決心西方。六時(「稱カ)名念佛。七日七夜。至同年十二月晦日夜怡然而化。停龕七日。容色柔順如生。元祿五(「年カ)正月六日夜。荼毘三分其骨。塔現龍・千妙・慈因(恩カ)三處。生年六十六。弟子若干。各主寺院。

○第五世大僧都敬諶。俗姓礒田氏。母鷹谷氏。上州勢田郡人。師權僧正亮傳出家。住持比叡歡喜院。守澄大王命遷久能山德音院。尸東照宮別當職。元祿四辛未(一六九一)三月。辭久能山遷現龍院。元祿五年壬申十二月五日。有所以而詣信州善光寺。同十日午刻。開七重帳拜三國傳來彌陀三聖。諶誓願曰。我從今日盡未來際修持名號一萬遍。願以此功德群生俱生寶地。誓已馳發彼地還於東叡。元祿十年。重興現龍院。元祿十三年。兼主谷中感應寺。同十五年。賜功德院號。養父清閑寺大納言。同年六月二十四日寂。生年六十六

○第六世權大(「僧カ)都亮珍。俗姓藤原氏。父田村氏。武州忍人也。師敬諶。戒師本照院守澄親王出家。後住持比叡歡喜院。元祿十五年(一七〇二)秋。遷現龍院。寶永四丁(一七〇七)亥七月初日寂。生年四十四

○第七世權僧正名貫通。專誠院門人私諡也。俗姓中田氏。母鈴木氏。野州都賀縣栃木邑人。承應元年(一六五二)生。年甫十四。禮縣定願寺講貫闍梨出家。及長遊學四方。備嘗百苦。潛思教觀。求生淨土。元祿元年(一六八八)。始入東叡教黌。未幾領衆。講起信・金錍等書。連環不已。四年冬。應輪王大王命。兼董越

國分寺ヲ一。六年ノ秋。櫂(擢カ)テ住ニ養壽院ニ一。檀主松平越後侯。歸仰甚深シ。爲ニ捨テ二米百包ヲ一永ク充ツ二香積ニ一。寶永改元(一七〇四)ノ秋。王命シテ爲二執當一。賜フ二楞伽院ノ號ヲ一。申シテ二於公府ニ一任二大僧都ニ一。遷二修禪院ニ一。兼ニ(主カ)宗野州惣宗寺・羽州立石寺ヲ一。於レ是ニ請テレ王ニ付二國分寺ヲ於余ニ一。後辭ス二惣宗・立石兩寺ヲ一。王命シテ尸ムニ武城龍眼寺・羽州羽黑山ヲ一。闔衆拭トモレ目ヲ而不三以テ爲レ榮ト。常ニ思フ下爲テ二正法ノ金陽ト一副ンコトヲ中大王恩寵ニ上。四年ノ秋。遷リ二現龍院ニ一。是ノ年辭シテ二羽黑山ヲ一。六月免シテ二執當職ヲ一。進二權僧正ニ一。秋初テ深(染カ)ミレ疾ニ。至レ冬ニ甚革アリ。自ラ知テレ不レ起乃屬二後事ヲ一。自レ是決シ二心ヲ西邁ニ一。專稱二佛名ヲ一。至二十一月十六日夜ニ一怡然シテ而化。停コトレ龕三日。容色如シレ生ルカ。越テ十八日ノ夜荼毘ス。三ニ分シテ二其骨ヲ一塔ス二于現龍・國分・定願ノ三刹ニ一。壽五十九。臘四十六。凡所ノレ尸ル精舍無レ不ンニ修葺セ一。就レ中國分寺・現龍院ノ二刹重興一新ス。弟子若干。主ル二寺院ヲ一者多シ矣

○第八世權大僧都雄憲。俗姓ハ成田孫。父ハ久久宇氏。武州崎(埼カ)玉郡ノ人。師ニ伯父權僧正亮研ヲ一。戒ニ師トシ解脫院天眞親王ヲ一出家ス。元祿三(一六九〇)年年。住ニ持ス比叡金光院ニ一。於ニ正觀院ニ一爲ニ大阿闍梨ト一。元祿十二年十二月十二日。遷ニ東叡松林院ニ一。寶永七(一七一〇)寅年。重ニ興ス松林院ヲ一。七年ノ冬。遷ル二現龍院ニ一

東叡山眞如院歷代傳

○第一世釋豪倪。姓ハ藤氏。雲州ノ人。從テ二本列(州カ)鰐淵寺豪村ニ一（白(伯カ)州大山西樂院。僧正豪圓弟子。住ニ持和田房ニ一）出家シ。就テ二叡山東塔西谷日光院（今ハ云二放光院ト一）圓空ニ一受コトレ業有レ年（圓空。豪圓同門。學レ道）遂ニ領シテ二東谷雙嚴院ヲ一而從フ二慈眼大師ニ一。大師開クトキ二當山ヲ一也。紀州ノ亞相賴宣卿。建ニ法華堂ヲ一。又寬永三(一六二六)年丙寅。創メ二於一院ヲ一名テ曰二眞如ト一。使ニ倪ヲシテ居ラレ之ニ一。大師選テ二倪及晃海（最教院）ヲ一令レム掌ラ二一宗ノ事ヲ一。元和七(一六二一)年辛酉。賴宣卿。於ニ紀州和歌ノ浦ニ一建ニ東照宮ヲ一。創シテ二天曜寺ヲ一。十一月。大師往テレ彼ニ勸請シ。歸テ令ニ圓空ヲシテ掌ニ神事ヲ一（此依ニ倪カ推擧ニ一）寬永十七(一六四〇)年庚辰二月十日。圓空入滅ス（年六十四歲）十八年辛巳。令ニシ倪ヲシテ領セ二天曜寺ヲ一。二十年癸未四月十七日。任ス二權大僧都ニ一。慶安(正保カ)三年丙戌八月。本照院

一品親王（守澄）屬良家賜雲蓋院之稱。從此天曜寺爲常院室。慶安（正保カ）四年丁亥十一月四日。轉大僧都。承應二年（一六五三）癸巳二月二十三日。任權僧正。三州鳳來寺建東照宮。代大師勸請。及因州建宮。亦代久遠壽院准三后勸請。吉野山主實城寺。又比叡山雙嚴院。日光之遊城院。鰐淵之和田坊。毀舊新建。倪爲性眞正。希言語。多才能。善筆墨。丁大師入滅第三年。大猷公到影堂。酒井讚岐守。使人告倪。倪出迎入寺。賜白銀二百兩・時服五。倪患口疾。紀州亞相。親問病者。再毎日使侍臣問安否。大猷公恭下命令諸醫診治。承應三年甲午春。以當院及天曜寺讓于憲海（海ハ天曜寺二世圓空ノ甥）三月十一日子時示寂。春秋六十八。門人藏其全身於當院。後宗海。移廟於押隅。時延寶二年（一六七四）甲寅也

○第二世釋憲海。姓小野氏。讚州阿野郡。林田村人。生壹岐（「駒カ）守高俊之家臣。林田高次子。幼不瑟。九歳與伯父圓空。慈眼大師。丁東照神君去世第七年。剃度十人。意准十禪師也。海乃其一。時年十八。登比叡山。鑽仰有年。受法實憲。兼受法性寺圓頓戒。住持東塔北谷蓮華院。正保元年（一六四四）甲申七月。任權大僧都。及倪滅。以當院及天曜寺屬海。時承應三年（一六五四）甲午也。明暦元年（一六五五）乙未。又賜雲蓋院號。十月二十六日。任大僧都。萬治三年（一六六〇）庚子八月二十四日。任權僧正。先是本照院一品親王（守澄）毎夜微行。來問本宗問奥（門カ）。月餘而止。後附雙嚴院於宗海。附當院於敬海。自住天曜寺。亦讓宗海。號曰一陰。嗣法門人法印幸憲。大僧正堯憲。權僧正宗海等也。元祿五年（一六九二）四月二十一日。示寂紀州和歌山。年八十九

○第三世釋敬海。中川氏。紀州人。就久遠壽院准三后出家。住持比叡山恵光院。彼院頽廢。盡心復舊。任大僧都。後憲海屬當院。不幾寢病。故附於宗海。還於郷里。元祿七年（一六九四）十二月二十六日。示寂紀州和歌山

○第四世釋宗海。姓藤原氏。奥州會津若松人。其先入

江兵部少輔某。事越前朝倉氏。江州宇佐山戰死。其子陰上州前橋。號道尊。尊子曰休意。海乃意子也。意在會津生海。六歳隨伯父某至日光山。十一歳從豪俔剃落。後又至日光山司大猷院廟。後住比叡雙嚴院。才冠一時。辨首三塔。梶井二品親王（盛胤）從海稟學焉。寛文七年（一六六七）丁未來住當院。十二年壬子。任大僧都。爲日野大納言弘資卿猶子。其年住持天曜寺。亦號雲蓋院。延寶六年（一六七八）戊午十月晦日。任權僧正。元祿十五年（一七〇二）壬申（午カ）八月三日寂。年七十有二

○第五世釋宗順。姓藤氏。母源氏。武州荏厚（原カ）郡目黑庄人。其先事北條氏。曾祖清水越後守康昌（住六郷堀内領五百貫）有三女。皆嫁住于目黑（元ト安齊ノ黨。後改安藤ト。又改嶋村ト）。正保二年（一六四五）乙酉十一月三日卯刻生。二歳患疹疾幾死。父母禱不動明王而蘇。八歳喪父。十一歳母携與僧正生順。順曰。我年老矣。且有親里之縁以附宋順（宋順後改慈海）。雖然奉事二順有年。明暦三年（一六五七）丁酉正月。武城大火粟米太貴。加以生順寢病。時寺餘百口。是故使諸弟子隨縁分散。故宋（宗カ）順隨亮順住日光山。時年十三。其年三月二十八日。生順示寂。九月十四日。本照院一品親王爲落髪。十四歳修四度法。其年喪母。萬治三年（一六六〇）庚子。宋順讓護國院於亮順。隨來東叡山。寛文十六年（十ナシカ）丙午。登比叡。寛文七年（一六六七）丁未。受圓戒於僧正豪親。寛文十一年辛亥。宗海附於雙嚴院。寛文十二年壬子。敍法印和尚位。延寶元年（一六七三）癸丑九月。開三部密檀（壇カ）。爲大阿闍梨。後患目爲辭雙嚴院。亦來東叡。延寶三年乙卯二月十七日。得宗海之屬住持當院。不幾道（遁カ）院。元祿十七年（一七〇四）甲申正月二十四日逝。

○第六世釋慧順（缺文）

○第七世釋慧潤（缺文）

修禪院歴代記

○開基權僧正法印玄海

始メ山門寂光院ニ住シ。寛永ノ始メ來テ當院ヲ開（此時寺領十五石。後慶安年）

中加増有テ二十石トナル寺ヲ寂光院ト號ス。同七年(一六三〇)冬。常州江戸崎不動院ヲ兼ス。同十四丁丑年。當院及ヒ不動院ヲ辭シテ。下野國長沼宗光寺ニ移ル。同十八年辛巳十一月十三日。宗光寺ニ於テ坐化ス 壽六十四 其後慶安三(一六五〇)庚寅年。贈權僧正ニ任セラル

○第二世權大僧都法印尊陽

始メ山門習禪房ニ任。密乘ニ精フシテ。于レ時聲アリ。慈眼大師ノ命ニヨツテ。當山ニ下リ大師ニ奉事シ。寛永十四(一六三七)。當院ニ移リ。羽州立石寺ヲ兼ヌ。正保三(一六四六)丙戌年。羽州山形城主。松平大和守直基。永ク當院ノ檀越トナリ。知行二百石ヲ寄ス。是レ陽ノ功ナリ。當寺ヲ修禪院ト號スルコト。此時ニ始ル歟。承應二(一六五三)癸巳。若干ノ金ヲ喜捨シテ常夜燈ヲ北嶺西塔轉法輪堂ニ寄ス 石塔(燈カ)籠一基。銘ヲ刻テ堂前ニアリ 同七月十九日。當院ニ於テ逝ス 在位十七年 乃チ遺骸ヲ護國院ニ葬ル。墳墓今ニアリ

○第三世權大僧都法印尊信

生國ハ和州吉野ノ人。第二世尊陽ノ嫡弟ナリ。當院住職二十年ニシテ。寛文十二(一六七二)壬子年五月八日。和州吉野山ニ於テ寂

○第四世大僧都法印信宥

和州吉野人。第三世尊信ノ嫡弟。乃チ尊信ノ甥ナリ。後于愛岩(宕カ)山教學院ニ移リ。教學院ヲ辭シテ元祿二(一六八九)年己巳九月二十三日。京師ニ在テ終ル

○第五世權大僧都法印俊恆

生國加州人ナリ。州ノ西養寺ニ於テ薙髮ス。後チ當山ニ下リ。本院ニ仕ヘテ理教院ト號ス。而後當院ニ移ル。後山門ニ上テ當院ヲ辭ス。檀主大和守直知。俊恆ヲシテ荐リニ還住セシメント乞フ。守澄親王許シタマハズ。故ニ直基寄スル所ノ知行二百石ヲ戻テ離檀セント欲ス。時ニ僧正胤海コレヲ諫ム。仍テ離檀ヲ止ムト云ヘトモ。知行半減シテ百石ヲナス。俊恆終ニ歸ラズ。山門寶來(乘カ)院ヲ賜フテ住ス。延寶八(一六八〇)年庚申八月朔日。寶乘院ニ於テ卒ス

○第六世權大僧都法印仙祐

日光山龍光院第二世豪海ノ弟子ナリ。始メ下谷善養寺ニ住シ。而後當院ニ移ル。延寶八(一六八〇)年庚申六月十三日。當院ニ

於テ寂ス。遺骸ヲ善養ニ葬ル

○第七世前大僧正法印最純

野ノ下州佐野ノ縣ノ人ナリ。始メ山門龍城院ニ住シ。而後當院ニ移ル。天和三年（一六八三）癸亥十二月。津梁院ニ移ル。後チ執當職ノ命蒙リ。覺王院ノ室ヲ賜テ見明院ニ移。又護國院ニ移ル。在住四年ニシテ執當職ヲ辭シテ權僧正ニ任セラル。等覺院ニ移ル。後淺草寺ニ移テ正及大ニ轉ス。室（寶カ）永七年（一七一〇）庚寅二月十三日。淺艸寺ニ於テ化ス（壽七十八）具ニハ等覺院ノ記ノ如シ

○第八世權大僧都法印澄祐

第六世仙祐ニ隨テ染ス。幼シテ師ヲ喪テ第七世最純ニ從テ敎書ヲ學ス。後最純ノ付屬ヲ受テ。當院ニ住持スルコト十五年。而後元祿十年（一六九七）丁丑十一月。芝金剛院ニ於テ寂

○第九世大僧都法印慈航

當山一乘院第五世圓雄ノ弟子ナリ。元祿十年（一六九七）十一月二十日。當院住職ノ命ヲ蒙テ住ス。翌年七月六日。當院ヲ辭シテ一乘院ニ移リ。其後四谷自證院ニ移ル

○第十世大僧都法印慶海

始メ羽州山形寶光院ニ住ス。元祿十一（一六九八）戊寅年。當院住職ノ命ヲ蒙リ。在住七年ニシテ。寶永元年（一七〇四）甲申八月。福壽院ニ移ル。寶永六年己丑二月五日。常憲院殿。御別當職ノ命ヲ蒙リ。同二月十二日。大慈院ノ稱號ヲ賜テ。彼寺第一世トナル。具ニ大慈院ノ記ノ如シ。然ルニ當寺元ト山上ノ東南眞如院ノ前ニ在リ。元祿十一年（一六九八）戊寅ノ九月六日。市中ヨリ火災起リ。餘炎當山ニ及テ當院亦類燒ス。同年十一月。台命ニヨリ地ヲ山下ノ東南ニ移ス。同十三年庚辰八月。檀主大和守基知（此時奥州白川（河カ）ノ城タリ）院宇悉ク造建ス。今ノ寺地是ナリ

○第十一世權僧正法印貫通

始メ當山養壽院ニ住ス。寶永元年（一七〇四）甲申八月。執當職ノ命ヲ蒙リ。楞伽院ト室ヲ賜フテ。當院ニ移ル（在住四年）寶永四年丁亥八月十一日。現龍院ニ移リ住スルコト四年ニシテ。後寶永七年庚寅六月。執當職ヲ辭シテ。權僧正任セラル。同年十一月十六日。現龍院ニ於テ逝ス。具ニハ現龍院ノ記ノ如シ

○第十二世大僧都法印慧潤
始メ山門行光房ニ住ス。寶永四年（一七〇七）丁亥十二月十五日。當院ノ住職トナル。翌年八月二十五日。眞如院ニ移ル。同年十一月二十七日。執當職ノ命ヲ蒙リ。慧恩院ノ室ヲ賜フ。具ニハ眞如院ノ記ノ如シ

○第十三世權大僧都法印覺滇
生國ハ江州蒲生郡。馬淵ノ鄕。父ハ平井氏。母ハ小西氏ノ女ナリ。覺滇元ト山門東塔華王院專海（僧正胤海ノ弟子ナリ）ニ從テ剃度シ。後當山ニ下テ。寓居スルコト年有リ。元祿十一年（一六九八）戊寅二月六日。一品公辨親王。府中深大寺ヲ賜テ。彼寺六十三世ノ住持トナル（壽三十四）同年夏ヨリ同十四年ノ秋ニ至テ。深砂慈慧寺ノ諸堂。山王・白山等ノ社。各修補ヲ加ヘ。同十四年辛巳。佛頂一流ノ傳法灌頂ヲ執行フ。同十五年壬午秋ヨリ。翌年ノ秋ニ及テ。本堂（竪十二間横八間半）書院幷玄關等造替。本尊彌陀ノ三尊再興。及ヒ法器壯（荘カ）嚴ノ具等周ク調備ス。同年十二月八日。常州江戸崎不動院住職ノ命ヲ蒙リ。不動院第十九世トナル（壽三十九）寶永四（一七〇七）丁亥年。三社權現ノ社修復。同五年ノ春。玄關・惣門等新造ス。及ヒ大般若經全部ヲ寄ス。同年八月晦日。不動院ヲ兼。當院住職ノ嚴命蒙リ。當院ニ移ル（壽四十四）同十月。不動院ニ往テ。葉上一流ノ傳法灌頂ヲ勤（勤カ）メ。而當院ニ歸ル

壽昌院紀年錄

○開基行榮。越之前州人也。姓ハ津田氏。未レ詳ニ其師承一ヲ。寛永中ニ開山大師。賜フ二地於不忍池ノ側一ニ。因テ創メテ建テ二寺宇一ヲ號ス二福生院一ト（後「壽昌改」（「」）改壽昌カ）院）以ニ正保三年（一六四六）丙戌二月十五日ヲ一寂ス二于院一ニ

○第二世榮信。下總州猿嶋郡人也。不レ知ニ其氏姓一ヲ。從ニ行榮一ニ出家。歲二十三始テ住レ院ニ。承應三年（一六五四）甲午。有テ二官議一遷ス二寺ヲ山北一ニ（今大慈院所在也）而賜ニ工費五十金一ヲ。蓋以ヲ三其地迫ニ近スルヲ於東照宮ノ廟一ニ也。以ニ寛文七年（一六六七）丁未九月十七日一寂矣

○第三世堯慶。常州茨城郡人也。父橋本氏。母根本氏。八歲ニシテ隨ニ榮信一ニ登レ山ニ。十四ニシテ久遠壽院准三后ヲ爲ニ戒

師ト薙染得度ス。十五ニシテ從ニ凌雲院僧正周海ニ。勤(勤カ)ニ治ス加行護摩ヲ。寛文丁未(一六六七)。逮テ于滅度ニ蒙レ命ヲ相繼テ住持ス。時ニ歳二十三。十一年辛亥。久遠壽院准三后有レ命改ニ福生院ノ號ニ(松カ)壽昌院ト。三十ニシテ登ニ叡山ニ勤メ廣學竪儀(義カ)ヲ。及於ニ法曼院ニ修ス祕密灌頂ヲ。天和二年壬戌(一六八二)。南部大守大膳大夫寄ニ寺奉百石ヲ納ニ直(眞カ)金二十兩ヲ以爲ニ檀信ト。元祿元年戊辰(一六八八)。解脱一品宮(ノ院カ)。依テ南部大守ノ請ニ。賜下任スルノ衆徒ニ命上ヲ。四年辛未。一品公辨大王有レ命。賜ニ大僧都并木蘭衣ヲ。時年四十七。五年壬申。又有レ命遷ニ院於山ノ南岡ニ 今山王清水之地也 南部大守改テ築焉。六年癸酉二月十六日。有レ命轉シテ住ス嚴廟ノ主寺津梁院ニ。停ルコト錫七年。十二年己卯。偶嬰テ病痾ニ辭シテ院退居ス。十三年庚辰十二月。又蒙レ命住ス常州千妙寺ニ。是ノ時以ニ坊城一位公ヲ爲シテ養父ト。賜ニ號靈山院ヲ。除(敍カ)ラレ僧正ニ。諱ヲ改ム亮恕ト。幹事十二年。寶永八年辛卯(一七一一)二月。辭シテ院及靈山號ヲ。蟄ニ居シテ相州鎌倉ニ稱ス寂應院ト

○第四世堯純。常陸州眞壁郡人也。父中原氏。母岩淵氏。貞享元年甲子(一六八四)。歳十六ニシテ師ニ堯慶ヲ薙髮。三年丙寅。從テ

一四〇

圓覺院僧正常然ニ。勤(勤カ)ニ修ス加行護摩ヲ。元祿六年癸酉(一六九三)二月二十四日。以ニ其ノ師移スヲ錫於津梁院ニ。蒙ニ一品宮ノ命ヲ補ニ師席ヲ。七年甲戌。有レ命改ニ松ノ字ヲ作ニ壽昌院ト。九年丙子。登テ叡山ニ修ニ治廣(ノ學カ)竪儀(義カ)ヲ。十一年戊寅九月六日。災延イテ燒ク寺院ヲ。於レ是徙ス寺於東阿ニ。南部大守重テ修建ス焉。十二年己卯十二月九日。有レ命賜ニ衆徒料二十石ヲ。寶永乙酉(一七〇五)。南部大守。增ス檀資五十石ヲ 增ニ眞金十兩ヲ 五年戊子。又易(易カ)ヘテ資金三十兩ヲ爲ニ奉米一百五十石ト

吉祥院歴代年譜

○開基法印詮長。武州江府傳馬町。藥師堂別當 藥王山醫王寺 東光院住持タリ。疇昔天海大僧正。面タリ常ニ召テ。台宗ノ綱要及ヒ世事ヲ談話セシム。茲ニ因テ登山棲居ノ爲ニ當院ノ地ヲ賜リ。坊舍ヲ草創セシム。造修ノ功ステニ成テ住居スル事年尚シ。寛永九年(一六三二)。弟子亮海ニ當院ヲ附與シ。同十五年東光院ニ於テ寂ス。曾テ大師御直書ヲ以テ。野州長沼ヘ遣サレ。宗光寺建立ノ事營シムルノ御書。其外下シ賜フ御

直筆等アリ。或時大師。狩野探幽ニ命テ。東照宮ノ繪像幷御自身ノ御影ヲ圖畫セシメ是ヲ賜リ。其中東照宮ノ畫像ハ丑ノ三月燒失

○第二世大僧都靈山院室亮海。寛永九年(一六三二)。大師ノ命ヲ受テ當院ニ住持ス。慶安二年(一六四九)三月。准三后公海ノ命ヲ受テ。水戸東照宮別當（如意山常光院）大照寺ヲ兼補ス。同四年八月五日。常州大守正四位下宰相源賴房卿。當院ヲ再興ス。寛文二年(一六六二)十月三日。靈山院室ヲ賜フ。蓋シ大照寺。院室タルニ因テナリ（御城御禮院室繼目。御黑書院。獻二上一束一卷一。二月朔日。御年禮ハ御白書院獨禮獻二上一束一本一）同三年二十一日。大僧都ニ任セラル。任職歲ヲ累ネ衰老ニ及。世務ニ屢疲勞シ。延室(寶カ)四年(一六七六)四月七日。當院ヲ弟子惠空ニ附與シ。水戸大照寺ニ移住ス。同五年正月十日寂ス

往昔水戸東照宮ハ元和七年(一六二一)。常陸國大守正四位下源賴房卿。東照宮ヲ鎭座セン事ヲ。大樹秀忠公ヘ訟。禁裏ヘ執奏ス。兼テ領内ノ勝地ヲ撿テ。其地ヲ城裏開キ。然テ天海大僧正ヲ屈請シ。大師與二賴房一共ニ綿蕞定基ス。本社禮殿幷別當ノ院宇。回廊塔頭ニ至ルマテ修飾闕ルコト無ク。建立ノ事備ル。東照宮山門ノ額ハ竹内二品親王良恕ノ御筆ナリ。同八年。又大師ヲ詔請シ。日光山ヨリ東照宮ノ神靈ヲ勸請シ奉ル。當時敕許アッテ敕會ノ法筵ヲ開ク。敕使幷副使藏人下向。西三條大納言實條卿ハ饗應ノ旅館。蘆澤伊賀守西園寺宰相實晴卿ハ鈴木石見守重次館。鹽小路藏人ハ會所所宿ス。御導師天海大僧正ハ。御旅宿ハ吉沼觀音寺ナリ。年譜歷代開基天海大僧正。別當職兼補シタマフ事都テ三年。寛永元年(一六二四)。御弟子本理院室ニ附與シタマフ。任職兼補スル事七年。此ヨリ已後住持斷絕。或ハ國内寺院ニ且ク預テ寺役ヲ令レ勒(勤カ)ル事年ヒサシ。慶安年中ニ至テ靈山院室。亮海住職ス。則社領五百斛ノ内。別當料二石ヲ領ス

○第三世大僧都慈雲院室惠空（俗姓ハ馬場氏。父肥前國主。鍋島ノ家臣也）延寶四年(一六七六)。當院ニ住持ス。同五年。水戸大照寺兼補ス。貞享四年(一六八七)六月十四日。先例ニ任セ慈雲院室ヲ賜フ。都テ先任ノ如シ。元祿七年(一六九四)四月六日寂ス

○第四世權大僧都宜圓（俗姓ハ下野國。結城ノ城主。結城上野介廣綱二男。結城之庄野澤之城主。野澤光綱後裔野澤新右衞

門勝光四男 淺草東光院住持。清淨林院室圓純之室ニ入リ。貞享丙寅年(一六八六)三月六日。十六歳ニシテ東叡山ニ登テ薙髪。解脱院一品親王天眞公。戒ヲ授タマフ。元祿六年(一六九三)二十有餘ニシテ。當院惠空ノ弟子トナル。元祿七年五月。一品親王公辨公ノ命ヲ奉テ。當院ニ住持ス。東照宮別當料等。兼補先住ノ如シ。同年丑ノ秋。北嶺ニ登テ竪者ヲ勒(勤カ)ム。又兼テ公辨公。當院ノ坊料乏キヲ慈愍シタマヘリ。讚州大猷院殿別當本門壽院。江府ニ來ル事ヲ幸シタマイ。讚州大守羽林次將賴豐之館ニ遣テ。則高盧(蒿廬カ)ヲ演達セシム。玆ニ因テ賴豐。寶永二年(一七〇五)六月。始テ二拾人扶持ヲ當院ニ寄附ス。自坊元トハ御本院ノ隣寺タリ。元祿寅年(一六九八)。根本中堂。火除ケトシテ屛風坂下ヘ移ル。水戸黄門坊舍ヲ轉テ造立ス。元祿六(寶永カ)丑ノ三月。隣寺ノ回祿ニ院宇殘ラス燒亡。綱條卿再ヒ建立ス。讚州賴豐。始テ小座一宇ヲ造立ス

清水堂記

清水堂ハ寛永八年(一六三一)辛未。造レ堂安ニ置千手大士像一 惠心僧都所ニ刻彫一 也。此堂摸ニ洛東清水寺一故爲ニ堂名一 昔主馬判官盛久。所ニ常念一者而得レ免ニ刀難一。實由ニ此尊力一矣 此尊亦在ニ洛東清水寺一云 寛永年中。彼寺住僧義乘春海 失傳 上ニ之於眼(「慈カ)大師一。亦上ニ之於大猷院(院カ」)公一。公悅護念有レ年。後於ニ本山一營ニ造一堂伽蘭(藍カ)一以奉安焉 東西五間。南北四間。南面 使ニ法印秀海一以爲ニ別當一。其所住院號ニ慈眼一。後諱賜ニ大師諡一。以ニ其號同一改以ニ普門一。自レ厥已來每十五歲。大士帳(「開カ)而使三緇素以結ニ勝緣一。遂爲ニ定式一。寛永十六年己卯仲秋。大猷公。修飾之次。亦企ニ開帳・結緣一。自レ此而後每修飾開帳。亦爲ニ定式一 延寶五年丁巳八月。修飾開帳。貞享五年丁巳(戊辰カ)四月。當ニ十五年一開帳。元祿三年庚午六月。修飾開帳。七年甲戌九月。亦同修飾開帳 元祿十一年(一六九八)戊寅冬十月。常憲公。新ニ造本山正殿一。恢ニ廓境一。使三此堂遷ニ于今地一 西面 翌年八月。故亦開帳大結緣。庶使下上ニ此堂一者不レ入ニ三摩(「卽滅カ)一而證中圓通上。幷此尊者。頓成ニ七難一而遊ニ普門一者也

〔普門院〕

○普門院始祖秀海年譜

始祖秀海。山城州葛野郡東山清水人。姓稻生氏。十歲從ニ

慈眼大師一薙髪。偏渥故。秀海請二三浦五郎右(左衞カ)門茂正薗一（茂正北條家臣。亡後不レ仕。以下大師亦俗姓三浦氏。與二茂正一有中同氏縁上故。與二一園一以爲二嘉遯之地一。後乞二此地一安二于此像一。乃舊堂地是也）起二立一院一。名爲二慈眼一。永淸水堂別當。後阿淡二州使君。從四位下侍從忠英朝臣（法名。興源院熙峯天庸大居士）每年與二米二石一。院若破壞用二修葺一。大師命二畫工宗底(庭カ)一。賜二壽像數幅於門弟子一。賜二其甚背(肖カ)像於秀海一（其像今在）大師滅後。羽州羽黑山。訴論累年。本照(院カ」)一品親王。遣レ海糾明。眞贋得二情否一而輯故。親王令レ兼三三州田原泉福寺與二羽州立石寺一。時年五十三。傳法灌頂。使君與二圓金五十兩一。以充二其費一。天和元年(一六八一)辛酉。寺隅構二一艸庵一。以爲二終老之處一。貞享三年(一六八六)丙寅年三月四日寂（享壽六十七）

○二世宣英年譜

宣英。武州江戶人也。姓ハ久我氏。東漸院宣海爲レ師。久遠壽院准后。親爲二薙髪一。本照院一品親王證誠。時年十五歲。後二年爲二普門院秀海弟子一。二十八歲上二台山一。廣學竪義。三十二歲住二持普門院一。三十五歲傳法灌頂。阿淡二州使君綱矩朝臣與二白銀千兩一。三十八歲造二大書院一。四十三歲建二燕室一。四十九歲夏住二持東漸院一（具如二東漸院第五世記一）

○三世宣傳年譜

宣傳。武州江戶ノ人。姓小牧氏。從二東漸院宣純一。十六歲請二凌雲院大僧正義道一爲二剃度師一。二十五歲住二持天台東塔安禪院一。元祿十一年(一六九八)戊寅七月。住二持當院一。回祿移二院於今地一。常憲公。命二永井伊賀守直敬一賜二圓金五百兩一。良材數百株一。元祿十六年癸未四月三日寂。時春秋三十六

○四世慈潭年譜

慈潭。武州江戶ノ人。先レ是住二持林光院一（具如二林光院三世之記一）元祿十六年(一七〇三)癸未。遷二當院一。寶永四年(一七〇七)丁亥四月。代二一品准后一上二久能山一。侍二東照宮君祭一。忝賜二朱符一每レ驛差二人馬一充レ費。使君綱矩朝臣。亦與二白銀千兩一。寶永六年己丑五月。綱矩朝臣。使三一品准后所筆之「安二置於常憲院殿ヲ」(「常憲院殿靈牌ヲ安二置於カ)阿州德嶋松巖寺一。路次使二潭晨昏供事一而安二彼寺一云

常照院住持記

○第一世法印大僧都憲海

僧都名ハ憲海。何姓氏。何ノ處ノ人ト云コトヲ詳ニセス。始

叡山妙観院ニ住持ス。寛永年中。當山ニ來リテ慈眼大師ノ化ヲ輔ク。加賀中納言利常卿。檀那トナリ。當院ヲ鼎建シテ延ヒテ住持セシム。又糀町龍眼寺ヲ兼主サトル。寛永十一年(一六三四)。加賀次將光高。越中新川郡ニ於テ莊田百五十石ヲ寄セテ常住トス。十八年。東照宮ヲ金澤ニ建ツ。僧都。慈眼大師ニ代テ金澤ニ赴ヒテ。祠基ニ於テ安鎭ノ法ヲ修ス。二十年九月。御宮經營成ル。亦大師ニ代リテ金澤ニ赴ヒテ供養ノ唱導タリ。山門ヨリ衆僧十口ヲ請ス。卽別當房ヲ建テテ。神護寺ト號シ。僧都ヲシテ兼主トラシム。久遠壽院准三宮。青蓮院宮ヘ御談ラヒ。聖光院ノ室ヲ預ケラル。晩年ニ當院ヲ以テ弟子實俊ニ付テ。院内ニ隱居ヲ構ヘテ退休ス。次將ヨリ二十人扶持ヲ施コサル。寛文四年(一六六四)甲辰十一月十七日寂ス。院ノ東北ノ隅ニ葬リテ塔ヲ建ツ

○第二世探題僧正實俊

僧正名ハ實俊。姓ハ木村氏。洛陽ノ人ナリ。七歳ニシテ叡山ニ登リテ出家ス。學解漸ク成リテ遂ニ南谷ノ淨教房ニ住持ス。本照院宮ニ従ヒ當山ニ來ル。憲海深ク器重シテ。自ラ當院ヲ退ヒテ。代リテ住持セシム。此時龍眼・神護・立石ノ三寺ヲ兼ス。寛文二年(一六六二)。金澤大猷院殿ノ御廟經營成ル。六月二十日。供養ノ法會ヲ建ツ。僧正唱導ニ赴ク。五年。詔アリテ新タニ廣學竪義ノ探題ニ任ス。卽チ叡山ニ登ル。十年。當院ヲ以テ弟子實然ニ付ス。又叡山ニ登リ。再ヒ淨教房ニ住持シ。多武峯ノ學頭職ヲ授ケラル(ヿ大カ)。尋ヒテ權僧正ニ任ス。叡山ニ在テ法華玄義ヲ講シ。三部源流一揆三百卷。三部周覽若干卷ヲ著ハス。元祿十五年(一七〇二)壬午八月十一日。淨教房ノ里房ニ終フ。壽八十五

○第三世法印權大僧都實然

僧都名ハ實然。姓ハ山口氏。洛陽ノ人ナリ。叡山ニ登リテ出家剃染シ。僧正實俊ニ師トシ事フ。僧正初メ淨教房ヲ付シ。寛文十年(一六七〇)。當院ヲ付ス。十一年十一月二十九日寂ス。年二十六。當院ノ東北ノ隅ニ葬ル

○第四世權僧正實與(興カ*)

僧正名ハ實與*。姓ハ横山。加州ノ人ナリ。僧正實俊ニ従テ剃染ス。師兄實然寂スルノ後。延寶元年(一六七三)。當院ニ住持ス。七

年加州宰相綱紀卿。實與*ヲシテ嚴有院殿ノ牌ヲ奉シテ金澤ニ赴キ。神護寺ニ奉安セシム。開眼供養ノ法會。實與*唱導タリ。元祿戊寅(一六九八)九月。寺火ニ煌(燬カ)ク。公府ノ命アリテ。寺宅ヲ左麓ニ移ス。綱紀卿重テ寺ヲ建ツ。元祿ノ末。執當トナル。慈雲院ノ室ヲ預ケラレ。大僧都ニ任ス。伯州大山寺ヲ兼持ツ。寶永三年(一七〇六)。根津權現ノ別當ニ補セラル。權僧正ニ任ス

○第五世法印權大僧都智燈

僧都名ハ智燈。下野州宇都宮ノ人ナリ。實與(興カ)ニ依テ出家シ。寶永三年(一七〇六)。實與(興カ)ノ付ヲ受テ當院ニ住。正徳元年(一七一一)移リ。愛宕山威德院ニ住ス

○第六世法印大僧都亮潤

僧都名ハ亮潤。字ハ眞詣。姓ハ佐山氏。上野州ノ人ナリ。年十三歳日光山ニ登リ。守全法親王ヲ禮シテ薙染ス。元祿元(一六八八)年。叡山ニ登ル。三年庚午。西塔ノ西樂院席ヲ虚シフス。准三后擢ンテ擧テ住持セシム。十年。執當代ニ充テラル。卽チ朝奏シテ大僧都ニ任セシメラル。正徳元年(一七一一)辛卯。准后。叡山ノ三綱ヲシテ寺解ヲ奉シテ。不次ニ潤ヲ法華會ノ擬講ニ補セラレシ事ヲ請ハシメラル。冬十月。宣下リ。擬講ニ補セラル。十一月。當院主席ヲ闕ク。准后辟テ住持セシメラル。時ニ飲(飯カ)室ノ靈空和尚。文作リテ別レヲ送ル。其略ニ曰。西塔ノ德王院主潤公ハ台徒之傑ナル者也。余嚮ニ在二京師一相見。尋テ上二テ本山一日相會集ス。至レ今ニ二十餘年如シ二一日一ノ也。日コロ者東叡大王嘉ミシテ二其德望ヲ一召シテ尸トラシム二常照院ヲ一。將ニレ行來ノ辭スト。又自ラ偈ヲ作リテ曰

半生埋ムレ跡ヲ天台ノ曲。今日隨テレ縁ニ出ツ二華門ヲ一。三逕掃フコト稀ニシテ應シ二蔦塞カル一。片扉掩ヒ去テ秖タ松ノミ存ス。古賢ノ顯晦誠ニ多レ益。庸士ノ行藏豈ニ足シャレ言フニ。慙愧ス百般癡憨ノ漢。涓埃難レ答ヘ大王ノ恩

二年壬辰十一月。常州ノ逢善寺ヲ兼主トラシメラル。三年癸巳三月。御城御使役ニ充ラル

本按ニ半生埋跡ノ一律。不レ載二東溪講外集一

（底本奥書）

寫二戸隠山勸修院堯威大僧都之本一

丁亥之春。山家兒孫慈本

天保十年（一八三九）己亥春三月五日。於二澁谷精舍一一覽。慈本太初

于時明治十六（一八八三）癸未春。再度壹見之刻。私加二朱點一畢

道盈

（底　本）叡山文庫雙嚴院藏、四卷二冊寫本

（校訂者　浦井正明）

東叡山寛永寺子院歴代年譜　終

東叡山寛永寺子院歴代主僧記

（題簽）當山子院歴代記　上

（扉書）東叡山子院記　上

（扉書）凌雲　寒松　東漸　津梁　大慈　勸善　春性　林光
觀成　福聚　護國　淨圓　眞如　（朱以下下卷）等覺　寶勝　養壽
明王　元光　圓珠　靑龍　見明　顯性　明靜　壽昌

（扉裏書）本院所藏子院記。戊辰夏散逸。只存二一卷一（中卷）故今以二春性院所藏之本一。令三眞如院義深公書寫一。然至三養壽院記之央一而息。惜哉。後賢乞三補寫一焉　明治二十一年冬。慶順師補二寫之一。同二十二年三月一校畢

明治二十一（一八八八）年九月十二日

（永順）

頃日現住永順師。令三柴田某補寫一。又餘十又餘紙罷。予以二禿筆一補レ之。於レ是初告三其具備一。然書中間有二魯魚焉馬之誤一。俟三得閑之日一加二之訂正一也
〔花押〕

東叡山寛永寺子院歴代主僧記〔巻上〕

凌雲院

寛永初堀丹後守直寄爲檀越所建。寛永十六年（一六三九）六月直寄逝矣。謚凌雲院。蓋開山大師所名也。因名院焉。先是院名未立。疑以所兼春日岡弁千妙寺稱之乎。正保元年（一六四四）官命定爲學頭院。歳賜官租三百俵。及爲修葺之區。寺初在正殿右。元祿戊寅（一六九八）九月都下火發延及當山。於是官議移子院環正殿者十餘區於山東南。以寺址爲曠隙地。是時命工部移今地。

第一世贈大僧正亮運。總州武射郡富田村千葉氏子。母祈藥師佛而誕。永祿元年（一五五八）四月八日也。甫九歳師事光明寺賢榮。十五歳薙髪。其師命名定賢。依逢善寺定珍精學台教。十九歳以辯博聞焉。常州江戸崎有天龍和尚及亨首座。倶專唱單傳之宗蔑視教家。賢短鋒辨論二人倶結舌。文祿三年（一五九四）。主總州光明寺。當是時日蓮之徒熾于州中。八幡原常樂院。沼田大如房。蓮成大妙房並其尤者也。被賢詰難窮逐盡首伏矣。慶長九年（一六〇四）夏六月。遷主荻原行元寺。會郡大旱。刺史本多出雲守。請賢祈雨。纔建法事則雨大澍。元和三年（一六一七）。遷行方西蓮寺兼領寶幢院。嘗百日升高座談法華要旨。隨錄以上開山大師。大師深加歎賞。學者競傳號爲法華百座談義。寛永二年（一六二五）乙丑。大師命遷野州春日岡山。更名巖海。六年己巳。陞主當院兼春日岡。九年壬申。轉春日岡。又兼黑子千妙寺。大師召主當院。又更今名。十年癸酉。任權僧正。十一年甲戌。從大師赴京。屢召入見。二十年癸未。大師臨寂囑大猷公曰。吾滅後台教法要一可問亮運。自是公深尊崇。恆稟受教義。正保元年（一六四四）。公擢運爲學頭。賜寺彥（產カ）三百石邑。慶安元年(一六四八)十一月四日謝世。壽九十一。元祿十四(一七〇一)年。准后大王奏達贈大僧正。蓋因弟子大僧正寂純之請也

第二世贈大僧正周海。父香取晴氏。母三浦氏。若州人。慶長六年(一六〇一)辛丑。幼登台山。依南光房祐能。八年癸卯。既而脱白名祐圓。極力於顯密之學。初主持圓坊。又移住櫻光坊。寛永六年(一六二九)己巳。衆推薦主北谷總持房。兼領濃州神戸勸學院。正保四年(一六四七)丁亥。東赴武州無何主仙波喜多院。慶安四年(一六五一)辛卯。陞主當院。是歳詔補法華會探題。兼掌東塔院執行。承應二年(一六五三)癸巳十月。任大僧都。三年甲午五月。轉任權僧正。寛文三年(一六六三)十月。又轉任僧正。延寶三年(一六七五)乙卯。退當院隱居喜多院。四年丙辰十一月二十九日謝世。壽八十五。寶永三年(一七〇六)。准后大王奏請贈大僧正。因弟子幸海等請也
[朱]擧逸事
萬治元年(一六五八)戊戌爲天台會場。寛文十二年(一六七二)壬子再爲天台會場

第三世贈大僧正胤海。延寶乙卯(一六七五)。官府有命自涼泉院陞主當院。時院稍頽朽。海請官修葺。本照院大王賜大藏經一藏以資講說。海乃建藏藏之。延寶五年丁巳。大王命兼董羽州羽黑山。六年戊午。進山神祠僧舍修葺增置。八年庚申。著慈慧・慈眼二祖傳。行于世。〔頭註朱書〕大師假名傳 延寶元年癸丑爲天台會場。天和元年(一六八一)辛酉。建其祖父法印全宗行狀碑於台山東谷。以勒重興台山之功。二年壬戌。辭當院隱台山藥樹院。時人稱曰藥樹院僧正。貞享二年(一六八五)。稟解脱院大王。以藥樹院付弟子秀胤。自號遍知院。元祿二年(一六八九)四月。染疾自知不起。命侍者奉來淨土三聖像。燒香禮瞻而化。乃是月七日也。壽七十七。葬東谷檀那尾。海學教之餘善和歌所詠之歌十數首。達法皇乙覽蒙嘉賞云 延寶三年乙卯前事跡。系涼泉院主僧記

第四世贈大僧正。名宋順。字慈海。姓源。氏須田。武州荏原目黑邑人。生於寛永元年(一六二四)甲子。甫九歲依

護國院生順。十三歳就南光坊祐盛剃染。明暦丁（一六五七）酉。嗣生順主護國院。兼領瀧泉寺。自號慧日院。延寶五年（一六七七）丁巳。本照院大王命起主仙波喜多院。奏請任大僧都。六年戊午。又奏請任權僧正。天和二年（一六八二）壬戌。解脱院大王薦之官府陞主當院。又命兼主台山寶園院。三年癸亥。授西塔院執行。是歳爲天台會場。貞享元年（一六八四）（二年カ）乙丑四月。奏請轉（三年カ）任僧正。冬十二月。告之官府兼掌紅葉山別當。二年丙寅。改造寶園院。元祿二年（一六八九）己巳二月。付寶園院於弟子亮辯。六年癸酉二月。染疾。一朝命侍人洒掃丈室。安淨土變相。合掌念佛而化。是月十六日也。享壽七十。葬院之西北隅。其著作三部序勘（丁大カ）文（丁天台カ）五卷。四教集解標指鈔十八卷。並行于世。准后大王奏請贈大僧正。

第五世大僧正。名義道。字淸白。初名義胤。父伊藤貞林。母大熊氏。信州松代人。生于寛永十三年（一六三六）丙子。正保元年（一六四四）甲申。年甫九歳。從州之妙德院廣次來當山。禮久遠壽院准后薙染。准后命東漸院宣祐。蓄爲弟子。承應二年（一六五三）癸巳。年十八登台山。萬治元年（一六五八）。主西谷常智院。寛文乙巳（一六六五）。本照院大王命兼主當山靜觀（靜觀更詳誤乎）更詳眞乘院（今養壽院）及越後安禪寺。六年丙午。爲天台會講師。延寶元年（一六七三）癸丑。准后命遷覺林房。二年甲寅。梶井盛胤親王畀號四王院。奏請任大僧都。爲飛鳥井亞相雅章卿養子。當是時妙立和尚在台麓唱教觀正旨。而靡一人知者。惟道一見信服。乃執弟子之禮稟學。盡捨其舊所學。於是山中俊彦咸嚮向矣。六年戊午。退台山旋安禪寺。天和二年（一六八二）壬戌。解脱院大王命強起主台山雙嚴院。三年癸亥。大王命掌吉野山學頭。賜號十願王院。貞享元年（一六八四）甲子七月。有詔補法華會探題。八月爲東塔院執行。十二月大王命陞主正覺院。四年丁卯。退去吉野實城寺。元祿三年（一六九〇）庚午。來當山。准后大王告之官府奏請任權僧正。四年辛未。辭吉野學頭退去台麓。大

王命シテ領ニセシム安禪寺一ヲ。七年甲戌。大王薦ニメテ之ヲ官府一ニ召シ來テ住ニセシム當院一ニ。是ノ歳ノ夏。應ニ大王ノ命一ニ講ニ佛心印記幷ニ十不二門指要抄(鈔カ)一ヲ。十一月奏請シテ轉ニ任ス僧正一ニ。八年乙亥爲ニ天台會場一ト。是ノ歳代ニ大王一ニ往ニ城州出雲寺一ニ。謁ニス久遠壽院准后ノ廟一ニ。十一年戊寅。奏請シテ轉ニ任大僧正一ニ。當院有ニ大僧正一自レ道始ム。十五年壬午。退ニ當院ヲ一卜ニシテ居ヲ於見明院ノ後園一ニ。賜テ號ヲ曰ニ三諦院一ト。寶永元年(一七〇四)甲申五月十一日。順ニ寂ス于豆州熱海一ニ。壽六十九。葬ニル當院ノ南丘一ニ。弟子義圓撰ニスト行狀記一ヲ云

第六世大僧正。名ハ義天。字ハ廓如。元祿十五年(一七〇二)壬午。准后大王薦ニメ之ヲ官府一ニ。自ニ見明院一陞テ主ニシメ當院一ヲ。兼ニ主仙波ノ喜多院一ヲ。奏請シテ轉ニ任僧正一ニ。寶永元年(一七〇四)甲申。官修ニ理久能山ノ神廟一ヲ。代ニ大王一ニ以テ落慶ス。是ノ歳又奏請シテ轉ニ任ス大僧正一ニ。三年丙戌秋九月。示レ疾ヲ。四年丁亥。退ニテ當院ヲ養ニ疾ヲ於見明院ノ艸庵一ニ。大王賜ニ號究竟院一ヲ。十月朔日。疾革スミヤカ唱レ佛ヲ瞑ヘン目メフサグシテ而化ス。壽五十七。葬ニ當院ノ南丘一ニ元祿壬午。前ノ之事跡系ニク泉龍・見明ノ二院ノ主僧記一ニ

第七世大僧正。名ハ實觀。字ハ體具。初ノ名ハ實增。字ハ相如。參州額田郡岡崎村ノ人ナリ。姓ハ平。氏ハ中根。母ハ太田氏。寬文元年(一六六一)辛丑三月二十二日壬申ニ生ル焉。六歲從テ二住心院贈大僧正實俊一ニ。至ニ東叡山ノ常照院一ニ。十歲亦從テ至ニ比叡ノ淨教房一ニ。十二年壬申(子カ)六月四日戊寅。就レテ師ニ剃度ス。延寶元年(一六七三)癸丑冬。就レテ師ニ修ニス四度ノ密法一ヲ。三年乙卯十月。爲ニ法華會ノ立者一ト。七年丙未(己カ)九月。於ニ法曼院一傳法灌頂ス。天和二年(一六八二)壬戌十二月。住ニ持ス淨教坊一ニ。貞享二年(一六八五)乙丑五月。兼ニ住ス城州蓮華寺一ニ。十月於ニ法曼院一爲ニ大阿闍梨一ト。三年丙寅六月。任ニ權大僧都一ニ。爲リ二懺法講ノ賞一ニ。元祿九年(一六九六)丙子。以ニ落(洛カ)陽三昧流失スルヲ傳ヲ。蒙テ曼珠(殊カ)院良應親王ノ令一ヲ。適テ常州ノ黑子ノ千妙寺一ニ。就テ權僧正亮宣一ニ傳法灌頂ス。尋テ爲ニ大阿闍梨一ト。十二年己卯六月。擢テラレテ爲ニ望擬講一ト。九月爲ニ小川坊城一位俊廣卿ノ猶子一ト。十四年辛巳五月。任ニ大僧都一ニ。寶永元年(一七〇四)甲申十月。爲ニ法華會ノ擬講一ト。二年乙酉四月。補セラル法勝寺ノ和尚一ニ。十一月爲ニ別請立義ノ立者一ト。其月爲ニ上乘院ノ權僧正尊通・尊勝院ノ法印慈晃一ノ。

於二青蓮院一傳法灌頂ス。四年丁亥七月。改テ二其房名一ヲ曰二實藏一ト。蓋シ復スルナリレ舊ニ也。八月任二權僧正一ニ。十一月補セラル二東塔ノ執行一ニ。是ノ月應シテ二准三宮一品大王之召一ニ來二于東叡一ニ。十二月住コ持ス凌雲院一ニ。尋テ兼ヌ二仙波ノ喜多院一ヲ。五年戊子正月。轉ス二僧正一ニ。閏正月辭ス二法勝寺ノ和尙一ニ。八適（朱月）適ク二比叡一ニ。十月爲ニ法華會ノ探題一ト。是ノ月還二東叡一ニ。八年辛卯。衆請シテ開コ講セシム法華玄義一ヲ。正德三年（一七一三）癸巳五月。轉ス二大僧正一ニ。

右大僧正實観ノ傳。其自所レ著ス也。故ニ書法有下與二今ノ列傳一不レ同カラ者上。讀者莫レ以爲コト疑ト。

逸事　寶永五年（一七〇八）戊子爲二天台會場一ト。正德三年（一七一三）癸巳四月。代二貫主大王一ニ登二日光山一ニ。六年丙申四月。又代二大王一ニ往二城州山科一ニ。拜コ謁シ大明王ノ靈廟一ニ。享保四年（一七一九）己亥五月六日。今ノ將軍第三ノ子源三君逝ス。七月松平對馬守近治傳ヘレ命ヲ葬ル二院ノ西南ノ方一ニ。大島肥前守某監スレ之ヲ。上ク二法名一ヲ曰二涼池院靈岸智到一ト。賜二銀壹百兩一ヲ。充二中陰及一百日之修福一ニ。毎歳忌日奠ス二銀壹百兩一ヲ於二牌前一ニ。忌年ニハ倍スレ之ヲ。六年辛丑十月七日久子（涼池院及小五郎君母）逝ス。八日牧野因幡守英成傳テレ命ヲ薙髮（效二國俗一也）九日葬ル二涼池院ノ墓ノ側一ニ。命シテ二法名一ヲ曰二深心院慈潭性水一ト。賜二銀壹千兩一ヲ。以充二修福一ニ。諱日賜二銀壹百兩ヲ於牌前一ニ。忌年加二貳百兩一ヲ。十一年丙午十一月。松平左近將監乘邑傳テレ命書ニ將軍家ノ考妣ノ法名一ヲ上ルレ之ヲ。十二月賜二紗綾五匹一ヲ。己巳（酉カ）十二月。小傳馬町津村氏ノ女圓子如二爲レ狐所レ狂。明年二月。自稱二熱田大明神一ト。因レ余ニ雖レ欲二閑地ニ建ント一祠ヲ于レ今不レ成。權ニ造二一小祠ヲ於院之東北方一ニ。約下ス年年三月十八日津村氏ノ宅以爲二離館一ト。圓子存日託シテレ彼ニ有上レ語焉。其年三月將軍世子亞相患二疱瘡一ニ。代二大王一ニ上二西丸一ニ以加持シタテマツル焉。病愈タマフ。安藤對馬守信友傳テレ命ヲ賜二紗綾二匹一ヲ。四月將軍謁二日光山東照神廟一ニ。先レ是國老及諸臣使ニ余ヲシテ以祈禱一焉。十六年辛亥三月十八日。津村氏ノ宅恐レ官ヲ不レ欲二人ノ聚一ヲ。神降シテレ語曰。自レ今無ントレ語。人皆固ク請フ。神許スニ以ス三來歲於ンコトヲ二凌雲院一ニ。其年將軍爲メニ二右衞門宗（武カ）民卿一ノ於テ二田安一ニ建ツレ第ヲ。四月十三日。余率二大僧都

空潭・權大僧都實傳及僧八口祭地。九月三日。又率空潭及僧十口安鎭。十三日於黑田豐前守直邦宅賜銀二百兩。空潭五十兩。實傳三十兩。及衆僧百兩

右與前記同大僧正實觀所自著也

元文四年(一七三九)己未八月。辭職而隱居。自號念生院。卜居于明靜院後園。貫主大王命領相州大磯高麗寺。寛保四年(一七四四)甲子正月二十三日寂。壽八十四。葬凌雲院南丘

第八世前大僧正德潤。字定玉。號蘆空堂。播磨州飾東郡姫路人。俗姓芝崎氏。父名宗直。母西域(城カ)戸氏。貞享四年(一六八七)丁卯十一月二十四日。投本州增位山憲海祝髮。元祿八年(一六九五)乙亥正月。登山門從德王院亮潤。又學禪定院靈嚴。十年丁丑十月。爲法華會竪者。十一年戊寅九月。爲山門本住院眞場弟子。十月嗣主本住院。正德元年(一七一一)辛卯十一月。奉靑蓮院大王命爲侍講。二年壬辰二月。從大王駕赴江戸。四年甲午正月。大王賜鈍色衣。五月大王灌頂時掌其事。仙院賜錦袈裟賞之。五年乙未三月。又從大王駕赴日光山及江戸。享保元年(一七一六)丙申正月。爲記家職。四年己亥八月。任大僧都。五年庚子八月。擢爲執行代。九年甲辰六月。辭執行代。又擢爲望擬講。十三年戊申六月。爲擬講。十五年庚戌四月。遷主覺林坊。六月爲冷泉前亞相爲經卿猶子。十六年辛亥九月。依崇保大王命兼主城州山科龍華院。而居山科爲隨宜樂大王師傳(傅カ)。又兼領江州愛智郡百濟寺。十七年壬子四月。爲別請竪義一問。十八年癸丑十月。爲探題。二十年乙卯二月。任權僧正。三月十一日參內拜天顏。元文二年(一七三七)丁巳二月。扈從隨宜樂大王赴東叡。七月還山科。尋移台麓覺林坊別院。三年戊午三月十七日。轉任僧正。晦日參內拜天顏。是歳八月隨宜樂大王召寓王宮之廨舍。四年己未正月。轉主當山圓珠院。賜慈雲院室。八月遷主當院。兼領越後州古志郡安禪寺。五年庚申二月。講般

若心經。八月講妙宗鈔。十月兼紅葉山別當職。寛保元年（一七四一）辛酉四月。任大僧正。十一月爲天台會場。延享二年（一七四五）乙丑三月。預紅葉山法華八講會。第三日朝爲精難。第四日朝爲精義。寛延三年（一七五〇）庚午六月二十一日化矣。壽七十六。葬當院南丘。隨宜樂大王賜諡滿成院

第九世前大僧正光俊。初名素磐。寶永元年（一七〇四）甲申十一月二十四日。祝髪而習學于山門。後主山門慧雲院。爲慧心院探題前大僧正高嶽弟子。尋爲別當代。任大僧都。崇保大王賞其勞轉主松禪院。元文四（一七三九）年己未。賜願王院室。延享元年（一七四四）甲子。與禁中懺法會。特敕任權僧正。二年乙丑三月。預紅葉山法華八講會。第五日爲講師。寛延二年（一七四九）己巳十月。轉任僧正。爲探題。是時與其師高嶽大僧正同職。俱莅法華會。實法門盛事云。三年庚午。般舟院奉爲櫻町院尊靈。有追薦御經供養。敕爲導師。是歲九月。轉主當院。兼主山門瑞應院幷越後安禪寺。又兼紅葉山別當。寶曆元年（一七五一）辛未。代貫主大王授三部密法於新大王。是歲爲天台會場。二年壬申七月。任大僧正。十年庚辰十一月。辭職而隱居于叡麓。自號篤信院。安永元年（一七七二）壬辰十二月四日歸寂。壽八十二。葬于當院南丘

第十世前大僧正繼天。字徧淨。常州茨城郡人。寶永五（一七〇八）年戊子八月八日薙染。享保五年（一七二〇）庚子二月。登山門寓五智院。七月又寓十如院而習學。十年乙巳。爲法華會竪者。十六年辛亥四月。主山門正藏院。元文元年（一七三六）丙辰六月。任大僧都。延享元年（一七四四）甲子。奉妙法院大王命爲侍講。是歲六月爲八條黃門英隆卿猶子。八月賜戒善院室。寶曆三年（一七五三）癸酉十月。爲探題。十二月任權僧正。是月轉主正觀院。四年甲戌正月。參內拜天顏。六年丙子三月。轉任僧正。五月參內拜天顏。八年戊寅五月。任大僧正。六月參內拜天顏。十年庚辰十二月。轉任當院。兼主山門寶園院幷越後州安禪寺。十二年壬午七月。代貫主大王登日光山。

九月又代ニ大王ニ登ニ日光山一ニ。十一月爲ニ天台會場一ト。明和二年(一七六五)乙酉四月。又代ニ大王ニ登ニ久能山一ニ。安永元年(一七七二)壬辰三月。辭シテレ職ヲ而去リ寓スニ于泉龍院一ニ。大王賜ニ名ヲ不可說院一ト。九月移テ寓スニ目黑ノ成就院一ニ。十一月二十日寂スニ于成就院一ニ。壽八十矣。荼毘シテ葬ニ當院ノ南丘一ニ

第十一世前大僧正忍達。字ハ善源。初ノ名ハ眞賀。上野州甘樂郡小幡ノ人。俗姓ハ宮川氏。寶永元年(一七〇四)甲申二月十五日薙髮ス。正德元年(一七一一)辛卯五月。登ニ山門一ニ寓ニ大慈院一ニ而習學ス。又寓ニ雞足院一ニ。後爲ニ山門龍城院忍鎧ノ弟子一ト。乃更ムレ名ヲ。尋テ爲ニ法華會ノ竪者一ト。享保十四年(一七二九)己酉三月。嗣テ主ニ龍城院一ヲ。十九年甲寅六月。任ニ大僧都一ニ。元文二年(一七三七)丁巳。爲ニ南光坊ノ監一ト。寬保三年(一七四三)癸亥。爲ルニ坂本神宮ノ別當一ト。四年甲子。爲ニ望擬講一ト。延享三年(一七四六)丙寅。爲ニ擬講一ト。四年丁卯九月。轉ニ任(朱任歟)竹林院一ニ。寬延三年(一七五〇)庚午九月。轉ニ任(朱任歟)慧心院一ニ。補ニ楞嚴院ノ別當一ニ。十二月兼ニ吉野山ノ學頭一ヲ。寶曆三年(一七五三)癸酉正月。任ニ權僧正一ニ。四月爲ニ青蓮院大王ノ師傳(傳カ)一ト。十月爲ニ元應寺戒和尙一ト。四年甲戌。爲ニ探題一ト。六年丙子三月。轉ニ任僧正一ニ。七年丁丑八月。般舟院奉一ン爲メニ桃園院薦福一ノ。有ニ御經供養一。敕シテ爲ニ導師一ト。九年己卯三月。任ニ大僧正一ニ。明和四年(一七六七)丁亥閏九月。有テレ故退院シテ而寓ニ江州高島郡仰木ノ華開寺一ニ。自號ニ心淨房一ト。安永二年(一七七三)癸巳二月。依ニ隨宜樂大王ノ命一ニ起テ主ニ當院一ヲ。兼テ主ニ山門龍禪院幷越後安禪寺一ヲ。後辭ニ龍禪院一ヲ。又兼ニ山門寶園院一ヲ。三年甲午十月。辭シテレ職ヲ而隱居ス。復號ニ心淨房一ト。寓ニ等覺院一ニ。九年庚子七月六日。化スニ於等覺院一ニ。壽八十八。闍維シテ葬ニ于比叡山阿彌陀峯一ニ。又瘞ニ分骨ヲ于當院ノ南丘一ニ而起ツレ塔ヲ

第十二世前大僧正順則。相州鎌倉ノ人。處士藤原覺周ノ子。享保十一年(一七二六)丙午六月四日。拜ニ崇保大王一ヲ祝髮。爲ニ圓珠院堯範ノ弟子一ト。元文四年(一七三九)己未十月。主ニ山門蓮華院一ヲ。寶曆二年(一七五二)壬申十二月。轉ニ任(朱任歟)當山泉龍院一ニ。四年甲戌。爲ニ天台會講師一ト。七年丁丑七月。代ニ貫主大王ニ登ニ日光山一ニ。爲ニ大猷公影殿盂蘭盆會ノ導師一ト。十一年辛巳二月。司ニ使价ノ職一ヲ。明和元年(一七六四)甲申四月。有テレ故最上乘大王命シテ遷テ主ニ三州泉福寺一ヲ。固クレ辭シテ而退ニ老スコ于鎌倉一ニ。自號ニ雪

堂。安永二年(一七七三)癸巳閏三月。依隨宜樂大王命起主山門慧光院。五月轉竹林院。拜大僧都。尋兼談山學頭。任權僧正。三年甲午十二月。遷主當院。兼紅葉山別當。幷領越後安禪寺。四年乙未二月。轉任僧正。五年丙申爲天台會場。七年戊戌四月。任大僧正。天明四年(一七八四)甲辰六月。辭職而引去。隨宜樂大王賜名頂珠院。仍領安禪寺。或住京師。或住鎌倉。不定其居。寛政元年(一七八九)己酉七月。自京赴鎌倉。八月朔至三州御油驛有病。寓吉田神宮寺養病。六日終焉。壽七十四。荼毘之塔其骨于當院南丘。

第十三世前大僧正智願。字海藏。下總州葛飾郡人。俗姓石渡氏。享保十九年(一七三四)乙卯(甲寅カ)六月十五日。禮東漸院智韶爲師剃髮。寛延元年(一七四八)戊辰。主山門五智院。明和元年(一七六四)甲申。任大僧都。四年丁亥閏九月。有故退院而寓因州鳥取淳光院。自號賜谷。安永元年(一七七二)壬辰。隨宜樂大王命再主五智院。二年癸巳。遷主慧光院。爲清淨心大王師傅。任權僧正。三年甲子(午カ)。爲望擬講。四年乙未七月。轉住當山養壽院。是歲登山門爲擬講。六年丁酉十一月爲天台會場。十二月傳(轉カ)住勸善院。天明三年(一七八三)癸卯七月。爲紅葉山別當。轉住涼泉院。四年甲辰。轉任僧正。是歲六月遷主當院。兼紅葉山別當。寛政元年(一七八九)己酉。任大僧正。而辭紅葉山別當。三年辛亥三月。依疾辭職而隱居。寓護國院別屋。安樂心大王賜名佛壽院。四月朔日逝矣。壽七十二。荼毘葬當院南丘。在日修尊勝佛頂王法一萬座。乃建寶塔于東叡山西南隅。

第十四世前大僧正實乘。字全興。上毛人。享保二(「十カ)年(一七三五)乙卯四月八日薙染。後來當山居教庠。寶曆中爲住心院空潭弟子。登山門而修學。明和四年(一七六七)丁亥。主山門禪林院。安永五年(一七七六)丙申八月。擢爲望擬講。八年己亥十月。爲法華會講師。十二月賜維摩院室。天明元年(一七八一)辛丑十月。預禁中懺法會。任權僧正。二年壬寅三月。爲別請竪義已講。三年癸卯八月。爲探題。四年甲辰五月。轉住竹林院。五年乙巳二月。轉任僧正。

八年戊申四月。任二大僧正一ニ。寛政三年（一七九一）辛亥五月。遷テ主二當院一ヲ。四年壬子爲二天台會場一ト。九年丁巳十一月。辭シテレ職ヲ而隱居ス。寓シ二護國院ノ別屋一ニ。後寓ス二王宮ノ之廨舍一ニ。十一年己未十二月。貫主大王賜二名ヲ厭求院一ト。文化元年（一八〇四）甲子六月五日。寂ス二于大慈院一ニ。壽八十矣。葬二當院ノ南丘一ニ

第十五世前大僧正德考者。字ハ一塵。號ハ制心堂。俗姓ハ辻邨氏。江戸ノ人也。童孩ニシテ塵投二圓珠院德明一ニ。師トシテレ之ヲ尋テ受二前大僧正德潤ノ戒度一ヲ薙髮ス焉。延享乙丑（一七四五）。年甫テ十一修二四度ノ加行一ヲ。至二其所レ履ニ既ニ知三千里之路在ルコトヲ二于跬步一ニ也。寛延元年（一七四八）。詣二鎌倉ノ大順一ニ學ブ焉。居ルコト三年順示寂ス。遺囑シテ事二喜多院僧正慈門一ニ。研習有レ年。寶曆申（甲カ）戌（一七五四）。聞下明師在二山階一而病上ト。卽便治レ裝ヲ兼レ程ヲ往テ以テ看候ス。明年師ノ病已ニ差從レ師ニ東歸ス。丁丑之冬。登二比叡山一ニ修二科第ノ式一ヲ。而シテ履歷隨レ緣ニ。至二九年己卯一ニ乃尸二山階ノ龍華院一ヲ。明年庚辰。拜二大僧都一ニ。安永己（癸カ）巳（一七七三）。擧二新大王扈從ノ之班一ニ賜二戒善院ノ室一ヲ。甲午之歲。開二闍梨ノ密場一ヲ。明年扈ニ從シテ王駕一ニ歸ニ嚮シ東台一ニ寄ニ寓ス王門ノ廨舍一ニ。

丙申三月。尸二圓珠院一ヲ蓋繼二法系一ヲ也。是歲新大王薨。准后大王復命繼ニ緖新王扈從ノ之班一ヲ。其冬命シテ轉二寒松院一ニ。丙申至二戊申一ニ三ヒ奉二香使ヲ於日光・久能・山階一ニ。寛政庚戌（一七九〇）。補二紅葉山ノ別當職一ニ。任二權僧正一ニ。移テ住二明靜院一ニ。至二九年丁巳一ニ。乃特ニ命シテ移ニ住凌雲院一ニ。兼テ主二覺林坊一ヲ。進二正官一ニ賜二紫衣一ヲ。十年戊午。任二大僧正一ニ。迨レ後二官命シテ許レ杖二於大城一ニ。享和壬戌（一八〇二）。辭二紅葉山ノ職一ヲ。三年癸亥。又奉二香使ヲ於久能山一ニ。文化丙寅（一八〇六）。辭シレ職ヲ退ニ老ス于明靜院一ニ。賜二不患院ノ號一ヲ。迨二庚午ノ冬一ニ病已ニ厚シ。豫メ知三大限在ルコトヲ二呼吸閒一ニ。集レ徒ヲ遺誡ス焉。此時緇素圍ニ繞病牀一ニ。謹二哭泣ノ誡一ヲ。忍二永訣ノ哀一ヲ。徐クニ鳴シ二梵磬一ヲ俱ニ唱二洪名一ヲ。以二十二月二十一日卯刻一ヲ泊然トシテ而逝ク矣。享ルコトレ年ヲ七十六。戒臘實ニ六十六。年越テ二日葬二于凌雲院ノ南丘一ニ

寒松院

寛永四年(一六二七)丁卯。伊賀侯藤堂高虎創建シテ。以爲二其所一レ建之東照宮ノ別當院一ト。慶安四年(一六五一)辛卯。官府新ニ營二建ス宮一ヲ。至レ是ニ院亦修葺增拓ス

第一世權僧正辨海。野州長沼ノ人ナリ。依テ二法印乘海一ニ出家シ。禮シ二僧正亮辨一ヲ剃染ス。初主二鎌田ノ西光寺一ヲ。又主二四(皿カ)土ノ法輪寺一ヲ。而シテ常ニ在二當山一ニ侍二ス開山大師一。大師命シテ遷シメ二月山寺一ニ。寛永四年(一六二七)丁卯。命シテ主二シム當院一ヲ。十年癸酉。大師奏請シテ任二權僧正一ニ。妙法院堯然親王畀二號寂場院一ヲ。陞テ主二長沼ノ宗光寺一ヲ。十四年丁丑十一月十五日寂ス。壽六十六

第二世權大僧都忠海。失スレ傳ヲ。十五日寂

第三世大僧都純海。越前ノ人ナリ。登二台山一ニ爲二金臺院尊運弟子一ト。後主二正藏院一。轉シテ主二壽量院一ヲ。尋テ偕ニ二同袍生順一ト來ル二當山一ニ。既ニシテ而主二當院一ヲ。遂ニ授ケラル二執當一ヲ。賜二戒善院ノ室一ヲ。素ヨリ精二シ密乘一ニ。乃依二西山流一ニ建二灌頂道場ヲ於當院一ニ。始テ傳二法ス于弟子玄海及福聚院ノ智英等一ニ。於レ是以二當院一ヲ爲二西山流ノ之道場一ト。寛文四年(一六六四)甲辰正月二十一日寂ス

第四世僧正玄海。姓ハ林。越前ノ人ナリ。純海度シテ爲二弟子一ト。付二シ主台山ノ壽量院一ヲ。既ニシテ而來二當山一ニ。寛文四年(一六六四)甲辰。本照院大王薦メテ二之ヲ官府一ニ陞テ主二シム當院一ヲ。貞享三年(一六八六)丙寅。解脱院大王告テ二之ヲ官府一ニ授二ク執當一ヲ。賜二號戒善院一ト。是歳爲二天台會場一ト。四年丁卯。奏請シテ任二大僧都一。元祿三年(一六九〇)庚午。辭シテレ職ヲ而遷二圓珠院一ニ。四年辛未。准后大王薦メテ二之ヲ官府一ニ陞テ主二シム日光ノ修學院一ヲ。又奏請シテ任二ス權僧正一ニ。五年壬申。兼二主シム常州ノ逢善寺一ヲ。八年乙亥。大王奏請シテ轉二任ス僧正一ニ。十一年戊寅。預テ二當山ノ中堂ノ落慶會一ニ爲二梵唄師一ト。十三年庚辰。退テ二修學院一ヲ隱二居ス逢善寺一ニ。十五年壬午四月二日寂ス。壽七十七

第五世大僧都宣融。元祿三年(一六九〇)庚午。准后大王薦テ二之ヲ官府一ニ自二泉龍院一陞テ主二シム當院一ヲ。十二年己卯。退二ク當院一ヲ。寛

保三年(一七四三)癸亥七月二日寂。葬二當院一ニ

第六世僧正公然。元祿十二年(一六九九)己卯四月。准后大王薦テ二之ヲ官府ニ自二等覺院一陞テ主シム二當院一ヲ。寶永三年(一七〇六)丙戌。大王薦テ二之ヲ官府ニ授ク二執當一ヲ。五年戊子。辭ス二兼領スル生池院一ヲ。又命シテ主シム二越後ノ安禪寺一ヲ。當二六年己丑一ナル。辭ス二執當一ヲ。大王奏請シテ任ス二權僧正一ニ。六年己丑。退ク二安禪寺一ヲ。美濃守松平吉保爲ニ檀越一ト。歲ニ施ス二米百俵一ヲ。七年庚寅二月。大王告テ二之ヲ官府ニ陞テ董サシム二金龍山一ヲ。賜二號傳法心院一ヲ。正德二年(一七一二)壬辰三月。轉二任僧正一ニ。享保四年(一七一九)己亥正月。請レ官ニ以二本堂修理之事一ヲ官賜レ金ヲ。六年辛丑。又募ニ有信之施レスコトヲ財ヲ遂ニ修理ス焉。七年壬寅六月。辭シテレ寺ヲ而隱ニ居ス寺ノ傍一ニ。自號ス二昭堂一ト。九年甲辰三月。上レ京ニ寓ス二岡崎ノ西敎寺ノ別業一ニ。六月二十四日。從二玄門和尚一ニ受二菩薩戒一ヲ。十一年丙午九月。從二靈空和尚一ニ受ク二八齊(齋カ)戒一ヲ。尋テ入律シテ爲二沙彌一ト。十二年丁未八月。從二玄門和尚一ニ受二四十八輕戒一ヲ。十五年庚戌十一月二十日。無ク二病惱一唱テ二佛名一ヲ而寂ス。壽六十二。葬二山門安樂院ノ墓所一ニ。崇保大王賜二諡ヲ佛頂光院一ト

第七世大僧都覺同。寶永七年(一七一〇)庚寅二月。准后大王薦テ二之ヲ官府ニ自二等覺院一陞テ主シム二當院一ヲ。既ニシテ而奏請シテ任ス二大僧都一ニ。享保元年(一七一六)丙申十一月。辭シテレ院ヲ而上レ京ニ。結二廬ヲ嵯峨二尊院ノ傍一ニ。自號ス二圓悟院一ト。素有二興スレノ廢ヲ之志一。十二年丁未。修ス二山家灌頂ヲ於台麓ノ生源寺一ニ。蓋此灌頂山門失レスルコト傳ヲ久シ矣。唯播州書寫山ノ徒傳フ焉。覺同受テレ之ヲ再ヒ行フ二於山門一ニ也。又中堂ノ佛名會。西塔ノ勸學會。橫川ノ如法經。山王ノ舍利會。皆當ニ再興之任一ニ云。篤ク奉ス二密敎一ヲ。自修シ授レク他ニ以爲ニ常務一ト。又誦スルコト二法華ヲ五千部。奉ニ爲メニ大明大王ノ薦レム福ヲ。乃チ建ニ塔ヲ城州山科毘沙門堂ノ側一ニ。元文五年(一七四〇)庚申十一月五日。寂ス二于嵯峨ノ草菴一ニ。壽八十三。遺言シテ葬ニ山科大明大王靈塔ノ下一ニ

第八世僧正公英。享保元年(一七一六)丙申十一月。自二明靜院一轉ニ住當院一ニ。三年戊戌五月。扈ニ從シテ崇保大王ニ西上ス。十月登二山門一ニ爲ニ法華會ノ竪者一ト。四年己亥爲ニ天台會場一ト。七年壬寅六月。轉ニ住淺草傳法院一ニ。任二權僧正一ニ。十一年丙午七月。轉ニ任僧正一ニ。十三年戊申三月。再ニ興シ溫座會一ヲ。

毎年正月七晝夜修鎮護國家法云。十五年庚戌八月。請官闢山東南置市廛。以其地價充本堂修理科(料カ)。十八年癸丑四月。建不斷念佛道場于山北。元文五年(一七四〇)庚申十月。辭院而隱居于院傍公然舊廬。隨宜樂大王賜名慧日院。寶暦六年(一七五六)丙子七月二十七日寂。壽六十一。葬淺艸寺墓所

第九世大僧都綽然。享保七年(一七二二)壬寅六月。自松林院轉住當院。而辭領清水堂。十九年甲寅爲天台會場。二十年乙卯十月。辭院而去。寓本鄕瑞泉院。自號沖霄院。延享二年(一七四五)乙丑正月二十二日寂。壽六十八。葬瑞泉院

第十世大僧都常應。享保二十年(一七三五)乙卯十月。自松林院轉住當院。元文三年(一七三八)戊戌(午カ)十二月。任大僧都。延享三(一七四六)年丙寅爲天台會場。寶暦十一年(一七六一)辛巳十一月。賜圓覺院室。爲中御門家猶子。明和元年(一七六四)甲申七月二十二日寂。壽七十六。葬于護國院

第十一世大僧都覺心。初主明王院。轉勸善院。明和四年(一七六七)丁亥閏九月。有故退院。自號澹菴。安永元年(一七七二)壬辰十月。隨宜樂大王命歸山主當院。四年乙未四月。賜維摩院室。爲清水谷家猶子。七年戊戌十一月。告老辭院而隱居。賜名正受院。寓于谷中感應寺塔中安立院。天明四年(一七八四)甲辰二月十三日寂。壽七十九。葬明王院

第十二世前大僧正德考。事跡在淩雲院記

第十三世大僧都公珪。寛政二年(一七九〇)庚戌十月。自勸善院轉住當院。八年丙辰十一月。依病辭院而上京。自號安行院。十一年己未十一月九日寂。享年三十七。葬洛東眞如堂側

第十四世僧正堯詮。寛政八年(一七九六)丙辰十一月。自林光院轉住當院。九年丁巳爲天台會場。十年戊午二月。賜莊嚴院室。十一年己未四月。命著松葉色衣。十二年庚申七月。轉住上州世良田長樂寺。任權僧正。享和元年(一八〇一)辛酉九月。修行長樂寺曩祖相傳灌頂。文化元(一八〇四)年甲子二月。轉任僧正。二年乙丑之冬。賜松葉色緞

子ノ衣一ヲ。六年己巳十一月。轉二住山王祠別當觀理院一ニ。八年辛未四月。依テレ病ニ辭シテレ院ヲ賜二名ヲ密圓院一ト。是月十八日寂ス。壽七十八。葬二林光院ノ墓所一ニ。存日爲二考妣追福一ノ。屈二請シテ僧衆ヲ於武州足立郡慈眼寺一ニ。讀二誦法華經千部一ヲ云。又以二金五百兩ヲ一附二長樂寺一ニ。爲二永世ノ修葺科（料カ）一ト。又金百兩附二山門横川ノ大師堂一ニ。金百兩附二山門葛川ノ明王堂一ニ。金百兩附二總州成田ノ明王堂一ニ。金百兩附二總州佐倉ノ甚大寺一ニ。金五十兩附二武州足立郡慈眼寺一ニ。此外所レノ附スル金ヲ之寺院多不二悉ク記一焉

東漸院

慶安二年（一六四九）己丑。伊勢ノ守水谷勝隆ノ所レナリ剏ムル。四年辛卯。大猷公ノ影殿新ニ建ツ。有テレ命署シテ爲二別當院一ト。大ニ增二拓ス院宇一ヲ。元祿戊寅（一六九八）罹ルレ災ニ。命シテ二工部一ニ重建ス。寶永己丑（一七〇九）又災ス。又從テ而建ツ

第一世權僧正宣祐。毛利輝元ノ麾下。日向ノ守多多良景範カ子ナリ。幼ニシテ失二恃怙一ヲ。投シテ二州之氷上山ノ僧源康一ニ薙落ス。既ニシテ而負テレ笈ヲ登二台山一ニ有二穎敏ノ聲一。聞下開山大師闢テ二當山一ヲ大ニ振中ト宗風上ヲ。乃來リ依ル焉。大師甚タ器二重之一ヲ。每ニ囑シテ曰。汝宜下住シテ二此山一ニ莫中カル應シ二他ノ請一ニ去上コト也。正保改元（一六四四）。源黃門賴房卿。要ス三延テ主シメント二國府ノ如日山一ヲ力メ辭シテ不レ赴カ。慶安二年（一六四九）己丑。水谷伊勢守爲ニ搆テ二小院ヲ於今ノ地一ニ棲シム焉。歲ゴトニ施ス二米百俵一ヲ。祐素ヨリ志在二東來弘法一ニ。因テ扁シテレ院ニ曰二東漸一ト。久遠壽院准后。以下其翼二賛スルノ大師ヲ一功績浩大ナルヲ上。使レ兼二董セ越ノ之安禪寺一ヲ。是歲大猷公ノ影殿

新ニ建テ選ニフ別當ノ人ヲ。准后乃擧テレ祐ヲ應ス選ニ。卽命シテ授ニク別當職ヲ一。於レ是大ニ增ニ拓シテ院宇寮廡ヲ一。以居ニク奠供執役ノ之者ヲ一。給ニス官租一千三百七十俵ヲ一。且ッ於ニ山西數量所ニ一置ニク柴山ヲ一。承應改元（一六五二）。因幡守青山宗俊。歸宗尤厚シ。歲ニ割テニ俸五十俵ヲ一以資ニク法喜ヲ一。又理性院大夫人改テニ大保福禪寺ヲ一爲ニ敎苑ト一。以薦ニム大猷公ノ冥福ヲ一。乃請レ祐ヲ兼ニ主シメ以レ祐ヲ爲ニ敎苑ノ第一代ト一。是歲爲ニ天台會場ト一。二年。轉シテ權大僧都ヲ一任ニ大僧都ニ一。明曆元年（一六五五）。行シテ祕密灌頂ヲ一受ニク阿闍梨位ヲ一。本照院大王及准后親ク臨テ隨喜ス。執政伊豆ノ守松平信綱施シテニ黃金三十兩ヲ一以助レク費。信綱嘗テ延テニ祐ヲ於私第ニ一供養シ。因テ問ニ法華ノ世閒相常ノ之旨ヲ一。祐援ニキ據リ祖文ニ一委曲開示ス。自レ是信敬益ﾏｽ篤シ。萬治元年（一六五八）。大王賜テニ號眞光ヲ一。以旌ハスニ其功業ヲ一。祐每ニ入テ見ニ大王ニ一。勸ルニ以テスニ勉テレ學ヲ而不レ懈ンコトヲ。大王望ミニ見ルトキハ祐ノ至ヲ則斂メレ容ヲ端シテレ居ヲ而待ツ。寬文元年（一六六一）。大王奏請シテ任スニ權僧正ニ一。是年七月染ムレ病ニ。大樹君遺（遣カ）ハシテニ國醫吉田意安・山本友仙ヲ一進メシムレ藥ヲ。大王准后親ク臨テ問レ疾ヲ。鉅（侯カ）候重臣親ク來リ。馳テレ使ヲ問レ疾ヲ者相踵ク。至ニ八月七日ニ一與ニ從屬ニ一言レ別ヲ。備ニ囑シテ後事ヲ一沐浴シ更テレ衣ヲ面西合掌シテ泊然トシテ坐逝ス。壽六十六。葬ムルニ于院ノ北隴ニ一」

第二世權大僧都宣海。下野ノ州岡本氏ノ子ナリ。年甫テ十二。出ニス家ヲ于日光ノ南照院ニ一。十三歲禮シテニ開山大師ヲ一剃染ス。二十五歲師トシテ事フ宣祐ニ一。尋テ主トスニ圓珠院ヲ一。寬文二年（一六六二）。本照院大王薦テニ之ヲ官府ニ一遷テ主シムニ當院ヲ一。是歲爲ニ天台會講師ト一。十二年壬子二月十七日逝ス。壽五十一。葬ニ于院ノ後丘ニ一

第三世權僧正宣存。寬文十二年（一六七二）。本照院大王薦テニ之ヲ官府ニ一自ニ圓珠院一遷テ主ニ當院ヲ一。院本無シニ修護摩堂ヲ一。存請テニ之ヲ官ニ一鼎建ス。天和二年（一六八二）。解脫院大王告テニ之ヲ官府ニ一授ニク執當ヲ一。別當ト執當ト不レ可レ兼ニ乎一人ニ一。遂ニ遷テ復住スニ圓珠院ニ一。事蹟ノ顚末見タリニ圓珠院ノ主僧記ニ一

第四世大僧都宣純。武州豐島縣杁田氏ノ子ナリ。七歲ニシテ出ニ家シ于當院ニ一。事フニ宣祐ニ一。十一歲脫白ス。二十二歲登ニ台山ニ一主ニ龍珠院ヲ一。三十歲來テ主ニ圓珠院ヲ一。天和二年（一六八二）。解脫院大王薦テニ之ヲ官府ニ一遷テ主シムニ當院ヲ一。後任ニ大僧都ニ一。元祿

十一年(一六九八)戌(戊カ)寅五月九日。預メ知二リ死ノ至一ヲ燒香念佛シテ端坐シテ而化ス。壽五十九。葬二當院ノ後丘一ニ

第五世大僧都宣英。元祿十一年(一六九八)。准后大王薦二テ之ヲ官府一ニ自二普門院一遷テ主二シム當院一ヲ。大王又奏請シテ任二ス大僧都一ニ。十六年癸未爲二天台會場一ト。享保元年(一七一六)丙申十一月。傳(轉カ)二住ス上州世良田長樂寺一ニ。任二權僧正一ニ。賜二龍王院ノ室一ヲ。後轉二任僧正一ニ。十一年丙午。辭二シテ長樂寺一ヲ還二當山一ニ寓二ス元光院一ニ。賜二名ヲ山壽院一ト。十二(二十カ)年乙卯八月五日寂。壽八十六。葬二當院之後一ニ

第六世大僧都宣靈。初ノ名ハ慈潭。享保元年(一七一六)丙申十一月。自二普門院一遷テ主二當院一ヲ。尋テ改レム名ヲ。七年壬寅五月。任二ス大僧都一ニ。十年乙巳三月十一日寂ス。享年五十一。葬二當院ノ後丘一ニ

第七世大僧都乘因。初ノ名ハ智權。博學ニシテ多二シ著書一。享保十年(一七二五)乙巳三月。自二勸善院一轉二住當院一ニ。十二年丁未七月。轉二住信州戸隱山ノ勸修院一ニ。任二大僧都一ニ。元文四年(一七三九)己未正月。有レ違二貫主大王ノ命一ニ見二遠流一。是歳十月二十九日寂二ス于配所一ニ。壽五十八。後ニ有レテ赦而有緣ノ人建二ツト塔ヲ于當院一ニ云

第八世贈大僧正智韶。享保十二年(一七二七)丁未七月。自二觀成院一轉二住當院一ニ。十六年辛亥三月。任二大僧都一ニ。十八年癸丑爲二天台會場一ト。元文二年(一七三七)丁巳。爲二新大王ノ之侍讀一ト。四年己未五月。補二執當職一ニ。賜二龍王院ノ室一ヲ。轉二住ス明王院一ニ

第九世僧正堯範。元文四年(一七三九)己未五月。自二觀成院一轉二住當院一ニ。是歳爲二天台會場一ト。寶曆二年(一七五二)壬申十二月。轉二住山王祠別當觀理院一ニ。任二權僧正一ニ。七年丁丑十二月。轉二任僧正一ニ。十二年壬午五月十五日寂ス。壽八十矣。葬二當院ノ後丘一ニ。私ニ諡二實際院一ト

第十世大僧都宣圓。初ノ名ハ宣賀。寶曆二年(一七五二)壬申十二月。自二林光院一轉二住當院一。明和四年(一七六七)丁亥八月。辭レシテ院而隱居ス。自號二一心院一ト。寓二于谷中感應寺ノ塔中養善院一ニ。天明元年(一七八一)辛丑四月九日寂ス。壽八十二。葬二ル當院ノ後丘一ニ

第十一世大僧都從宜。明和四年(一七六七)丁亥八月。自二春性院一轉二住當院一ニ。安永元年(一七七二)壬辰爲二天台會場一ト。天明三年(一七八三)癸卯

二月。賜二莊嚴院ノ室一ヲ。爲二清水谷家ノ猶子一ト。六年丙午六月二十五日寂ス。壽七十矣。葬二當院ノ後丘一ニ

第十二世贈權僧正寂現。天明六年（一七八六）丙午八月。自二林光院一轉二住當院一ニ。七年丁未三月。補二執當職一ヲ。賜二願王院ノ室一ヲ。轉二住等覺院一ニ

第十三世大僧都忍善。天明七年（一七八七）丁未三月。自二等覺院一轉二住當院一ニ。寛政八年（一七九六）丙辰正月六日寂ス。壽六十二。葬二當院ノ後丘一ニ

第十四世權僧正長嚴。寛政八年（一七九六）丙辰二月。自二觀成院一轉二住當院一ニ。十二年庚申閏四月。補二執當職一ニ。賜二圓覺院ノ室一ヲ。轉二住ス明王院一ニ

津梁院

寛永年中津輕越中ノ守ノ之取（所カ）レナリ建ル。初越中ノ守ノ父葬ル二于淺草ノ常福寺一ニ。及レ建二當院一ヲ卽移ス二其塔一ヲ。歲〻ニ施ス二僧糧一ヲ。名ルニ以テ二此ノ名一ヲ。蓋シ其父ノ謚號ナレハナリ也。延寶八年（一六八〇）六月。嚴有公ノ影殿新ニ建ツ。官府命シテ以二當院一ヲ爲二別當院一ト。改メ造リ增拓ス。元祿十六年（一七〇三）罹レル災ニ。明年重建ス。寶永六年（一七〇九）及テ二常憲公ノ影殿新ニ建一ニ。移二寺址ヲ於今ノ地一ニ

第一世權大僧都本祐。不レ詳カニセ姓氏一ヲ。常州行方郡ノ人ナリ。嘗テ主ニ淺草ノ常福寺一ニ。及テ越中ノ守建ルニ二當院一ヲ延テ住持セシム焉。寛永十五年（一六三八）。於テ二津輕ノ郡府一ニ建二東照宮一ヲ。其別當院ヲ號ス二藥王院一ト。越中ノ守使ニ祐ヲシテ兼主一トラ。正保四年（一六四七）丁亥十月二十七日逝ス。葬二當院ノ西偏（偏カ）一ニ葬（葬カ）

第二世權大僧都本好。不レ詳ニセ姓氏一ヲ。依テ二本祐一ニ剃度ス。及テ二祐寂スルニ一嗣テ主ル二當院一ニ。兼二領ス藥王院一ヲ。慶安中越中守於二津輕一ニ創二報恩寺一ヲ。使ミ好爲二開山第一世一ニ。明曆三年（一六五七）丁

酉爲ニ天台會場一ト。萬治二年(一六五九)己亥九月十二日寂ス

第三世大僧都宣海。萬治二年(一六五九)。從ニ等覺院一遷テ主トルニ當院ヲ。兼ニ主越後ノ國分寺一ヲ。延寶八年(一六八〇)六月。寺爲ニ嚴有公ノ影殿ノ別當院一ト。解脱院大王薦テニ海ヲ官府一ニ爲ニ別當一ト。天和元年(一六八一)辛酉爲ニ天台會場一ト。三年癸亥十二月。辭シテレ職ヲ退院シ。隱ニ居ス等覺院一室一ニ。貞享元年(一六八四)乙子(甲カ)七月三日寂ス。壽六十二。葬ニ當院ノ西偏一ニ

第四世大僧都最純。天和三年(一六八三)癸亥二月。解脱院大王薦テニ之ヲ官府一ニ。從ニ修禪院一遷テ主ニ當院一ヲ。貞享四年(一六八七)丁卯爲ニ天台會場一ト。元祿二年(一六八九)己巳七月。告テニ之ヲ官府一ニ授クニ執當一ヲ。賜フニ號大覺王院一ヲ。卽遷シムニ見明院一ニ。尋テ奏請シテ任ニ大僧都一ニ

第五世大僧都憲海。元祿二年(一六八九)。解脱院大王薦テニ之ヲ官府一ニ。自ニ見明院一陞テ主シムニ當院一ヲ。六年癸酉正月二十八日寂ス。壽五十三

第六世大僧都堯慶。後名亮恕。元祿六年(一六九三)。准后大王薦テニ之ヲ官府一ニ。自ニ壽昌院一陞テ主シムニ當院一ヲ。十二年己卯十一月爲ニ天台會場一ト。尋テ以レ疾ヲ退院ス。十三年庚辰十二月。命アリ越テ主ニ常州黑子ノ千妙寺一ヲ。賜ニ靈山院ノ室一ヲ。任ニ權僧正一ニ。更ムニ名亮恕一ト。爲ニ坊城一位某卿ノ猶子一ト。寶永八年(一七一一)辛卯。退ニ老ス于相州鎌倉一ニ。自號ニ寂應院一ト。享保三年(一七一八)戊戌正月九日寂ス

第七世大僧都寂仙。元祿十二年(一六九九)十二月八日。准后大王薦テニ之ヲ官府一ニ。自ニ松林院一陞テ主シムニ當院一ヲ。十六年十月。任ニ大僧都一ニ。寶永二年(一七〇五)乙酉爲ニ天台會場一ト。正德元年(一七一一)七月六日寂ス。壽五十九。荼毘シテ塔ストニ于三所一ニ云

第八世大僧都長存。正德元年(一七一一)七月十日。准后大王薦テニ之ヲ官府一ニ。自ニ元光院一陞テ主ニ當院一ヲ。享保二年(一七一七)丁丑(酉カ)六月。辭シテレ院ヲ而隱ニ居ス于壽昌院ノ別屋一ニ。是歲七月十八日寂ス。壽五十六

第九世大僧都賢空。享保二年(一七一七)丁酉六月。自ニ觀成院一轉ニ住當院一ニ。三年戊戌八月二十二日寂ス。行年五十五。葬ニ當院ノ西徧(偏カ)一ニ

第十世權僧正覺濵。享保三年(一七一八)戊戌八月。自ニ修禪院一轉ニ住當院一ニ。四年己亥二月。補ニ執當職一ニ。賜ニ住心院ノ室一ヲ。

遷ル二見明院一ニ

第十一世大僧都義存。享保四年(一七一九)己亥二月。自二見明院一轉二住當院一ニ。七年壬寅三月。任二大僧都一ニ。九年甲辰二月二十九日寂ス。享年五十二。葬二當院ノ西偏(偏カ)一

第十二世權僧正良然。享保九年(一七二四)甲辰三月。自二春性院一轉二住當院一ニ。十年乙巳三月。任二大僧都一ニ。十四年己酉八月。補二執當職一ニ。賜二覺王院ノ室一ヲ。轉二任(住カ)等覺院一ニ

第十三世大僧都覺明。享保十四年(一七二九)己酉八月。自二勸善院一轉二住當院一ニ。元文二年(一七三七)丁巳正月。任二大僧都一ニ。四月依テレ病ニ辭シテレ院ヲ而隱居ス。自號ス二念空院一ト。是時弟子覺龍。主ル二常州眞壁郡ノ最勝王寺一ヲ。十二月二十一日。覺明寂ス二于最勝王寺一ニ。享年五十一。葬二最勝王寺ノ墓地一ニ。嘗テ在リシ二當山一ニ日。與二元光院長堯・修禪院靈如一同シレ志ヲ。多年春秋ノ時正幷ニ僧自恣日爲シ二放生會一ヲ。且ツ倶ニ出シテレ金ヲ積テ爲ニ二永世ノ放生會料一ト。隨喜ノ緇素亦爲シレ施ヲ成ル二數百金一ト。而シテ此會于レ今不レ廢

第十四世大僧都宣應。元文二年(一七三七)丁巳四月。自二林光院一轉二住當院一ニ。寛保二年(一七四二)壬戌爲二天台會場一ト。延享元年(一七四四)甲子。檀越顯休院更葬ノ之時有リトレ勞云。寶暦元年(一七五一)辛未三月。辭シテレ院ヲ而隱二居ス于谷中感應寺ノ境內一ニ。自號二隨喜院一ト。三年癸酉三月五日寂ス。壽六十八。葬二當院ノ西偏(偏カ)一

第十五世大僧都智紘。寶暦元年(一七五一)辛未三月。自二觀成院一轉二住當院一ニ。二年壬申九月十四日寂ス。享年五十四。葬二明王院一ニ

第十六世贈權僧正空潭。寶暦二年(一七五二)壬申十月。自二春性院一轉二住當院一ニ。六年丙子。請二檀越津輕侯一ニ加二增ス寺產一ヲ。爲二千石一ト。是歲四月代二貫主大王一ニ登二久能山一ニ。七年丁丑十二月。補二執當職一ニ。轉二住明王院一ニ

第十七世權僧正守玄。寶暦七年(一七五七)丁丑十二月。自二勸善院一轉二住當院一ニ。尋テ改二名ヲ守玄一ト。九年己卯二月。任二大僧都一ニ。十一年辛巳爲二天台會場一ト。十三年癸未十二月。補二執當職一ニ。賜二信解院ノ室一ヲ。轉二住明王院一ニ

第十八世大僧都亮覺。寶暦十三年(一七六三)癸未十二月。自二林光院一轉二住當院一。明和二年(一七六五)乙酉四月。任二大僧都一。七年庚寅

十一月二十七日寂ス。壽五十八。葬ニ勸善院一
第十九世僧正慈空。明和七年(一七七〇)庚寅十二月。自ニ福聚院一轉ニ住當院一ニ。八年辛卯爲ニ天台會場一ト。安永二年(一七七三)癸巳三月。轉ニ住久能山德音院一ニ。七年戊戌六月。轉ニ住談山竹林坊一ニ。任ニ權僧正一ニ。天明元年(一七八一)辛丑十二月。轉ニ任僧正一ニ。八年戊(戊カ)申六月。辭シテニ寺務ヲ一而隱居ス。自號ニ仙壽院一ト。來ニ當山一ニ寓ニ壽昌院一ニ。又寓ニ觀成院一ニ。寛政十年(一七九八)戊午正月九日。寂スニ于觀成院一ニ。壽八十四。葬ニ勸善院一
第二十世權僧正覺謙。安永二年(一七七三)癸巳三月。自ニ明王院一轉ニ住當院一ニ。三年甲午十二月。補ニ執當職一ニ。賜ニ佛頂院ノ室一ヲ。又轉シテ再ヒ住ニ明王院一
第二十一世權僧正善慧。安永三年(一七七四)甲午十二月。自ニ勸善院一轉ニ住當院一。天明二年(一七八二)壬寅十月。轉ニ住仙波喜多院一ニ。任ニ權僧正一ニ。爲ニ中御門家ノ猶子一ト。寛政三年(一七九一)辛亥三月。退ニ老ス于仙波ノ淨藏坊一ニ。自號ニ約行院一ト。四年壬子二月六日寂ス。壽八十三。葬ニ喜多院ノ墓所一ニ
第二十二世前大僧正亮天(缺傳)

第二十三世權僧正覺邦。寛政四年(一七九二)壬子十一月。自ニ林光院一轉ニ住當院一ニ。五年癸丑八月。爲ニ昵近一ト。九年丁巳十月三日。寺災アリ。官賜ニ金百五十兩一ヲ。檀越津輕侯假ニ造ル房舍一ヲ。十一年己未二月。津輕侯以テレ書告ク今年經營シテ復スルコトヲニ舊觀一ニ。三月轉ニ住山王祠ノ別當觀理院一ニ。任ニ權僧正一ニ。十二年庚申四月三日。起ニ登日光山一ニ。預ニ大猷公影殿ノ法會一ニ。是時有レ疾。二十五日歸テ寓シテニ當山修禪院一ニ而寂ス。壽六十六。葬ニ當院ノ西偏一ニ。賜ニ謚ヲ隨緣院一ト
第二十四世大僧都慈璿。寛政十一年(一七九九)己未三月。自ニ勸善院一轉ニ住當院一ニ。是時寺宇ノ重搆未タレ成。前月津輕侯書以告ルニ前住覺邦一ニ。以テスニ今年營造スルコトヲ一。然トモ未タレ就スヲ緒ニ而覺邦轉ニ住觀理院一ニ故ニ。慈璿移住ノ初メ領スニ再建ノ之事一ヲ。秋九月土木功成テ復スニ舊觀一ニ。十一月爲ニ天台會場一。享和元年(一八〇一)辛酉七月。賜ニ龍王院ノ室一ヲ。二年壬戌十一月。代ニ貫主大王一ニ登ニ久能山一ニ。文化四年(一八〇七)丁卯十月八日寂ス。壽六十五。葬ニ當院ノ西偏一ニ。賜ニ謚ヲ省道院一ト
第二十五世大僧都亮禪。文化四年(一八〇七)丁卯十一月。自ニ勸善

院轉住當院。七年庚午八月二十二日寂。享年五十七。
葬勸善院。

大慈院

常憲公影殿別當院也。寶永六年（一七〇九）己丑春命降。冬十一月告成。七年庚寅。又命賜白銀五百枚。造凡百什器。又右京大夫輝貞爲檀越。永施莊田百石。

第一世大僧都慶海。寶永六年（一七〇九）二月五日。准后大王薦之官府。自福聚院陞主當院。十一月二十六日入院。正德元年（一七一一）辛卯爲天台會場。享保五年（一七二〇）庚子。辭羽州山形寶光院。九年甲辰十月。賜覺樹院室。十年乙巳五月。依病辭院而隱居。寓于修禪院。賜名常念院。命領羽州山形柏山寺。高崎侯資助焉。黑田豐前守直邦朝臣贈十口糧。是歳七月四日未刻寂。壽七十五。葬于當院之後。其在世也。自元祿十二年（一六九九）己卯至享保十年（一七二五）乙巳五月。每日詣拜中堂及兩大師。每日修不動尊祕法。其餘誦經呪無算。又自住當

院ニ來テ於影殿ニ誦スト法華四千餘部ヲ云
第二世大僧都守中。享保十年（一七二五）乙巳五月。自福聚院轉住當院。二十年乙卯九月六日戌刻。向西端坐合掌シテ而逝ク矣。壽六十九。葬當院ノ北偏
第三世大僧都光海。享保二十年（一七三五）乙卯九月。自現龍院轉住當院。十一月爲天台會場ト。寶曆元年（一七五一）辛未十一月。依テ病辭シテ院去而寓常照院。自號爲樂院ト。十二月五日寂ス。壽七十矣。闍維シテ葬現龍院ノ墓所。又瘞分骨ヲ于當院ノ北偏。其在ルトキ世也。修ルコトハ不動明王ノ護摩供ヲ一萬座。又信奉シテ歡喜天ヲ修スルコト如法供ヲ四十年。修スルコト浴油供ヲ二百度。其所述作スル台德公・大猷公・常憲公三代ノ略記。當山王宮ノ雜傳并歷世ノ略記。皆藏于王宮ノ之庫。東叡山諸堂創建ノ記。年預雜錄抄。俱藏ムト于當山年預ノ之庫云
第四世僧正公副。寶曆元年（一七五一）辛未十一月。自福聚院轉住當院。六年丙子八月。辭湯島喜見院ヲ。八年戊寅。爲開山會ノ講師ト。十二年壬午七月。轉住山王祠ノ別當觀理院。任權僧正。明和五年（一七六八）戊子二月。轉任僧正。安永元（一七七二）年壬辰十一月。轉住現龍院
第五世大僧都乘鎧。寶曆十三年（一七六三）癸未十二月。自現龍院轉住當院。明和二年（一七六五）乙酉四月。任大僧都。安永五年（一七七六）丙申三月。轉住根津昌泉院。九年庚子十一月。辭院而隱居ス。自號三無院ト。寓谷中感應寺ノ塔中生福院。天明二年（一七八二）壬寅正月二十九日寂。壽六十八。葬現龍院ノ墓所
第六世大僧都了圓。安永五年（一七七六）丙申三月。自觀成院轉住當院。六年丁酉十二月十三日寂ス。壽五十九。葬當院ノ墓所
第七世大僧都尙純。安永六年（一七七七）丁酉十二月。自勸善院轉住當院。天明二年（一七八二）壬寅爲天台會場ト。寬政二年（一七九〇）庚戌九月。爲昵近ト。六年甲寅七月。賜靈山院ノ室ヲ。十一年己未十二月。辭シテ院ヲ而隱居ス。賜名ヲ堅樹院ト。寓等覺院。享和二年（一八〇二）壬戌三月二十二日寂ス。壽七十九。葬當院ノ墓所
第八世大僧都諶意。寬政十一年（一七九九）己未十二月。自春性院

轉二住當院一。文化五年(一八〇八)戌(戊カ)辰爲二天台會場一ト。六年己巳四月。辭レ院而隱居ス。賜二名ヲ享壽院一ト。寓二涼泉院一ニ。九年壬申六月二日寂ス。壽六十四。葬二當院ノ墓所一ニ

勸善院

寛文元年(一六六一)辛丑。嚴有公賜テ二贈僧正舜承ニ其嘗テ所レノ毀殿材及ヒ黃金一ヲ。使レテ建テ以爲二寶樹院ノ別當房一ト。歳ゴトニ給二スル米八百俵一ヲ。天和二年(一六八二)壬戌。掃部ノ頭井伊直興(越カ)爲二檀波一ト。歳ニ施二米二百俵一ヲ。寺初號二ス常德院一ト。三年癸亥。有レテ故更二ム今號一ニ。貞享元年(一六八四)官府有レテ命增二シ拓ス雲廚寢室寮廡庫倉一ニ。元祿十五年(一七〇二)住持慈仙。傾二テ其鉢資一ヲ造二ル大寢室一ヲ。十六年燬二ク于火一ニ。寶永元年(一七〇四)准后大王命シテ徒(徙カ)二サシム基ヲ於今ノ處一ニ。蓋緣下トナリ舊ト院ノ所レ在遠ニシテ二于影殿一ニ供事不ニ便ナラ一也。

是歳官府有レテ命重テ建ツ

第一世權僧正舜承。初ノ名ハ光憲。江州犬上縣海老江氏ノ子ナリ。年十五依テ二武ノ之深大寺ノ豪雄一ニ削染ス。既ニシテ而謁シ二開山大師ニ乎仙波一ニ遂ニ依ル焉。正保元年(一六四四)甲申。主トル二下妻ノ法泉寺一ヲ。三年丙戌。久遠壽院准后召シテ侍セシム二左右一ニ。慶安元年(一六四八)戊子。准后命シテ主シム二春名山光明寺一ヲ。承應三年(一六五四)甲子(午カ)。准

后薦之官府。爲寶樹大夫人影殿別當。命號常德院。明曆二年（一六五六）。嚴有公手畫承之像。幢上題常德院之三字。賜侍女某氏。像今傳在寺。三年（「萬治カ）庚子（一六六〇）爲天台會場。寛文六年（一六六六）。承大修春名殿堂。延寶四年（一六七六）。本照院大王命陞主宗光寺。五年奏請任權僧正。六月承詣闕謝恩。貞享元年（一六八四）。捨衣盋（鉢カ）資修宗光新御堂。二年退宗光來隱居當院之一室。四年丁卯五月二十一日寂。壽七十三。葬于當院北偏。其著述。淺學敎導集十一卷。法寶祕藏集十卷。並行于世。

第二世大僧都光寛。姓安中。上野安中人也。童稚師事舜承。十五歲禮久遠壽院准后剃染。寛文九（一六六九）年。結灌頂壇於當院。受阿闍梨位。本照院大王命爲當山法曼流灌頂敎授。十二年大王命董春日山。延寶五年（一六七七）。及舜承遷宗光寺。大王薦寛於官府。嗣主當院。九年解脫院大王命遷愛宕敎學院。元祿九年（一六九六）。准后大王奏請任大僧都。賜號慈雲院。晚隱棲嵯峨。自號常行院。專修淨業。堅持戒撿。寶永七年（一七一〇）。受沙彌戒於卽超律師。又登台山安樂院登壇受具。更號念水。時年七十四。享保五年（一七二〇）庚子五月二十一日寂。壽八十四。葬于當院

第三世大僧都慈仙。姓長野。上野州群馬縣人。年甫十歲。師事舜承。明曆元年（一六五五）。禮久遠壽院准后薙髮。寛文十年（一六七〇）。登台山。主寶幢房。天和元年（一六八一）辛酉。解脫院大王薦之官府。主當院。是歲爲天台會講師。二年壬戌。井伊中將直興朝臣爲檀越。歲施米二百俵。元祿五年（一六九二）。准后大王奏請任大僧都。十五年壬午爲天台會場。是歲傾衣鉢資造大寢室。十六年癸未罹災。寶永元年（一七〇四）甲申。官府有命重建于今地云。享保二年（一七一七）丁酉。辭院而隱居。自號常行院。寓于當院。五年庚子七月五日寂。壽七十五。葬當院北偏」

第四世權僧正慈延。初名全潮。享保二年（一七一七）丁酉四月。自松林院轉住當院。是歲發誓千日修不動尊立印供。崇保大王隨喜自畫不動尊賜焉。五年庚子正月。任大僧都。六年辛丑爲天台會場。七年壬寅二月。補

執當職。賜信解院室。爲葉室一位賴孝卿猶子。轉住圓珠院。八月又轉住等覺院。十四年己酉八月。辭院而任權僧正。再轉當院。十五年庚戌。發誦法華千部之願。十七年壬子八月。靈元上皇賓天。代貫主大王上京。扈從仙輿。而拜香于泉涌寺。十九年甲寅八月十七日寂。壽六十五。葬當院北偏。賜諡思誠院。

第五世大僧都乘因。初名智權。享保七年(一七二二)壬寅二月。自圓珠院轉住當院。尋更名。十月爲開山會講師。十年乙巳三月。轉住東漸院。

第六世大僧都覺明。享保十年(一七二五)乙巳三月。自普門院轉住當院。八月辭兼領總州八幡法漸寺。十一年丙午。爲開山會講師。十四年己酉八月。轉住津梁院。

第七世權僧正慈延。如上記焉。

第八世大僧都慈岡。姓野澤氏。常州下館人。寶永六年(一七〇九)己丑三月二十四日。投州之小野逢善寺會海薙髮。後來當院師事慈延。享保二年(一七一七)丁酉。登山門而修學。六年辛丑三月。主山門大智院。十九〔年カ〕甲寅九月。轉住當院。元文四年(一七三九)己未。爲天台會講師。寛延元年(一七四八)戊辰二月。任大僧都。是歲五月二十日寂。行年五十矣。葬當院北偏。

第九世前大僧正全具。寛延元年(一七四八)戊辰五月。自壽昌院轉住當院。六月辭榛名山光明寺。寶暦元年(一七五一)辛未四月。轉住洛東養源院。任權僧正。爲冷泉宗家卿猶子。四年甲戌十月。轉任僧正。七年丁丑九月。任大僧正。安永三年(一七七四)甲午三月。代隨宜樂大王授四度密法於清淨信大王。四年乙未三月。清淨信大王灌頂。又代隨宜樂大王爲教授阿闍梨。五年丙申三月。辭養源院而隱居于山門坂本。自號三密院。八年己亥正月十六日寂。壽八十二。葬洛東眞如堂傍。

第十世權僧正守玄。寶暦元年(一七五一)辛未四月。自松林院轉住當院。七年丁丑十二月。轉住津梁院。

第十一世大僧都覺心。寶暦七年(一七五七)丁丑十二月。自明王院轉住當院。十年庚辰爲天台會場。明和四年(一七六七)丁亥閏九

月。有レ故退院ス。年(〒九カ)壬辰十一月。隨宜樂大王命シテ歸レ山ニ主ニ寒松院一ニ

第十二世大僧都榮應。明和四年(一七六七)丁亥十月。自ニ泉龍院一轉ニ住當院一。安永二年(一七七三)癸巳三月。有テレ故退ニ老ス于淺草一ニ。自號ニ陀羅尼房一ト。後寓シテニ江州柏原成菩提院ニ而寂ス。實ニ安永九年庚子八月十九日也。壽八十四

第十三世權僧正善慧。字ハ尋得。近江ノ人。享保八年(一七二三)癸卯四月四日。薙ニ髮ス于末山一ニ。二十年乙卯。來ニ當山一ニ爲ニ現龍院澄然ノ弟子一ト。延享二年(一七四五)乙丑三月。紅葉山法華八講會ノ時。奉シテレ命ヲ爲ニ威儀師一ト。三年丙寅二月。主ニ淺草淸水寺ヲ一。是時堂宇諦(締カ)造年深ク將ニ頽毀セントス一。乃チ分衞シテ而補葺ス焉。寶曆二年(一七五二)壬申三月。轉ニ住三州松高院一ニ。後著ニ鳳來寺藥師尊緣起幷ニ夜話一ヲ。八年戊寅七月。任ニ大僧都一ニ。安永二年(一七七三)癸巳三月。轉ニ住當院一ニ。十月爲ニ開山會ノ講師一。三年甲午爲ニ天台會場一ト。是歲十二月。轉ニ住津梁院一

第十四世大僧都尚純。安永三年(一七七四)甲午十二月。自ニ明王院一轉ニ住當院一ニ。四年乙未十一月。任ニ大僧都一ニ。六年丁酉十二月。轉ニ住大慈院一

第十五世前大僧正智願。事迹(跡カ)在ニ凌雲院ノ記一ニ

第十六世大僧都啓幽。天明三年(一七八三)癸卯八月。自ニ涼泉院一轉ニ住當院一。五年乙巳七月十七日寂ス。享年四十五。葬ニ涼泉院一ニ

第十七世大僧都公珪。天明五年(一七八五)乙巳七月。自ニ涼泉院一轉ニ住當院一ニ。六年丙午三月。從ニ貫主大王ノ駕一ニ西上ス。八月又從テレ駕ニ而歸ル。七年丁未爲ニ天台會場一ト。寬政元年(一七八九)己酉四月。奉ニ大王ノ之命一ヲ西上シ。八月扈ニ從シテ新大王一ニ而還ル。二年庚戌十月。轉ニ住寒松院一ニ

第十八世大僧都慈璿。寬政二年(一七九〇)庚戌十月。自ニ明靜院一轉ニ住當院一ニ。十二月任ニ大僧都一。四年壬子。請テニ檀越井伊侯一ニ修ニ造ス院宇ノ之弊一ヲ。爾來井伊侯永ク爲ストニ修理一ヲ云。五年癸丑八月。爲ニ昵近一ト。十一年己未三月。轉ニ住津梁院一ニ

第十九世大僧都亮禪。寬政十一年(一七九九)己未三月。自ニ修禪院一轉ニ住當院一。十二年庚申九月。爲ニ昵近一ト。享和三年(一八〇三)癸亥正月。任ニ大僧都一ニ。文化四年(一八〇七)丁卯十一月。轉ニ住津梁院一ニ

第二十世權大僧都慶歡。文化四年(一八〇七)丁卯十一月。自普門院轉住當院。八年辛未二月九日申時寂。享年四十三。葬普門院之後。

春性院

高巖院影殿別當院也。歲給官租五百俵。寺初在山之北偏。迨淨光院影殿新建。命移今地。修葺增廣。

第一世僧正廣海。延寶八年(一六八〇)五月。解脫院大王薦之官府。自明靜院遷主當院。元祿四年(一六九一)辛未爲天台會場。五年四月。奏請任大僧都。寶永元年(一七〇四)十月。准后大王薦之官府。陞主世良田長樂寺。任權僧正。三年春。賜號佛頂院。正德三年(一七一三)癸巳。轉任僧正。享保元年(一七一六)庚申(丙カ)十月十九日寂

第二世大僧都名義圓。字寂忍。寶永元年(一七〇四)甲申冬。准后大王薦之官府。自見明院遷主當院。七年庚寅五月。奏請任大僧都。正德四年(一七一四)甲午六月。命移愛宕長床房。賜號尊重院。享保四年(一七一九)己亥四月二十日寂

第三世權大僧都良然。正德四年（一七一四）六月九日。准后大王薦テ二之ヲ官府ニ一自ニ明靜院一陞テ主トル二當院ヲ一。享保九年（一七二四）甲辰三月。轉ニ住津梁院一

第四世大僧都義胤。享保九年（一七二四）甲辰二月。自ニ泉龍院一轉ニ住當院ニ一。十五年庚戌二月。任ニ大僧都ニ一。十六年辛亥五月朔日寂ス。行年五十一。葬ニ全身ヲ當院ノ墓所ニ一

第五世大僧都慧湛。享保十六年（一七三一）辛亥六月。自ニ涼泉院一轉ニ住當院一。十九年甲寅五月。賜ニ證明院君ノ舊殿ヲ一爲ニ小書院一。慧湛附テ二金百兩ヲ一爲ニ永世修葺之資一ト。元文二年（一七三七）丁巳正月。任ニ大僧都ニ一。寬保三年（一七四三）癸亥爲ニ天台會場一。寶曆元年（一七五一）辛未正月九日寂ス。壽六十四。葬ニ當院一

第六世贈權僧正空潭。寶曆元年（一七五一）辛未正月。自ニ明靜院一轉ニ住當院一。二年壬申十月。轉ニ住津梁院一

第七世權大僧都良海。寶曆二年（一七五二）壬申十月。自ニ養壽院一轉ニ住當院一。五年乙亥十二月十三日寂ス。享年四十六。葬ニ于當院一

第八世大僧都從宜。寶曆五年（一七五五）乙亥十二月。自ニ普門院一轉ニ住當院一。六年丙子。爲ニ開山會ノ講師一ト。明和二年（一七六五）乙酉四月。任ニ大僧都一。四年丁亥八月。轉ニ住東漸院ニ一

第九世權僧正幸然。明和四年（一七六七）丁亥八月。自ニ明靜院一轉ニ住當院一。安永元年（一七七二）壬辰六月。補ニ執當職ニ一。賜フ二願王院ノ室一ヲ。轉ニ住等覺院ニ一

第十世大僧都法珍。安永元年（一七七二）壬辰六月。自ニ等覺院一轉ニ住當院一。五年丙申八月。辭シテレ院而隱ニ居ス于谷中感應寺ノ北偏ニ一。自號ニ白堂一ト。天明六年（一七八六）丙午閏十月二十日寂ス。壽七十二。葬ニ林光院ノ墓所ニ一

第十一世大僧都幸海。安永五年（一七七六）丙申八月。自ニ林光院一轉ニ住當院一。六年丁酉十二月。任ニ大僧都一。天明元年（一七八一）辛丑九月晦日寂。行年五十二。葬ニ于當院ニ一

第十二世大僧都宣義。天明元年（一七八一）辛丑十月。自ニ觀成院一轉ニ住當院一。四年甲辰爲ニ天台會場一ト。寬政四年（一七九二）壬子十二月。辭シテレ院而隱居ス。自號ニ大玄院一ト。享和元年（一八〇一）辛酉正月朔日。寂ニ于武州足立郡福正寺ニ一。壽七十矣。闍ニ維シテ之ヲ一塔スニ其骨ヲ于東漸院ノ後丘ニ一

第十三世大僧都諶意。寛政四年(一七九二)壬子十二月。自養壽院轉住當院。五年癸丑八月。爲昵近。八年丙辰十二月。任大僧都。十一年己未十二月。轉住大慈院。

林光院

寛永中權大僧都宣雄。得基於本坊之後創建。慶安四年(一六五一)迨大猷公影殿建。寺址北却數百歩。適下總守松平忠弘爲檀越。遂更造院。又施僧糧百石。永助食輪。延寶八年(一六八〇)迨嚴有公影殿建。又移新清水門側。下總守運致修葺。元祿癸未(一七〇三)。燬於火。下總守忠雅。假搆小廬舍。寶永二年(一七〇五)乙酉七月。准后大王告之官府。署爲長昌院影殿別當院。歲給官租四百五十俵。初號林廣。至此更今號。六年己丑正月。大王告官府。重建院宇。則亟命降。相基於今地。即運斧斤。加賀守大久保忠增總營事。播磨守間宮信明董督。加藤景利・西山昌生副之。明年庚寅三月成緒。正德二年(一七一二)壬辰加給官租百俵。

第一世權大僧都宣雄。不詳氏族。備前人。幼從州之光珍寺宣傳薙髮。寛永初聞開山大師大揚化於當山。杖策而來因寒松院辨海謁見。大師命從辨海受業。是時山始闢子院猶少。雄殺衣黜食營搆當院。大師嘉其計功。慶安四年(一六五一)。適下總守松平忠弘深傾嚮之。爲更造院宇。寛文元年(一六六一)辛丑爲天台會場。八年。本照院大王命兼主野州粉河・大谷兩寺。延寶二年(一六七四)甲寅七月二十七日。寂於粉河寺。壽六十二

第二世權大僧都傳雄。姓保科。都下人。寛文五年(一六六五)乙巳。依宣雄執童子之役。七年丁未。從現龍院亮傳脫白。延寶二年(一六七四)。及宣雄寂本照院大王命嗣席。雄素善聲明。解脫院大王命魚山南之房憲眞。傳長音供養文。當山修傳法灌頂則毎請雄歌之。貞享三年(一六八六)丙寅。爲開山會講師。元祿三(一六九〇)年。請准后大王付院於弟子慈潭。退隱谷中自號皎月

第三世權大僧都慈潭。姓松平。都下人。天和元年(一六八一)。年甫十歲投東漸院宣純供灑掃之役。既而薙染從傳雄爲弟子。元祿三年(一六九〇)庚午。登台山習教文。閲五年還來。十三年庚辰。准后大王命主當院。十六年癸未。命遷普門院

第四世大僧都。名智顯。字靈淵。姓宮川。濃州安八縣人。稺齡屬父喪。因出家依縣之寶光院圓雄。會台山覺林坊幸憲抵其邑。雄俾從薙髮。寛文十二年(一六七二)。登台山學顯密。延寶四年(一六七六)。肥後守戸田氏西爲外護招來當山。俾依眞如院宗順。貞享二(一六八五)年乙丑。養疾還鄉。三年丙寅。解脫院大王檄于州主台山等覺院。元祿三年(一六九〇)。退等覺院復還鄉。六年癸酉。氏西之嗣戸田氏定。復招來當山俾寓眞如院。八年乙亥。爲天台會講師。九年事准后大王。命號淨如院。十一年戊寅。正殿新建。選顯充殿司。十二年己卯。命主台山常智院。而在當山。十三年庚辰。特命賜椹服。十六年癸未。命主當院。寶永二年(一七〇五)乙酉。薦之官府爲長昌院影

殿ノ別當一ト。四年丁亥。奏請シテ任二大僧都一ニ。享保三年(一七一八)戊戌爲二天台會場一。五年庚子四月。辭レシテ院而隱二居ス于谷中一。自號二心淨院一ト。寛保二年(一七四二)壬戌九月二十六日寂ス。壽八十五。葬二當院ノ墓地一ニ

第五世大僧都慧寂。字ハ至道。一ノ字ハ大運。濃州多藝郡野口邑ノ人。姓ハ西尾氏。父ハ教明。母ハ安田氏。貞享二年(一六八五)乙丑十月。從二邑之寶光院智顯一ニ。四年丁卯九月。偕二智顯一ト登二山門一ニ。是月十一日。禮シテ二金剛壽院權僧正亮雄一ニ薙髪シ。爲二智顯ノ弟子一ト。元祿三年(一六九〇)庚午五月。爲二山門ノ玉泉院公純ノ弟子一ト。十一年戊寅七月。嗣テ主二玉泉院一ヲ。正德元年(一七一一)辛卯七月。轉二行光房一ニ。三年癸巳十二月。爲二執行代一。四年甲午二月。任二大僧都一ニ。享保四年(一七一九)己亥八月。辭二執行代一ヲ。五年庚子四月。轉二住當院一ニ。十一月爲二天台會ノ講師一ト。十一年丙午三月十日寂ス。享年五十二。葬二當院ノ墓地一ニ

第六世大僧都宣應。享保十一年(一七二六)丙午四月。自二壽昌院一轉二住當院一。十二年丁未。爲二開山會ノ講師一ト。元文二年(一七三七)丁巳正月。任二大僧都一ニ。四月轉二住津梁院一ニ

第七世大僧都香嚴。元文二年(一七三七)丁巳四月。自二明靜院一轉二住當院一ニ。四年己未十二月。轉二住信州善光寺一ニ。賜二靈山ノ院室一ヲ。任二大僧都一ニ。後辭レシテ寺ヲ而隱居ス。自號二受德院一。寶曆八年(一七五八)戊寅二月九日寂ス。壽六十八。葬二善光寺ノ墓地一ニ

第八世大僧都亮谷。元文四年(一七三九)己未十二月。自二常照院一轉二住當院一。延享二年(一七四五)乙丑二月。任二大僧都一ニ。三年丙寅十一月朔日寂ス。享年四十七。葬二當院ノ墓地一ニ

第九世大僧都宣圓。延享三年(一七四六)丙寅十一月。自二普門院一轉二住當院一。延享五年戊辰二月。任二大僧都一。寶曆二年(一七五二)壬申十一月爲二天台會場一ト。十二月轉二住東漸院一ニ

第十世大僧都亮覺。寶曆二年(一七五二)壬申十二月。自二泉龍院一轉二住當院一。六年丙子。爲二天台會ノ講師一ト。十三年癸未十一月。轉二住津梁院一ニ

第十一世大僧都德修。寶曆十三年(一七六三)癸未十二月。自二涼泉院一轉二住當院一。明和二年(一七六五)乙酉四月。任二大僧都一。安永元年(一七七二)壬辰七月二日示寂ス。壽五十七。葬二于當院ノ墓所一ニ

第十二世大僧都常淳。安永元年(一七七二)壬辰七月。自二圓珠院一

轉二住當院一ニ。十一月二十四日寂ス。壽五十四。葬二當院ノ墓所一ニ

第十三世大僧都幸海。安永元年(一七七二)壬辰十二月。主二當院一。三年甲午。爲二開山會ノ講師一ト。五年丙申八月。轉二住ス春性院一。壬辰以前ノ事迹(跡カ)ハ在二普門院ノ記一ニ

第十四世前大僧正亮天(缺傳)

第十五世贈權僧正寂現。天明二年(一七八二)壬寅十一月。自二壽昌院一轉二住當院一ニ。十二月任二大僧都一ニ。六年丙午八月。轉二住東漸院一ニ

第十六世權僧正覺邦。天明六年(一七八六)丙午八月。自二松林院一轉二住當院一。寛政二年(一七九〇)庚戌爲二天台會場一ト。四年壬子十一月。轉二住津梁院一ニ

第十七世僧正堯詮。寛政四年(一七九二)壬子十一月。自二泉龍院一轉二住當院一。六年甲寅十月。爲二開山堂灌頂助教授一ト。八年丙辰十一月。轉二住寒松院一ニ

第十八世大僧都亮賢。寛政八年(一七九六)丙辰十一月。自二松林院一轉二住當院一ニ。九年丁巳正月。任二大都(僧カ)都一ニ。是歳十二月十三日寂ス。享年五十矣。葬二當院一ニ

第十九世大僧都慧海。寛政九年(一七九七)丁巳十二月。自二圓珠院一轉二住當院一。享和三年(一八〇三)癸亥正月。任二大僧都一ニ。文化三年(一八〇六)丙寅二月十二日寂ス。壽五十一。葬二現龍院ノ墓所一ニ

観成院

大明大王所レ名。據二妙經提婆品ノ觀我成佛ノ文一ニ也（大正藏九、三五下）

寶永六年（一七〇九）。淨光院大夫人ノ影殿新ニ建ツ。因テ以テ二取（所カ）レ毀之夫人常居ノ殿材ヲ一造リ二別當院ヲ一名クルニ以ス二此ノ名ヲ一。明年賜テ二白銀三百枚ヲ一造シム二凡百ノ什器ヲ一

第一世大僧都賢空。寶永六年（一七〇九）乙（己カ）丑二月二十二日。准后大王薦テ二之ヲ官府ニ一自二涼泉院一陞テ主シム二當院ヲ一。正德三年（一七一三）癸巳二月。奏請シテ任二大僧都一ニ。享保二年（一七一七）丁酉六月。轉二住津梁院一ニ

第二世大僧都堯純。享保二年（一七一七）丁酉六月。自二壽昌院一轉二住當院一。五年庚子正月。任二大僧都一。七年壬寅八月。辭シテレ院ヲ而隱二居于相州鎌倉一ニ。自號二寂應院一ト。十八年癸丑九月二日。寂二于鎌倉一ニ。壽ハ六十三。葬二壽昌院一ニ

第三世贈大僧正智韶。享保七年（一七二二）壬寅八月。自二等覺院一轉二住當院一。十一月爲二天台會ノ講師一ト。十二年丁未七月。轉二住東漸院一ニ

第四世僧正堯範。享保十二年（一七二七）丁未七月。自二圓珠院一轉二住當院一。元文二年（一七三七）丁巳正月。任二大僧都一。四年己未五月。轉二住東漸院一ニ

第五世大僧都智絃。元文四年（一七三九）己未七月。自二明王院一轉二住當院一。寛保元年（一七四一）辛酉。爲二天台會ノ講師一ト。寛延元年（一七四八）戊辰二月。任二大僧都一ニ。寶曆元年（一七五一）辛未三月。轉二住津梁院一ニ

第六世大僧都覺眞。寶曆元年（一七五一）辛未三月。自二修禪院一轉二住當院一。明和二年（一七六五）乙酉五月二十四日寂ス。壽六十六。葬二當院ノ後丘一ニ

第七世僧正常純。明和二年（一七六五）乙酉六月。自二等覺院一轉二住ス當院一。七年庚寅爲二天台會場一ト。八年辛卯三月。轉二住上州世良田ノ長樂寺一ニ。任二權僧正一。賜フ二五佛院ノ室ヲ一。爲二中御門家ノ猶子一ト。安永四年（一七七五）乙未四月。轉二任僧正一ニ。天明四年（一七八四）甲辰三月。辭シテ二長樂寺ヲ一而隱居ス。賜二名ヲ禪心院一ト。還二東叡一ニ寓二林光院一ニ。又寓二東漸院一ニ。後寓二等覺院一ニ。六年丙午ノ春。爲二菩薩ノ沙彌一ト。仍名二禪心一ト。自レ辭シテ二長樂寺ヲ一後至ルマテ二于示寂一ニ。岡山侯歳贈二二十口ノ糧ヲ一。寛政二年（一七九〇）庚戌五月六

日寂ス。壽八十一。荼毘シテ葬ニ等覺院ニ一。存日修ニスルコト地藏大士占察行法ヲ一數十度。又以ニ金二百兩ヲ一附ニ播州書寫山ニ一爲ニ不斷經ノ料ト一。又施ニ金二百兩ヲ於有緣ノ僧衆ニ一。爲ニ考妣幷ニ亡師ノ薦レ福ヲ誦ニスト法華經千部ヲ一示(云カ)

第八世大僧都了圓。明和八年(一七七一)辛卯三月。自ニ涼泉院一轉ニ住當院一。安永五年(一七七六)丙申三月。轉ニ住大慈院一

第九世大僧都宣義。安永五年(一七七六)丙申三月。自ニ明靜院一轉ニ住當院一。六年丁酉十二月。任ニ大僧都一。天明元年(一七八一)辛丑十月。轉ニ住春性院一

第十世大僧都亮尹。天明元年(一七八一)辛丑十月。自ニ常照院一轉ニ住當院一。三年癸卯。爲ニ天台會ノ講師ト一。六年丙午十一月。任ニ大僧都ニ一。寛政二年(一七九〇)庚戌六月。辭シテレ院而隱居ス。自號ニ蓮居院ト一。寓ニ修禪院ニ一。後移ニ居スニ于谷中感應寺ノ塔中ニ一。又寓ニ勸善院ニ一。後寓ニ津梁院ニ一。文化七年(一八一〇)庚午十二月二十一日。寂スニ于津梁院ニ一。壽七十三。葬ニ勸善院一

第十一世權僧正長嚴。寛政二年(一七九〇)庚戌六月。自ニ修禪院一轉ニ住當院ニ一。十月爲ニ開山會ノ講師ト一。七年乙卯三月。爲ニ昵近ト一。十一月任ニ大僧都ニ一。八年丙辰二月。轉ニ住ス東漸院ニ一

福聚院

正保元年(一六四四)。官府命シテ創建シテ以爲ニ開山堂ノ別當院ト。久遠壽院准后。定テ爲ニ傳法灌頂道場ト。元祿戊寅(一六九八)災ス。有テレ命重建ス。寶永五年(一七〇八)。民部大輔上杦吉憲爲ニ檀越ト施ス二百石ノ莊田ヲ

第一世權大僧都宗圓。不レ知ニ何ノ許ノ人トイフコトヲ。正保元年(一六四四)。久遠壽院准后命シテ主シ當院ヲ。承應元年(一六五二)十月二十三日寂ス」

第二世權大僧都天英。姓ハ茂木。常州行方縣ノ人ナリ。年十三。開山大師爲ニ剃染シテ爲ニ弟子ト。俾レ侍セ左右ニ。二十五歲。命シテ主シム山形寶光院ヲ。而シテ在シム當山ニ。大師命シテ修セシム求聞持ノ法ヲ。乃於ニ求聞特(持カ)堂ニ結壇修行スルコト一遍。感ニ得ス好相ヲ。大師ノ滅後。承應壬辰(一六五二)。將ニシテレ往ントニ寶光院ニ禮スニ影堂ヲ。誦念ノ之際アヒタ不シテレ覺ヘ而睡ル。忽ニ夢ラク。大師謂テ曰。汝莫レ遠ク往コトヲ。在テレ此ニ侍セヨ我ニ。卽對テ曰。見ニ東雲房侍眞ス。何ソ須ンニ英カ侍フルコトヲ乎。曰ク汝雖ニ辭シ去ルト卒ニ當ニ復タ來ル也。覺テ而異シレ之ヲ卽發行ス。比ホレ到ル久遠壽院准后召シ來シテ主シムニ當院ヲ。乃知ルニ嚮(向ニ同ジ)ニ所レ夢ル其ノ徵アキラカナルコトヲ也。三年甲午爲ニ天台會場ト。寬文七年(一六六七)十二年(月カ)二十日寂ス。壽六十一。葬ニ護國院ノ西徧(偏カ)ニ

第三世大僧正智英。姓ハ加藤。上總ノ州望陀縣ノ人ナリ。十二歲事ニ護國院生順ニ。將スレ爲ント弟子ト。而シテ生順寂ス。十四歲投シテニ天英ニ爲ニ弟子ト。明年英俾下禮シテニ久遠壽院准后ヲ薙髮上セ。寬文七年(一六六七)。本照院大王命シテ主ニ當院。於レ是從テニ寒松院ノ純海ニ傳ヘニ西山流ノ灌頂法ヲ。屢ヾ建テニ灌頂壇ヲ爲ニ教授阿闍梨ト。解脫院大王命シテ使下復從テニ養源院ノ慶算ニ傳中法曼流ノ灌頂法上ヲ。嘗テ於ニ一密印ニ有下未レ得テ傳ヘ者上。一夜夢ラク。不動明王。汝カ所ノレ欲レ傳ント印契ハ乃如シトイヒテレ此ノ手結テレ印ヲ而示ス。年四十餘ニシテ。元祿五年(一六九二)壬申四月十六日。任ニ大僧都ニ。寬文十年(一六七〇)庚戌。爲ニ天台會ノ講師ト。元祿九年(一六九六)。五十四歲。准后大王命シテ陞テ主シムニ觀理院ヲ。同年十二月十日。任ニ權僧正ニ。六十二歲。十五年壬午十月晦日。累ネテレ官ヲ至ニ僧正ニ。七十二歲。辭シテレ院而隱居ス。嘗テ誦スルコトニ法華ヲ五千部。

八十七歳。十一月二日明星出ル時寂ス。葬二于護國院一ニ
第四世僧正公淵。初ノ名ハ慧淵。姓ハ村瀬。洛陽ノ人ナリ。寛文七年(一六六七)。於二城州山科一ニ禮シテ二久遠壽院准后一ヲ脫素ス。爲二平松黄門時量卿ノ猶子一ト。登二台山一ニ依二慈定院ノ秀雲一ニ。延寶ノ初遂二嗣ク其席一ヲ。六年丙午。爲二新大王ノ傅一ト。貞享四年(一六八七)。遷二嵯峨ノ二尊院一ニ。元祿三年(一六九〇)。准后大王辟メシテ來シム二當山一ニ。寓ス二本坊一ニ。四年辛未。轉シテ領セシム二羽州ノ立石寺一ヲ。辭ス二二尊院一ヲ。是歳爲二天台會ノ講師一ト。五年。賜二號十住心院一ト。奏請シテ任二大僧都一ニ。八年乙亥。奉シテレ命ヲ修二慈慧大師ノ祕密大法ヲ於內道場一ニ。九年。命シテ主二當院一ヲ。是歳十一月。薦メテ二之ヲ官府一ニ授二ク執當一ヲ。兼二領セシメ湯嶋ノ喜見院幷立石寺一ヲ。是月爲二天台會場一ト。寶永元年(一七〇四)。命シテ陞テ主シム二日光ノ修學院一ヲ。仍領ス二喜見院一ヲ。奏請シテ任二權僧正一ニ。二年。辭シ去隱二居シ山階ノ戒光院一ニ。賜二號ヲ林泉院一ト。特ニ命シテ領シム二羽州柏山寺一ヲ。四年。轉ス二僧正一ニ。五年三月三日寂ス。壽五十六。葬ル二山科雙林院一ニ。私ニ謚リナス二智勝院一ト

困逸事
元祿六年(一六九三)癸酉四月。扈二從大王一ニ上レ京。九年丙子九月。代二大王一ニ赴二山科一ニ謁二久遠壽院准后ノ靈廟一ニ

第五世大僧都慶海。寶永元年(一七〇四)甲申八月。准后大王命シテ自二修禪院一陞テ主シム二當院一ヲ。仍領二羽州山形寶光院一ヲ。四年丁亥十月四日。久能山地大ニ震フ。官命ニ慶海一ニ往テ而拜二瞻シム神廟一。五年戊子。米澤侯爲二外護一ト永ク施ス二粟百石一ヲ。六年己丑。又命シテ遷ラシム二大慈院一

第六世大僧都。名ハ慈泉。字ハ性淵。輪王寺ノ坊官吉川大藏卿宗也ノ之長子也。萬治元戊戌年(一六五八)八月十八日。生ル二東叡山下一ニ。六歳喪ス父ヲ。十五歳禮シテ二本照院大王一ヲ薙髪ス。爲二坊官一ト敍セラル二法橋一ニ。名二常也一ト。延寶元年(一六七三)癸丑。扈二從大王一ニ詣レ京一ニ。是歳解脱院大王剃度シテ遷住ス二滋賀院一ニ。因テ命シテ侍セシム焉。五年丁巳八月十日。辭レシテ官ヲ登二台山一ニ出家シテ名ク二慈香一ト。後改メ二慈仙一ト。復改二今ノ名一ニ。天和元年(一六八一)春。解脱院大王召シ來シテ持(侍カ)セシム左右一ニ。大王自授二與シテ四度ノ密法一ヲ修練セシム。二年壬辰(戌カ)。畀二號慧命院一ヲ。爲二本院ノ內權現及靈堂ノ知事一ト。五月就テ二濃州南宮ノ常林房定榮一ニ。傳二授悉曇一ヲ研二究ス蘊奥一ヲ。三年癸亥五月。於二日光山ノ妙道院一ニ。從テ二阿

闍梨福聚院ノ智英。教授師法曇院前ノ大僧正慶算ニ。受ニ傳法灌頂及瑜祇灌（〔一頂カ〕）ヲ。十月從ニ智英ニ受ニ第五ノ三摩耶ヲ。貞享元年（一六八四）甲子十二月。爲ニ本院ノ修護摩堂（當カ）ノ別堂ト。五年。就ニ山門ノ不動ノ泰空ニ。受ニ十度ノ密法ヲ。經テ數月ヲ練修ス。元祿三（一六九〇）年庚午。主トル都下ノ西久保ノ普門院ヲ。是ノ歲冬從ニ前大僧正慶算ニ受ニ八千枚ノ護摩法ヲ。修スルコト前行ヲ一百日。翌年自ニ二月朔日至テ七日ニ菜食。至ニ第八日ニ斷食スルコト一晝夜。自ニ酉ノ刻ニ至テ子ノ刻ニ八千枚ノ護摩事業成就ス。六年癸酉十月。於ニ台山ノ法曇院ニ開ニ三部ノ灌頂壇ヲ。寶永六年（一七〇九）己丑三月二日。准后大王命シテ遷テ住セシム當院ニ。主トルコト普門ヲ如レシ故ノ。是歲屢ヾ招テ觀理院ノ僧正智英ヲ。傳ニ習シ祕要ヲ寫シ取ル密書ヲ。七年庚寅二月。再タヒ開ク法曇流ノ灌頂壇ヲ。繼テ開壇ノ阿闍梨十人。入壇ノ弟子八十餘輩。五月准后大王奏請シテ任ニ大僧都ニ。正德二年（一七一二）壬辰六月。大王告テ之ヲ官府ニ授ケ執當職ヲ。畀フ號靈山院ヲ。爲ニ梅小路黃門共方卿ノ猶子ト。轉シテ普門ヲ兼ニ主都下ノ龍眼寺ヲ。三年癸巳三月。轉ニ龍眼ヲ兼ニ董サシム目黑ノ瀧泉寺ヲ。享保三年（一七一八）戊戌三月。扈ニ從シテ大王ニ西上ス。十一月從テ駕ニ而還ル。十二月十一日寺災アリ。延ニ燒シ開山堂ヲ及フ市街ニ云。四年己亥三月。辭シ職ヲ幷ニ瀧泉寺ヲ。而兼ニ領羽黑山ヲ。及チ（乃カ）造ル當院ノ之居閒及ヒ廚ヲ。五年庚子三月。轉ニ主ス（住カ）信州善光寺ニ。辭ス羽黑山ヲ。十二年丁未冬。辭シテ寺ヲ而隱居ス。十五年庚戌八月二十日寂ス。壽七十三。葬ニ善光寺ノ墓所ニ

右大僧都慈泉ノ行狀。其上足ノ弟子眞圓ノ取レ（所カ）著ハス也

逸事　寶永七年（一七一〇）庚寅。爲ニ開山會ノ講師ト。正德三年（一七一三）癸丑（巳カ）爲ニ天台會場ト

第七世大僧都守中。下野州都賀郡手塚氏ノ子。有テ故爲メニ日光山ノ目代山口圖書信隆ニ所ルト養レ云。年十二來テ遊ニ東叡ニ。以ニ延寶七年（一六七九）己未四月三日ニ。拜シテ本照院大王ヲ薙髮シ。爲ル當院三世智英ノ弟子ト。尋テ還ニ日光山ニ。從ニ無量院教海ニ。復來ニ東叡ニ。從ニ見明院行海ニ。貞享元年（一六八四）甲子二月。登ニ山門ニ而修學ス。十月爲ニ法華會ノ堅（竪カ）者ト。復還ニ日光山ニ主ニ無量院ヲ。寶永六年（一七〇九）己丑十一月。爲ニ上州高崎威德寺ノ開基ト。享保五年（一七二〇）庚子三月。轉ニ住當院ニ。六月任ニ大僧

都一。十月爲二開山會ノ講師一ト。九年甲辰爲二天台會場一ト。十年
乙巳五月。轉二住大慈院一
第八世大僧都亮典。享保十年(一七二五)乙巳五月。自二修禪院一轉二
住當院一。十二年丁未爲二天台會場一ト。十九年甲寅十一月。
依テレ病ニ辭シレ院ヲ。去テ而寓二泉龍院一。自號二定水院一ト。元文元(一七三六)
年丙辰二月二十五日寂ス。壽六十一。葬二于勸善院一
第九世大僧都周順。享保十九年(一七三四)甲寅十一月。自二泉龍院一
轉二住當院一。元文四年(一七三九)己未正月。轉二住信州戸隱山勸修
院一。寬保元年(一七四一)辛酉八月四日寂。壽六十九。葬二戸隱山ノ墓
所一
第十世大僧都實傳。元文四年(一七三九)己未正月。自二圓珠院一轉二
住當院一。寬保二年(一七四二)壬辰(戌カ)四月。轉二住根津ノ昌泉院一。延享元(一七四四)
年甲子十一月五日寂ス。壽六十二。葬二昌泉院ノ墓所一
第十一世僧正公副。寬保二年(一七四二)壬戌四月。自二涼泉院一轉二
住當院一。寶曆元年(一七五一)辛未十一月。轉二住大慈院一
第十二世僧正慈空。寶曆十二年(一七六二)壬午七月。自二壽昌院一
轉二住當院一。明和二年(一七六五)乙酉四月。任二大僧都一。七年庚寅十
二月。轉二住津梁院一
第十三世大僧都光嚴。明和七年(一七七〇)庚寅十二月。自二常照院一
轉二住當院一。安永六年(一七七七)丁酉十二月。任二大僧都一。天明五年(一七八五)
乙巳爲二天台會場一ト。七年丁未十二月。辭シテレ院而隱居ス。自
號二淨音院一ト。寓二于谷中感應寺ノ塔中安立院一。享和二年(一八〇二)
壬戌四月朔日寂ス。壽七十六。葬二現龍院ノ墓所一
第十四世權僧正鈴然。天明七年(一七八七)丁未十二月。自二現龍院一
轉二住當院一。寬政二年(一七九〇)庚戌九月。爲二昵近一ト。十二月任二大
僧都一。三年辛亥六月。補二執當職一ヲ。賜二慧恩院ノ室一ヲ。再轉二
住現龍院一
第十五世大僧都思道。寬政三年(一七九一)亥辛(辛亥カ)六月。自二現龍院一
轉二住當院一。六年甲寅正月四日寂ス。壽六十三。葬二現龍
院ノ墓所一
第十六世權大僧都慈園。寬政六年(一七九四)甲寅正月。自二見明院一
轉二住當院一。八年丙辰二月十九日寂ス。享年三十九。葬二現
龍院ノ墓所一

護國院

寛永初年(一六二四)。僧正生順。相地於本坊之側。將大有興建。開山大師爲賜黄金一千兩。鉅侯大姓施者相踵(踵カ)。於是佛殿僧舍門廡庫庖盡成緒焉。其釋迦殿ハ乃大師爲所建。中奉世雄左右挾以曼(文)殊・普賢。並古像匠春日所鐫。承應癸巳(一六五三)及大猷院公影殿建移寺於北偏。費一出于官府。元祿戊寅(一六九八)。以寺隣嚴有公影殿。有命北却百餘步(戊カ)。嶋津左京預造。閒宮諸左衞門。永田半助。柴山甚太郎監督。寶永己丑(一七〇九)。迨建常憲公影殿。命又移今地。其釋迦殿及山門ハ。命諸有司移致修飾。若其丈室賜黄金二千六百兩以助工役。主僧慧順モ亦出其儲畜(蓄カ)更造一新。制度改觀。及其竣功大建法會以慶落成。准后大王親蒞隨喜。緇白集拜者如雲

第一世贈大僧正生順。字ハ風山。俗姓ハ漆氏。作州人ナリ。貴族時國公之苗裔也。父名ハ某。母ハ某氏。師幼而不凡。容貌奇偉性質慈良。毎見沙門至其家。喜而親之。稍長父母察其有方外緣。託中藏山圓融寺生盛。執童子之役。既而祝髮。受台教孜孜不懈。且善書。梵漢但通。一日自思。龍子豈肯求生于蹄涔乎。卽杖錫來東武。時慈眼大師敷揚大敎于武之星野山。海內仰之如景星。師往願受敎。大師見形容不凡。許侍左右。於是晝則勤行公務。夜則專研敎觀。兼探密乘旁究禪要。勤之日久。自爲衆所推。暨寛永初大師開山東叡。師相東嶺幽邃之地。新刱一院。榜曰護國。矩矱甚廣。未幾。護摩堂。客殿。書院。廚庫煥然一新。莊麗雄偉頗稱巨觀。大師聞之大悅。賜一千金。以旌其功焉。人初見其基大。以爲其不知量者。至于此自愧。又大師建大雄寶殿于院中央。安置古昔佛工春日所刻

釋迦・文殊・普賢ノ像ヲ。而以レ院ヲ定テ爲ニ闔山ノ之塔所一ト。蓋其擧同フスニ於日光山ノ妙道院一ニ也。畢レ功ヲ之日。大師與ニ闔山ノ衆一共ニ落慶ス焉。既ニシテ而僧舍門廊所ノ宜レク有者悉皆備焉。於レ是師欲シテ三普拯ントニ群迷一ヲ。結レ衆ヲ勤ニ不斷念佛一ヲ。今已ニ若干年一日不レ闕。又師時ニ升レ座ニ說法ス。四方ノ緇素聞レ風ヲ慕テレ化ヲ奔走シ相聚ル。法莚無レ所レ容ル。時ニ師加ニ持シ九重ノ符一ヲ有レハ二請求者一授ク焉。此符也。靈妙ニシテ善ク避ニ刀箭一ヲ。有人疑ヒレ之ヲ。卽掛テ二符ヲ於狗ノ頸一ニ恣ニ射レ之ヲ。數矢皆不レ中。開テレ符ヲ視レハレ之ヲ乃有ニ箭痕一。疑者大ニ駭キ謁シテレ師ニ懺レ罪ヲ感嘆シテ不レ已マ。又師於ニ江ノ嶋石崛ノ内一ニ修ニ頓成ノ法一ヲ。時ニ有ニ一ノ神女一。日ニ獻ニ奇菓一ヲ喫レハレ之ヲ味甘シ。不レ辨ニ其何物一タルコトヲ也。一日神女請ニ彌陀ノ名號一ヲ。師卽書シテ而與フ焉。神女謂テ曰ク。吾欲レ報ヘントニ斯法恩一ヲ。師ノ之所レ欲スル何事ソ。師知テ二是龍女一ナルコトヲ答テ曰ク。我每ニ憂フ下爲ニ風波ノ溺死スル者上ヲ。我與ニ名號一ヲ者ハ請君救ヘレ難ヲ。女許諾シ授ニ以テス印璽（其形如レ甕ノ故ニ俗稱シテ曰ニ甕判一ト）水瓶（容コト水ヲ纔ニ二合計。每歲除日汲ニ江ノ嶋ノ石窟內ノ之水一ヲ。容レ之ヲ以爲ニ硯滴一ト。終ニ一歲ヲ之閒用レ之ヲ未ニ嘗テ竭一。）鈴一（其音殊妙。振テレ之ヲ祈レハ則無下不ニ感應一者上也。以上ノ三ノ者師常ニ寶惜シテ而不レ令ニ人ヲシテ妄ニ觀一也。師沒シテ而後忽ニ失ニ所在一ヲ）而シテ後請ニ名號一ヲ者甚衆シ。

時ニ有ニ豐州ノ刺史日根織部ノ正トイフ者一。家藏ニムル佛舍利一ヲ。曾テ賷テ泛ニ西海一ニ。恩爲ニ龍神ノ所一ニ奪去。後復得ニ佛舍利一ヲ。恐クハ復爲レ佗ノ所レ奪。謁シテレ師ニ求ム下脫スルノ二其難一ヲ之符上ヲ。師卽書ニキ彌陀ノ名號一百幅一ヲ而與フ。且語テ曰。海上遇ハレ難ニ則投セヨニ此名號一ヲ。刺史拜謝シテ而去ル。後泛ニ西海一ニ。俄ニ風雨大ニ作ル舟將レ覆ント。衆人危懼ス。投ニ名號ヲ於水中一ニ。時ニ神女恩現シ。走レ潮ニ蹴テレ波ヲ取ニ其名號一ヲ而去ル。風雨亦止ム。刺史大ニ喜歡シテ曰。護國師ノ之功德非ト三凡情ノ之所ニ能測一ル也。寬永七年（一六三〇）庚午。師兼ニ領ス妻驪（龍カ）ノ龍泉寺一ヲ。乃不動明王顯靈之勝地ニシテ而慈覺大師ノ之所ニ創建スル一也。星霜甚久シテ寺宇悉廢ス。唯艸堂破屋ノミ而已。甲子ノ歲。大猷君出テ遊ニ于此一ニ誤テ失フ二所レ愛スル之鷹一ヲ。左右奔走シテ索メ搜ルニ不レ得。君自請レテ堂ニ祈ニ明王ノ之加被一ヲ。須臾ニシテ所レ失鷹飛ヒニ來ル堂前ノ之松樹一ニ。君大ニ悅ヒ命シテ建ニ大寶殿一ヲ。前ニシ二王門一ヲ。側ニ架スニ鐘樓一ヲ。丹青輪奐隨喜瞻拜スル者憧憧トシテ弗レ絕。於レ是ニ日ニ修シニ護摩供一ヲ。祝國利民以爲ニ永式一ト。至レ今ニ一日モ莫レ懈コト。十一年甲戌。師請テレ官ニ修ニ葺殿閣一ヲ鼎ニ革ス寺宇一ヲ。其莊麗有レ

加于前。正保二年乙酉（一六四五）。兼領上總州三途臺。數載之閒興廢修壞。且造彌陀小像一千軀安奉之。慶安二年己丑（一六四九）。丁慈眼大師七周忌辰。開別請竪義會。時請僧正周海爲證義者。擢胤海爲問者。而推師爲竪義者。師既登猊座。立兩科義。業曰。梨耶一念。副曰。權乘下種。時敵者詞鋒甚熾。聽人傾耳。師輒決擇無滯。已暨證者辨論。師與之對辨。其旨甚圓妙。四衆嘆服。此會四十年來棄廢。自此而後於叡嶽相續至今不絕。四年辛卯。官給金若干移護國院于北嶽。就其址建大猷君廟。承應二年癸巳（一六五三）。師兼董長沼宗光寺。爲權僧正。興廢修壞如三途招提。又新設八祖像。使人瞻禮敬仰。師或夜夢。神人峨冠偉服容貌甚嚴。師問。卿爲誰。答曰。影向月也。北野之天津風。師知是北野神。欲次其句而覺。一日會達和歌者。次爲百韻。時有狩野信悅者。賚菅丞相手所寫肖像來謂曰。此靈像。我家藏之已久。夢神告曰。奉我于護國院。否則必災。如是者三。請師奉之。師亦語嘗所夢。相與感歎。燒香膽（瞻カ）禮。以爲鎭刹之神。是像并和歌今尚存矣。又師每歳除夜詣江之嶋。脩天女法。一朝因夢想鑿地獲辨財天暨十五童子像。感喜交集。賚歸護國院。令工繪飾焉。其靈也。一切祈願無不應。又夢天女告曰。今日大黑天來。師宜供養。翌日果有人持大黑天像來。乃傳教大師之手刻也。師感喜贖之。是諸像今見在矣。一日師慨然有終焉之志。欲奉彌陀靈像。時有賚彌陀像來者。其梵相殊妙。殆非庸工之所能及。且有像記。乃前青蓮院宮某親王之眞蹟也。曰昔慧心僧都手刻是像。貯以寶龕。龕內又自繪曼荼羅。與安養尼而令事之云。師生難遭想。喜不自勝。捨金三百贖之。是像與記俱今尚在焉。蓋師之志。其餘則推而可見也

明曆元年乙未（一六五五）六月八日。罹微恙。問疾者雲如至。且

請名號者。屢滿門庭。左右皆欲拒之。師不聽。悉書與之。一日紫雲靉靆集于庭際。四方緇素望之競來。師知死期至。集諸子囑後事。自嗽口洗面。更衣燒香。面彌陀像端坐合掌而化。實明暦二年丙申三月二十八日也。由遺命停龕三日。顏貌如生。緇素瞻禮至數萬人。哀慕涕泣如失怙恃。門人奉全身葬于院之西北。世壽七十。臘五十有一。元祿九年丙子(一六九六)。勅賜贈大僧正。師平生來弗拒。去不追。不擇緇素。諄諄善誘。輪下常不減一千餘指。自公卿大夫至士庶無不歸敬。而其自處則麁袍糲食綽然有餘裕。每見凍餓者分食與衣。且造釋迦・彌陀・藥師小像凡五千餘軀。繪觀音像若干幅。修廢寺若干所。師偉行甚衆。不勝詳載也。門弟子出據師位者衆。而擢爲僧正者。僅五人耳。萬治元年(一六五八)戊戌。慈海夢。梵僧告曰。汝師生順者。無量壽佛之化身也。嗚呼師當吾宗中興之日。多感靈異能興荒廢。使人遠罪遷善。非乘願輪而來者不能興(興カ)於斯。

右贈大僧正生順傳。其上首弟子宋順所著也。今不敢筆削而載者。蓋以其事蹟之涉怪異者。非目擊者所記難取信於人也

第二世贈大僧正宋順。明暦三年(一六五七)丁酉五月。受生順付嗣主當院。兼領妻籠瀧泉寺。無幾退隱。始終事跡見于凌雲院主僧記

第三世權僧正。名亮順。字圓山。姓井田氏。武之多摩縣人。童稚依生順甫十三歲祝髮。十九歲登日光。承應元年(一六五二)。主藤本坊。及宋順退當院。本照院大王召嗣席。有檀信花屋九左衞門。其家六人皆患妖。百計醫弗效。請救於順。爲持念不動明王呪。妖卽解去。延寶八年(一六八〇)庚申爲天台會場。貞享丁丑(一六八七)(卯カ)五月。解脫院大王奏請任大僧都。詣闕謝恩。元祿四年(一六九一)辛未。准后大王命遷世良田長樂寺。奏請任權僧正。寺締搆年久漸致頽圮。順

傾其儲畜(蓄カ)大為修治。又鼎建開山之堂塔而不藉檀信。大王賜號行嚴院。以旌其績矣。七年甲戌。退隠妻龗

第四世大僧正最純。元祿四年(一六九一)辛未。准后大王命自見明院遷當院。六年癸酉。辭執當。而任權僧正。大王命遷等覺院

第五世僧正常然。姓岸田。常州行方縣人。年十四投縣之壽福寺舜叡得度。寛文壬寅(一六六二)。來依生池院常泉。八年戊申。本照院大王命主生池院。天和壬戌(一六八二)。解脱院大王命遷養王(玉カ)院。元祿五年(一六九二)壬申。准后大王賜號光雲院。遷等覺院。六年癸酉十月。大王薦之官府授執當。更號(賜カ)圓覺院遷主當院。是歳為天台會場。七年甲戌。命兼主伯之大山寺。八年乙亥二月。釋迦殿不斷念佛二萬日期圓滿。大伸回向。十一年戊寅。復兼主生池院。十六年癸未。辭執當及大山寺。大王奏請任權僧正。寶永四年(一七〇七)丁亥。代大王往慶信州善光寺落成。五年戊子。退當院隠居明靜院之茅菴。仍領生池院。號速成院。後移居春性院之別屋。享保二年(一七一七)丁酉三月二十日寂

第六世權僧正慧順。初名慧嚴。寶永五年(一七〇八)戊子八月。准后大王命自眞如院遷當院。七年庚寅三月。文昭公使井伊侍從直惟登日光山告襲位於神廟。大王令慧順登山。正德三年(一七一三)癸巳三月。以疾辭執當。大王奏諸(請カ)任權僧正。一日謂瞻侍者吾夢慈覺大師指示西方。此吾往生之徴乎。卽面彌陀像高聲念佛數十遍。合掌而化。乃三月初七日也。壽五十三。葬于當院西偏。大王諡佛音院

第七世權大僧都延順。正德三年(一七一三)三月十二日。大王命自泉龍院陞主當院。翌日有當院主僧永代常色衣之命。四年甲午七月。代大王登日光山。享保二年(一七一七)丁酉正月二十日。有災本堂及院宇悉燬。于時檀越有馬玄蕃頭則維朝臣來慰。且約吾為造院宇。乃先假構小屋而居焉。延順孳孳再建為任。七

年壬寅三月。本堂成ル。其費用千餘金。募ル二於萬人一ニ。是歳夏。有馬侯營二造ス院宇一ヲ。爾來有馬侯永ク爲スト二修補一ヲ云。八年癸卯三月。了ル二釋迦堂常念佛三萬日ノ期一ニ。大ニ開ク二回向ノ法筵一ヲ。九年甲辰八月。辭シテレ院ヲ而隱居ス。自號二常慈院一ト。專ラ修二淨土ノ業一ヲ。且ツ指テレ資ヲ造ルコト二佛像一ヲ無レ算。寛保元年(一七四一)辛酉六月二十五日寂ス。壽七十四。葬ル二全身ヲ于當院ノ西偏(偏カ)一ニ

逸事　任二大僧都一

第八世權大僧都教順。上州新田郡ノ人。俗姓ハ岩崎氏。元祿元年(一六八八)戊辰十一月二十四日。祝ス二髮ヲ於郡ノ之鹿田清泉寺一ニ。寶永四年(一七〇七)丁亥。來テ二當山一ニ從フ二延順一ニ。正德四年(一七一四)甲午六月。爲二延順ノ弟子一ト。享保四年(一七一九)己亥十一月。主タリ二山門習禪院一ニ。九年甲辰八月轉シテ主トル二當院一ヲ。十年乙巳。爲二天台會講師一ト。十二年丁未七月。代テ二貫主大王一ニ登テ二日光山一ニ。爲二大猷公ノ影殿盂蘭盆會ノ導師一ト。十四年己酉十二月。有ルカレ疾ヲ故ニ辭シテレ院而隱居ス。自號二速隱一ト。十五年庚戌正月三日寂。享年四十七。葬二于當院ノ西偏一ニ

第九世大僧都覺順。姓ハ小倉氏。野州芳賀郡ノ人。正德三(一七一三)年癸巳二月十五日。投シテ二延順一ニ薙染ス。信解院慧順爲ル二戒師一ト。享保五年(一七二〇)庚子。登二山門一ニ寓シテ二五智院一ニ而修學ス。十一年丙午十一月。主二日光山照尊院一ヲ。十四年己酉十二月。轉二住當院一ニ。元文五年(一七四〇)庚申。爲二開山會ノ講師一ト。延享元年(一七四四)甲子七月。代二貫主大王一ニ登二日光山一ニ。寛延元年(一七四八)戊辰二月。任二大僧都一ニ。是歳七月。依テレ疾ニ辭シテレ院而隱居ス。自號ス二習應院一ヲ。寶曆三年(一七五三)癸酉十二月二十七日寂ス。壽五十四。荼毘シテ葬二當院ノ西偏(偏カ)一ニ

第十世權僧正周順。字ハ文郁。初ノ名ハ貫順。下野州都賀郡人。姓ハ武本氏。享保四年(一七一九)己亥二月十五日。投二日光山照尊院慧全一ニ薙髮ス。寛保二年(一七四二)壬戌八月。主二山門密嚴院一ヲ。有テレ故寓二當院一ニ。延享二年(一七四五)乙丑三月。預二紅葉山法華八講ノ法會一ニ。八月登二山門一ニ爲二法華會ノ竪者一ト。寛延元年(一七四八)戊辰七月。轉シテ主二當院一ヲ。十月爲二開山會ノ講師一ニ。寶曆元年(一七五一)辛未三月。釋迦堂常念佛四萬日ノ期滿。大ニ開ク二回向ノ法筵一ヲ。七月代二貫主大王一ニ登二日光山一ニ。四年甲辰(戌カ)十一月。

任二大僧都一ニ。五年乙亥。更ム二名ヲ周順一ト。八年戊寅爲二天台會場一ト。明和四年(一七六七)丁亥閏九月。有レテ故退院。安永元年(一七七二)壬辰十月。依二隨宜樂大王ノ命一ニ歸レ山ニ再ヒ主ル二當院一ニ。十一月補二執當職一ニ。賜二慧恩院ノ室一ヲ。五年丙申六月。辭シテレ職ヲ而任二權僧正一ニ。七年戊戌九月。退二老于別屋一ニ。賜二名ヲ成辨院一ト。九年庚子六月二十九日寂。壽七十三。闍維シテ葬二當院ノ西徧(偏カ)一ニ

第十一世大僧都海順。武州足立郡ノ人。享保十八年(一七三三)癸丑六月四日。投二泉龍院周順一ニ薙染ス。寛保元年(一七四一)辛酉十月。登二日光山一ニ從二龍光院恭順一ニ。二年壬戌九月。爲二日光山實教院全思ノ弟子一ト。三年癸亥七月。登二山門一ニ寓シテ二松禪院一ニ而修學ス。延享二年(一七四五)乙丑六月。嗣テ二師迹(跡カ)一ヲ主二實教院一ヲ。四年丁卯正月。兼テ領二日光山憾給淵慈雲院一ヲ。寛延元年(一七四八)戊辰八月。爲二本宮上人一ト。而辭ス二慈雲寺(院カ)一ヲ。二年己巳。登二山門一ニ爲二法華會ノ竪者一ト。三年庚午三月。爲メニ二檀越阿波侯ノ祈ル二嗣子ノ誕生一ヲ。有二應驗一。寶曆二年(一七五二)壬申八月。阿波侯施ス二僧糧十石一ヲ。爾來歳〻見ルレト施云。十年庚辰三月。任二大僧都一ニ。十一年辛巳五月。爲二日光山王宮ノ留守職一ト。明和二年(一七六五)乙酉七月。代テ二貫主大王一ニ登二男體山一ニ。十月轉二住當院一ニ。五年戊子。爲二開山會ノ講師一ト。安永元年(一七七二)壬辰十月。有レテ故轉二住養壽院一ニ。

第十二世權僧正周順。如シ上ニ記スルカ一焉

第十三世前大僧正等順。字ハ性谷。姓ハ坂口氏。母小宮氏。信州水内郡ノ人。寶曆三年(一七五三)癸酉十二月二十八日。投シテ二周順一ニ薙髮ス。安永四年(一七七五)乙未十一月。主二山門龍禪院一ヲ。而寓ス二當院一ニ。七年戊戌九月。轉シテ主二當院一ヲ。九年庚子三月。釋迦堂不斷念佛五萬日ノ期大(滿カ)ニ爲二回向ノ法會一ヲ。天明二年(一七八二)壬寅七月。轉二住信州善光寺一ニ。賜二淨林院ノ室一ヲ。任二大僧都一ニ。先レ是ヨリ善光寺ノ前住慈熏。請レ官ニ奉シテ二如來尊像一ヲ遊二歷シ六十餘州一ニ。遍ク使三人ヲシテ瞻二禮焉一ヲ。未タレ及二其半一ニ而寂ス矣。寛政六年(一七九四)甲寅。等順繼二慈熏ノ志一ヲ。乃往二關西及北國四十餘州一ニ。九年丁巳十一月十七日。依テレ敕奉シテ二尊像一ヲ入レ京登二禁闕一ニ。爲メニ二宮女ノ授二歸戒一ヲ。且說クト二法要一ヲ云。青蓮院大王特ニ賜二紫法服并手輿一ヲ。十年戊午七月。竣テレ事ヲ而來二

江戸一ニ。拜ニ謝于官府一ニ。尋ニ任ニ權僧正一ニ。自ヨ初メ住ニ善光寺一ニ。來修ニ補堂宇一ヲ而改レ觀ムヲ。享和元年辛酉(一八〇一)二月。辭シテレ寺ヲ而隱居ス。賜ニ名ヲ不輕行院一ト。是歳四月。有レ命起テ主ニ洛東養源院一ヲ。八月轉ニ任僧正一ニ。三年癸亥十月。任ニ大僧正一ニ。文化元(「年カ)甲子(一八〇四)三月二十五日寂ス。壽六十三。荼毘シテ葬ニ比叡山阿彌陀峯一ニ。又瘞ニ分骨ヲ於當院ノ西偏一ニ。其在世ノ之間。道俗受ルニ融通念佛ノ血脈一ヲ者。百八十萬餘ト云

第十四世權大僧都法順。字ハ默山。信州水内郡ノ人。明和八年(一七七一)辛卯六月四日。投シテニ日光山法門院豪海ニ祝髮ス。後來ニ當院一ニ師ニ事ス等順一ニ。蓋等順ノ之弟也。天明二年(一七八二)壬寅七月。主ニ當院一ヲ。三年癸卯。登ニ山門一ニ爲ニ法華會竪者一ト。四年甲辰。修ニ補シテ釋迦堂一ヲ。乃爲ニ供養ノ大法會一ヲ。五年乙巳十二月。有テレ故兼ニ領ス野州芳賀郡ノ下延生城興寺一ヲ。寛政十年(一七九八)戊午八月。依テレ疾ニ辭シテレ院ヲ而隱居ス。後賜ニ名ヲ志堅院一ト。文化四年(一八〇七)丁卯九月十四日寂ス。享年四十八。荼毘シテ葬ニ于當院ノ西後一ニ

淨圓院

寛文六年(一六六六)丙午。大僧都圭海ノ所レ建ル也。七年丁未。嚴有公降シテレ命ヲ於ニ葛西一ニ永賜ニ二百石ノ邑一ヲ充ニ香積一ニ。又筑前侯松平忠之爲テニ檀信一ト修シニ院宇一ヲ施ニ僧糧一ヲ

第一世大僧都圭海。姓ハ增山。寶樹院大夫人ノ兄ニシテ而嚴有公ノ叔父也。初出家シテ爲ニ日蓮派ノ之僧一ト。主ルニ箕輪永久寺一ヲ。尋テ知ニ其異端ナルコトヲ一欲ニ更テレ衣ヲ入ントニ台門一ニ。公乃命シテニ近臣永井伊賀ノ守一ニ。送テレ海ヲ至ニ當山一ニ俾シムレ依ニ本照院大王一ニ。大王卽命シテニ號ヲ淨圓院一ト。爲ニ與テ一室一ヲ處シム。寛文六年(一六六六)丙午。自創テニ當院ヲ乃名ルニ以スニ淨圓一ヲ。七年丁未。大王賜フニ號ヲ尊重院一ヲ。八年戊申。命シテ兼ニ主シム羽ノ之羽黑山一ヲ。十年庚戌爲ニ天台會場一ト。延寶三年(一六七五)乙卯。命シテ遷シムニ愛宕ノ長床房一ニ。元祿四年(一六九一)辛未。退ニ隱ス嵯峨一ニ。七年甲戌正月二十三日寂ス。壽六十三

第二世大僧都寛海。姓ハ增山。都下ノ人ナリ。寛文七年(一六六七)丁未。

年甫十三從僧正胤海剃染。師事圭海。延寶三(一六七五)年乙卯。嗣主當院。元祿二年(一六八九)己巳。爲天台會講師。十七年。准后大王奏請任大僧都。正德二年(一七一二)壬辰爲天台會場。享保八年(一七二三)癸卯。大王欲以當院爲律院。寛海從命。大王感賞賜尊重院室。轉住養壽院。此時筑前侯亦爲養壽院檀越也。大王初欲以養壽院爲奉律場。然山門安樂院僧衆議曰。養壽院檀越事多。且近市街。爲律院難。故大王易以當院云

[朱書] 淨名律院。初代輪番玄門智幽大和尚

眞如院

寛永三年(一六二六)丙寅。紀伊侯(侯カ)源賴宣卿所建。元祿十一年(一六九八)。罹蕾。紀伊侯源綱教卿重建

第一世權僧正豪倪。俗姓藤氏。雲州人。依州之鰐淵寺豪村脫白。及長登台山主雙嚴院。旣而來當山依開山大師。寛永三年(一六二六)丙寅。紀伊侯源賴宣卿。創建當院使倪主之。茲時大師方統天下台宗之事。擢倪及海二人掌綱紀。十八年辛巳。命兼主紀之天曜寺。二十年癸未。任權大僧都。慶安三年(正保カ)(一六四六)丙戌。本照院大王賜號雲蓋院。四年丁亥。轉任大僧都。承應二年(一六五三)癸巳。轉任權僧正。先是三河鳳來寺及因幡國府新建東照宮。倪皆代大師往修奉請儀。大師入滅三周諱日。大猷公入山親致奠祭。遂枉駕於當院。倪猶有影堂。元老酒井讚岐守途馳使報倪。倪走還入見。賚賜隆

渥。以其輔大師有功也。三年甲午。染疾。公命國醫進藥。紀伊侯親到瞻問。自知不起。將當院及天曜寺付憲海而寂。乃是年三月十一日也。壽六十八

第二世權僧正憲海。姓小野。出乎讃州阿野縣將門。開山大師當東照宮七周忌。手度十僧。其一人也。年十八登台山。力學多年遂主西谷放光院。轉主北谷蓮華院。正保元年(一六四四)。任權大僧都。承應三年(一六五四)。來主當院。兼主江州柏原成菩提院。明暦元年(一六五五)。轉住紀之天曜寺。本照院大王賜號雲蓋院。奏請任大僧都。萬治三年(一六五七)。又奏請任權僧正。晚稟大王以當院付敬海。去住天曜寺。其後建長福寺。又退天曜隱居州之梅田。自號一隱。元祿五年(一六九二)壬申四月二十一日。寂於紀之和歌山。壽八十九。資性英敏。尤長論議。本照院大王嘗每夜深潛就其房咨(諸カ)稟請益。如此月餘。先達授受法門盡極其蘊。出于其門者。覺林坊幸憲。日嚴院堯憲。雙嚴院宗海。咸一時英才云

第三世大僧都。名敬海。姓中川。紀州人。爲紀伊大納言光綱卿猶子。禮久遠壽院准后薙髮。爲憲海弟子。承應三年(一六五四)甲午。主台山慧光院。重建一新。某(其カ)年轉任大僧都。暨憲海退當院。來嗣席。無何染疾。擧宗海嗣主。寬文十三年(一六七三)癸丑。自還和歌山。元祿七年(一六九四)十二月二十六日寂

第四世權僧正宗海。姓藤原。奥之會津人。年十一登日光山。依豪倪脫白。及長司大猷公影殿。後登台山。主雙嚴院。寬文七年(一六六七)丁未。來主當院。十二年壬子。本照院大王奏請任大僧都。錫(賜カ)號雲蓋院。兼主天曜寺。延寶三年(一六七五)乙卯。以當院付宗順。自住天曜寺。六年戊午。大王又奏請任權僧正。元祿十五年(一七〇二)壬申(午カ)八月三日寂。壽七十二

第五世權大僧都宗順。姓藤原。武之目黑人。甫十一歲投慧日院宋順爲弟子。十三歲從法叔亮順登日光。禮本照院大王薙髮。寬文六年(一六六六)。登台山

主トル二雙嚴院ヲ一。延寶三年（一六七五）。及テ三宗海退二當院ヲ一擧レ順ヲ嗣キ主シム。晩年退院ス。自號ス二裏隱ト一。元祿十七年（一七〇四）甲申正月二十四日寂

第六世大僧都慧順。初ノ名ハ慧嚴。元祿七年（一六九四）甲戌。准后大王命シテ自二養壽院一遷テ主シム二當院ヲ一。是歲爲二天台會ノ講師ト一。十六年癸未。命シテ司トラシム二使价職ヲ一。寶永二年（一七〇五）乙酉。告テ二之官府ニ一授ケ二執當ヲ一。錫（賜カ）ヒ二號信解院ヲ一。奏請シテ任ス二大僧都ニ一。兼二主目黑瀧泉寺ヲ一。三年丙戌。從テ二大王ニ一詣ル二京ニ一。是ノ歲爲二天台會場ト一。五年戊子。大王命シテ遷シム二護國院ニ一

第七世權僧正。名ハ慧潤。字ハ法雲。寶永五年（一七〇八）戊子八月。准后大王命シテ自二修禪院一遷シム二當院（主カ）ヲ一。十月爲二開山會ノ講師ト一。十一月告テ二之ヲ官府ニ一授ケ二執當ヲ一。錫（賜カ）ヒ二號惠恩院ヲ一。奏請シテ任シ二大僧都ニ一。兼二主シテ信州ノ勸修院ヲ一。爲二高野亞相保春卿ノ猶子ト一。六年己丑。轉シテ二勸修院ヲ一。又兼二主シム越後ノ安禪寺ヲ一。是ノ歲爲二天台會場ト一。七年庚寅。又轉二安禪寺ヲ一兼二主都下ノ糀町ノ龍眼寺ヲ一。正德二年（一七一二）壬辰。代テ二大王ニ一登ル二日光山ニ一。是歲以レ疾辭ス二職及龍眼寺ヲ一。大王奏請シテ任二權僧正ニ一。別ニ兼二主都下ノ西久保ノ普門院ヲ一。正德五年（一七一五）乙未八月。辭シテ二當院及ヒ普門院ヲ一而西上。隱二居山門坂本ニ一。自號二悉地院ト一。元文元年（一七三六）丙辰十一月四日寂ス。壽七十六

第八世僧正廣慧。越前福井ノ人。姓ハ山上氏。元祿二年（一六八九）己巳十月六日。投シテ二山門圓教院宥榮ニ一薙髮ス。尋テ師二事正覺院前大僧正豪鎭ニ一。十一年戊寅十二月。主二山門地福院ヲ一。爲二冷泉前亞相爲經卿ノ猶子ト一。後任二大僧都ニ一。正德五年（一七一五）乙未八月。轉二住當院ニ一。十一月爲二天台會講師ト一。享保四年（一七一九）己亥七月。代テ二貫主大王ニ一登二日光山ニ一。十一月轉二住紀州ノ雲蓋院ニ一。任二權僧正ニ一。兼二主山門ノ地福院ヲ一。十六年辛亥六月。轉二任僧正ニ一。寛保三年（一七四三）癸亥三月。辭シテレ院ヲ而隱二居ス于雲蓋院ノ別業ニ一。自號二唯默院ト一。延享三年（一七四六）丙寅七月十五日寂ス。壽七十一。葬二紀州名草ノ郡了法寺ニ一

第九世大僧都靈如。享保四年（一七一九）己亥十二月。自二修禪院一轉二住當院ニ一。十三年戊申。爲二開山會ノ講師ト一。十四年己酉三月。轉二住谷中感應寺ニ一。賜二莊嚴院ノ室ヲ一。任二大僧都ニ一。寛延元年（一七四八）戊辰三月。火災燒二亡ス正殿及ヒ寺院ヲ一。但餘ス二五

層ノ塔ヲ一耳。不レ幾ナラ再ニ建シテ正殿寺宇ヲ一復スニ舊觀一ニ。寶曆九年（一七五九）己卯十二月。辭シテレ院而隱ニ居于感應寺ノ境內一ニ。自號ニ本實院一ト。明和二年（一七六五）乙酉三月二十七日寂ス。壽八十矣。葬ニ感應寺ノ墓地一ニ

第十世權僧正覺深。享保十四年（一七二九）己酉三月。自ニ泉龍院一轉ニ住當院一ニ。十六年辛亥。爲ニ開山會ノ講師一ト。元文四年（一七三九）己未正月。司ニ使价ノ職一ヲ。五年庚申正月。任ニ大僧都一ニ。寛保二年（一七四二）壬戌六月。補ニ執當職一ニ。賜フニ覺王院ノ室一ヲ。延享元年（一七四四）甲子爲ニ天台會場一ト。二年乙丑。扈ニ從貫主大王一ニ而西上シ。參內拜ニ天顏一ヲ。寶曆七年（一七五七）丁丑。紀伊侯改メレ宗ヲ移シタマフニ祖先ノ靈牌ヲ于當院一ニ。是歲十二月。辭シテレ職而任ニ權僧正一ニ。十三年癸未四月。辭シテレ院而隱居ス。自號ニ明禪院一ト。領ニ常州阿波崎ノ安隱寺一ヲ。安永五年（一七七六）丙申三月二十四日寂。壽八十三。葬ニ開山堂ノ傍一ニ

第十一世權僧正覺印。字ハ潭月。武州多摩郡ノ人。姓ハ陶山氏。享保五年（一七二〇）庚子。九歲ニシテ事ニ津梁院義存一ニ。七年壬寅正月二十三日。覺王院權僧正亮潤爲ニ戒師一ト祝髮シ。爲ニ義存ノ弟子一ト。九年甲辰。義存寂ス。故ニ師ニ事法兄覺深一ニ。覺（學カ）フニ顯密之教一ヲ。又精ニ聲明一ニ。享保十七年壬子七月。主ニ山門千光院一ヲ。寛保三年（一七四三）癸亥三月。來テ寓ニ當院一ニ。寛延二年（一七四九）己巳。爲ニ開山會ノ講師一ト。寶曆十三年（一七六三）癸未四月。轉ニ主（住カ）當院一ニ。尋テ任ニ大僧都一ニ。明和三年（一七六六）丙戌爲ニ天台會場一ト。安永元年（一七七二）壬辰十月。補ニ執當職一ニ。賜ニ功德院ノ室一ヲ。三年甲午十二月。依テレ病ニ辭シテレ職而任ニ權僧正一ニ。四年乙未正月十日寂ス。壽六十四。荼毘シテ葬ニ開山堂ノ傍一ニ。執レ紼ヲ者甚タ多シト云

第十二世權僧正義宣。常州河內郡東條ノ人。姓ハ根本氏。寶曆六年（一七五六）丙子三月十一日。投シテニ覺印一ニ薙髮ス。明和五年（一七六八）戊子。主ニ山門千光院一ヲ。安永元年（一七七二）壬辰十二月。來テ寓ニ當院一ニ。四年乙未正月。轉ニ主（住カ）當院一ニ。天明五年（一七八五）乙巳十一月。依テニ隨宜樂大王ノ召一ニ上レ京ニ。預ニ安樂心大王灌頂ノ之事一ニ。明年隨宜樂大王賜ニ萌黃玉蟲色ノ衣一ヲ。寛政四年（一七九二）壬子十二月。任ニ大僧都一ニ。九年丁巳三月。補ニ執當職一ニ。賜ニ功德院ノ室一ヲ。十年戊午爲ニ天台會場一ト。十三年庚申閏四月。依テレ病ニ

辭職而任權僧正。五月十日寂。壽五十七。葬開山堂傍。賜謚法等院

第十三世大僧都義琰。江戸湯嶋人。姓北川氏。安永六(一七七六)年丁酉十一月二十四日。投義宣薙染。寛政四年(一七九二)壬子三月。主山門千光院(住カ)。九年丁巳五月。來寓當院。十二年庚申五月。轉主當院。文化二年(一八〇五)乙丑十月。請貫主大王以當院永爲師資繼續之寺。十一月爲天台會講師。七年庚午十二月。任大僧都。九年壬申七月五日寂。享年四十六。葬開山堂傍。存日以金五千五百兩附有緣之寺院數十所。爲父母師長及法界群靈。永行薦福之事云

〔東叡山寛永寺子院歴代主僧記　上巻　終〕

（題簽）當山子院歷代記　中

（扉書）東叡山寛永寺子院歷代主僧記　卷中

目次

東叡山寛永寺子院歷代主僧記　卷中

現龍院

佐渡守稲葉政成ノ之所ナリレ剏ムル。逮テ二政成卒スルニ一葬リテ二於院ニ一建ツレ塔ヲ。開山大師爲ニ謚ナス二現龍院ト一。因テ名クレ院ニ焉。元祿十一年（一六九八）戊寅災アリ。諸檀越共ニ建ツ。寶永六年（一七〇九）己丑又燬ク。

諸檀越重テ建ツ。

第一世權大僧都什譽。不レ詳カニセ二姓氏鄕國ヲ一。創二建シテ當院ヲ一兼二主トル上總ノ長福壽寺ヲ一。寛永十年（一六三三）癸酉四月七日寂ス」

第二世權大僧都顯海。不レ詳カニセ二姓氏鄕國ヲ一。嘗テ供二養ス神田宗庭カ所ノレ畫ク東照神君ノ影ヲ一。影屢ゞ著ハス二靈異ヲ一。大猷公因テ感スルニ二異夢ヲ一。命シテ使レ奉二安セ紅葉山ノ祠中ニ一。賜ニ二海ニ白銀三百枚ヲ一。又別ニ賜ニ二法眼探幽カ所ノレ畫ク影ヲ一。海乃請テ二大師ニ一題セシメテレ贊ヲ以奉二修ス護摩堂ニ一。人稱ス二其ノ誠信勤謹ノ之所ナリトレ

致ス也。寛永十九年(一六四二)壬午二月七日寂ス

第三世贈僧正亮傳。初名ハ諶泰。後更ム㆓亮傳㆒ト。姓ハ藤原。野州ノ人ナリ。童子ニシテ投シテ㆓千妙寺ノ亮諶僧正㆒ニ薙髪シ。尋テ來テ㆓當山㆒ニ侍㆓從ス開山大師㆒ニ。正保二年(一六四五)乙酉。奉シテ㆓大師ノ遺命㆒ヲ住ス㆓忍ノ之慈恩寺㆒ニ。慶安二年(一六四九)。久遠壽院准后命シテ遷テ主シム㆓當院㆒ヲ。承應二年(一六五三)。本照院大王命シテ撰セシム㆓開山大師ノ行狀記㆒ヲ。寛文改元辛丑(一六六一)。大王薦テ㆓之ヲ官府㆒ニ授ケ㆓執當㆒ヲ。賜㆓號ヲ圓覺院㆒ト。奏請シテ任ス㆓大僧都㆒ニ。二年癸寅(壬カ)。兼㆓主トル台山ノ歡喜院㆒ヲ。明年讓㆓歡喜院ヲ於弟子敬諶㆒ニ。延寶改元(一六七三)。扈㆓從シテ大王㆒ニ詣㆑京ニ。詔シテ召シ見慰勞ス。御㆓書シテ大圓覺ノ之三字㆒ヲ而賜フ。聖護院道寛親王爲シテ㆑文ヲ。紀シテ㆓其ノ事㆒ヲ以テ贈ル。人以テ爲㆑榮ト。實ニ是歳ノ八月六日也。二年甲寅爲㆓天台會場㆒ト。四年染㆑疾ニ。執政雅樂頭酒井忠清。美濃守稻葉正則。播磨守阿部正能。皆ナ親ク問㆑疾ヲ。八月十七日稱㆑佛ヲ正念シテ而化ス。壽六十三。大王奏請シテ贈㆓權僧正㆒ヲ。弟子亮全造㆓行業記㆒ヲ。文政四年(一八二一)辛巳春三月。貫主公猷大王奏請シテ贈ル㆓正僧正㆒ヲ。蓋シ依㆓法孫圓覺院光純ノ之懇願㆒ニ也

第四世權僧正亮研。初ノ名ハ公雄。後更ム㆓亮研㆒ト。或ハ書ス㆓良憲㆒ト。姓ハ成田。武州崎(埼カ)玉縣ノ人ナリ。依テ㆓慈恩寺ノ亮雄㆒ニ薙髪シ。尋テ主トル㆓慈恩寺㆒ヲ。迨テ㆓亮傳滅スル㆒ニ本照院大王命シテ主シム㆓當院㆒ヲ。主トルコト㆓慈恩㆒ヲ如㆑故ノ。天和元年(一六八一)辛酉。解脱院大王告テ㆓之ヲ官府㆒ニ授ケ㆓執當㆒ヲ。賜ヒ㆓號ヲ圓覺院㆒ト。奏請シテ任ス㆓大僧都㆒ニ。二年壬戌爲㆓天台會場㆒ト。貞享元年(一六八四)甲子。命シテ兼シム㆓羽州羽黑山ノ學頭㆒ヲ。二年乙丑二月。扈㆓從シテ大王㆒ニ請(詣カ)㆑京ニ。詔シテ入テ見シム。一ニ如クス㆓亮傳入觀ノ之故事㆒ノ。惟缺㆑賜フコトヲ㆓御書㆒ヲ。元祿二年(一六八九)己巳。辭ス㆓執當及ヒ羽黑ノ學頭㆒ヲ。大王奏請シテ任ス㆓權僧正㆒ニ。兼㆓主シム常州ノ千妙寺㆒ヲ。四年辛未。請テ㆓准后大王㆒ニ付シテ㆓當院ヲ於弟子敬諶㆒ニ引キ㆓去ル千妙寺㆒ヲ。讀㆓法華一千部㆒ヲ完ナリ。又書シテ㆓金字ノ法華一部㆒ヲ以テ奉㆓安ス寺㆒ニ。是歳冬染㆑疾ニ。一ニシ㆓志ヲ西方㆒ニ。六時禮念シ。至㆓十二月晦日㆒ニ怡然トシテ而化ス。壽六十六

第五世大僧都敬諶。上野ノ州勢田縣。礒田氏ノ子ナリ。母ハ鶴加谷氏。慶安元年(一六四八)戊子正月。依㆓僧正亮傳㆒ニ薙染ス。寛文三(一六六三)年癸卯六月。登㆓台山㆒ニ住ス㆓歡喜院㆒ニ。尋テ再㆓造ス院宇㆒ヲ。延

（一六七三）寶元年癸丑十二月。本照院大王命遷久能山德音院。元祿四年（一六九一）辛未三月。准后大王命主當院。十月爲開山會講師。十二月任大僧都。後奉大王命赴信州善光寺。親拜如來尊像。爾時光明赫如日輪。人皆驚駭。六年癸酉爲天台會場。九年丙子秋。院罹災。明年勸諸檀信重興。十三年庚辰。大王命兼主感應寺。此時桂昌院君枉駕。人以爲榮。十五年壬午。賜號功德院。是歲六月二十四日寂。壽六十六。葬當院墓所。存日修不動尊護摩供一萬座。其餘密行不可枚擧云

第六世權大僧都亮珍。初名傳雄。武州忍邑。田村氏子。投敬諶出家。諶俾禮本照院大王剃染。尋登台山。天和中主歡喜院。元祿十四年（一七〇一）辛巳。爲天台會講師。十五年壬午。准后大王召遷當院。寶永四年（一七〇七）丁亥七月朔日寂。年四十四。葬當院墓所

第七世權僧正貫通。寶永四年（一七〇七）丁亥。准后大王命自修禪院遷當院。是歲爲天台會場。六年己丑。辭執當。大王奏請任權僧正。十一月十六日寂。壽五十九。葬當院墓所。門人私謚專誠院

第八世權大僧都性本。初名雄憲。武州崎（埼カ）玉縣。成田氏子。投亮研出家。禮解脫院大王剃染。實亮研外姪也。後爲東叡明王院慧宏弟子。元祿三年（一六九〇）庚午。主台山金光院。十二年。及松林院寂仙遷津梁院。仙請准后大王召本嗣主。寶永七年（一七一〇）。大王又命遷主當院。正德三年（一七一三）癸巳十一月二十六日寂。壽四十三。葬當院墓所

第九世大僧都智湛。初名雄順。幼稚薙染。爲山門不動院亮全弟子。元祿二年（一六八九）己巳。主山門善光院。十一年戊寅。轉惣（持カ）特坊。寶永四年（一七〇七）丁亥二月。爲執行代。任大僧都。正德三年（一七一三）癸巳正月。作止觀院僧坊歷代記。十二月轉住當院。四年甲午。爲開山會講師。享保元年（一七一六）丙申七月。代貫主大王登日光山。三年戊戌九月。司使价職。九年甲辰七月十日寂。壽五十五。葬當院墓所

第十世大僧都光海。初ノ名ハ晃仙。又諶榮。下野州都賀郡ノ人。姓ハ菅原氏。元祿九年(一六九六)丙子四月八日。投ニ日光山禪智院晃泰ニ薙染ス。後登ニ山門ニ而修學ス。寶永四年(一七〇七)丁亥。主ニ山門榮泉院一ヲ。正德三年(一七一三)癸巳。轉ニ住日光山禪智院一ニ。享保四年(一七一九)己亥。爲ニ記家職一ト。五年庚子。爲ニ瀧尾上人一ト。六年辛丑。爲ニ中禪寺假上人一ト。八年癸卯。補ニ傳法職一ニ。九年甲辰七月。轉ニ住ス當院一ニ。十一月爲ニ天台會ノ講師一ト。十四年己酉七月。代ニ貫主大王一ニ登ニ日光山一ニ。十五年庚戌十月。造ニ虛空藏堂一ヲ修ニ求聞持ノ祕法一ヲ。十六年辛亥三月。任ニ大僧都一ニ。十九年甲寅五月。司ニ使价ノ職一ヲ。七月爲ニ昵近一ト。二十年乙卯九月。轉ニ住ス大慈院一ニ

第十一世權僧正澄然。初ノ名ハ圓寬。相州煤谷ノ人。姓ハ山田氏。元祿二年(一六八九)己巳二月十五日。投ニ州ノ之大礒高麗寺圓雄ニ薙染ス。後來ニ當山ニ寓スルコト護國院ノ學寮ニ數歲。大明大王命シテ爲ニ圓覺院常然ノ弟子一ト。寶永五年(一七〇八)戊子。主ニ山門蓮華院一ヲ。享保五年(一七二〇)庚子。爲ニ執行代一ト。任ニ大僧都一ニ。六年辛丑。轉ニ寶乘院一ニ。兼テ領スニ江州淺井郡ノ玉泉寺一ヲ。後辭シニ玉泉寺一ヲ。又兼テ主ニ江州飯道寺ノ之梅本院一ヲ。十一年丙午六月。轉ニ住ス江戸本鄉ノ瑞泉院一ニ。二十年乙卯九月。轉ニ住ス當院一ニ。元文元年(一七三六)丙辰七月。代ニ貫主大王一ニ登ニ日光山一ニ。十月爲ニ開山會ノ講師一ト。十一月爲ニ天台會場一ト。二年丁巳七月。司ニ使价ノ職一ヲ。三年戊午十月。補ニ執當職一ニ。賜ニ圓覺院ノ室一ヲ。寬保二年(一七四二)壬戌六月。辭シテレ職ヲ而任ニ權僧正一ニ。八月代ニ貫主大王一ニ登ニ久能山一ニ。延享元年(一七四四)甲子二月。辭シテレ院ヲ而隱居ス。自號ニ圓脫院一ト。寶曆二年(一七五二)壬申十一月朔日寂ス。壽七十四。葬ニ當院ノ墓地一ニ

第十二世大僧都乘鎧。字ハ閑谷。初ノ名ハ良澄。相州片岡ノ人。姓ハ沼田氏。享保十四年(一七二九)己酉五月二十四日。投ニ津梁院良然ニ薙髮ス。元文四年(一七三九)己未。主ニ山門放光院一ヲ。延享元年(一七四四)甲子二月。轉ニ住ス當院一ニ。寶曆七年(一七五七)丁丑。爲ニ天台會ノ講師一ト。八年戊寅七月。代ニ貫主大王一ニ登ニ日光山一ニ。十二年壬午七月。司ニ使价ノ職一ヲ。十三年癸未十二月。轉ニ住ス大慈院一ニ

第十三世僧正公副。寶曆十二年(一七六二)壬午七月。自ニ大慈院一

轉二住ス山王祠別當觀理院一ニ。安永元年（一七七二）壬辰十一月。自二觀理院一轉二住ス當院一ニ。補二紅葉山ノ別當職一ニ。賜二眞覺院ノ室一ヲ。四年乙未五月。辭シテ二職及當院一ヲ而隱居ス。自號二寂堂一ト。五年丙申ノ春。上レ京ニ寓二誓願寺ノ塔中一ニ。八年己亥九月十八日寂ス。壽六十二。荼毘シテ葬二眞如堂ノ側一ニ。又瘞二分骨ヲ于當院ノ墓所一ニ。隨宜樂大王賜二謚ヲ百光院一ト

第十四世權僧正鈴然。號ハ東園。初ノ名ハ智賾。江戸下谷ノ人。姓ハ長谷川氏。寶曆四年（一七五四）甲戌十一月二十四日。投二明靜院智英一ニ薙染ス。明和二年（一七六五）乙酉三月。登二山門一ニ而修學ス。尋テ主二山門光圓院一ヲ。安永元年（一七七二）壬辰八月。還二當山一ニ寓ス二等覺院一ニ。四年乙未五月。轉シテ主二當院一ヲ。天明三年（一七八三）癸卯四月自二十四日一至二二十一日一ニ。斷食シテ修二文殊大士十萬枚ノ護摩一ヲ。五年乙巳。爲二開山會ノ講師一ト。七年丁未二月。轉二住ス福聚院一ニ。寛政三年（一七九一）辛亥六月。補二執當職一ニ。賜二惠恩院ノ室一ヲ。自二福聚院一轉シテ再二住ス當院一ニ。五年癸丑爲二天台會場一ト。九年丁巳三月。辭スレ職ヲ。尋テ任二權僧正一ニ。十年戊午九月。轉二住ス談山竹林坊一ニ。享和二年（一八〇二）壬戌三月九日寂ス。壽六十一。葬二全身ヲ于談山ノ念誦窟一ニ。又藏二爪齒ヲ于當院ノ墓所一ニ起レ塔ヲ。歡喜心大王賜レテ謚ヲ曰二與樂院一ト

第十五世大僧都思道。天明七年（一七八七）丁未十二月。自二圓珠院一轉二住ス當院一ニ。八年戊申四月。代テレ衆ニ往二城州山科一ニ。拜二謁ス隨宜樂大王ノ靈廟一ニ。寛政元年（一七八九）己酉爲二天台會場一ト。三年辛亥六月。轉二住ス福聚院一ニ

第十六世權僧正鈴然。如シ二上ニ記スルカ一焉

第十七世權大僧都泰然。文化二年（一八〇五）乙丑。自二松林院一轉二住ス當院一ニ。六年己巳。轉二住ス春性院一ニ

普門院

寛永初。開山大師諦(締カ)構以爲清水堂別當院。使弟子秀海處之。院初號慈眼。後避大師諡號更今號。逮阿波侯松平忠英爲檀越修葺增拓。惟其寢室第二世宣英所建也。寺初在清水堂右。元祿戊寅(一六九八)。移今地。官賜白銀百枚。良材若干以爲移致用。

第一世權大僧都秀海。山城州葛野縣。稻生氏子。甫十歲依開山大師薙髮。及長命主當院。大師嘗命畫工宗庭寫眞相數幅以與諸弟子。而取其最肖似者授海焉。像今見在。本照院大王命兼主三州泉福寺・出羽立石寺。年五十三。建灌頂道場於當院。受阿闍梨位。檀越阿波侯捨黄金五十兩助費。寛文六年(一六六六)丙午爲天台會場。延寶六年(一六七八)戊午再爲會場。天和元年(一六八一)。於院之後園縛茅退隱。自號聖應院。貞享三年(一六八六)丙寅三月四日寂。壽六十七

第二世大僧都宣英。姓久我。都下人。幼依東漸院宣海。甫十五歲禮久遠壽院准后剃染。十七歲秀海請爲弟子。尋登台山學教文。三十二歲主當院。三十五歲。建灌頂道場於當院。受阿闍梨住(位カ)。阿波侯捨白銀百枚助費。四十九歲遷主東漸院。

第三世權大僧都宣傳。姓小牧。都下人。依東漸院宣純出家。二十五歲登台山主安禪院。元祿十一(一六九八)年七月。准后大王命主當院。十六年癸未四月三日寂。春秋三十六

第四世權大僧都慈潭。後更宣靈。元祿十六年(一七〇三)。准后大王命自林光院遷主當院。寶永四年(一七〇七)。代大王赴久野(能カ)山奉東照宮祭祀。檀越阿波侯貽白銀百枚助行裝費。寶永六年。阿波侯請大王書常憲公之靈牌。以奉安國府松巖寺。潭奉牌達國府。正德元年(一七一一)辛卯。爲天台會講師。享保元年(一七一六)丙申。轉住東漸院

第五世大僧都覺明。下野州河内郡宇都宮ノ人。姓ハ原氏。元祿十一年(一六九八)戊寅正月三日。從テ二住心院公淵一ニ薙髮シ。爲ル二山門大興坊覺同ノ弟子一ト。寶永七年(一七一〇)庚寅正月。主ル二山門圓龍院一ヲ。正德四年(一七一四)甲午二月。從テ二崇保大王ノ駕一ニ來二當山一ニ。司ル二王宮ノ之内道場一ヲ。享保元年(一七一六)丙申十一月。轉二住當院一ニ。五年庚子五月。兼テ領ス二下總州八幡ノ法漸寺一ヲ。六年辛丑。修スルコト二慈慧大師ノ祕密大法ヲ於内道場一ニ一百日。八年癸卯四月。賜二煤竹色ノ衣一ヲ。十年乙巳三月。轉二住勸善院一ニ。

第六世大僧都宣圓。初ノ名ハ慧淨。又ハ宣賀。下野州阿蘇郡佐野ノ人。姓ハ山田氏。正德二年(一七一二)壬辰十一月二十四日。投二日光山觀音院亮然一ニ薙髮ス。修學院僧正舜榮爲二戒師一。五年乙未四月。爲ル二當院第四世慈潭ノ弟子一ト。享保三年(一七一八)戊戌九月。登二山門一ニ而習學ス。八年癸卯十月。還二東叡一ニ。十年乙巳三月。主二當院一ヲ。寬保元年(一七四一)辛酉。爲二開山會ノ講師一ト。延享二年(一七四五)乙丑七月。代二貫主大王一ニ登二日光山一ニ。三年丙寅十一月。轉二住林光院一ニ。

第七世大僧都從宜。讚州香川郡高松ノ人。姓ハ眞部氏。享保十年(一七二五)乙巳。九歲ニシテ薙二髮ス于園城寺一ニ。十二年丁未。十一歲ニシテ登二山門一ニ事二正覺院大僧正亮潤一ニ。十三年戊申十二歲九月二十八日。從テ二亮潤一ニ更メテ受クレ度ヲ。後爲二當山林光院亮谷ノ弟子一ト。元文五年(一七四〇)庚申三月。主二山門星光院一ヲ。延享三年(一七四六)丙寅十二月。轉二住當院一ニ。寶曆五年(一七五五)乙亥十二月。轉二住春性院一ニ。

第八世大僧都幸海。初ノ名ハ祐專。下總ノ人。姓ハ藤氏。元文四年(一七三九)己未十一月二十四日。薙二髮ス于未(末カ)山一ニ。後來二當山一ニ師二事ス養壽院良海一ニ。乃更ムレ名ヲ。寶曆五年(一七五五)乙亥十二月。主二當院一ヲ。明和四年(一七六七)丁亥閏九月。有テレ故退院。安永元年(一七七二)壬辰十月。隨宜樂大王命シテ歸レ山ニ。十一月主二林光院一ヲ。

第九世贈權僧正守寂。初ノ名ハ慶龍。下野州都賀郡ノ人。姓ハ伴氏。元文三年(一七三八)戊午十二月八日。投二根津昌泉院算應一ニ薙髮ス。後爲二松林院守英ノ弟子一ト。乃改ムレ名ヲ。寬延元年(一七四八)戊辰九月。主二山門善住院一ヲ。明和元年(一七六四)甲申。來テ寓二明王院一ニ。五年戊子三月。轉二住當院一ニ。十一月爲二天台會ノ講師一ト。六年己丑七月。代二貫主大王一ニ登二日光山一ニ。八年辛卯三月。司ニ使价ノ職一ヲ。安永四年(一七七五)乙未十二月。任ニ大僧都一ニ。五年丙申六月。補ニ執當職一ニ。賜ニ眞覺院ノ室一ヲ。七年戊戌爲ニ天台會場一ト。天明七年(一七八七)丁未。貫主大王賞ニ其勤勞一ヲ。有下從レ今以往執當可ノ著ニ淺黄大紋ノ指貫一ヲ之命上。是歳二月二十六日寂ス。壽六十四。存日占ニ墓地ヲ於院後一ニ遂葬焉。賜ニ諡ヲ稱念院一ト。贈ニ權僧正一ヲ

第十世權大僧都守滿。江戸ノ人。姓ハ加藤氏。天明二年(一七八二)壬寅五月三日。投ニ守寂一ニ薙髮ス。五年乙巳七月。賜ニ名ヲ誠心院一ト。六年丙午九月。主ニ山門善住院一ヲ而寓ニ當院一ニ。七年丁未四月。轉シテ主ニ當院一ヲ。寛政七年(一七九五)乙卯正月四日寂ス。享年二十九。葬ニ當院ノ墓所一ニ

第十一世權大僧都慶歡。江戸ノ人。姓ハ瀧本氏。安永八年(一七七九)己亥八月十日。投ニ守寂一ニ薙染ス。天明七年(一七八七)丁未四月。爲ニ山門善住院ノ看坊一ト。寛政二年(一七九〇)庚戌十二月。爲ニ住持一ト。七年乙卯正月。轉シテ主ニ當院一ヲ。文化四年(一八〇七)丁卯十一月。轉ニ住勸善院一ニ

涼泉院

寛永五年(一六二八)戊辰。僧正胤海所レ建。明暦三年(一六五七)。因幡侯松平光仲爲テ檀那一ト永ク施ニ二百石ノ莊田一

第一世僧正名ハ胤海。族姓ハ藤原。洛陽施藥院宗伯ノ子ナリ。花山院左大臣定好公養テ爲レ子。寛永元年(一六二四)甲子。年甫テ十四。禮ニ梶井最胤親王ヲ於台麓ノ滋賀院一ニ薙髮ス。親王畀ニ號實成院一ヲ。三年丙寅。來テ當山一ニ謁ニ開山大師一ニ。遂爲ニ弟子一ト。尋テ登ニ台山一ニ習ニ教文一ヲ。五年戊辰(戊カ)。還リ當山一ニ創テ當院一而住ス。兼ニ主ナル伯州ノ大山寺一ヲ。次年修ス傳法灌頂一ヲ。大猷公賜テ白銀五十枚一ヲ賀レ之ヲ。慶安二年(一六四九)己巳(丑カ)。値テ開山大師ノ七周忌一ニ建ニ別請立義會一ヲ。自爲ニ第一ノ問者一ト。寛文改元(一六六一)辛丑。任ス權僧正一ニ。次年壬寅。最胤親王更ニ畀ニ號檀那院一ヲ。六年丙子(午カ)ニ轉ニ任ス僧正一ニ。延寶三年(一六七五)乙丑(卯カ)。官府有テ命陞テ住セシムニ凌雲院一ニ

第二世大僧都名ハ公侃。族姓ハ源。伊豫守松平(朱備前少將從四位)綱政ノ子ナリ。

年甫テ十二。出ニ家ス於因州ノ淳光院一ニ。會ニ久遠壽院准后一遣ハシテ二靈山院ノ亮海一ヲ代テ落ニ慶セシム州ノ之東照宮一ヲ。綱政使下海ヲシテ代テ二准后一ニ爲中剃度上。稍長トナリテ登テ二台山一ニ習ニ教文一ヲ。梶井最胤親王畀ニ號城南院一ヲ。延寶三年(一六七五)乙卯。來テ謁シ二胤海一遂テ留マリテ爲ニ弟子一ト嗣テ主トル二當院一ヲ。親王更ニ畀ニ號本實成院一ヲ。四年丙辰。爲ニ天台會ノ講師一ト。五年丁巳。本照院大王命シテ兼ニ董サシム伯州ノ大山寺一。是歲爲ニ天台會場一ト。天和二(一六八二)年壬戌。往ニ大山一ニ。住スルコト一年ニシテ而還ル。百廢具(倶カ)ニ興ル。元祿三年(一六九〇)甲(庚カ)午五月五日。染レ疾ニ。翌日巳ノ刻端生(坐カ)シテ而化ス。壽五十一。葬ル二院ノ西北ノ隅一。

第三世權大僧都侃海。姓ハ御牧。年十三。投テ二公侃一剃落ス。既ニシテ而登ニ台山一ニ學ニ教文一ニ。元祿二年(一六八九)己巳。還ニ自台山一。明年公侃寂ス。准后大王命シテ爲シム二看房一（當山之制。師亡シテ而弟子年未ニ二十五一ナラ者ハ不レ允サ嗣レ席ヲ。暫ク爲テ二監院一ト以俟ニ年ノ至ルヲ一。謂ニ之ヲ看房一）六年辛(癸カ)酉。方ニ年二十五。命シテ爲ニ住持一。干(十カ)二年己卯正月十日。嬰ル疾ニ。翌日遷化ス。年二十九。葬ムル二院ノ西北ノ隅一ニ。

第四世大僧都賢空。姓ハ小林。備前ノ州御野郡ノ人ナリ。延寶三年(一六七五)。依テ二州ノ之銘金山遍照院賢厚一ニ祝髮ス。子(于カ)時賢厚主ニ山門松林坊一ニ。兼テ領ス二金山寺一ヲ也。七年己未。登ニ台山一ニ肄テレ業ヲ已ニシテ而來ニ當山一ニ服ニ役ス於胤海一ニ。天和二年(一六八二)。從テレ海ニ登ニ台山一ニ遂爲ニ弟子一ニ。元祿三年(一六九〇)。復來テ二當山一ニ事フ二准后大王一ニ。四年辛未。大王命シテ主シム二台山ノ喜見院一ニ。而シテ在シム二當山一ニ。十一年戊寅。命シテ司トラシム二瑠璃殿一ヲ。十二年己卯春正月。命シテ主シム二當院一ヲ。十三年庚辰。爲ニ天台會ノ講師一ト。寶永五年(一七〇八)。命シテ司シム二使价一ヲ。明年乙(己カ)丑二月。薦テ二之官府一ニ遷シム二觀成院一ニ。

第五世權大僧都廣海。姓ハ不破。都下人ナリ。年十二。投シテ二台山ノ妙音院亮海一ニ脫匂(白カ)ス。明年從ニ行光房ノ快實一ニ薙染ス。元祿三年(一六九〇)。主トル二無動寺ノ蓮光院一ヲ。寶永六年(一七〇九)己丑。准后大王命シテ遷テ主シム二當院一ヲ。初在ニ台山一ニ遵ニ相應和尚ノ遺規一ニ。修密巡禮スルコト七百日（巡禮七百日滿ル者稱シテ爲ニ行圓滿一ト）要レ至ラント二千日一ニ。而有ニ當院ノ命一。七年庚寅。稟シテ二大王一ニ登テ二台山一ニ遂ク二其ノ初志一ヲ。故事ニ台山ノ巡禮千日滿ル者ハ。座主以聞シ特ニ賜フ二褒詔一ヲ。大王移シテ二書ヲ乎座主梶井親王一ニ。使ニ奏請シテ得セレ如ナルコトヲ二故事一ノ。是歲冬還ニ當山一ニ。正德元年(一七一一)辛卯十月。爲ニ開山會ノ講師一ト。是

歳檀越松平右衞門督吉泰朝臣。嘆無嗣子請祈。廣海新造慈慧大師影堂。修大祕密法。未至結撮妾產男子。爾來吉泰朝(「臣カ)歳贈粟百石爲大師香火料。又廣海存生之閒。歳施白銀百枚助費云。享保四年(一七一九)己亥五月。辭院而隱居于谷中感應寺傍。自號修寂院。元文三年(一七三八)戊午十二月五日寂。壽六十六。葬于當院墓所。

逸事　任大僧都

第六世大僧都慧湛。日光山樂人。長沼内藏某子。有故目代山口圖書某子養焉。元祿十四年(一七〇一)辛巳三月十五日。拜大明大王薙髮。爲等覺院覺湛弟子。寶永三(一七〇六)年丙戌(戊カ)。登山門而習學。寓玉泉院。五年戊子。又寓覺林坊。而回峯百日。是歳山門蓮光院廣海請爲弟子。正德元年(一七一一)辛卯正月。嗣主蓮光院。又回峯六百日。五年乙未。來當山事王宮。享保元年(一七一六)丙申。從大明大王駕而西上留于山門。二年丁酉。復來當山事王宮。四年己亥五月。轉住當院。十三年戊申。爲天台會講師。十六年辛亥六月。轉住春性院。

第七世權大僧都義超。下野州都賀郡栃木人。姓黑子氏。享保二年(一七一七)丁酉十月二十九日。投護國院延順薙髮。後爲泉龍院義胤弟子。十三年戊申六月。主山門密嚴院。十六年辛亥六月。轉住當院。元文二年(一七三七)丁巳三月。謝病辭院而去。不知其所終。

第八世權大僧都常玄。初名義純。又定玄。常州眞壁郡中館人。姓赤羽氏。正德四年(一七一四)甲午十一月二十四日。投壽昌院堯純薙髮。享保八年(一七二三)癸卯九月。登山門寓清泉院而修學。十一年丙午正月。行刀八毘沙門天法屢有應驗。四月還東叡而爲春性院良然弟子。更名常玄。十二年丁未閏正月。主山門安禪院。九月登山門。元文二年(一七三七)丁巳四月。轉住當院。四年己未八月。又轉住等覺院。

第九世僧正公副。字詢岳。左中將源房忠朝臣子。八歳爲叔父中納言有藤卿所養云。十歳來江戸從傳法院僧正公英。享保十四年(一七二九)己酉八月十二日。

拜二シテ崇保大王一ヲ薙髮シ。爲二公英僧正ノ弟子一ト。賜二名ヲ公副一ト。且賜二護法院ノ室一ヲ。十五年庚戌(戊カ)八月。直敍法眼。十六年辛亥四月。上レテ京二而扈二從ス隨宜樂大王於城州山料(科カ)一ニ。十七年壬子五月。任二少僧都一ニ。十九年甲寅三月。任二大僧都一ト。敍二法印一ニ。六月從二隨宜樂大王一ニ登二テ山門一ニ而習學ス。十二月主二山門光圓院一ヲ。元文二年(一七三七)丁巳二月。扈二從シテ隨宜樂大王一ニ來二東叡一ニ。四年己未八月。轉二住當院一ニ。五年庚申八月。辭二光圓院一ヲ。十月兼テ主二湯島喜見院一ヲ。是歲爲二天台會場一ト。寛保二年(一七四二)壬戌(戊カ)四月。轉二住福聚院一ニ

第十世大僧都德修。不レ詳二鄉國姓氏一ヲ。享保十五年(一七三〇)庚戌三月十五日。投二山門本住院德明一ニ薙髮ス。寛保三年(一七四三)癸亥九月。嗣テ主二本住院一ヲ。寛延三年(一七五〇)庚午十二月。轉二住當院一ニ。寶曆八年(一七五八)戊寅。爲二天台會ノ講師一ト。九年己卯七月。代二貫主大王一ニ登二日光山一ニ。十三年癸未十二月。轉二住林光院一ニ

第十一世大僧都了圓。近江州滋賀郡板(坂カ)本ノ人。姓ハ久保氏。享保十四年(一七二九)己酉四月八日。投二三州吉田ノ神宮寺圓具一ニ薙染ス。寛保三年(一七四三)癸亥。來二當山一ニ從二住心院空潭一ニ。寛延二年(一七四九)己巳。登二山門一ニ爲二法華會ノ竪者一ト。三年庚午六月。爲二空潭ノ弟子一ト。寶曆八年(一七五八)戊寅二月。賜二名ヲ一行院一ト。寓二明王院一ニ。十三年癸未十二月。主二當院一ヲ。明和元年(一七六四)甲申七月。代二貫主大王一ニ登二日光山一ニ。十月爲二開山會ノ講師一ト。四年丁亥七月。司二使价ノ職一ヲ。五年戊子三月。任二大僧都一ニ。八年辛卯三月。轉二住觀成院一ニ

第十二世大僧都啓幽。明和八年(一七七一)辛卯三月。自二壽昌院一轉二住當院一ニ。七月賜二楞伽院ノ室一ヲ。安永四年(一七七五)乙未十一月。代二貫主大王一ニ登二久能山一ニ。十二月任二大僧都一ニ。天明元年(一七八一)辛丑。請二大檀越因幡侯一ニ大ニ修二造ス寺宇一ヲ。是歲爲二天台會場一ト。二年壬寅二月。代二貫主大王一ニ登二日光山一ニ。三年癸卯八月。轉二住勸善院一ニ

第十三世前大僧正智願。事跡在二淩雲院ノ記一ニ

第十四世大僧都公珪。字ハ子璋。梅園前宰相實繩卿ノ子。有レテ故爲二メニ櫛笥前大納言隆望卿一ノ所レ養。明和六年(一七六九)己丑。來二江戸一ニ。安永二年(一七七三)癸巳十月二十三日。拜二シテ隨宜樂大

王ヲ薙髪シ。爲二眞覺院僧正公副ノ弟子一ト。賜二名ヲ公珪一ト。且賜二行嚴院ノ室一ヲ。三年甲午十二月。直敍法眼。五年丙申六月。任二少僧都一ニ。六年丁酉十月。爲二扈從ノ之職一ト。七年戊戌十二月。任二大僧都一ニ。敍二法印一ニ。天明三年（一七八三）癸卯十月。主二山門戒定院一ヲ。四年甲辰六月。轉二住當院一ニ。五年乙巳七月。轉二住勸善院一ニ

第十五世大僧都照海（缺文）

修禪院（別筆）〔初名寂光院〕

寛永ノ初。權僧正玄海ノ所レ創ムル。海時ニ主トル二台山ノ寂光院一ニ。遂ニ亦名ヲ爲二寂光院一ト。正保丙戌（一六四六）。羽州山形ノ大守大和守松平直基爲二檀越一。施二莊田二百石一ヲ。是時更ムニ今ノ名一ニ。寺初在二正殿ノ左一ニ。元祿戊寅（一六九八）。因テ罹レ災ニ移二基ヲ於今ノ地一ニ。大和守基和重テ建ツ

第一世權僧正玄海。不レ詳カニセ二氏族一。寛永ノ初（一六三〇）。自二台山ノ寂光院一來テ創二建シ當院一。名テ曰二寂光院一。七年庚午。兼二主常州不動院一ヲ。十四年丁丑。遷テ主トル二長沼ノ宗光寺一ヲ。十八年辛巳十一月十三日。坐二化ス宗光寺一。壽六十四。慶安三年（一六五〇）庚寅。贈ル二權僧正一ヲ

第二世權大僧都尊陽。不レ詳二姓氏一。主ル二台山ノ習禪房一。精二練ス密教一ヲ。開山大師召テ來テ侍セシム二左右一ニ。寛永十四年（一六三七）。命シテ主シム二當院一。兼テ董シム二羽州ノ立石寺一ニ。羽之大守大和守松平直基爲二檀越一。施二莊田二百石一。承應二年（一六五三）癸巳。傾テ二衣鉢ノ資一ヲ

置ニク長明燈ヲ於台山ノ轉法輪堂。其石燈繫今猶在リ。是歲七月十九日逝ス。葬ムルニ護國院ニ

第三世權大僧都尊信。不レ詳ニ姓氏一。和州吉野邑ノ人ナリ。依テニ尊陽ニ爲ニ弟子一。及テニ陽寂スルニ繼テ主トルニ當院ヲ。寛文十二年(一六七二)壬子。適〻往テニ吉野山ニ而寂ス。是歲五月八日也。主トルコトニ當院ニ凡テ二十年

第四世大僧都信宥。和州吉野ノ人ナリ。師トシニ事フ尊信ト。實ハ信ノ之甥也。遂ニ嗣テ主トルニ當院ヲ。既ニシテ而遷テ主ルニ愛岩(宕カ)ノ教學院ヲ。元祿二年(一六八九)己巳九月二十三日寂ス

第五世權大僧都俊恆。能州ノ人ナリ。薙ニ髮于加州ノ西養寺ニ。迨レ長トナルニ來テニ當山ニ作ニ務ス乎本坊ニ。號ニ理教院ト。既ニシテ而主トニ當院ヲ。無レ幾ハク退テ登ニ台山ニ。大和守直知請テ本照院大王ニ召テ還主シムニ當院ニ。大王不レ可カニ直知欲レ絕ントニ檀信ヲ。僧正胤海爲ニ曉諭シテ而事止ム。然レトモ減スニ取レノ施僧糧ノ之半ヲ。後大王命シテ爲ニ台山寶乘院俊海ノ弟子ニ。嗣テ主ニ寶乘院ヲ。延寶八年(一六八〇)庚申四月朔日寂

第六世大僧都仙祐。日光龍光院ノ豪海ノ弟子ナリ。自ニ下谷善養寺ニ遷テ主トルニ當院ニ。延寶八年(一六八〇)庚申六月十三日寂。葬ムルニ于善養寺ニ

第七世大僧正最純。初ノ名ハ實尊。姓ハ奧澤。野州佐野ノ人ナリ。出家遊學主ニ台山ノ龍城院ヲ。延寶八年(一六八〇)庚申。從テニ解脫院大王ニ來ニ當山ニ。尋テ命シテ主シムニ當院ニ。天和二年(一六八二)壬戌。爲ニ開山會ノ講師ト。三年癸亥十二月。大王ニ薦テ之ヲ官府ニ遷テ主シムニ津梁院ニ

第八世權大僧都澄祐。依テニ仙祐ニ剃染ス。及テニ祐寂シテ最純主トルニ當院ヲ。卽師トシニ事フ純ニ。及テニ純遷ニ津梁院ニ。大王命シテ爲シメニ看房ニ。既ニシテ而命シテ住持セシム。元祿十年(一六九七)丁丑十一月。命シテ遷シムニ都下ノ金剛院ニ。十二年己卯四月二十五日。寂スニ于金剛院ニ

第九世大僧都慈航。一乘院ノ圓雄ノ弟子ナリ。元祿十年(一六九七)十一月二十日。准后大王命シテ主シムニ當院ニ。十一年七月六日。命シテ遷シムニ一乘院ニ

第十世大僧都慶海。奧州津輕郡弘前ノ人。姓ハ浮須氏。母ハ田中氏。寬文四年(一六六四)甲辰六月四日。投シテニ郡ノ之報恩寺遵海ニ

薙染。八年戊申十一月。來東叡從福聚院智英。司開山大師影堂之事凡十七年。貞享元年(一六八四)甲子十一月。主羽州山形寶光院。蓋依前住英純之請也。于時寺弊。元祿元年(一六八八)戊辰。修理焉。十一年戊寅八月。轉住當院。兼領寶光院。十三(二カ)年己卯。爲開山會講師。十四年辛巳七月。代貫主大王登日光山。十六年癸未七月。司使价職。十月任大僧都。寶永元年(一七〇四)甲申八月。轉住福聚院。

第十一世權僧正貫通。寶永元年(一七〇四)。准后大王薦之官府。授執當。賜號楞伽院。奏請任大僧都。遂命自養壽院遷當院。四年丁亥。又命遷現龍院。

第十二世權僧正慧潤。字法雲。江州膳所人。姓青木氏。爲前大僧正豪鎭弟子。主山門常智院。後轉住行光坊。元祿十四年(一七〇一)辛巳十二月。爲執行代。十五年壬午三月。任大僧都。寶永四年(一七〇七)丁亥二月。辭執行代。十二月十五日。准后大王命自台山行光坊遷當院。五年戊子八月二十五日。命遷眞如院。

第十三世權僧正覺湞。字慧暾。姓平井。江州蒲生郡馬淵邑人。投台山華王院專海剃染。來當山寓寶勝院。元祿十一年(一六九八)戊寅二月。准后大王命出世於府中深大寺。于時年三十四。不幾佛殿祖堂神祠僧舍次第修治。十五年壬午。大王嘉典造之績命遷主常州不動院。寶永四年(一七〇七)丁亥八月。召主當院。兼主不動院。六年己丑。爲開山會講師。正德四年(一七一四)。奏請任大僧都。六年丙申。司使价職。享保二年(一七一七)丁酉十一月。川越侯加增僧糧復舊爲二百石。三年戊戌九月。轉住津梁院。

第十四世大僧都靈如。江戸牛込人。姓服部氏。元祿十一年(一六九八)戊寅二月十五日。拜大明大王薙髮。爲涼泉院賢空弟子。寶永三年(一七〇六)丙戌十二月。主山門慈光院。享保三年(一七一八)戊戌九月。轉住當院。四年己亥十二月。轉住眞如院。

第十五世大僧都亮典。字覺眼。京師人。姓德山氏。貞享四年(一六八七)丁卯七月十九日。投山門金剛壽院權僧正亮雄。

薙髮。元祿五年（一六九二）壬申十一月。主山門寂光院。爲西塔記家之祖。寶永四年（一七〇七）丁亥。大明大王西上之日。有後當主東叡山子院之命。正德五年（一七一五）乙未冬。依命來江戸。轉住西久保普門院。享保四年（一七一九）己亥十一月。轉住當院。六年辛丑。爲開山會講師。七年壬寅七月。代貫主大王登日光山。九年甲辰正月。兼主常州江戸崎神宮寺。十年乙巳三月二日。司使价職。十九日住（任カ）大僧都。五月轉住福聚院

第十六世大僧都算應。下野州都賀郡人。姓栗原氏。元祿九年（一六九六）丙子十一月二十四日。投常州新治郡圓妙寺算舜薙染。享保元年（一七一六）丙申。來當山從大慈院慶海。六年辛丑三月。爲慶海弟子。六月登山門爲法華會竪者。十年乙巳五月。主當院。十二年丁未。爲天台會講師。十三年戊申七月。代貫主大王登日光山。十九年甲寅三月。轉住根津昌泉院。任大僧都。寬保二年（一七四二）壬戌四月十日寂。壽五十七。葬昌泉院墓所

第十七世大僧都覺眞。字設堂。初名智眞。相州大住郡中原人。不詳姓氏。正德二年（一七一二）壬辰三月五日。投當院十三世覺湞薙染。享保九年（一七二四）甲辰十月。主山門淨泉院。十九年甲寅三月。轉住當院。元文五年（一七四〇）庚申七月。代貫主大王登日光山。延享元年（一七四四）甲子五月。司使价職。三年丙寅。爲開山會講師。寬延元年（一七四八）戊辰二月。任大僧都。十一月爲天台會場。寶曆元年（一七五一）辛未三月。轉住觀成院

第十八世權大僧都宣融。信州人。享保十三年（一七二八）戊申三月四日。薙髮于未（末カ）山。寬保三年（一七四三）癸亥。來當山師事津梁院宣應。後登山門而修學。寶曆元年（一七五一）辛未三月。主當院。俄疾五月十二日寂。享年三十四。葬子（于カ）當院東南隅。後更葬元光院

第十九世權大僧都寂純。初名堯堅。姓宮木（本カ）氏。常州河内郡龍崎人。元文元年（一七三六）丙辰六月十五日。從願王院正純薙髮。爲山門寶乘院純英弟子。後登山門而習學。寬延二年（一七四九）己巳。嗣主寶乘院。寶曆元年（一七五一）辛未五月。爲津梁院前住宣應弟子。轉住當院。二年壬申二月

二十三日寂ス。享年二十七。葬二于元光院ノ墓所一ニ

第二十世大僧都宣興。初ノ名ハ泰純。下野州都賀郡ノ人。姓ハ菊地氏。享保二十年（一七三五）乙卯三月四日。投二寶勝院貫洞一ニ薙髮ス。寶曆二年（一七五二）壬申三月。爲二津梁院前任（住カ）宣應ノ弟子一ト。主二當院一ヲ。八年戊寅。大檀越廏橋侯源朝矩朝臣加二增ス僧糧百石一ヲ。蓋廏橋侯所二歳施一ス僧糧本二百石。往年有レテ故見レ減。而今復レス舊ニ也。十三年癸未。爲二天台會ノ講師一ト。明和五年（一七六八）戊子三月。任二大僧都一ニ。後數年患二脚疾一ヲ。是ヲ以テ三ヒ辭二スト轉住升進ノ之命一ヲ云。安永五年（一七七六）丙申三月。辭レシテ院ヲ而隱二居ス於院ノ後園一ニ。自號二千如院一ト。六年丁酉九月七日寂ス。壽五十五。葬二于元光院一ニ

第二十一世權僧正長嚴。初ノ名ハ亮嚴。常州河内郡古渡ノ人。姓ハ野口氏。寶曆十年（一七六〇）庚辰十一月二十四日。從二寶勝院貫亮一ニ薙髮シ。爲二淺艸燈明寺亮宥ノ弟子一ト。明和七年（一七七〇）庚寅八月。登二山門一ニ從二玉泉院堯陳一ニ。安永五年（一七七六）丙申三月。爲二宣興ノ弟子一ト主二當院一ヲ。寛政二年（一七九〇）庚戌七月。轉二住觀成院一ニ

第二十二世大僧都亮禪。丹波州多喜郡笹山ノ人。姓ハ高見氏。明和二年（一七六五）乙酉九月六日。投二山門寂光院ノ亮尹一ニ薙染ス。天明四年（一七八四）甲辰九月。踐二師席一ヲ主二寂光院一ヲ。寛政二年（一七九〇）庚戌七月。轉二住當院一ニ。六年甲寅。爲二開山會ノ講師一ト。九年丁巳七月。代二貫主大王一ニ登二日光山一ニ。十一年己未三月。轉二住勸善院一ニ

第二十三世大僧都覺千。江戸下谷ノ人。姓ハ土屋氏。明和八年（一七七一）辛卯十二月十日。從二眞如院覺印一ニ薙髮シ。爲二淺艸寺別當代善王院覺邦ノ弟子一ト。安永二年（一七七三）癸巳十月。覺邦主二當山松林院一ヲ。覺千隨徒（從カ）ル焉。天明二年（一七八二）壬寅九月。主二山門玉泉院一ヲ。三年癸卯三月。登二山門一ニ寓二妙音院一ニ。蓋玉泉院往年罹レ災ニ故也。四年甲辰。爲二法華會ノ竪者一ト。寛政五年（一七九三）癸丑。再二造ス玉泉院一ヲ。七年乙卯三月。爲二執行代一ト。任二大僧都一ニ。九年丁巳五月。依レテ病ニ辭二執行代一ヲ。十一年己未三月。轉二住當院一ニ。是歳爲二天台會ノ講師一ト。十二年庚申五月。司二使价ノ職一ヲ。七月代二貫主大王一ニ登二日光山一ニ。享和元（一八〇一）年辛酉九月。爲二開山堂灌頂ノ助教授一ト。嘗撰二自在金剛集

二十卷一ヲ。文化三年（一八〇六）丙寅五月二十六日寂ス。壽五十一。葬二
于津梁院ノ西偏一ニ

泉龍院

寛永ノ初。權大僧都慶倫ノ所レ建ナリ也。寺在二不忍ノ池ノ
畔一リ二。開山大師賜二寺址ヲ於正殿ノ右一ニ移サシム焉。檀信若
狹ノ守松平康信運致造建ス。復施二百五十石ノ莊田一ヲ。永ク
充二香積一ニ。元祿戊寅（一六九八）。官命アリテ移二ス今ノ地一。檀信松平信庸
運致修葺

第一世權大僧都慶倫。未レ詳二氏族一。丹州笹山ノ人ナリ。出
家シテ專修二密行一。屢ヾ著ハシテ二效驗一。若狹守松平康信信敬シテ
爲二之檀度一。開山大師命シテ兼二主台山靑蓮房一ヲ。時房頽
圮ス。倫罄シテ二己橐一修治。明暦元年（一六五五）乙未爲二天台會場一ト。寛
文五年（一六六五）正月十九日寂ス

第二世權大僧都公慶。不レ詳二氏族一。都下ノ人ナリ。師トシ二事フ
慶倫一ニ。寛文三年（一六六三）癸卯。爲二天台會ノ講師一ト。五年。開山大師
命シテ主二シム當院一。又兼二主シム台山ノ靑蓮房一。延寶四年（一六七六）五月四
日寂ス。葬二于當院一ニ

第三世大僧都元雄。初ノ名ハ義元。又憲海。姓ハ谷。奥之會津ノ人ナリ。投寒松院ノ玄海脱白ス。尋テ上テ台山。延寶元（一六七三）年。主トル金臺院。延寶四年。本照院大王命シテ主シム當院。元祿五年（一六九二）。轉住千駄木保福寺。八年乙亥。還台山住金臺院。十年丁丑。任大僧都。十一年戊寅。移テ主壽量院ヲ。寶永五年（一七〇八）。卒退隱シ台麓。自號芝園院

第四世大僧都宣融。姓佐久間。洛陽ノ人。寒松院玄海弟子ナリ。上台山主トル壽量院。久シテ之本照院大王召テ主シム當院。元祿三年（一六九〇）。遷主寒松院

第五世大僧正名ハ義天。字ハ廓如。姓ハ津守。攝ノ之住吉ノ人ナリ。年甫八歳薙染シ郡之津守寺。尋テ上リ台山依千光院ノ下海。十八歳嗣テ主千光院。貞享元年（一六八四）。預テ大内之法華懺法會之衆。蒙レ恩任權大僧都。元祿庚午（一六九〇）冬。准后大王召シテ住當院。辛未ノ秋。薦テ之ヲ官府授執當職ヲ。錫（賜カ）ヒ號ヲ大佛頂院。奏請シテ任大僧都。尋テ遷見明院

第六世權大僧都名ハ智豹。字ハ妙變。初名亮山。姓ハ木股氏。駿之富士郡ノ人ナリ。生ル于明暦三年（一六五七）九月四日。寛文十一（一六七一）年二月二十五日。投護國院ノ亮順薙髪ス。天和三年（一六八三）。主台山ノ習禪院ヲ。四年。從妙立和尚受菩薩戒ヲ。元祿四年（一六九一）辛未。准后大王命シテ住當院。五年壬申。爲天台會ノ講師ト。十一年戊寅春。登山門從靈空和尚受輕戒ヲ而歸ル。冬十月請シテ大王以當院ヲ付法弟延順。依ル靈空和尚于台山。仍名妙變ト。毘尼教觀精錬研磨ス。寶永四年（一七〇七）二月。登壇受具爲大僧。隱居ス江州高島郡仰木村。正徳四年（一七一四）甲午秋。有レ疾寓シテ山門坂本習禪院ノ別業而養病。五年乙未三月十三日。請シテ靈空和尚ヲ諮受シ心訣ヲ力テ疾ヲ而拜ス。是日齋畢テ奄然トシテ而寂ス。壽五十九。葬全身ヲ于山門安樂院ノ東丘云

第七世大僧都延順。武州兒玉郡木村氏ノ子ナリ。天和壬亥（戌カ）。十四歳從護國院ノ亮順脱白ス。元祿九年（一六九六）丙子。主トル台山ノ習禪院。十一年戊寅。准后大王命シテ主當院。十五年壬午。爲天台會講師ト。正徳二年（一七一二）三月。大王命シテ陞テ主シム護國院

第八世大僧都義胤。字修胎。武州比企郡ノ人。姓ハ榎本氏。

元祿三年（一六九〇）庚午十一月二十四日。投二常州某寺健榮一ニ薙染ス。後來二當院一ニ師トシ二事フ延順一ニ。寶永二年（一七〇五）乙酉。登二山門一ニ肄レ業尋テ爲二法華會ノ竪者一ト。正德二年（一七一二）壬辰七月。主二山門習禪院一ヲ。三年癸巳三月。轉ス主二當院一ヲ。享保二年（一七一七）丁酉。板倉近江守重治施二白銀百兩幷十口ノ糧一ヲ。三年戊戌。内藤備後守政樹亦施二十口ノ糧一ヲ。爾來兩家歲〻見レルト施云。八年癸卯。爲二天台會ノ講師一ト。九年甲辰二月。轉二住春性院一ニ

第九世權僧正覺深。字ハ廓道。武州仙波ノ人。姓内野氏。寶永元年（一七〇四）甲申四月十七日。從二凌雲院前大僧正義天一ニ薙髮シ。爲二山門千光院義存弟子一ト。享保五年（一七二〇）庚子六月。主二山門妙音院一ヲ。九年甲辰三月。轉二住當院一ニ。十四年己酉三月。轉二住眞如院一ニ

第十世大僧都周順。初ノ名ハ玄順。不レ詳二鄉里姓氏一ヲ。天和三年（一六八三）癸亥十一月二十四日。薙二髮ス于末山一ニ。寶永五年（一七〇八）戊子。來二當山一ニ從二吉祥院宜圓一ニ。正德三年（一七一三）癸巳五月。主二三田ノ大乘寺一ヲ。享保七年（一七二二）壬寅六月。轉二住常州江戶崎不動院一ニ。十四年己酉三月。轉シテ主二當院一ヲ。尋テ改レム名。是歲爲二開山會ノ講師一ト。十五年庚戌二月。任二大僧都一ニ。七月代二貫主大王一ニ登二日光山一ニ。十一月爲二天台會場一ト。十九年甲寅十一月。轉二住福聚院一ニ

第十一世權大僧都亮芳。江戶四谷ノ人。享保九年（一七二四）甲辰十月二十六日。投二修禪院亮典一ニ薙染ス。十四年己酉四月。主二山門寂光院一ヲ。十九年甲寅十一月。轉二住當院一ニ。元文五年（一七四〇）庚申八月二日寂ス。享年三十一。葬二勸善院一ニ

第十二世權大僧都亮融。三州額田郡岡崎ノ人。姓ハ中根氏。享保八年（一七二三）癸卯正月九日。薙二髮シテ于州ノ之瀧山寺一ニ。爲二青龍院亮純ノ弟子一ト。元文五年（一七四〇）庚申八月。爲二當院十一世亮芳ノ弟子一ト。嗣テ主二當院一ヲ。寬保三年（一七四三）癸亥六月。依テレ病辭シテレ院ヲ而隱居ス。自號二性善院一ト。七月二日寂ス。享年三十一。葬二勸善院一ニ

第十三世大僧都亮覺。初ノ名ハ覺尹。武州多摩郡仙川ノ人。姓ハ内田氏。享保十三年（一七二八）戊申十一月二十六日。投二福聚院亮典一ニ薙髮ス。二十年乙卯。爲二青龍院亮純ノ弟子一ト。元文三年（一七三八）戊午六月。主二山門行榮院一ヲ。寬保三年（一七四三）癸亥六月。繼二亮

融ノ法系ヲ轉ニ住當院一ニ。寶暦二年（一七五二）壬申十二月。轉ニ住林光院一ニ

第十四世前大僧正順則。事跡如ニ凌雲院ノ記一ノ

第十五世大僧都榮應。字ハ虚心。下野州安蘇郡赤見ノ人。姓ハ八木橋氏。寶永七年（一七一〇）庚寅三月二十二日。投ニ日光山惠乘院亮雄一ニ薙髮ス。修學院僧正舜榮爲ニ戒師一ト。享保三年（一七一八）戊戌。登ニ山門一ニ從ニ密嚴院光盛一ニ。六年辛丑。主ニ山門觀樹院一ヲ。十七年壬子。兼テ領ニ加州西養寺一ヲ。元文三年（一七三八）戊午。轉ニ住江戸芝ノ如來寺一ニ。寛保元年（一七四一）辛酉。轉ニ住江州柏原ノ成菩提院一ニ。明和元年（一七六四）甲申三月。轉ニ住山門溪廣院一ニ。四月又轉ニ住當院一ニ。六月任ニ大僧都一ニ。二年乙酉七月。代ニ貫主大王一ニ登ニ日光山一ニ。八月爲ニ開山會ノ講師一。十一月爲ニ天台會場一ト。四年丁亥十月。轉ニ住勸善院一ニ

第十六世前大僧正亮天。江州日野ノ人也。年甫テ十一。於ニ台山藥樹院一ニ薙髮。後爲ニ正觀院繼天僧正ノ弟子一。主ニ正藏院一。寶暦十年（一七六〇）庚辰。因ニ繼天轉ニ住凌雲一ニ。在府シテ以輔ク院事一。明和四年（一七六七）丁亥。最上王有レ命主ニ泉龍院一。爲ニ繼天法嗣一ト也。同九年壬辰。坊舍回祿ス。是時檀越同遭テ火災一ニ不レ遑三急ニ造ニ坊舍一ヲ。以レ故自ラ捨ニ資財一假ニ葺ニ草屋一ト以辨ニ寺務一。安永二年（一七七三）癸巳八月。當兩大師執事力謀ニ再建一。千慮百計ス。松平・板倉・鳥居三侯感ニ其懇志一各果ニ再興一ヲ。內藤侯亦贈テ金七拾兩一ヲ充下造ニ僧廚一之費上ニ。自捨ニ鉢資二百五十餘金一ヲ。從ニ三月一至テ七月一再建落成ス。只書院ハ未タシ也。以ニ茲院錄薄（簿カ）一ヲ償ヒ寺附借財貳拾八兩一ヲ。更ニ捨ニ三百金一ヲ納ニ之ヲ執當府庫一ニ。以充ニ永世薪水之資一ニ。同五年丙申二月。隨宜樂院准后命シテ任ニ使价職一。是歲八月又命シテ主ニ林光院一

第十七世僧正堯詮。武州足立郡佐知川ノ人。俗姓ハ吉澤氏。母ハ都筑氏。寛延三年（一七五〇）庚午二月四日。投ニ郡之慈眼寺堯訷一ニ薙染ス。明和五年（一七六八）戊子八月。來ニ東叡一爲ニ等覺院法珍ノ弟子一ト。十二月登ニ山門一ニ從ニ法曼院良道一ニ。六年己丑四月。始テ回峯ス。安永元年（一七七二）壬辰六月。主ニ山門金藏院一ヲ。三年甲午八月。回峯千日完滿ス。九月爲ニ冷泉亞相宗家卿ノ猶子一。十月十四日參內拜ニ天顏一ヲ。十二月還ニ東叡一ニ謁ニ隨宜

樂大王而奉護念之命。五年丙申八月。轉主當
院。而奉歲中修法奉祈念今上聖壽延長之命。七
年戊戌八月。斷食五晝夜。修不動明王十萬枚護摩。八
年己亥。依命授密法於新大王。天明三年(一七八三)癸卯七月。八
代貫主大王登日光山。十月爲開山會講師。六年
丙午十一月。任大僧都。寛政二年(一七九〇)庚戌九月。爲昵近。
四年壬子十一月。轉住林光院。

吉祥院

寛永初。權大僧都詮長所剏也。慶安四年(一六五一)。水戸侯參
議賴房卿爲檀越。更造宏恢。讃岐侯羽林源賴
豐亦爲檀越。歲施二十人扶持。寺初在本坊右。
元祿戊寅(一六九八)。移今地。水戸侯運致造修。寶永己丑(一七〇九)罹
災。水戸侯重建一新。讃岐侯則別造寢室一區。
第一世權大僧都詮長。不詳姓族鄉國。寛永初。主
都下傳馬町東光院。恆來當山。佐開山大師。遂自
創當院移住。寛永九年(一六三二)壬申。以院付弟子亮海。自
退休于東光院。十五年戊寅四月十五日寂(一六三八)
第二世大僧都亮海。不詳姓氏鄉國。寛永九年。開山大
師命主當院。慶安二年(一六四九)己丑。久遠壽院准后命兼
主水戸東照宮別當大照寺。四年辛卯。水戸侯源賴
房卿爲檀越更造院宇。明暦二年(一六五六)丙申爲天台會
場。寛文二年(一六六二)壬寅十月。本照院大王賜號靈山院。三年

癸卯。奏請シテ任二大僧都一ニ。延寶三年(一六七五)乙卯再爲二天台會場一ト。四年。請二大王一付二當院ヲ於弟子惠空一。隱二居ス于大照寺一ニ。五年正月十日寂

第三世大僧都惠空。姓ハ馬場。肥前人ナリ。延寶四年(一六七六)。本照院大王命シテ主二シム當院一。五年。又命シテ兼二主シム水戸ノ大照寺一。貞享四年(一六八七)。錫(賜カ)二ヒ號慈雲院一ヲ。奏請シテ任二大僧都一。元祿元年(一六八八)戊辰爲二天台會場一。七年四月六日寂ス

第四世權大僧都宣圓。姓ハ野澤。野州日光ノ人ナリ。十六歳來二當山一ニ禮二解脱院大王一ヲ剃度ス。尋テ依二惠空一爲二弟子一ト。元祿七年(一六九四)五月。准后大王命シテ嗣テ主二當院一。寶永七年(一七一〇)庚寅。爲二天台會ノ講師一ト。正德二年(一七一二)。以レ疾ヲ退院シ隱二居ス谷中一ニ。自號二蓮池院一。享保二年(一七一七)丁酉十一月四日寂

第五世大僧都圓超。姓ハ福泉。東都ノ人ナリ。年十四薙髮シテ爲二宣圓之弟子一ト。寶永五年(一七〇八)戊子七月。登二台山一ニ主二トル一乘院一ヲ。正德二年(一七一二)壬辰十月五日。及二宣圓退院一スルニ准后大王召シ來テ嗣レシム席ヲ。十二月又命シテ兼二主シム水戸ノ大照寺一。享保八年(一七二三)癸卯。爲二開山會ノ講師一ト。十年乙巳六月。賜二覺樹院ノ室一ヲ。十月任二大僧都一ニ。十一年丙午七月。代二貫主大王一ニ登二日光山一ニ。元文元年(一七三六)丙辰四月六日寂。壽五十六。私謚二護念院一ト

第六世大僧都圓空。正德五年(一七一五)乙未十二月二十四日。投二圓超一ニ薙髮ス。享保十一年(一七二六)丙午十一月。主二山門嚴王院一ヲ。元文元年(一七三六)丙辰五月。轉シテ主二當院一ヲ兼テ主二水戸大照寺一ヲ。延享元年(一七四四)甲子。爲二開山會講師一ト。寛延元年(一七四八)戊辰七月。代二貫主大王一ニ登二日光山一ニ。寶曆元年(一七五一)辛未四月。任二大僧都一ニ。五年乙亥九月三日寂。壽五十四。葬二于當院ノ西偏一ニ

第七世權大僧都圓定。初ノ名ハ具顯。享保十八年(一七三三)癸丑四月八日。薙二髮ス于三州吉田ノ神宮寺一ニ。寛保三年(一七四三)癸丑(亥カ)。來二當院一ニ師二事ス圓空一ニ。寶曆五年(一七五五)乙亥十月。主二當院一ヲ兼テ主二水戸ノ大照寺一ヲ。明和元年(一七六四)甲申四月。辭レシテ院ヲ而隱居ス。自號二化城院一ト。是歳八月十九日寂。享年四十矣。葬二于當院ノ墓所一ニ

第八世權僧正圓傳。江戸ノ人。姓ハ熊倉氏。寛延元年(一七四八)戊辰四月八日。投二圓空一ニ薙髮ス。明和元年(一七六四)甲申四月。主二當院一ヲ

兼テ主ニル水戸大照寺一ヲ。安永六年(一七七七)丁酉七月。依ニ貫主大王ノ命一ニ。從ニ魚山寶泉院韶雄一。傳ニ習ス長音ノ供養文一ヲ。九年庚子十月。爲ニ開山會ノ講師一ト。天明元年(一七八一)辛丑七月。代ニ貫主大王一ニ登ニ日光山一ニ。三年癸卯十二月。任ニ大僧都一ニ。六年丙于(午カ)十一月。司ニ使价職一ヲ。寛政二年(一七九〇)庚戌十月。賜ニ靈山院ノ室一ヲ。三年辛亥五月。補ニ執當職一ニ。改テ賜ニ龍王院ノ室一ヲ。是歳爲ニ天台會場一ト。六年甲寅四月。依レ病ニ辭レ職ヲ。而任ニ權僧正一ニ。十一月辭レ院ヲ而隱ニ居ス于相州鎌倉一ニ。自號ニ法音院一ト。十二年庚申八月十日寂ス。壽六十三。葬ニ于當院ノ西偏一ニ

覺成院

寛永十一年(一六三四)。雅樂頭酒井忠世ノ所レ創ムル。自後歷世爲ニ檀信一。捨テ二百石ノ邑一永ク充ニ食輪一。寶永元年(一七〇四)。式部ノ大輔榊原政邦亦爲ニ檀越一。歲々ニ施ス二十人扶持一ヲ。正德三年(一七一三)。信濃ノ守小笠原長圓六(亦カ)爲ニ檀越一。歲々ニ施ニ十五人扶持一

第一世權大僧都忠俊(寛保元年贈權僧正)。姓ハ水沼。常州鹿嶋縣ノ人。元和六(一六二〇)年庚申。年十三歲依テ(一カ)州ノ僧祐順ニ出家ス。寛永三年(一六二六)丙寅。來テ寓ニ護國院一。十三年甲戌。酒井雅樂ノ頭忠世爲ニ檀那一ト。爲ニ建ニ當院一。十八年辛巳。開山大師命シテ兼ニ主シム江戸崎ノ神宮寺一ヲ。寛文四年(一六六四)冬。請テ本照院大王一以ニ當院一付ニ弟子公稟一ニ。自遷テ居ニ等覺一。晚年勤(勸カ)テ讀ニ法華一ヲ至ル五千餘部一。天和元年(一六八一)辛酉。年七十四染ニ微恙一。卽知テ不レ起沐浴端坐ス。唱テ法華ノ寂寞無人聲。讀誦此經典。我爾時爲現。(大正藏九、三二中。法師品)清淨光明身ノ文ヲ安詳ニシテ而化ス。實ニ冬十月初四日也。壽七十四。人以爲下持シテ法華ヲ之驗上ト也

第二世贈權僧正公稟。姓ハ松島。上野桐生ノ人也。寛永二（一六四三）十年癸未。年甫テ十五。薙二髪于古尾谷ハ灌順（頂カ）院一。爲二辯清ノ弟子一ト。正保中來テ二當山一ニ。師二トシ事忠俊一ニ。寛文二年（一六六二）壬寅。爲二天台會ノ講師一ト。四年。本照院大王命シテ主二シム當院一。兼テ主二神宮寺一。九年。命シテ司二シム使价職一。延寶〔二年轉〕（一六七四）二シテ神宮寺一ヲ。又兼二主シム古尾谷ノ灌頂院一。五年。又轉二シテ灌頂院一ヲ。又兼二主シム常州ノ逢善寺一ヲ。貞享二年（一六八五）乙丑爲二天台會場一ト。元祿元年（一六八八）三月。奏請シテ任二大僧都一ニ。詣レ闕ニ謝レ恩。四年辛未五月二十一日寂。壽六十三。十六年。准后大王爲メニ奏請シテ贈ル二權僧正一ヲ。蓋逢善寺歷世以二僧正一ヲ住持スルカ故ナリ也

第三世大僧都稟海。姓ハ關口。常州河內縣ノ人ナリ。延寶七（一六七九）年己未。十六歲投シテ二公稟一ニ薙髪ス。元祿二年（一六八九）己巳。登二山門一爲二法華會ノ竪者一ト。四年辛未。逮テ二稟滅スルニ一准后大王命シテ繼テ主二シム當院一。十四年辛丑（巳カ）。爲二開山會ノ講師一ト。寶永元年（一七〇四）。式部ノ大輔榊原政邦爲二檀越一ト。又於二其府城一ニ。創テ二護念教院一ヲ。奉シ二東照宮大猷公ノ諸台靈ノ之牌一ヲ。俾二海ヲシテ兼主一トラ。海乃入院シ定テ二寺制一而還。正德三年（一七一三）。大王奏請シテ任二大僧都一ニ。是歲信濃守小笠原長圓亦爲二檀越一ト。六年丙申。司ル二使价ノ職一ヲ。享保四年（一七一九）己亥。適ク二播州姬路ノ護念院一ニ。五年庚子正月有レ疾。六月輿ノ歸ル二當院一ニ。是月十七日辭シテレ院ヲ而隱居ス。九月二十二日。合掌念佛安詳ニシテ而寂ス。壽五十八。葬二于當院一ニ。存日每日誦スト二法華・仁王各一部ヲ一云」

第四世大僧都宣考。江戶ノ人。姓ハ七井氏。寶永七年（一七一〇）庚寅六月朔日。投二稟海一ニ薙髪ス。享保元年（一七一六）丙申。登二山門一ニ爲二法華會ノ竪者一ト。五年庚子六月。主二當院一ヲ兼テ領二播州姬路ノ護念院一ヲ。十九年甲寅。爲二天台會ノ講師一ト。元文二年（一七三七）丁巳七月。代二貫主大王一ニ登二日光山一ニ。寛保元年（一七四一）辛酉四月。司二使价ノ職一ヲ。延享二年（一七四五）乙丑二月。任二大僧都一ニ。寛延元年（一七四八）戊辰二月。退二老ス于當院ノ別屋一ニ。自號二隨願一ト。明和四年（一七六七）丁亥四月六日寂ス。壽七十三。葬二當院一ニ

第五世權大僧都考堂。常州ノ人。姓ハ町田氏。元文元年（一七三六）丙辰十一月二十四日。薙二髪ス於總州安食ノ大乘寺一ニ。寛保元（一七四一）年辛酉。來二當院一ニ爲二宣考ノ弟子一ト。寛延元年（一七四八）戊辰二月。主二當院一ヲ。是時大久保。田沼ノ兩侯新ニ爲二檀越一ト。明和四（一七

二二二

六七)年丁亥十一月二十八日寂。享年四十四。葬二于當院一
第六世大僧都貫典。姓ハ板(坂カ)本氏。武州崎(埼カ)玉郡忍ノ人。延享(一七四四)元年甲子七月二十六日。薙二髮ス于忍ノ常光院一ニ。寶曆二年(一七五二)壬申。來二當院一師二事ス考堂一ニ。九年己卯十一月。事二王宮一掌二書記一ヲ。賜二名ヲ圓智院一ト。明和四年(一七六七)丁亥十一月。主二當院一ヲ。安永八年(一七七九)己亥。爲二天台會ノ講師一ト。九年庚子七月。代二貫主大王一ニ登二日光山一ニ。天明三年(一七八三)癸卯十二月。任二大僧都一ニ。寛政六年(一七九四)甲寅爲二天台會場一ト。八年丙辰六月二十一日寂ス。壽六十三。葬二于當院一

第七世權大僧都稟敎。姓ハ板(坂カ)本氏。上野州新田郡ノ人。寛政元年(一七八九)己酉十二月二十六日。投二貫典一ニ薙髮ス。八年丙辰六月。主二當院一ヲ。時年十八。故ニ爲二看坊一ト。號二三光坊一ト。十二年庚申。將下ニ登二山門一ニ爲中ニ法華會ノ竪者上ト。八月五日上程道中有レ病。十四日寂ス二于上州板鼻驛一ニ。年二十三。荼毘シテ反二葬ス當院一ニ

常照院

寛永十一年(一六三四)。加賀侯黄門菅利常創建シ。復捨テ二百五十石ノ邑一永ク充二香積一。寺初在二正殿ノ前一。元祿戊寅(一六九八)災ス。遂ニ移シ二今ノ地一ニ。加賀侯參議綱杞(紀カ)重建

第一世大僧都寶(憲カ)海。不レ詳二其ノ姓氏鄕國一。未(來カ)二學台山一。遂主二妙觀院一ヲ。寛永ノ初來二當山一ニ輔二開山大師一ヲ。加賀侯爲スニ創二建シテ當院一ヲ居シム焉。十八年(一六四一)辛巳。侯將レ建ニ東照宮ヲ於國府一ニ。大師遣シテ海代テ修二安鎭ノ法一。二十年癸未。神祠經營成ル。大師復遣シテ海代テ慶セシム二落成一。侯請シテ二台山ノ衆十人一ヲ使レ爲レ伴。又建二別當院一ヲ號二神護寺一。使二海ヲシテ兼主一トラ。久遠壽院准后請テ二靑蓮院親王一使レ畀ヘ二號聖光院一ヲ。又兼ニ主シム都下ノ龍眼寺一ニ。晩年以テ二當院一付二弟子實俊一ニ。搆テ二艸菴ヲ於後園一ニ退体(休カ)ス。加賀侯光高。歲ゞ施二二十人扶持一。寛文四年(一六六四)甲辰十一月十七日寂。葬二院ノ東北ノ隅一

第二世贈大僧正實俊。姓ハ木村。洛陽ノ人。幼シテ剃二染乎台

山ニ學解已ニ進テ遂ニ主トル淨敎房ヲ。正保四年（一六四七）。從ニ本照院大王ニ來リ當山ニ寓ス本坊ニ。無シテ幾大王薦テ之ヲ官府ニ授ク執當ヲ。憲海素ヨリ器重シ之ヲ迨テ退ニ當院ヲ嗣テ住持セシム焉。大王命シテ兼ニ主シム都下ノ龍眼寺幷ニ羽州ノ立石寺。未ス幾ナラ讓ル立石寺於法弟山門妙觀院公憲ニ。承應元年（一六五二）壬辰。爲ニ天台會ノ講師ト。寛文二年（一六六二）。加賀侯建ニ大猷公ノ影殿ヲ於國府ニ。延ニ屈シテ俊ヲ修ニ落慶ヲ。四年（二年カ）壬寅。大王賜ニ號十住心院ヲ。五年乙巳。詔シテ補セラル法華會ノ探題ニ。十年庚戌。請テ大王ニ以当院ヲ付ニ弟子實然ニ。還テ台山ニ住ス淨敎房ニ。自號ス鶴林院ト。山中ノ衆請シテ講セシム法華玄義ヲ。大王命シテ兼ニ掌シム多武峯ノ學頭ヲ。此時移ス學頭坊於今ノ地ニ云。晩年退ニ隱淨敎房ノ別房ニ。元祿十四年（五カ）壬午（一七〇二）八月十一日。專心念佛シテ而終フ。壽八十五。其述著有ニ三部源流一（「大カ」）撰三百卷。三部周覽百五十卷。日吉新記一卷竝ニ行ル于世ニ。寶永五年（一七〇八）七月。准后大王奏請シテ贈ル大僧正ニ。因ラン弟子大僧正實觀カ之請ニ也

第三世權大僧都實然。姓ハ山口。雒陽ノ人ナリ。剃ニ染シテ於台山ニ師トシ事フ實俊ニ。學超ヘ儕輩ニ聲譽甚ク著ス。本照院大王召シテ來シ當山ニ。使レ講ニ本宗ノ諸小部ヲ而聽ク。寛文十年（一六七〇）。實俊請テ大王ニ付スルニ以ス當院ヲ。十一年十一月二十九日寂ス。春秋二十六。葬ムル當院ノ西南ノ隅ニ。具ニ出ス于山門實藏坊ノ記ニ

第四世僧正實興。姓ハ横山。加州金澤人。投シテ實俊ニ拜シテ本照院大王ヲ脫白ス。延寶元年（一六七三）。本照院大王命シテ嗣テ實然ニ主シム當院ヲ。天和元年（一六八一）辛酉。爲ニ開山會ノ講師ト。元祿十六（一七〇三）年。准后大王告テ之ヲ官府ニ授ニ執當ヲ。賜ニ號慈雲院ヲ。奏請シテ任ニ大僧都ニ。兼ニ主シム伯州ノ大山寺ヲ。寶永元年（一七〇四）甲申爲ニ天台會場ト。三年。大王命シテ遷ニ根津權現ノ別當院ニ。賜ニ住心院室ヲ。累テ官至ニ僧正ニ。正德甲午（一七一四）。退院。自號ス寂湛ト。領ス古尾谷灌頂院ヲ。享保三年（一七一八）戊戌七月八日寂

第五世權大僧都。名ハ智燈。字ハ宜靜。野州宇都ノ宮ノ人ナリ。依テ實興ニ剃落ス。凌雲院前大僧正慈海爲ニ戒師ト。後年主ニ山門大仙院ヲ。寶永三年（一七〇六）。興請テ准后大王ニ付ニ當院ヲ。是歳爲ニ天台會ノ講師ト。正德元年（一七一一）。大王命シテ遷ニ愛岩（宕カ）ノ咸（威カ）德院ニ。三（四カ）年甲午。退ニ隱台麓ニ。元文五年（一七四〇）庚申七月二十九日

寂

第六世前大僧正亮潤。字貞詣。一字ハ大雲。號ハ一雨堂。後ニ更ムニ名ヲ豪雲ト一。甫テ十三歳。登リ二日光ニ一禮ニ解脱院大王ヲ一薙髪ス。依テ二醫王院亮觀ニ一稟レ學。元祿元年(一六八八)。負テレ笈ヲ登ニ台山ニ一。三年庚午。准后大王命シテ主ルニ西樂院ヲ一。尋テ建ニ里坊ヲ一。十年丁丑春。授ニ執行代ヲ一。五月奏請シテ任ニ大僧都ニ一。正德元年(一七一一)辛卯。大王特命シテ使ム下三綱ヲシテ上テ辟シテ主ニ當院ヲ一兼中西樂院上。二年壬辰。兼ニ主シム常州ノ逢善寺ヲ一。是歳爲ニ開山會ノ講師ト一。三年癸巳三月。命シテ司シムニ使价ヲ一。七月代ニ大王ニ登ニ日光山ニ一。四年甲午二月。應シテ新大王ノ教ニ一講ス四教義等ノ書ヲ一。五月適テ常州逢善寺ニ講ス十不二門ヲ一(是カ)。五年乙未。登ニ山門ニ一爲シニ法華會ノ講師ト一。尋テ還ルニ東叡ニ一。是是歳潤ニ色ス當山子院主僧記ヲ一。六年丙申閏二月。賜ニ覺王院ノ室ヲ一。享保二年(一七一七)丁酉爲ニ天台會場ト一。三年戊戌四月。登テ山門ニ一而逗留ス。五月座(主カ)至青蓮院大王奏請シテ任ニ權僧正ニ一。是歳六月補ニ西塔ノ執行ニ一。七月轉シテ西樂院ヲ一兼ス寶園院ヲ一。十月爲ニ探題ト一。閏十月還ルニ東叡ニ一。明年夏。又適ニ逢善寺ニ講ニ觀經疏鈔ヲ一。七年壬寅。又適ニ逢善寺ニ講ニ觀音玄記ヲ一。是時貫主大王賜レ詩ヲ。八年癸卯。於ニ東叡ノ王宮ニ講スニ觀音玄記ヲ一。九年甲辰。從ニ大王ニ登ニ日光山ニ講ニ觀經ノ題ヲ一。十一月登ニ山門ニ轉ニ任ス僧正ニ一。明年入テレ京ニ參ニ扣シテ靈空和尚ニ一商(適カ)ニ評ス相宗ヲ一。是歳著ニ觀音玄記顯宗解ヲ一。而還ニ東叡ニ一。八月於ニ王宮ニ講ニ八識規矩六離合釋ヲ一。十一年丙午六月。轉シテ主ニ山門正覺院ヲ一。補ニ東塔ノ執行幷ニ元應寺ノ戒和尚ニ一。七月兼ニ吉野山學頭ヲ一。附ニ當院ヲ於弟子亮谷ニ一。九月拸(移カ)テ居ス正覺院ニ一。乃更ムニ名ヲ豪雲ト一。十二年丁未閏正月。任ニ大僧正ニ一。是歳三月。講ニ光明玄記ヲ乃著スニ探賾三巻・口義七巻ヲ一。十八年癸丑。於テニ禁中ニ奉シテ爲メニ先帝尊儀追薦ノ一。有ニ法華八(二カ)講幷御經供養ニ爲ニ講師ト一爲ニ精義ヲ爲ニ導師ト一。延享二年(一七四五)乙丑三月。預ニ紅葉山法華八講會ニ爲スニ精義ヲ一。元文四年(一七三九)己未三月。辭ニ吉野山ノ學頭ヲ一。而兼ニ領ス越後州國分寺ヲ一。寛延三年(一七五〇)庚午。辭シテレ職ヲ而隱ニ居ス于台麓ニ一。自號ニ妙禪房ト一。是歳八月二日寂ス。壽八十三

第七世大僧都亮谷。初ノ名ハ最珍。下野州芳賀郡眞岡ノ人。

姓ハ小林氏。寶永七年（一七一〇）庚寅十一月二十四日。投ニ顯性院最妙ニ薙髮ス。享保元年（一七一六）丙申十二月。爲ニ當院第六世亮潤ノ弟子一ト。三年戊戌。登ニ山門ニ而習學シ。五年庚子二月。主ニ山門德王院一ヲ。十一年丙午六月。轉ニ住ス當院一ニ。元文元年（一七三六）丙辰。爲ニ天台會ノ講師一ト。四年己未七月。代ニ貫主大王ニ登ニ日光山一ニ。十二月。轉ニ住ス林光院一ニ

第八世權大僧都光研。初ノ名ハ忍慧。又光範。姓ハ平田氏。武州埼玉郡忍ノ人ナリ。享保二十年（一七三五）乙卯六月三日。投シテニ現龍院光海ニ薙髮ス。寶曆元年（一七五一）辛未十一月。主ニ當院一ヲ。十三年癸未。大檀越加賀侯。修ニ飾ス本國ノ之神宮一ヲ。光研應シテニ侯ノ請ニ赴ニ加州ニ行ニ遷宮祭祀ノ之事一ヲ。是歲十月十五日寂ス。享年四十矣。葬ニ當院ノ墓所一ニ

第九世大僧都光巖。字ハ大秀。初ノ名ハ亮範。豐後州國崎（東カ）郡ノ人ナリ。姓ハ篠（築カ）原氏。元文四年（一七三九）己未四月八日。投ニ州ノ之速見郡杵筑淸淨光寺了盛ニ薙染ス。延享中來ニ當山ニ從ニ龍王院權僧正智韶一ニ。後爲ニ大慈院光海ノ弟子一ト。寶曆十三年（一七六三）癸未十月。主ニ當院一ヲ。明和二年（一七六五）乙酉。登ニ山門ニ爲ニ法華會ノ竪者一ト。七年庚寅十二月。轉ニ住ス福聚院ニ

第十世大僧都亮尹。姓ハ白井氏。武州足立郡横曾根ノ人ナリ。寶曆三年（一七五三）癸酉六月四日。投ニ林光院亮覺ニ祝髮ス。十三年癸未七月。主ニ山門寂光院一ヲ。明和七年（一七七〇）庚寅十二月。轉ニ住ス當院一ニ。天明元年（一七八一）辛丑十月。轉ニ住ス觀成院一ニ

第十一世權大僧都守貞。初ノ名ハ義襌（禪カ）。信州ノ人ナリ。姓大野氏。寶曆十年（一七六〇）庚辰五月二十四日。投ニ州ノ之伊奈郡光前寺覺純ニ薙染ス。安永五年（一七七六）丙申八月。主ニ山門金藏院一ヲ。而寓ニ普門院一ニ。天明元年（一七八一）辛丑。繼ニ春性院幸海ノ法系一ヲ。是歲十月轉シテ主ニ當院一ヲ。寛政四年（一七九二）壬子十月。爲ニ開山會ノ講師一ト。十二月。轉ニ住ス養壽院一ニ

第十二世（缺文）

本覺院

寛永十四年(一六三七)。僧正晃海ノ所ナリレ剏ムル。其後肥後侯細川某爲ニ檀越一修葺増廣ス。元祿戊寅(一六九八)燬クニ于火一。明年己卯肥後侯重テ建

第一世僧正名ハ晃海。姓ハ中原。雒陽ノ人ナリ。慶長十六年(一六一一)。登リニ台山一投シテ二開山大師一爲ニ弟子一。十九年。詔シテニ台山ノ徒一ニ建ニ論義會ヲ於内廷一ニ。大師爲ニ證義一。法印久運爲ニ講師一。海時ニ年十二。以ニ童子一充ラル二問者一ニ（台山ノ之制童子之善ク曉ニ教文一者。得下廁ニ法席一論義上ヲ）。是歳九月剃染。大師命シテ主シム二櫻本房一。元和二年(一六一六)。從ニ大師一來ニ東都一ニ。寛永三年(一六二六)。扈ニ從シテ大師一詣ルニ京一ニ。上皇屈シテ二大師ヲ於禁廷一ニ建ニ論義會一ヲ。大師爲ニ證義一。法印什譽爲ニ講師一。衆推シテレ海ヲ爲ニ問者一。七年。大師命シテ主シム山王祠ノ別當城琳寺ヲ一。九年。更ニ造メル城林(琳カ)一ヲ。妙法院親王嘉シテ二其ノ功業ヲ一畀ニ號最教院ヲ一。十二年。大猷公加ヘ賜フニ山王ノ祭祀田一ヲ。併セテレ舊ニ爲ニ六百石一ト。十四年。於ニ當山一ニ鼎ニ建シ山王ノ祠一ヲ。搆ニ創テ當院一ヲ爲ニ別當院一ニ。二十年。修ニ葺ス台山ノ櫻本房一ヲ。久遠壽院准后新ニ嗣テ二大師ノ業一ヲ統ニ天下台宗ノ之事一ヲ。大猷公擢テテレ海ヲ爲ニ役者一ト（役者ノ號。後改テ號ス二執當一ト）以輔佐セシム焉。慶安四年(一六五一)。准后命シテ兼ニ主シム常州ノ不動院一ヲ。以レ係ルヲ二大師遺跡一ニ也。承應元年(一六五二)。又命シテ兼ニ主シム鎌倉ノ寶戒寺一ヲ。二年。申奏シテ任ニ權僧正一ニ。海適ゞ夢ラク一童子來リ。謁シテ曰。我ハ稻荷明神ナリ。此山爲ニ演法之區一ト每ニ饗ニ法施一ヲ。特ニ來テ申謝スル耳。乃爲メニ創メテレ祠爲ニ當山ノ護伽藍一ト。三年。本照院大王命シテ主シムニ黑子ノ千妙寺一ヲ。明暦元年(一六五五)。嚴有公命シテ更ニ造メル紅葉山ノ東照宮一ヲ。以テニ舊宮一ヲ賜レ海ニ。海乃用テ建ニ不動院ノ之正殿。乃東照宮。日吉廟等一ヲ。二年。大王奏請シテ轉ニ任僧正一ニ。是歳於ニ千妙寺一ニ建ニ山王・東照ノ二祠一ヲ。日光山ノ含滿カ潭ハ者。不動明王示現ノ之處ニシテ幽奥森邃奔流百折。眞ノ神靈ノ所レ宅スル也。海乃鐫テレ石ヲ造ニ不動ノ像一ヲ。像ノ前ニ起テニ石亭一ヲ爲ニ修護摩ノ所一ト。又就ニ夷曠ノ地一ニ創メニ蘭若一ヲ。奉シニ大師ノ像一ヲ號シテ爲ニ慈雲寺一ト。凡ソ歷ニ五年之久一ヲ告ク竣コトヲ事聞ヘテニ于嚴有公一ニ。命シテ使ニ權臣讚岐守酒井忠勝ヲシテ往テ觀セ焉。忠勝一見シテ大ニ歎稱ス。命シテニ弘

文學士林道春ニ作テ文ヲ紀セシム事ヲ勒シテ石ニ立焉。明暦三年。
都下大ニ蓄アリ。山王ノ祠及城林（琳カ）寺盡ク燬ク。海告テ官ニ重テ建ツ
祠。又傾テ鉢資ヲ重テ興ス院。萬治元年（一六五八）。稟シテ大王ニ付シテ當院
及城林（琳カ）ヲ於弟子堯海ニ隱居ス一室。大王錫（賜カ）ニ號金剛壽院。
寛文三年（一六六三）十一月二日寂ス。壽六十一。葬ルニ于院ノ後隴
第二世法印大僧都名ハ堯海。姓ハ中原。洛陽人ナリ。開山大
師召シテ侍セシム左右ニ。寛永九年（一六三二）。度シテ爲ス弟子ニ。時ニ年十歳。
正保元年（一六四四）。命シテ登ラシム台山ニ。寓セシム南光房ニ。二年。久遠壽院
准后命シテ主シム台山理性院ヲ。四年。任ニ權律師ニ。慶安五年（一六五二）。
位敍セラル法眼ニ。准后命シテ號ヲ妙解院ト。承應二年（一六五三）。轉ス任權
大僧都ニ。明暦二年（一六五六）。爲ニ衆ノ所テ推爲ニ別請立義ノ立者ト。正
觀院ノ祐存僧正爲ニ證義。覺林房ノ幸憲僧都爲ニ問者ト。海
立義精確ナリ。冬十二月轉ス任大僧都ニ。萬治元年（一六五八）。本照院
大王召シテ主シメ當院ヲ。尋テ薦テ之ヲ官府ニ兼ネ主シム山王ノ別當城
琳寺ヲ。錫（賜カ）フ號最教院ヲ。寛文二年（一六六二）。位敍セラル法印ニ。五年。
登テ台山ニ爲ニ法華二會ノ講師ト。已テ而還ル當山ニ。十年庚戌
十一月十六日寂ス。壽四十八

第三世僧正名ハ舜盛。姓ハ松井。信州木曾人ナリ。童子ニシテ
依台山ノ明學房ノ舜澄ニ剃染ス。承應三年（一六五四）。主トル明學房ヲ。
寛文六年丙午（一六六六）。本照院大王召シテ主シム當山ノ明靜院ヲ。八年ノ
戊申十二月。薦テ之ヲ官府ニ授ク執當ヲ。九年。錫（賜カ）ス號觀理
院ヲ。十年庚戌。奏請シテ任ス大僧都ニ。是歳十二月。命シテ遷シム
當院ニ。兼ネ主シム城琳寺ヲ。十一年辛亥。爲ニ天台會ノ講師ト。
延寶四年（一六七六）丙辰爲ニ天台會場ニ。貞享四年（一六八七）。辭ス執當ヲ。請テ解脱
院大王ニ以テ當院ヲ付シ弟子叡海ニ。自住ス城琳ニ。大王奏
請シテ任ニ權僧正ニ。元祿五年（一六九二）七月。又奏請シテ轉ス僧正ニ。常
憲公特ニ命シテ著セシム紫衣ヲ。七年冬。退キ城琳ヲ往テ台山ノ麓ニ休
宴ス。自號ス意圓ト。十年丁丑二月五日寂ス。葬ムルニ于西谷ニ
第四世大僧都叡海。飛彈（驒カ）ノ守酒井重之ノ子ナリ。年十一依テ
堯海ニ爲ス弟子ト。及テ長トナルニ登テ台山ニ習フ教文ヲ。延寶二年（一六七四）。
解脱院大王命ス號ヲ智覺院ト。天和二年（一六八二）。命シテ主シム當院ヲ。
元祿二年己巳（一六八九）。爲ニ開山會ノ講師ト。十七年。奏請シテ任ス大
僧都ニ。寶永七年（一七一〇）。請テ准后大王ニ以テ當院ヲ付ク弟子智海ニ。
退テ隱シ一室ニ自號ス靜隱ト。正德四年（一七一四）十二月十六日寂ス。壽

五十八。葬ニル院ノ之西南隅ニ

第五世大僧都智海。武ノ之豊嶋縣清水氏ノ子ナリ。貞享五（一六八八）年。投シテ叡海ニ脱白ス。尋テ登テ台山ニ肄フ業ヲ。寶永七年（一七一〇）。准后大王命シテ主トラシム當院ヲ。享保三年（一七一八）戊戌。爲ニ開山會ノ講師ト。八年癸卯七月。代ニ貫主大王ニ登ニ日光山ニ。十年乙巳正月。從ニ淨名院吉州和尚ニ受ニ十重戒ヲ。三月任ニ大僧都ニ。十一年丙午六月。司ニ使价ノ職ヲ。十三年戊申七月。辭シテ院ヲ隱ニ居ス于忍岡稲荷神祠ノ北偏ニ。自號ニ空隱ト。十四年己酉九月八日。禮ニ玄門和尚ニ受ニ八齋戒ヲ。十六年辛亥十月。爲ニル菩薩ノ沙彌ト。元文元年（一七三六）丙辰九月十五日。從ニ禪忍和尚ニ受ニ四十八輕戒ヲ。嘗テ誦スルコト法華經ヲ三千部。爲メニ檀越肥後侯武運ノ祈ノ。修スルコト慈慧大師ノ法ヲ八千座。寛延四年（一七五一）辛未十月八日寂ス。壽七十八

第六世僧正義海。初ノ名ハ智道。上野州新田郡ノ人。俗姓ハ岩崎氏。享保元年（一七一六）丙申十二月三日。投シテ智海ニ薙ニ染ス。六年辛丑。登ニ山門ニ爲ニ法華會ノ竪者ト。十年乙巳十一月。主ニ山門密嚴院ヲ。十三年戊申七月。轉シテ主ニ當院ヲ。延享元年（一七四四）甲子。爲ニ天台會ノ講師ト。寛延二年（一七四九）己巳七月。代ニ貫主大王ニ登ニ日光山ニ。三年庚午八月。司ニ使价ノ職ヲ。寶暦二年（一七五二）壬申八月。任ニ大僧都ニ。六年丙子爲ニ天台會場ト。九年己卯八月。轉ニ住上州世良田長樂寺ニ。任ニ權僧正ニ。賜ニ願王院ノ室ヲ。爲ニ葉室一位頼胤卿ノ猶子ト。世良田神宮ハ是レ官家修理ノ之所ナリ。先是ナリ。賜テ金ヲ罷ラル官家ノ修理ヲ。義海轉住ノ後頻ニ請フ故ニ。十三年癸未。官家復修理シタマフ焉。又命シテ以ニ曩ニ所ノ賜金ヲ永ク充ツト修補神器ノ之費用ニ云。明和元年（一七六四）甲申十月。修ニ行ス長樂寺曩祖相傳蓮華流ノ灌頂ヲ。十一月轉ニ任僧正ニ。八年辛卯二月。辭シテ長樂寺ヲ而隱ニ居ス于當院ノ後丘ニ。自號ニ安如院ト。安永二年（一七七三）癸巳十二月七日酉時示寂。壽七十有一。存日誦スルコト法華經ヲ三千部。生平日課念佛一萬遍。其餘ノ持呪誦經不レ可ニ殫ク紀ス

第七世大僧都晃慧。初ノ名ハ圓盛。武州足立郡ノ人。姓ハ横溝氏。延享元年（一七四四）甲子四月八日。投ニ義海ニ薙ニ髮ス。寶暦三年（一七五三）癸酉。登ニ山門ニ爲ニ法華會ノ竪者ト。九年己卯八日（月カ）主ニ當院ヲ。安永元年（一七七二）壬辰七月。代ニ貫主大王ニ登ニ日光山ニ。五年

丙申。爲二開山會ノ講師一ト。七年戊戌正月。任二大僧都一ニ。八年己亥五月。辭シテレ院ヲ而隱二居ス于院ノ之後丘一ニ。自號二慈隱一ト。享和二年(一八〇二)壬戌十二月五日亥中刻寂ス。壽七十二

第八世大僧都晃道。武州足立郡ノ人。姓ハ石川氏。寶曆七(一七五七)年丁丑六月四日。投二義海一ニ薙二髮ス。明和八年(一七七一)辛卯。登二山門一ニ爲二法華會ノ竪者一ト。安永八年(一七七九)己亥五月。主二當院一ヲ。天明七年(一七八七)丁未。爲二天台會ノ講師一ト。寛政二年(一七九〇)庚戌七月。代二貫主大王一ニ登二日光山一ニ。八年丙辰二月。任二大僧都一ニ。三月辭シテレ院ヲ而隱居ス。自號二德嚴院一ト。卜二居ヲ于忍岡稻荷神祠ノ傍一ニ。又寓二武州足立ノ郡水波田慈眼寺一ニ。文化三年(一八〇六)丙寅七月六日。寂二ス于慈眼寺一ニ。壽六十二

東圓院

寛永十七年(一六四〇)。越中ノ守松平定綱ノ所ナリレ建。自後屢ゝ更二フ址地一ヲ。初在二屛風坂ノ上一ニ。慶安四年(一六五一)移二ス山ノ之西北ノ隅一ニ。元祿十一年(一六九八)又移二最北偏一ニ。寶永六年(一七〇九)又移二今ノ地一ニ。是時官府賜テ二黃金八百餘兩一ヲ助レ役

第一世權大僧都乾海。三州吉田氏ノ子ナリ。從テ二州ノ之甲山寺ノ王運一ニ出家ス。稍長ナリテ開山大師命シテ爲シム二甲山寺ノ學頭一ト。越中ノ守松平定綱遇スルコトレ海ヲ甚タ厚シ。寛永十七年(一六四〇)。請テ二院址ヲ於二大師一ニ剏二メ當院一ヲ置二百石ノ田一ヲ充二僧糧一ニ。延テレ海主シムレ之。海乃移シテ二甲山之院額一ヲ扁シテ爲二東圓一ト。承應二年(一六五三)癸巳爲二天台會場一ト。延寶三年(一六七五)。稟シテ二本照院大王一ニ以二甲山一付二弟子增海一ニ。八年五月二十一日寂ス。壽八十三

第二世大僧都增海。尾州吉田氏ノ子ナリ。慶安三年(一六五〇)。依テ二乾海一ニ剃髮。延寶八年(一六八〇)。本照院大王命シテ主シム二當院一ヲ。兼テ領シム二甲山寺一ヲ。天和二年(一六八二)。甲山殿宇朽頹ス。海損テ二鉢資一ヲ修營ス。元

祿五年(一六九二)。准后大王奏請シテ任ス二大僧都一。是歳伊豫侯松平定直爲二檀越一。鼎建シ二寢室一。歲ヾニ施二二十人扶持一。十一年戊寅爲二天台會場一ト。十四年。請二大王一擧テ二弟子慧深ヲ一代テ董サシム二甲山一。十五年。甲山正殿朽頽ス。海傾テ二己槖ヲ一修葺ス。及佛菩薩請(諸カ)祖天神ノ請(諸カ)像悉ヲ修飾ス。寶永八年(一七一一)三月二十日寂ス。壽七十六

第三世大僧都慧深。尾州智多郡吉田氏ノ子。貞享二年(一六八五)。投二增海ニ一柷(祝カ)髮。元祿十四年(一七〇一)。主トル二甲山寺ヲ一。寶永八年(一七一一)。及テ二增海寂スルニ一准后大王召シテ嗣主トル二當院ヲ一。兼領ス二甲山寺ヲ一。正德二年(一七一二)壬辰。爲二天台會ノ講師一ト。五年乙未七月。代二貫主大王ニ一登二日光山ニ一。享保五年(一七二〇)庚子正月。任二大僧都ニ一。八年癸卯爲二天台會場一ト。十年乙巳二月。司二使价ノ職ヲ一。三月轉住ス二市谷自證院ニ一。爲二清谷(水カ)谷家ノ猶子一ト。元文五年(一七四〇)庚申六月。辭シテレ院ヲ而隱居ス。自號二心禪院一ト。是月十九日寂ス二于當院ニ一。壽七十一

第四世贈權僧正深海。武州豐島ノ郡ノ人。俗姓ハ吉田氏。寶永六年(一七〇九)己丑六月四日。投二慧深ニ一薙染ス。享保十年(一七二五)乙巳三月。主二當院ヲ一。兼テ主二三州甲山寺ヲ一。十月登二山門ニ一爲二法華會ノ竪者一ト。十四年己酉。檀越高田侯源定賢朝臣有二祈願ノ事一。修二慈慧大師ノ祕密大法ヲ一。爾後歲ニ贈二粟五十石ヲ一。爲二大師ノ香火料一ト。是歲六月司二使价ノ職ヲ一。二十年乙卯。爲二天台會ノ講師一ト。元文三年(一七三八)戊午七月。代二貫主大王ニ一登二日光山ニ一。寬保三年(一七四三)癸亥。白川侯建二天滿神祠ヲ於當院ニ一。附二神供料ヲ一。延享元年(一七四四)甲子二月。補二執當職ヲ一。賜二信解院ノ室ヲ一。任二大僧都ニ一。爲二清水谷雅季卿ノ猶子一ト。二年乙丑爲二天台會場一ト。四年丁卯。西尾隱岐守源忠尙朝臣亦有二祈願ノ事一。修二慈慧大師ノ祕密大法ヲ一。是時執當職多事ナルカ故ニ。令二弟子慧雲院深詮ヲシテ代テ修一焉。寶曆二年(一七五二)壬申。忠尙朝臣施二僧糧百石ヲ一。爾來每歲見ルトレ施云。十年庚辰十二月晦日寂。壽六十二。葬二于當院ノ墓所ニ一。賜二謚ヲ以信院一ト。贈二權僧正ヲ一

第五世權大僧都深典。上州佐位郡。阿部氏ノ子。享保十九(一七三四)年甲寅四月八日。投二深海ニ一祝髮ス。寶曆六年(一七五六)丙子三月。主二山門慧雲院ヲ一。十一年辛巳二月。轉シテ主二當院ヲ一。兼テ

主三州甲山寺。且有故五年兼領谷中感應寺。明和元年(一七六四)甲申八月。依病辭院而隱居。自號性靜院。七年庚寅五月十六日。寂于甲山寺。享年四十七

第六世大僧都深識。下野州安蘇郡佐野人。姓松村氏。寶暦元年(一七五一)辛未二月十五日。投深海薙髪。十一年辛巳。登山門爲法華會竪者。明和元年(一七六四)甲申九月。主當院。兼主三州甲山寺。天明元年(一七八一)辛丑。爲天台會講師。四年甲辰七月。代貫主大王登日光山。六年丙午十一月。任大僧都。寛政四年(一七九二)壬子。檀越松山侯奉山王權現於當院。附神供料。白川侯自畫慈慧大師眞安厝(措カ)於當院。附香火料。七年乙卯五月。辭院而隱居。自號篤受院。以多年檀越所施。積爲當院無盡財。且修飾佛像經卷及道場之器用不可勝記。又附修葺料金于甲山寺。享和二年(一八〇二)壬戌二月十一日寂。壽六十四

一乘院

寛永十七年(一六四〇)。肥前侯松平勝茂所建。院本在正殿左。元祿戊寅(一六九八)。因罹災移基於今地。肥前侯重建

第一世權僧正慶舜。肥前州。七田氏子。寛永十四年(一六三七)。州之高來縣吉利支丹賊發。九州請鎭共責。舜爲州侯勝茂修瑜伽法禱降伏賊。無何侯師先登賊遂敗。十七年。侯請開山大師創當院。延舜主之。舜時主武之金讚寺一乘院。因移院額於當院。後退當院還肥前創金寶山一乘院住持。尋任權僧正。寛永十八年辛巳二月十九日寂

第二世權僧正圓義。初名義榮。肥前州。巨勢氏子。依慶舜爲弟子。住州之寶林院。兼主元忠寺。及舜退當院來嗣席。寛文元年(一六六一)辛丑。爲天台會講師。會世良田長樂寺久虚席。大猷公告久遠壽院

准后選名德者補席。准后以義應之。卽命遷住。俄陞主日光修學院。晩返長樂寺。延寶四年(一六七六)九月二十一日寂。壽八十五

第三世大僧都慶盤。肥前。永田氏子。依圓義爲弟子。延寶二年(一六七四)。及圓義遷長樂寺。肥前侯請本照院大王召盤嗣席。兼主金鑽寺。時年二十五。四十五歲司使价職。四十八歲退當院。還州住寶光院。其院號乃大王所畀也。天和元年(一六八一)十月五日寂

第四世大僧都義辨。肥前千葉氏子。依慶盤爲弟子。迨盤退當院還州。肥前侯請解脫院大王召辨嗣席。貞享二年(一六八五)三月十日寂。春秋三十二

第五世大僧都圓雄。上野州人。第二世圓義弟子。初住日光照尊院。貞享二年(一六八五)乙丑五月。肥前侯請解脫院大王遷當院。元祿元年(一六八八)戊辰。爲天台會講師。七年。遷市谷自證院。十五年十月二十九日寂

第六世大僧都守玄。肥前鍋嶋氏子。依寶光院慶嚴爲弟子。元祿七年(一六九四)。肥前侯請准后大王主當院。大王錫(賜カ)號維摩院。九年丙子。登台山學教文。十一年戊寅四月二十六日寂

第七世大僧都慈航。上野州人。圓雄弟子。初主修禪院。元祿十一年(一六九八)六月。肥前侯請准后大王遷主當院。十五年壬午。遷市ヶ谷自證院。享保十年(一七二五)乙巳三月九日寂

第八世大僧都圓舜。肥前佐喜(嘉カ)縣赤司氏子。投州之慧日山寶林院昌舜剃染。十九歲遊東都。依僧正慈海。凡十九寒暑已而返州。嗣席於慧日山。元祿十一年(一六九八)。肥前侯請准后大王申奏任大僧都。大王如請。舜乃詣闕謝思(恩カ)。十三年庚辰。遷州之背振山修學院。十五年壬午。肥前侯請大王遷主當院。寶永元年(一七〇四)甲申。爲開山會講師。正德五年(一七一五)乙未爲天台會場。享保二年(一七一七)丁酉四月。任權僧正。六月辭院還國。而住修學院。六年辛丑五月二十一日寂。葬于修學院墓地。

第九世大僧都興舜。初名舜雄。又舜興。肥前州佐賀郡

人。俗姓ハ田中氏。延寶八年（一六八〇）庚申正月二十五日。投二郡ノ之慧日山寶琳院慶重ニ薙染ス。貞享元年（一六八四）甲子。來テ遊二當山一ニ。寶永元年（一七〇四）甲申。登二山門一ニ爲二法華會ノ竪者一ト。後主二本國長崎ノ現應寺一ヲ。半歳ニシテ遷二安禪寺一ニ。享保二年（一七一七）丁酉四月。陞テ主二當院一ヲ。六月朔日入院。十月爲二開山會ノ講師一ト。三年戊戌七月。代二貫主大王一ニ登二日光山一ニ。五年庚子正月。任二大僧都一ニ。七年壬寅爲二天台會場一ノ。九年甲辰二月。司二使价ノ職一ヲ。是歳嚴ニ奉シレ律ヲ持スレ齋ヲ云。十年乙巳二月二十八日。暴ニ病テ而寂ス矣。壽五十七。葬二于當院ノ墓所一ニ

第十世權大僧都興道。初ノ名ハ全雄。肥前佐賀ノ人。姓ハ田中。寶永六年（一七〇九）己丑十一月二十四日。投二州之長崎安禪寺舜雄ニ薙染ス。蓋舜雄ノ之姪也。享保二年（一七一七）丁酉。遊二當山一ニ。六年辛丑二月。登二山門一ニ寓二松禪院一ニ而習學ス。六月爲二法華會ノ竪者一ト。十年乙巳三月。主二當院一ヲ。元文元年（一七三六）丙辰八月五日寂ス。享年三十八。葬二于當院一ニ

第十一世權大僧都興然。肥前州佐賀郡。八田氏ノ子。正德二年（一七一二）壬辰二月二十一日。投二郡ノ之妙見山本莊院大僧都興鑑ニ薙染ス。四年甲午。來二當院一ニ從二圓舜一ニ。後師二事興舜一ニ。享保十二年（一七二七）丁未五月。主二上總州矢田ノ光明寺一ヲ。數講シテ二經論一ヲ教二導スト學人一ヲ云。元文元年（一七三六）丙辰十一月。陞テ主二當院一ヲ。四年己未。爲二開山會ノ講師一ト。寛保元年（一七四一）辛酉七月。代二貫主大王一ニ登二日光山一ニ。延享元年（一七四四）甲子二月。司二使价ノ職一ヲ。四年丁卯九月十八日寂ス。年四十九。葬二于當院一ニ」

第十二世大僧都興盛。初ノ名ハ興長。江戸ノ人。姓ハ月岡氏。享保十五年（一七三〇）庚戌十月十五日。投シテ二興道一ニ薙髮ス。延享四年（一七四七）丁卯十二月。爲二鍋嶋氏某ノ猶子一ト。而主二當院一ヲ。寶暦九年（一七五九）己卯。爲二天台會ノ講師一ト。十一年辛巳七月。代二貫主大王一ニ登二日光山一ニ。明和二年（一七六五）乙酉四月。任二大僧都一ニ。四年丁亥閏九月。有テレ故退院。而シテ適二肥前一ニ乃住二背振山修學院一ニ。安永元年（一七七二）壬辰十月。隨宜樂大王命シテ歸二住當院一ニ。然ルニ有テレ病不レ得レ來ルコトヲ。五年丙申五月十三日。寂ス二于修學院一ニ。壽六十一。葬二修學院ノ墓所一ニ。嘗テ住スル二當院一ニ日。大檀越鍋島侯有二祈願ノ事一。故ニ修スト二慈慧大師ノ祕密大法一ヲ云

第十三世大僧都慶格。肥前州佐賀郡ノ人。姓ハ佛光寺氏。

享保十六年(一七三一)辛亥十一月二十四日。投二郡之妙見山天華院權僧正舜道一ニ薙髪ス。寶暦九年(一七五九)戊(己カ)卯十一月。主二江戸牛山泉藏寺一ヲ。明和元年(一七六四)甲申。移テ主二本國長崎ノ安禪寺一ヲ。五年戊子二月。陞テ主二當院一ヲ。六年己丑二月。任二大僧都一ニ。是歳五月二十六日寂ス。壽五十八。葬二當院一ニ

第十四世大僧都眞舜。肥前州佐賀郡ノ人。姓ハ本實氏。享保十三年(一七二八)戊申八月十二日。投二郡之觀音寺桓舜一ニ薙髪ス。後嗣テ主二觀音寺一ヲ。明和二年(一七六五)乙酉十月。任二大僧都一ニ。八年辛卯正月。轉二住當院一ニ。而シテ領二觀音寺一ヲ。是歳七月代二貫主大王一ニ登二日光山一ニ。安永六年(一七七七)丁酉三月。辭シテレ院ヲ歸リレ國ニ。再ヒ住二觀音寺一ニ。寛政二年(一七九〇)庚戌正月五日寂ス。壽七十七。葬二觀音寺ノ墓地一ニ

第十五世權大僧都圓眞。初ノ名ハ尊舜。肥前州佐賀郡ノ人。姓ハ池田氏。寶暦九年(一七五九)己卯二月十五日。投二郡之妙覺院叡海一ニ薙髪ス。安永六年(一七七七)丁酉三月。主二當院一ヲ。寛政三年(一七九一)辛亥。爲二開山會ノ講師一ト。五年癸丑七月。代二貫主大王一ニ登二日光山一ニ。六年甲寅十一月。依テレ病ニ辭シレ院ヲ歸レ國ニ。而閑二居ス于千栗山玉泉院一ニ。自號二卽是院一ト。文化四年(一八〇七)丁卯四月二十五日寂ス。享年五十八。葬二于千栗山ノ墓所一ニ

第十六世大僧都興讓。肥前州佐賀郡ノ人。姓ハ永淵氏。寛延三年(一七五〇)庚午八月二十五日。投シテ二當院十二世興盛一ニ薙染ス。後歸二肥前一ニ主二背振山修學院一ヲ。任二大僧都一ニ。寛政六年(一七九四)甲寅十一月。轉シテ主二當院一ヲ而シテ未タレ入二院一。以二七年乙卯七月十一日一ヲ寂ス二于修學院一ニ。壽五十九。葬二修學院ノ墓地一ニ

第十七世權大僧都圓倫。肥前州佐賀郡ノ人。姓ハ副島氏。安永二年(一七七三)癸巳六月二十四日。投シテ二州ノ之背振山修學院興盛一ニ薙染ス。寛政七年(一七九五)乙卯八月。主二當院一ヲ。八年丙辰。登二山門一ニ爲二法華會ノ竪者一ト。十二年庚申。爲二天台會ノ講師一ト。文化三年(一八〇六)丙寅十二月。辭シテレ院ヲ歸二本國一ニ。主二熊山ノ觀音寺一ヲ。七年庚午六月十一日寂ス。壽五十三。葬二觀音寺ノ墓地一ニ

松林院

院初在テ二都下ノ山手一ニ號二金剛寺一ト。乃周防ノ守松平康映所ナリレ建ル。寛永中主僧久存移二當山一ニ。遂ニ更二今ノ號一ニ。周防守永施ス二百石ノ莊田一ヲ。因幡守中川久通亦爲二檀信一。歳ゞ施二白銀三十枚一ヲ。元祿戊寅(一六九八)。罹ルレ災。主僧寂仙罄クシ二其私橐一ヲ檀越因幡守亦勠セテレ力ヲ興復如クスレ初ノ。癸未又災アリ。假ニ構二小廬舍一ヲ。先キレ是院屢更ムレ基ヲ。寶永己丑(一七〇九)。迨テレ建ルニ二常憲院影殿一ヲ。有テレ命又移二今ノ地一ニ。官府賜二黃金三百七十兩一ヲ。周防守施二黃金三百兩一ヲ重建一新ス

第一世權大僧都久存。未レ詳カニセ二事跡一。慶安四年(一六五一)辛卯四月十三日寂

第二世權大僧都榮存。姓ハ宮部。江州人ナリ。嗣テ二久存一ニ主トリ二當院一ヲ。兼ヌ二主トル上州ノ春名山一ヲ。寛文八年(一六六八)戊申爲二天台會場一ト。晩年退二隱春名山一ニ。寶永六年(一七〇九)七月二十六日寂ス。壽八十四

第三世大僧都寂仙。姓ハ山上氏。上野州那波郡ノ人。現龍院亮傳ノ弟子ナリ。上テ二台山一ニ延寶二年(一六七四)甲寅。主トル二龍禪院一ヲ。天和三年(一六八三)癸亥。在二當山一ニ爲二天台會ノ講師一ト。貞享元年(一六八四)。解脫院大王命シテ遷シム二當院一ニ。元祿己卯(一六九九)。准后大王命シテ遷二津梁院一

第四世權大僧都雄憲。後更ム二名ヲ性本一ト。元祿庚辰(一七〇〇)。准后大王命シテ自二台山ノ金光院一遷二當院一。寶永二年(一七〇五)乙酉。爲二開山會ノ講師一ト。七年庚寅。命シテ轉セシム二現龍院一

第五世權大僧(〔都カ〕)慧隆。字ハ朗觀。初ノ名ハ慧洞。姓ハ村瀨。洛陽ノ人ナリ。年十一來テ二當山一ニ依二安祥院公淵一ニ。實ハ公淵之姪也。元祿四年(一六九一)辛未。十三禮シテ二准后大王一ヲ剃染ス。元祿五年冬。登ル二台山一ニ。寓二嚴王院一ニ而修學ス。十三年十二月。主二安祥院一ヲ。寶永八年(一七一一)正月。大王召シテ主二當院一。正德二年(一七一二)。有テレ故西上ス。途中罹レ病二九月二日寂ス二于京師一ニ

第六世僧正全潮。後ニ改二慈延一ト。姓ハ林。武州人ナリ。貞享元(一六八四)年甲子。十五歲投シテ二常德院ノ慈仙一ニ剃髮ス。貞享丙寅。登テ二台山一ニ學二教文一。元祿己巳(一六八九)。主トル二寶幢房一。寶永三年(一七〇六)丙戌。

寓于當山爲開山會講師。正德壬辰(一七一二)十月。准后大王命主當院。五年乙未。更名慈延。享保二年(一七一七)丁酉四月。轉住勸善院。

第七世大僧都義諦。近江州志賀郡人。元祿六年(一六九三)癸酉六月十五日。薙髮于末山。寶永六年(一七〇九)己丑。來當山爲春性院義圓弟子。後事王宮賜名淨門院。正德五年(一七一五)乙未五月。主山門禪林院。享保二年(一七一七)丁酉四月。轉住當院。四年己亥六月。轉住愛宕山長床坊。賜尊重院室。任大僧都。元文四年(一七三九)己未十月六日寂。壽六十一。葬于長床坊墓所。

第八世大僧都綽然。近江州人。姓佐野氏。元祿四年(一六九一)辛未十二月八日。入州之三井寺。從理覺院前大僧正亮海薙髮。爲華光坊亮親弟子。名亮助。後改親龍。爲油小路前亞相隆眞卿猶子。正德四年(一七一四)甲午二月。從崇保大王駕來當山。九月賜名常住院。十月依大明・崇保兩大王之命。爲傳法院僧正公然弟子。改名綽然。五年乙未七月。主山門觀樹院。享保二年(一七一七)丁酉十二月。轉主山門密嚴院。三年戊戌正月。賜號精進院。七月任大僧都。十月登山門爲法華會竪者。十二月兼領當山清水堂。四年己亥六月。轉主當院。辭密嚴院。仍領清水堂。十月爲開山會講師。五年庚子七月。代崇保大王登日光山。七年壬寅六月。轉住寒松院。

第九世大僧都常應。京師人。姓永井氏。幼遊東叡。以元祿十五年(一七〇二)壬午十一月二十四日拜大明大王薙髮。而依命爲圓覺院常然弟子。寶永四年(一七〇七)丁亥八月。登山門而習學。十月爲法華會竪者。五年戊子九月。主山門善光院。享保元年(一七一六)丙申正月。復來東叡。六月事王宮。七年壬寅六月。轉主當院。十五年庚戌。爲開山會講師。十七年壬子七月。代崇保大王登日光山。二十年乙卯十月。轉住寒松院。

第十世權僧正守玄。字玄曄。號艮菴。初名志觀。又守平。又守英。越後州村上人。姓楠氏。父名正等。母川島氏。享保七年(一七二二)壬寅二月十五日。投明王院智紘薙髮。

仙波喜多院權僧正尙志爲二戒師一ト。十六年辛亥。登二山門一ニ寓二善學院一ニ而修學ス。十八年癸丑六月。還二東叡一ニ爲二大慈院守中ノ弟子一ト。更ニ名ハ守平一ト。二十年乙卯十月。主二當院一。又改二名ヲ守英一ト。寛延二年(一七四九)己巳。爲二天台會ノ講師一ト。寶曆(一七五一)元年辛未四月。轉二住勸善院一ニ

第十一世權大僧都全海。初ノ名ハ諄海。野州芳賀郡下大領ノ人。姓ハ橋本氏。元文四年(一七三九)己未四月八日。投二大慈院光海一ニ薙染ス。寛延元年(一七四八)戊辰八月。爲二勸善院全具ノ弟子一ト。寶曆元年(一七五一)辛未四月。主二當院一ヲ。六月改ムレ名ヲ。俄ニ病テ八月五日寂ス。年二十四。葬二當院ノ西北隅一ニ

第十二世權大僧都亮慶。上野州吾妻郡ノ人。姓ハ高橋氏。享保十八年(一七三三)癸丑四月三日。投二壽昌院全具一ニ薙髮ス。延享(一七四五)二年乙丑三月。主二山門玉泉院一ヲ。寶曆元年(一七五一)辛未八月。轉二住當院一ニ。二年壬申六月七日寂ス。年三十四。葬二當院ノ西北隅一ニ

第十三世權大僧都廣憲。京師ノ人。姓ハ逸見氏。享保十五(一七三〇)年庚戌六月二十四日。薙二髮シ於山門地福院一ニ。爲二紀州雲蓋院權僧正廣慧ノ弟子一ト。及レ長スルニ修二學ス於山門一ニ。寛保(一七四三)三年癸亥十月。主二山門護心院一ヲ。後爲二洛東養源院僧正全具ノ弟子一ト。寶曆二年(一七五二)壬申六月。轉二住當院一ニ。九年己卯。爲二開山會ノ講師一ト。十年庚辰七月。代二貫主大王一ニ登二日光山一ニ。十三年癸未十二月。司二使价ノ職一ヲ。明和元年(一七六四)甲申六月十八日寂ス。享年四十九。葬二當院ノ西北隅一ニ

第十四世大僧都法珍。武州足立郡ノ人。姓ハ石川氏。享保(一七二五)十年乙巳二月八日。投二郡之福正寺義珍一ニ薙染ス。後來二當山一ニ爲二壽昌院全具ノ弟子一ト。十六年辛亥十月。主二山門玉泉院一ヲ。而シテ回峯スルコト七百日。延享元年(一七四四)甲子。辭二玉泉院一ヲ歸二鄕國一ニ。結シテレ廬ヲ而居ス焉。三年丙寅十一月。起テ主二下總州佐倉ノ甚大寺一ヲ。寶曆三年(一七五三)癸酉ノ春。登二山門一ニ又回峯スルコト百日ニシテ而歸シ。堀田相摸守紀正亮朝臣施シレ金ヲ助クレ費ヲ。是歲ノ冬再ヒ主二玉泉院一ヲ。仍住二甚大寺一ニ。四年甲戌。又登二山門一ニ回峯スルコト二百日。而シテ成ル二千日ノ回峯一ト。蓋故事ニ回峯千日ナルコトハ則座主以テ聞ス。乃賜二褒賞ノ敕書一ヲ。於テレ是ニ座主妙法大王奏請シテ如シト二故事一ノ云。是歲任二大僧都一ニ。

爲二令（冷カ）泉亞相宗家卿ノ猶子一ト。尋テ辭シテ二玉泉院ヲ一而シテ歸二佐倉一ニ。十三年癸未四月。辭シテ二甚大寺ヲ一而隱二居ス于江戸ノ郭外一ニ。自號二廣修院一ト。明和元年（一七六四）甲申八月。人起テ主二當院一ヲ。二年乙酉八月。轉二住等覺院一ニ

第十五世大僧都實靈。初ノ名ハ傳心。又實芳。上野州新田郡ノ人。姓ハ宇野氏。享保十四年（一七二九）己酉三月二十二日。從二淩雲院前大僧正實觀一ニ薙髮シ。爲二圓珠院實傳ノ弟子一ト。延享三年（一七四六）丙寅十月。主二山門吉祥院一ヲ。寶曆五年（一七五五）乙亥。爲二南光坊ノ監一ト。六年丙子。預二禁中ノ懺法會一ニ。特敕任二大僧都一ニ。十三年癸未。爲二山門坂本神宮ノ別當一ト。明和二年（一七六五）乙酉八月。轉二住當院一ニ。三年丙戊（戌カ）十月。爲二開山會ノ講師一ト。四年丁亥七月。代二貫主大王一ニ登二日光山一ニ。六年己丑三月。司二使价ノ職一ヲ。安永二年（一七七三）癸巳十月。轉二住千駄木世尊院一ニ。後兼二領ス午山三光院一ヲ。八年己亥七月。辭シテレ院ヲ而隱居ス。自號二乘願院一ト。登二山門一ニ寓二ス吉祥院一ニ。生平好レ學ヲ殊ニ精シ二密部一ニ。寛政十二年（一八〇〇）庚申閏四月十九日。寂二ス吉祥院一ニ。壽八十三。葬二山門南谷ノ墓所一ニ

第十六世權僧正覺邦。常州眞壁郡ノ人。姓ハ瀨尾氏。延享二年（一七四五）乙丑四月八日。投二郡ノ之最勝王寺覺英一ニ薙染ス。寛延三年（一七五〇）庚午。來二當山一ニ從二修禪院宣興一ニ。寶曆九年（一七五九）己卯六月。事二王宮一ニ賜二名ヲ善王院一ト。十三年癸未十二月。爲二琉璃殿司一ト。明和六年（一七六九）己丑十二月。爲二淺草寺別當代一ト。安永二年（一七七三）癸巳十月。隨宜樂大王命シテ主二當院一ヲ。繼二寒松院第七世覺同ノ法系ノ絶タルヲ一也。六年丁酉七月。代二大王一ニ登二日光山一ニ。天明二年（一七八二）壬寅十二月。任二大僧都一ニ。六年丙午八月。轉二住林光院一ニ

第十七世大僧都亮賢。字ハ隣聖。初ノ名ハ亮道。姓ハ須藤氏。武州多摩郡ノ人。寶曆十年（一七六〇）庚辰八月。來二東叡一ニ事二春性院從宣（宜カ）一ニ。十二年壬午六月二十八日祝髮ス。爲二從宣（宜カ）ノ弟子一ト。明和八年（一七七一）辛卯。登二山門一ニ而修學ス。安永二年（一七七三）癸巳八月。主二山門星光院一ヲ。天明六年（一七八六）丙午八月。轉二住當院一ニ。寛政五年（一七九三）癸丑。爲二開山會ノ講師一ト。八年丙辰七月。代二貫主大王一ニ登二日光山一ニ。十一月。轉二住林光院一ニ

〔東叡山寛永寺子院歷代主僧記　中卷　終〕

〔東叡山寛永寺子院歴代主僧記　巻下〕

（題簽）當山子院歴代記　下

（扉書）東叡山子院記　下

（朱一）等覺　（朱二）寶勝　（朱三）養壽　（朱四）元光　（朱五）明靜
（朱六）見明　（朱七）青龍　（朱八）顯性　（朱九）圓珠　（朱十）明王
（朱十一）壽昌

（扉裏書）以ニ春性院守慶公之記一寫畢
明治二十二年（一八八九）春。加點幷一校畢
三月三日

（永順）

等覺院

寛永中權大僧都俊海ノ所レ建。寛文壬子（一六七二）。備前侯松平綱政爲ニ檀越一。施ニ二百石ノ莊田一ヲ。院初メ在ニ本坊ノ之後一ニ。八年（「延寶カ）（一六八〇）庚申。及ニ嚴有公ノ影殿建一ルニ。官府賜ニ黄金百八十兩一ヲ。移ニ今ノ地一ニ。備前侯勠力移致脩葺ス。元祿癸未（一七〇三）。罹レ災備前侯重建一新ス。寶永三年（一七〇六）丙戌又災アリ。六年己丑。主僧覺同罄シテ私槖ヲ一搆ニ庖廚一。七年庚寅。備前侯重建ス。正德二年（一七一二）。一位大夫人建ニ脩護摩堂一ヲ。四年甲午。主僧玄照禱ニ備前ノ世子茂重郞ノ疾一ヲ有レ驗。侯爲ニ加フ二百石莊田一。

第一世權大僧都俊海。越後ノ藩鎭長尾輝虎之姪ナリ。出家主トルニ州ノ之寶藏院一ヲ。寛永ノ初メ來テ依ニ開山大師一ニ遂ニ創ムニ當院一而住ス。大師命シテ歷ニ主セシム越後ノ國分。信ノ之勸修。總ノ之三途臺等ノ諸名利（剎カ）ヲ一。寛永二十年（一六四三）。以ニ當院一ヲ付ニ弟子宗海一ニ。歸ニ老ス于寶藏院一ニ。正保三年（一六四六）丙戌正月二十九日寂ス

第二世大僧都宗海。不レ詳セ姓氏一ヲ。越前ノ人。幼シテ投二俊海一祝髪ス。寛永癸未(一六四三)。主二當院一ヲ。兼二領ス戸隠山一ヲ。號二普光院一ト。梶井親王畀フ二號圓德院一。元祿四年(一六九一)四月十八日。寂ス於二戸隠一ニ

第三世權大僧都宣海。姓ハ鯰江。越後ノ人。依二俊海一ニ脱白ス。嗣二宗海一ニ主二當院一。兼二主越後ノ寶藏院一ヲ。明暦二年(一六五六)丙申。爲二天台會ノ講師一ト。萬治二年(一六五九)。本照院大王命シテ遷二津梁院一

第四世權大僧都順應。參議水無瀨氏成卿ノ子ナリ。本照院大王命シテ主二當院一。賜二號覺樹院一。兼二主羽ノ之羽黑山一ニ。不レ詳二其ノ所ヲ一レ終ル

第五世權大僧都忠俊。初建二立覺成院一ヲ而住ス。退二隠ス一室一。福緣頗ル豐カナリ。寛文四年(一六六四)。本照院大王命シテ强テ起テ主二當院一。院初無二檀度一。迨二俊主一ルニレ之。備前侯松平綱政。大井新右衞門皆爲二檀越一ト。七年丁未爲二天台會場一。延寶四年(一六七六)。大王命シテ兼二主江戸崎ノ神宮寺一ヲ。七年己未。再ヒ爲二天台會場一。天和元年(一六八一)春。請二解脱院大王一ニ付二當院ヲ弟子公觀一ニ。自號二慈觀院一ト。冬十一月四日寂ス。壽七十四

第六世權大僧都公觀。不レ詳二氏族一ヲ。野州宇都宮ノ人。年九歳依二忠俊一。十五歳禮二久遠壽院准后一剃度ス。天和元年(一六八一)。解脱院大王命シテ主二當院一。元祿五年(一六九二)退院ス。十三年庚辰。准后大王命シテ起テ主二前橋龍藏寺一

第七世僧正常然。元祿五年(一六九二)冬十月。准后大王命シテ自二下谷養玉院一遷二當院一。賜二光雲院ノ號一ヲ。六年癸酉十月。爲二開山會ノ講師一ト。十二月。命シテ轉二護國院一。始終ノ事蹟見二于護國院主僧ノ記一ニ

第八世大僧正最純。元祿六年(一六九三)十二月。准后大王命シテ自二護國院一遷二當院一。尋テ薦二之官府一。授二紅葉山別當一ヲ。七年甲戌閏五月。又薦二之官府一。陞テ主二淺草寺一。常憲公恩遇甚厚シ。九年丙子二月。公師(帥カ)二百僚一入レ山禮二大士(王カ)一。又臨二丈室一使三衆僧ヲシテ論二議セ台教ヲ一而聽タマフ。賚賜優渥ナリ。自後歳ゞ爲レ例。臨二丈室一次公告二之大王一。奏請シテ轉二僧正一。十五年秋。又タ告二之ヲ大王一。奏請シテ轉二大僧正一。寶永七年(一七一〇)庚寅二月十三日寂ス。壽七十八。葬二山之西北ノ隅一ニ。門人私ニ

謚ニ泰山慈謙院一ト
第九世僧正公然。初ノ名ハ公慶。內大臣定誠藤公ノ之猶子也。延寶六年(一六七八)戊午(戊カ)十月。禮ニ久遠壽院准后ヲ於山階毘沙門堂ニ而薙染ス。賜ニ號ヲ行嚴院一ト。天和二年(一六八二)壬戌。位敍ニ法眼一。貞享元年(一六八四)甲子。任ニ少僧都一。五年戊辰。轉ニ大僧都一。至レ此改ニ今ノ名一ニ。元祿三年(一六九〇)庚午三月。從ニ准后大王一來ニ當山一ニ。大王更ニ賜ニ號護法院一。四年辛未。命シテ領ニ池ノ端生池院一。五年壬申。爲ニ開山會ノ講師一ト。七年壬申(甲戌カ)。命シテ主ニ當院一。九年丙子爲ニ天台會場一。十二年己卯四月。命シテ遷ニ寒松院一
第十世大僧都覺同。初名ハ覺湛。姓藤原。野州ノ人。從ニ日日(光カ)龍光院豪傳ニ剃染ス。出テ遊ニ四方ニ遂ニ止ニ台山一。久遠壽院准后命シテ監ニ院セシム于覺林房一ヲ。閱ニ五寒暑一來テ入ニル當山敎鬢一ニ。無レシテ幾首タリ衆ニ。准后大王命シテ領ニシム總州八幡法漸寺。塑ニ佛祖天神ノ諸像一。復鼎ニ門樓花表一ヲ。元祿十一年(一六九八)戊寅十一月。大王又命シテ主ニ台山大興房一。寓ニ當山一。爲ニ天台會ノ講師一ト。十二年四月。命シテ遷ニ當院ニ而奉ニ護持之命一。寶永四年(一七〇七)。復上ニ台山ニ脩密巡禮ルコト一百日。五年正月。還ニ當山ニ。六年六月。奉ニ大王ノ命一ヲ於ニ本坊一修ニ慈慧ノ祕密供養法一。七年二月。大王薦ニ之ヲ官府一遷ニ寒松院一
第十一世權僧正玄照。初ノ名ハ尤雄。又タ圓然。姓ハ木村氏。母中西氏。野州ノ人。年十四依ニ一乘院ノ圓雄一。雄俾下從ニ覺王院最純一剃髮上セ。元祿九年(一六九六)。登ニ台山ニ寓ニ北谷某ノ坊一ニ。此時夢ニ依ニ山王告一改ニ名ヲ玄照一ト。十五年。主ニ寶生院一。修密巡禮一百日。十六年。准后大王召シ來シテ寓ニ本坊一ニ。寶永七(一七一〇)年二月。命シテ主ニ當院一更ニ名圓然一ト。又改ニ玄照一。四月從ニ覺同一傳ニ慈慧祕密供養法一而修ス焉。正德元年(一七一一)。登ニ台山一ニ改ニ造明德院一。尋テ還ニル當山一ニ。正德四年。祈ニ備前侯ノ世子ノ病一ヲ則死シテ而蘇ル。侯喜テ加ニ增寺產百石一ヲ。世子歲〻施ニ三十口ノ糧幷白銀五十枚一ヲ。是歲天英院一位君。建ニ護摩堂于當院一ニ。祈ニ大樹尊君ノ高運一ヲ。玄照建ニ經藏一安ニ一切經一。享保七年(一七二二)壬寅。轉ニ住根津昌泉院一ニ。兼ニ主岩槻慈恩寺一ヲ。乃補ニ葺昌泉院一興ニ祭禮一ヲ。不レシテ幾辭レ院而隱居。自ラ號ニ意成院一ト。仍領ニ慈恩寺一。後行ニ灌頂ヲ於慈恩寺一ニ此ノ時有下寫シ如法經ニ群蛇來ルノ之事上。九年甲辰。崇保大王有レ命起テ主ニ上州世良田長樂

寺一。賜二功德院ノ室一。任二權僧正一（此ノ時有下補二葺寺宇一ヲ建二三萬日ノ回向會一授二與融通念佛ヲ一之事上）十二年丁未。辭レ院而隱二居于谷中一ニ。復號二意成院一。不レ幾而授二新大王ノ傳一ヲ。賜二行嚴院室一。兼二主城州山科龍華院幷二江州愛知郡百濟寺一ヲ。歲餘ニシテ辭二傳及ヒ兼領ノ之寺一ヲ。仍居二谷中一號二意成院一。元文四年（一七三九）己未。奉二ジン爲ニ亞相嗣君ノ一祈二若君ノ誕生一而有レ驗（此ノ閒有下女某誣二謗玄照一吐レ血幾ト死ルノ之事上）是歲自二谷中一遷二住猿江一ニ。先レ是稻葉侯ノ之醫師吉永升菴致仕シテ而居レス此。是人嘗禱二江ノ島辯才天一ヲ得タリレ福。爲二報恩ノ一畫二金光明曼茶羅四十餘幅一ヲ。又藏二佛像經卷一ヲ甚タ多シ。一日謂二玄照一ニ曰。吾老タリ矣。願クハ以二曼茶羅其他ノ佛像經書及ヒ土地屋宇一獻二之ヲ師一。而無レ幾升菴卒ス。門人如二其ノ師ノ言ノ一云フ（此ノ時有ニリ堀レ井ヲ救レ衆之事一）寶曆三年（一七五三）癸酉九月。官於二湯嶋之地一再二造大泉寺一。以二玄照一爲二開山一。置二田二石一。貫主大王賜二覺樹院ノ室一。尋テ賜レ紫。七年丁丑。退二老于猿江ノ別業一ニ。賜二名ヲ弘誓院一ト。十三年癸未四月二十二日。以レ病而寂ス。壽八十六。此日異香滿レ室。紫雲覆フトレ菴云。茶毘スルニ舌根不レ壞。多ク得タリ二舍利一ヲ。乃チ塔二于根津昌泉院ノ墓所一ニ

逸事

一。父母憂レ無レ子祈二月天子一ヲ。母夢ラク星入レルト懷ニ。因テ有レ娠ムコト

一。修密巡禮百日ノ之時。有下郊行シテ救二脫スル村夫ノ疾疫一ヲ之事上

一。寓二本坊一ニ時。有下治二柳澤侯吉保ノ內室ノ狂病一ヲ。請二山門結界一ヲ。又タ於二本坊一拜二謁常憲公一ニ即奉ルニ加持ヲ一之數事上」

第十二世贈大僧正智韶。字ハ善來。初ノ名ハ慧曇。和泉州岸和田ノ人。姓ハ八木氏。元祿三年（一六九〇）庚午。九歲ニシテ投二播州正眼禪師一ニ薙染。後遊二江戶一ニ從二妙應禪師一ニ。十年丁丑。從二河州ノ玄光禪師一ニ游。十三年庚辰。十九歲ニシテ改宗シテ登二山門一師二事ス華德院公祐一ニ。十五年壬午七月。踐二師席一主二華德院一。寶永七年（一七一〇）庚寅。兼二主江州飯道寺ノ之岩本院一ヲ。享保三年（一七一八）戊戌三月三日。轉二住當院一。更二名智韶一ト。後於二修理中堂ノ之事一ニ有レ勞云。七年壬寅六月。轉二住觀成院一ニ

第十三世權僧正慈延。享保七年（一七二二）壬寅二月。補二執當職一ニ。賜二信解院ノ室一ヲ。自二勸善院一遷二圓珠院一。八月又タ轉二當

院一二。十四年己酉八月。辭レ職而任二權僧正一二。復轉二住勸善院一二

第十四世權僧正良然。享保十四年（一七二九）己酉八月。補二執當職一。賜二覺王院室一。爲二中御門家ノ猶子一。自二津梁院一轉二住當院一二。兼二領野州岩船山高勝寺一ヲ。是ノ歲爲二天台會場一。元文三年（一七三八）戊午十月。辭レ職而任二權僧正一二。仍領二岩船山一ヲ。四年己未八月。辭レ院而隱居シテ自ラ號二願成院一ト。仍領二岩般（船カ）山一。寬保三年（一七四三）癸亥正月朔日卯時寂ス。壽七十二。葬二于當院一二」

第十五世權大僧都常玄。元文四年（一七三九）己未八月。自二涼泉院一轉二住當院一二。寬保二年（一七四二）壬戌。爲二天台會ノ講師一。延享三年（一七四六）丙寅三月。依テレ病辭レ院。而隱二居于鎌倉雪下一二。自號二至場院一ト。寶曆三年（一七五三）癸酉。寓シテ二當院一而寂ス。實十月四日也。行年五十矣。葬二當院一二

第十六世僧正常純。初ノ名ハ雄運。羽州最上郡ノ人。姓ハ設樂氏。享保七年（一七二二）壬寅七月二十五日。投二州之立石寺現住楞伽院寬雄一二薙染ス。寬保二年（一七四二）壬戌。來二當院一從二常玄一。延享二年（一七四五）乙丑十二月。爲二常玄ノ弟子一乃更ムレ名ヲ。三年丙寅三月。主二當院一。寶曆二年（一七五二）壬申。爲二開山會ノ講師一。六年丙子七月。代二貫主大王一登二日光山一。九年己卯二月。任二大僧都一。明和元年（一七六四）甲申二月。司二使价職一。二年乙酉六月。轉二住觀成院一二

第十七世大僧都法珍。明和二年（一七六五）乙酉八月。自二松林院一轉二住當院一。三年丙戌七月。代二貫主大王一登二日日（日カ）光山一。四年丁亥爲二天台會場一。安永元年（一七七二）壬辰六月。轉二住春性院一二

第十八世權僧正幸然。安永元年（一七七二）壬辰六月。補二執當職一。賜二願王院室一。自二春性院一轉二住當院一。十一月辭レ職。二年癸巳爲二天台會場一。四年乙未四月。轉二住談山竹林坊一。任二權僧正一。六年丁酉十二月十四日寂ス。壽六十一。葬二談山ノ念誦窟（ネヅキ）一二。又建二爪齒塔ヲ于當院一二

第十九世大僧都忍善。初ノ名ハ深眞。下總州香取郡小見ノ人。姓山角氏。延享元年（一七四四）甲子四月六日。薙二髮于當山一。後二從二東圓院深典一二。明和六年（一七六九）己丑二月。主二山門戒定院一。安永二年（一七七三）癸巳二月。還二當山一寓二凌雲院一。爲二前大僧正忍

達ノ弟子一ト。四年乙未四月。轉シテ主ニ當院一乃チ更ムレ名ヲ。十一月爲ニ天台會場一。五年丙申六月。司ニ使价職一。七月代ニ貫主大王一登ニ日光山一。天明二年壬寅十二月(一七八二)。任ニ大僧都一。六年丙午爲ニ天台會場一。七年丁未三月。轉ニ住東漸院一

第二十世贈權僧正寂現。天明七年丁未三月(一七八七)。補ニ執當職一。賜ニ願王院室一。自ニ東漸院一轉ニ住當院一。八年戊申爲ニ天台會場一。寛政三年(一七九一)辛亥四月十一日寂ス。壽五十六。葬ニ于當院一。賜ニ謚法順院一ト。九月贈ニ權僧正一。其在世ノ之間。修ニ大威德明王一萬枚ノ護摩ヲ一十八度。生平講懺之暇好ニ詩歌茶事一

寶勝院

寛永中權大僧都豪仙ノ所レ建也。承應三年甲午(一六五四)。陸奧侯松平忠宗爲ニ檀波(度カ)一更ニメ造ル院宇ヲ一。歲ヾ施ニ僧糧三十石一。忠宗之嗣綱村加ニヘ施ス五十石ヲ一。寛文九年(一六六九)寺燬ク。綱村重建ス。元祿十一年(一六九八)戊寅。以三寺迫ルヲ二本坊一ニ。官命シテ移ニ今地一。綱村運致シ修葺ス。寶永六年(一七〇九)又災アリ。綱村ノ之嗣吉村重建ス

第一世權大僧都豪仙。不レ詳ニ姓氏一ヲ。奧ノ之會津ノ人。開山大師ノ之法弟也。主ニ台山玉藏房一ヲ。又兼ニ主會津ノ圓壽寺一。寛永十四年(一六三七)。遷ニ主江戸崎不動院一。寛永ノ末。創ニ建ス當院一。擧ニ弟子豪圓一住持。自ラ退ニ隱不動院一ニ。慶安四年(一六五一)四月二十日寂ス。壽七十三

第二世權大僧都豪圓。野州榎本縣柏倉氏ノ子。從ニ豪仙一爲ニ弟子一。嗣テ主ニ當院一。陸奧侯松平忠宗敬嚮シテ爲ニ檀信一。承應三年(一六五四)。侯於ニ國府一ニ創ニ東照宮別當ノ院ヲ一。號シテ曰ニ仙岳

院ト。頗ル巨刹也。聘シテ之欲レス涖ノゾマシメン。力メ辭シテ不レ往カ。萬治元年(一六五八)戊戌。爲ニ天台會ノ講師一ト。寛文六年(一六六六)丙午四月三日寂ス。壽四十三

第三世大僧都豪永。野州戸垣邑。川島氏ノ子。寛文五年(一六六五)。依ニ豪圓一爲ニ弟子一。圓俾下禮ニ本照院大王一薙髮上。六年丙午。圓入寂ス。大王命シテ爲ニ看坊一ト。逮シテニ年齒已ニ長ズルニ一乃命シテ住持シム。十年庚辰。登ニ台山一肄フレ業ヲ。閲シテニ五寒暑一ヲ還ル。貽テニ黄金五十兩一ヲ充ニ北谷本願堂ノ論議會ノ之資一ニ。延寶八年(一六七八)庚申。爲ニ天台會ノ講師一ト。元祿十二年(一六九九)。准后大王奏請シテ任ニ大僧都一。寶永元年(一七〇四)壬申(甲カ)二月。請ニ大王一以レ院付ニ弟子智洞一。潛ニ隱シ一室ニ自ラ號ニ寂堂一ト。日課念佛ルコト三萬聲。專ラ修ニ淨業一ヲ。享保十一年(一七二六)丙午二月七日。合掌念佛シテ泊然トシテ而逝ス。壽七十八。葬ニ當院ノ墓所一ニ。在日修ルコトニ光明眞言法一二十年。其餘ノ所作不レ可ニ勝テ數一云

第四世權僧正智洞。上野州群馬縣。反町氏ノ子。投ニ東漸院宣存一執ニ童子ノ之役一ヲ。天和三年(一六八三)。禮ニ解脱院大王一剃染ス。既ニシテ而從ニ豪永一爲ニ弟子一ト。元祿六年(一六九三)癸酉。上ニ台山一學ニ教文一。十三年庚辰七月。主ニ千手院一。寶永元年(一七〇四)壬申(甲カ)二月。准后大王命シテ主ニ當院一。二年乙酉。爲ニ天台會ノ講師一ト。享保三年(一七一八)戊戌二月。司ニ使价職一ヲ。五年庚子正月。任ニ大僧都一。十年乙巳二月。補ニ執當職一。賜ニ慧恩院ノ室一。是歳爲ニ天台會場一。十六年辛亥四月。扈ニ從大王一ニ上レ京。十八年癸丑八月。辭レ職而任ニ權僧正一。十九年甲寅。辭レ院而隱居シ。自ラ號ニ自得院一ト。大王命シテ領ニシム常州阿波ノ安穩寺一ヲ。元文二年(一七三七)丁巳五月九日寂ス。壽六十七。葬ニ院後ノ之地一ニ

第五世大僧正貫洞。姓ハ眞道氏。相州大住郡德延ノ人。元祿十四年(一七〇一)辛巳四月八日。投ニ郡之金目山光明寺慶海一ニ薙髮ス。十六年癸未十月。來ニ當院一爲ニ智洞ノ弟子一。享保元年(一七一六)丙申二月。登ニ山門一寓ニ竹林院一而修學ス。三年戊戌。爲ニ法華會ノ竪者一ト。五年庚子四月。主ニ山門光圓院一。十年乙巳三月。來寓ニ當院一。是ノ歳爲ニ天台會ノ講師一。十九年甲寅八月。轉シテ主ニ當院一。二十年乙卯七月。代ニ貫主大王一登ニ日光山一。元文二年(一七三七)丁巳十月。兼ニ主羽州村山郡柏山寺一ヲ。三年戊午十月。司ニ使价職一ヲ。十二月。任ニ大僧都一。寛保元年(一七四一)辛

酉四月。轉二住談山學頭竹林坊一。任二權僧正一ニ。延享元年(一七四四)甲子。招二請シテ山門總持坊權僧正韶眞於談山一ニ而修二行ス灌頂一ヲ。蓋シ起レス廢ヲ也。寬延二年(一七四九)己巳。轉二任僧正一。寶曆二年(一七五二)壬申。任二大僧正一。四年甲戌十一月。辭レ職而隱居。自號二皆成院一。寓二談山普門院一ニ。十二年壬午五月六日寂ス。壽七十五。葬二談山念誦窟ネヅキ一

第六世權大僧都義觀。俗姓ハ中村氏。志摩州答志郡ノ人。享保十年(一七二五)乙巳十一月二十四日。投二勢州山田常明寺義鎭一ニ薙髮ス。後ニ來二當院一爲二貫洞ノ弟子一。十八年癸丑。主二山門敎王院一。寬保元年(一七四一)辛酉四月。轉二主當院一兼二主羽州山形柏山寺一。二年壬戌五月。依レ病辭レ院而隱居。自ラ號二幻堂一ト。後入律而登二山門一寓二敎王院一。延享二年(一七四五)乙丑十二月九日寂ス。享年三十四。葬二山門北溪ノ墓所一ニ

第七世大僧都貫亮。初ノ名ハ存應。江戶ノ人。姓ハ荒波氏。享保九年(一七二四)甲辰十一月二十四日。投二壽昌院宣應一ニ薙染ス。十五年庚戌。登二山門一而修學ス。十八年癸丑。爲二法華會ノ竪者一ト。寬保元年(一七四一)辛酉七月。主二山門習禪院一。後ニ爲二貫洞ノ弟子一ト。二年壬戌五月。轉二主當院一ニ兼二主羽州山形柏山寺一。寶曆元年(一七五一)辛未。爲二開山會ノ講師一ト。三年癸酉七月。代二貫主大王一登二日光山一。七年丁丑十二月。司二使价職一。九年己卯二月。任二大僧都一。〔頭註 朱書 十一年辛巳二月。補二執當職一ニ。賜二靈山院室一ヲ。〕十三年癸未九月。罷レ職。明和元年(一七六四)甲申爲二天台會場一。四年丁亥九月。辭レ院而隱居ス。自ラ號二寂因一ト。後入律シテ爲二沙彌一。結二廬ヲ于元光院ノ後園一ニ。天明中受二輕戒一。寬政八年(一七九六)丙辰五月二十九日寂ス。壽八十七。葬二元光院ノ北偏一ニ

第八世權大僧都貫純。初ノ名ハ韶貫。俗姓ハ細野氏。和州山邊郡ノ人。延享二年(一七四五)乙丑五月二十三日。薙二髮ス于談山一ニ。爲二竹林坊權僧正貫洞ノ弟子一ト。以二山門眞覺院僧正韶眞一ヲ爲二戒師一。後ニ主二談山普門院一。寶曆十一年(一七六一)辛巳二月。辭二普門院一而來テ寓二當院一。賜名二眞性院一。是歲登二山門一爲二法華會ノ竪者一ト。明和元年(一七六四)甲申九月。主二山門密嚴院一。仍寓二當院一。四年丁亥九月。轉シテ主二當院一。八年辛卯七月。代二貫主大王一登二日光山一。安永五年(一七七六)丙申二月二十九日申

刻。合掌長跪。連聲念佛シテ而寂ス。享年四十五。葬二于院後一。

第九世大僧都守眞。姓ハ石井氏。總州香取郡萬歲ノ人。寶曆五年(一七五五)乙亥五月十五日。從二貫亮一薙髮。爲二談山普門院貫純ノ弟子一ト。十一年辛巳四月。嗣テ主二普門院一。安永五年(一七七六)丙申三月。陞テ主二當院一。天明六年(一七八六)丙午。爲二天台會ノ講師一ト。八年戊申七月。代二貫主大王一登二日光山一。十二月。司二使价職一ヲ。寛政四年(一七九二)壬子。任二大僧都一ニ。七年乙卯九月二十四日寂ス。壽五十二。葬二于院後一。

第十世權大僧都豪桓。初ノ名ハ存應。姓ハ高城。下總州香取郡水神ノ人。安永三年(一七七四)甲午十一月十八日。從二貫亮一薙染シ。爲二談山普門院守眞ノ弟子一ト。天明七年(一七八七)丁未。踐二師席一ヲ主二普門院一ヲ。寛政七年(一七九五)乙卯九月。陞主二當院一。八年丙辰正月。更レム名ヲ。八月登二山門一爲二法華會ノ竪者一ト。享和二(一八〇二)年壬戌十月二十三日寂ス。享年三十三。葬二于院ノ後一。

第十一世大僧都亮恭。江戸ノ人。姓ハ大原氏。寛延三年(一七五〇)庚午六月四日。從二津梁院宣應一ニ薙髮シ。爲二淺艸燈明寺亮宥ノ弟子一ト。後ニ爲二貫亮ノ弟子一ト。明和六年(一七六九)己丑十一月。主二燈明寺一。天明四年(一七八四)甲辰十一月。轉二住本鄕瑞泉院一ニ。享和二年(一八〇二)壬戌十月。轉シテ主二當院一。十二月。任二大僧都一。三年癸亥七月。代二貫主大王一ニ登二日光山一。十月。爲二開山會ノ講師一ト。文化二年(一八〇五)乙丑爲二天台會場一。五年戌(戊カ)辰七月二十五日寂ス。壽七十矣。葬二于院ノ後一。

養壽院

寛永中權大僧都廣海ノ所レ剏ムル。越後侯松平光長爲二檀度一。歳ヾ施二十五人扶持一ヲ。元祿十六年(一七〇三)災アリ。假ニ構二小廬舍一ヲ而居ル。寺初メ在二山ノ西北ノ偏一ニ。寶永六年(一七〇九)。迨三テ新ニ建二ルニ大慈院一ヲ。官命シテ移二今ノ地一ニ。賜二黃金三百六十五兩一ヲ。助二工役一ヲ焉。越後侯宣富亦勠セテレ力ヲ功方ニ畢ル

第一世權大僧都廣海。姓ハ小田。世ヾ家ス二野州那須一ニ。乃チ與一宗高之後也。幼シテ投二開山大師一ニ薙髮ス。尋テ事フ二久遠壽院准后一ニ。准后命シテ主二大平山ノ蓮祥院一。復來二當山一ニ創二當院一。越後侯爲二檀越一。延寶六年(一六七八)戊午八月二十六日寂ス。壽六十

第二世大僧都慧觀。姓ハ長尾。野州ノ人。已ニ出家シテ來二當山一ニ師二事廣海一ニ。及二海カ之滅スルニ一久遠壽院准后命シテ嗣レ席。兼二主蓮祥院一ヲ。延寶八年(一六八〇)戊(庚カ)申。爲二天台會ノ講師一ト。天和二(一六八二)年。命シテ司二使价一ヲ。又命シテ兼二主古尾谷ノ灌頂院一ヲ。貞享四(一六八七)年。奏請シテ任二大僧都一。詣レ闕ニ謝レ恩。(丁元祿カ)二年己巳爲二天台會場一ニ。元祿四年(一六九一)春三月。命シテ遷二久能山德音院一ニ。秋九月十二日寂ス。壽六十

第三世大僧都慧順。初ノ名ハ慧嚴。姓ハ安藤。武ノ之稻毛ノ人。年甫テ十二。投二護國院亮順一ニ脫白シ。從二慧觀一ニ爲二弟子一ト。十六歲登二台山一ニ肄レ業。閱シテ八春秋一ヲ還ル。元祿四年(一六九一)辛未三月。准后大王命シテ主二當院一ヲ。七年甲戌。又命シテ遷二眞如院一ニ

第四世權僧正貫通。姓ハ田中。野州都賀縣ノ人。得二度ス于縣ノ之定願寺一ニ。元祿元年(一六八八)。始テ入二當山ノ教黌一ニ。未シテレ幾首タリレ衆一ニ。四年。准后大王主二越後ノ國分寺一ヲ。七年甲戌。擢テ住二當院一ニ。是ノ歲十月爲二開山會ノ講師一ト。寶永元年(一七〇四)。命シテ遷二修禪院一ニ

第五世大僧都慧山。姓ハ田中。武之松山ノ人。薙髮ノ之後來テ依二慧順一ニ。元祿十一年(一六九八)。登二台山一ニ。明年夏主二橫川ノ養壽院一ニ。十七年八月。准后大王命シテ遷リ二主當院一ニ。享保二年(一七一七)丁酉。爲二天台會ノ講師一ト。四年己亥十二月。轉二住根津昌

泉院。尋任大僧都。是時昌泉院弊。大王命兼主羽州山形寶光院以爲修理資。五年。補葺昌泉院。六年辛丑。市街火災延燒寺宇。是歳又假造寺宇。七年壬寅。辭院而入律自號潤岩。寓野州中里東圓律寺。從夢門和尚研磨毘尼。十一年丙午十月。進具爲大僧。二十年乙卯九月五日。寂於山門安樂院。壽六十三。葬安樂院墓所

第六世權大僧都慧明。初名慧澄。姓增山氏。下野州芳賀郡眞岡人。寶永三年(一七〇六)丙戌四月二十一日。投慧山薙染。享保四年(一七一九)己亥十二月。主當院。六年辛丑之春。有眼疾。八年癸卯。疾未愈而奉崇保大王以當院爲律院之命。是歳六月修葺院宇。以佛像經書及諸器用附當院。乃辭院去寓護國院別屋。大王命領羽州山形寶光院歳之入。九年甲辰三月二十八日。寂護國院別屋。享年三十二。葬護國院墓所

第七世大僧都寛海。享保八年(一七二三)癸卯六月。崇保大王命自淨名院遷主當院。賜尊重院室。又愍其老衰有免除諸役之命。且特命以當院爲其法系連綿師資繼續之寺。是歳七月二十一日寂。壽六十九。葬于院後

第八世權大僧都眞海。初名覺漸。下野州都賀郡人。姓伴氏。正德二年(一七一二)壬辰二月十五日。投寒松院覺同薙髪。四年甲午三月。寛海請爲弟子乃更名。享保四年(一七一九)己亥九月。登山門而修學。五年庚午(子カ)七月。遷當山。八年癸卯八月。主當院。十年乙巳。登山門爲法華會竪者。十七年壬子四月五日寂。年三十三。葬于院後

第九世權大僧都良海。初名眞純。又尋海。下野州都賀郡人。姓手塚氏。享保九年(一七二四)甲辰六月二十七日。投福聚院守中薙髪。十七年壬子三月。爲眞海弟子。四月爲當院看坊。十八年癸丑七月。爲住持兼領下總州飯沼大生寺。寛延三年(一七五〇)庚午。爲天台會講師。寶暦二年(一七五二)壬申十月。有故轉住春性院

第十世權大僧都智嶽。常州鹿島郡安塚人。寛保元年(一七四一)辛

酉四月三日。投観成院智絃薙髪。寶暦元年（一七五一）辛未。為山門善學院看坊。二年壬申十月。主當院。三年癸酉六月十六日寂。年二十三。葬明王院

第十一世權大僧都義諦。江戸人。姓山田氏。寶暦四年（一七五四）甲戌四月十一日。薙髪于當院。十年庚辰十二月。事王宮司内道場。賜名無動院。安永元年（一七七二）壬辰三月。主當院。十月有故辭院去。自號大癡。上京寓眞如堂上乘院塔中常照院。尋入律。後為大僧。文化二年（一八〇五）乙丑六月二十日寂。壽六十四。葬眞如堂傍云

第十二世大僧都海順。安永元年（一七七二）壬辰十月。自護國院轉住當院。四年乙未七月。依病辭院去。寓本所成就寺。自號知足院。尋結宇於淺草東光院境内。五年丙申三月二十四日曉。叉手稱佛名泊然而寂。壽五十六。荼毘反葬日光山實教院墓所。又建塔于護國院西偏

第十三世前大僧正智願。事迹（跡カ）在凌雲院記

第十四世大僧都諶意。字一融。號桃溪。下野州安蘇郡人。寶暦十年（一七六〇）庚辰十一月二十四日。薙髪于上州箕輪法峯寺。明和五年（一七六八）戊子。來當山師事涼泉院了圓。後登山門從歡喜院昌宗學焉。尋為法華會竪者。安永六年（一七七七）丁酉十二月。主當院。寛政二年（一七九〇）庚戌。為天台會講師。四年壬子十二月。轉住春性院

第十五世權大僧都守貞。寛政四年（一七九二）壬子十二月。自常照院轉住當院。貫主大王命以當院復為其法系相續之寺。七年乙卯七月。代大王登日光山。是歳十一月六日寂。享年四十七。葬于當院之後

第十六世權大僧都淨海（缺文）

第十七世權大僧都俊海。初名慧俊。江戸人。姓堀田氏。天明四年（一七八四）甲辰十二月三日。投當院十四世諶意薙染。寛政八年（一七九六）丙辰。登山門為法華會竪者。十年戊午十一月。主山門大乘院。文化三年（一八〇六）丙寅十二月。轉主當院。繼寛海以來法系乃改名。七年庚午四月晦日寂。享年四十矣。葬當院墓所

元光院

寛永中法印長清所創也。備前守神尾元光捨其別墅為寺扯(址カ)。因以為號。後修理大夫佐竹義宣為檀那修葺增拓。施僧糧二百石。松平出羽守亦為檀那施僧糧二百石。寺初在本坊後。迨嚴有公影殿建。官府賜黄金四百五十兩。以移今地。元祿十六年(一七〇三)罹災。明年檀越勠(帥カ)力重建

第一世贈權僧正長清。姓源。甲州將師大膳亮反町正胤子。年十五投淺草東光院詮長薙髮。尋依開山大師侍左右。備前守神尾元光給資遊學。十八歲。登台山習教文。二十二歲。大師召還。無幾自創當院居焉。萬治二年(一六五九)己亥為天台會場。二十四歲。大師授上州石塔寺學頭職。興建大有績興建曲(曲カ)記藏在元光二天和元年(一六八一)辛酉六十八歲秋八月十日。於石塔寺預三日知死至。沐浴坐逝。寶永六年(一七〇九)。准后大王奏請贈權僧正。以旌石塔寺重興之勳

第二世大僧都長純。甲州將士豐後守瀨下正晨子。年十六依長清為弟子。二十五歲。登台山寓于教王房。四十二歲。嗣主當院。兼主石塔寺。五十四歲。於當院行傳法灌頂。佐竹義虎施白銀百枚助費。六十五歲。修葺石塔寺。元祿三年(一六九〇)庚午為天台會場。九年丙子六月十三日寂。壽六十六

第三世大僧都長存。猪股小平六之後也。年甫十三。投長純出家。禮本照院大王薙髮。十八歲。登台山學顯密。元祿九年(一六九六)丙子。及長純寂准后大王命嗣席。是歲十月為開山會講師。十二年己卯。佐竹修理大夫建新羅明神祠於第宅。使存為別當。寶永八年(一七一一)。大王奏請任大僧都。正德元年(一七一一)。薦之官府遷主津梁院

第四世僧正正純。初名純昌。又長堯。上州大島氏子。十四歲。投長純為弟子。二十二歲。登台山。二十四歲。准后大王命主北谷安禪院。正德元年(一七一一)七

月命シテ主シム當院ヲ。享保元年(一七一六)丙申。爲天台會ノ講師ト。六年辛丑七月。代貫主大王ニ登日光山ニ。十年乙巳三月。任大僧都ニ。尋テ司ル使价職ヲ。十一年。更ム名ヲ長堯ト。十三年戊申爲天台會場ト。十八年癸丑八月。補執當職ニ。賜フ願王院ノ室ヲ。元文四年(一七三九)己未五月。轉住ス山王祠ノ別當觀理院ニ。任ス權僧正ニ。延享二年(一七四五)己丑。轉任僧正ニ賜フ紫ヲ。寶曆二年(一七五二)壬申十二月。辭シテ院而隱居シ寓于元光院ニ。賜名恭敬院ト。自中年至ルマテ死ニ。法華經一部。普門品三十三卷。彌陀寶號一萬遍誦念以テ爲日課ト。三年癸酉十二月四日寂ス。壽七十七

第五世大僧都純英。初ノ名ハ英純。下野州ノ人。姓ハ大橋氏。正德四年(一七一四)甲午十一月二十四日。投シテ正純ニ薙染ス。享保五(一七二〇)年庚子。登山門ニ寓總持坊ニ而修學ス。十三年戊申。主山門善住院ヲ。後回峯スルコト百日。十八年癸丑。來テ寓當院ニ。二十年乙卯五月。轉主ス寶乘院ニ。仍テ寓當院ニ。元文四年(一七三九)己未五月。轉主當院ニ。寛保二年(一七四二)壬戌。爲開山會ノ講師ト。延享三年(一七四六)丙寅七月。代貫主大王ニ登日光山ニ。寛延元年(一七四八)戊辰二月。任大僧都ニ。生平多病專ラ修淨土ノ業ヲ。寶曆三年(一七五三)癸酉十一月爲天台會場ト。十二月十九日寂ス。壽五十六。葬當院ニ

第六世大僧都義純。初ノ名ハ體通。下野州安蘇郡佐野ノ人。姓飯塚氏。幼ニシテ登日光山ニ從淨土院虎洞ニ。享保七年(一七二二)壬寅正月十日。拜シテ崇保大王ヲ薙髮シ。爲ル虎洞ノ弟子ト。十一年丙午。來當院ニ爲正純カ弟子ト。十八年癸丑。登山門ニ寓南樂坊ニ而學問ス。元文二年(一七三七)丁巳八月。主日光山淨土院ヲ。延享元年(一七四四)甲子。補中禪寺上人ニ。寶曆三年(一七五三)癸酉十二月。轉主ス當院ニ。四年甲戌。爲開山會ノ講師ト。五年乙亥七月。代貫主大王ニ登日光山ニ。九年己卯二月。任大僧都ニ。十一月爲天台會場ト。明和二年(一七六五)乙酉六月。司トル使价職ヲ。安永元年(一七七二)壬辰十月二十三日寂ス。壽六十四。葬當院ニ

第七世大僧都純應。江戶ノ人。姓ハ大谷。寛延元年(一七四八)戊辰十月十四日。投純英ニ薙染ス。寶曆五年(一七五五)乙亥。登山門ニ而修學ス。十年庚辰十一月。主トル山門寶乘院ヲ。明和四年(一七六七)丁亥

閏九月。有レ故退院。安永元年(一七七二)壬辰十月。随宜樂院大王命シテ主二シム當院一ヲ。二年癸巳四月。依レ病辭レ院而隱二居于山門坂本一ニ。自ラ號二約心院一ト。寛政中有レテ故任二大僧都一ニ。享和二年(一八〇二)壬戌二月。依二歡喜心大王ノ命一ニ起テ主二山門慧光院一ヲ。是歲六月十日寂ス。壽七十矣。荼毘シテ葬二山門北溪ノ墓所一ニ」

第八世贈權僧正長善。字沾道。初ノ名ハ淳式。江戸ノ人。姓ハ吉田氏。寶暦八年(一七五八)戊寅二月十五日。投二寶勝院貫亮一ニ薙染ス。安永二年(一七七三)癸巳四月。純應請テ爲二弟子一ト。是月嗣テ主二當院一ヲ。尋テ改レム名ヲ。天明七年(一七八七)丁未。爲二開山會ノ講師一ト。寛政元年(一七八九)己酉七月。代二貫主大王一ニ登二日光山一ニ。二年庚戌九月。爲二昵近一ト。四年壬子十二月。任二大僧都一ニ。六年甲寅四月。補二執當職一ニ。賜二楞伽院ノ室一ヲ。七年乙卯爲二天台會場一ト。九年丁巳三月。貫主大王賜二緋緞子ノ法衣一ヲ。安樂心大王賜二紫段(緞カ)子法衣一ヲ。十一年己未三月。扈二從シテ貫主大王一ニ而西上シ。參內シテ拜二天顏一ヲ。十二年庚申八月五日寂ス。享年五十七。葬二全身ヲ于當院ノ墓所一ニ。賜二謚ヲ還源院一ト。贈二權僧正一ヲ

第九世權僧正長道。字ハ淸白。初ノ名ハ純一。又タ亮純。下總州香取郡上須田ノ人。姓ハ高城氏。明和五年(一七六八)戊子二月十五日。投シテ二郡ノ之高岡眞城院貫慧一ニ薙髮ス。當山寶勝院前住貫亮爲二戒師一ト。後遊二學シテ于名林一ニ而善ス二論義一ヲ。天明三年(一七八三)癸卯。登二山門一ニ爲二法華會ノ豎者一ト。四年甲辰十一月。主二山門安禪院一ヲ。而寓シテ二當院一ニ師二事ス長善一ニ。寛政十二年(一八〇〇)庚申八月。轉二主當院一ニ乃更レム名ヲ。尋テ爲二昵近一ト。享和二年(一八〇二)壬戌十二月。補二執當職一ニ。賜二楞伽院ノ室一ヲ。任二大僧都一ニ。四年甲子爲二天台會場一ト。文化六年(一八〇九)己巳七月。依テレ病ニ辭レ職。而任二權僧正一ニ。是歲十月七日寅刻寂ス。壽五十五。葬二于當院ノ南隅一ニ。賜二謚ヲ界眞院一ト

明靜院

寛永中越前侯松平忠昌創建シテ。歳〻施ニ僧糧百俵ヲ一。延寶六年(一六七八)。侯綱昌更メ造テ增恢ニス。元祿五年(一六九二)。加ニ施ス僧糧五十俵ヲ一。寺初メ在ニ車坂之上ニ一。元祿戊寅。回祿シテ後移ニ基ヲ於今ノ地ニ一。寺未ニ重建一

第一世權僧正幸海。大膳佐佐佐木高和カ子ナリ。寛永九年(一六三二)壬申。甫テ十四歳師ニ事久遠壽院准后ニ一。尋テ剃度シ錫(賜カ)ニ號ヲ靜慮院ト一。越前侯松平忠昌為メニ建テ當院ヲ一住シム焉。住持スルコト十年。登ニ台山ニ一兼ニ主南谷櫻本・青蓮ノ二房ヲ一。又兼ニ主愛宕教學院ヲ一。晩年悉ク退ニ所レノ主之諸院ヲ一隱ニ居嵯峨ニ一。任ニ權僧正ニ一。准后命シテ領シムニ三州泉福寺ヲ一。又タ命シテ起テ主ニ世良田長樂寺ヲ一。元祿四年(一六九一)辛未八月十四日寂ス。壽七十三

第二世權大僧都公俔。姓ハ美濃部。越前ノ人ナリ。為ニ雲蓋院豪俔ノ弟子ト一。主ニ台山金勝院ニ一。寛永辛巳(一六四一)。主ニ當院ニ一。寛文乙巳(一六六五)。為ニ天台會ノ講師ト一。本照院大王命シテ遷ニ愛宕ノ威徳院ニ一。賜ニ號ヲ隨縁院ト一。元祿辛未(一六九一)退隱ス。寶永七年(一七一〇)庚寅十二月八日寂ス

第三世僧正舜盛。寛文五年(一六六五)主ニ當院ニ一。七年丁未。為ニ天台會ノ講師ト一。十年遷ニ本覺院ニ一。始終ノ事蹟ハ見ニ本覺院ノ主僧ノ記ニ一

第四世僧正廣海。字應山。姓ハ原田。三州岡崎ノ人ナリ。依ニ州之延壽院ノ廣圓ニ剃度。正保三年(一六四六)。來ニ當山ニ一。寛文十年(一六七〇)庚戌十二月。本照院大王命シテ主シムニ當院ヲ一。是歳為ニ天台會ノ講師ト一。十一年辛亥。登ニ山門ニ一為ニ竪者ト一。延寶八年(一六八〇)五月。解脱院大王命シテ遷シムニ春性院ニ一

第五世大僧都廣屯。姓ハ添田。越前福居(井カ)ノ人ナリ。依ニ廣海ニ剃度ス。天和元年(一六八一)。解脱院大王命シテ嗣テ主シムニ當院ニ一。寶永五年(一七〇八)五月。准后大王命シテ遷ニ千駄木世尊院ニ一。奏請任ニ大僧都ニ一。享保十六年(一七三一)辛亥三月。辭シテ院ヲ一而隱居ス。十八年癸丑正月二日寂ス。壽七十五

第六世權僧正良然。姓ハ新庄。常州行方郡ノ人。甫テ十四歳投ニ郡ノ之藥師山東海ニ一脱白シ。尋テ來ニ當山ニ一師ニ事僧正常

然一。元祿十六年(一七〇三)癸未十月。准后大王命シテ主二台山善光院一ヲ。寶永五年(一七〇八)戊子六月。命シテ遷二主シム當院一ヲ。正德三年(一七一三)癸巳。爲二天台會ノ講師一ト。四年甲午六月。轉二住春性院一ニ

第七世僧正公英。六條中納言源有藤卿ノ子。母ハ杉浦氏。年甫テ十一。准后大王召テ侍シヌ二左右一ニ。十二歲。寶永四年(一七〇七)丁亥二月。薙髮シテ爲二弟子一。十一月奏請シテ位敍二法眼一ニ。賜二號ヲ行嚴院一ト。尋テ命二僧正公然一ニ接シテ爲二弟子一。十五歲。七年庚寅八月。又奏請シテ任二少僧都一。正德元年(一七一一)辛卯三月。登二台山一。十八歲。正德三年癸巳九月。大王又奏請シテ任二大僧都一。四年甲午二月。命シテ從二新大王一來ラシム二當山一ニ。六月九日命シテ主二當院一。更ニ賜二號ヲ覺樹院一ト。享保元年(一七一六)丙申十一月。轉二住寒松院一ニ

第八世權大僧都慈敎。羽州秋田郡久保田ノ人。姓ハ岡見。元祿六年(一六九三)癸酉十一月二十四日。投二江戸西久保普門院慈泉一ニ薙染ス。寶永六年(一七〇九)己丑三月。慈泉轉二住當山福聚院一。時慈敎從フ焉。正德元年(一七一一)辛卯。登二山門一爲二法華會ノ竪者一ト。尋テ還二當山一ニ。三年癸巳閏五月。主二山門榮泉院一。十月轉二寶乘院一。仍寓二福聚院一。享保元年(一七一六)丙申十月。轉シテ主二當院一。六年辛丑二月。辭レ院而隱二居于信州善光寺塔中妙觀院ノ境內一ニ。自號二蓮葉院一。專ラ修二淨土ノ業一ヲ。九年甲辰十二月晦日寂ス。享年四十八。葬二善光寺ノ墓所一ニ

第九世大僧都慈蘊。相州大山ノ人。姓ハ中島氏。元祿十三年(一七〇〇)庚辰三月七日。投二江戸西窪普門院慈泉一ニ祝髮ス。寶永六年(一七〇九)己丑三月。慈泉轉二住當山福聚院一ニ。時慈蘊隨ヒ從ル焉。正德五年(一七一五)乙未。登二山門一爲二法華會ノ竪者一ト。享保元年(一七一六)丙申十一月。主二山門寶乘院一。是歲來寓二福聚院一。三年戊戌五月。從二崇保大王ノ駕一ニ西上。五年庚子三月。寓二信州善光寺一ニ。六年辛丑二月。轉シテ主トル二當院一ヲ。十二年丁未十二月。轉二住信州善光寺一ニ。賜二靈山院ノ室一ヲ。十六年辛亥。任二大僧都一。元文四年(一七三九)己未十二月十七日寂ス。壽五十四。葬二善光寺ノ墓地一ニ

第十世大僧都香嚴。初ノ名ハ智禪。勢州黑部ノ人。姓ハ玉井氏。元祿十三年(一七〇〇)庚辰十一月二十四日。投二見明院眞圓一ニ薙髮。享保三年(一七一八)戊戌正月。爲二靈山院慈泉ノ弟子一ト。七年壬

寅。主二山門覺常院一ヲ。而寓二信州善光寺一ニ。是歲十一月。轉シテ主二山門松林坊一ヲ。仍寓二信州善光寺一ニ。賜二名ヲ玄理院一。十二年丁未十二月。遷テ主二當院一。十六年辛亥。爲二天台會ノ講師一ト。十八年癸丑七月。代二貫主大王一登二日光山一。元文二年（一七三七）丁巳四月。轉二住ス林光院一ニ

第十一世贈權僧正空潭。字ハ智蛟。坊城從一位亞相俊清卿ノ子。母ハ山口氏。寶永四年（一七〇七）丁亥六月七日生ル。卽日母沒ス。父俊清卿屬シテ二之ヲ山門淨教坊實觀大僧都一ニ爲二弟子一ト。是歲十二月。實觀轉シテ主トル二東叡凌雲院一。正德五年（一七一五）乙未。空潭九歲。九月來二東叡一而從二實觀大僧正一ニ。且昵二近ス大明・崇保ノ兩大王一ニ。享保元年（一七一六）丙申九月四日。禮二崇保大王一ヲ祝髮シ。賜二慈雲院ノ室一ヲ。三年戊戌。登二山門一ニ從テ二寶積院範淸一ニ學フ焉。六年辛丑六月。爲二法華會ノ竪者一ト。十二年丁未。還二東叡一ニ。十三年戊申八月。任二大僧都一。十九年甲寅五月。代二崇保大王一登二日光山一。元文二年（一七三七）丁巳四月。主二當院一ヲ。更メテ賜二住心院ノ室一ヲ。三年戊午爲二天台會場一。五年庚申。兼二主山門寶藏坊幷城州愛宕郡高野村蓮華寺一ヲ。寬保三年（一七四三）癸亥六月。奉ジテ爲二亞相嗣君鶴算長久一ノ。修二慈慧大師ノ祕密大法一ヲ。延享元年（一七四四）甲子三月。又兼二領ス相州大磯高麗寺一。五月代二隨宜樂大王一登二日光山一。二年乙丑三月。又代二大王一登二日光山一。十月爲二開山會ノ講師一。十一月又代二大王一登二日光山一。十二月奉ジテ爲メニ大王法體安全一ノ。修二慈慧大師ノ祕密准大法一ヲ。四年丁卯。大王修二慈慧大師ノ祕密大法一ヲ。空潭隨從シ輔翼シタテマツル焉。賜二褒賞ノ令旨一ヲ。且命シテ著二松葉重ノ法衣一。寬延二年（一七四九）己巳五月。又代二大王一登二日光山一。三年庚午四月。櫻町院升遐シタマフ。又代二大王一上リ京ニ拜二香ス于般舟院一ニ。寶曆元年（一七五一）辛未正月。轉二住春性院一ニ

第十二世權僧正幸然。初ノ名ハ智英。又タ智亮。京師ノ人。姓ハ杉浦氏。享保十五年（一七三〇）庚戌四月八日。投シテ二傳法院僧正公英一ニ薙髮ス。名二智英一ト。十八年癸丑夏。登二山門一而習學ス。元文二年（一七三七）丁巳。爲二法華會ノ竪者一ト。延享三年（一七四六）丙寅五月。主二山門金藏院一。寶曆元年（一七五一）辛未正月。轉二住當院一ニ。十年庚辰。爲二天台會ノ講師一ト。十二年壬午七月。代二貫主大

王ニ登二日光山一。是歳改ム二名ヲ智亮一ト。後又タ改ム二幸然一ト。明和元年（一七六四）甲申四月。司トル二使价職一。二年乙酉四月。任二大僧都一。四年丁亥八月。轉二住春性院一。

第十三世大僧都宣義。初ノ名ハ慧含。江戸下谷ノ人。姓ハ堀氏。寛保二年（一七四二）壬戌二月十五日。投シテ二春性院慧湛一薙髪ス。明和元年（一七六四）甲申十月。爲二東漸院宣圓ノ弟子一ト。四年丁亥七月。主二當院一。安永元年（一七七二）壬辰。爲二天台會ノ講師一ト。五年丙申三月。轉二住觀成院一。

第十四世大僧都慈璿。號ハ省堂。初ノ名ハ慈淳。武州多摩郡府中ノ人。姓ハ陶山氏。父ノ名ハ性之。寶暦三年（一七五三）癸酉十一月二十四日。從テ二覺王院覺深一薙髪ス。爲二仙波喜多院僧正慈門ノ弟子一ト。明和五年（一七六八）戊子。登二山門一爲二法華會ノ竪者一ト。安永四年（一七七五）乙未五月。主二山門千光院一。五年丙申三月。轉二住當院一。天明四年（一七八四）甲辰。爲二天台會ノ講師一ト。七月（年カ）丁未七月。代二貫主大王一登二日光山一。寛政二年（一七九〇）庚戌十月。轉二住勸善院一。

第十五世前大僧正德考。事迹（跡カ）在二凌雲院ノ記一。

見明院

寛永ノ末權僧正盛憲ノ所レ創。肥後守保科某爲二檀越一。捐二百石ノ邑一ヲ充二僧糧一。元祿戊寅（一六九八）。罹レ災。肥後守重テ建ツ。

第一世權僧正盛憲。姓ハ笠原。江州ノ人。出二家于台山一。主トル二竹林房一ヲ。既ニシテ而來二當山一創テ二當院一ヲ而居ル。司トル二紅葉山ノ別當一ヲ。又轉シテ領二和州多武峯學頭職一。不レ詳セ二其終ノ之所一ヲ。

第二世大僧都行海。姓ハ高田。羽州會津人ナリ。事二開山大師一爲二弟子一。遂ニ主トル二日光醫王院一ヲ。既ニシテ而遷テ主トル二當院一ヲ。兼二主羽州岩根澤ノ日月寺・江戸崎ノ不動院一ヲ。寛文三年（一六六三）癸卯爲二天台會場一。延寶四年（一六七六）。本照院大王告二之ヲ官府一ニ授二執當一ヲ。賜二號ヲ信解院一ト。奏請シテ任二大僧都一。天和元年（一六八一）。解二執當一ヲ退二隱不動院一ニ。貞享四年（一六八七）九月十五日寂ス。壽六十八

第三世大僧都憲海。姓ハ清瀨。播州ノ人。依二行海一爲二弟子一。主二岩根澤ノ日月寺一ヲ。天和二年（一六八二）。嗣テ二行海一ニ主トリ二當院一兼二領日月寺一ヲ。貞享四年（一六八七）。轉シテ兼二領江戸崎不動院一ヲ。元祿二年（一六八九）。准后大王命シテ遷ラシム二津梁院一ニ。六年正月二十八日寂ス。壽五十三

第四世大僧都最純。元祿二年（一六八九）七月。准后大王命シテ補二執當職一ニ。賜二覺王院ノ室一ヲ。自二津梁院一遷二當院一。兼二領江戸崎不動院一ヲ。四年。又命シテ遷二護國院一。轉シテ兼二領伯州大山寺一ヲ

第五世大僧都義天（正カ）。元祿四年（一六九一）。准后大王命シテ自二泉龍院一遷二當院一。五年壬辰（申カ）爲二天台會場一。十二年。解二執當一。大王奏請シテ任二權僧正一。兼二主仙波喜多院一。十五年壬申（午カ）。命シテ遷二凌雲院一ニ

第六世大僧都義圓。字ハ寂忍。信州ノ人。姓ハ吉岡。延寶五（一六七七）年丁巳五月七日。薙二髮于山門覺林房一ニ。爲二四王院義胤ノ弟子一ト。貞享元年（一六八四）甲子。爲二法華會ノ竪者一。尋テ主二山門雙嚴院一ヲ。元祿十三年（一七〇〇）庚辰。爲二開山會ノ講師一ト。十五年壬午秋。准后大王命シテ自二台山雙嚴院一遷テ主二當院一。寶永元年（一七〇四）冬。又命シテ遷二春性院一

第七世大僧都眞圓。姓ハ波多。洛陽ノ人。歲十三。從二解脫院大王一ニ來二當山一。尋テ禮二大王一薙髮ス。大王賜二ヒ命ス法名一ヲ。乃事二王宮一後ニ賜二名ヲ禪那院一ト。寶永元年（一七〇四）。准后大王命シテ主二當院一。五年戊子。爲二天台會ノ講師一ト。正德四年（一七一四）甲午十二月。命シテ遷二信州善光寺一ニ。六年丙申六月。賜二戒善院ノ室一ヲ。任二大僧都一。享保五年（一七二〇）庚子二月晦日。寓シテ二于當山明靜院一ニ而寂ス。年四十八。葬二現龍院ノ墓所一ニ

第八世權大僧都義存。字ハ晦堂。初ノ名ハ良純。姓ハ井田氏。武州多摩郡ノ人。年十三。登二日光山一ニ禮二解脫院大王一ヲ脫白シ。師二事教城院ノ天純一ニ。十七歲。出レ山學二西禪菴慧中一ニ。又タ爲ルコト二黃檗山千呆ノ侍者一ト三年辭シテ歸ル。呆乃チ付シレ拂ヲ自ラ題レ眞以テ授ク。蓋印證也。既ニ歸二東都一ニ師二事泰全院亮順一ニ。後爲二大僧正義天ノ弟子一ト。乃チ更レ名。元祿壬午（一七〇二）。受二義天ノ之付一ヲ。主二台山千光院一。寶永五年（一七〇八）。主トル二淺草金藏寺一。正德元年（一七一一）。遷二下谷養玉院一。四年十二月十八日。准

后大王命シテ遷二主當院一。五年乙未。爲二開山會ノ講師一ト。享保二年(一七一七)丁酉七月。代二貫主大王一登二日光山一。四年己亥。轉二住津梁院一。

第九世權僧正覺眞。享保四年(一七一九)己亥二月。補二執當職一。賜二住心院室一。自二津梁院一轉二住當院一。兼二領下谷生池院一ヲ。五年庚子爲二天台會場一。七年壬寅。辭二生池院一。又兼二領奧州會津ノ延壽寺一ヲ。爾來當院永兼ネ二主トルト延壽寺一ヲ云フ。八年癸卯。又兼二領都下ノ龍眼寺一ヲ。十年乙巳二月。辭シテレ職而任二權僧正一。辭二龍眼寺一ヲ。又兼二領ス武州岩槻慈恩寺一ヲ。十二年丁未二月。辭レ院而隱居ス。自號二性偏一ト。元文五年(一七四〇)庚申四月。爲二菩薩ノ沙彌一ト。延享三年(一七四六)丙寅正月二十日寂ス。壽八十二。葬二于當院一。

第十世大僧都貫中。初ノ名ハ貫洞。常州信太ノ人。姓ハ木村氏。寶永元年(一七〇四)甲申四月八日。投二州之江戸崎不動院覺眞一薙髮ス。四年丁亥八月。覺眞轉二住當山修禪院一ニ。貫中從ヘリ焉。享保五年(一七二〇)庚子十一月。主二山門玉林院一而寓二當院一。十二年丁未二月。轉シテ主二當院一。十九年甲寅七月。代二貫主大王一登二日光山一。十月爲二開山會ノ講師一ト。寛保二年(一七四二)壬戌十二月。任二大僧都一。延享四年(一七四七)丁卯爲二天台會場一。寛延三(一七五〇)年庚午四月。登二日光山一預二大猷公影殿法會一ニ。是歳八月二十一日寂ス。壽五十七。葬二于當院一。

第十一世權僧正覺謙。字ハ益心。姓ハ大木氏。下總州安食ノ人。享保二十年(一七三五)乙卯四月二十七日。投二權僧正覺眞一薙髮ス。寛保二年(一七四二)壬戌。登二山門一而習學ス。寛延元年(一七四八)戊辰三月。主二山門玉林院一。三年庚午九月。轉二住當院一。寶暦九年(一七五九)己卯秋。修二慈慧大師祕密准大法一。十三年癸未七月。代二貫主大王一登二日光山一。明和三年(一七六六)丙戌。爲二天台會ノ講師一。四年丁亥閏九月。有レ故退院ス。安永元年(一七七二)壬辰十月。依二隨宜樂大王ノ命一ニ歸レ山主二明王院一。

第十二世權僧正眞周。勢州安濃郡津ノ人。姓ハ松田氏。寛保元年(一七四一)辛酉四月八日。薙二髮于山門一。寶暦二年(一七五二)壬申。主二山門禪定院一。後事二靑蓮院大王一。賜二全量院ノ號一ヲ。任二大僧都一。明和四年(一七六七)丁亥十月。最上乘大王命シテ主二當院一。賜二護法院ノ室一ヲ。六年己丑爲二天台會場一。安永元年(一七七二)壬辰十二月。

有レ故辭レ院而上レ京。復タ事ニ青蓮院大王一。天明二年(一七八二)壬寅十二月。任ニ權僧正一。三年癸卯正月七日寂ス。壽五十六。荼毘シテ葬ルトニ于比叡山ノ阿彌陀カ峯一云フ

第十三世權大僧都常願。常州久原人。寶曆六年(一七五六)丙子四月八日。從テニ寒松院常應一ニ薙髪ス。爲ニ三田神宮寺圓應ノ弟子一。後ニ登ニ山門一從ニ相住坊慧淑一ニ。明和五年(一七六八)戊(戊カ)子六月。還ニ當山一事ニ王宮一。賜ニ名ヲ境智院一ト。八年辛卯。登ニ山門一爲ニ法華會ノ竪者一ト。安永元年(一七七二)壬辰。爲ニ林光院常淳ノ弟子一ト。是歳十二月主ニ當院一。天明二年(一七八二)壬寅三月二十七日寂ス。享年三十九。葬ニ護國院ノ墓所一

第十四世權大僧都慈園。初ノ名ハ亮灌。信州水内郡ノ人。姓ハ中野氏。安永元年(一七七二)壬辰六月。投ニ州之善光寺大勸進慈熏一薙髪ス。六年丁酉。來ニ當山一從ニ眞如院義宣一ニ。天明二(一七八二)年壬寅五月。貫主大王命シテ續ニ贈權僧正慈泉ノ法系一ヲ主ニ當院一。寛政六年(一七九四)甲寅正月。轉ヨ住福聚院ニ一

第十五世權大僧都道椿。姓ハ谷田氏。江戸ノ箕輪ノ人。安永七年(一七七八)戊戌十月十八日。投シテニ圓珠院思道一ニ薙髪ス。寛政六年(一七九四)甲寅正月。主ニ當院一ヲ。八年丙辰。登ニ山門一ニ爲ニ法華會ノ竪者一ト。文化元年(一八〇四)甲子九月九日寂ス。享年三十七。葬ニ于當院一ニ

青龍院

正保元年(一六四四)甲申。安藝侯松平光晟ノ所レ建。元祿十一年(一六九八)戊寅。罹レ災。安藝侯重建ス

第一世大僧都亮盛。姓ハ米津。三州ノ人ナリ。投シテ二台山行榮房盛圓一ニ剃染ス。寛永四年(一六二七)。來ニ當山一ニ事ニ開山大師一司トル二使价職一ヲ。八年辛未八月十三日。法兄行榮房豪圓逝ス。大師命シテ嗣ニ其席一。十七年庚辰。大師命シテ主ニ三州ノ瀧山寺一ヲ。命スニ號ヲ青龍院一ト。瀧山ハ舊ト有ニ莊田一。屢歷ニ離亂一皆蕩盡ス矣。盛深ク憂レ之。請ニ之官府一則賜以テスニ四百二十石ノ邑一ヲ。十九年壬午。安藝侯松平光晟。稟シテニ官府一ニ建ニ東照宮於國郡一。欲下邀ニ久遠壽院准后ノ駕一ヲ修中ントト落慶奉請儀上ヲ。准后乃遣ハシテレ盛ヲ代テ修シム焉。安藝侯素ヨリ欽ニ盛カ之德一ヲ。正保元年(一六四四)甲申。爲建ニ當院一ヲ。施ニ二百石ノ田一ヲ永ク充ニ僧糧一ニ。是歲因ニ大猷公ノ近臣壹岐守中根正盛一ニ請テ曰ク。三州ハ東照神君所ニシテ崛起シタマフ一而未レ有ニ神廟一。州之瀧山ハ藥師應現之地ニシテ而最モ勝境ナリ。願ク建テテレ祠奉ンニ祭祀一。公深ク嘉ニ其ノ請一ヲ亟降レ命鼎ニ建神祠一ヲ。置ニ二百石ノ邑一ヲ以供ニ祭奠一ニ。及ヒ堂殿院宇盡增修葺補ス。鬱トシテ爲ニ一方ノ巨刹一也。秋九月。公召レ盛到レシメ府ニ慰勞優渥ナリ。慶安三年(一六五〇)庚寅。筑前ノ州建ニ東照宮一。亦代ニ准后一往ク。修ニ奉請儀一ヲ。是ノ歲秋八月。准后奏請シテ任ニ大僧都一ニ。妙法院堯然親王畀フニ號ヲ寂場院一。承應元(一六五二)年。建ニ灌頂檀(壇カ)ヲ於當院一。受ニ阿闍梨位一。安藝侯施シテニ白銀百枚一ヲ助レ費。明曆二年(一六五六)。兼ニ主當山黑門前ノ東福寺一ヲ。萬治二(一六五九)年己亥十月九日寂ス。壽五十七。葬ニ院東北隅一。寛政十一(一七九九)年己未十二月。歡喜心大王奏請シテ贈ニ權僧正一。蓋依ニ當院第五世大僧都亮識カ之請一ニ也

第二世大僧都亮甚。初ノ名ハ亮雄。姓ハ米津。三州ノ人。慶安四年(一六五一)辛卯。歲甫テ十四歲。從ニ亮盛一登ニ台山一薙ニ髮ス於行榮房一ニ。萬治元年(一六五八)戊戌。來ニ當山一事ニ盛於當院一。二年己亥。盛稟シテニ本照院大王一以ニ青龍院ノ號ヲ付ス焉。是歲ノ之冬。迨テニ盛遷化スルニ一大王命シテ嗣テ主ニ當院一。及兼ニ領瀧山寺幷山門行榮坊一ヲ。寛文辛亥(一六七一)。瀧山神祠及堂宇頽朽甚。告ニク之ヲ官

府一。則命シテ修葺セシム。延寶某年。若狹ノ守丹羽長次爲ニ檀信一。歲ゞ施ニ僧糧百石一。十二年壬申(子カ)。爲ニ天台會ノ講師一。天和元年(一六八一)。解脫院大王命シテ司ニ使价職一。元祿元年(一六八八)戊辰。建ニ灌頂檀(壇カ)ヲ於當院一。受ニ阿闍梨位一。安藝侯助ニ白銀百枚一。五年壬申。准后大王奏請シテ任ニ大僧都一。十年丁丑。復タ請ニ官府一修ニ葺瀧山神祠及堂宇一ヲ。十四年辛巳爲ニ天台會場一。寶永五年(一七〇八)戊子閏正月。大王錫(賜カ)ニ號寂場院一。正德三年(一七一三)癸巳。請テ大王一ニ以ニ當院一付ニ弟子亮純一ニ退ニ隱一室一ニ。賜ニ名ヲ無相院一ト。嘗誦ニ法華一五千餘部。享保五年(一七二〇)庚子十一月三日寂ス。壽八十三。荼毘シテ葬ニ于境內一ニ

第三世權大僧都亮純。初ノ名ハ最祐。姓ハ米津。東都下谷ノ人。童稚ニシテ從ニ大僧正最純一ニ薙染ス。後師ニ事亮甚一ニ。元祿十三年(一七〇〇)庚辰。登ニ台山一學ニ顯密ノ敎一。十四年辛巳七月。准后大王命シテ主ニ行榮坊一。明年壬午。來ニ當院一ニ侍ス甚ノ左右一ニ。正德三年(一七一三)迨ニ甚退院一スルニ大王命シテ嗣テ主レ席。兼ニ領瀧山寺一。享保六年(一七二一)辛丑。爲ニ天台會ノ講師一。十年乙巳七月。代ニ貫主大王一登ニ日光山一。十三年戊申十二月。司トルニ記錄ノ之事ヲ。十二(五カ)年庚戌二月。任ニ大僧都一。十七年壬子爲ニ天台會場一。十八年癸丑八月。司ニ使价職一。元文二年(一七三七)丁巳八月二十七日寂ス。壽五十八。葬ニ于境內一ニ

第四世大僧都亮體。三州ノ人。姓ハ米津氏。享保二年(一七一七)丁酉二月十五日。投ニ亮純一薙髮ス。十二年丁未正月。主ニ山門行榮院一ヲ。元文二年(一七三七)丁巳十月。轉シテ主ニ當院一。兼ニ主三州瀧山寺一。是歲請レテ官ニ修ニ理ス瀧山ノ神宮及ヒ堂宇一ヲ。五年庚申。又兼ニ領三州ノ眞福寺一ヲ。延享三年(一七四六)丙寅十一月。貫主大王特ニ命シテ每年往ニ還ルノ三州一ニ道中著ニ松葉色衣一ヲ。四年丁卯。爲ニ開山會ノ講師一ト。寬延三年(一七五〇)庚午七月。代ニ貫主大王一登ニ日光山一。寶曆元年(一七五一)辛未十二月。司ニ使价職一。二年壬申八月。任ニ大僧都一。三年癸酉。辭ニ眞福寺一。七年丁丑爲ニ天台會場一ト。十二年壬午二月十七日寂ス。壽六十一。葬ニ當院ノ西偏(偏カ)一ニ

第五世大僧都亮識。姓米津。武州ノ人。寬延元年(一七四八)戊辰十月十五日。投ニ亮體一ニ薙髮ス。寶曆九年(一七五九)己卯十一月。主ニ山門常樂院一。十二年壬午四月。轉シテ主ニ當院一。兼ニ主三州瀧山

寺ヲ一。十三年癸未。請シテレ官修二理瀧山ノ神宮及堂宇一ヲ。安永九年（一七八〇）庚子。又請テレ官ニ修二理瀧山神宮及堂宇一。是ノ歳為二天台會ノ講師一ト。天明二年（一七八二）壬寅七月。代二貫主大王一登二日光山一ニ。三年癸卯十二月。任二大僧都一。四年甲辰八月。告レ病辭レ院而隱二居于瀧山寺ノ境内一ニ。自號二眞修院一ト。文化五年（一八〇八）戊辰六月十八日寂ス。壽七十四。茶毘シテ葬二瀧山寺ノ墓所一ニ。又藏ム二分骨ヲ于當院ノ西偏（偏カ）一ニ

第六世大僧都亮乘。武州人。姓ハ米津氏。寶暦五年（一七五五）乙亥八月二十四日。投二亮體一薙髪ス。為二林光院亮覺ノ弟子一ト。明和七年（一七七〇）庚寅十二月。主二山門寂光院一。天明三年（一七八三）癸卯十二月。任二大僧都一。四年甲辰春。來二當院一為二亮識ノ弟子一ト。八月轉シテ主二當院一。兼二主三州瀧山寺一。五年乙巳。為二天台會ノ講師一ト。六年丙午七月。代二貫主大王一登二日光山一。寛政七年（一七九五）乙卯三月。為二昵近一。十一年己未。請テレ官ニ修二理瀧山ノ神宮及ヒ堂宇一ヲ。十二年庚申十月。賜二寂場院ノ室一ヲ。十一月為二天台會場一。享和元年（一八〇一）辛酉七月十六日酉刻寂ス。壽六十四。葬二當院ノ西偏（偏カ）一ニ。賜フ二謚ヲ不捨院一

顯性院

慶安元年（一六四八）。尾張侯源義直卿ノ所レ建。院在二正殿ノ左一ニ。元祿戊寅（一六九八）。因レ罹レ災移二基於今地一。尾張侯重建一新ス。像設什器莫レ不レ備也

第一世權僧正名珍祐。號二上乘院一。不レ詳二セ氏族鄕國一ヲ。天（元カ）和五年（一六一九）己未。尾張侯源義直卿延テ主二國府ノ東照宮別當ノ神宮寺一ヲ。任二權僧正一ニ。號二上乘院一ト。慶安元年（一六四八）。又創二當院一ヲ以レ祐為二第一代一ト。祐為レ侯所二歸崇一。數從二義直卿一赴二尾州一。以故重二興シテ州ノ之密藏院・台山ノ日增院一ヲ兼ネ主トレリ。又鼎タ二建ス日光ノ日增院一ヲ。寛永二十年（一六四三）癸未寂ス二于神宮寺一ニ

第二世大僧都信祐。不レ詳二セ氏族鄕國一ヲ。珍祐弟子ニシテ而嗣テ主二當院一。寛文四年（一六六四）庚申（甲辰カ）為二天台會場一。市谷ノ自證院。舊ト日蓮之徒ノ所レ處。六年。靈仙院夫人。請二諸ヲ官府一ニ革テ為二台家一。遂ニ請二本照院大王一ニ。延テレ祐主レ之。延寶元年（一六七三）癸

丑二月十五日。寂ニ于自證院一ニ
第三世權大僧都榮祐。江戸下谷人。信祐ノ弟子。而寛文六(一六六六)年丙午。嗣テ主ニ當院一。延寶六年(一六七八)戊午七月三日寂
第四世權大僧都宏祐。初ノ名ハ暹祐。又タ祐然。後ニ改ム今ノ名一ニ。姓石原。都下ノ人。依ニ信祐一剃染ス。早トニ登ニ台山一從ニ龍城院最純一學ニ教文一ヲ。年二十五。延寶六年(一六七八)丙(戊カ)午。東ニ還テ主ニ當院一。貞享四年(一六八七)丁卯。爲ニ開山會ノ講師一ト。元祿九年(一六九六)六月。嬰レ病知ニ不起一ヲ。具ニ囑ニ後事一ヲ。專心念佛シテ寂ス。是月十六日也。壽四十二
第五世權僧正。名ハ最妙。字ハ靈知。初ノ名ハ最淨。姓ハ奥澤。下野佐野ノ人。年甫十四。延寶五年(一六七七)丁巳九月十八日。出ニ家于日光日藏(増カ)院一ニ。於ニ本坊一ニ禮ニ本照院大王一脱白。六年戊午春。尋テ登ニ台山一師ニ事龍城院最純一ニ。七年己未。爲ニ豎者一。天和二年(一六八二)壬戌冬。受ニ最純ノ付一主ニ龍城院一ヲ。貞享三(一六八六)年。來ニ當山一ニ輔ニ佐ス最純ヲ於津梁院一ニ。十二年己卯。爲ニ天台會ノ講師一ト。元祿九年(一六九六)。准后大王命シテ主ニ當院一。寶永六年(一七〇九)二月。又命シテ司ニ使价職一ヲ。正德三年(一七一三)。奏請シテ任ニ大僧都一ニ。三月薦ニ之官府一授ニ執當一。賜ニ號ヲ眞覺院一ト。爲ニ萬里小路大納言淳房卿ノ猶子一ト。四年甲子(午カ)爲ニ天台會場一。五年乙未六月。轉ニ住根津昌泉院一ニ。任ニ權僧正一。享保二年(一七一七)丁酉三月。又轉シテ爲ルニ麴町山王祠別當一ト。賜ニ觀理院ノ室一ヲ。是歳五月二十九日。大樹尊君詣レタマフ祠。最妙奉幣シタテマツル。八年癸卯六月。轉ニ任ス僧正一ニ。二十一年丙辰二月十四日。辭レ院而隱ニ居シ于當院後園一ニ。自ラ號ス萬善院一ト。元文五年(一七四〇)庚申二月二十三日。入律シ仍テ號ス萬善一ト。四月十五日爲ニ沙彌一ト。延享三年(一七四六)丙寅正月朔日寂ス。壽八十三。葬ニ護國院一ニ
第六世大僧都妙款。初ノ名ハ泰純。又妙堯。下野州安蘇郡佐野ノ人。俗姓ハ奥澤氏。元祿六年(一六九三)癸酉五月二十三日。投ニ覺王院最純一薙髪ス。後ニ來ニ當院一爲ニ最妙ノ弟子一ト。正德二(一七一二)年壬辰二月。主ニ山門觀樹院一。五年乙未六月。轉シテ主ニ當院一。享保四年(一七一九)己亥。爲ニ天台會ノ講師一ト。九年甲辰七月。代ニ貫主大王一ニ登ニ日光山一。十三年戊申七月。司ニ使价職一。十五年庚戌二月。任ニ大僧都一。十六年辛亥爲ニ天台會場一。十九年甲寅四月二十五日寂ス。壽五十四。葬ニ護國院ノ墓所一ニ

第七世權僧正最潤。初ノ名ハ慈興。又タ最忍。下野ノ州安蘇郡佐野ノ人。俗姓ハ高柳氏。正徳三年(一七一三)癸巳十一月十八日。拜二大明大王一薙髮ス。爲二靈山院慈泉ノ弟子一ト。享保十二年(一七二七)丁未十一月。主二山門安祥院一ヲ。後爲二妙款弟子一。十九年甲寅六月。轉シテ主二當院一。元文五年(一七四〇)庚申。爲二天台會ノ講師一ト。寛保三年(一七四三)癸亥七月。代二貫主大王一登二日光山一ニ。寛延元年(一七四八)戊辰二月。任二大僧都一ニ。二年己巳十一月。司二使价職一ニ。三年庚午爲二天台會場一。寶暦元年(一七五一)辛未三月。轉二住尾州甞壽院一ニ。任二權僧正一ニ。三年癸酉五月七日。寂二於尾州春日井郡野田ノ密藏院一ニ。壽五十六。葬二于密藏院一ニ

第八世權大僧都最寅。武州ノ人。不レ詳ニセ姓氏一ヲ。享保十一(一七二六)年丙午二月十三日。投二妙款一薙髮ス。元文四年(一七三九)己未八月。主二山門安祥院一ヲ。延享四年(一七四七)丁卯十二月。轉二住越後ノ州關山寶藏院一ニ。寶暦元年(一七五一)辛未四月。轉シテ主二當院一ニ。三年癸酉十月。爲二開山會ノ講師一ト。六年丙子二月。依レ疾辭レ院而隱居ス。寓ニス于本所泉養寺一ニ。明和二年(一七六五)乙酉十一月二十八日寂ス。享年五十矣。葬二于護國院ノ墓所一ニ

第九世權僧正最歡。初ノ名ハ宣頊。又タ最敎。又タ最門。武州荏原郡金川(神奈カ)寺尾ノ人。姓ハ兼子氏。享保十五年(一七三〇)庚戌十二月四日。投二普門院宣賀一ニ薙染ス。後爲二最寅弟子一ト。隨二侍萬善沙彌最妙一ニ。寛延二年(一七四九)己巳十二月。主二武州戸守超福寺一ヲ。寶暦六年(一七五六)丙子二月。陞テ主二當院一ニ。十年庚辰。爲二開山會ノ講師一ト。十二年壬午三月。轉二住尾州甞壽院一ニ。任二大僧都一ニ。明和三年(一七六六)丙戌三月。任二權僧正一ニ。寛政二年(一七九〇)庚戌九月二十八日寂ス。壽七十三。葬二尾州春日井郡野田ノ密藏院一ニ」

第十世大僧都最照。初ノ名ハ最天。江戸ノ人。姓ハ永島氏。元文二年(一七三七)丁巳十月三日。從二淺草顯松院豪海一ニ。受二傳法院僧正公英剃度一ヲ。延享元年(一七四四)甲子七月。爲二最潤ノ弟子一ト。寶暦元年(一七五一)辛未四月。主二山門安祥院一ニ。十二年壬午四月。轉シテ主二當院一ヲ。明和六年(一七六九)己丑。爲二開山會ノ講師一ト。安永四年(一七七五)乙未七月。代二貫主大王一ニ登二日光山一ニ。六年丁酉十二月。任二大僧都一ニ。八年己亥七月。轉二住市谷自證院一ニ。天明七年(一七八七)丁未十一月。辭シテレ院ヲ而隱居ス。自號二一切空院一ト。卜ニスヲ居于山門坂本一ニ。寛政十年(一七九八)戊午九月二日寂ス。壽七十一。葬二山

門安祥院ノ墓所一ニ

第十一世權大僧都最玄。江戸ノ人。姓ハ高井氏。寶暦十三(一七六三)年癸未四月二十四日。投シテ二最照一薙髪ス。安永八年(一七七九)己亥七月。主ニ當院一。天明四年(一七八四)庚(甲カ)辰三月。依レ病辭レ院而隱居ス。寛政六年(一七九四)甲寅十月二十一日。寂ニ于常州阿波崎滿願寺一ニ。享年四十三

第十二世大僧都最音。越後ノ州高田ノ人。俗姓ハ長谷川氏。幼年從ニ州ノ之關山寶藏院最寅一ニ執ニ童子之役一ヲ。寶暦元年(一七五一)辛未四月。最寅轉ニ住當院一ニ之時又從ヘリ焉。二年壬申十二月二十五日。薙髪シテ爲ニ最寅カ弟子一ト。以ニ住心院空潭一ヲ爲ニ戒師一ト。六年丙子二月。最寅辭ルノレ院之後チ師ニコ事最歡一ニ。明和三年(一七六六)丙戌十月。主ニ山門喜見院一。後ニ爲ニ執行代一。任ニ大僧都一。天明四年(一七八四)甲辰三月。轉シテ主ニ當院一。十月爲ニ開山會ノ講師一ト。五年乙巳七月。代ニ貫主大王一ニ登ニ日光山一。七年丁未三月。司ニ使价職一ヲ。寛政元年(一七八九)己酉十二月。辭ニ使价職一ヲ。八年丙辰爲ニ天台會場一。十年戊午十月四日寂ス。壽五十九。葬ニ護國院ノ墓所一ニ

圓珠院

承應元年(一六五二)壬辰。長門侯毛利綱廣鼎建シテ永施ス二僧田百石一ヲ。因幡守青山宗俊モ亦歳ヾ施ス二僧糧五十俵一ヲ。元祿十(一七〇三)(「六カ)年癸未。燬ク二乎火一ニ。長門侯吉廣重建ス

第一世大僧都宣祐。承應壬辰(一六五二)。長門侯毛利綱廣爲メニ創ニ當院一ヲ住持セシム。始終ノ事跡ハ見ユニ東漸院主僧ノ記一ニ

第二世權大僧都宣海。承應三年(一六五四)。及ミ宣祐遷ルニ東漸院一ニ。久遠壽院准后命シテ主ニ當院一。始終ノ事蹟。見ニ東漸院ノ主僧記一ニ

第三世權僧正名宣存。初ノ名ハ公祐。又タ賢空。又タ見空。又タ守快。默堂其ノ自ノ號也。姓ハ反町氏。上野ノ州群馬縣ノ人ナリ。承應二年(一六五三)癸巳六月二日。依ニ東漸院ノ宣祐一ニ爲ニ弟子一ト。祐使下禮ニ久遠壽院准后一薙染セ上。賜ニ名ヲ公祐一ト。寛文元年(一六六一)辛丑。迨ミ宣海遷ルニ東漸院一。准后命シテ主ニ當院一。二年壬寅。上ニ台山一學ニ教文一。四年甲辰。主ニ北谷教王院一。更ム二

名賢空。後改賢見。後水尾皇帝。詔梶井盛胤親王。率山衆十餘指於大内修法華懺法。存亦預焉。帝御書諸惡莫作衆善奉行八大字而賜。今見在教王院。十二年壬子。本照院大王薦之官府。召遷東漸院。天和二年(一六八二)壬戌六月。解脱院大王薦之官府授執當。賜(賜カ)守字改名守快。於是還住當院。是歳十二月錫號傳法心院。三年癸亥二月。奏請任大僧都。貞享元年(一六八四)甲子。命兼領越後安禪寺。是歳爲天台會場。三年丙寅十一月。辭執當更名宣存。元祿元年(一六八八)戊辰十二月。命充紅葉山別當。奏請任權僧正。三年庚午。命陞主金龍山。以傳法院初爲永號。以淺草川初爲禁殺之地。寺年久頽弊。存請官府修葺。視昔有加。堂社咸加修營。新請法蘊一藏。又建論場。月兩回鳴鼓爲精義。或自講經論策進諸生。又金書諸經百餘部。六年癸酉。官命罷住持。即退居相之鎌倉。十年丁丑。往台麓而隱。自號成道院。專修淨土業終。壽七十。寶永五年(一七〇八)戊子三月十七日也

第四世大僧都宣純。寛文十二年(一六七二)壬子。本照院大王命主當院。延寶元年(一六七三)癸丑。爲天台會講師。天和二年(一六八二)。遷主東漸院。事蹟具見東漸院主僧記

第五世僧正玄海。元祿三年(一六九〇)。准后大王命自寒松院遷當院。四年辛未。命陞主日光修學院。始終事蹟見寒松院主僧記

第六世大僧都宣清。姓野澤。野州日光人。年甫十四依東漸院宣存。寛文七年(一六六七)丁未。存俾禮本照院大王祝髪。尋上台山學教文。延寶甲寅(一六七四)。命主千駄木大保福寺。寺嘗災祇存基趾。清重建一新。天和二年(一六八二)壬戌。爲天台會講師。元祿四年(一六九一)辛未。准后大王命主當院。十六年癸未。奏請任大僧都。寶永七年庚寅爲天台會場。正德四年(一七一四)甲午四月十日。命遷戸隱山勸修院。享保十二年(一七二七)丁未六月十四日。寂于勸修院

第七世大僧都智權。字義稱。後更名乘因。姓中尾。東都人。元祿七年(一六九四)甲戌。依宣清爲弟子。清俾從

凌雲院義道一ニ薙髮上セ。尋テ登ニ台山一ニ學ニ教觀一。寶永二年(一七〇五)四月。主ニ寶積院一ヲ。正德四年(一七一四)四月十日。准后大王召シ來シテ嗣レテ淸ニ主ニ當院一。享保七年(一七二二)壬寅二月。轉ニ住勸善院一ニ

第八世權僧正慈延。享保七年(一七二二)壬寅二月。自ニ勸善院一轉ニ住當院一。八月又轉ニ住等覺院一ニ

第九世僧正堯範。武州勝城郡人。姓ハ篠田氏。母ハ瀧口氏。元祿十一年(一六九八)戊寅六月四日。投ニ津梁院堯慶一ニ薙髮ス。後ニ從ニ法兄堯純一ニ。寶永二年(一七〇五)乙酉。登ニ山門一寓ニ雙嚴院一而修學ス。五年戊子。爲ニ法華會ノ竪者一。正德四年(一七一四)甲午十月。主ニ山門淸泉院一。享保七年(一七二二)壬寅八月。轉ニ住當院一。十一年丙午。爲ニ天台會ノ講師一ト。十二年丁未七月。轉ニ住觀成院一ニ

第十世大僧都實傳。姓ハ山口氏。京師ノ人。元祿九年(一六九六)丙子十一月二十一日。投ニ常照院實興一ニ薙髮シ。後ニ登ニ山門一爲ニ淨敎坊實觀ノ第(弟カ)子一ト。寶永四年(一七〇七)丁亥十一月。實觀轉ニ住凌雲院一ニ之時實傳從ヘリ焉。享保元年(一七一六)丙申八月。主ニ山門行泉院一。而寓ニ凌雲院一。十年乙巳。爲ニ開山會ノ講師一ト。十一年丙午七月。轉ニ住當院一ニ。十六年辛亥七月。代ニ貫主大王一ニ登ニ日光山一。十二月任ニ大僧都一。二十年乙卯九月。司ニ使价職一。元文二年(一七三七)丁巳爲ニ天台會場一。四年己未正月。轉ニ住福聚院一

第十一世前大僧正德潤。事蹟在ニ凌雲院ノ記一ニ

第十二世權大僧都德明。姓ハ松田氏。信州ノ人。享保六年(一七二一)辛丑三月十一日。投ニ山門本住院德潤一ニ薙髮ス。十五年庚戌六月。踐ニ師席一主ニ本住院一。元文四年(一七三九)己未八月。轉ニ住當院一ニ。延享四年(一七四七)丁卯十月。依レ病辭レ院而隱居ス。寶曆五年(一七五五)乙亥八月二十六日寂ス。享年四十五。葬ニ當院ノ南隅一

第十三世權大僧都德歐。初ノ名ハ慧潤。又タ德隆。享保十二年(一七二七)丁未二月四日。投ニ山門本住院德潤一ニ薙髮ス。後主ニ山門不動院一。延享四年(一七四七)丁卯十月。轉ニ住當院一。寶曆三年(一七五三)癸酉十一月。依テレ病ニ辭シテレ院ヲ而隱居ス。自號ニ是佛院一ト。七年丁丑六月八日寂ス。年四十四。葬ニ當院一

第十四世大僧都公潤。淸水谷大納言雅季卿ノ子也。延享元年(一七四四)甲子二月來ニ東叡一。六月四日。拜ニ隨宜樂大王一ヲ薙髮。依レ命爲ニ凌雲院前大僧正德潤ノ弟子一ト。賜ニ名ヲ公潤一ト。且

賜二圓覺院ノ室一ヲ。寛延三年(一七五〇)庚午三月。主二山門寶園院一。十月上レ京。寶暦元年(一七五一)辛未五月。扈二従シテ最上乘大王一而歸二于東叡一。二年壬申八月。任二大僧都一。三年癸酉十一月。爲二當院ノ看坊一。十二月辭二寶園院一ヲ。五年乙亥爲二天台會場一。十一年辛巳四月二十三日歸寂ス。享年二十七。葬二于當院ノ南隅一。

第十五世大僧都常淳。信州ノ人。享保十七年(一七三二)壬子二月十八日。投二松林院常應一薙髪ス。爲二淺草常福寺慈探弟子一ト。而適二鎌倉一從テ二大順一學フ焉。二十年乙卯。爲二寒松院常應ノ弟子一ト。登二山門一而修學ス。寛延元年(一七四八)戊辰八月。主二山門密嚴院一。後還二當山一寓二寒松院一。寶暦十一年(一七六一)辛巳。爲二天台會ノ講師一ト。明和元年(一七六四)甲申七月。轉二住當院一。五年戊子三月。任二大僧都一。七月代二貫主大王一登二日光山一ニ。安永元(一七七二)年壬辰七月。轉二住林光院一。

第十六世大僧都惠嶽。姓ハ藤澤氏。備中淺口郡ノ人。享保十四年(一七二九)己酉三月二十四日。投二山門等覺院惠順一ニ薙染。元文元年(一七三六)丙辰三月。嗣テ二主等覺院一。寶暦二年(一七五二)壬申四月。轉二住越後關山寶藏院一。安永元年(一七七二)壬辰七月。繼二林光院德修ノ法系一ヲ轉二住當院一。十一月爲二天台會ノ講師一。十二月任二大僧都一。二年癸巳七月。代二貫主大王一登二日光山一。十月司二使价職一。四年乙未爲二天台會場一。五年丙申二月二十五日寂ス。壽六十一。葬二當院一。

第十七世前大僧正德考。事蹟在二淩雲院ノ記一ニ。

第十八世大僧都思道。字ハ守眞。武州多摩郡柴崎ノ人。姓ハ木島氏。寛保二年(一七四二)壬戌四月八日。薙二髪于末山一ニ。後來二當山一爲二明王院覺心ノ弟子一ト。寛延三年(一七五〇)庚午。登二山門一從二五智院智願一ニ。寶暦十二年(一七六二)壬午五月。主二山門理性院一ヲ。明和四年(一七六七)丁亥閏九月。有レ故退院ス。安永二年(一七七三)癸巳十月。隨宜樂大王命シテ歸レ山主二五智院一。三年甲午。任二大僧都一。後來テ寓二寒松院一。六年丁酉。爲二開山會ノ講師一ト。七年戊戌十一月。轉二住當院一ニ。兼二領常州阿波崎ノ安穩寺一ヲ。八年己亥七月。代二貫主大王一登二日光山一。天明二年(一七八二)壬寅十月。司二使价職一。七年丁未十二月。轉二住現龍院一。

第十九世大僧都惠海。字ハ深達。姓ハ野村氏。越後ノ州ノ人。

明和二年(一七六五)乙酉十二月五日。投二州之愛宕山寶持院慧命一ニ薙染ス。後來二東叡一爲二常照院光巖ノ弟子一。天明三年(一七八三)癸卯。登二山門一爲二法華會ノ竪者一ト。七年丁未八月。主二山門大興坊一。十二月轉二住當院一。寛政六年(一七九四)甲寅。爲二天台會ノ講師一ト。九年丁巳十二月。轉二住林光院一ニ

明王院

承應元年(一六五二)。權大僧都寛周ノ所レ刱也。二年癸巳。薩摩侯松平光久爲二檀度一。捨二二百石ノ邑一ヲ永充二香積一。天和年閒院宇頽圮ス。侯爲二更造一ス

第一世權大僧都寛周。豐後伯仁氏ノ子。投二州ノ圓壽寺寛佐一ニ出家ス。及レ長登二台山一。又來テ二當山一ニ寓二護國院一。開山大師命ニトラシム灌頂道場景樹院一(今廢ス。中堂ノ政所。其ノ故址也)承應元年(一六五二)。傾ケ二捨テ鉢資ヲ一創二建當院一。寛文二年(一六六二)壬寅爲二天台會場一ト。十二年壬子九月二十五日寂ス。壽六十二。葬二于院內一ニ。周長ニ於連歌一ニ。每年正月登レ城預ルレ會

第二世權僧正亮宣。姓ハ大草。武州ノ人。出家師二事寛周一ニ。迨二周寂一繼レ席。兼二主總州龍角寺一。無シテレ幾退二當院一。隱二居龍角寺一ニ。晚年歷二住上總ノ長福・常州ノ千妙・日光ノ修學等ノ諸大刹一ニ。累ネテレ官進二僧正一。寶永甲申(一七〇四)六月二十三日。寂二于野州春日岡一ニ。壽五十七

第三世大僧都惠宏。初ノ名ハ慧雄。洛陽小川氏ノ子ナリ。年甫テ十三。依二泉涌寺ノ天桂律師一剃染ス。中年更レ衣來テ學二台山一ニ。無シテレ何ク主二中正院一。解脫院大王召シテ侍シム二左右一。天和某年命シテ住二當院一。奏請シテ任二大僧都一。天和三年(一六八三)癸亥。爲二開山會ノ講師一ト。元祿八年(一六九五)。官府降シテレ命ヲ創二世尊院ヲ於千駄木一ニ。請二住持ノ人ヲ於准后大王一ニ。大王乃チ遣シテレ宏ヲ爲二開山第一世一ト。寶永五年(一七〇八)五月二十三日寂ス。壽六十。葬二于世尊院一ニ

第四世權僧正智周。字ハ徧詢。江州膳所。戶田氏ノ子。爲二中院通茂公ノ猶子一ト。十歲州蘆浦觀音寺ノ朝舜度シテ爲二弟子一。久遠壽院准后剃度焉。夙ニ登二台山一學二教文一。貞享元(一六八四)年。住二瑞雲院一。元祿二年(一六八九)朝舜寂ス。准后大王告二之ヲ官府一ニ繼レシム席。六年。來二東都一ニ謝レ恩。稽留數年會ゞ當院虛レス席ヲ。大王命シテ主シム焉。兼テ主二觀音寺一。八年乙亥。爲二開山會ノ講師一ト。十二年。薦二之官府一ニ授二執當一ヲ。賜ヒ二十願王院ノ之號一ヲ。奏請シテ任二大僧都一ニ。命シテ兼ヨ二主羽州羽黑山一ヲ。十三年庚辰爲二天台會場一。寶永二年(一七〇五)。辭レ職遂ニ退二當院一。大王命シテ領二吉野山學頭坊一。奏請シテ任二權僧正一ニ。六年。薩摩侯吉賀於二國府一闢二大雄山一ヲ建二南泉院一ヲ。請二住持ノ人ヲ於大王一ニ。大王乃チ遣シテレ周ヲ爲二開山第一世一。始終兼ヨ二主觀音寺一。後ニ入律爲二沙彌一ト。尋爲二比丘一ト號二徧詢一ト。寬保三年(一七四三)癸亥九月二十一日寂ス

第五世僧正尚志。初ノ名ハ行空。江州坂田縣西川氏ノ子。延寶八年(一六八〇)投二台山千手院ノ秀仙一ニ剃髮ス。貞享元年(一六八四)。住二龍珠院一ニ。元祿癸未(一七〇三)。准后大王遷テ住シム二東都本鄉ノ眞光寺一ニ。是ノ歲寺罹二于舞馬一ニ。寶永三年丙戌(一七〇六)。重建一新ス。大王命シテ遷ヨ二主シム當院一ニ。四年丁亥。爲二天台會ノ講師一ト。六年己丑。命司二使价職一〔以二大王ノ旨ヲ達二官府一ニ爲レ職〕正德五年(一七一五)乙未六月。補二執當職一。賜二功德院ノ室一ヲ。任二大僧都一。兼ヨ二領都下龍眼寺一ヲ。享保元年(一七一六)丙申爲二天台會場一。四年己亥正月。兼ヨ二領下谷生池院一。七年壬寅。辭レ職而任二權僧正一。轉ヨ二住仙波喜多院一。十二年丁未二月。轉ヨ二任僧正一ニ。十四年己酉二月。辭レ院而隱居シ寓二于當院一ニ。賜二名ヲ無作院一ト。後赴二薩州一ニ得レ疾。十七年壬子二月二十八日寂ス。壽六十六。葬二于當院一。存日

誦ルコト二法華經ヲ一千部。書二寫法華經ヲ一八部。又金字諸經若干。附二有緣ノ諸寺ニ一云

第六世大僧都智紘。相州ノ人。姓加藤氏。正德三年(一七一三)癸巳六月十五日。投二尚志一薙髮ス。享保六年(一七二一)辛丑六月。主二山門善學院一。七年壬寅二月。轉二主當院一。十年乙巳。登二山門一爲二法華會ノ竪者ト一。元文四年(一七三九)己未六月。轉二住觀成院一

第七世贈大僧正智韶。元文四年(一七三九)己未五月。補二執當職一。賜二龍王院ノ室一。自二東漸院一轉二住當院一。延享元年(一七四四)甲子二月。辭レ職而任二權僧正一。二年乙丑九月。代二貫主大王一登二日光山一。四年丁卯九月。上州高崎侯源輝貞朝臣卒。遺言葬二當院一。爾來高崎侯歳ゞ施二僧糧二百石一。寬延元年(一七四八)戊辰二月三日寂ス。壽六十九。荼毘シテ得二舍利一。乃塔二于當院北偏ニ一。私謚二淨願院一。在日數ゞ講二經論一敎二誘學人ヲ一。又顯密ノ之行業甚多。而就テ二其ノ中ニ一書二華嚴經一部ヲ一。修スト二尊勝佛頂王法一萬座ヲ一云。天明七年(一七八七)丁未。贈二大僧正一。蓋依二其弟子凌雲院僧正智願カ之請ニ一也

第八世大僧都覺心。初ノ名ハ智亮。下野州都賀郡ノ人。享保三年(一七一八)戊戌十月十五日。投二等覺院智韶ニ一薙染。十五年庚戌正月。主二山門五智院ヲ一。元文四年(一七三九)己未六月。來寓二當院ニ一。延享四年(一七四七)丁卯。爲二天台會ノ講師ト一。寬延元年(一七四八)戊辰三月。轉シテ主二當院一。寶曆二年(一七五二)壬申七月。代二貫主大王一登二日光山一。四年甲戌十一月。任二大僧都一。六年丙子四月。司二使价職一。七年丁丑十二月。轉二住勸善院ニ一

第九世贈權僧正空潭。寶曆七年(一七五七)丁丑十二月。補二執當職一。自二津梁院一轉二住當院ニ一。十二年壬午。扈二從最上乘大王ニ一。而西上參內拜二天顏一。十三年癸未九月。罷ラレレ職退院。而寓二涼泉院一。仍領二山門實藏坊ト城州愛宕郡高野村蓮華寺トヲ一。明和元年(一七六四)甲申。依二大王命一修二慈惠大師祕密大法一。生平毎日修二不動尊護摩供・辯才天修儀・慈慧大師祕法各一座一。誦スト二法華二卷ヲ一云。三年丙戌十月二十一日戌刻寂ス。壽六十矣。葬二津梁院ノ西偏ニ一。賜二謚三摩耶院ト一。六年己丑二月。贈二權僧正一

第十世權僧正守玄。寶曆十三年(一七六三)癸未十二月。補二執當職ニ一。賜二信解院ノ室一。自二津梁院一轉二住當院一。明和五年(一七六八)戊

子三月。轉ジ二住仙波喜多院一ニ。任二權僧正一ニ。蓋其ノ爲レ人也。博學多才。詩文ノ之好。臨池ノ之伎。畫繪ノ之事皆能レスト之ヲ云フ。八年辛卯十一月六日寂ス。壽六十二。葬二護國院一ニ。私ニ謚二スト立津院一ト

第十一世大僧都尚純。寶暦十二年壬午(一七六二)。主二壽昌院一。明和四年丁亥閏九月(一七六七)。有レ故退院。而住二ルコト奥州盛岡一ニ凡六年。安永元年壬辰十月(一七七二)。隨宜樂大王命シテ歸山セシム。二年癸巳三月。主二當院一。三年甲午七月。代二大王一登二日光山一。十一月爲二天台會ノ講師一ト。十二月轉ジ二住勸善院一ニ

第十二世權僧正覺謙。寛延三年庚午(一七五〇)。主二見明院一。明和四年丁亥閏九月(一七六七)。有レ故退院。安永元年壬辰十月(一七七二)。隨宜樂大王命シテ歸レ山主二當院一。二年癸巳正月。任二大僧都一ニ。二月轉ジ二住津梁院一ニ。三年甲午十二月。補二執當職一ニ。賜二佛頂院ノ室一ヲ。自二津梁院一轉シテ再ヒ主二當院一。八年癸亥(己カ)爲二天台會場一。天明二年壬寅十月(一七八二)。大王賜二紫緞子法衣一ヲ。六年丙午三月。扈ジ二從安樂心大王一ニ而西上シ。參內シテ拜二天顏一。七年丁未。大王賞二其ノ勤勞一。有下從レ今以往執當可レ著二淺黄大紋ノ指貫一ヲ之命上。寛政三年辛亥七月(一七九一)。依レ病辭レ職。是時命シテ著二蒲(葡カ)萄色ノ法衣一ヲ。十月任二權僧正一ニ。五年癸丑八月。辭レ院而隱居シテ賜フ二名ヲ佛護院一ト。九月七日寂ス。壽七十矣。荼毘葬二見明院ノ墓所一ニ

第十三世權僧正覺田（缺文）

第十四世權僧正長嚴。寛政十二年庚申閏四月(一八〇〇)。補二執當職一。賜二圓覺院ノ室一ヲ。自二東漸院一轉ジ二住當院一ニ。享和元年辛酉(一八〇一)爲二天台會場一。文化三年丙寅三月(一八〇六)。辭レ職而任二權僧正一。五年戊辰二月五日寂ス。壽六十五。葬二元光院ノ墓所一ニ。賜二謚ヲ不退院一ト

壽昌院

寛永中權大僧都行榮。得基於不忍池畔創建。號曰福生院。元祿(寛文カ)十一年(一六七一)辛亥。後更壽松院。其後元祿又更今號。承應三年(一六五四)。官府降命移當山北偏。今大慈院地。賜黄金五十兩助費。天和二年(一六八二)壬戌。南部大膳太夫爲檀越施僧田百石。元祿元年(一六八八)戊辰。始居乎子院之列。乃由大膳太夫之請也。五年壬申。官命移院於南偏。今山王清水之地。大膳太夫乃更造焉。十一年戌(戊カ)寅。罹災因移基於今地普門院南。大膳太夫重建。十二年己卯。准后大王告之官府。給子院糧官租二十俵。寶永乙酉(一七〇五)。檀越加施五十石。

第一世權大僧都行榮。姓津田。越前人。未詳其師。寛永中來投開山大師。自創當院住焉。正保二(三カ)年(一六四六)丙戌二月十五日寂。

第二世權大僧都榮信。不詳姓族。總之猿島人。從行榮剃度。年二十三。主當院。寛文七年(一六六七)丁未九月十七日寂。

第三世權僧正堯慶。後改亮恕。姓橋本。常州茨城人。年甫八歳來依榮信。十四歳禮久遠壽院准后剃染。寛文七年(一六六七)丁未。二十三歳迨信之寂本照院大王命嗣席。三十歳登山門爲竪者。元祿元年(一六八八)戊辰。爲開山會講師。四年辛未。准后大王奏請任大僧都。六年癸酉二月。薦之官府陞主津梁院。十二年己卯。以疾退隱。十三年庚辰十二月。命起主黑子千妙寺。賜號靈山院。奏請轉任權僧正。更名亮恕。爲坊城一位猶子。寶永八年(一七一一)辛卯二月。退居相州鎌倉。自號寂應院。又出津梁院記。

第四世權大僧都堯純。姓中原。上(常カ)州眞壁人。十六歳從堯慶得度。元祿六年(一六九三)癸酉。准后大王命嗣慶主當院。九年丙子。登山門爲法華會竪者。寶永六年(一七〇九)己丑。爲天台會講師。享保二年(一七一七)丁酉六月。轉住觀成院」

第五世大僧都宣應。初ノ名ハ英存。野州河内郡宇都宮ノ人。姓ハ森田氏。元祿十年(一六九七)丁丑九月二十四日。投シテ二元光院長存一ニ薙染ス。正德三年(一七一三)癸巳十二月。主ニ山門安禪院一。後回峯スルコト一百日。享保二年(一七一七)丁酉六月。轉ニ住當院一。五年庚子三月二十七日。市街火災延ニ燒ス院宇一ヲ。次ノ月當院爲ニ兩大師執事一。故ニ其道具既在ニ院內一ニ。宣應轉ニ運シテ之ヲ院外空閑ノ地一ニ。無ニ一物ノ之燒損一スル。而トモ如キハ我カ所レノ貯經書器用ノ悉ク爲ニ烏有一ト矣。貫主大王賞ニ賜絹帛一ヲ云。十一年丙午四月。轉ニ住林光院一ニ

第六世前大僧正全具。字ハ諦如。江州志賀郡ノ人。姓ハ北井氏。父ハ廣定。母ハ上坂氏。正德二年(一七一二)壬辰。登ニ山門一ニ從ニ行光坊惠寂一ニ。五年乙未七月七日薙髮ス。爲ニ惠寂ノ弟子一ト。享保五年(一七二〇)庚子四月。來ニ東叡一寓ニ林光院一。十一年丙午四月。主ニ當院一。十四年己酉七月。兼ニ領上州榛名山光明寺一ヲ。是ノ歳登ニ山門一ニ爲ニ法華會ノ竪者一ト。寬保三年(一七四三)癸亥。爲ニ天台會ノ講師一ト。延享四年(一七四七)丁卯七月。代ニ貫主大王一登ニ日光山一ニ。寬延元年(一七四八)戊辰二月。任ニ大僧都一ニ。五月轉ニ住勸善院一ニ」

第七世僧正慈空。常州河内郡ノ人。享保十一年(一七二六)丙午三月八日。薙髮シテ爲ニ信解院慈延ノ弟子一ト。十七年壬子。爲ルニ日光山醫王院諶宥ノ弟子一ト。延享元年(一七四四)甲子。主ニ日光山護光院一。寬延元年(一七四八)戊辰五月。轉ニ住當院一。蓋シ以ニ昵近侍讀ノ之功一ヲ也。寶曆四年(一七五四)甲戌七月。代ニ貫主大王一ニ登ニ日光山一ニ。五年乙亥二月八日。有下新門ノ稻荷神馮ニ阪(坂カ)本街萬屋半七ナル者一ニ來テ言ニ所求一ヲ且談話之事上。是ノ歳爲ニ開山會ノ講師一ト。十二年壬午三月。司ニ使价職一ヲ。七月轉ニ住福聚院一ニ

第八世大僧都尙純。字ハ到岸。初ノ名ハ守純。日光山ノ社家江端氏ノ子。元文二年(一七三七)丁巳十一月六日。投ニ松林院守英一ニ薙髮ス。寶曆十二年(一七六二)壬午七月。繼ニ無作院僧正尙志ノ法系一ヲ。主ニ當院一ヲ乃更レ名ヲ。明和四年(一七六七)丁亥閏九月。有テレ故退院シテ而住ニ奥州盛岡一ニ凡六年。安永元年(一七七二)壬辰十月。隨宜樂大王命シテ歸ラシムレ山。二年癸巳三月。主ニ明王院一ヲ

第九世大僧都啓幽。江戸下谷關兵部永張ノ子。寶曆三年(一七五三)癸酉十一月二十四日。拜ニ最上乘大王一ヲ祝髮シ。爲ニ住心院空潭(覃カ)ノ弟子一ト。明和三年(一七六六)丙戌。登ニ山門一ニ主ニ實藏坊一ヲ。兼ニ領

城州愛宕郡高野村蓮華寺一ヲ。四年丁亥閏九月。轉ニ住當院一ニ。仍領ニ實藏坊・蓮華寺一。八年辛卯三月。又轉ニ住ス涼泉院一ニ。

第十世贈權僧正寂現。字ハ海文。相州金目ノ人。姓ハ小清水氏。延享三年(一七四六)丙寅六月四日。從ニ權僧正澄然一薙髮シ。爲ニ現龍院乘鎧ノ弟子一ト。明和四年(一七六七)丁亥十月。主ニ山門寶乘院一ヲ。七年庚寅。爲ニ觀成院常純ノ弟子一ト。八年辛卯三月。轉ニ住當院一ニ。安永五年(一七七六)丙申八月。司ニ使价職一ヲ。六年丁酉。爲ニ天台會ノ講師一ト。七年戊戌七月。代ニ貫主大王一登ニ日光山一ニ。天明二年(一七八二)壬寅十一月。轉ニ住林光院一ニ

東叡山子院歷代主僧記　下卷　終

（底　本）東叡山寛永寺藏、書寫年不明三冊本

（校訂者　浦井正明）

東叡山寛永寺子院歷代主僧記　終

近世台宗高僧傳　正・續

近世台宗高僧傳　正

（表紙）
久遠壽院公海　弘誓院玄照　妙立　靈空再出アリ
全宗　實俊　實然　實觀　敬諶　豪盛　一空
宣存　雄盛　圓智　詮舜　亮雄　秀雲　〔光謙〕　舜雄
亮信　等譽　覺〔深〕　玄門　良雄
相應　相實　慶算　重華　可透
快倫　賢榮
正徧　豪實　慈觀　慈等
生順　宋順　〔亮〕順　惠宅　僧敏　豪潮　實戒

目次

1　久遠壽院准三宮傳

先師久遠壽院准三宮。諱公海。姓藤原氏。花山院左大臣定熙公之嫡孫而左少將忠長朝臣之子也。母藤原氏。號教證院。東本願寺開祖教如之長女也。師以慶長十二年（一六〇七）丁未十二月十二日生焉。父忠長有故貶于東奥。其弟定好襲爵。故師幼而鞠于母家。元和六年（一六二〇）庚申。師年十四而慈眼大師適自關東來在京。聞師貴族之子且有儀觀。乃就母家乞之約以爲繼嗣。母家允許。遂從大師往東武。元和九年癸亥。師年十七。從大師往駿府。薙髪于總持院。其前宿夢。異人口授法華經安樂行品遊行無畏（大正藏九、三九中）。如獅子王二句。寤語左右。聞者皆曰。是他日必爲法主之兆乎。寛永元年（一六二四）甲子。大師開東叡山創寛永寺。自是師侍大師常居於此。研究教觀修練瑜伽。傍習國風詠歌暢情。屢就中院前内大臣通村公而求正焉。初後陽成帝歸仰大師以毘沙門堂門室（堂昔在左京京極出雲寺。世稱寺曰毘沙門堂）付之師。從此稱師曰毘沙門堂門主。大相國秀忠公欲以師爲攝家之猶子（近世冒他家姓待他家之如子謂之猶子）乃請九條大閤（太閤カ）幸家公。太閣（閤カ）允其請。且贈法性寺忠通公。後京極良經公之眞蹟以爲證云。傳而見在。三年丙寅。師年二十。時大相國與嗣君家光公上京。依大相國之命師偕大師追隨上京。秋九月六日帝行幸二條之城。御宴累日。一日有和歌之御會。命竹契遐年題。師亦預賦焉。師自直敍法眼累官進權僧正。寛永十三年丙子。大將軍家光公。改修日光山東照宮之廟而成。敕賜供養儀大設法會。大師爲導師。師與良恕・最胤諸親王同法席（列カ）。十七年庚辰。師年三十四。二品堯然親王。奏請補師一身阿闍梨職曰。爰公海者。夙汲玉泉四明之法水。而智海難量。殊仰金剛五部之宗風而惠日高照。推其重器尤堪瀉瓶云云。春三月二十日。敕依請。四月二十二日。從堯然親王受五佛灌頂。二十年癸未冬十月二日。大師寂。家光公令師繼大師席住東叡山。兼領比叡・日光兩山管攝台宗。從此家光公款遇愈篤。正保二年(一六四五)乙酉。敕改日光山東照大權現社號稱宮。遣今出川前大納言藤原經季卿宣命。師主神前之儀。是歲師請公府新置日光山學頭一員號修學院。及增子院五宇以居衆徒五人。併舊凡二十院。家光公又增附五千石地。併舊凡一萬石云。三年丙戌。家光公於三州瀧山寺營東照宮別廟而成。家光公請師修奉請儀。師遣法印晃海代修之。四年丁亥。師年四十一。冬十月二十一日轉任僧正。慶安元年(一六四八)戊子二月。師上款狀欲傳三部密法於尊敬親王。敕聽之(或謂尊敬親王受密法於堯然親王。師爲教授者。記錄之妄也。宣旨款狀見在。)三月四日轉大僧正。先是師謂。先師鴻業踰倫朝野崇信。台宗中興實師之力。可以次四大師。遂以去年十二月十六日。因園藏人頭基福朝臣上款狀。奏請賜大師號。四月十一日。敕賜謚慈眼大師。五條少納言爲庸朝臣。齎敕書到日光山詣塔前宣讀。是月十七日。丁東照宮三十三回忌。家光公於日光山大設法會追修冥福。帝敕修法華八講者五日。師與堯然・道晃諸親王共爲證義者。其餘曼多羅供。法華讀誦。圓戒灌頂。一切經轉讀等法事。師多爲導師(事詳二條攝政康道公日光山修善雜記)朝廷及將軍家。以師領台宗事皆委師。親王・公卿預會者皆受師指揮。二年己丑。與尊敬親王共上京。八月二十一日。師詣闕就清閑寺左少辨熙房上表。謝賜大師謚。二十六日丁後陽成帝三十三回御忌。招衆僧於仙洞修法華懺者五日。師爲第五日導師。三年庚寅。日光山金堂成。修供養儀。師爲導師主其事。四年辛卯。家光公改伊賀國主藤堂和泉守藤原高虎朝臣所造東叡東照宮而新營宮廟。至四月而成。帝敕賜供養儀。師與尊敬親王遞爲導師。四月二十日。大將軍家光公薨。遺命葬于日光山。師爲導師。

送葬之儀皆由師斷。九月三州鳳來寺東照宮別廟成。先是戊子歲。家光公有造營之命。至是而成。嗣君家綱公。講(請カ)師修奉請儀。師遺(遣カ)法印豪倪代修之。承應元年(一六五二)壬辰四月。東叡大猷院影殿成。帝敕賜供養儀。家綱公爲小祥忌辰始修讀法華萬部會。師定其儀。至今一遵其制而不改。十二月二日。大將軍家綱公所生增山氏逝。號寶樹院。葬于東叡。師爲導師。二年癸巳四月。家綱公附日光山大猷院影殿祭料三千石餘地。三年甲午。師時年四十八。統領台宗凡十二年。而讓法務於一品尊敬親王。別築一室於東叡之西北而居焉。家綱公賜五百斛邑以爲退休之資。且贈所嘗毀殿材以營其室。初大師臨終所囑家光公者五事。興復毘沙門堂其一也。師受其志屢告公府。至寛文五年(一六六五)乙巳。家綱公賜地山城國宇治郡山科鄉。更捨五百石餘地永充香積之費。師乃到京就其地。刊木闢山創毘沙門堂。普請之次堀地適得銅像毘沙門天一軀。師大悅敬而奉之。常常隨身。傳而見在。明年丙午秋九月落成。冬十月三日修本尊遷座儀。本尊者。傳教大師之手刻而大師嘗所感得也（傳教大師以叡山中堂藥師佛餘材刻其像長一寸八分。授之桓武帝。帝常置之冠中。後復傳之皇子葛原親王。傳至親王十三世孫民部卿平親範。別造丈六像。藏小像于其中。新建堂奉安。堂廢其像傳在僧正公尸(嚴カ)坊官今小路法印壽運妻某氏所。其(某カ)氏嘗奉之大師。大師授之家光公。至家綱公遺之于師。今本尊是也。）於是乃能成大師之遺囑。遂辭東叡居于此。然將軍家每追福祖考。莫不請師於關東。寛文十年(一六七〇)庚戌。師奏後西院上皇乞予以爲繼嗣。延寶六年(一六七八)戊午十月二十六日。制(剃カ)度予于毘沙門堂。八年庚申五月八日。大將軍家綱公薨。嗣君綱吉公奉遺命將葬于東叡。十六日守澄親王（延寶元年尊敬改名守澄）適寂。故嗣君遠請師爲導師。天和二年(一六八二)壬戌。師年七十六。付毘沙門堂於予。奏後西院上皇賜號久遠壽院。遂卓菴於寺之西畔以爲終焉之所。元祿五年(一六九二)壬申。丁嚴有院家綱公十三回忌。大將軍綱吉公。仍先規修讀法華萬部會於東叡。先是師以老耄辭其招請。然予向應綱吉公之請來住東叡統領台宗。茲年欲法會之次受三部灌頂。因告公府復請師東叡。三月。師上款狀。奏請授予一身阿闍梨職。四月六日。敕依請於是不得已而來東叡。五月爲予開三部密壇。予告師之勳業於綱吉公。綱吉公奏請賜師准三宮。六月十一日敕許。賜邑三百戶。時年八十六矣。元祿八年(一六九五)乙亥秋八月。師嬰病至京師烏丸里第而保養。綱吉公命京尹小笠原佐渡守源長重朝臣以問疾。予亦以護法院大僧都公然系師之親里且其手度遣往候焉。矢田陪法橋好行副之。師病閒召養源院權僧正湛翁・尊重院大僧都公慶兩僧曰。我繼慈眼大師席棟梁台門十有餘年。且以守澄・公辨兩親王爲繼嗣。又得將軍家兩主爲大檀越。而爲諸侯百辟之所瞻仰。深自慙懼。豈復有求于斯世耶。但大師囑我以毘沙門堂興復之任。我奉承之其事已成。然資緣闕少。恐復難持。

是我遺憾矣。如今繼嗣公辨親王柱(住カ)持東叡。大將軍歸依尤篤。願達予意增香積之資。兩僧卽報之于予。予請之公府速蒙允許。予以書報。師大悅。至十月十五日夜疾革。師以毘沙門堂其所草創欲到彼取滅。十六日遂輿而歸。枕上置彌陀佛像燒香燃燈。侍瞻之者十有餘輩。或誦經咒。或唱佛名。至是日晚泊然而逝。壽八十九。臘七十三。奉全身葬于毘沙門堂雙林院北。又比叡・日光・東叡三所各建爪髮塔。予於東叡・山科七十日閒命修冥福。王侯卿士緇素之徒贈經致賻者最多。又遣凌雲院僧正義道於山科代禮靈塔。予自幼隨從熟其爲人。天資質直溫柔有威。其接人也不念舊惡不懷猜忌。是以承其思(恩カ)遇者。仰慕眷戀沒身不忘。嗚呼師自繼大師席以來。每日光・東叡・紅葉山法會。或奉敕命。或應將軍家之請。屢爲導師。或爲郡國牧守及末山徒屬所屈請爲導師者亦多矣。且郡國毎營東照宮別廟。必請師奉請。師常遣僧代修其儀。平常創寺建堂。納經卷造法器。其事居多（安藝之廣島。陸奧之仙臺。備前。因幡。筑前等國主。各於本國建東照宮。別創一宇掌祭儀。請寺號及奉請之儀。師各命其號遣權僧正晃海・法印亮盛等代奉請。且奥州南部法輪院。泉州岸和田海岸寺者。新所建立。讃州妙法寺。大通寺。石見幸榮寺者。改日蓮宗仰師之德風皆爲毘沙門堂末派）今謹錄其大者以傳來裔。其或傳說不詳。年紀難徵者。漏略尚多。可勝嘆哉

時　寶永五年戊子十月十六日（一七〇八）

東叡山第五世前天台座主准三宮一品公辨親王謹撰

2　弘誓院故權僧正玄照大法師行業記

師諱玄照。字護一。初名尤雄。下野州日光山中人也。父木村氏。母中西氏。初父母憂無子常祈月天子。一夜母夢。一巨星光芒爛爛自鬢髪峯飛來而入懷。乃娠矣。以延寶二年甲寅（一六七四）十月二十五日生。爲兒岐嶷聰敏絶倫。不與童輩戲馴。日塑畫佛像以自喜好。及長志在出塵。父母亦察其不可羈紲。謀之大樂全海公。公附書寄託東叡一乘圓雄公。甫十四歳拜雄公落髪。賜名尤雄。居數年自謂。出家兒以遠紹佛種自利利他爲志。若徒逐塵緣白首無省覺之日矣。必當入台嶺從事顯密之道而已。屢以請師。師久不許志益迫切。遂以某年孟夏自逃。裝僅方金二片。銅錢三百翩然孤征。數日至大井川。時會雨後水勢太壯。而乏資斧不可賃渉也。赤脚直渡則奔波撞胸。轉石齧跟。中流益急殆將汨（汩カ）溺。腰間所帶一自揮去纔免魚腹之難。自是無半錢之資。行乞以活。露宿草褥備歴艱難矣。行臨桑海之渡。心馳足跂（敧カ）而無奈。尋有一士人來。騶從頗多。呼舟將乘。顧師之躊躇遣人訪之。師語以大井之厄。士人憐之招來同載焉。既而距岸二十里許。風波大起。正騷擾之間。士人失足而墮。狂瀾掠去渺無處所。一舟駭絶而無計可施。師喝起

曰。苦海濟拔大悲所任。況荷同載之恩。忍坐視哉。與衆人約。捜獲便揮纜矣。要并力挽之。言未訖帶纜沒去。一舟吞聲注目。須臾纜動。衆急挽之則挾士人以出。而氣息已絕滿身果然。師復按摩吐水。燒席煦之。少閒卽甦。既已得濟矣。士人叩謝而去。驛亭早聞舟中之爲謂。或是菩薩化身施無畏也。道俗相喚圍繞膜拜。師便投佛眼院而宿。院主亦感忘身拯物之誠。儘以助裝。藉此得入京也。竊恐卒爾入山無衣食以給則非久遠之計。夙聞葛川不動明王之靈應。斷食一七箇日以祈冥祐。又聞靈空和尚戒德清淨殆台衡之英粹。握教觀之鎖鑰也。趨詣其菴。和尚一見器重而欲留焉。師陳住山之志而辭。於是初至于台麓。而無半面相識。乃詣滋賀院請見監主。其徒見師之伶俜。疑詰之。師縷述其來歷。且言願得一見被授山王拜式。監主引

見善其處誠曰。明朝相授。未晩。且宜休歇。因就客齋睡。夢謁一神祠誦經跪拜。忽有聲呼玄照玄照。終無應者。重言賜爾嘉名。自今宜稱玄照。醒而異焉。明旦得授拜式。便詣山王廟。熟視則殿閣器皿之設。及忿猊嬉猴之態。若夫山色明媚泉韻瀏亮。皆與夢確符。師豁然感喜。自此改名玄照。當日登山訪北溪龍珠院主志公。公雄師舊識也。故値遇特厚。師夙夜苦學。卷不釋手。深窮教源傍涉儒林。然恆缺資緣百事艱澁。數年之後賦和歌一章寄奉雄師。辭致悽婉山棲之狀可想。爾後饋給不絕錐繩益勤。後寓于無動寺爲寶生院英信公附第（弟カ）。元祿十五年（一七〇二）壬午某月。代信公主其手（寺カ）。而寺歷星霜之久矣。上漏下濕修治難完。遂鳩工新營改號曰明德焉。又思惟澆季之世。自非偸（瑜カ）伽三密之法。不能摧邪輪廻正道矣。自是鋭意于密行焉。別搆一室修求聞持法。慈惠大師祕密供。聖

天千日法。乃至百餘尊之儀軌莫不精練薰修也。又回峯苦行一百日。靈瑞感發效驗累顯。先達徒服其高行授以行者加持祕訣。凡此法非滿行者則不苟傳。然以師之器度遠邁於常流。特傳授之。昭乎其精業也

又有高野之行。一日至嘉寧里乞宿於民舍。一老嫗出語曰。吾鄉六七十年間必有奇病。呼字崑崙兒。稚少之輩多以殤矣。我家幼孫四人。亦罹此症命在旦夕。故不暇接客。師曰。予台嶺緇流也。嫗容一宿試祈禳矣。嫗喜諾。師曰。行脚數日疲困甚矣。煩嫗具浴湯。嫗怫然曰。炊爨猶難。何暇及浴。師曰。都是爲福爾兒孫耳。何怫恚爲。家翁傍聽。俄頃設浴。師浴了加持一場。退而酣睡。向曉牕外忽聞紛紛。披戶視之。卽有數百人。望拜曰。神僧願援吾人犬豚。師且問家兒泰否。謝曰。一被慈救。今已如洗。伏願及於我鄉黨。於是呱呱者。嚶嚶者。連臂垣環。師亦惻然一一賜加持。旣而辭出。衆人拜送曰。願歸旆再臨弊邑博施法威。屈指翹俟。師諾野山歸途復過嘉寧。四方郵傳蜾負遠集。訪向之病狀差者十八九矣。更呪持新至者。衆人尊信奉施金銀穀帛。而無一所受。及去老幼戀戀。邑長數輩追隨至伏水而還。歸山之後遐邇彌頌其效驗。覓符乞援者日滿戶庭云

元祿十七年（一七〇四）甲申。東叡大王聞師之盛譽。特召輪下敬愛日厚矣。一日常憲廟幕下臨宴寶刹。話次問曰。古有橫川小聖者修驗之名千載不磨。今時亦有若而人否。王曰。台嶺近有玄照者。修力夙著矣。見在于此處。幕下欲見便召至。因命加持。師持念久之。幕下歎曰。玄照念珠金錢爭鳴。魍魅（魍魎カ）罔兩望風而逃矣。時有柳澤左少將吉保公。當路寵臣也。賜一麗人。字阿染。風韻艷媚。蓋一代之選也。公情愛無比。久後患妖崇（祟カ）。

喜怒無端啼笑乍變。蓋數年前有家臣數輩被讒而死者。其冤鬼爲祟云。醫藥拱手巫祝閟吻。經日漸危殆。幕下聞知甚驚。立命師護持。師輒赴保公之第。設壇呪之。病婦初喘喘困臥屛風裏。至此俄然起立。怒髮蓬亂勢如鬪蛇顏色蒼涼眼光閃電。擲天蹦地。其狀怪惡侍婢辟散滿座失色。忽翻身望師走來。師巍然不動。執持念珠力擊其顱。被擊縮頸逡巡却步。迫擊數拳。蹶然仆矣。頃刻乃蘇。究詰前狀都不覺知。保公及宗族臣僚喜聲譁然。惟師之已退也。狂態復發。師之方至也。妖狀頓熄。以故於其邸內新營淨室屈師居焉。調護之。妖崇(祟カ)竟滅。擧止如常。保公極感師道力。將厚相報。師不肯受之。但台嶺結界兵燹之後廢絕不復。大衆雖久已請京兆府。以事非容易稽滯不報。師素以銘心。故囑以此一事。保公爲之盡心竟得復

其舊制也。吁師之爲山門竭忠者可謂至矣。於今泯然無記其功績者。豈不慨歎哉

寶永七年(一七一〇)庚寅某月。移于東叡等覺院。先是備前州太守源綱政公。捨糧米二百石約爲檀越。元祿之災太守。速經營之得復舊趾。無何由自失火忽復焦土矣。太守不悅廢置已久。大明准三后親王常以爲憂。召師謂曰。等覺先厄回祿深失檀越之心。夫非卿誰克振起矣。但以瓦礫之區煩卿。於孤何忍也。對曰。不肖辱蒙大王殊恩。油鼎何避。況土木之勞乎。願惟命之從。王悅卽命主焉。於是屢至大守第。請恕已往之過重謀經始。如此數回。有司辭曰。言稍涉此事。主君忽懷惡故難敢達。聽其形勢實似不可爲也。因懇親知者借金二百兩。懷藏以適請如前日。有司憚焉。師始正色曰。弊刹來歲正月有兩大師(慈惠慈眼)輪請之役。而無安於寶座之地。所以屢

乞而不置也。大守既檀越而不顧。貧道亦當任不得幹蠱則何免物議。今故携二百金來。有司用之得構僑廬以辨急務。大守是不妨檀越。貧道亦不負主寺而已。有司細聞其情。大守甚感師之悃愊宿憾頓解。報曰。假構之役敬諾。若肯不須相煩也。乃數日假構成矣。且大守頻聞師之德行轉益歸依。數年閒殿廚門廡按圖經營。又天英一位大夫人亦敦歸信。別建護摩殿爲國家祈年。師又遠請明版一大藏設寶庫貯之。於是乎殿閣連甍。法具悉張。視諸疇昔斯爲盛矣

又大守屈師於大崎別邸。擁篲自迎奉茶丈室。頃之召兩小公子而坐撫髫語曰。老官前後育四十三公子。不幸皆夭。惟餘此兩孽。警鶴觸感舐犢鍾情。請垂護念俾之榮茂無絕累世之緒也。師頷。自是修種種法日祈龜鶴之齡。數年世子繼政忽疾。其狀危急。使者相望于路乞救護。師亦大驚廢絕寢食以效修力。乃得少閒矣。然病症難治尋復重發。屬纊無信。玉樹已傾。大守馳使告之。而師趺坐于壇爲不聞者。獨語曰。明王在。公子何死焉。瀝汗修護摩法。火光焰焰中有赤白二蛇。盤旋駕煙而去。師意二脇士現。事既叶矣。便寫祕符遣僧進之。然易簀已過六時許。以是謁者拒而不納。僧曰。闍梨竊有所徵。請試掛之於寢。於是置之枕上。世子忽欠伸而起。自古諸侯疾病賜使慰問至三。則絕無復起者。惟世子賜使既三而能起矣。起死肉骨古聞其言。今見其實。可謂卓異矣。大守大悅永世加施糧米一百石。世子年贈三十口食白銀五十錠。世子後襲封受壽八十餘歲。退休之後。圓頂相投衲奉戒自號空山。

又大守有意願之事。囑師祈冥祐。弊（幣カ）遺頗多。

藩臣素慣後儒之説動皆先佛之教。至此衆楚益咻。恐大守亦喪歸正之信矣。請見曰。上國近日應有異兆。正是意願將成之祥也。勿怪矣。數日本國馳檄云。備前備中之界有山。枕海。海濱有一盤石。容坐二十人。一夕輕擧在於山巓。宛如夜半有力者負以走。然然終無知誰爲也。大守甚怪問師吉凶。曰。是向之忽(勿カ)怪者已。既有此兆。大守之所欲不遠而成。果如其言。藩臣深服其師之神明也

又東叡大王密命師觀風諸州檢視寺祠興廢之状。於是發自中山道而歷北陸。從衡中原乃至備前。于時大守在藩。禮待孔殷。浮海達于四國。攀金毘羅登白峯之帝陵。過於長周泊于豐之小倉。停橈於筑後之濱。息趾於高良之山。取路肥州。遂遊長崎。當此之時。崎之海上有異邦賊船。連環簇擁而至。於是黑田・鍋島二藩之戍(戎カ)營。出戰艦數百艘。輝兵海日。旗旌飜波。金鼓震天。民庶惶慄(悚カ)繽紛不治。師時在安禪寺。謂衆曰。果是異邦之窺窬也。實天下之患也。寧以楚越視之哉。集衆結壇。切祈醜類之剿絶。不日賊敗遠逃。人心始定。臺尹聞師之爲國祈禳之義。欽崇其德。令士民及清國商旅在崎者。咸拜師受十念。由斯德聲遠流支那之境。鼓山大進禪師遙聞隨喜。自書彌陀寶號四十八幅附簡寄贈焉。蓋禪師彼土名德。常領學徒五百人云。從崎入薩摩國。謁大守。大守館于南泉精舍。慰勞備至。歸途緣太宰府。謁于菅廟。忽於懷閒爆然有聲。捜之則失佛舍利一顆。蓋神之需也。蹈乎溫禪之嶮。與哀於冥獄之慘。歷乎天草之墟。回慈於冤魂之餓。足跡幾半天下而歸。所經寺祠興廢之狀。具記如指諸掌。王大悅賞賜特重

又根津之神祠。文昭廟之所營建也。規模端麗金貝

閙雜。經年之久漸以荒壞。時崇保大王繼席於大明殿下百務維新。憂神祠之毀廢謂。修治之任非師則不可也。乃令移于昌泉。使師之義子台嶺華德院智韶公繼主等覺焉。韶公優才博學承王教講演法華。後移明王擢執當職賜海龍王院官號。又奉有德廟教撰佛法大意進之。世壽六十有九。先師逝。別有行狀。亦以華德賜師高弟照淳公。公朴實寡欲雅慕戒範。延享之閒一紀籠山滿。後號妙徧比丘。又使師兼領岩槻慈恩寺充其修治之費。且任大僧都。爲正親町從一位權大納言公通卿猶子。住持僅二年矣。神祠及僧房斜者正之。缺者補之。汚漫而剝蝕者飾整之。其餘庖廚溷湢之屬無廢而不興。而昌泉歷世無壙瑩（塋カ）之地。因請官府墾辟根津舊地爲殯葬之所。別建阿字塔爲滅後歸骨之地事畢。遂辭昌泉適豆之熱海。結盧自稱意成院。並致慈恩不聽。酬其功勞優其資給

也。然熱海之與岩槻道路迂遠每事不便。復還江府卜居于谷中感應寺境內。時往來岩槻。蓋慈恩者。慈覺大師卓錫之地上方有湖水。藍凝碧湓不測其底。往昔有大蟒而宅焉。居民皆爲之魚肉僅餘一十人（子孫至今名十人黨）大師憫之登湖之東南雜司山修護摩法。時大蟒以身纏山延頸臨壇。卽以獨股杵撥壇爐之灰被之。忽然角落鱗脫變成一女子。拜謝曰。深法威力頓滅累劫劇苦超昇天界。自今每七月十五日獻龍燈。泛夏島以酬洪恩矣。相傳夏嶋者。群蛇團聚。作島嶼之形周旋水上如虛舟東西也。師思斯因緣於湖邊構一堂常修如法經。又欲教寺衆永年修之。捨若干財物以充其費。一月當修法際。湖面及僧房民舍。樹杪草問（聞カ）。靈蛇厖布。窸窣蜿蜒不知其幾千萬也。居民震怖以爲妖怪。有一二父老傳夏島之事者。曰。是必也龍衆隨喜法事蛇服而游爾。何爲

怪乎。蛇亦幻滅寂無影迹矣又立慈惠大師三旬輪講之式。俾子院次第供養。法器等費皆出於師焉。又設住持灌頂。後啓請東叡大王。以慈恩永爲密灌道場。數年于茲矣。承令旨出世于上野州長樂宮寺拜權僧正。長樂古名刹也。兼學顯密禪三宗。曾賜東關最初禪窟震筆。于今扁諸正殿。而師隨在必設法事廣行善利。故主長樂也。亦立執事及日修護摩之制。饒益群類。時會三萬日回向之期。百里蝟聚。緇白摩肩。或請加持。或課受經呪者。不可勝算也。一日有老婦人。見曰。妾菊池氏之女也。往時大猷廟以長樂賜慈眼大師。妾先人執熱不濯。樹黨擁兵據寺而拒焉。大師還訴官。爰命阿部豐後州忠秋公。發騎卒數千環而攻之。群黨解散。寺終歸大師。先人竄伏而沒。觸犯威德死而有餘罪也。妾以深懼切悲。日汲曉井以祝懺謝先人之罪。猊座慈悲代先大師宥於亡父之罪。庶脱桎梏於冥府矣。嗚咽不止。師憐其誠孝。賜大師墨跡一幅。以爲釋罪之符。且復舊爲賜田宰焉。又有德廟有教。訪問當刹始末及所由關係官府祖先。師考請(諸カ)古記編錄上之。幕下三復嘆曰。核實明白可以取則矣。因賜太光君手澤一通爲鎭刹之寶。賞師以琉球紬布。住持四年起廢振滯日亦不足。清規簡明百事咸擧。乃辭復還舊廬。嗣後强起爲公遵親王師範。重賜行嚴院官號。主山階龍華院兼知江州百濟寺。時親王猶弱齡未踰王城。師亦稍老。遂辭閑居如故。

又元文初年(一七三六)。西府密遣左寶司(人ノ名也。侍女ノ長圓頂。著半身衣帶小刀)謂曰。西府未有令嗣。宜營福致呪念以祐之。師曰。老衲實雖薄劣。若依海祖師爲大猷廟祈令嗣故事。練修慈惠大師祕密供。則此事當(馬乙カ)不爲難也。聲色自若如不甚經意焉。馬寶司敬服重囑而去。自爾結瑜伽之壇、壹祈弄璋之慶。無幾西府寵姫阿幸氏（薨後號至心院）有胎。明年之夏。令嗣載誕。兩府相賀謳歌涌乎四海。西府特嘉師之法驗。及第七夜張設國樂。召師與觀焉。隱居閑散之人而遭斯盛禮。亦法門之榮矣

又猿江有醫師吉永升菴別號寂紫。本某藩家士也。以事去藩。貧窶日甚。因詣江島天女祠哀禱七日。誓曰。感應不虚當流通金光明大勝王典。即得夢授以醫爲業。凡本外科稱難治者。試投一劑即愈。以故朱門甲第置醴相引。徒手作家富稱巨萬。於是請官畫工狩野探信。繪金光明曼荼羅四十餘幅。諸像含眞五彩眩目。又遠託支那名手一十人分寫最勝王經。各記姓字爵里以貽焉。楷法端妙嚴然存乎今日。吁滄溟萬里之外。頤使諸賢如意。奇哉。升菴無乃神助也。與其餘佛像經卷以至金光明印版。莫弗藏貯焉。素與師相善。一日來見曰。僕已朽遭零落待風耳。顧一旦身沒經像衆具隨烏有也。傳之悠久使人無慊。舍師誰與。願併一撮之地奉之。師不敢自裁。具狀啓聞東叡大王而後訂約。升庵尋沒。門人高島升榮。點録語（諸カ）件併宅地奉施。於是始移于猿江。先修求聞持法及諸祕法以鎮境地矣。然水鄕接海潮汐侵岸。秋永（水カ）一至則階前魚躍焉。師自督傭夫塡沼崇垣以備水患。又慮洪水之難鑿井達泉。玉涌珠迸清冷震齒。及寛保二年（一七四二）大水果至。氾濫街市人皆巣居。水皆溷穢不可飲也。師作粥汲泉自乘野艇。遍至人所解渴療饑。鄕人恩戴迄今傳頌不容於口。而檻泉觱沸於今數十年矣。時遇旱潦遠近聚汲。水益清愈溢。嗚呼師之德澤混混無盡。水哉水哉。不啻甘棠之遺愛已矣

又西府既已繼業思待（恩カ）益加。猿江地僻不便存

問。延享之初於湯嶋營一道場。延師居焉。至於寶暦三年(一七五三)立爲祈年官刹。號法輪山大泉寺意成院。以師爲開山第一世。賜田祿二百石。又同年十二月。有内命。師一代年年賜黄金一百兩。東叡大王亦嘉此成功。以覺樹王院官號定爲當刹標名。特賜紫衣以旌累歳勤勞之功矣。於是乎德望霞擧法譽風逸。貴族高官刺謁接踵。然師齡已過七旬。不堪煩鬧。乃以大泉附屬高弟正偏公。復還猿江而閑居。東叡大王重賜弘誓院號以爲令終之稱。偏(徧カ)公四年逝。師復使弟子良緣公繼之。數年之後師現微疾。自知大限之至。召集徒衆細示眞俗勸誡。面西右脇唱彌陀寶號泊然示化。實寶暦十三年(一七六三)歳次癸未夏四月二十二日也。住無爲位七十三夏。世壽八十有六。臨終有紫雲西導之瑞。人多見之。停龕之間緇素子來圍繞瞻禮。顏色光潤德香薰人。以某日闍維于砂子村。全骨變成五色舍利。舌根

不壞。舍利亦粒附。皆光明瑩淨不可比喩也。緣公彫刻師之肖像。藏舍利於其中以安于大泉焉。收拾餘灰斂之於根津阿字塔下。于時晴天忽晦雲氣四掩。霹靂數聲。驟雨傾盆。葬事纔了。雨歇雲散風恬日妍。一隊紫雲映夕陽來靉垂塔上。天樂四聞奇香芬蕧(馥カ)。萬口稱頌言見未曾有也。然師之在日。有疑其出處者。承問(聞カ)問曰。自古高僧名緇。棲身於深山絕巘之表。而後道尊德光。大師獨俯仰於世。不振衣千仞之岡何耶。師笑而不答。問之再三。師曰。止止我於三界得大自在。問者益不解抱疑而退。至是累覩奇想靈瑞。並思星精感夢之兆。慚愧語人言。夏虫疑氷妄議大人之爲。三界自在實知其言不誣矣。又師於病中。忽閱儀軌。手刻千光眼觀自在像一軀。開眼供養七日。留之滅後。而不知何爲。緣公竊謂。師之生平。自行化他深到廣被。或是大

悲應化實不可測焉。卽奉之於師像之上。私擬本迹云。原夫普現三昧垂應萬刹。隨機適物妙用無盡。其旣全體隨緣則未嘗與物異。惟暨其乘時發作也。嚼鐵鞭石自在斡旋。卽功烈卓爾有庸流決不可企及者。是所以其爲異也。初旣躍乎炭爐。言我必爲莫耶。則不祥矣。豈和光同塵之謂也哉。師之稟質博大俊傑赫赫德業隨處而立。然處世澹泊如靑蓮之出水也。是之謂大權之利見亦何過哉。三界自在實可仰而信焉爾

右故權僧正護一老尊宿行業記一卷。承法曼航闍梨囑謹撰之。惟筆拙辭荒不足以彰乎盛德高踏矣。鷟鳩之談鸞鳳。若其窈冥之志則泯然無識已。雖然覽者不病其辭能逆其意。亦可以概見尊宿之事迹云

時安永八年(一七七九)己亥秋八月

沙門念成德沖跋于台嶺密嚴精舍溫知閣

3 妙立和尚行業記

和尚名慈山。字妙立。號唯忍子。俗姓和田氏。美作州人也。母夢天人入懷有娠。幼懷出俗。父母愛之不許。十七歲遂投山城州花山寺之雷峯薙染。磨礱取業(所カ)昏曉無倦。未幾忽忘心境機用現前。師於是印可。旣自以爲得自由。因飄然遊于四方。寬文四年(一六六四)。結茅廬於江州之坂本。俯仰山水以自放。八年。友人見其放曠因激厲之。自是奮起遂往洛東之泉涌寺而閱大藏。未半便大悔悟而誓爲比丘兼濟自他。閱藏畢將欲適槇尾受戒。遇其一律師於途。咨問所疑不決。且見內著白衣怏怏不悅。復歸于坂本。依瓔珞羯磨自擔(誓カ)受具。更立一擔(誓カ)。有情身分雖一絲不纏身。雖微塵不入喉。時其徒見光雲覆庵上。

實寛文十二年(一六七二)三月三日也。當時受戒皆用瑜伽羯磨。故世人多以自設町畦爲譏。乃作雪謗詩斥其局見。於是再閲四律五論。兼精究南山靈芝疏記。而後每講遺教經。阿彌陀經。金剛經。地藏本願經。過現因果經。法句譬喩經。百縁經。賢愚經。莊嚴論。原人論等書。勸化道俗。其受齋戒課佛號者不可勝紀。初於藏中讀三大部。始見吾宗教觀大備。故潛心天台四明之學。卒徹性具妙旨。益得了法華・涅槃・楞嚴經意。既而識禪門極則猶爲天台別意。更宗天台還衣拂於雷峯。時年四十矣。明年春傳祕密灌頂。叡山義道等請和尚證明自擔(誓カ)受十重。梶井法親王盛胤一見敬服。自是山中學徒革邪解得正信者多矣。本國台教中古稍衰而近世特甚。學者妄傳以三重玄旨爲究竟極説。佛祖眞教反謂方便假説。故山中諸惡論者。見和尚嚴奉佛制唱教觀正旨。謗爲小乘比丘混亂大乘遂逐之。延寶六年(一六七八)正月六日。和尚去坂本周流山城攝津之閒。後應法親王之請止於小野之艸舍。數遊魚山。講相宗八要等書。嘗喜得天台南山兩三大部。賦詩云。具三戒戒戒非小。歸一乘乘乘是圓。解得涅槃俱急意。工夫精進勵殘年。法親王和其韻云。妙戒頓乘人不會。誰標異解驗非圓。惠燈會入台衡室。忽照昏蒙數百年。八年。鎭照居士構庵於洛東近(迎カ)之。和尚初期生兜率。專持彌勒上生等經。及見天台四明偏勸安養。遂決志西邁萬牛莫挽。天和二年(一六八二)因瞻母病結夏於攝州小松休世庵。夏竟歸洛東。乃作自敍一篇云。幼苦人生短。常悲歲序徂。趨庭寧俗想。入寺作禪徒。解慕馬師秀。行欽船子殊。忽忘機境了。祇與杖鞋俱。説話自茲淡。威儀縁底拘。要同雲哀(裏カ)鹿。期等霧中梟。一旦蒙明諫。多年究聖謨。升簾鷲峯月。落几鶴林珠。初識闇時兔。不如明處株。興懷禁絲

革ヲ。發シテレ誓ヲ護ル二衣孟(盂カ)一ヲ。方ニ入リ二宣公ノ域一ニ。更ニ遊ブ二智者ノ郭一ニ。設テレ房ヲ隣リ二北嶺一ニ。披テレ帙ヲ對ス二東湖一ニ。教眼彌ヾ昭爾。文心益豁乎。六塵輕ク二白雪一。三觀熾ナリ二紅爐一。持シテレ號ヲ天將ニレ曉ントス。課シテレ經ヲ日又晡ル。豈思テ遭テ二讒害一ニ。俄ニ去テ背ントハ二招呼一ニ。野雨衫斤倍シ。村燈錫影孤ナリ。毎ニ離レテ泣シム二慈母一ヲ。數ヾ病テ傍フ二頑夫一ニ。當テ二此ノ澆風ノ盛ナル一ニ。未タレ看ニ二信孚ノ扶一ヲ。何レノ時カ捐テテ二執受一ヲ。直ニ得ンレ侍コトヲ二金軀一ニ

貞享二年(一六八五)適テ二洛西ノ知足庵一ニ講ス二十義書一ヲ。畢テ復タ歸ル二洛東一ニ。明年ノ春修ルコト二法華三昧一ヲ三七日。乃チ言ク滿夕感ス二靈(神カ)夢一ヲ。戒根清淨ナルヲ無シトレ疑。是歲遊ニ化シテ丹波一ニ掛ク二錫ヲ於袖尾山一ニ。見テ二其ノ堂宇ノ頽毀一ヲ稍爲ス二經理一ヲ。居ルコト月餘ニシテ而歸ル。四年ノ春琉球ノ沙門禪味杭シテレ海ニ求ムレ法ヲ。聞テ二和尚ノ道譽一ヲ來テ謁ス。退而燃ク二臂香一ヲ。人問フ二其ノ由一ヲ。曰ク。吾在テ二本國一ニ誓フ二於三寶一ニ。到テ二日本一ニ見ハ二善知識一ヲ。然(燃カ)テ二臂香一ヲ以テ供ント焉。今見テ二和尚一ヲ甚タ服ス二道德一ニ。故ニ恭酬フト二所願一ニ。遂ニ留テ問ヒ二心要一ヲ受ク二菩薩戒一ヲ。其ノ初メニ拜スルニ頭頂氣蒸シ遍身汗流ル。和尚爲ニレ人所ルコト二畏難一セ。率ネ如レ此ノ。是歲應シテレ請ニ往テ二書寫山一ニ講ス二妙宗鈔一ヲ。道經ニ二兵庫明石一ヲ。道俗延ヘテレ頸ヲ候望シ。受戒念佛スル者甚衆シ

元祿元年(一六八八)三井ノ學徒來テ聽ク二講スルヲ妙宗鈔一ヲ。聖護法親王道祐受ク二指要鈔等ノ書一ヲ。三年春正月母死ス。謝ニ絕シ人事ヲ一專ラ勤ム二禮誦一ヲ。祈ルトナリ二其冥福一ヲ也。內纏ヒ二哀情一ニ外加ヘ二苦節一ヲ。因テ染テレ疾鍼藥無シレ效。六月下旬危篤ナリ。七月一日謂テ二其ノ徒一ニ曰ク。卽心念佛一心三觀。是レ吾カ往處ナリ。汝等留ンハ二思ヲ於此一ニ旦暮遇ナリレ我ニ也。我カ死勿レレ憂ルコト焉。其ノ夜在テ二彌陀ノ像前一ニ合掌念佛ス。既ニ畢テ唱テ云ク。中道卽チ法界。法界卽チ止觀。止觀卽チ刹那。刹那トハ者何ソ。南無阿彌陀佛。然ハ則チ念佛ノ外ニ無ク二止觀一。止觀ノ外ニ無ニ二念佛一。能所ハ情ノ所レ取ル。法界ハ智ノ所ナリトレ照ス。侍者ノ曰。此ハ是レ臨終ノ用心ナリ乎。和尚曰ク。吾ニ無シ二平生臨終ノ之異一。遠近ノ諸弟子馳セ至テ拜シ別ル。一一垂ルレ訓ヲ。語氣如シ二平昔一ノ。三日ノ夜溘然トシテ而化ス。俗年五十四。僧臘十八。門人葬ル二全身ヲ於北白川一ニ。和尚居ルコト二洛東一ニ凡テ九年。授戒講書歲無シ二虛景一。遠域隣邦(邦カ)封ノ志シレ道一ニ。嗜ムレ學ヲ者ノ咸來テ受ケレ業ヲ請フレ益。嘗テ誓フレ講センコト二天台四

明ノ五小部ヲ。觀經ノ疏。別行玄疏ハ則チ講ルコト之ヲ數遍。光明ノ玄疏ハ則チ不及終帙ニ。近歳毎ニ與人言ニ。不問賢愚ヲ。悉ク示ス修惡卽チ性惡ヲ。或ヒト疑フ不善ヲ逗機ニ。和尚ノ曰ク。四明尚ホ曰。適フノ時ニ之巧ハ非ニ我カ所ニ能スル。願ハ共ニ有情ト卽心念佛セント。卽心念佛。其ノ要唯在リ修惡卽チ性惡也。縱不ルモ了解セ庶クハ爲ラン毒鼓之緣ト矣。和尚性强記。一夏ニ悉ク背ス法華ヲ。常ニ講ス法花經。行願品。菩薩戒經。四分戒本ヲ。修スルコト禮法花ヲ一過。佛號祕呪。常課甚タ多。其ノ所ニ撰述スル。圓頓章句解。十重俗詮。三千有門大義。始終心要大義。心經略解。野山艸集（詩偈雜著）並ヒ行ル於世ニ。弟子大僧二人。沙彌男女二十二人。道俗受ル菩薩戒ヲ者甚タ衆シ。天台ノ一宗毘尼ノ之行ル。四五百年來未タ有ラ盛ナルハ乎茲ヨリ。方ニ今天下之學ブ本宗ヲ者ノ。得ル識ルコトヲ乎玄旨三重ノ之所ヲ以爲ル邪說。禪門・花嚴ノ之所ヲ以爲ス別意ト。四明ノ之所ヲ以爲ス正統ト。山外ノ之所ヲ以爲ル異端ト者。亦タ皆ナ和尚ノ之力ナリ也。以テ予ヲ觀ニ於和尚ヲ。教觀ノ中興。其ノ功賢ルコト於四明ニ遠矣。其ノ他ノ密行潛德不可ラ得テ而狀ス。前ニ所ハ輯ル略記ス予カ所ヲ見聞スル

爾時ニ元祿三年（一六九〇）十月十四日。門人光謙謹テ錄ス

4　比叡山安樂律院中興第二世靈空和尚年譜

後光明院。承應元年（一六五二）壬辰。和尚是ノ年某月辰ノ日辰ノ時ニ生ル。因テ幼名ヲ辰之助ト云フ。師舊ノ名ハ光舜。後チ故アリテ光謙ト改ム。字ハ靈空。筑前州福岡ノ人ナリ。俗氏ハ岡村。父名ハ某甲。字ハ庄三郎。國主忠之侯ニ仕フ。後國ヲ去リ。老テ落髮シテ龍意ト云フ。庄三郎本氏ハ結城ナリ。岡村子ナキカ故ニ。庄三郎ヲ養フテ子トシ。第二ノ女ヲ以テ妻ハシ三男ヲ生ム。師ハ其ノ第一ナリ

二年癸巳。三年甲午。後西院。明曆元年（一六五五）乙未。二年丙申。

三年丁酉。萬治元年（一六五八）戊戌。二年己亥

三年庚子。時ニ年九歲。母ノ喪ニ屬フ。コレニヨツテ出俗ノ志發セリ

寛文元年（一六六一）辛丑。二年壬寅。靈元院。三年癸卯。四年甲辰

五年乙巳。年十四。本府ノ松源院豪光ニ從フテ剃染セリ。光始メテ普門品ヲ授ントシテ其經函ヲ開ク。乍チ小白蛇ノ

蟠ルヲ見テ。ソノ兆トシテ大ニ喜ベリ
六年丙午。七年丁未
八年戊申。年十七。台教ヲ學ハンコトヲ欲シテ比叡山ニ登リ。東塔正覺院ニ寄居シ。後チ西塔南谷觀泉坊ニ移居セリ」
九年己酉。十年庚戌
十一年辛亥。時ニ年二十。輪王寺大王（本照院宮ト諡ス）ノ命ニ依テ本谷星光院ヲ主サトレリ。講教（經カ）論義衆ノ爲ニ稱セラル
十二年壬子。延寶元年（一六七三）癸丑。二年甲寅。三年乙卯。四年丙辰。五年丁巳
六年戊午。時ニ年二十七。中古以來邪說盛ンニ行ナハレテ。本宗大ニ衰フ。和尚初メ邪教ヲ受テ精密ニ工夫シ。其淵底ヲ窮ム。時ニ妙立和尚出タマヒテ。本宗ノ正旨ヲ唱ヘタマフト聞テ。數〻參扣シ。親シク教ヲ受テ。前ニ得ル所ロ甚ダ邪說ナルコトヲ知レリ。此レヨリ眞正ノ道心ヲ發シ。乘戒倶ニ急ナランコトヲ欲ス。是ノ年八月八日。妙立和尚ニ從フテ梵網十重禁ヲ稟ケタマヘリ
七年己未。年二十八。四月十六日輕戒ヲ受ラル。魚山梶井靈覺親王寵遇殊ニ厚ク。數〻招ヒテ教觀ヲ討論シタマヘリ。
和尚筑前ニ歸ル日詩ヲ贈リタマヘリ
遺教已頽綱。鴻猷憑テ子ニ張ル。枯椿尚尋ネ兔（兎カ）ヲ。多路易シ亡羊ヲ。揮ヘハ塵ヲ珠生シ口ニ。護シテ囊ヲ鐵作ス腸ヲ。窮通關ル法運ニ。自重ニシテ不垂堂セ
八年庚申。天和元年（一六八一）辛酉。二年壬戌。三年癸亥。貞享元年（一六八四）甲子
二年乙丑。年三十四。六月十九日立和尚ニ從テ形同沙彌トナル。輪王寺大王（解脫院宮ト諡ス）ニ白シテ星光院ヲ辭シ。洛西ノ泉谷ニ隱棲シ。乞食シテ身ヲ支ヘ枯淡ヲ守レリ。山門ノ學徒慕ヒ來テ請益シ。尊稱シテ長老トス
三年丙寅。四年丁卯。北野ニ移リ居ス
東山院。元祿元年（一六八八）戊辰。蓮宗ノ洞空立和尚ニ天台菩薩戒疏ヲ講ジタマハンコトヲ請フ。立和尚時ニ光明句記ヲ講セルニヨリ和尚ニ講セシメラル。因テ戒疏ヲ北野ノ草舍ニ講セリ」
二年己巳。和尚謂ヘラク。今時正宗振起ストイヘトモ。他日邪說復タ發ランコトヲ恐ルト。因テ闢邪編ノ作アリ。立和尚

へ質シテ而シテ行フ。後ニ輪王寺大王（諱ハ公辨）隨喜シテ序ヲ撰シ并ニ書シテ賜フ。凌雲院大僧正（名義道）ハ邪說ノ魁首タリ。立和尚ト數々抗論シテ。終ニ邪見ヲ改タム。故ニ闢邪ノ左券トナラント云テ跋語ヲ述セリ。是年御室ノ邑ニ移リ居シ。大佛頂經ヲ講ス。山門寺門ノ學徒及ヒ諸方ヨリ來リ聽ク。伊藤元藏（名長胤）詩ヲ袖ニシ來リ訪ラフ

浮屠靈空師。締フ廬ヲ仁和蘭若ノ之側ニ。禪餘且ツ愛ス文字ヲ。道不レハ同ラ不相爲ニ謀ラ。然ルニ予亦有リ文字ノ之嗜。以ニ好尚之適符スルヲ往テ訪フ其ノ廬ヲ。漫ニ呈ス三律ヲ。欲尋ント遠公ノ室ヲ。移シテ歩ヲ過ク西川ヲ。麥秀テテ搖ニ青穎。荷圓ニシテ點ニ碧錢ヲ。禮時鐘二六。胸字（宇カ）界三千。借問ス離テ鄕國ヲ。幾年カ此時（地カ）ニ禪ス　其一　振テ衣ヲ辭シ帝鄕ヲ。卓錫ヲ住ス雙岡ニ。緇侶兩三輩。朗吟六七章。鳥鳴テ窺ヒ午鉢ヲ。猊睡テ暗シ晨香ヲ。定テ識ル講シ經ヲ畢テ。散華滿ン石牀ニ　其二　素ト愛シテ西巒ノ秀ヲ。此ニ來テ幾カ賦ス詩ヲ。雲ハ封ス坐禪ノ室ヲ。石ハ老テ放生ノ池。客是レ非ス陶陸ニ。師常ニ慕フ遠支ヲ。隨身何ノ所ニカ在ル。一鉢一軍持　其三

三年庚午六月。立和尚疾アリ。七月三日洛東聖護院邑ノ草菴ニ示寂シタマヘリ。全身ヲ北白川山ニ葬ムリ。塔ヲ建テ之ヲ識セリ。立和尚ニ隨ヒシ緇素多ク。和尚ニ歸ムケリ

四年辛未。時ニ年四十。緣ニ隨フテ立和尚所住ノ庵ニ移リ。菴ヲ號シテ有門庵トセラル

五年壬申。時年四十一。輪王寺大王ノ請ニ依テ一夏山門安樂院ニ寓居シ。觀經疏鈔等ノ書ヲ講シ。秋有門庵ニ還レリ

六年癸酉。年四十二。十月大王安樂院ヲ以テ律院トシ。和尚ヲ住持トシタマヒ令旨ヲ手書シテ賜ヘリ。泰道（字了轍）義光（字瑞峯）智幽（字玄門）寶志（字義節）義融（字卽超）五沙彌侍セリ。元祿庚午年是ヨリ前。大王輪王ノ室ヲ繼ギ東行シタマフ時。聖護大王ノ殿ニ來リ（聖護大王諱ハ道祐。輪王ノ宮ノ同母ノ弟タリ）立和尚ヲ招ヒテ相見シ。輪王ノ宮ノタマヘルハ他日律院ヲ建立シ。法義ヲ發起セント約セリ。立和尚其年示寂セリ

大王繼席ノ後。今年安樂院ヲ律院トシ。和尚ヲ請シタマフハ曾テ立和尚トノ約アリシ故ナリ。和尚安樂院ニ住シテ楞伽經・菩薩戒疏・十不二門指要鈔等ノ書連環シテ講セリ。

安樂院堂舍狹隘ニシテ聽徒多キガ故ニ。山本坊（今ノ名ハ華德院）ニ於テ講セリ。徒益〻繁シテ又松禪院ニ於テ講セリ

七年甲戌。洛北ノ白慧比丘（高野蓮華寺ノ住持。俊(後カ)立和尚ノ弟子トナル）淨財若干金ヲ喜捨セリ。和尚巨鐘ヲ鑄及ヒ閣ヲ立テ篭セリ。和尚親シク銘ヲ撰ス。大王返聞閣ノ三大字ヲ書シ賜ヘリ。奉シテ額トセラル

八年己亥(乙カ)。時ニ年四十四。闔山ノ大衆。法華文句幷ニ記ヲ講セラレンコトヲ請フ。東照宮本地堂ニ於テ春秋二季三日一講三年ニシテ滿セリ。曼珠(殊カ)大王。講コトニ駕ヲ回シテ聽聞シタマヒ。四方諸宗ノ學徒雲集セリ。輪王大王。此ノ擧ヲ聞テ隨喜シテ詩ヲ給ヘリ

聞テ三靈空開士講スト二法華ヲ于台麓一ニ。不レ堪二勸(歡カ)喜一ニ。因テ賦二一絕一ヲ遠ク寄ス二猊座下一ニ。聞ク在テ二台嶠一ニ說ト二一乘一ヲ。僧家忽チ見ル臥龍興ルコトヲ。從レ今化益無二窮マル處一。幾許ノ光輝挑ン二法燈一ヲ

九年丙子。年四十五。楠葉(クスハ)ノ宗覺律師彈妙立破靈芝章ノ作アリ。師彈彈章幷ニ辨辨謗比丘作樂供佛章ヲ著ハス。寶永二年(一七〇五)。律師辨惑章ヲ著ハス。三年。師喩箴錄ヲ撰ス。四年。律師按刻喩箴錄ヲ出ス。師亦喩箴錄續補ヲ著ハス

十年丁丑(一元祿カ)。年四十六。文句ノ講完フシテ安樂ニ還リ占察懺ヲ修セラル。此年春。大王大樹幕下（常憲公）ニ安樂ノ寺領ヲ寄セタマハンコトヲ請ヒタマフ。因テ近江州衣川邑ノ調百石ヲ衆ノ費ニ充テ給ヘリ。癸酉ノ年ヨリ今年マテ五年ノ閒ハ大王檀越ト爲テ每レ歲米數十石ヲ喜捨シタマヘリ。十月和尚東都ニ赴ヒテ大樹幕下ヘ恩ヲ謝ス。東叡明王院ニ寓居シテ登城シ幕下ヘ覲ヘラル

大王數〻招ヒテ法要ヲ稟タマフ。闔山大衆ノ請ニ依テ祖師殿ニ於テ法華開題ヲ講セリ。大王餞別ニ智者入定ノ像幷ニ經案等ノ庶物ヲ賜フ。十一月山ニ歸リタマフ。十二月大王ノ命ニ依テ立和尚ノ廟ヲ北白川ヨリ安樂院西北隅ニ移。本院中興第一祖トセリ。移塔ノ記ヲ塔背ニ彫レリ

十一年戊寅。年四十七。春大悲懺ヲ修セリ。三月湖東安養寺湛堂和尚ヲ請ジテ證明トシ。六日兪(瑜カ)伽戒。七日沙彌十戒。八日卯ノ時自ラ誓テ具足戒ヲ受タマヘリ。五月湛堂和尚ヲ證明トシテ五沙彌之沙彌ノ十戒自誓セシメ。九月和

尙證明シテ進具セシメタマフ。和尙ノ曰ク。今ヨリ後一派ノ徒。本院ニ於テ受具セシメ止住スルコト五年律ヲ學スヘシト。此レヨリ先キ和尙大王ニ勸メテイヘルハ。梵網重輕戒ヲ受ケ菩薩ノ大僧トナリ。一紀誓ツテ山ニ住シ。舍那止觀ノ兩業ヲ修シ。一紀滿シテ兼行寺ニ住シ。四分兼學スルコトハ開山大師本山ノ恆則ナリ。然ルニ久シク其式廢セリ。願クハ舊制ヲ復シタマヘト。大王喜諾シタマヒテ一山ニ令シテ云ヘルハ。今ヨリ一紀住山シ舍那止觀ノ兩業ヲ修セント欲スル者ハ告ヨト

十二年己卯。時年四十八。東塔西谷護心院素道。祖式ニ遵シ一紀住山シテ止觀業ヲ修セント願ヘリ。大王喜諾シタマフ。素道修懺シテ好相ヲ得。和尙ニ從ツテ圓ノ十善戒ヲ受ケテ菩薩沙彌トナリ。後戒壇院三聖像前ニシテ和尙證明シ。梵網重輕ノ戒ヲ自誓シテ菩薩大僧トナリ止觀業ヲ修セリ。此レヨリ後兩業ノ大僧相續テ登壇受戒。皆此式ニ准セリ。又和尙大王ニ勸メタマフ。自レ今以後住山ノ大僧ヲシテ輪次ニ開山堂ノ侍眞トシテ香火ヲ奉セシメタマヘト。大王喜諾シテ令旨ヲ賜ヒ開山堂侍眞ノ式ヲ立タマヘリ。後享保(一七二九)己酉ノ歳。崇保院宮若シ籠山ノ大僧減少。或ハ無レ之時ハ安樂院ヨリ大僧或ハ沙彌等之ヲ遣ハスヘシ。其ノ內籠山ノ人アラハ前前ノ如ク相務メラルベシトノ令旨ヲ賜ヘリ。六月觀音疏記ヲ本院ニ講セリ。九月攝州金龍寺・觀眞寺ヲ以テ律刹トナサンコトヲ欲シ大王ニ稟ス。王許シテ卽チ本院ヲ門派ニ屬シタマフノ令旨ヲ賜フ。安樂一派律法永永相續シテ後世異派ナカランコトヲ欲シタマフテナリ。是歲觀眞カ請ニ應シテ金龍寺ニ遊ヒ。十(千カ)觀先德ノ像ニ贊ス。此レヨリ先キ智積院大衆數〻來ツテ講ヲ請フ。因テ十不二門指要鈔ヲ有門庵ニ於テ講セリ

十三(一元祿カ)年庚辰。時年四十九。春智積ノ大衆ノ爲メニ法華入疏ヲ東照宮本地堂ニ講ス。諸宗ノ學徒雲集セリ

十四年辛巳。年五十。春六波羅密(蜜カ)寺ニ於テ講畢セリ。十一月本院ニ就テ始メテ菩薩戒廣布薩會ヲ建テ。勢州飯野郡神山一乘寺住持祐鎭。寺ヲ捨テ律院ト爲ント乞フ。和尙許シタマヒ。領主藤堂高久侯ニ白ス。侯許シテ律刹トセリ。寶

永五年（一七〇八）。後ノ領主高睦侯衆糧ヲ施セリ。享保四年（一七一九）。阿波曾邑浦城居士。明板（版カ）ノ藏經ヲ納ム。師藏經庫ノ記ヲ撰セリ

十五年（〔元祿カ〕）壬午。年五十一。春勢州神山ニ往キ留住スルコト月餘。津城茨木重定小銅鐘ヲ喜捨シ。和尚ニ銘ヲ請フテ刻ム」

十六年癸未。年五十二。播州太山寺大衆寶珠院。幷ニ枝院長林寺ヲ以テ律刹トナサンコトヲ欲シ靑蓮院ノ宮（後桂蓮院ト謚ス）ニ白ス。王隨喜シ。和尚ヲシテ兼主サトラシム。後郎（卽カ）超比丘ヲ遣ハシテ住持トセラル

寶永改元甲申（一七〇四）。年五十三。是ノ年志賀ノ義瑞律師。妙宗鈔・十義書ヲ講スル次テ。師ノ曾テ著ハセル縱ヒ觀スルモ佗境ニ亦須レク約スレ心ニノ文ヲ解スル筆記ヲ難付ス。師謂ヘラク。此レ一家ノ觀道此ヨリ緊要ナルハナシ。而ルニ異説ヲ學者ヲシテ疑惑セシム。其害甚ハタシト。因テ是歲六月。內外二境辨一卷ヲ著ハス。二年瑞師。辨內外二境辨ヲ述ス。時ニ師ノ座下ノ學人某シ問詰錄ヲ著ハシテ之ヲ詰ス。瑞師復タ內外境觀拾遺ヲ述ス。正德三年（一七一三）師彈拾遺ヲ著ハシテ大ヒニ彈破ス。四年瑞師ニ百難ノ作アリ。師ニ千酬ヲ作テ所難ヲ通釋シテ巨細極テ切當明白ナリ。瑞師此レヨリ復言說ナシ。豈ニ其ノ義窮マリテ終ニ墮負スルニ非スヤ。秋東塔大衆ノ請ニ應シテ摩訶止觀輔行ヲ滋賀院ニ講セリ。三日一講ナリ

二年（〔寶永カ〕）乙酉。年五十四。止觀輔行ヲ東照宮本地堂ニ於テ講セリ。是歲勢州多氣縣相鹿西村宗閑。明刻大藏三百四十二帙ヲ本院ニ納ム。梶井法親王東麓安樂別墅ニ駕ヲ枉ゲテ圓頓章ヲ稟ケタマフ。玆歲了轍比丘亡ス。和尚悼ノ詩アリ。艸堂雜錄第二ニ載ス。比丘本ト蓮宗ノ人。一タヒ立和尚ノ著述ヲ觀テ發心シ終ニ宗ヲ改メテ律徒トナリ。和尚ニ從フ。年和尚ニマサレルコト二歲

三年丙戌。年五十五。冬止觀輔行第五不思議境ニ至テ講ヲ停ム。是ヨリ先キ和尚退隱センコトヲ欲シ。大王ヘ白ス。王手書ヲ寄セテ慇懃ニ留メタマフ。已ムコトヲ得ス。二夏ヲ度レリ。此時ニ至ツテ累リニ院事ヲ辭シ。玄門比丘ヲシテ席ヲ繼シメンコトヲ願フ。大王許諾シタマヘリ。此ヨリ和尚。東麓ノ別院ニ退隱セラル。和尚云ヘラク。本院此ニ至ルマデ大僧ヲ月直トシ。院事ヲ司サトラシム。後來事衆評ヨリ出ンコ

トヲ恐ル。今ヨリ後沙彌ヲ直院トシ。諸事住持ノ指揮ニ任セ。舊住ノ大僧ハ住持ヲ輔佐シ。事衆評ニ預カラサルヘシ。此ヲ本院ノ永式トセヨト

四年丁亥。年五十六。大王上都シ京師廬山寺ニ寓居シタマフ。大王東麓ノ別院及ヒ洛東ノ有門庵ニ駕ヲ枉ケ。又數〻廬山寺ニ招請シテ法要ヲ稟タマフ

五年戊子。西村宗閑。藏經庫ヲ安樂院ニ建ツ。和尚一微塵ノ三大字ヲ書シテ額トス

六年己丑。七年庚寅

中御門院。正德改元辛卯(一七一一)。年六十。春大王本院ノ正殿ヲ鼎建シタマフノ令旨有テ斧斤事始マル。是年本山ノ衆侶ノ請ニ應シテ金光明玄(文カ)句記ヲ商議セリ。本州蒲生縣龍王寺住持智寂。寺ヲ以テ律刹トシ本院ノ枝院ニ係リ。後享保二(一七一七)年丁酉ニ至ッテ水口邑佐治爲鄕。大藏經ヲ納ム。九年甲辰ノ春。藏經記ヲ撰セリ

(丁正德カ)二年壬辰。年六十一。州ノ信樂寺ヲ經テ勢州ニ赴ムク。神山ニ暫住シテ還レリ

三年癸巳。年六十二。春湖東ノ龍王寺ニ赴ムク。秋播州明石ノ善樂寺ノ請ニ應シ攝州金龍寺ヲ過リ。明石大(太カ)山寺ノ寶珠律院ニ信宿シ。松壽・長林ノ兩律院ニ過リ。書寫。增位。刀田。法華ノ諸山ヲ經歷シテ還レリ。秋本院正殿成ルヲ告ク。費一千五百金ナリ。大王弘律場ノ三大字ヲ書シテ額トシタマフ。八月十三日大衆來會シ落成ノ供養ヲナス。洛城辻伯耆守等ノ伶人來テ奏レ樂ヲ。師新殿ニ於テ略教誡經ヲ講セリ。冬初修業菩薩僧南寶(飯室溪圓乘院。字ハ楚善)一紀住山滿シ兼學センコトヲ請テ院ヲ辭シ本院ニ來リ。和尚證明シテ受具セシム。此ノ後紀滿ノ徒皆此ノ式ニ準セリ

四年甲午。年六十三。春公寛大王(崇保院ト號ス)始メテ東都ニ赴キタマフ時。師ヲ山階出雲寺ニ請シ齋ヲ設テ法要ヲ受タマフ。是ノ年本山衆ノ請ニ應シテ仁王經疏ヲ弘律場ニ講セリ。十月大僧六人集和シテ始メテ攝僧大界ヲ結セラル。秋玄門比丘退隱セラル。眞皎。知雄。願鴻。楚善ノ四比丘ヲシテ輪住セシメラル

五年乙未。年六十四。春丹波山王律寺ニ遊フ。秋本山衆ノ

請ニ依テ佛頂文句ヲ東麓ノ大政所ニ講シ。丙申ノ春。第三卷ニ至ツテ講ヲ停メリ。冬大王席ヲ公寛親王ニ遜リ。大明院ノ宮ト號シ上都シタマフ。駕ヲ本院ニ枉テ。正殿精麗ニ衆緣ノ備ハレルヲ見テ。正法永ク傳ハリ。素願ノ滿セシコトヲ喜ビタマヒ。開祖和尚ノ塔ニ請シ。慇懃ニ拜シ新殿ニ於テ法話時ヲ移セリ

享保改元丙申(一七一六)。年六十五。春大明院大王復タ上都シ山階ニ留住シタマフ。夏四月疾ヒアリ。和尚ヲ病牀ニ招キ垂示ヲ請ヒタマフ。大王顧命シタマフハ葬送ノ日和尚ヲ請シテ拈香回向セシメヨ。又タ我像ヲ刻ンテ安樂院ニ安セヨト竊カニ意フニ。護法ノ志願永ク朽サランコトヲ表シタマフ故ナラン

和尚昔年東塔正覺院ニ於テ兩部ノ灌頂ヲ受ケラル。然ルニ立和尚西谷行光坊ニ於テ兩部ノ灌頂ヲ受タマフ。之ニ因テ是歲悉地院惠潤僧正(前行光坊ノ住持)ヲ安樂ノ別院ニ招ヒテ兩部ノ灌頂ノ密印等ヲ傳ヘ。更ニ玄門比丘ニ授ケラル。秋九月玄門比丘ヲシテ本院ニ於テ兩部ノ灌頂ヲ行ハシメテ眞蛟比丘ニ傳ヘシメラル。此レ安樂院傳法灌頂之始メナリ

二年丁酉。年六十六。五月談峯ノ蓮光院法華驗記ヲ刊マントシテ師ニ序ヲ乞フ。師爲ニ序ス。識者曰ク。此序傳教・慈覺等ノ諸祖ノ法華弘闡ノ深致ヲ發明シテ大ヒニ山門ノ宗旨ヲ翼贊シ。且ツ本邦無識ノ徒。四明ノ學ヲ藐視スルノ謬リヲ救正ス。本邦ノ白徒皆知ラスンハアルベカラズシテ。而シテ最モ山門ノ學者深ク思ヒ細ニ玩フヘキ所ロナリ。愼シンテ尋常序文ノ看ヲナスヘカラスト。甲午(「正德カ)夏。備前岡山寺圓然廢寺ヲ再興シテ律刹ト成ンノ願ヒアリ。遂ニ國主綱政侯ニ白ス。侯湊邑ノ地ヲ喜捨セラル。圓然及本宗同志ノ僧各資財ヲ捨テ正殿ヲ建テ。師ニ請テ瑞光山佛心寺ト號ス。今ノ太守ニ白シテ安樂院ノ枝院ニ屬ス。今秋正殿已ニ成テ和尚ヲ請ス。玄門比丘ヲシテ代リ赴カシム。再興ノ緣由艸堂雜錄ニ載ス。冬坂本ヨリ移テ再ヒ洛東有門庵ニ住セラル。青蓮院親王ノ請ニ應シテ觀經融心解ヲ講セリ

三年戊戌。年六十七。春又請ニ應シテ佛心印記等ヲ講セリ。是歲輪王大王上都シタマフ。師ノ德ヲ欽メルコト甚ハタ篤シ。有栖川ノ旅館ニ請シテ止觀大意ヲ講セシメタマフ。同

歳攝州大阪來迎寺ヲ律院トナシ本院ノ派ニ屬シタマヘリ
四年己亥。年六十八。來迎寺ニ赴ムク。金龍寺ニ過ツテ有門庵ニ還レリ。此歳知雄比丘ヲ本院ノ住持トセリ
五年庚子。六年辛丑。毎ニ秋來迎寺ニ赴ムキ留住スルコト數旬ニシテ有門庵ニ還レリ
七年壬寅。年七十一。備前佛心寺ノ請ニ應ス。住スルコト二旬備前游詠ノ作アリ。艸堂雜錄ニ載ス。是歳卽超比丘寶珠院ニ沒ス。和尙寶珠院ヲ永ク辭セリ。後乙巳ノ夏。青蓮親王（尊諱ハ尊祐）和尙ニ乞テ知雄比丘ヲシテ兼董サシム
八年癸卯。年七十二。春大王手ツカラ和尙ノ像ヲ圖シ。且ツ贊ヲ書シテ玄門比丘ニ賜フ。比丘之ヲ安樂院ニ藏シテ乃チ其ノ事ヲ紀シテ附ス。云ク。享保癸卯ノ歳輪王寛大王手カラ寫シ空和尙ノ眞ヲ幷ニ題シ贊詞ヲ。更ニ命シテ狩野ノ渭川ニ畫ヒテ其ノ幅ヲ以テ賜フ余ニ。拜受敬禮シテ曰ク。大王崇道ノ深キ。和尙積德ノ之高キ。一時並ヘ見ハ者。其レ惟タ在ル此ノ幅ニ乎ト。今ニ遺シテ現住知雄ニ使永ク藏テ安樂院ニ以テ充兒孫ノ供養ニ云。夏四月苾芻智幽謹テ誌スト。是歳大王。大樹幕下（吉宗公）ニ白シテ。安樂院ニ准シテ東叡淨名院ヲ律院ト爲シタマフ故。大王ノ制ニ遵シテ本院ノ門派ニ屬シ。且ツ本院ニ准シテ令旨ヲ手書シ賜ヘリ。秋九月師ヲ請シタマフ。辭スルニ老病ヲ以テシテ玄門比丘ヲシテ代リ下シ律院ノ法式ヲ定メシメラル。大王師ヲ第一世トセントノタマフ。和尙辭シテ安樂院ニ准シテ妙立和尙ヲ中興第一世トセラル。師云ヘラク。江城ハ繁華ノ地ナレハ。此ノ處ニ久住スル人ハ行事自ラ緩カニナランコトヲ恐ル。如法ニ法住センコト願フ所ロナリ。之ニ依テ住持ハ三年一輪ニ交代スヘシ。此ヲ彼ノ院ノ常式トセヨ。又タ托鉢ハ古佛ノ定法ナレハ此ノ則缺クベカラスト。此兩條大王ニ白サル。王感シテ諾シタマヘリ。有門庵ハ其地狹小且ツ四隣宅ヲ圍リ。師衰老夏熱ニ苦シメリ。大王ノ洛濱ノ大宅ハ清涼寂靜ノ地ナレハ。徒衆大王ニ白シテ其偏地ニ草舍ヲ結ハンコトヲ乞フ。王許シタマフ。是歳靈峯宗論ヲ刊行セシム。序ヲ撰シテ大ニ靈峯ノ洪德ヲ發揮シ。當時或ハ邈視スル者ヲ誡付ス。凜然タリ
九年甲辰。時年七十三。閏四月洛濱ノ茅舍已ニ成テ幻幻

庵ト名ケ。手書シテ扁トス。有門庵ヨリ徙リテ夏坐ス。普說ヲ撰セリ

十年乙巳。年七十四。是ヨリ先キ尾州維摩院僧正智鋒。國君ニ白シテ新タニ律寺ヲ建テ。法藏寺ト號シ本院ノ枝院トセリ。城中ニ藏ムル所ノ八稜ノ古堂ノ材アリ。國君之ヲ賜フ。僧正資財ヲ捨テ堂及ヒ房舍ヲ立ツ。是歲ノ春和尙ヲ請セリ。命シテ玄門比丘ヲ代リ赴ムカシム。是ヨリ先キ師大王ニ白サク。本邦ノ諸祖倶舍・唯識ニ精通セリ。近世此ノ學寢(寖カ)ク衰ラフ。願ハクハ此ノ學復擧ンコトヲト。大王諾シ其人ヲ求メタマフニ。備前兒島大願寺惠頂多年唯識・倶舍ヲ學ブト聞ユ。因テ召シテ上都セシメ幻幻庵ニ就テ唯識論ヲ講究セシメタマヘリ。師中古以來謬マリ傳ヘテ講說スル者ヲ辨明シテ以テ論ノ正旨ヲ指示セラル

十一年丙午。年七十五。秋惠頂唯識ノ講究已ニ完フス。是ニ於テ本山ノ東麓ニ講セシメラル

十二年丁未。年七十六。徒衆ノ爲メニ觀經疏鈔・十不二門指要鈔等ノ要義ヲ商究セリ。冬卽心念佛談義本ヲ述セリ。道俗賢愚ニ通シテ大ヒニ益アリ。故ニ速カニ海內ニ流布セリ。播州明石粱田郡美才右衞門ハ眞儒而眞釋ナリ。跋ヲ述シテ以テ助顯ス。義瑞律師及ヒ蓮宗ノ徒書ヲ著ハシテ疑難論說スル者アリ。師其ノ辨ズルニ足ラサルヲハ之ヲ置キ。若シ他ヲ惑ハスヘキヲハ一一破付シテ的當切確ナリ。疑難終ニ雲散シ氷消ス

十三年戊申。時年七十七。台麓ニ遊ンテ法話アリ

十四年己酉。七十八歲。山門衆ノ請ニ應シテ台麓ニ赴ムキ法話セリ。八月東叡淨名院正殿落成ス。因テ玄門比丘ヲシテ東行セシメ佛像ヲ奉安供養アリ。是歲大王日光山ニ於テ新タニ律院ヲ建テ興雲院ト號シタマヘリ。玄門比丘東叡ヨリ光山ニ赴ムキ豫シメ律院ノ制規ヲ立テラル。三山ニ律院ノ備ハレルコト師大ヒニ歡喜セラル。大王師ヲ彼ノ院ノ開基第一祖トナシタマヘリ。茲歲智(知カ)雄比丘死セリ。此後又輪住トセラル

十五年庚戌。年七十九。十月台麓ニ遊フ

十六年辛亥。八十歲。大王。師ノ八旬ノ壽ヲ祝シテ手書ヲ

賜ヒ。狩野探幽カ所畫クノ福祿壽ノ像一幅幷ニ珍菓等ヲ寵賜シタマヘリ。二月東麓ニ赴ムク。歳歳此ニ遊ビ住留浹日。衆ノ爲ニ勞ヲ忘レ法話セリ。五月大王上都シタマヒ駕ヲ幻幻庵ニ枉ケ。又師ヲ廬山寺ノ旅館ニ請シテ法話セシメタマヘリ

十七年壬子。年八十一。春止觀大意・始終心要等ヲ講ス

十八年癸丑。年八十二。春三月玄門比丘ニ命シテ安樂院ニ於テ四分ノ廣布薩會ヲ行ハシム。六月門外ニ餓ヘテ臥セル者アリ。師之ヲ憫レミ侍子ニ命シテ飲食セシムレトモ程ナク死ス。因テ詩ヲ賦シテ懷ヲ寫ス。何ノ時カ得化コトヲ身ヲ千億ニ一箇ノ餓人一老僧ノ句アリ。又七月十二三歳ノ童子餓テ且ツ病ミ門外ニ臥セリ。又命シテ湯菓ヲ與ヘシム。二三日ヲ經テ病危ウク見エケレハ。醫ヲ延テ藥ヲ服セシムルニ遂ニ愈ユ。此兒丹州ノ產ナリ。特ニ人ヲ遣ハシテ親ニ告テ出家セシメ還起ト名ツケリ。十一月佛頂・楞嚴經ヲ講ス

十九年甲寅。年八十三。八月楞嚴講完ス。十一月碧巖集ヲ講ス。茲歳智教比丘死ス。比丘立和尚禪宗ノ時ヨリ隨從シ。後和尚ニ從テ進具セリ

二十年乙卯。年八十四。二月毘沙門堂親王（諱ハ公遵）駕ヲ枉ケ師ニ謁シ。此レヨリ後數〻來テ請益シタマヘリ。三月安樂院ニ遊ンテ信宿セリ。時ニ親王山階ヨリ移リテ滋賀院ニ住シタマヒ。師ヲ延テ圓頓章ヲ講セシメ。又安樂院ニ登リタマヒ。法話ヲ稟ケタマヘリ。六月碧巖集ノ講畢リテ四部錄・彌陀經要解等ノ書ヲ講セリ。是歳義節比丘神山寺ニ死セリ

二十一年丙辰。年八十五。二月妙法院親王（諱ハ堯恭）駕ヲ枉テ法要ヲ稟ケタマフ。此後數〻來リ。或ハ師ヲ殿中ニ招ヒテ齋ヲ供シ。佛心印記ヲ講セシム。一日詩ヲ袖ニシ來リテ師ニ呈シ賜フ

老師智德絕ス儔倫ヲ。慈雨教風大耋ノ春。獨坐講筵竟フ遲日ヲ。心期在出ルニ利名ノ塵ヲ

師乃ハチ次韻和答セラル。三月金剛經疏ヲ講ス。講畢ツテ又破空論・四十二章・遺教・八大人覺經等ヲ講ス。四月毘沙門堂親王。師ヲ山階ノ宮殿ニ請シ齋ヲ供ス。齋後心經ヲ講セリ。五月京兆ノ尹丹後守土岐賴稔侯。師ノ乘戒俱ニ

急ニ解行並ヒ妙ナルヲ聞テ。其ノ第宅ニ請待シ齋ヲ設ケ法ヲ聽ンコトヲ欲ス。師其ノ請ニ應ス。齋後台宗教觀ノ要旨ヲ演說ス。是ニ於テ師ヲ尊崇歸依スルコト益篤シ。識者曰ク。京尹眞ノ善智識(知カ)ヲ知テ出格歸敬ス。顧フニ必ス是レ靈山ノ親付囑ヲ受ケ來ルナラン。誠ニ敬スヘシト。十二月元文改元(一七三六)

二年丁巳。年八十六。圓覺經ヲ講セラル。三月靑蓮院大王ノ請ニ應シ。齋後圓頓章ヲ講ス。九月十八日魚山ノ請ニ應ス。客歲正月勝林院證據ノ彌陀堂內ニ火アリ。金容トモニ亡ブ。是歲新造シ闔衆師ノ開光ヲ乞フ。乃ハチ赴テ開眼シ已ツテ衆ノ爲ニ普說シ開光ノ記ヲ撰セリ。此歲瑞峯比丘死ス。比丘常ニ坐禪ヲ好メリ。命終ノ時唱名シテ坐脫ス。悼ノ詩艸堂又續雜錄ニ載ス

三年戊午。年八十七。正月法華會義輪貫(綸カ)ヲ講シ繼テ本經ヲ講ス。三月攝州金龍寺ニ遊フ。此月大王席ヲ公遵親王ニ讓リ自ラ崇保院宮ト號セリ。同月聖護院親王(尊諱ハ忠譽)ノ請ニ赴ムキ齋後心經ヲ講セリ。四月庵前ノ藤架庭中ニ漫タリ。因テ自ラ藤庭ト號ス。十月浮腫ノ病ヒアリ。服藥不日ニシテ平復シ。重病後ノ普說アリ。輪王大王手帖ヲ寄セ貴藥珍菓等ヲ寵賜シ疾ヲ問ヒタマフコト厚シ

四年己未。八十八歲。三月微痾ニ罹リ。醫藥效アラス。大王復タ手書ヲ寄セ。貴藥等ヲ賜ヒ疾ヲ問ヒタマフ。靑蓮・妙法・聖護・梶井ノ諸大王。時時使ヲ差ハシテ慰問シタマヘリ。六月初旬。玄門比丘及ヒ本院ノ輪番性貫比丘・徧詢比丘・覺道比丘ヲ集メ。四明尊者付スル二崇矩法師ニ一遺書一篇ヲ講授シテ。是レ吾カ遺書ナリト云ヘリ。山門正覺院亮潤大僧正ハ五十年來ノ舊知。法ヲ師ニ問ヒ弟子ノ禮ヲ執レリ。此ノ時師ノ疾ヲ瞻ンタメ近處ニ寄宿セリ。因テ招ヒテ此席ニ預カレリ。其ノ後省候ノ人アレハ吾カ在ルハ爲ニ訓物ノ之柄一。吾逝クハ爲ニ見佛ノ之基一。去留心ニ不レ掛ラト云ヘリ。七月飮食稍稍ニ減スト云ヘトモ課誦談話平日ノ如シ。一日玄門比丘ニ語テ云ヘラク。數十年來志ヲ一ニシ法ヲ重ンシ今日ニ至ルマテ違フコトナシ。此レ吾カ悅ブ所ナリト。此ノ後玄門比丘至ラルレハ寒暖ヲ敘シ畢テハ。タダ諸上善人倶會一處ト稱セラル。一日玄門比丘問テ曰ク。大師華嚴宗等ノ度者

ヲ奏シタマヒシコトヲ。東國高僧傳ニ他宗ノ云サルトコロト云テ大ヒニ贊セリ。此ノ贊大師ノ意ニカナハサルコトナリヤ。師ノ云。ナルホドナルホド大師ノ意ヲ知ラサルユヘナリ。師近歳毎月二十五聖ノ畫像ヲ拝セリ。春來此ノ擧ナシ。一日侍子畫聖ヲ懸ンコトヲ請フ。師笑ツテ曰ク。常ニ想ヲ淨邦ニ送リ佛ヲ觀ル。何ンゾ畫像ヲ拝スルコトヲ須ヒント。七月三日是日妙立和尚五十四(回カ)ノ遠忌ニ丁レリ。燒香念誦シ遠忌ニ値フコトヲ喜ハル。大王師老病ノ中是ノ日ニ値フコトヲ悦コヒタマヒ。滋賀院鑒(監カ)司遺教院ヲ遣ハシ嘉貺アリ。此月九日。大王師ノ病ヒ危篤ナリト聞タマヒ。特ニ東叡山ヨリ圓珠院名德明ヲ差ハシテ慰問シ。又一日和尚。百年ノ後法義ヲ荷擔シ益〻外護ヲ加ヘタマフヘキノヨシヲ告ケタマヘリ。師大王護法ノ厚志ヲ深ク感シテ世ニ遺念ナシト甚ハタ喜ハル。十二日滋賀院監司遺經(敎カ)院孝純三執行代妙青院仙順。溪廣院貞道。覺常院惠順ヲ招ヒテ。從來ノ外護ニ依テ正法興隆ノ喜コヒヲ謝シ。更ニ安樂院籠山後來ノ衞護ヲ囑セラル。此日籠山中ヘ書ヲ寄セ。法義如法ニ相續センコトヲ遺囑セリ。十三日靑蓮院大王。十八日妙法院大王。師ノ病牀ヲ問ヒタマフ。師儀容平日ノ如クニシテ相見快談ス。兩大王。師ノ積痾終ニ起ツコト得サランコトヲ見タマヒ。傷ミヲ懐ヒテ別レタマヘリ。九月二十一日仰テ奉レ別ニ台門ノ諸大王一ニノ詩有ツテ。輪王・靑蓮・妙法・聖護ノ四大王ニ獻シ。且ツ異日木蘭ノ鬱多羅僧四領ヲ四大王ニ獻セラル。二十六日安樂輪番ノ人數ヲ擇ヒ。衆和合シテ正法相續シ。籠山ノ徒衆水乳ヨリ和シテ綿綿タランコトヲ願ハルルノ遺囑苦切慇懃ナリ。此レヨリ後他事ヲ言ハス。瞑目稱號シ閉(ママ)目ヲ開ヒテ微笑セラルルコト晝夜屢〻ナリ。十月四日夜半佛名ヲ稱シ溘然トシテ示寂セラル

5　全宗法印傳

法印全宗。別號ニ德運軒一藥樹院法印ト云。醫爲ニ施藥院祖一隱レテ近江州甲賀郡丹波氏ノ子ナリ。幼ニシテ而聰敏性好ニ慈濟一。禮シテ叡山橫川檢校一ヲ剃度ス。適ニ元龜ノ閒タ平ノ信長ノ兵起ルニ一。而叡山ノ佛刹一ニ皆遭レ焚ニ。緇徒星ノゴトクニ散ス。公尋テ反ニ初服一ニ乃隱ルニ於醫一ニ。與ニ豐臣秀吉公一ト爲ス布衣ノ交一リヲ。名聞藉藉トシテ由レ斯而著シ焉。

及秀吉公正位帥府。卽起宗爲大醫院位正四品而恩遇特隆於衆。朝野重之。宗嘗謁伊勢大神宮見郡吏迫取田地歳課(官カ)甚酷。神民苦之。乃爲上聞而免其吏。神宮以金爲謝。宗曰。吾所以奏陳者。爲敬神明也。非有饑寒之迫。諸君豈不知哉。竟却之。尋値京師疾疫。宗施藥餌十旬。以濟得活者莫計其數。起死回生之功不減藥王大士在世時也。人皆德之。未幾宗復還僧服。而法印之職就授。常以叡山起廢爲懷。一日從容啓秀吉公曰。是山自傳教大師卓錫桓武帝創建以來。今將千載誠護國道場不可一日廢也。自元龜之變而災於火僧侶逃亡。佛燈失照。甚非國家之福。倘欲鼎新今正其時。敢以爲請。秀吉公曰。吾欲爲之甚易。但先主君有治命。不敢背也。觀鄕(卿カ)福縁才力綽有餘裕。倘爲倡起衆縁必集。吾亦當輸二千石以助共成勝事。

不亦美乎。於是宗乃罄鉢資幷鳩衆縁。竭力經營不日成之而一乘戒壇院。客人神祠暨藥樹・月藏・東光諸坊院皆次第就緒僧衆仍集克復舊觀有如彈指頃也。秀吉公聞之喜甚。爰給官田三千石爲當山香積之需。而宗從此留心淨業。常行念佛三昧。一日覺報縁將盡。乃謂門弟子曰。吾平昔惟以濟人爲懷。興復此山爲念。今頗酬夙志。可無遺恨。死後不願汝等列百味之珍饈作萬善之追嚴。惟用一簣之土以覆遺骸。一杯之水以昭靈鑑附於當山足矣。言訖化去。時當慶長四年十二月十日也。世壽六十有九。其門弟子皆如命治葬。遠近緇白無不哀悼焉。嗚呼世有一德一行可稱者。人尚不敢沒其平素。況宗功在山門澤及民物。處身至約爲法甚勤

6　大僧正實俊傳

大僧正實俊。木村氏。難波兵後父母在洛生焉。不能

鞠養スルコト一。棄ニ之ヲ於某街ニ外祖母收テ而養フ之ヲ。數歳登ニ叡山淨敎坊一。實全(善カ)命シテ以ニ吉祥院實祐ヲ一爲レ師剃度。寛永六(一六二九)年實祐被リレ害ヲ。實善モ亦沒ス。故ニ未レ及ニ志學ニ一踵ニ實藏坊一。正保元年(一六四四)。本照院守澄親王學フトキ二洛東靑蓮院ニ一爲ニ侍讀一。四年。親王發ス二東武一亦從フ焉。明曆ノ閒猶在テ二御所ニ一知ニ一宗ノ事ヲ一(乃今ノ執當)人乃以ニ淨敎ヲ一稱ス。後爲ニ聖光院法印憲海ノ弟子ト一住ニ持ス常照院ヲ一。兼ヌ二加州ノ神護寺ヲ一。其知ルトキ二宗ノ事ヲ一初主リ二羽州ノ立石寺ヲ一。後領ニ武州龍眼寺ヲ一。寛文元年(一六六一)加州相公ノ家臣今枝民部近義聽テレ法ヲ爲ニ父朝散太夫法名宗二ノ一創ニ洛北ノ蓮華寺ヲ一。寺後樹テレ碑ヲ延テ以テ爲ニ第一祖ト一。五年初テ賜ニ十住心院ノ號ヲ一。秋歸レ山ニ擢ラル二探題ニ一。尋テ至ル二東武ニ一。六年又隨テ二本照院親王ニ一入レ洛。九年疾ム。辭シテレ知ニ宗ノ事ヲ一。尋テ爲ニ和州妙樂寺ノ學頭ト一。十年歸ルレ山。解脫院守全親王在ニ志賀院ニ一。萬治帝命シテ爲レ傅ト。十二年爲ニ權僧正ト一。延寶六年(一六七八)轉ス二僧正ニ一。補スルコト二執行職ニ一僅ニ一年餘。戒壇頽廢ス。自ラ捐テ二百金ヲ一用テ以テ脩補ス。其不レ足者ハ白シテ二本照院親王ニ一兼テ募ル二攝州大坂ノ信士木村法壽ニ一。妙樂寺學頭坊舊幾ニ大織冠ノ廟ニ深ク患テ二失ハレ火ヲ災及ンコトヲ一遷ス二于他所ニ一。人皆德トスレ之。又補ス二法勝寺ノ和尚ニ一。法勝寺ハ久廢ス。彼ノ寺ノ戒灌今於ニ湖西ノ西敎寺ニ一修レ之。其修スルトキ二戒灌ヲ一所レ施財物分毫不レ受皆爲ニ寺有ト一。講ニ法華玄義釋籤ヲ一著ハス二三部源流一揆三百册。附錄六十六册。周覽百五十册及日吉新記一册ヲ一。天和二年(一六八二)患レ眼讓リ二坊ヲ實觀ニ一隱ル二于台麓ニ一。以ニ實藏坊ヲ一稱ス之ヲ。退休之後稱スルコト二彌陀ノ名ヲ一孳孳トシテ弗レ輟マ。元祿十五(一七〇二)年八月十一日逝ス。年八十有五。時ニ有三村翁見ニ紫雲滿レ空ニ天華亂飛シ樹色變スルヲ一常ニ。傍ニ有ニ一嫗一。指示不レ見云。後稱ニ鶴林院ト一。寶永五年(一七〇八)。贈ニ大僧正ヲ一。弟子僧正實觀。權僧正實興白ニ準(准カ)三宮一品公辨親王ニ所レ奏スル

7　大阿闍梨實然傳

實然。山口氏。洛陽ノ人。妙齡ニシテ從ニ西塔地定院覺然ニ一剃度ス。未タレ幾覺然遷ルトキ二寶園院ニ一讓ニ地定ヲ於實然ニ一。俊喜ニ其聰明過ルレ人以爲ニ弟子ト一。居ニ淨敎坊(方今實藏坊)ニ一讓ニ地定於門人秀雲ニ一。俊病ムトキ二東叡ニ一往テ瞻養ス焉。常照院ハ加州ノ國主ノ所レ建。俊

嘗欲以其臣不破氏子（權僧正實興）踵席。以年未滿二十實然嗣。於福聚院爲大阿闍梨爲本照院守澄親王講佛制比丘六物圖。未幾罹病。夢往一淨土。菩薩敎云。文殊淨土。然云。我平生欲生極樂。此土非素所願。乃欲西去。菩薩云。極樂緣未熟。暫還娑婆乃得往生。欲終之前告諸弟子云。死後頂上猶煖知生淨土。果如其言。乃作遺偈二句著布納衣合掌。誦光明眞言七遍及稱彌陀名數十聲而逝。寬文十一年（一六七一）十一月二十九日也。年二十五。秀雲後受沙彌戒。性不虛讃。侍病具記病中用心臨終奇相。非此可盡。荼毘護國院。舍利無數。

8　實觀僧正傳

實觀字體具。初名實增。字相如。三州額田郡岡崎人。姓平。氏中根。母太田氏。寬文元年（一六六一）辛丑三月二十二日壬申生焉。六歲從俊至東叡常照院。十歲又從登山。十二年壬申（子カ）六月四日就師剃度。延寶元年（一六七三）癸丑冬就師修四度密法。三年乙卯十月。爲法華會立者及於法曼院傳法灌頂。天和二年（一六八二）壬戌十二月住持。貞享二年（一六八五）乙丑五月兼城州蓮華寺。十月於法曼院爲大阿闍梨。三年丙寅六月任權大僧都。爲御懺法講賞。元祿九年（一六九六）丙子。洛陽以三昧流失傳。蒙曼殊院良應親王敎。往常州黑子千妙寺。就權僧正亮宣傳法灌頂尋爲大阿闍梨。十二年己卯六月擢望擬講。九月爲從一位俊廣卿（小川坊城）猶子。十四年辛巳五月轉大僧都。寶永元年（一七〇四）甲申十月爲法華會擬講。二年乙酉四月補法勝寺和尚。十一月爲別請立義立者。其月爲上乘院權僧正尊通。尊勝院法印慈晃。於靑蓮院傳法灌頂。四年丁亥七月。改坊今名。蓋復舊也。八月任權僧正。十一月補執行。是月應准三宮一品公辨親王命往于東叡。十二月住持凌雲院及仙波喜多院。五年戊子正月轉僧正。閏正月辭法勝寺和尚。八月歸山。十月爲法華會探題。是月復往東叡

9 大僧都敬諶傳　極樂坊住持

大僧都法印敬諶。上之野州山上郡ノ人。父ハ磯田若狹守ノ苗裔。母ハ鶴加谷氏。寛永十二年（一六三五）乙亥十二月晦日酉ノ時出レ胎ヲ。慶安元年（一六四八）戊子正月薙髪。寛文三年（一六六三）癸卯六月朔始テ上ニ祖山ニ一。用テ二土州ノ材ヲ一重テ二院宇ヲ一（「造カ）。延寶元年（一六七三）癸丑十二月二十五日移ニ住駿州久能山德音院ニ一。元祿四年（一六九一）辛未三月住ニ持東叡現龍院ニ一。十二月任ニ大僧都ニ一。厥ノ後受ニ一品大王ノ命ヲ一遠ク詣ル二信州善光寺ニ一。親ク拜ス二彌陀及輔弼ノ二大士ヲ一。光明如レ日見者驚異ス。十五年壬午賜ニ功德院ノ室ヲ一。六月二十四日右脇ニシテ而滅ス。指頭ノ數珠自然ニ搖動ス。咸聞ニク宮中絹（紘カ）管聲ヲ一。壽六十八。臘五十五。四十年閒修スル二護摩法ヲ一者一萬餘座。其ノ餘ノ密行不レ可ニ枚擧ス一。弟子歡喜シテ亮珍。十如ノ亮深。圓通ノ諶盛。禪林ノ諶空等。奉ニシテ遺體ヲ一塔ニス于現龍ノ側ラニ一

10 權僧正豪盛傳

執行探題權僧正豪盛。其初住ニス藥樹院ニ一。天正十三年（一五八五）乙酉。移ニ住ス當院（正覺院）ニ一。爲ニ本願主ト一再ヒ造ニ根本中堂ヲ一。同年六月十四日。因テ下再ヒ興ニ當山ヲ一之勳賞ニ上朝廷推テ任ニス權僧正ニ一（口宣在レ院）。其ノ探題職ハ當山災火之前既爲ニ其ノ職ニ一。天正ノ法華會再興。雖レ有リト下擢ニル探題ニ一之人上。或ハ辭シ或ハ亡シ。至ニ于慶長ニ一盛有レ言ヘルコト。探題ノ當職唯我所レ擔ト也。而シテ探題職ノ相承隆昌ナルハ乃盛ノ功有ル大ナルコト矣者也。又興ニス今津堂三十講ヲ一。自昇ツテレ座ニ所ニ講演スル一。或人記シレ之爲ニ三卷ト一傳フ二於世ニ一。所レ謂豪盛三十講是也。又法華二十八品ノ大意一卷自所ニナリ著述スル一云云　文祿四年（一五九五）乙未。爲ツテ二本願主ト一再ヒ造ル二十禪師ノ祠ヲ一。慶長年中當院山麓之坊悉ク造ニ立ス之ヲ。同十三年（一六〇八）戊申。付シ二院事ヲ於豪海ニ一猶居ニス當院ニ一。慶長十五年庚戌六月二十九日寂ス。壽八十有五

11 一空傳　敎王院住持

權大僧都一空。本名ニ曉道ト。華洛人也。姓和氣氏。童稚而喪レ父事レ母。性敏貞固口不ニ浮語ヲ一。母使レ學レ醫孜孜不レ

倦。十有八歳潛欲レ避レ世不二敢謀一レ母。特詣二誓願寺一拝二阿彌陀佛一誓自薙髮。乃登二無動寺一謁二周海闍梨一（海後遷二武叡凌雲院一）而受レ業。正保二年（一六四五）乙酉主二於當坊一。萬治三年（一六六〇）庚子。辭レ坊乃董二泉州槇尾山一自號二知足院一。常居二台麓一讀二法華數千部一。一日誦二尊勝陀羅尼經一大得二奇驗一。兼通二悉曇一亦善二聲道一。貞享三年（一六八六）丙寅八月十九日。自知二死到一身心無レ苦。専二念地藏尊一而坐亡。壽六十有六

12　宣存傳（教王院住持）

權僧正宣存。野之上州人也。母祈二菅原廟一而娠。將レ產之夕化人來扣レ門。婢出問。誰耶。化人曰。明旦產兒宜レ號二宮松丸一。婢曰。何來耶。化人曰。自二菅原一來。語畢便不レ見矣。十有三歳登二東叡一師二事權僧正宣祐一（東漸院開基眞光院室祖）承應二年（一六五三）癸巳六月二日。恭奉二請久遠壽院准三宮一以爲二戒師一乃薙髮。師賜二公字一卽名二公祐一。寛文三（元カ）年（一六六一カ）辛丑主二於東叡圓珠院一。明年遊二學當峯一。寛文四年甲辰。住二持當坊一改二名賢空一（賢後改レ見）坊之造營未レ半者全造畢。寛文十二年壬子。移二東漸院一聊有二功名一。天和二年（一六八二）壬戌六月。補二執當一。解脫院一品大王賜以二守字一卽改二守快一。後移二圓珠院一。同年十二月賜二傳法心院室一。同三年癸亥二月任二大僧都一。貞享元年（一六八四）甲子兼二越之後州藏王別當一。同三年丙寅十一月。辭二執當一卽改名二宣存一。元祿元年（一六八八）戊辰十二月。補二紅葉山別當一任二權僧正一。同三年庚午。董二淺草寺一。入寺之初最患二其破壞一伽藍修營不レ堪二其力一。遂逐二先代之願一今復請二諸官吏一未レ經二一旬一。乍拜レ命。時哉。歷代之願海一時塡矣。卽令三淺草寺始爲二御修理地一。殿門塔閣恰如二新營一。水戶相公。寄レ額加煥而點二淺草川一始爲二放生池一。勸二乎大檀越備後守牧野氏某一（後號二大夢一）新寄二華鯨一始報二十二時一。令三寺務坊始爲二院室一。以二傳法心院一始爲二永號一。堂社坊宇咸加二修營一。新請二法蘊一藏一。更啓二建論場一月兩會鳴二論鼓一會會設二精義一。或自講二經論一策二進諸生一。猶金二書法華。梵網。小阿彌陀。地藏本願等衆典一。更書二金字普門品六十餘軸。金字般若心經數十部一。或有二字字三禮而金書者一。其孳孳爲レ善。歲無二虚日一。可レ謂務矣。居四年退

院而後蟄二居台麓一自號二默堂一。謹讀二法華千數百部一。常修二光明眞言法一以(〔爲カ〕)二日課一。寶永五年(一七〇八)戊子三月十七日。安然而亡。春秋七十

13 法印雄盛傳 行光坊住持

法印雄盛。越之前州足南郡筋(〔觔カ〕)生田ノ人。姓ハ小寺氏。從二開基法印圓俊一第十五世ナリ也。弘治三年(一五五七)丁巳。登レ山ニ寓二佛頂ノ尾華王院一ニ。元龜二年(一五七一)辛未。回祿之後遊二于諸山一修二造シ坊舍一執二行密灌一ヲ。天正十一年(一五八三)癸未歸二於本山一ニ。同十二年甲辰(〔申カ〕)。起二立シ當室一ヲ又建二造ス千手堂幷圓常院一。同十七年己丑。法華會再興ノ時。記錄未レ聚。事識之人尤鮮。盛當レ撰テ二爲二衆擧代一ト。慶長二年(一五九七)丁酉。重テ造二灌頂道場一ヲ。同四年己亥閏三月擢二探題職一。同十年乙巳七月二十四日逝ス。壽七十三。弟子賢祐記二師ノ行業一ヲ

14 圓智法印傳 地福院住持

法印圓智。備之前州人。創二建ス此院一。兼二主ル備前遍照院。伯州大山西樂院一。天正十七年(一五八九)己丑九月擢ルニ擬講一。慶長四年(一五九九)己亥閏月爲二講師一。同五年庚子。爲テ二正覺院住職一ト移二住ス習禪院一ニ(豪盛在ル院故也)改二名ヲ豪圓一ト(圓智移ル二西山ノ室一ニ用二豪字一)同九年甲辰三月進二新題者一ニ。同十六年辛亥六月五日。示二寂於備州ノ遍照院一ニ。圓智於テ二再興當山一ニ其功最多シ矣。建二今津ノ堂一ヲ修ス二於供養一ヲ。自ラ表白シテ言ク。爰堂勵シ二介爾志一ヲ捧ケ二毛端ノ營一ヲ伺フ二四明ノ洞一ヲ。見二三津ノ浦一ヲ挹レ流尋レハ源ヲ。在二高祖傳教ノ御廟一ニ。聞レ香討セハレ根ヲ在リ二百枝法樂ノ御堂一ニ。進テハ起二立シ之一。退テハ造二功ス之一ヲ。全是レ非二名聞一ニ。殆亦不レ要二利養一ヲ。且ハ爲二佛家興繁一ノ。且爲二衆生利益一ノ耳ト云云又八講講師者(供堂時養ノ)祈句ニ曰。爰ニ大願主圓智法印大和尚位ハ者。悅ヒ二吾山之再興一ヲ。建二淨土院一ヲ崇メ(〔壘カ〕)二農祖之遺跡一。歎二法席之破廢一。育ミ二修學者一ヲ專ニス二止觀之鑽仰一ヲ。剩亦思二大師開基之齊(〔齋カ〕)會一ヲ。企ト二此ノ東南寺ノ起立一ヲ云云又創二建ス西麓赤山ノ神祠一ヲ。其ノ棟牌ニ所レ記。慶長七年(一六〇二)本願主圓智敬白ス。九月八講之時書ト云云其ノ餘造ル院ヲ等不レ能二盡載一スルコト。又於二伯州大山備前遍照院一ニ有ルコト二大功一自ラ彼ニ所ナリ二稱揚一スル

15 阿闍梨詮舜傳 正教坊住持

阿闍梨詮舜。姓藤原。父名某。母某氏。其先世貫二武藏國兒玉一。正慶・建武之閒避レ亂。移二居近江國滋賀郡一。遂生二阿闍梨一。幼而有二出塵之志一。兄賢珍先既出家。故父峻辭拒斥。阿闍梨云。方今諸家說二佛教一者不レ一。吾崇二奉天台教法一既有レ年矣。世衰道微不レ勝二慨嘆一。冀再二興台宗於吾東方一。父感二其篤志一亦知レ不レ可レ奪而許レ之。遂十四歲離レ家從二比叡山西塔院正教坊詮運阿闍梨一。祝レ髮而受二具戒一。顯密兼學。晨講夕演弗二敢少懈一。當時僧徒進止放肆。其志レ道之徒亦邪正混淆遺教幾二乎熄一矣。會元龜年閒比叡山佛刹焚二毀兵燹一僧徒離散。阿闍梨逃寓二於觀音寺一。誓レ佛曰。吾素有二志願一。然今難レ遂。本山焦土未嘗一日不レ忘レ懷。唯冀佛刹復レ舊僧徒再集。倘事不レ就期二再生一以遂二我志一。賢珍一日候二豐臣太閤一誘二阿闍梨一亦令二拜謁一。太閤見二其生質勇悍氣標潔直一眷顧甚篤。同時全宗阿闍梨曾二住藥樹院一後以二醫術一顯。時號二施藥院一深受二太閤之眷注一。亦有下再二造舊山一之志上。與二阿闍梨一有レ舊故與二俱結約一。全宗與二東塔一。阿闍梨復二西塔一。舊山碩學探題豪盛等來而俱議レ之。既而太閤被レ允二以奏二朝廷一。且募二諸國樂レ助。時太閤與二平信雄公一構レ難在二美濃國一。阿闍梨出二入其營中一屢請二太閤一。下レ教曰。宜下與二豪盛・全宗一募中緣諸國上。候二國家昇平一後宜二以酬二爾輩素志一。故阿闍梨謝而還。就二前大納言藤原慶親卿一以聞。許二豪盛裁二募疏一。諸人募二諸國一。國郡縣里不レ論二貴賤一不レ分二緇素一。喜二寺再建一施二資財一者。日積月輳。阿闍梨特以二爲先建二西塔院本堂一。釋迦堂重復衆將レ造二新造（像カ）一。時阿闍梨詮舜忽感二瑞夢一。因深怪レ之。依レ夢覓二舊本尊於當國高島郡水尾村一。果得合二夢告一。阿闍梨大驚喜踊躍。乃迎來奉レ安二置本堂一。寔天正十三年（一五八五）十二月二十八日也。諸堂坊舍漸經營招二集散徒一。賢珍遷化也稟二遺囑一。住二持近江國栗田（太カ）郡觀音寺一。爲二其第八世一。依レ舊掌二湖舟民戶並賦稅等事一。甚有二德惠一人和民賑。文祿（一五九二）改元。太閤征二朝鮮國一至二肥前一。從レ行淹留以參二預軍事一。三年築二伏見城一。又預二經營事一處分適レ意。寵遇優渥。其四年。園城寺僧徒謀叛。緣坐被レ放寺遂廢。以二其所レ占大津土田一被レ寄二與之一。與二全宗一拜謝而退。營二建西塔本堂一稱二轉法輪堂一。今尙見存矣。其餘堂宇及經像等次第復二舊觀一。先レ是以二座主命一告二太閤一。與二賢珍一俱計喜二捨私財一造二日吉二宮神殿等及祭祀器具一。寔文祿二年也。慶長紀元秋。僧徒議曰。大津與レ山相違於レ事不レ便。請賜二坂本村一。以二其意一告二全宗一。會時有レ病。阿闍梨訴二諸太閤一。改給二上坂本村及葛川村之地一。葛川者。以二廻峯行者參籠之地一故嚮者特乞レ之。五年春疾病。二月十九日知レ不レ起囑二徒弟一曰。吾山今既興復及舊所レ蓄經論古書漸集。僧徒亦稍歸。然非二往日十之一一。吾嘗就二山上一三所建二經藏一。欲下遍告二天下一探二索散逸書籍一以收藏上。有レ志而未レ遂。此可レ憾。汝等勉レ之。言畢而稱二佛號一安詳而逝矣。世壽六十一。徒弟奉二遺囑一以二全身一藏二于西塔北尾谷一云。太閤愛二阿闍梨之才一。欲レ令二還俗一以微諷レ之。阿闍梨正レ色以辭。太閤知二其不一レ可レ奪而不二復彊一。且曰。前言戲レ之耳。嗚呼若二阿闍梨一者可レ謂弘毅守レ道而不レ移。其接二流俗一和而不レ同。修レ身功純馳レ外之意不レ萌。九原不レ可レ起。名不レ待レ文而傳。有二言行超一レ衆者而不レ表二章之一。將何以爲二聳レ善扶レ俗之勸一耶。雖三余不レ講二西方之敎一。蓋將以期レ傳二信於百世之下一而已矣

16　權僧正亮雄傳　寂光院住持

初名二導祐一。生二攝州坪井氏一。後爲二樋口正三位藤原信考卿猶子一。甫十五歲從二實相雄尊公一薙染。已而游二學園城一。寓二東塔總持坊一隷(肄カ)レ業。正保四年(一六四七)開二祕密灌頂壇一。慶安四年(一六五一)領二本坊一。寬文元年(一六六一)。奉レ詔修二歡喜法一速疾立レ效。皇情大悅。明曆元年(一六五五)敍二法印一。延寶紀元(一六七三)任二大僧都一。時本山伽藍頹圮。二年甲寅。詣二武城一啓二大將軍一。請三官修二葺(革カ)之一。以レ故寓二東武一幾許年。甚爲竭レ力。至二貞享末一鼎葺造成。天和元年(一六八一)。兼二戸常州千妙寺一賜二金剛壽院號一。三年癸亥任二權僧正一。貞享四年(一六八七)改二造本坊一。元祿三年(一六九〇)。奉二輪王大王命一領二柏原成菩提院一。時辭二千妙寺一。更賜二惠恩院號一。一日示二微疾一。以二元祿五年壬申九月六日一於二本坊一順

世(化カ)。享壽七十九歲。法臘六十四夏。雄天資誠實。學行匪レ懈。持念之閒。有ニ神龜一繞レ壇。異鳥和レ鈴等。靈感非レ一。凡有レ所ニ祈請一應驗如レ響。平常資ニ法會一請レ經造レ像等。與(復カ)福亦多詳別有レ記

17 權大僧都秀雲傳 安祥院住持

字孤巖。產ニ于肥後州限本一。幼齡投ニ州之藤崎神護寺一脫白。至ニ二十歲一出ニ西關一赴ニ東武一。綿ニ歷二祀一登ニ本山一。寬文年中領レ院。苦讀精學常不レ出レ門。延寶中付ニ院公淵一。行ニ化西關一。經ニ二十許年一。元祿十二己卯(一六九九)。旋ニ當山一居僅六七年。而赴レ請遊ニ攝陽一寓ニ大念佛寺一講經說法。寶永三丙戌(一七〇六)年。將レ往ニ武江一終ニ于途一。其年九月十五日也。雲應ニ化海西一日。專勤ニ講說一。皁素蟻集蒙レ化者無レ限。講ニ法華一數遍。每至ニ藥艸諭(喩カ)品一。天必降レ雨。人皆異レ之

18 法印光謙傳 星光院住持

字靈空。出ニ筑前州結城氏一。寬文五年(一六二八)從ニ州之松源院豪光法印一祝髮。八年戊申。登ニ本山一寓ニ於觀泉坊一習學。十一年辛亥主ニ本坊一。貞享二年(一六八五)。辭レ院爲ニ律徒一。去隱ニ洛西一。元祿六年(一六九三)。輪王大王定ニ飯室安樂院一爲ニ律刹一。招爲ニ之主一。累歲講ニ法華疏・摩訶止觀等書一大闡ニ法化一。寶永三年(一七七四)。辭ニ安樂院一退憩ニ東麓一

19 法印舜雄傳 無量院住持

姓伊藤氏。濃州岐阜人也。延寶元年(一六七三)六月。從ニ北谷正教坊一移ニ住當坊一。改ニ名賀順一。天和二年(一六八二)爲ニ葛川目代一。貞享三年(一六八六)。付ニ院弟子舜海一。遷ニ泉州岸和田海岸寺一。元祿辛巳(一七〇一)十四年五月二十八日逝。建ニ塔彼寺後山及茲溪墓尾一。雄修ニ練密乘一數有ニ顯應一。貞享中皇太子不豫。召レ雄冥禱所患忽除。南京某王患レ妖諸僧不レ驗及ニ雄呪一之立效。常有ニ敕命一加持祈禱曾加ニ僧正一不レ受。公卿士庶重病產難求ニ法救一者甚多

20 權僧正亮信傳 惠心院住持

探題權僧正亮信。始住二山門横川滿藏院一。先レ是住二常州千妙寺一。後應二甲州太守信玄之請一時至二甲州一。法華二會講師已勤。元龜二年(一五七一)寇火離山。天正十年(一五八二)承二敕命一興二復横川中堂一。天台座主尊朝親王令旨云。就二山門再興之義一横川諸堂起立之事。對二亮信僧正一被レ成二敕許一。又豐太閤贈二亮信僧正書一曰。就二今度山門造營儀一申出。横川之儀爲二願主一可レ被二起隆一云云 幷喜二捨靑銅一萬貫一令レ造二横川諸堂一。於二山門再興之儀一其功爲レ大。同十二年。募レ緣建二立當坊一。次秀吉卿寄二捨鵝目一萬貫一建二立當院殿堂一。同十二年。賜二法華會興復之綸旨一。於二探題職中一。同十七年十一月二十七日。興二復別請立義一。探題勤レ之。竪者行光坊祐盛。問者乘實房豪雄。同十九年辛卯某月寂。世壽五十七。僧臘四十六

21 權僧正等譽傳 惠心院住持

別當探題權僧正等譽。始住二三井一。次住二西塔南谷正光院一。正保二年(一六四五)。移二轉當房一。領二首楞嚴院別當職一。同年三月十日任二權僧正一。慶安元年(一六四八)。於二日光一被レ修二御八講一。時爲二結衆一。又爲二一切經轉讀之導師一。同年十月十三日。被レ補二廣學竪義探題職一。某年大樹欲レ聞二天台宗旨一。卽依二華園院御宸筆七箇法門一談二宗旨一。大樹信レ之因令レ領二談山學頭職一。應二竹内御門跡命一。講二法華科註・指要抄一。明曆二年(一六五六)。與二智積院運敞一筆二談本宗教觀之旨一。萬治元年(一六五八)八月十五日夜寂。壽六十九。葬二阿彌陀峯一

22 法印覺深傳 鷄足院住持

字非際。自號二天均子一。實應弟子。延寶九年(一六八一)十月從二靜光院一移住。同六年四月。奉レ敕三季修二祕密供一。貞享三年(一六八六)八月。禁裏懺法御講任二大僧都一。元祿二年(一六八九)十月爲二望擬講一。同六年補二擬講一。同十年預二淨蓮臺室一。同月補二探題一。同十二年四月十九日付二法於圓瑜一。同六月任二權僧正一。移二轉正覺院一。著二山王知新記・三大師傳各三卷・瀧尾權現靈託記・樹下御法・貞享三年禁裏御八講記・大會新記・天台大師和讚注各一卷一。及校定者多。不二盡記一

23 玄門和尚傳 安樂院

名智幽。字玄門。姓茨木氏。寛文六年(一六六六)丙午生二於勢州津府一。延寶六年(一六七八)戊午投二勢州一乘寺順海一脱素。七年己未從二尾州觀心院珍舜僧正一薙染。天和二年(一六八二)壬戌。登二本山一寓二於西塔喜見院一習學。貞享四年(一六八七)丁卯春主二一乘寺一。秋辭レ寺爲二律徒一隱二洛西一師二事靈空一。元祿二年(一六八九)己巳。依二妙立一爲二形同沙彌一。六年癸酉。從二靈空一遷二本院一。十一年戊寅夏爲二法同沙彌一。秋九月受具。寶永三年(一七〇六)丙戌因二靈空退一院稟二東叡大王命一繼レ席

24 法橋良雄傳 元黑谷青龍寺

姓某氏。年甫十九歳上レ山投二實傳上人一薙染。寛文七年(一六六七)。脩二完本堂庫裏等一改二造鐘樓一。元祿元年(一六八八)。增レ址改二造本堂一。六年癸酉脩二飾本尊一。七年甲戌九月十日逝。壽七十七。先レ是寛文九年(一六六九)。卽二寺東畔一築二室數楹一退靜。雄嘗立レ堂之時。三年閉關足不レ蹈レ地。持名十百萬遍。蓋消三其所二侵傷一。常勤二脩淨業一。課レ佛三萬。禮誦四時。終身不レ懈。時時感二異光一聞二妙音一。垂終之時金光滿レ室。行實詳別有レ傳

25 相應和尚附錄

余住二無動寺一ニ之日。始メ見ル二此傳一ヲ。于レ時寶珠院主可透。字ハ祖關。謂レ余曰。此ノ傳稍委シ。而シテ但載シテ二修驗靈應ノ事蹟一ヲ。至レ如二元亨釋書・本朝高僧傳等一ノ亦同レシ之ニ。故ニ世ノ不ルニ精ク思ヒ之人ハ。以二和尚一爲二修驗巫祝之類一ト。誰カ知ラン和尚ハ者。前唐院ノ大師ノ高足之隨一ニシテ而其ノ名高コトヲ二朝野一ニ。嗚呼可キレ恨哉。余聞レ之ヲ心頭如レ割カ不レ堪。而自ラ進テ曰ク。吾人ノ心中モ亦唯如二公之語一ノ。實ニ堪二自悔懺謝一スルニ矣。是ノ後祖關師憎ヒ二一紀ノ籠山一ヲ。遂ニ爲二僧寶ノ大比丘一ト。余ハ隨二逐世縁一ニ不二暇及一ハ之。然シテ後無動寺ニ有二一時祝融氏ノ災一。合シテ二此ノ僧(傳カ)ヲ爲二丙丁童子一ノ被二奪去一。余再嘆ス。此ノ傳何ノ方ニ求レンヤ之乎。後ニ移二西塔正觀院一ニ再見二此傳一ヲ。於二于此一ニ猛意再發シ欲レシテ遂ント二初ノ志一ヲ先寫二傳文一ヲ。後ニ附レ所ヲ

見ル云

○宗論御八講記　天台座主増命撰

五十六代淸和天皇。貞觀十年(八六八)戊子二月三日。於二大極殿一ニ

宗論御八講

證誠二人

天台座主阿闍梨安惠

雖レ非二僧綱一貞觀元年(八五九)最勝講蒙二宣旨一。於二自今以後一者。必可レ居。諸僧ノ位階等雖レ有トレ之。以二貞觀ノ例一著二坐ス一和尚ノ上一ニ。佛法ノ繁昌一門ノ光華只在二此事一ニ歟

大僧正法眼和尚　明詮

五箇日御修法大阿闍梨　眞雅 眞言東寺一長者

初日朝座

講師　安然內供奉 山　問者　道昌律師 元興寺

初座本ト安惠也。被レ召二證義一ニ俄ニ安然爲二初座一。雖レ爲二遁世ノ人一依二宣旨一ニ召シ出ス之一

夕座

講師　道詮律師　問者　圓珍內供 山

問者ノ難勢。滿座ノ聽聞。講問等稱二美ス之一。仍テ今年任二天台座主一。證誠安惠入滅ノ替リ也

第二日朝座

講師　安海 大安寺三論　問者　相應內供 山

夕座

講師　法務已講 山　問者　長源 元昌寺

第三日朝座

講師　長朗已講 藥師寺華嚴。法宗(相カ)　問者　猷憲 山

夕座

講師　惟首 山座主　問者　隆海 三論

第四日朝座

講師　義叡 法相　問者　長意 山

夕座

講師　延最內供 山　問者　平智已講 法相

雖二上臈一依二聖主仰一替レ(ヘリ)座。延最爲二問者一

第五日朝座

講師　春與 大安寺法相。華嚴　問者　康濟 山座主

夕座

講師　豐榮 法相　　問者　增命 山座主

五箇日ノ之閒令レ講二セ一乘ノ義一ヲ。第二日ノ朝座。三論ノ安海爲二講師一ト。天台ノ相應爲二問者一ト。難勢尤モ以テ微妙ナリ。仍テ雖二下臘一依レ有二名譽一與二安海一問答セシム。相應之詞鋒林ノゴトシ。故ニ無二對揚之詞一梢。據テ一人ヨリ率イタツテ二卿相一ニ感弄有レ餘リ。聖主隨二喜シ之一ヲ以二忠光朝臣一賜二相應ニ紫衣一ヲ。佛法之驗德雖二末代一ト嚴重無雙ノ人歟。趣寂ノ二乘成佛不成佛令レ揚二決セ天台法相ノ是非一ヲ。天皇彌隨二喜之一ヲ。安公閉レ口ヲ不レ答レ之ヲ。于レ時五十餘人ノ卿相面面同二此ノ問難之詞一ニ。發二種種ノ大願一ヲ欣二都率往生一ヲ。仍テ同年十月五日。書二寫法華經一百部一ヲ。請二相應驗者一ヲ爲シ二其ノ導師一ト。遂ケ二供養一ヲ畢ヌ。雖二末座ノ身ナリト一列ナリ二嚴重ノ御願一ニ。希有ノ面目感悅有テレ餘リ。爲レ停二止ンカ後代ノ宗論一ヲ染レ筆ヲ注レス之。座席ノ上下有レル由者哉カ。貞觀十年(八六八)二月二十一日。天台宗少僧都增命記ス

○私立(云カ)。此ノ御八講記ハ。天台座主增命僧都。爲二末代一ノ記レス之ヲ。見二其ノ記文一ヲ。和尚ノ學業秀テ二南北一ニ。其ノ一席ノ中ニ五大院先德・惟首・長意・智證大師等皆是人天ノ眼目。末世ノ龜(鏡カ)境也。而シテ和尚獨リ傑出シテ施セリ二名譽一ヲ。傳記ノ中遺レス之。豈ニ非ス三網漏スニ二吞舟一ヲ哉。和尚生ニ淳和帝ノ天長八年(八三一)辛亥一ニ至二此時一ニ 清和帝。貞觀十年戊子歳 生年三十八歳也。而シテ十七歳剃度スルトキ則夏臘二十二夏ナリ。誠淺臘也。非ンハ二秀倫拔群一ニ何ソ如クレ此ノ驚ンニ天聽一ヲ。屈二伏セン公卿大臣一ヲ哉。非二修驗一道一ニ以二此ノ一事一ヲ可レ知爾

○檢封記　和尚自選

齊衡二年(八五五)八月。蒙二醫王之示現一ヲ。始テ應向ニ叡岳南巖之嶂一ニ。於二途中一ニ一人ノ貴女忽焉トシテ値フ。問テ曰ク。吾カ山ノ大師結界之靈地ニシテ固ク禁二止ス女人ノ登山一ヲ。如何。貴女答テ曰ク。我レハ是レ白山禪定ノ主也。破有法王出二現ス斯峯一ニ。爲メレ助ンカ二行化一ヲ來テ爲ルト二客人一ト。不シテレ畢レ言卽チ隱ル矣。天安二年(八五八)夏五月。夢中ニ先年化現ノ貴女。又值テ而歎シテ曰ク。久ク在二巷衢一ニ未タレ得二宴居之便一ヲ。願クハ使メヨ二我ヲシテ安穩ナラ一焉。則在二奇樹之梢一ニ坐二ト一葉之閒一ニ。夢覺テ之後。結二谿澗之草一爲レ社。執ニ

蘩菜之備爲供。奉崇白山靈神名客人權現

○慈覺大師別傳云。凡大師遷化之後。入室弟子給阿闍梨位者。繼踵不絕。元譽・長意・安契・玄昭・令祐・相應・玄然等也。長意爲座主。玄昭爲律師。長意・相應・玄昭・令祐又爲内供奉。皆是法之棟梁。道之龍象也

○私云。此外猶有可附錄之事。雖然或別記普施世人見聞。或事涉餘事。或有以不信心批評者。故但以上來數件補傳文缺。若至俗士談評・無智附會不足齒錄。唯冀以此功德擬一分報恩而已

寬延四（一七五一）辛未歲七月十九日

26 相實贈大僧正傳

釋相實。字百壽。攝政太政大臣實賴之後胤。中將參議從三位顯實之三男。靜明律師之姪也。桂林房三昧和尚之上足而相生房法務之弟。卽台密法曼流開祖也。必有托胎奇瑞。誕生徵祥。幼稚精誠。得度誓約等。當時闕傳。茲不得而議焉。康和（一一〇四）年間初修普賢延命於椒闈舍。時年十九。長治元年。智泉房院昭。奉院宣修冥道於蓮華藏院。助伴六口。行玄・相豪・聖昭・相實・忠映・覺審也。年二十四。自爾已來。博識高明。解行雙富矣。嘗行如意輪一十二年。不出門閫。不滅香火。悉學地上三十七流。亦盡他門小野廣澤諸家矣。實嘗曰。往昔隨圓師受金界印時。問曰。五佛加持灌頂。四佛繫鬘。何至鬘無大日鬘耶。師曰。大日鬘是最祕焉。猥不授于初心。問曰。資在前自對受記中得焉。希授乎。師曰。鑒汝之器量不似于始行人。感歎不少。速印授之。問曰。五佛鬘隨部其形有異耶。答曰。無以異。皆是華鬘也。自餘佛菩薩皆以花鬘爲首莊。問曰。凡鬘者。聚集之道名也。何但限花有此稱耶。既扶桑女人集鬘以爲首莊。名之稱鬘。天竺鴦堀集指成鬘以爲首莊。名之稱指鬘。由之觀之。

五佛鬘隨有差耳。應大日集塔婆爲鬘。北佛集羯磨爲鬘也。華鬘應是西佛鬘。何可通五佛耶。爰師微笑歡喜最甚。鳴舌默止。良久連聲曰。此事未曾有也。篤祕心藏。唯授于一人。勿及于二。勸誡最重也。後過東寺最闍梨覆問此事。問答往復宛亦如前。而聖指鬘處。弄脫歡喜最甚。而曰。我此法受行數十年。稍爲齡滿八旬。而年來不覺知焉。亦無如此問尋人也。阿彌陀院亦復如是。殆蒙三師印可。永久四年(一一一六)八月。三昧良祐開初度壇。理覺坊并相實受其法化。號無障金剛。年三十六。然蘇悉地自陽宴受。胎金自良祐傳。合行自相豪受許可。自陽宴受灌頂。元永元年(一一一八)六月。摸胎對受記於天台別院六波羅寺。七月移星點於洛東長樂。保安元年(一一二〇)。初修七佛藥師於禁庭。同三年四月。於法曼院寫圓師合行許可卷。大治二年(一一二七)。實開初度壇。戒光房靜然受其法化矣。年四十七。同三年五月。依清涼傳

記兩部略許可。授之出雲路辨阿闍梨政春。天承元年(一一三一)七月。於圓陽房奉受後授許可並合行密印。長承四年(一一三五)正月。以教王房賢暹式爲本。依口決・瞿醯・義釋等文粗加添削。保延元年(一一三五)六月。初修焰魔天於二條殿。祈五宮不豫。十一月。修烏樞沙魔。祈后平產。於八條大宮。授之於靜。同四年六月。修護諸童子。祈中宮安康。七月修焰魔天於東三條殿。祈北政所安全。大有驗焉。殿下感悅無極。賜纏頭一綀〔供カ〕。車牛一匹。當時眉目不可勝計也。奉院宣修藥師於根本中堂。祈一院不豫〔法カ〕。時金剛壽院池蓮華一莖兩華發。八月。修聖觀音於東三條殿。祈宇治大相國安康。十二月。修文殊八字於白川殿。祈姬宮不平。年五十八。同五年五月。飾十壇於震殿。祈美福門院安產。師師意樂不同。壇上莊嚴亦異。實修焰魔天立橛標。曳線獻蠟燭及飲供一面。自餘九人全不用也。三井道覺難曰。五色絲以五佛眞言縒不可曳焰

魔壇。實答曰。五色線不必以五佛眞言。藥師・千手・童子經等線。皆以本呪縒焉。今焔魔壇絲以焔魔呪縒。有何咎哉。況大悲壇而豈闕之哉。難者禁口。修烏樞沙魔。祈近衞院降誕。同六年十月。修護摩於西內裏。亦記安鎭法。立四箇壇修一字金輪。祈崇德院不豫。時中堂修法開二十五壇。年六十。永治元年(一一四一)七月。修尊勝佛頂於鳥羽殿。十壇別立小壇。供帝釋・善住等。此其始也。諸人皆驚耳目。八月。修冥道於勝光明院北廊。十一月。令法橋轉法眼。康治元年(一一四二)二月。修聖觀音。四月。修冥道。六月。奉禪定聖主命。修佛眼第三度於白川殿。同修文殊八字。祈皇后不平。夏奉歡喜光院需。開軌研志。記彌陀祕法。大發于深義。十一月。修佛眼部母。祈一院不豫。同二年正月。修七佛藥師。祈后宮安泰。此法古來無不斷經。始依實諷諫焉。六月。諮問安鎭法要於敎令院南圓記之。修文殊八字。祈一院。天養元年(一一四四)。修

七佛藥師於禁庭。十二月。奉法隆寺命。草觀自在三摩地。久安元年(一一四五)四月。釋不動面門氷(水カ)波文義。示同朋。修彌陀護摩。祈鳥羽院逆修。同二年三月。中堂僧侶。燒于延命院。四月朔。山上成亂矣。青蓮院自修令法久住。亦傳命於實修文殊於長等無動。九月。述大佛頂壇・不動本誓・四大明王法。同四年閏六月。修彌陀護摩。祈一院逆修。十月。奉院宣。修不空羂索並葉衣於賀陽院殿。代于行玄。修鎭宅於高陽白川殿。司魚山大緣充法印。同六年十一月。修尊勝佛頂。祈一院不豫。仁平元年(一一五一)。修九壇護摩於尊勝寺彌陀堂。同二年。述毘那夜迦祕供。世人感(惑カ)耳驚心。九月。述彌陀五支法。年七十三。充無動寺別當。同三年七月。修尊勝佛頂。祈美福門院逆修。久壽二年(一一五五)二月。奉中院請。述觀自在法。大發奥旨。阿彌陀院隨喜感歎。中堂闍梨亦請注文。亦蒙兩師印可。保(丁元カ)元年。修文殊八字。祈東宮不平。閏九月。修大白衣並七佛藥師四條內裏西

妻。祈十日(月カ)朔日蝕。同二年(一一五七)七月。述請雨法並先蹤應驗。同三年四月。開兩壇護摩。祈禪定女院寶壽長遠。五月。述光明祕供曰。近代人師。不知不聞。不問不答。台嶺密宗殆墜于地矣。每誦法華如我昔所願(大正藏九、八中)。今者已滿足經文。獨自思惟文意。喜悅意迫流淚數行也。雖有漏身深信佛教。則無迷惑心。雖着五欲。曾植善本。則豈隨(墮カ)三惡耶。平治元年(一一五九)正月。述四天王金輪佛頂法。時住鈴聲山極樂寺。五月。記四天王寺來由。永曆元年(一一六〇)五月。注木像現作證。應保元年(一一六一)七月。述十界梵漢兩名畢。時號無動寺次官。實嘗往于豐之前州宇佐宮。欲誦法華一千部。同十月。出華洛。十一月。至安樂寺嚴祐坊。宿果滿宿願矣。同二年閏二月。應同輩請。抄金界祕密壇畢。又欲往于高良玉垂社。有故不果。轉法華一部饗于法筵矣。三月出國。四月入洛。年八十二。又灌頂道場用懸曼者。諸流自元無也。唯敷曼一事耳。實於長等用懸曼。此其始也。又如灌頂金夜問境界相。他曰。好相者。於凡夫不可有。則言非其作。終輒除焉。唯實曰。言非凡作。何但此事而已哉。一部始末皆果上相也。孰是凡作耶。但是迷中而示悟。因中而示果。以故一部皆爾。何但略此一事耶。遂用焉。於是他曰。自達也。奇特也。其為英賢被推類此。又述我乘內證智安覺無非境界抄・審印信請等。永萬元年(一一六五)乙酉七月十五日。先此於七日知死期。結印誦明。溘然入寂矣。時年八十五

27 前大僧正慶算傳

前大僧正慶算者。華山院左大臣定廣公孫也。寬永十一(一六三四)年甲戌某月日生。正保元年(一六四四)甲申。甫十一就光慶權僧正薙染。號自性院。聰明秀朗。登山從千手院秀仙稟教傳觀。京師智積院澄傳學悉曇臻

其奥ニ。常ニ憂ヘ法曼和尚ノ遺跡永ク廢レンコトヲ。以テ興復ヲ爲レ心ト。承應元年(一六五二)壬辰。兼テ管ス京師養源院ニ。三年甲午。傳ヘ法曼流密灌ノ奥旨ヲ於久遠壽院准三宮ニ。及兼ヌ法曼密室ヲ。萬治元年(一六五八)戊戌八月。傳ヘ第五灌頂ヲ及受ク三部祕記ヲ。後任セラル大僧都ニ。寛文二年(一六六二)壬寅二月十六日。補セラル大阿闍梨ニ。卽チ其ノ夜爲ニ受者某カ爲ル阿闍梨ト。南溪吉祥院實隆爲ル之カ教授師ト。同十九日。金藏院天榮亦補セラル大阿闍梨ニ。卽チ其夜爲ニ受者某カ爲ル阿闍梨ト。算自ラ爲ニ教授ス（於ニ善住院ニ修行ス）三年癸卯。因テ和尚ノ遺跡ニ建立シテ法曼道場ヲ爲ス法曼中興第壹世ト。於レ之圓滿ノ名隨テ滅シ。坊モ亦隨テ沒ス（今ノ寶珠院ハ卽其舊跡ナリ）是ノ年任セラル權僧正ニ。先キ是ヨリ白シテ輪王寺法親王ニ奏ス贈ランコトヲ和尚ニ權僧正ヲ。乃チ勅シテ許ス之ヲ（口宣于今尚在レ院）又欲シテ畫ント和尚ノ眞影ヲ而無レ所レ本ツク。乃求メテ之ヲ四方ニ得タリ於峨山ノ二尊院ニ。因テ命シテ畫工ニ圖セシム之ヲ。兩部ノ曼荼羅五瓶五鈴灌頂ノ器具次第ニ營ミ造ス之ヲ。猶ヲ恐ル其ノ不ンコトヲ永ク固カラ也。則凡ソ係ル當流ニ祕記密籍。遠ク求メ近ク尋テ無シ弗ルコト親ク寫サ。於レ是乎。爲ル密乘弘傳第一ノ之道場ト也。四年十一月。於ニ當室ニ始テ行ス灌頂ヲ。七年丁未。依テ輪王寺尊敬親王ノ命ニ。於ニ信州戸隱山ニ開ニ灌頂壇ヲ爲ル教授師ト。八年戊申。修ス慈恵大師祕密大法ヲ。十一年辛亥。轉シテ任ス正僧正ニ。十二年壬子。從テ本院ノ執行正覺院豪親僧正ニ受ク元應寺ノ戒灌ヲ。延寶七年(一六七九)己未冬。轉シテ任ス大僧正ニ。天和元年(一六八一)辛酉十二月。從ニ初二日至ル八日ニ之閒。於テ清涼殿ニ御修法會。算參ス其左壇ノ導師ニ。二年壬戌五月。補セラル無動寺別當政所職ニ。元祿七年(一六九四)甲戌春二月十日逝去ス。春秋六十有二

28　大僧都重華傳

大僧都重華。字寂照。初メ號ス玄慶。字ハ四擇ト。信州ノ人ナリ。年甫テ十一。從テ本州善光寺慶運ニ祝髪ス。聰明秀朗ナリ。年十七。於ニ本寺ニ一ヒ闕(関カ)シ明藏ヲ。尋テ登リ山ニ住シ學ス紅葉溪ニ。正德三年(一七一三)癸巳。主ル當院ヲ。於ニ法曼院ニ補セラル大阿闍梨ニ。華自リ初メ入リシ佛門ニ。好テ書ヲ博ク覽ル。以テ故ヲ早ク通ス內外ノ諸典。古今ノ歷史。和漢ノ之風俗ニ。嘗テ所ノ著述ル書ハ。二百題補助記三卷・指要鈔助解二卷・淨信堂答問合璧記・金

鉀折重抄(〔鈔カ〕)・指要別理隨緣備釋・摩訶止觀奇字抄等各一卷。就中輔助記彫梓。學者盛流傳之。享保五年(一七二〇)庚子四月。校天台座主記諸本。別繕書一部。藏明王寶庫。爲古今座主記冠。後任大僧都。十八年癸丑春二月。移法曼院。便補無動寺政所。嘗從妙法院覺同學祕教三年。五部祕經。諸尊別軌。悉臻其奧。是年冬十二月中旬。帝迎東山院帝五五聖忌。敕四大寺嚴修八講。空亦參預。敕令役第三日夕座問者。已講貫統亦受敕而登階講第五卷。空初擧經龍女疑其權者歟。其實者歟。次問補處智力知久遠事耶否。兩箇往復時稍移。而雖難陳倶窮其淵源。多多益弁。以空之雄論如雲起。馳弁如懸河。堂上諸家聽衆不覺放聲。一皆稱美問者。勸賞大僧都以玉照眞了。且就當會改名義空。元文元年丙辰(一七三六)十一月。輪王寺新宮公遵親王。於出雲寺修受灌頂。則以空爲教授師。寛保元年(一七四一)辛酉九月。受兩法花會講師宣。四年甲子三月。別請竪義會勤立者。延享二(一七四五)乙丑春三月。將軍修法花八講於紅葉山。空參預。是年遂兩法花會講師。賞賜維摩院室。四年丁卯九月。爲別請會第一問者。寛延三年(一七五〇)庚午九月。補探題。是歳法花會五卷日之夜竪義勤證義。同冬任權僧正。四年辛未春。移正觀院。便補西塔院執行及學頭職。同年三月二十八日。公啓法親王。於出雲寺修受灌頂。乃欲復令以空爲教授師。空以已辭室之故固辭。而不聽再命。不得已終爲教授師。蓋以是時法曼室無主故也。十月二十四日。衆行別請竪義會於楞嚴院。空當其證義者。因自下等覺一轉入于妙覺算以爲業義。復下約如妙空(明カ)一空一切空算爲副義。乃令其會立者忍達法師答定正理所蘊在。達者。衆中之耆宿而久有學解名。然於所下約如妙空(明カ)算謬成不了。更出自己手眼巧附會經釋。以募其所立。是時也。空特逞天縱之妙解博引諸經之明文深難所立不正。以故及往復數番。立者茫然忽失措對之處。於是乎。遂斷副義所答處之未判。業(義カ)成所答則以得失相半決之。一會聽衆駭然嘆其精斷之明白且的當也。空初登本山時。志遂鴻業。以故學業勵晝夜。經論祖釋悉莫不研究。其論場名譽于今傳之。嘗在法曼室時。感靈夢預自稱安樂行院。寶曆二年(一七五二)壬申。轉任正僧正。三年癸酉八月七日寂。春秋六十有七

29 一乘菩薩僧可透傳

一乘菩薩僧可透。字祖關。不知何許人。初寓學橫川解脫溪。後移無動寺爲俊之資。寶永六年(一七〇九)仲秋。主院高才卓識好學甚篤。嘗所著之書。天台大師別傳句讀二卷・教觀綱宗宗(釋カ)義講翼二卷・四教集解義(儀カ)斷八卷・(「四明カ)十義書耳聽記二卷・法界次第箋錄三卷・盂蘭盆(經カ」)新疏講翼・唯識(「論カ)述記序解・顯戒論贊宗鈔各一卷。其餘不具枚擧。常爲學徒講授。正德元年(一七一一)辛卯季秋。補大阿闍梨。三年癸巳。誓紀爲籠山大比丘。院前有孤峯高聳直續叡南嶺。透常對之見書。靈空和尚一日來于此。見峯聳臨于透院宇即題成文峯。自作記贈透。文載草堂雜錄記中悉以稱揚透成文峯之號亦從是而起。紀後讓院于孚介退居備前佛心寺。講誦諸律部大弘律儀。凡當時本宗兼學徒。律儀之作法悉以透爲規則也。享保十九(「年カ)(一七三四)甲寅正月二十九日寂

30 快倫法印傳

法印快倫者。初住播州書寫山。慶長年間初登于無動溪主當院。氣宇剛正。高才博識。嘗著法華科註十卷・音義三卷・義例私註四卷・天台性相私見聞一卷・七帖見聞序並行于世。後應慈眼大師命。住東叡。爲學徒講誦。住仙波喜多院。正保元年(一六四四)甲申仲秋十八日寂

31 賢榮法印傳

政所法印賢榮者。未詳氏族。自號寶藏房。永祿年(一五五八)初入行門修行回峯。十一年戊辰二月。補無動寺別當政所職受敕印。元龜二年(一五七一)辛巳(未カ)季秋。織田平信長來寇于一山。此時榮自奉負敕印與心性不動一軀兵煙之閒。偶遁隱于京師華頂之麓。得尊形敕印倶全。天正年閒。又負影與印歸山。以興復爲力。其功甚多。文祿四年(一五九五)乙未八月十八日。以曩曩陀羅尼之祕曲。傳尊朝法親王。此蓋爲以同季秋上旬於禁中有五壇之修法會當其用也(以自古禁中熾盛光御修法必被用此陀羅尼故也)慶長十三年(一六〇八)戊申十二月二十三日寂

32 正偏傳

大僧都正偏。字惠光。相州人。權僧正玄照弟子。享保十(一七二五)年乙巳。登本山寓學什善坊義空。十三年戊申主當院。十八年癸丑九月。補大阿闍梨。元文四年(一七三九)己未。從貫主大王(公遵親王)蒙回峯七百日命。先是自行百日已勤。故以第八百日爲要期。寬保二年(一七四二)壬戌仲秋。補葛川目代職。是年任大僧都。延享元年(一七四四)甲子。七百日已滿。持呪甚驗(後カ)。二年乙丑。修赤山苦行。七月十六日。大廻入洛之跡。失火院宇燒亡。仍移玉照院修殘行。三年丙寅。更蒙千日命。第九百日大廻。日日洛中洛外貴賤群集男女渇仰預益者甚多。至第千日遐邇庶民老若群來于東麓。於社頭受加持者日益加矣。是年八月終遂千日大滿已。於此座主靑蓮院尊祐親王以是奏之朝廷。十月十日。賜行門興隆三塔威嚴綸旨拜天顏(櫻町天皇)加持玉體親王。皇子。女院。皇后亦受其加持。此北嶺行門一盛事也。大凡千日滿行者。因遂密業拜天顏加持玉體。雖爲古常例。本山再興後。此事久廢焉。是年也。偏因遂大行滿。更受玉體加持美敕。蓋繼絶興廢。可謂。當時顯揚行門。四年丁卯。更修回峯百日。五年戊辰春。重營造院宇後補

無動寺政所二。寶暦五年(一七五五)乙亥。移テ主二法曼院一。七年丁丑春三月。轉二江府覺樹王院一住ルコト四年。終二寂二彼院一。寶暦十年庚辰六月十四日ナリ。春秋五十七

33 豪實傳

探題大僧正豪實。眞超。和州添上郡ノ産。大西氏。年甫テ十三。從テ二談嶺眞法院觀洞一薙髪。安永五年(一七七六)丙申五月。登二本山一爲二眞慶之資一。天明三年(一七八三)癸丑(卯カ)夏五月。主レ院後移二法曼院一。補二政所職一。遂二千日大行滿一。葛川參籠五十餘度。職進二探題一。更轉二學頭正覺院一。補二執行大僧正一

讃

自レ有二叡嶽巡禮行一以來。未レ聞二脩レ之一千日而又葛川行法五十餘及者一也。況於レ職兼二貫主一。師範及執行。探題一官至二大僧正一者乎。但其有レ之者。獨豪實上人也歟。盛哉

天保三年(一八三二)二月

天台座主一品親王　御花押アリ

34 大僧正慈觀傳

日光山華藏院前大僧正慈觀大和尚者。以二寛政六(一七九四)庚寅(甲カ)稔一誕二于下毛州安蘇郡佐野莊植野邑一。俗姓木塚氏。生穎悟聽(聰カ)敏。過二絶群輩一。不レ食二葷腥一。夙有二出塵志一。當山華藏院九世慈滂。知二其法器一請二之其親一。以爲二弟子一。文化元(一八〇四)甲子年二月十五日。遂剃度具戒。于時年十一歳。一授二經卷一則善誦レ之。後終不レ忘。同二乙丑年。授二受四度加行一。同三丙寅歳。得レ入二交衆之席一。始臨二論場一也。雄辨機捷出二人意表一。古老目レ之爲二荷法有一レ賴。同五戊辰年。隨二慈滂轉二立石寺一。往留二羽州一四年。供養奉侍之暇跋二渉内外典籍一。精力過絶遂得二目疾一。痛楚不レ可レ謂。其師亦憂二泄痢一甚危篤。忍二痛苦一看養之閒。誦二藥師之呪一三洛叉。且誓願曰。廣大之慈悲。設得下愈二師之病一善延上レ壽。則誦二藥師經一萬卷。廻二向法界一。師疾頓愈。目病亦快然。逐レ日得二誦レ經滿一レ願。受二日天子千日法一專務レ焉。次二成就之生涯。朝起則先拜二日天一。後務二諸餘之法一。以爲二常課一。八

年辛未。再歸レ山入二澄神菴師之門一。講學益務夜以繼レ晷。後雖二先進者一恥レ之者多。遂有二出藍名一。文政五年壬午(一八二二)年二月三日。受二台命一住二職華藏院一。時年二十有九。同八乙酉年。攀二台嶽一登二廣學竪義之高坐一。具二傳燈大法師位一。同九稔春三月八日。成二就辨天修儀頓成之法一。蓋繼二慈滂之志一也。同十一戊子年。勤二府庫役一。天保二辛卯(一八三一)稔。被二三部傳法教授職之命一。就二觀察院贈權僧正天敬一。三密瑜伽之密法。山王理智一源之宗旨。古來相承者。傾レ缾傳レ焉。頃年障緣以二屢起一脩二大威德法一一百日。成就之日得二大威得(德カ)之尊像一。相傳甲將信玄護持之尊也。障緣亦隨消焉。同五甲午稔十月二十三日。受二中禪寺上人之鈞命一。頃歳稔頻不レ登。餓莩充二道路一。老弱轉二溝壑一。慈愍之念雖レ盛二于中一救濟術盡。是以發二大誓願一以二春正月二十八日一。登二補陀落一籠二居別院一。修二瑜伽深密之大法一。懇二祈諸尊之冥鑑一。請二和光之擁護一。嚴寒如レ冬深雪埋二林巒一無二麋鹿跡一。堅氷閉二大湖一絕二水禽ノ影一。風威裂二肌膚一。四支生二皸皴(皺カ)一。痛楚艱難譬レ之無レ物。然更無レ有レ顧二身命一。

特(持カ)念益確冥感無レ違。不二三旬一而身心共安。于レ是愈知二靈驗不二唐捐一。精脩盡レ誠遂成二就八千枚一。以二四月二十八日一滿願。至二五月七日一下レ山。脩練之間異靈雖二屢多一祕不レ語レ人。偶遇二其棧(機カ)一則擧二示一二一。以爲二增進之緣一而已。果其秋大有レ稔。萬民鼓腹歡色盈レ野。同八丁酉年五月十五日。拜二任大僧都一。同十二辛丑稔春閏正月。文恭大君薨。送二瑩(塋カ)東台一。時居二一臈一倍(陪カ)二法筵一。同十四癸卯年四月。大將軍詣二宮廟一。蓋是希世之大奠。且以二大將軍一新受二職位一。革弊之新令下二朝野一。公事繁冗以二一臈一兼二府庫役一。事事明辨周旋敏捷。官吏悅服山埜無下不二依賴一者上。同年十一月。轉二妙道院一。弘化元年(一八四四)甲辰。應二貫主之命一爲二一山一開二講筵一(「釋カ)觀音疏。同年自二八月一至二十一月一。執二行三部灌頂一十二會。翌年乙巳春二月。依二海信院大僧正海嚴及大衆懇請一。傳二山家灌頂密法一。兩日兩夜畢。授法者十有一人。嘉永元(一八四八)戊申稔正月。大王下二鈞命一。於二御前一令レ講二法華玄義一。闡レ幽顯レ微四坐傾レ耳。大王大歡。同二月十五日。蒙二台命一住二修學院一。補二學頭職一被レ任二權僧正一。同二己酉年春正月四日。有二賜紫之鴻命一。同三庚戌年二月八日。再登營轉二正僧正一。同五壬子稔閏二月五日。幕府又召レ之轉二大僧正一。自レ之前貫主法王。祭奠法務之暇每令レ講二論疏一親聽レ之。安政四丁巳稔(一八五七)。下二鈞命一在職之中每歲賜二金三十兩一。充二糜粥費一。以報二講誦之勞一也。萬延元(一八六〇)庚申年四月。慈性大王賜二親所持之扇一寵二異之一。同年六月。法王賜二所レ着之菊(麴カ)塵鈍(緞カ)子直綴衣一。寵榮異レ他。文久二(一八六二)壬戌稔。有二滿山諸堂脩理事一。正外遷座之式。專代二貫主之法務一勤レ焉。師稟性端嚴慈愛滿レ中。天質蒲柳。然英氣絕倫。行履嚴肅故人畏而愛レ之。其交不レ揀二緇素道俗官吏韻客雅不雅一皆應レ之。唯以二一誠一耳。故一邂逅者不レ能レ忘二其德一。記性亦過レ人。一目者永不レ忘レ之。以二穎敏之資一博及二和漢之典一。故事理融釋洞然盡レ眞。質問疑義氷山泥海。解レ之若二夏日之日一。似二捷風行一レ船。迷津取レ針。瞽者知レ方。學徒恆充二輪下一。去二一方一皇二張教綱一。唱二贊禪慧一者亦爲レ不レ少。是以行化之聲譽馳二四方一。殊住二華藏一之後。一山之法務。內外之樞機。知無レ不レ爲二舊復一。

以爲二己任一。古典舊式之廢缺者。逐二歲月一振二興之一。開山講。新宮八講之類。永爲二一山之式典一。其餘繁繁不レ暇二枚擧一也。十不二門指要鈔者。教觀樞要。學者不レ謂二先進後進一。以爲下涉二教海一之寶筏上。貞享刊本已近二磨滅一。校二合諸本一。一二洗舊弊一而流二通海內一。大部私記世無二善本一。夙有下對二校經論一上梓之志上。然緣未レ熟遂不レ果。識者以爲二遺憾一矣。年已以レ近二稀古一屢雖レ乞二骸骨一。大王固不レ許レ焉。文久二(一八六二)壬戌年。時年六十有九。又以レ嬰レ病頻乞二退隱一都五。大王深愍レ之每レ歲賜二金十五兩一充二藥餌一。令三保養從二其意一。後又依二法券(眷カ)之懇願一每レ歲賜二三十兩一。自レ之長謝二世緣一結二茅菴華藏之境內一。模二擬天台三山一築二假山一。以爲二行樂之地一。又安二置法華・仁王・金光明之塋塔其上一。建二山王祠一爲二鎭護一。廻二向法界一。貫主大王遙聽レ之。親書二功德林院徽號一賜レ之。以名二艸廬一。自レ之後置二身於此間一。放二情於山水風雲之閒一。悠悠自得養二眞性一。病亦隨日輕。脩練禪坐任二意之所一レ欲。性來嗜二味歌一人目爲二吉水和尙之後身一。每有レ暇則吟咏以消レ憂遣レ情。一吟一詠人傳以爲二至寶一。慈愍之念猶不レ能レ停。病有レ閒則講二四教儀及集詮(註カ)併指要鈔一。五小部等。開二示敎觀之大要一。又解二析大部一數鞭二撻後進一。依レ是履日充レ門。然甚不レ爲レ勞焉。師自レ幼遇二顯密ノ口決祕抄一。則自抄レ之甚務後年充レ棟。其餘内外典籍百方營二求之一超二萬卷一。海内奇書無レ不レ藏焉。偶遇二丙午災厄一悉擧爲二烏有一。後又省二饘粥費一多年盡レ力求レ之。遂充二屋梁一新營二倉庫假山之傍一藏レ之。蓋爲レ防レ災也。護法念慮其厚以可レ知焉。然至二抄錄之類一未レ能レ得二其半一。語一及レ之則痛惜色顯レ面矣。今年春當二開山大士千五十年之遠忌一。適雖レ發二舊痾一强扶レ病拭二老眼一撰二述和讚一。以授レ工摺二三千餘部一。且併二法嗣慈亮宿願印刻之佛像一。七月三日。詣二中禪寺一。親施二之登嶺群參之徒一。遍結二無上之勝緣一。三日而歸。非下慈悲内薰務レ善爲二是日不一レ足者上。則不レ能レ爲レ之也。平生事業宜三推レ一知二其餘一焉。宜哉。當今兩法王尊二崇之一爲二國寶一。滿山依二賴之一爲二法幢一。七月晦日。偶感二惡風一臥レ寢。然三時勤行不レ至二廢怠一。自知レ不レ可レ起誦念益務。十日朝命二侍者一。時不レ遠速拂二一室一。剃髮沐浴易二新衣一。召レ衆告曰。業障深重。生涯罹二危篤疾一三。眼疾將レ失レ精四。遭レ火困レ水。其餘障礙七顚八倒。然能持二依身一。年已超二希古一。今又一切病苦消除。得レ住二正念一者。蓋是據二三社和光之擁護。不動明王之靈鑑一。廣大深恩譬無レ物。實難遭難遇。善惡影響人皆知レ之。一念之善是大菩提。一念之惡是奈落迦。諸佛之慈愍。雖二一滴之善一能廻二入大悲誓願海一。以爲二復(度カ)生之緣一。故雖二一念微小一善惡可レ不レ揀レ焉乎。雖二彌陀超世之悲願一唯由二斯一念一耳。爾等深思レ之。當三專賴二大悲加持一。機根下劣障緣深重。今偶得二斯生一。須臾輪轉去乃忽感二異生一。今而不レ停二斯一念一則亦何時善遇二大悲之智光一。努二力之一。努二力之一。語畢盥漱。對二來迎三尊之影像一。端然合レ掌。又令三侍者數輩唱二慈救呪一。靜鳴レ磬唱二佛號一。待二氣息盡一。越十一日。朝輝(暉カ)將下拂二扶桑一臨中咸池上之時宛然終焉。時年七十三。法臘六十三

35 〔慈等大僧正〕

慈等大僧正。仙波喜多院ニ住スルコト二十八年。八十歳ニシテ東叡凌雲院ニ轉ス。博學深解沈默寛裕。諄諄人ヲ教ヘテ倦マス。殊ニ禪定ニ精熟シテ其ノ所得測ルベカラズ。仙波ニ在ルノ時。夜閒ハ常ニ慈惠堂ニ入テ坐禪ス。屢〻奇瑞アレトモ人ニ語ラズ。自ラ手册ニ書シテ帳中ニ祕ス。滅後門人之ヲ閲スルモ遺志ヲ繼テ亦世ニ示サズト云フ。或時ニ人ニ語テ曰。堂下波浪ノ聲アリ。子等亦之ヲ聞クヤト。然ルニ他人之ヲ聞ク者ナシト（堂下井泉アリ。其深サヲ知ラズ。故ニ堂ヲ潮音堂ト名クト云フ）公在仙波ノ時。一山僧俗三百餘人。喜多院ニ隨從スル者八十餘人。内秀タル者十人アリテ當時十哲ト云フ。其内ノ一人。寺中仙境坊ノ住職ナル者滑稽ノ癖アリ。夏日公ガ講釋ノ席ニ於テ狂歌ヲ詠シテ云。ヘビナラバ。カ程ノ事モ。アルマヒニ。蛇ニ由ル故ニ。長イ講釋（案スルニ。公ノ講談中ジヤニ由テト謂フ連辭多キ口癖アリシカ）公後ニ之ヲ聞テ。怒ラズ大笑スト。以テ公ノ寛裕ヲ知ル。又十哲中ノ一人。學寮寮主成就坊ハ天台會ノ講師ニ所立。公ノ說ニ違シテ彼地ヲ逐ハル。以テ公ノ嚴ヲ知ル。公在仙波中講談一日モ怠ラス。東台凌雲院轉住後。講ヲ中堂ニ開キ。其標示札ヲ廣小路袴腰ニ建ツ。蓋シ實觀大僧正以來ノ事ニシテ。而シテ日日ノ參聽者雲ノ如シト。此事隆教律師ノ咄ナリト。公年始嘉禮トシテ登營ス。此日總出仕ト稱シテ營中諸席人ヲ以テ滿ツ。皆正禮ノ執行ヲ待ツ。其閒數時閒ナリ。偶マ禪宗ノ長老。公右ニアリ。談止觀ノ病患境ニ及ブ。公從容閉眼。長文暗記。且ツ誦出シ。且ツ義解ス。一座道俗トナク皆驚歎聳聽セリト。普門律師。佛國歴（暦カ）象編ノ選アリ。上木セントスルニ當リ。天文臺之ヲ許サズ。樞機ヲ以テ輪王王府ノ藏版ト爲シ。公ニ請テ序セントス。公彼ノ書ヲ通覽シテ曰ク。肯テ命ニ戻ルニアラザルモ。天文暦象ハ四邪命ノ一。而シテ密教其事アルモ。卽事而眞出世無漏ノ法門ナリ。豈ニ世俗ノ學藝ト鬪論スル者ナランヤ。是レ恐クハ却テ破佛法ノ因緣ナラントト。公ト律師ト辨論往復前後數年ニ亙リシト。而シテ王命懇到已ムヲ得ズ之ニ序ス。而シテ其末文ニ曰ク。此書モ亦不レ無レキニシモ禆二益於佛法一ト。今流通ノ本。此序ヲ見ズ。公常ニ曰ク。觀心ニ非ンバ眞正ノ極樂往生決定心ヲ生セズ。坊（ボン）等（ラ）學問セヨト。公常ニ夜夕閒兒輩ヲシテ身體ヲ按摩セシム。

一夕卿(キャフ)ノ公之ヲ役ス。久シテ異常ヲ覺フ。怪テ之ヲ伺ヘハ。鼻息絶ヘ玉筋ヲ垂レ。已ニ遷寂ニ歸セリ。由テ驚テ之ヲ人ニ告グト云（玉筋ヲ垂ルルハ禪定成就ノ驗ナリト）

36〔生順傳〕

師諱生順。字風山。俗姓漆氏。作州人。貴族時國公之苗裔也。父名某。母某氏。師幼而不レ凡容貌奇偉。性質慈良。每見三沙門至二其家一喜而親レ之。稍長父母察三其有二方外緣一。託二中藏山圓融寺生盛一。執二童子之役一既而祝髮。受二台教一孜孜不レ懈。且善レ書梵漢俱通。一日自思。龍子豈肯求二生于蹄涔一。卽杖レ錫來二東武一。時慈眼大師敷二揚大教于武之星野山一。海內仰レ之如二景星一。師往願レ受レ教。大師見二形容不一レ凡許侍二左右一。於レ是晝則勤二行公務一。夜則專研二教觀一。兼探二密乘一。旁究二禪要一。勤レ之日久。自爲レ衆所レ推暨三寛永初大師開二山東叡一。師相二東嶺幽邃之地一。新刱二一院一榜曰二護國一。雉矱(矩カ)甚廣。未レ幾護摩堂。客殿。書院。廚庫。煥然一新。莊麗雄偉。頗稱二巨觀一。大師聞レ之大悅賜二一千金一以旌二其功一焉。人初見二其基大一以爲二其不一レ知量者一至二于此一自愧。又大師建二大雄寶殿于院中央一。安三置古昔佛工春日所レ刻釋迦・文殊・普賢像二。而以レ院定爲二闔山之塔所一。蓋其擧同二於日光山妙道院一也。畢レ功之日。大師與二闔山衆一共落慶焉。既而僧舍門廊所レ宜レ有者悉皆備焉。於レ是師欲三普極(拯カ)二群迷一結レ衆勤二不斷念佛一。今已若干年一日不レ闕。又師時時升レ座說法。四方緇素聞レ風慕レ化奔走相聚。法筵無レ所レ容。時師加三持九重符一有二請求者一授焉。此符也靈妙善避二刀箭一。有人疑レ之。卽掛二符於狗頸一恣射レ之數矢皆不レ中。開レ符視レ之乃有二箭痕一。疑者大駭謁レ師懺レ罪感嘆不レ已。又師於二江島石窟內一修二頓成法一。時有二神女一。日獻二奇菓一。喫レ之味甘。不レ辨二其何物一也。一日神女請二彌陀名號一。師卽書而與焉。神女謂曰。吾欲レ報二斯法恩一。師之所レ欲何事。師知二是龍女一答曰。我每憂下爲二風波一溺死者上。我與二名號一者。請君救二其難一。神女許諾。授以二印璽（其形如レ甕故俗稱曰二甕判一）水甁（容レ水纔二合計每歲除日汲二江島石窟內之水一容レ之以爲二硯滴一。終二一歲一之閒用レ之未二嘗竭一）鈴一（其音殊妙。振レ之祈則無下不二感應一者上也。以上三者。師常寶惜而不レ令二人妄觀一也。師沒而後忽失二所在一）而後請二名號一者甚衆。時豐州刺史日根野織部正者。家藏二佛舍利一。曾齎泛二西海一忽爲二龍神一所二奪去一。後復得二佛舍利一。恐復爲レ佗所レ奪。謁レ師求下脫二其難一之符上。師即書二彌陀名號一百幅一而與。且謂曰。海上遇レ難則投二此名號一。刺史拜謝而去。後泛二西海一。俄風雨大作舟將レ覆衆人危懼投二名號於水中一。時神女忽現。走レ潮蹴レ波取二其名號一而去。風亦止。刺吏大喜歎曰。護國師之功德非三凡情之所二能測一也。寛永七年（一六三〇）庚午。師兼二領妻驪瀧泉寺一乃不動明王顯靈之勝地。而慈覺大師之創建也。星霜甚久。寺雨（宇カ）悉廢唯草堂破屋而已。甲子歲。大猷君出二遊于此一誤失二所レ愛之鷹一。左右奔走索搜不レ得。君自詣レ堂祈二明王之加被一。須與所レ失鷹飛二來于堂前之松樹一。君大悅命建二大寶殿一。前二王門。側架二鐘樓一。丹青輪奐。隨喜瞻拜者憧憧弗レ絕。於レ是日修二護摩供一。祝國利民以爲二永式一。至レ今一日莫レ懈。十一年甲戌。師請レ官修二葺殿閣一鼎二革寺宇一。其莊麗有レ加二于前一。正保二年（一六四五）乙酉。師兼二領總州三途招提一數載之閒興レ廢修レ懷（壞カ）。且造二彌陀小像一千軀一安二奉之一。慶安二年（一六四九）己丑。丁二慈眼大師七周忌辰一開二別請竪義會一時。請二僧正周海一爲二證義者一。擢二胤海一爲二問者一。而推レ師爲二竪義者一。師旣登二猊座一立二兩科義一。業曰梨耶一念。副曰權乘下種。時敵者詞鋒甚熾。聽人傾レ耳。師輒決擇無レ滯。已暨二證者辨論一師與レ之對辨。其旨甚圓妙。四衆嘆服。此會四十年來棄廢。自レ此而後於二叡嶽一相續至レ今不レ絕。四年辛卯。官給金若干移二護國院于北嶺一。就二其趾一建二大猷君廟一。承應二年（一六五三）癸巳。師兼二董長沼宗光寺一爲二權僧正一。興レ廢修レ壞如二三途招提一。又親設二八祖像一使二人瞻禮敬仰一。師或夜夢。神人峨冠偉服容貌甚嚴。師問。卿爲レ誰。答曰。影向月也北野之天津風。師知二是北野神一欲レ次二其句一而覺。一日會下達二和歌一者上次爲二百韻一。時有二狩野信悅者一。齎二菅丞相手所レ寫肖像一來謂曰。此靈像我家藏レ之已久。夢神告曰。奉二我于護國院一否則必災。如レ是者三。請師奉レ之。師亦語二嘗所レ夢相與感歎燒香瞻禮以爲二鎭刹之神一。是像幷和歌今尚存矣。又師每レ歲除夜詣二江島一修二天女法一。一朝因二夢想一鑿レ地獲二辨財天暨十五童子像一感喜交集。齎歸二護國院一命レ工繪飾焉。其靈也。一切祈願無レ不レ應。又夢天女告曰。今日大黑天來。師宜二供養一。翌日果有人持二大黑天像一來。乃傳敎大師之手刻也。師感喜贖レ之。是諸像今見在矣。一日師慨然有二終焉之志一欲レ奉二彌陀靈像一時。有下齎二彌陀像一來者上。其梵相殊妙。殆非三庸工之所二能及一且有二像記一。乃前靑蓮院宮某親王之眞蹟也。曰。昔惠心僧都手二刻是像一。貯以二寶龕一。龕內又自繪二曼荼羅一。以與二安養尼一而令レ事レ之云。師生二難遭想一喜不二自勝一捨二金三百一贖レ之。是像與レ記俱今尙在焉。蓋師之志。其餘則推而見可也。明曆元年(一六五五)乙未六月八日。羅(罹カ)二微恙一問レ疾者雲(「如カ)至。且請二名號一者屢滿二門庭一。左右皆欲レ趾(距カ)レ之。師不レ聽悉書與レ之。一日紫雲靉靆集二于庭際一四方緇素望レ之競來。師知二死期至一。集二諸子一囑二後事一。自嗽レ口洗レ面。更レ衣燒レ香。面二彌陀像一端坐合掌而化。實明曆二年丙申三月二十八日也。由二遺命一停レ龕三日顏貌如レ生。緇素瞻禮至二數萬人一哀慕涕泣如レ失二姑(怙カ)恃一。門人奉二全身一葬二于院之西北一。世壽七十。臘五十有一。元祿九年(一六九六)丙子。敕贈二大僧正一。師平生來弗レ拒。去不レ追。不レ擇二緇素一諄諄善誘。林(輪カ)下常不レ減二一千餘指一。自二公卿大夫一至二士庶一無レ不二歸敬一。而其自處則麁袍糲食。綽然有二餘裕一。每見二凍餓者一分レ食與レ衣。且造二釋迦・彌陀・藥師小像一。凡五十餘軀一。繪二觀音像若干幅一。修二廢寺一若干。門弟子出據二師位一者衆。而擢爲二僧正一者僅五人耳。萬治元年(一六五八)戊戌。慈海夢。梵僧告曰。汝師生順者。無量佛之化身也。嗚呼師當宗中興之日。多感二靈異一能興二荒廢一。使二人遠レ罪遷レ善。非下乘二願輪一而來者上。不レ能レ與二於斯一。

37〔宋順傳〕

師諱宋順。字證月。號二慈海一。俗姓源氏。武州荏原郡人也。父名某。母淸水氏。夢日入レ懷而有レ娠。復夢胎中有二法華經八軸一而生二師于寬永元年(一六二四)甲子九月十九日一。師幼而不レ好二畜(蓄カ)髮一有二塵外志一。父母不二敢拒一。九歲而投二身於生順僧正一爲二驅烏一。僧正見レ之謂曰。我昨夜夢。詣二明王堂一顧二視坂下一有二米囊一。童子自二囊中一出。執二我衣一不レ放。

想二是福惠兒一。佗日爲二大法器一。既而祝髮。受二戒天台山南光祐盛公一。稍長而學術日進。令聞四達。明曆三年（一六五七）丁酉五月。住二護國院一兼二領瀧泉寺一。時歳三十有四。未レ幾令二亮順補席一。卜二草堂於瀧泉寺側一。若レ有二終焉之志一。延寶五年（一六七七）丁巳。野山虛（星カ）席。守證（澄カ）親王選レ師主レ之。師不レ得レ已而應レ命。是歳十月二十六日爲二大僧都一。時歳五十有四。明年戊午十二月四日。擢爲二權僧正一。天和二年（一六八二）壬戌八月二十日。大樹君召レ師住二持東叡山凌雲院一。第四代住持 時歳五十有九。是歳十一月兼二領天台山寶薗院一。明年五月補二西塔執行職一。貞享二年（一六八五）乙丑四月轉レ正。冬十二月管二轄紅葉山一。時歳六十有二。元祿二年（一六八九）乙巳（己カ）春。辭二西塔執行一。先レ是捨レ資鼎二革寶薗院一。修二葺西樂院一。元祿五年冬示レ疾。踰レ年不レ愈。一朝淨二掃室內一。掛二二十五聖來迎像一。點燈燒香。手捻二念珠一。口誦二佛號一。端坐而逝矣。實元祿六年（一六九三）二月十六日未刻也。壽七十。臘五十有八。門人奉二全身一葬二院西北一。師爲レ人容貌短小。而博學强記。所レ著有二四（天台カ）教集解標指鈔十八册・三（大カ）部序勘文三册一既行二于世一。又訂二法華・仁王・藥師・六字・聖無動・理趣分・寶筐（篋カ）印陀羅尼經等一。或附二音釋一以印施焉。又曾奉二天眞親王命一。講二法華玄義・法華科註一。其外所レ講書編不レ暇二枚擧一。雖二他宗疏鈔一無レ不レ加二朱墨一。令下師所二讀玩一書册盡藏中於凌雲院法庫上。又平生異跡甚著。每レ詣二明王堂一有二二神狗一來衞（師カ）。侍（特カ）見レ之。餘人不レ能レ見。或修二不動明王法一。則二童子現二于壇上一。或行二明星供一則星降二于華曼器一。或行二辨財天法一則稻穗現二于壇上一。又嘗江城某婦病疾危篤。痛苦特甚。技窮術盡醫療不レ效將レ死。因乞レ救二于師一。師爲期二七日一修二不動明王法一。及二第七日一有二一沙門一。到二夫病家一請レ見二病婦一。其夫有二難色一。沙門變レ色曰。我自二妻驪一來。夫不レ得レ已延二沙門一見レ之。沙門手撫二病婦腹一痛苦忽止。疾病立愈。闔家大喜。時忽失二沙門所在一。師聞レ之曰。是不動明王之應現也。此等事人之所二見聞一。是故上自二王公一下及二士庶一。靡レ不二望レ風向一レ化焉。元祿六年癸酉。賜二贈大僧正一

38 〔亮順傳〕

師諱亮順。字圓山。俗姓井田氏。乃井田攝津守是政曾孫。武州多摩郡人也。幼而不レ凡。嬉戲聚レ砂爲レ塔供二養三寶一。且拜二神祇一。有二幕下士押田氏者一。見二其穎悟一欲二養爲一レ子。父母察レ有二方外之志一而不レ與。生順聞レ之卽到二井田氏家一請二父母一。喜而與レ之。一日慈眼大師過二護國院一見レ師謂曰。此兒他日爲二大器一。師歲十有三而祝髮。十有九而登二日光山一。師二事亮慶一。一日諸友會二于大樂院一作二連歌百韻一。以二師善一レ書。請爲二執筆一。連歌已畢。歸路過二修學院一。圓義僧正問曰。今日有二何事一。師答曰。會二于大樂院一作二連歌百韻一。僧正曰。發句如何。師答曰。某作某句。僧正曰。其次如何。師答曰。某作某句。僧正問不レ止遂至二百韻一。師皆答レ之。一句不レ失。僧正拍手嘆曰。子非二凡器一。自レ此而後師聲價日倍。承應元年壬辰（一六五二）。住二藤本院一。時歲二十有六。慈海師曾講二法華于長沼宗光寺一。師走二輪下一受二其說一。又師嘗夢。隣院火發延二及藤本院一。如レ是夢一月之閒十餘度。師誓期二三日一修二慈惠供一千座一攘災時。慈海師遺（遣カ）人告曰。我氣衰倦二于將迎一。欲レ使三子補二我席一。已以聞二守證（澄カ）親王一。子心莫（必カ）レ辭。至二此方一知三前夢表二是輭災一。竟不レ得レ已强而應レ命住二護國院一。兼二領妻驪瀧泉寺一。時歲三十有四。此年詣二江島一謁二岩本院一曰。我嘗夢詣二此島一。有二一大德沙門一引レ吾到二石窟一。內有二一婦人一。儀服甚美。傍有二二天童女一。年將二十五一。沙門告レ我曰。是生身辨財天。今見二此島一宛然如二嘗所一レ夢。明年期二五十日一修二天女祕法一。修法滿日。天女寶龕下有二一白蛇一。長八寸許。師感喜不二自勝一。封二之寶篋內一永爲二修儀本尊一。此白蛇今見在。此年十月當二慈眼會講師一論二海中權實一。寶勝院某時稱二義龍一。二人相謀各作二難問十餘條一。以難殺。師決擇無レ滯。還作二反問十餘科一。聞者莫レ不レ服。守證（澄カ）親王聞レ之大悅。師嘗植二松於瀧泉寺一。有二枝葉如一レ蓋。師自祝曰。我久住二是寺一則汝必莫レ枯。奇哉。數十松皆枯。而是松恃（特カ）枝葉繁茂。今玄關側鬱鬱如レ蓋者是也。師曾作二和歌一曰

よろつよを　軒端の松に　契りをき
繁れるかけに　住そうれしき

又有二檀越華屋九左衛門者一。曾其家六人同病。一者婦。一者女。餘者奴婢。醫藥不レ效。卒延レ師請二救護一。時六人出見。師乃知二狐惑一。詰曰。此非レ病。必有レ所レ崇（祟カ）者。婦乃動レ眼。答曰。我是尾長者。師曰。是尾長者憑レ人凡有レ三。一有レ恨而憑。二者求（〔有カ〕）而憑。三爲レ人所レ請而憑。除二是三一之外無二可レ崇理一。汝等有レ恨歟。有レ求歟。抑又爲レ人所レ請歟。曰。有レ求。我等元棲二其處一。九左衛門家衰賣二其地一去。我等今棲レ身無レ地。願於二護國院後山一爲二我等一建二三祠一。我號二大白大明神一。一人我婦。福田大明神。餘者我眷族（屬カ）也。師曰。國土廣如レ此。何故求レ建二祠於吾山一耶。婦人答曰。其地清淨故願焉。師曰。是非二難事一也。汝等莫レ患。我今爲二汝等一修二不動明王祕法一。因二此功德一近趣二人天一遠趣二佛果一。六人謹而隨喜。修法已畢。師謂曰。我歸レ院建レ祠。汝等須二速去一。彼答曰。今日不レ吉。後日去。師莫レ疑。又彼謂曰。恐天雨歟。師曰。信哉。鴻雁嘶レ風野干愁レ雨。天氣正好。汝等莫レ愁。彼聞喜。師便歸レ院。既而三祠成。擧レ家來拜。師熟視野狐未レ離。師乃謂曰。三祠已

成。尾長者何不レ離耶。其婦曰。多謝。昨夜師見二何事一耶。師答曰。昨夜只見二多點火一。彼曰。是吾眷屬之所レ作。卽出レ拳曰。請師奉レ之。師開二見其拳一有二舍利一粒一。時林中忽有二金鼓聲一。彼曰。我眷族歎（屬歡カ）喜奏レ樂。師乃與レ衆誦レ經。便歸二方丈一。時忽一人迷悶倒レ地。泣曰。師何不下爲二眷屬一誦上レ經。師聞レ之復來爲二眷屬一誦レ經。六人聽受而喜。師謂曰。汝等所願已滿足須二速去一。彼答曰。唯。卽六人出レ戶倒レ地。野狐乃離。三祠見在。其眷屬祠者。榜曰二辨財天一是也。貞享四年（一六八七）丁卯五月。奉二天眞親王命一到レ京。時賜二大僧都一。元祿四年（一六九一）辛未。住（〔世カ〕）二良田山長樂寺一爲二權僧正一。此寺修葺久斷。荒蕪已甚。師到則修二殿堂一造二佛像一設二法器一。不二歲餘一煥然一新。且新建二開山堂洎開山塔一。作二渡月橋一。文殊山建二文殊石像一。遠近無レ不二瞻禮贊嘆一。時公辨大王賜二領行嚴院室一。元祿七年甲戌。師自思。人貴レ知レ止。何汲汲外求。終辭。還二妻驪一專勤二淨業一。時歲六十有八。師曾二請レ官修二葺瀧泉寺一。凡如二大日堂。經藏。百觀音堂。子安堂。鬼子母堂。虛空藏堂。愛染堂。地藏堂。觀音

堂。彌陀千體堂。八幡宮。天滿宮。皆是師之手澤也

39〔惠宅大和尚傳〕

華頂山元慶寺中興第二世惠宅大和尚。號二亮雄一。生國尾州。元文五庚申年(一七四〇)。誕生月日不詳。安永九年(一七八〇)。妙嚴和尚。號二亮範一(西塔榮泉院籠山滿期)當寺ノ住持タリ。然ルニ和尚老體ニ付。應接萬端弟子惠宅代理ニテ當寺本堂庫裏表門客寮土藏等。悉皆改造志願被レ企。蓋遵二三摩地院天台座主一品堯恭親王之遺志一也。翌天明元丑(マ辛カ)年(一七八一)十月二十一日。妙嚴和尚入寂。行年八十才。依レ之惠宅續テ住持シ。終ニ寛政元年(一七八九)改造全備成就。寛政元年。大佛御殿ヨリ一七日藥師供修行被二仰付一。右者女一宮樣御違例ニ被レ爲レ在候ニ付。御全快之御祈禱ナリ。尤一七ヶ日ノ内御代參有レ之。其後御續被レ爲レ遊二御全快一ニ付。御局方ヨリ金五百匹。妙門樣ヘ被レ進レ之候。卽從二宮樣一御直書ニテ被二下置一候事

寛政元年(一七八九)五月上旬ヨリ彌陀經要解開講。同晦日滿講。同年六月二日ヨリ請雨之法修行。大佛御殿ヨリ被二仰付一。每日三時(四面器供養)靑色幡十流懸レ之。開闢ノ初夜暮前ヨリ曇天。少少雨降リ候得共。夜分晴天ニ相成。三日ヨリ六日迄ハ炎天。七日ノ午時ヨリ雷鳴大雨候テ田地植付モ俄ニ相成候。何分三ヶ月ノ旱魃故。潤ヒ足リ不レ申樣子ニ候處。九日ノ午時ヨリ一晝夜大雨降續候テ。何方モ十分ニ潤ヒ申候。御壇料・供物料賜レ之。同年六月十五日ヨリ敎誡儀講述幷十重俗詮講談。閏六月十一日講畢。同年閏六月十五日ヨリ四分儀軌傳授。山門衆中四五人。同年正月十九日。開山僧正遍昭九百回御正忌ノ處。普請造作中ニ付。秋九月迄延引。則九月朔日ヨリ十日迄。受明灌頂修行。十一日ヨリ十六日迄。結緣灌頂修行。閑院樣御名代ノ御女中御五ッ方。其外結緣ノ男女凡千六百人。各各投華得佛眞言注記シ相渡ス。十七日ヨリ二十日迄。日中法華供。衆僧法華經一卷宛讀二誦之一。二十一日朝。戒經一卷讀誦。回向結願。右法事中。妙門樣兩度爲二御隨喜一御成。同年十二月二十五日。依レ願往古之通被レ爲レ復二勅願所一。勅

使萬里小路大納言殿

寛政二年庚戌年九月。內裏・仙洞・女院三御所御安鎭之事。則天台座主妙法院眞仁親王奉ㇾ勅御修行被ㇾ爲ㇾ在。依ㇾ之正鎭之定日及ヒ安鎭曼荼羅幷御行記製作。其ノ外諸事被ㇾ爲ㇾ在。御尋夫夫取調上ㇾ申。依ㇾ之十月朔日。御正鎭之夜。惠宅拜見ニ可ㇾ出旨被㆓仰付㆒候。故件僧兩人召連參內。紫宸殿ノ高欄ニテ舞樂拜見。御作法畢テ御休息所ニテ御目見。御祝儀上ㇾ申。丑刻歸寺

寛政三年六月十二日ヨリ九月二十三日迄。祕密儀軌傳授許可。受者。玉照院憲雄。如光院如實。大智院。玉泉院覺千。本覺院。寶殊院。一音院。財德坊良實。本行房。妙行院惠順 肥後高瀨 豪潮。惠敦

寛政四年二月十七日ヨリ菩薩戒疏開講。聽衆十七名。閏二月二十四日。妙門樣爲㆓御隨喜㆒御成。菩提院。日嚴院權僧正隨從。講後御作賜ㇾ之。翌日和韻回文之詩獻ㇾ之再和ㇾ之。御詩幷御尺牘賜ㇾ之。同年十月朔日ヨリ十五日迄。禁裏樣御內內之御祈禱ニテ普賢延命供。妙門樣御代修被㆓仰付㆒御物十五日御殿御次迄奉㆓返上㆒。同年十一月二十一日ヨリ十二月朔日迄。禁裏樣御星供相勤候樣ニ。宮樣御直書被㆓成下㆒。卽十二日(月カ)朔日以㆓使僧㆒奉ㇾ返

寛政六年三月十一日ヨリ二十一日迄。普賢延命供御所ヨリ內內之御祈之由。大佛御殿ヨリ御直書ニテ御代修被㆓仰付㆒

寛政七卯(「乙カ)年五月十八日ヨリ八月二十七日迄。無動寺於㆓大乘院㆒祕密儀軌傳授。受者。全勝院。乘實院。寶積院。大仙院。明德院。常智院。金藏院。吉祥院。三光院。松林坊。千手院。十妙院。正教坊。玉林院。千光院 吉祥ノ少納言 以上十六名。同年九月四日ヨリ十八日迄。於㆓法曼院道場㆒受明灌頂傳授。都合五會。受者。習禪院。法曼院。明德院。妙音院 佐野 惣持寺 丹州龜山 妙嚴 慈光院所化 觀行房 雞足院弟子 三位 金藏院所化 行妙房 常智院弟子 掃部。寶積院。千光院。延命院。

以上拾三名

寛政八年九月三日ヨリ六日迄。於㆓大佛御殿㆒結緣灌頂御修被ㇾ爲ㇾ在候ニ付。惠宅阿闍梨役被㆓仰付㆒。惠敦律師。

貫道。智寶。主信。明靜。超道。相具出勤四日之間。天氣宜甚群衆結緣男女。凡千六七百人致二入壇一候。宮樣甚御滿悅。寛政八。十二月二日。於二大佛御殿一三摩地宮三十三回御忌ニ付。於二東御堂一御法事御執行有レ之候。二日普賢供。三日彌陀供。導師惠宅相勤

寛政九巳(丁カ)年十月二日。惠宅(超道侍)西岩倉金藏寺ヘ參リ。五日本尊千手觀音再興出來。開眼供養相勤。右ハ當巳年四月二十一日。護摩堂。經藏燒失之節。本尊食堂迄出候節御損シ有レ之候ニ付。再興則於二本堂大壇一(四面器)衆僧八口出勤。嚴重ニ法會相營

寛政十戊午年二月二十日。所司代堀田大輔殿御娘(栗殿)御不快ニ付御加持御賴之事ニ付。惠宅(超道侍)午後御屋敷ヘ罷出。卽作法相勤退出。二十二日所司代御代參但馬長治殿被レ遣御壇料被レ遣候事。同三月八日ヨリ十七日迄。於二西岩倉一受明灌頂。結緣灌頂執行有レ之ニ付。惠宅(主信侍)登山。十八日同寺五大堂再興ニ付。開眼供養相勤下山。同二十三日。善峯ヘ惠宅登山。開山源算上人七百回忌ニ付。一七箇日法事修行有レ之。卽二十四日胎曼供。二十五日金曼供。右三箇日導師相勤。二十七日歸寺。同五月十四日。所司代堀田大藏大輔殿。關東ヘ御下向之處御所勞ニ付。御病氣平愈之御祈禱御賴ニ付。卽十六日ヨリ二十二日迄。五大尊合行之祕法相勤。御札御守獻上之。兩度御代參有レ之。御壇料。齊(齋カ)料賜レ之。同年七月朔日。夜九ツ過雷鳴京大佛殿之屋根ニ落。曉七ツ時ヨリ出火。二日之四ツ時迄ニ棟落ル。二王門幷廻廊不レ殘燒失。夜之內大雨一向ニ風モ無レ之。故外ヘハ少モ火散不レ申候也。右ニ付五日御殿ヨリ御祈禱被二仰付一早速五大尊合行之祕法相勤。一七箇日二十一座相勤。御札獻上。御札ハ右ノ御場所ヘ被レ爲レ立候樣ニト奉レ存候而。板札長サ三尺。巾五寸。外箱ニ柄ヲ付サセ。札ハ五大尊合行之呪。慈救呪梵書ニテ句義。五大尊書入申候。右之札蓮臺ノ最中ニ被二立置一候事

寛政十一年十二月七日。妙門樣ヨリ御直書被二成下一候。右者當十六日大佛殿本尊開眼之儀。彌賴存候トノ御事。且亦普門品一卷訓點被レ獻候樣ニトノ今上之御沙汰ニ

被レ為レ在候ニ付。早早申達候トノ御事ナリ。同十六日於ニ日嚴院大佛殿一御本尊開眼供養之式相勤。其日於ニ御殿一御齋御次ニテ薔(蕎カ)麥被ニ仰付一候。齊(齋カ)之間ニ宮様ニモ御挨拶ニ御出被レ遊候ナリ

同十二年正月八日。御祈禱巻數三御所ヘ獻上之。其節普門品拜ニ寫訓點一巻本ニ仕立。紙ハ鳥子ニ卦(罫カ)ヲ引。表紙白地之金襴。紫檀之軸ニ仕立サセ獻上仕候事。同十五日ヨリ中宮様御易産之御祈。七佛藥師法相勤始候事。二月十二日。妙門様御直書被ニ成下一。晒貳匹禁裏御内ニテ賜レ之候。袈裟ニモ相成候ハハ可レ為ニ御滿足一之御沙汰被レ為レ在候ト之御事。寛政十二年三月二十五日。山門安禪院ヘ惠宅 主信侍 登山。右者山門衆中祕密儀軌傳授。懇望之由ニ付。則於ニ同院一三月二十九日ニ許可作法之後傳授相始。五月二十七日滿座 閏四月アリ 凡九十日不レ殘無レ滯相濟。五月二十九日下山。受者人名。華法院孝淳。雙嚴院堯道。白毫院觀洞。五智院晃道。壽量院覺融。一元房鈴明。禪林院實融。遺教院堯謙。實藏坊實滿。妙音院惠顯。密嚴院儼然。圓教院映然。立行房義覺。不動院德弁。蓮花院智道。行泉院祖鎭。金臺院光純。正藏院亮智。大智院慈覽。正教坊圓如。南樂坊光宅。右之外。三井寺 慶音院。花寺惣持寺弟子 阿靜房。岩倉明行院ノ 少將。同 善光院。本山寺 諦量坊。安樂派 性脫沙彌。積善院ノ 心直院。以上

右傳授中ニ閏四月十四日。從ニ山門一下山之事。右者。當今様并中宮様御持念佛。不動明王尊像新刻之事。關白様ヘ被ニ仰出一大佛師七條左京奉ニ彫刻一大佛御殿ヘ御下ケ。惠宅開眼御供養相勤候様ニト之御事ニテ。十六日於ニ御殿一右之作法修行仕候事。閏四月下旬ニ大佛御殿ヨリ御使。洞雲房登山之事。右者。中宮様御持念佛。普賢尊御彫刻被ニ仰出一候ニ付。開眼供養法ニトノ御事ニテ。右之作法卽日安祥院ニテ相勤

享和元(一八〇一)十一月二十一日。從ニ大佛御殿一為ニ御使一金剛院權僧正。脇屋帶刀 相伴 昨日宮様御參内被レ為レ在候所。當月者。恭禮門院尊儀御七回之御忌ニ付。為ニ御追善一於ニ元慶寺一從ニ當二十七日一二十九日迄。結緣灌頂修行在レ之候様ニ被ニ仰出一候。其趣承知可レ有レ之ノ旨。宮様ヨリ

ノ仰之御事御座候事。右ニ付。甚急成事故。何角之用意者御殿ヨリ一式御世話被レ遣候故。道場向法用之儀用意被レ致候様ニトノ御事。則二十七。二十八兩日宮様御成。結縁之男女。凡百四五十人。二十九日無レ滞相濟。同十二月十八日。御用之儀被レ爲レ在候故。參殿仕候様ニ金剛院殿ヨリ被二仰聞一候ニ付。齋後參殿仕候所。禁裏御所ヨリ被二仰出一候。阿彌陀如來御長四尺餘（眞如堂本尊寫）尊像開眼被二仰付一候事

惠宅一代ノ內。或ハ佛像佛畫。就中高尾曼荼羅爲二寫被一レ置。或ハ板木類。或ハ捜決抄校合。西山流四度行要校合。其外行要類校合。其數不レ少一一筆記ニ不レ遑

享和二（壬戌）年十月初旬。病氣次第ニ重ク相成。夫夫弟子ノ者共ヘ遺命有レ之。終ニ十七日巳刻命終。行年六十三才

40〔釋僧敏傳〕

釋僧敏。字密成。俗姓小西氏。讚州三野郡寺家邑人也。幼而沈重。不レ狎二群童一。神性豪邁。有二老成之風一。天明五年（一七八五）。齡甫九歲。就二備中福壽院慈圭一祝髮染衣。事レ師孝順。交レ衆恭謹。學二四敎三觀宗義一。敏年十歲。聽三一禪僧擧二不生不滅一。卽詰問。和尙無レ死乎。僧曰。否。誰不レ死。敏曰。是何云二不生不滅一。僧驚無レ答矣。嘗從二拙齊翁一學二經史一三年。于レ斯寛政九年（一七九七）攀二登台嶽一。習二練敎觀一。秋八月。謁二唯聞和尙于浪速天王寺一。受二菩薩戒一。壞色其衣。乃侍唯諾。螢雪無レ懈。于レ時德本上人。盛揚二道化一。文化六年（一八〇九）二月。抵二勝尾寺一初見二上人一。聞二安心起行要一。徹頭徹尾。信解開發焉。文化八年春二月。聞師逝二于洛東有門菴一。爾來歸二錫備中一。閑二棲迂龕一。常鎖二柴門一。謝二絕賓侶一。寂寥地誦自娛。亡レ幾移二居藝海嚴島一。尖頭茅屋。唯足レ容レ膝。拾レ薪汲レ水。頭陀爲レ生。有レ偈曰。單二居孤嶋一意恆空。偶遇二芳春一感不レ窮。世事百端晨夕改。年華一様古今同。禪麟義虎歸二泉下一。野鬼閑神遍二域中一。法運陵遲難レ忍レ見。誰人復正仰二眞風一。禪餘屢見二寶壽院瑞幢律師一。傳二醍醐正流一。次參二永明泥牛禪師一。究二五位宗風一。禪師直下二鉗鎚一。敏兩手掩レ耳。禪師器許。夏竟歸二于嚴嚴（嶋カ）一。閱二虛堂錄一。

有二省發一焉。或有レ示二學人二偈一曰。狂歇從來在二我家一。心迷徒想隔二天涯一。泥牛銜レ草浴二蒼海一。木偶撚レ髭見二白花一。了了時無二一物一。空空空虚具二千差一。教禪畢竟順(須カ)二冥會一。競レ異爭レ同與レ道睽。問レ我聞レ君曾習レ禪。不傳妙道若何傳。鐵手生レ翼過二南海一。木馬乘レ舟上二北天一。正午尋レ花入二林裏一。清宵待レ月坐二窓前一。難レ知山衲平常意。刻苦須レ看二斯二聯一。文政八年。寓二居廣島一。講二四教義及法花會義・三教指歸一。兼弘二道(通カ)專修念佛一。緇素渴仰。道聲震二遐邇一。十年四月。講二四教義及十不二門於黃(吉カ)備清瀧寺一。四方來依者。星羅雲結。法雷大震。十二年春二月。掛二錫洛東建仁寺一。補二緝嚴嶋高麗藏經散片六百餘軸一。留寓之閒。白雀巢レ檐。時人稱二歎護法奇瑞一也。天保五年(一八三四)。遊二化東讚一。講レ經接レ衆。藝備讚州。四部依慕。潤二法雨一者。不レ知二其幾一。化導曰(日カ)熾也。齡既古希。殆倦二應接一。閑二居藝海猪口嶋一。期二一千日一不レ出二菴門一。嘉永四年(一八五一)春三月。應二接石州一。弘二通念佛一。誓二約日課一者。二千六百餘人。五月還二于猪口島一。嘉永五年。老病危篤。九月七日。命レ徒棹二輕舟一。將レ還二備中甘露菴一。九日午時。泛二舟笠岡洋中一。忽爾金剛合掌。高稱二往生願文一。字道分明也。次唱二彌陀佛一二十餘返。稱名漸微。而恬然逝焉。保壽七十六。慧命六十九。門人荼二毘于眞嶽山一。乃塔二其傍一矣。敏風範懍然。眼光射レ人。性度質朴。持律甚嚴。絹帛不レ纏レ身。三白活命。讚二仰蘊(藕カ)盆一。兼二學台密禪淨一。坦然無二偏頗一。故參學輩。禪教混雜。法澤普潤焉。有二神國決疑編考證。念佛追福編。散心持名往生編。六字名號呼法辨。並釋難等十餘部一。並盛行二于世一矣

贊曰。曩予侍二敏師於藝備一。委察二其行履一。生平行說。不レ滯二一方一。禪教融會。蔑二予(矛カ)盾陋一。特具二正法眼一。曄然光大也。古人云。教外無レ禪。禪外務(無カ)レ教。展矣哉。達人同レ轍焉。抑能說能行。晨昏孜孜。寒暑未三曾須臾有二傾搖懈倦之色一。嗚呼亹亹敏師。澆季國寶矣

41〔釋豪潮傳〕

釋豪潮。諱寬海。號二無所得道人一。又八萬四千煩惱主人一。

寛延二(一七四九)己巳年六月十八日。於二肥後國玉名郡山下村一。眞
宗安養寺内專光寺一誕生。寶暦五(一七五五)乙亥年九月。父貫道曰。
余曾雖レ及二出家精(清カ)僧之志願一三度。有二故障一不レ遂。二子
之内必一子可レ繼二余志一。汝當年七歳。繼二余志願一。於二同
郡天台宗繁根木山壽福寺豪旭阿闍梨之會下一。可二出家得
度一。故同年同月出二父母之寺一。至二繁根木山一得度。爾來孜
孜積二螢雪之功一。内外之學大進。又長二書畫詩歌一。好修二禪
定一。至二臨終一常住不レ臥。爾後不レ幾師逝。諸信徒師請二師
跡住職一。師告曰。我師跡不レ可レ繼。吾行未レ成。衆頻乞レ
之。仍而師謂レ衆曰。我又有レ乞。衆若違二我意一卽辭レ之。
衆皆諾矣。於レ此一日會レ衆。寺内所レ藏酒器。積二悉大庭一。
以レ槌破二却之一。又倉庫中所レ貯米錢等。無レ所レ殘出而施レ
之。衆曰。無レ貯朝如何。師曰。道心中有二衣食一。何患レ不レ
貯二衣食一。且違二前約一。衆大驚歎矣。自レ是雖レ富二財寶一。無二
一留一皆施レ之。又戒業堅固而不レ怠二三密之行一。得二悉地
成就一。靈驗如レ神。又在二寺内一古松樹一。掩二山門一。師對二松
樹一曰。古松久倒二何日一。我居住中倒幸甚。若至二後年一有レ

倒。不レ得レ營二山門一。不思議其夜倒。山門之外聊無レ障。又
發二大願一。全國建二八萬四千寶篋印塔一。終滿レ願所レ至造二
准胝尊一。寫二經卷一不レ可レ數。某局罹レ疾。奉二内敕一參内加
持。忽法驗效。仍而賜二赤栴檀香木・黄金十枚一。又所レ賜
以二香木一准胝菩薩像造二二軀一。修二准胝供一二十六萬座。
文政乙(己カ)卯(一八一九)年十月六日。師七十有餘歳。尾張國名古屋城
主。正二位德川大納言源齊朝卿。師請二肥後熊本城主一。城
主愛レ材不レ應レ請。於レ此齊朝卿請二幕府一。幕府以二内命一。尾
張國老成瀬隼人正使者。而至二熊本邸一終請レ之。但歸國
三年之以二期月(日カ)一不レ聽二淹留一。而名古屋禪宗請二萬松寺一。
爾來國公祈念無レ懈。人民法益受者日夜不レ知二其數一。其
后同國知多郡岩屋寺村天台宗岩屋寺住職。天保六(一八三五)年同
國愛知郡字柳原。城主建二立新寺一。號二長榮寺一。卽爲二國公
之祈願所一。轉二住之一無レ怠。修二三部之大法幷護摩供一。不レ
暇二枚擧一。法驗益顯。道俗之歸依彌厚。救二貧民一施レ藥等
其數難レ擧。諸人於レ今知レ之。又以二内敕一宣二下寛海大
師一。堅祕不レ語レ人。天保六年閏七月三日逝。春秋八十七。

中枚村時雨菴中埋葬矣。長榮寺中興第一世也

42〔釋實戒傳〕

釋實戒。諱亮阿。俗姓有澤氏。越中國礪波郡佐野村之人也。寛政十二年(一八〇〇)正月元日。旭日之昇同時生。產時頭上三筋之有㆓白髮㆒。長三寸。第七日剃㆑之如㆑元生。再剃㆑之後不㆑生。自㆑幼常求㆓出家于父母㆒。父母知㆓其志不㆒㆑可㆑奪㆑之終許㆑之。又切㆓斷陰莖㆒。文化十四年(一八一七)十一月二十四日。拜㆓台嶺金光院亮照律師㆒而薙髮。爾來出離之念切。乃專㆓志于捨身之修行㆒。法華・金光明・仁王・菩薩戒經等血書。到㆓三十歲㆒常住不㆑臥。且每夜於㆓釋迦堂㆒修㆓觀念㆒三年。復登㆓金剛山㆒。斷食定坐十餘日。有㆓神人㆒告曰。尾州有㆓豪潮者㆒。汝須㆓往從㆒㆑之。師拜而去。乃之㆓尾州㆒。潮師時住㆓于長榮寺㆒。一日聚㆓衆徒弟㆒語曰。嘗有㆓一奇僧㆒。來投㆑我。是可㆑繼㆓吾法燈㆒者也。師往叩㆑門。衆大警(驚カ)歎。自㆑是學業日進。天保六年(一八三五)十月。尸㆓潮師跡于長榮寺㆒。國〔公尾張城主從一位慶勝〔公大歸依。常請㆓城中㆒加持。及令㆑修㆓

密法㆒。明治元年(一八六八)三月補㆓大講義㆒。同十二月拜㆓權中教正㆒。明治十年轉㆓住大阪四天王寺㆒。同年十二月。進㆓權大教正㆒。持律堅固而到處景慕崇信者甚多。密典繙㆓三密行業㆒。得㆓悉地成就㆒。修㆓護摩供㆒六萬座。修㆓胎金諸會㆒壹萬餘座。修㆓四箇大法㆒十四度。浴㆓密灌㆒霑㆓圓戒㆒者幾三萬人。受㆓融通念佛㆒者六萬人。受㆓三部大法㆒者壹百餘人。又受㆓諸流傳法㆒者十七人。造寺二ヶ所(柳原護國堂。諸輪村長榮寺也)造㆓丈六彌陀立像。及五大尊。十二天各六尺。藥師并十二神。四天王。密壇密具。諸曼荼羅。寫㆓經卷㆒不㆑知㆓其數㆒矣。明治十五年。罹㆑疾。臨終之前日。集㆓諸弟子㆒。授㆓十念㆒。十五日與㆑衆同唱㆓彌陀名號㆒。日沒北首右脇。如㆑眠而逝。春秋八十三。法臘六十六。同十八日荼㆓毘大坂天王寺村㆒。舍利數粒出。明治十九年十二月二十二日。贈㆓大僧正㆒

〔近世台宗高僧傳　正　終〕

近世台宗高僧傳　續

目次（表紙）

受第一七三號

明治二十二年十一月二十二日

本年六月中。六如慈周・百如慈芳行業記取調會出候樣御達御坐候處。去ル戊辰之役。當山瓦解之節。御法孫ナル當院ニ所傳ノ舊記散逸シ。捜索ノ道無レ之。當惑仕候。然ル處世間ニ行ナハルル同人一二ノ著書。御寺ニ散見セル履歴ノ一斑。此程見當リ候間。別紙ニ抄出シ。則チ進達仕候也

明治二十二年（一八八九）十一月二十一日

東叡山壽昌院住職　僧都樹下慈尚　印

天台宗務支廳長大僧正村田寂順殿

1 六如院權僧正慈周

江州八幡ノ產也。苗村氏タリ。前大僧正慈門ヲ師トシ薙染ス。山門北谷善光院ヲ主ル。故アッテ（安樂院ト山ト大小乘ノ爭論也）院ヲ辭シ後チ愛宕山長床坊ニ住ス。林泉院室ヲ拜命ス。院ヲ辭シ。隨宜樂法王ニ扈從ス。惠恩院ニ補ス。後チ柏原成菩提院ヲ主ル。享和元辛酉年（一八〇一）三月十日逝ス。京都嵯峨長床坊里坊境內ニ葬ル。或人云ク。眞如堂境內。又大佛養源院境內ニモ石塔アリト云云

師特ニ般若部ヲ信奉セリ。寶曆十三年（一七六三）ヨリ寬政十年（一七九八）十月十日ニ至ル迄（三十六年間）金剛般若經ヲ誦セラルルコト五萬三千三百八十部（其外般若部。護國ノ三部。念佛等自行化他ノ淨業。看經記ニ見ユ）安永六年（一七七七）丁酉二月ヨリ寬政十二年（一八〇〇）庚申七月十二日ニ至ル迄（二十四年間）大般若經六百軸ヲ讀誦スルコト三十五遍了（此閒轉居アリシ箇所ハ山門○日光○淺草寺官舍○京都誓願寺光照庵○安井○柏原成菩提院等往復數回ナリ）而後亦復勤修セラルル事從前ノ如シ。然レドモ師齡已ニ耳順ヲ過ギ。身自耄セリ。遂ニ疾病ニシテ而止ム。此時寬政十三辛酉年二月二十四日也。醫藥其功無ク。同年三月十六日戌刻命終。壽六十七。葬ニ嵯峨別莊一。墓在ニ釋迦堂直北五町許一云云

○拜領ノ大般若經箱書ニ云ク

此經二十帙。六百卷。隨宜樂准三后一品大王所レ賜也。余晨昏課レ讀以擬ニ報恩之萬一一。余子孫展轉寶護ニ永世一勿ニ遺散失一焉。至レ囑時

天明二年（一七八二）壬寅十月　惠恩院慈周六如謹識

○金剛經破空論ノ奧ニ朱書シテ云ク

寬政四年（一七九二）壬子七月。於ニ城州愛宕山勝地院一講ニ此論一。講次以ニ朱毫一猥記ニ管見一。六如沙門慈周

同七年乙卯四月。於ニ台麓一復講ニ此書一更加ニ管見一。同年七月。於ニ愛宕山一應ニ維明禪師ノ請一。又復講ニ說一遍一頗有レ所ニ改易一。益覺ニ鑽研難一レ及

○著書アリ。刊行流布スルモノハ金剛般若瑞應編〔經カ〕（三卷）放生功德集（三卷）六如庵詩鈔（三編九卷）葛原詩話（前後編合本四冊）等ナリ。其他ノ履歷等法孫ナル東台壽昌院ニ傳ハリシカ。戊辰戰爭ノ時散逸セシユヘ尋ヌルニ由ナシ。然ル處詩鈔ニ載スル

琴臺先生ノ序文等行業ノ一班(斑カ)ヲ見ルニ足レハ。參考ノ
爲メ左ニ寫スモノナリ

六如庵詩鈔序

明和紀元ノ年。余始テ總角ニシテ入ルニ京師一。師住スニ天台ノ善光院一。而シテ師ノ之詩名。業已ニ藉ニ藉タリ乎彼都人士ノ之口一。時ニ雖レ不レ及レ知ルニ師。則已ニ私ニ欽慕ス。以爲ラク若シ獲ハレ有ルコトヲ下爲ニ斯ノ人ニ稱セラレテ相知トニ而挂コトヲ中名ヲ其文字中上。此レ吾カ之願也。何ソ可ンヤトレ不ルニ一見シテ請ハレ教ヲ焉。亡シテレ何ク余歸リニ鄕里一。則未レ獲ニ相見ルコトヲ一。欽慕無レ已ムコト。後チ四年。東叡有ニ革律ノ之變一。不シテレ奉セレ教ヲ而削ラルルレ藉(籍カ)ヲ者十四人。師亦在ニ其中一。聞テレ之ヲ又以爲ラク。距ンハレ非ルニ其ノ內有テレ所レ見而志操卓立者一。其レ孰カ能觸コ忤シテ時議ニ而執コ固センヤ於洶洶群謗ノ之閒ニ乎哉。蓋シ師ハ非ニ但以テスルレ詩之人ニ也。彼都人士之所レ爲ニ藉藉ヲ一。唯其ノ皮相焉耳ト矣。私心愈增ニ欽慕ス焉。九年(一七七二)壬辰。准三后大王再ヒ住シニ東叡一。律制復ス初ニ。十四人ノ者召還サレ。或依レ前ニ或進ムレ階ヲ。師以ニ觀國大僧正ノ弟子ヲ一。監タリニ乎天台ノ正覺院一。其明年余客タリニ於勢南一。則又未レ獲ニ相見ルコトヲ一焉。安永三年(一七七四)甲午。師召サレテ來ニ東叡一。九年庚子。大王退コ老シ淺草寺一。乃チ授クニ師ニ院家ヲ一。院家ハ古之所レ謂親王別當ナリ也。先レ是ヨリ當下進テ住シニ大刹一。或ハ處ル中重職上。以下師無クレ求ニ富貴ニ無キヲレ望ミ中權要上。大王亦不ヨ强テ奪ハニ其志ヲ一。唯爲シテレ賓ト以テ備フニ質訪一。而寵禮日ニ盛ンナリ矣。今ノ職以テニ其退老無事ヲ一。蓋シ榮トシテ而優ニストレ之ヲ云。客歲余來リニ東武一始獲レ謁ルコトヲ師ニ。師亦以テニ同鄕ヲ一見シテ如シレ舊。今茲二月遂ニ寄コ食其ノ門下ニ一。乃チ日ニ請フレ教ヲ焉。又退テ觀ルニ其所ヲ爲ス。禮佛誦經一日之日率ムネ其レ居ルレ半ニ。自ニ二月ノ初一至ルニ七月ノ望ニ。吾レ未ニ嘗テ一日モ見ヨ其有ニ懈怠一焉。勤行如レ此ノ。他可ニ類推一ス矣。視ニ諸ヲ其ノ詩之風流逸調ニ。廣平ノ梅花。大ニ不下與ニ其人一相類上セ。於テレ是乎。知ヨ師ハ誠ニ非ルコトヲニ但以テスルレ詩ヲ之人ニ一也。亦效下諸ヲ曩時在ニ群謗之閒一。而不レ爲レ奪ハ者上。皆實ニ得タリレ之矣。一日出シテレ稿ヲ屬シテレ余ニ曰ク。平安ノ書肆。有ニ請フ者一。既ニ許レ之未レ果。幸ニ得レ子ヲ。請フ代テ爲ニ之カ宰一。余受テ理スレ之ヲ。三月ニシテ而卒フレ業ヲ。諸體總テ六百五十餘首。(「」脫文カ)「而其初年之作。有ニ所レ謂嘉隆僞調者一。凡數百

首。」名テ曰二赤城集一ト。劉維翰序スレ之ニ。今皆削テ而不レ錄也。嗚呼欽慕二十年ニシテ而今乃遂獲レ挂クルコトヲ二名其ノ文字中一ニ。豈ニ不ヤ二甚タ悅懌一ナラ乎。師ハ吾カ江人。姓ハ苗村氏。世爲二江南ノ著姓一。母ハ駒井氏。師ノ父介洞君。嘗テ受二學ヲ東涯之門一ニ。以テレ醫ヲ爲レ業ト。以レ儒ヲ爲レ道ト。師少フシテ神彩穎悟。父君奇トスレ之。謂ラク道以テ及フハレ物ニ爲二聖人之心一。則在二吾カ俗一ニ濟フノレ衆ヲ之術。儒不レト及レ佛ニ。於レ是屬スニ之ヲ觀國大僧正一ニ。延享元年（一七四四）甲子。師年十一而祝二髮ス于天台一ニ。三年丙寅。從二大僧正一ニ徙ル二武之仙波一ニ。以二寶曆七年（一七五七）丁丑一住二善光院一ニ云

天明二年（一七八二）壬寅秋七月

淡海琴臺源長卿撰

題金剛瑞應編後

凡ソ古今誦持之盛。應驗之著キ者。以テ二法華一ヲ爲レ最ト。次クレ之ニ者爲ス二金剛一ト。均スルニレ之ヲ像末有緣ノ之要典也。而法華ノ持驗ハ。坊閒梓行シテ家コトニ傳ヘ人コトニ誦ス。獨リ至テハ二金剛一ニ則チ闕焉。我カ六如兄。常ニ持ス二金剛一ヲ。爲メニレ是カ慨然者淹シ矣。爰ニ探テ二藏函一ヲ。獲タリ二周氏事復（克カ）金剛持驗紀（記カ）一ヲ。一讀ノ之後。信願益〻進ム。遂ニ旁ニ及シ二他書一ニ。搜索略盡ク。嘗テ謂ラク。聰明ノ之人。未タ下必シモ待テ二事驗一ヲ而後信上セ。或ハ有レ人慧業未レタ熟セ。昧キトキハ二于斯ノ文一ニ。則不レ若下譯シテ爲二國語一ト之勤勉易キニ上レ爲シレ力ヲ也。因テ臚二列シテ一百數十餘事一ヲ。勒シテ爲ス二瑞應編三卷一ト。以テ俾ム下與二法華大車一騈ヒ馳セ中乎大方上ニ。補闕ノ之功亦偉ナリ矣。兄名ハ慈周。號二蘭皐一ト。六如ハ其字。江人ナリ。與レ芳幼ヨリ事二于僧正觀國老人一ニ。好テレ學ヲ弗レ倦マ。兼テ善クス二詞藻一ヲ。芳雖二不敏一ト。同門之誼不レ當ニ二默視一ス。讐校之役。頗ル分ツ二其勞一ヲ。就テ綴テ二瑣言ヲ一廁ル二于展轉隨喜ノ之列一ニ。事詳ナリ二自序一ニ。因テ不二復タ贅一セ

明和庚寅（一七七〇）之冬十月。百如沙門慈芳謹書ス二於洛東不遠庵一

2　百如比丘慈芳

東江州能登瀨村ノ產也。正覺院執行慈門大僧正ヲ拜シテ薙染ス。始メテ山門南樂坊ニ主タリ。一紀籠山シ滿期ノ後

チ安樂院ニ入テ進具ス。後能登瀬村ニ一庵ヲトテ閑居ス。百如庵ト號ス。其幽棲風月ニ富ルヲ以テ見聞ノ人。欽羨セサルハナシト云。文化元甲子年（一八〇四）四月十四日逝ス。山門安樂院下墓ニ葬ル

師悉曇學ニ能名アリ。著述ノ連聲篇世ニ行ハル。其師承等ハ概ネ此篇ノ序跋ニ見エタリ。次下ニ之ヲ寫ス

悉曇連聲篇序

悉曇之藏。深固幽遠。無二人能到一焉。而シテ連聲ノ一章。又其之奧ナル者也。中古吾カ延曆寺五大院然師極メテレ力ヲ流衍シ。遂ニ爲メニ傳二フ之ヲ篇簡一ニ。其言ニ曰ク。捃二拾シ群解一ヲ陶二甄ス衆音一ヲ。祖詰（誥カ）是レヲ承ク。非二スト敢テ穿鑿一スルニ。凡ソ八篇二十四門。纖悉具備シ。横竪鉤貫ス。世之言二フ聲明一ヲ者。咸ク資テ爲レ軌ト焉。至三テ其ノ釋二スルニ連聲章一ヲ。特ニ精核嚴密。豪芒必ス割キ。錙銖必ス辨ス。文或ハ乖刺スレトモ義實ニ符契ス。失スレハ之ヲ則毫釐千里。能ク得レル之ヲ者ハ乃チ假二テ唇舌一ヲ以テ撫二ス五天ヲ於祇席之閒一ニ。善美交〻臻ル。雖レ有二ト來者一。無二シ以テ尚一ルコト也。獨リ奈カセン。季葉膚受。僅カニ得二テ一端一ヲ。暖姝自ラ喜ヒ。黨二シ其同一ニ于末愚ニ。伐二ツ其異ヲ於前烈一ニ。於レ是悉曇之道。寥寥乎日ニ衰矣。孰レカ能ク支二テ頽運一ヲ振フテ而耀レン之ヲ。吾同袍（胞カ）ニ有二慈芳字ハ佛山一。禪講之餘。喜テ治二ム然師之業一ヲ。初メ學二于東都ノ印公一ニ。才思駿捷。如下シ有二宿ニ習一フコト者上ノ。耽嗜不レ釋テ。其學加〻進ム。遂ニ得二能名一ヲ。覓レメ書ヲ問レフ字ヲ者麕至。殆ント將レニ鐵二セント門限一ヲ。嘗テ謂二テ門生一ニ曰。金石絲竹。黃鐘大呂之聲。乃チ至二ルマテ千林萬竅謏タル者咬タル者一ニ。以レテ余ヲ聞レハ之ヲ。莫レシ不二ルコト阿字ヨリ之自一生セ矣。虎鶴針悲（韭カ）鳥跡蝌蚪之文。乃至下ルマテ國字和讀如二キ鉤須丁尾ノ一者上ニ。以レテ余ヲ眎レ之ヲ。莫レ非三梵書爲二ルニ之カ本一矣。其ノ會意自得之妙。蓋シ有二如レキ是ノ者一焉。此レ其レ深ク得二ル之ヲ於然師一ニ耳。頃者紬二繹シテ連聲章一ヲ著二ス書一篇一ヲ。以爲ラク。難キ者ノ既ニ通スレハ。易キ者ノ從レフト之ニ。其意蓋シ在下リ乎纘二修シ前緒一ヲ務メテ排中スルニ後代之謬濫上ヲ也。然シテ後壅カル者始テ決シ。幽ナル者斯ニ顯ル。謂二ンモ之ヲ悉曇之藏今ニシテ而闡一クト亦可矣。篇成テ敎二余ヲシテ序レセ之ヲ。余既ニ忝二フス法門ノ花蕚一ヲ。褎辭嫌二ヒアリ于情黨一ニ。特ニ述下テ其ノ所二ノ面覩聞一スル者上ヲ。用二ケシム弁簡端一ニ。非二ス敢テ虛飾一スルニ也。至二テハ其書ノ粋駁一ニ。則讀ム者ノ當二ニ自ラ栽（裁カ）鑑一ス。豈ニ

容私於其閒哉。是爲序

明和四年(一七六七)丁亥仲春　　釋慈周撰

跋尾

夫四種連聲。攝乎一切連聲而無缺無剩。苞蓄宛轉。梵音之妙盡矣。但短綆汲深。寸鍼(剌カ)刺厚。得旨者極鮮矣。卽有他人輒議曰。吾家二種。山門四種。只是開合異耳。甚焉則至乎擇取二種而棄其餘。吁亦何率爾也。近世山家有人。頗負此學。乃力救之曰。字形自開三。若約字義命之。自音成他一名。爾志則可嘉矣。其說未也。愚謂。悉曇藏一書。非不明且詳也。讀而不精。精而不貫。遂致此鹵莽耳。余嚮艷乎東都山門千光院第八世東叡眞如院覺印闍梨名於聲明。乃往執弟子之禮。公憐余愚而有志。反覆提誨。殆傾祕笈授之。余退而不敢自足。研尋演繹。積以歲年。竊謂稍窺一班(斑カ)矣。每讀諸師論著。不能無遺憾焉。乃取薄蹄有得一義。隨筆之投篋中。久而視之篚箱幾滿。頃者得餘閑稍爲之次而錄之。命曰悉曇連聲篇。篇成自謂。梵音之精微。非淺陋之所能殫。特傳紕謬。或貽嘲於後哲。且余素不文。操觚之際每自羞澁。更恐坐文之拙。其理亦有窒焉。公諸大方則我豈敢。聊自備遺忘而已。云爾

明和四年龍集丁亥春二月　「百如庵沙門慈芳」((一)脱文カ。佛全126、三三一上参照)

3〔實觀大僧正傳〕

第七世大僧(正カ)。名實觀。字體具。初名實增。字相如。參州額田郡岡崎村人。姓平。氏中根。母太田氏。寬文元(一六六一)年辛丑三月二十二日壬申生焉。六歲從住心院贈大僧正實俊至東叡山常照院。十歲亦從至比叡淨教房。十二年壬申(子カ)六月四日戊寅。就師剃度。延寶元年(一六七三)癸丑冬。就師修四度密法。三年乙卯十月。爲法華會立者。七年丙未(己カ)九月。於法曼院傳法灌頂。天和二年(一六八二)壬

戌十二月。住持淨教坊。貞享二年(一六八五)乙丑五月。兼住城州蓮華寺。十月於法曼院。爲大阿闍梨。三年丙寅六月。任權大僧都。爲懺法講賞。元祿九年(一六九六)丙子。以洛陽三昧流失傳。蒙曼(殊カ)珠院良應親王令。適常州黑子千妙寺。就權僧正亮宣。傳法灌頂。尋爲大阿闍梨。十二年己卯六月。擢爲望擬講。九月爲小川坊城一位俊廣卿猶子。十四年辛巳五月。任大僧都。寶永元(一七〇四)年甲申十月。爲法華會擬講。二年乙酉四月。補法勝寺和尚。十一月爲別請立義立者。其月爲上乘院權僧正尊通。尊勝院法印慈晃。於靑蓮院傳法灌頂。四年丁亥七月。改其房名曰實藏。蓋復舊也。八月任權僧正。十一月補東塔執行。是月應准三宮一品大王之召。來于東叡。十二月住持凌雲院。兼仙波喜多院。五年戊子正月轉僧正。閏正月辭法勝寺和尚。八月適比叡。十月爲法華會探題。是月還東叡。八年辛卯衆請開講法華玄義。正德三年(一七一三)癸巳五月轉大僧正。

右大僧正實觀傳。其自所著也。故書法有與今列傳不同者。讀者莫以爲疑

逸事

寶永五年(一七〇八)戊子。爲天台會場。正德三年(一七一三)癸巳四月。代貫主大王登日光山。六年丙申四月。又代大王往城州山科拜謁大明王靈廟。

享保四年(一七一九)己亥五月六日。今將軍第三子源三君逝。七月松平對馬守近治傳命。葬院西南方。大島肥前守某監之。上法名曰涼池院靈岸智到。賜銀一萬兩充中陰及一百日之修福。每歲忌日奠銀一百兩於牌前。忌年倍之。六年辛丑十月七日。久子(涼池院及小五郎君母)逝。八日牧野因幡守英成傳命薙髮(效國俗也)九日葬涼池院墓側。命法名曰深心院慈潭性水。賜銀一千兩以充修福。諱日賜銀一百兩於牌前。忌年加貳百兩。十一年丙午十一月。松平左近將監乘邑傳命書將軍家考妣法名上之。十二月賜紗綾五匹。己(酉カ)巳十二月。小傳馬町津村氏女圓子如爲狐所狂。明年

二月。自稱二熱田大明神一ト。因レ余ニ雖レ欲ニ閑地ニ建レント祠ヲ于レ今不レ成。權ニ造ニ一小祠ヲ於院之東北方一ニ。約下年年三月十八日。津村氏ノ宅以爲ニ離館一ト。圓子存日託シテレ彼ニ有ント上語焉。其年三月。將軍世子亞相患レ瘡。代ニ大王一上ニ西丸一ニ以加持シタテマツル焉病愈タマフ。安藤對馬守信友傳テレ命ヲ賜ニ紗綾二匹一ヲ。四月將軍謁ニ日光山東照神廟一ニ。先レ是國老及諸臣使ニ余ヲシテ以祈禱一焉。十六年辛亥三月十八日。津村氏ノ宅恐レ官ヲ不レ欲ニ人ノ聚一ヲ。神降シテレ語曰。自レ今無ントレ語。人皆固ク請。神許スニ以三來歲於ンコトヲ二凌雲院一ニ。其年將軍爲メニ右衞門宗民卿ノ於ニ田安一ニ建レツ第ヲ。四月十三日。余率ニ大僧都空潭。權大僧都實傳及僧八口一ヲ祭ルレ地。九月三日。又率ニ空潭及僧十口一ヲ安鎭ス。十三日於テニ黑田豐前守直邦ノ宅一ニ賜ニ銀二百兩一ヲ。空潭ニハ五十兩。實傳ニハ三十兩。及衆僧ニハ百兩

右與ニ前記一同ク大僧正實觀所ニ自ミ著一也

元文四年(一七三九)己未八月。辭シテレ職ヲ而隱居ス。自號ニ念生院一ト。卜スニ居ヲ于明靜院ノ後園一ニ。貫主大王命シテ領セシムニ相州大磯高麗寺一ヲ。寬保四年(一七四四)甲子正月二十三日寂ス。壽八十四。葬ルニ凌雲院ノ南丘一ニ

前大僧正實觀

本院第七世。延曆寺執行探題。實藏坊第三世。兼ニ仙波星野山第三十三世學頭。越後藏王別當一。元文己未八月。退ニ隱相州高麗寺一。自號ニ念生菴一。寬保甲子正月二十三日戌刻示寂。世壽八十有四

右東台凌雲院墓地。石塔裏ニ彫刻ノ文ナリ

4〔慈等大僧正傳〕

大僧正慈等傳佚聞記

慈等大僧正ハ初メ埼玉縣某小寺ニテ剃髮。本山ニ登リ。千葉院住職トナリ。加州西養寺ニ住職トナリ。山城國愛宕山ノ某寺ニ居ラレシコトモアリト法縁ノ人ノ物語ナリ。其所住ノ前後年代等重テ取調ベキナリ

師ハ平生ニ食ニテ食ノ品質ヲ擇ハルルコトナク。如何ナルモノヲ供スルモ可否ヲ云ハレタルコトナシトナリ

師ハ臥寢大體二時(今ノ四時間ナリ)間ナリシト。餘ハ誦

呪。坐禪。讀書等ニテ暫時モ休憩ナシ。但晝食後一時間。水ニテ手習セラルルヲ常トス。是ハ平生他ヨリ書ヲ乞フ者多シ。而シテ是ハ其德ヲ欣フモノニテ。書ノ美惡ヲ論ズルニ非レドモ。他ノ絹素等ニ餘リ惡筆ニテ認ムルハ機(氣カ)ノ毒ナリトテ。斯クハ手習スルナリト自ラ言ハレタリトナリ

師平生禪定ニ入ラルルトキハ。全身冷却シテ暖氣ナキニ至ルコトアリ。仍テ逝去ノ後。實死ナリヤ否ヤ判斷ニ苦シシト云フ。師平生ノ日課ハ千手陀羅尼千反ヲ誦セラレシト

大僧正慈等逸事記

大僧正慈等。仙波喜多院ニ住スルコト二十八年。八十歲ニシテ東叡山凌雲院ニ轉ス。稟性沈默。寛裕諄諄トシテ教ヘテ倦マス。博學深解。就中禪座ニ精熟シ所得不レ可レ測。常時夜中慈惠堂ニ入リ獨坐ス。定中奇異示相甚ダ多ケレトモ。默シテ不レ語レ他ニ。祕シテ所錄アリ。滅後門弟子密ニ見レ之。亦緘シテ不レ示レ他ニ。特ニ師或時門人ニ謂テ曰ク。大師堂ノ下。常ニ波浪ノ音アリ。子等之ヲ聞クヤ。否ヤ。皆曰ク。不レ聞ト。古ヘヨリ堂下ニ深坑アリ。坑底不レ可レ測。傳ヘテ云。仙波村二タ兒ノ池ニ通スト。往年幕府修理ノ時。大材ヲ横タヘ誤テ陷ルヲ防グト云。古來堂ヲ名ケテ潮音殿ト云。其レ或ハ由レ之歟

一。師常ニ曰ク。觀心ニ非ンバ眞正ノ極樂往生決定心生セズ。坊等(ボンラ)學問セヨト云云ト。其頃仙波閻魔堂ノ道心者ニ西念ト云者アリ。年老ヒテ黴毒ニカカリ頗ル不潔ナリ。而シテ師ノ教ニ順ヒ不斷念佛ス。又折節講談ヲ聞キ。得意氣ニ見ユルコトアリ。或時師彼ニ問テ曰ク。講釋ヲ解スルヤ。答テ曰ク。不レ解。只時時面白ク思フコトアルノミ。又問フ。極樂往生ハ如何。答フ。必ズ往生スル也ト。師大ニ讚美スト云

一。前正觀院大僧正慈校ハ。川越近村ノ產ナリ。等公或日末寺ノ請ニ赴ク途中。村舍ニ一幼兒ノ泣クアリ。尋テ聞レ之。千手陀羅尼ヲ誦スルナリ。是レ宿習ノ所爲ナレバ宜ク俗ニ在ルベカラズト。乃チ其家ニ約シ。後チ入寺出家セシメ卿公ト名ク。生來語少ナク殆ンド如レ吶。而シテ誦習强記。一聞入レバ耳ニ終身不レ忘。論辯如レ流。人皆樂レ聞クコトヲ。又生涯持ニ大悲呪ヲ一聲音高下ナク疾舒綿綿タリ。此師千葉院董

職ノ時ヨリ三州泉福寺ヲ兼務スルノ故ハ。等公東台學頭職ニテ終フ。先例學頭職ニ任スル者ニハ東台ノ一院ヲ賜リ。弟子法脈相續セシムル定規ナリ。然ルニ當時一山缺員無レ之故ニ不レ能ニ其義一。依テ彼ノ一山寺シテ兼ヌルト云

一。等公在ニ仙波一日講不レ怠。門下十哲ノ稱アリ。彼地一山僧俗三百餘人。喜多院內八十餘人ト云。其盛ナル近代第一トス。十哲ノ一人ニテ寺中仙境坊住僧某ナル者。性癖滑稽。或夏ノ日講席坐睡スル者多シ。依テ狂歌シテ云ク。ヘビナラハ。箇程ノコトモ。アルマヒニ。蛇ニヨル故ニ。長ヒ講釋ト。師後ニ聞テ大笑スト云。又成就坊ハ學寮（鍋島僧ノ習學スル所）寮主ニシテ是モ亦十哲ノ一人ナリシガ。天台會ノ講師ヲ勤メ。所立師ノ說ニ違シ。彼地ヲ逐ル。山門正藏院ニ住シ。後東台壽昌院ニ轉ス（王命特選）其寺檀越南部侯ニ說テ院宇ヲ改造。相次デ最樹院殿新別當職ニ補ス。名ハ亮典。剛氣福果ノ博識ト云

一。師凌雲院ニ轉シ入院。講釋（法華玄義）ヲ中堂ニ開キ。標示杭ヲ廣小路袴腰ニ建ツ。此事實觀以來中絕ス。師繼ニ興之一ヲ。道俗ノ參聽群集如レ雲シトノ　隆教律師ノ話

一。師年頭ノ嘉禮トシテ登營ス。此日總出仕及ビ不時繼目ノ拜謁モアリ。松ノ閒ニ扣ヒ時刻ヲ待ツ。例時閒長シ。時ニ禪家紫衣ノ長老（失名）列坐ス。談偶マ止觀ノ病患境ニ及ブ。師正レシ容ヲ閉レテ眼ヲ連文逐一ニ暗誦。義解シ明白詳晰ナリ。四座ノ道俗貴顯聳聽驚嘆スト云　慈恔ノ話

一。南都ノ普門律師圓通。佛國曆象編ヲ著ス。上木ニ垂ントシテ天文臺不レ許レ之。窮困躊躇久レスレ之ヲ。後チ終ニ輪王王府藏版トナシタマハンコトヲ乞ヒ（一山住僧中彼律師ノ門人アリテ紹ニ介之一ヲ）許可ヲ賜フ。依レ之等公（猶在仙波之閒）ニ命ジテ序ヲ冒ラシム。公彼書ヲ通覽シ。而シテ後ニ對テ曰ク。肯テ不レトモ戾レルニ命ニ天文曆象ハ四邪命ノ一。而シテ密教其事アルモ。固ト卽事而眞。出世無漏ノ法門也。豈ニ世俗ノ學藝ト鬪論スルモノナランヤ。是レ恐クハ却テ破佛法ノ因緣ナリ。等公ト律師ト論辨往復前後數年ニ亘ルト云。然レトモ王命一トタビ出デテ中止スベカラズ。說諭懇到師不レ得レ已コトヲ序レ之。余若年彼書ヲ看ル。其序文今マ審ニ

記セズト雖モ。其結句ニ此書モ亦不レ無キニシモ禆ニ益於佛法一ニト云云。疎漫ノ數字素ト不レ堪ニ於序一。然レトモ今流傳ノ書公ノ序ナシ。可レ惜也

一。師東叡ニ移リテヨリ以來禪坐定ニ入リ難ク。是レ土地矌閙喧動ト身心多事紛亂スルガ故ニ宜ベナリ。行人境ヲ可レ擇ナリト云

一。師常時晩飧后寢ニ就ク迄。兒輩ヲシテ脊ヲ拍タシム。一時卿公役レ之ヲ。久シテ止ムルナシ。怪ンテ伺レ之ヲ鼻息絶ヘ。玉筋ヲ垂レ已ニ遷寂ニ到レリ。驚テ之ヲ人ニ告グト云

(玉筋ヲ垂ルルハ禪定成就ノ驗ナリト云)

一。師ノ經歴年譜等。凌雲院境內墓碑ニ誌シアル歟如何

右ハ余弱年ヨリ師說及ビ雜聞ヲ粗述ス。恐クハ誤妄多カラン。看者乞フ諒恕セヨ

明治二十二年(一八八九)二月八日　七十二叟　圓中妄記

5〔豪潮比丘傳〕

釋豪潮。諱ハ寛海。亦ハ無所得道人。復ハ謂ニ八萬四千煩惱主人一ト。寛延二己巳(一七四九)年六月十八日。於テ二肥後國玉名郡山下村眞宗安養寺內專光寺一ニ誕生ス。寶曆五乙亥(一七五五)年九月。父貫道ノ曰ク。余曾テ雖レトモ及ト二出家一ニ。精僧之志願三度有リ二故障一不レ遂。故ニ二子一子ニシテ可レ繼ク二余志一ヲ。汝當年七歲ナリ。繼ケトイヒテ二余カ志願一ヲ同郡天台宗繁根木山壽福寺豪旭阿闍梨ノ元ニ連レ行。師見テ二此兒一ヲ謂ラク。有リ二異相一。必ス可レシト成ル二明德一ト謂テ出家得度セシム。夫ヨリ學業日ミニ進ミ。夏ノ短夜ニモ附テレ枕ヲ無シレ臥スコト。歲十六才ニシテ登リ二比叡山一ニ。豪恕大僧正ノ會下ニ住山シテ修學スルコト十餘年而シテ歸國ス。壽福寺ニ住職スルニ院內ノ酒器ヲ悉ク聚メ入テ二立臼一ニ舂ク之ヲ。持律堅固ニシテ四十歲ニ至ル迄。夏ノ夜ニ蚊帳ヲ不レ用。五體蚊ノ喰次第ニ施シレ血ヲ。常ニ坐シ二牀床一ニ。日夜ニ準提觀音ヲ爲シテ二本尊一ト悉地成就スル之人也。自レ夫九州之諸侯不ル二歸依セ一人無レ之。或時ハ肥前國之於テ二長崎一ニ約シテ二明州ノ呈(程カ)赤城ト云人一ニ天台山ノ圖ヲ令ムルニ二摸寫セ一。此ノ圖面ハ自リレ古雖レトモ有リト。猶ホ一度山ヲ廻テ改メテ圖寫シ。大日本東肥ノ豪潮大律師ニ奉ルトレ贈リ有リ。此ノ圖ハ山門淨土院ノ寶庫ニ被レタリ納メ。其ノ後聖護院宮一品盈仁親王之依テレ奏奉リ二

內敕ヲ參內ス。某局ヲ奉ル二加持シ一忽チ有リ二法驗一。赤栴檀香木ト黃金數十枚ヲ賜ル。以テ二內敕ヲ一寬海宣下。從リレ夫レ京都東ノ森積善院ニ住シテ諸病加持ヲナシケルニ。一人トシテ無シレ不ルハ二平愈セ一。其ノ後チ細川家ノ依レ請ニ歸ル二熊本一ニ。文政二年（一八一九）十月。齡七十有餘歲也。其ノ後尾張名古屋城主正二位德川大納言齊朝卿ノ應シテレ請ニ。名古屋禪宗萬松寺ニ來ル。城內ヘ參殿而加持ナシケルニ驗シアリ。從レ爾東京ヘ下リ。市ヶ谷ノ於テ二屋形一ニ尾張中納言齊隆卿ノ加ニ持スルニ病氣ヲ速ニ快氣セラル。時ハ文政三年庚辰十月。四方ノ諸侯。或ハ加持ヲ受ケ。或ハ十念ヲ受クル人數多ナリ。文政四年九月。歸國ノ砌リ於テ二薩埵峠一ニ詠シテ二富士山ヲ一詩ヲ吟セラル。一睡ス芙蓉ノ頂。覺來テ將ニ欲レ歸ントト。枕邊明月落。足下白雲飛ト。夫レヨリ追追進步シテ尾張國知多郡岩屋寺村天台宗岩屋寺ニ住職ス。是寺ハ觀音ノ靈場ナリ。然ルニ城內ヘ道隔タル故ニ。金城ノ艮ニ當ル愛知郡柳原ニ被レ爲レ築カセ二新寺ヲ一。國家鎭護ノ爲ス二祈願所一ト。卽チ今ノ長榮寺是也。文政六年。此寺ニ引移リ。日日準提護摩供無ク怠ルコト。本尊ハ金城ニ持傳ヘタマヘル所ノ赤栴檀香木ニテ。國主ヨリ京都大佛師赤尾右京彫刻スル準提觀世音菩薩也。自リ爾其ノ名普ク聞ヘ二四方一ニ。一人トシテ不ル二信仰セ一者無レ之。其ノ外三密加持ナシケルニ利益ト行德ハ不スレ暇アラ二枚舉スルニ一。全國ニ八萬四千ノ寶筐（篋カ）印塔ヲ建立ス（其大イナル塔ハ豐前彥山中段一基。尾張名古屋萬松寺一基。東京淺草ニ一基。其外國國大中小ノ塔ヲ建立其數多）其外準提觀音大小尊像ヲ彫刻シテ諸寺院ニ令ムルコトレ納數多。諸經卷モ亦タ如レ是ノ。于レ時自ラ辭世シテ吟テ曰。欲スルニレ得ント二長生樂ヲ一。終ニ無シ二不老ノ家一。雪ハ殘テ二頭上一ニ白シ。春ハ入テ二眼中一ニ霞ム。時天保六年（一八三五）歲次丁未（乙カ）七月朔。三日臨終ヲ告レ衆ニ。唱テ二彌陀寶號ヲ一湛然トシテ入ルレ寂ニ。時年春秋八十有七。尾張國西春（丁日カ）井郡中杉村。時雨庵境內ニ埋葬ス。洞松山長榮寺中興第一世也。國主德川家ヨリ以テ二使者ヲ一備ヘラルト香儀ヲ一云云

6〔實戒比丘傳〕

釋ノ實戒。諱ハ亮阿。俗姓ハ有澤氏。越中國礪波郡佐野村ノ人也。寬政十二年（一八〇〇）正月元日。旭日昇ル時生產ス。其時頭上ニ三筋ノ白髮生タリ。長三寸。第七日ニシテ剃ルレ之。又如レ前生フ。復タ剃ルレ之。從レ爾シ後ハ不レ生。自レ幼常ニ信シ二佛乘ヲ一。父母ニ

求レトモ二出家センコトヲ一不レ許サ。依テ獨身ニ落髮ス。父母泣テ許。歲十八歲ニシテ和州南都ニ赴キ。墨師大隅ト云人ニ語イケルニ二其志ヲ一。大隅感心シテ法隆寺一山北室律院ノ叡辨律師。師ノ元ニ案內ス。此ノ師ハ八宗ニ秀タル碩德ナリ。師直ニ得度セシム。授ケルニ二五戒・八齋・十重禁戒ヲ一以テス。夫ヨリ俱舍・唯識等ノ諸論始。終南山ノ律儀ヲ學。又胎金兩部ノ大法ヲ傳フ。一日モ無レ怠コト。或ル時ハ吉野天之河御所坊ニ住居シ辨天ヲ祈ルニ利生驗。又河內國上ノ太子叡福寺ノ塔中ニ安居シ時ハ日日行乞ヲ致シ。又和州金剛山ノ庵室ニ安居シ晝夜ヲ不レ分禪定無レ怠ルコト。於ニ此ノ室一降魔。又大和國之六條村ノ農人丈助トイフ者娘難產ノ後。孤得ニ地獄感一。其生子親與諸共ニ獄卒引立テ行キ責ルヲ見テ告ニ依六親者一。驚テ實戒律師ノ元ヘ走リ附何分濟ヒ給ヘト乞フ。依レ之師行イテ祕密加持ヲ加ヘ。夫ヨリ六親者ニ念佛勸メケレハ。其時產婦念佛ノ聲ニ誘ハレ共ニ口ヲ動カス樣ニ成リ。其驚氣ノ如ク產婦平陰(穩カ)ニ成タリト云。其外人人濟幾千人不レ知ニ其數ヲ一。而後登リニ比叡山ニ一謁シニ金光院方明亮照律師ニ一。傳敎大師傳ヘ給フ所ノ一乘圓頓戒法ヲ受ク。晝ハ師ノ元ニ仕ヘ。夜相輪塔ノ元。或ハ釋迦堂ノ床。二內堂等床ニ薦ヲ以テ坐トシ禪定ヲ修シテ夜明スコト常ナリ。又再ヒ和州天之河還テ法華・金光明・仁王般若・菩薩戒經等書寫。自身臂ヨリ血ヲ出シ以テ二其血ヲ一書寫シ。又股ノ皮ヲ剝イテ爲ニ表題一ト。或夜辨才天告テ曰ク。汝修行將ニ至レリ。從レ是尾張國豪潮ト謂者是有緣僧也。夢覺テ後三日ヲ經テ出立ス。亮照律師ノ元ニ至リ其事語。師云。幸ヒ豪潮師我能ク知ル所ノ僧ナリ。遊旁行ケヤト書簡ヲ認メラル。其ノ三日前ニ潮師聚レ衆語テ曰。近近ニ一人奇僧來。是我法燈ヲ可レ繼人ナリ。然ルニ第三日ノ夜叩イテレ門ヲ來ル。是レ戒師也。衆大ニ驚歎ス。夫ヨリ潮師拍ツテレ手ヲ歡喜シ。我遺法ノ人ハ是ナリト定メ。時ハ天保五年甲午(一八三四)五月十五日。夫ヨリ戒師替ツテニ豪潮律師ニ一日日護摩供・準胝供等ヲ修行スルニ無レ怠ルコト。師ノ行德聞ヘ二四方ニ一。然ルニ天保六(「年カ)乙未七月三日。潮師化ヲ遷ルニ樂邦一。夫レヨリ國主。豪潮師ノ如クニ歸依深厚ニシテ天保十一年胎金大曼荼羅令レ晝。開ニ大檀(壇カ)一受明結緣灌頂行フ。浴ル人不レ知ラニ其數ヲ一。天保十一庚子年七月。國主依テレ命ニ信州木曾登リニ御嶽山ニ一。於テニ頂上ニ一修スルニ胎藏界大法ヲ一。晴天白日ニシテ二時間無ニ散雲一モ。里人ノ云ク。昔ヨリ此山ニ如レ此雲ノ不レ出未タズトレ聞云フ。是諸天善神法味納受シ給フ故ト嘆シタリ。天保十二年辛丑七月三日。先師豪潮和尚七回忌相當リ。羅漢供之式ヲ行ハル（是ハ魚山五箇祕曲ノ一也。本尊釋迦。普賢。文殊。十六羅漢。善月禪師感得水戸黄門公開板石摺十六幅）魚山實光院觀海ヲ請待ス。式ヲ傳フ（導師實戒律師。威儀師觀海僧都。讃衆供養師弟子中）同十三年釋迦。藥師。彌陀并諸佛ノ判ヲ彫刻シメ一體三禮シテ三千佛摺リ押テ軸ト爲ス。天保十四年癸卯。山門前星光院豪觀律師ヨリ四箇大法。六箇祕法。諸尊法密印等傳ラル。有ル時實戒師弟子ニ告テ云ク。我常ニ觀法ヲ修スルニ瑜伽三密之胸月冷也演ラレタリ。又天保十五甲辰年三月。勢州西來寺眞阿僧都云（此師天台宗ノ諸流ヲ繼給ル。戒師ノ初ヨリ密法ノ師也。實ニ大阿闍梨ト云可キ人也）我一代密法悉ク傳テ無ニシ殘ル處一。併シ是ヲ相承ノ人者。戒尊者ヨリ外無レ之。願クハ爲ニ令法久住一ノ傳ヘ給ヘト依賴セラル。從レ元有志ノ師ナル。依テ請待シテ無レク殘叩レテ底ヲ薄墨ノ密印迄傳授被レタリ致。弘化二乙巳（一八四五）（「年カ）七月。尾張御屋形御殿於ニ書院一胎金曼陀羅供ヲ被レ爲レ行事數度也。同年八月。和州南都ヘ使僧遣。招提寺ノ金堂圖寫セシム（此堂ハ昔シ聖武天皇ノ御代。唐ヨリ鑑眞和尚御請待之砌。清涼殿ヲ其儘金堂ト被レ爲レ遊タル處。格別道場ナリ）

7〔德麟大僧都傳〕

里見山光明寺境内墓碑彌陀號之記

安壽院法印大僧都德麟師ハ。上野國碓氷郡里見村。里見山阿彌陀院光明寺第貳拾四世ノ住職ニシテ。信濃國更科郡何某村ニ生ル。幼ニシテ東叡山ニ登リ津梁院ニ薙髮ス。而后比叡山溪廣院ニ久住シ。山門執行代ノ職務數年勉勵ノ薰功ニ因リ。天台座主輪王寺宮一品大王ノ欽命ヲ蒙リ。文化元甲子（一八〇四）歳正月中。同國群馬郡榛名山學頭・別當ノ兩職ヲ兼タリ。天保中職ヲ徒弟堯淳ニ讓リ。身ヲ念佛三昧ニ安住シ。晝夜勤行怠慢無カリシモ。弘化元辰（一八四四）（「甲カ）年ニ至リ。僧臘既ニ七十。此年初冬老疾ニ罹リ。室ヲ假設シテ病床ニ在リ。猶ホ常住執行ノ如シ。曾テ空ニ向ツテ彌陀ノ名號ヲ印ス。其所爲非凡ナリ。然ルニ同年十二月二十三日ノ夜半。西ニ向ヒ彌陀ノ定印ヲ結ヒ奄然寂ヲ示ス。侍者慟哭。僧俗集リ病床ノ調度ヲ治ム。既ニシテ曉ニ及ヒ。假設天井ノ楣板皎皎タル光アリ。人人希有ノ思ヒヲナシ仰キ見ルニ。彌陀ノ尊號顯然タリ。蓋シ師カ平素ノ空印三昧ヲ得タル者歟。

實ニ道德ノ摸範。末世佛門ノ燈燭ト謂ツヘシ。當時東台管領執當。信解院法印亮端。法親王ノ命ヲ奉シ。榛嶺ニ登リ親シク之ヲ驗視スルニ字形髣髴タリ。嗟奇ナル哉。妙ナル哉。宿ニシテ亦復顯然皎皎タリ。卽チ同山別當佛龕ニ納メ祕藏シ置ケリ。明治維新。神佛分裁ニ會シ。粗暴ノ社徒之ヲ火中ニ投シ。終ニ烏有トナス。實ニ慨歎ノ至リ也。然リト雖當時其眞影ナル六字ノ形ヲ摸刻シテ。今尚ホ同寺境内墓碑表面ニ存セリ。是ヲ以テ僅カニ其事績ノ一斑ヲ窺フニ足ルノミ

法孫天台沙門池田志芳謹誌

8〔德門贈大僧正傳〕

德門贈大僧正遺骨舍利化成之現況

寛永寺貫主中教正松山德門師ハ。奥州ノ人ニシテ。東台大僧都德印法印ニ從ヒ。津梁院ニ薙髪ス。滿成院德潤探題大僧正ノ法脈相承シテ圓珠院ニ住職シ。金輪ヲ念スルコト常住不斷ナリ。尋テ春性院ニ轉シ。復タ津梁院ニ輪住シ。嚴有・浚明兩院ノ別當タリ。旣ニシテ大佛頂院ノ室ヲ拜シ。暫時執當假役ヲ命セラレ。兼テ公現法親王ニ侍讀ス。維新ノ際。幕府大政返上。官軍進入ノ時ニ膺リ法親王ノ命ヲ奉ジ。慶喜公謝罪ノ爲メ甲州路ニ赴キ。事務ヲ處理シ欽命ヲ完フシテ歸ル。此時褒賞ヲ下賜セラルルコト若干。戊辰擾亂ノ後。東台ノ燈火旣ニ滅スルヲ回復シ。殊ニ東台根本中堂再建ニ盡力シ。頗ル其功ヲ奏セリ。嘗テ教部省ニ出仕シ台宗ノ擴張ヲ謀リ。後東台學頭淩雲院ニ昇進シ。復タ寛永寺ニ晉山ス。明治十五壬午年（一八八二）六月二十五日病ヲ以テ逝西ス。時ニ年六十一。却說師病床ニ在ルトキ。北白川宮殿下訪問ヲ辱フスルコト數回。臨終ニ及ヒ卽菩提樹院ノ號ヲ賜フ。闍維ノ梵莚ヲ行フニ際シ。諸宗ノ大德皆是ニ列ス。殊ニ皇族ハ嘉彰親王殿下ヲ初トシ。華族ハ從一位松平慶永公ヲ初トシテ臨場ヲ辱フシ。其他代香ヲ賜フ。後遺骸ヲ燒却スルニ至テ。弟子志芳徹夜之ニ侍シ。卽チ其滅スルヲ待テリ。翌朝ニ至リ法類擧テ遺骨ヲ迎フ。此時灰燼ノ中ヨリ舍利數十粒出現ス。其色青黄白ノ三種アリ。今尚津梁院ニ藏ス

ルハ東台滿山衆徒ノ知ル處ナリ。今茲本山法務課ノ告示ニ基キ。師ノ逸事ヲ略記シ以テ之ヲ上言ス

在二上毛碓氷郡里見村一常福寺住職法眼志芳敬白

〔近世台宗高僧傳　續　終〕

（底　本）東京天王寺福田藏、書寫年不明二册本

（校訂者　坂本廣博）

近世台宗高僧傳　正・續　終

近世天台僧傳集

(題簽)近世天台僧寶傳略　全

(扉題・目次)近世天台僧傳備考

目次

近世天台僧傳集

信濃　津金寺釋史宗　輯

(1) 日光山華藏院慈觀傳

功德林院前大僧正慈觀大和尚ハ者。以テ二寛政六(一七九四)庚寅(甲カ)ノ稔トシヲ一。誕ス二于下毛ノ州安蘇郡佐野ノ莊植野ノ邑ニ一。俗姓ハ木塚氏。生ニシテ穎悟聰敏。過二絶群輩一。不レ食二葷腥一。夙ニ有二出塵ノ志一。當山華藏院九世慈滂。知テ二其法器ナルヲ一。請二之其ノ親ニ一。以テ爲二弟子ト一。文化元(一八〇四)甲子ノ季(年カ)二月十五日。遂ニ剃度具戒。于レ時季(年カ)十一歲。一ビ授二レバ經卷一則チ善ク誦レ之。後終ニ不レ忘。同二乙丑季(年カ)。授二受四度加行一。同三丙寅歲。得レ入二交衆之席一。始臨二論場一也。雄辯機揵(捷カ)。出二人ノ意表一。古老目シテレ之爲二荷法有レ賴。同五戊辰季(年カ)。隨三慈滂轉二立石寺一。往テ留二羽州一四季(年カ)。供養奉侍之暇。跋二涉シテ內外ノ典籍一。精力過絶。遂得二目疾一。痛楚不レ可レ謂。其師亦憂二泄痢一甚タ危篤ナリ。忍二痛苦一看養之閒。誦二藥師之呪一三洛叉。且誓願シテ曰ク。廣大之慈悲ノ設ニ得下バ愈ニ師之病一善ク延上ヒ壽。則誦ニ藥師經一萬卷一。廻ニ向法界一。師疾頓愈。目疾亦快然。遂(逐カ)レ日得ニ誦經滿レ願。受ニ日天子千日法一專ラ務レ焉。次テ三成就之生涯。朝起則先拜ニ日天一。後務ニ諸餘之法一。以テ爲ニ常課一。八季(年カ)辛未。再歸レ山入ニ澄神菴師之門一。講學益務。夜以繼レ晷。後雖ニ先進者一恥レ之者多。遂有ニ出藍ノ名一。文政五年(一八二二)壬午季(年カ)二月三日。受ニ台命一住ニ職華藏院一。時ニ年二十有九。同八乙酉季(年カ)。攀ニ台嶽一登ニ廣學竪義之高坐一。具ニ傳燈大法師位一。同九稔春三月八日。成ニ就辨天修儀頓成之法一。蓋繼ニ慈滂之志一也。同十一戊子季(年カ)。勤ニ府庫役一。天保二(一八三一)辛卯稔。被ニ三部傳法教授職之命一。就ニ觀察院贈權僧正天敬一。三密瑜伽之密法。山王理智一源之宗旨。古來相承ノ者。傾レ餅傳レ焉。頃季(年カ)障緣以ニ屢起一修ニ大威德ノ法一一百日。成就之日得ニ大威德之尊像一。相傳甲將(斐カ)信玄護持之尊也。障緣亦隨消焉。同五甲午稔十月二十三日。受ニ中禪寺上人之鈞(欽カ)命一。頃歲ケウサイ稔頻ニ不レ登。餓莩充ニ道路一。老弱轉ニ溝壑一。慈愍之念雖レ盛ニ于中一救濟術盡。是以發ニ大誓願一。以ニ

春正月二十八日一。登ニ補陀洛一籠ニ居別院一。修ニ瑜珈(伽カ)深密之大法一。懇ニ祈諸尊之冥鑑一。請ニ和光之擁護一。嚴寒若レ冬。深雪埋ニ林巒一無ニ麋鹿跡一。坒(堅カ)氷閉ニ大湖一絕ニ水禽ノ影一。風威裂ニ肌膚一。四支生ニ皸皴(皺カ)一。痛楚艱難譬レ之無レ物。然トモ更無レ有レ顧ニ身命一。持念益確。冥感無レ違。不ニ三旬一而身心共安。于レ是愈知三靈驗不ニ唐捐一。精修盡レ誠。遂成ニ就八千枚一。以ニ四月二十八日一滿願。至ニ五月七日一下レ山。修練之間異靈雖ニ屢多一祕不レ語レ人。偶遇ニ其機一則擧ニ示一二一。以爲ニ增進之緣一而已。果シテ其秋大有レ稔。萬民鼓腹。歡色滿レ野。同八丁酉季(年カ)五月十五日。拜ニ任大僧都一。同十二辛丑稔春閏正月。文恭大君薨。送ニ塋(瑩カ)東台一。時居ニ一臈一倍(陪カ)ニ法筵一。同十四癸卯季(年カ)四月。大將軍詣ニ宮廟一。蓋是希世之大奠。且以三大將軍新受ニ職位一。革弊之新令下ニ朝野一。公事繁冗。以ニ一臈一兼ニ府庫役一。事事明辨。周旋敏揵(捷カ)。官吏悅服。山野無下不ニ依賴一者上。同季(年カ)十一月。轉ニ妙道院一。弘化元季(一八四四)(年カ)甲辰。應ニ貫主之命一爲ニ一山一開ニ講筵一講ニ觀音疏一。同季(年カ)自ニ八月一至ニ十一月一。執ニ行三部灌頂一十二會。翼(翌カ)季(年カ)乙

已春二月。依二海信院大僧正海嚴及大衆懇請一。傳二山家灌頂ノ密法一。兩日兩夜畢。授法者十有一人。嘉永元戊申(一八四八)稔正月。大王下二鈞(欽カ)命一。於二御前一令レ講二法華玄義一。闡レ幽顯レ微。四坐傾レ耳。大王大歡。同二月十五日。蒙二台命一任二修學院一。補二學頭職一被レ任二權僧正一。同二己酉季(年カ)春正月四日。有二賜紫之鴻命一。同三庚戌季(年カ)二月八日。再登營轉二正僧正一。同五壬子稔閏二月五日。幕府又召レ之轉二大僧正一。自レ之前貫主法王。祭奠法務之暇。每令レ講二論疏一。親聽レ之。安政四丁巳(一八五七)稔。下二鈞(欽カ)命一在職之中每歲賜二金三十兩一。充二糜粥ノ費一。以報二講誦之勞一也。萬延元庚申(一八六〇)季(年カ)四月。慈性大王賜二親所持之扇一寵二異之一。同季(年カ)六月。法王賜二所レ着之菊塵(麴カ)鈍(緞カ)子直綴衣一。寵榮異レ他。文久二壬戌(一八六二)稔。有二滿山諸堂修理ノ事一。正外遷坐之式。專代二貫主之法務一勤レ焉。師稟性端嚴。慈愛滿レ中。天質蒲柳。然トモ英氣絕倫。行履嚴肅。故人畏レ而愛レ之。其交不レ揀二緇素・道俗・官吏・韻客・雅不雅一。皆應レ之。唯以二一誠一耳。故一邂逅者不レ能レ忘二其德一。記性亦過レ人。一目者永不レ忘レ之。以二穎敏之資一博及二和漢之典一。故事理融釋。洞然盡レ眞。質問疑義氷山泥海。解レ之若二夏日之日一。似二揵(捷カ)風行一レ船。迷津取レ針。瞽者知レ方。學徒恆充二輪下一。去二一方一。皇二張教綱一。唱二贊禪慧一者亦爲レ不レ少。是以行化之聲譽馳二四方一。殊住二華藏一之後。一山之法務。內外之樞機。知テ無レ不レ爲二舊復一。以爲二己任一。古典舊式之廢缺者。逐二歲月一振二興之一。開山講・新宮八講之類。永ク爲二一山之式典一。其餘繁繁。不レ暇二枚擧一也。十不二門指要鈔者。教觀ノ樞要。學者不レ謂二先進後進一。以爲下涉二教海一之寶筏上。貞享刊本已近二磨滅一。校二合諸本一。一二洗舊弊一而流二通海內一。大部ノ私記世無二善本一。夙有下對二校經論一上枠(梓カ)之志上。然緣未レ熟遂不レ果。識者以爲二遺憾一矣。季(年カ)已以レ近二稀古(古稀カ)一。屢雖レ乞二骸骨一。大王固不レ許レ焉。文久二壬戌(一八六二)季(年カ)。時年六十有九。又以レ嬰レ病頻乞二退隱一。都テ五ビ。大王深愍レ之。每歲賜二金十五兩一充二藥餌一。令三保養從二其意一。後又依二法劵(眷カ)之懇願一。每歲賜二三十兩一。自レ之長謝二世緣一結二茅菴華藏之境內一。模二擬天台三山一築二假山一。以爲二行樂之地一。又安二置法華・仁王・金光明之塋(寶カ)塔其上一。建二山王祠一爲二鎭護一廻二向法界一。貫主大王遙二聽レ之。親書二功德林院ノ徽號一賜レ之。以名二草蘆一。自レ之後置二身於此閒一。放二情於山水風雲之閒一。悠悠自得養二眞性一。病亦隨レ日輕。修練禪坐。任二意之所一レ欲。性來嗜二和歌一。人目爲二吉水和尚之後身一。每有レ暇則吟咏以消レ憂遣レ情。一吟一咏。人傳以爲二至寶一。慈愍之念猶不レ能レ停。病有レ閒則講二四敎儀及集註併指要鈔・五小部等一。開二示敎觀之大要一。又解二柝(析カ)大部一。數鞭二撻後進一。依レ是屨(クツ)日二充レ門。然甚不レ爲レ勞焉。師自レ幼遇二顯密ノ口決祕抄一。則自抄レ之甚務。後季(年カ)充レ楝(棟カ)。其餘內外典籍。百方營二求之一超二萬卷一。海內奇書無レ不レ藏焉。偶遇二丙午災厄一。悉擧爲二烏有一。後又省二饘粥費一。多年盡レ力求レ之。遂充二屋梁一。新營二倉庫假山之傍一藏レ之。蓋爲レ防レ災也。護法念慮其厚以可レ知焉。然至二抄錄之類一未レ能レ得二其半一。語一及レ之。則痛惜ノ色顯レ面矣。慶應二丙寅(一八六六)春。當二開山大師千百十(五カ)年之遠忌一。適雖レ發二舊痾一。强扶レ病拭二老眼一。撰二述和讚一。以授レ工摺二三千餘部一。且併二法嗣慈亮ガ宿願印刻之佛像一。七月三日。詣二中禪寺一。親施二之登嶺群恭(參カ)之徒一。偏結二無上之勝緣一。三日而歸。非下慈悲內薰務レ善爲二是日不一レ足者上則不レ能レ爲レ之也。平生事業宜三推レ一知二其餘一焉。宜哉。當今兩法王尊二崇之一爲二國寶一。滿山依二賴之一爲二法幢一。七月晦日。偶感二惡風一臥レ寢。然三時勤行不レ至二廢怠一。自知レ不レ可レ起。誦念益務。八月十日朝。命二侍者一。時不レ遠速拂二一室一。剃髮沐浴易二新衣一。召レ衆告曰。業障深重。生涯罹二危篤疾一三。眼疾將レ失レ精四。遭火困水其餘障礙七顚八倒。然能持二依身一。年已超二稀古(古稀カ)一。今又一切病苦消除。得レ住二正念一者。蓋是據二三社和光之擁護ト不動明王之靈鑑一。廣大深恩譬無レ物。實難遭難遇。善惡影響人皆知レ之。一念之善是大菩提。一念之惡是奈落迦。諸佛之慈愍。雖二一滴之善一能廻二入大悲誓願海一。以爲二度生之緣一。故雖二一念微小一善惡可レ不レ揀レ焉乎。雖二彌陀超世之悲願一。唯由二斯一念一耳。爾等深思レ之。當三專賴二大悲加持一。機根下劣。障緣深重。今偶得二此生一。須臾輪轉去。乃忽感二異生一。今而不レ停二斯一念一。則亦何時善遇二大悲之智光一。努二力之一。努二力之。語畢盥漱。對來迎三尊之影像。端然合掌。又令侍者數輩唱慈救呪。靜鳴磬。唱佛號。待氣息盡。越十一日朝輝(暉カ)。將拂扶桑臨咸(池カ)地之時。宛然終焉。時年七十三。法臘六十三

慶應二(一八六六)丙寅歲八月。日光山妙道院大僧都道海記

(2) 東叡山凌雲院胤海傳

釋胤海。藤原氏。洛陽施藥院宗伯之子。元和元(一六一五)乙卯年生。花山院左大臣定好養爲子。寛永元(一六二四)年甲子。歲甫十四。禮梶井宮最胤親王於台麓滋賀院薙髮。號實成院。三年丙寅。移東叡拜天海大僧正爲弟子。再登台山勤學。五年戊辰。還東叡創建涼泉院。爲之開基。兼主伯州大仙(山カ)寺。翌年己巳(一六四九)。修傳法灌頂。大猷公賜白銀五十牧(枚カ)賀之。慶安二年己丑。迎慈眼大師七周忌。建別請竪義會。自爲第一問者。寛文改元(一六六一)辛丑。任權僧正。次年壬寅。最胤親王更畀號檀那院。六年丙午。轉任僧正。延寶三(一六七五)年乙卯。官府有命陞住凌雲院。時院稍頽朽。請官修理。嘗本照院大王賜大藏經一藏以資講說。同五年丁巳。大王命兼董羽州羽黑山。六年戊午進山。神祠僧金(舍カ)修葺增置。八年庚申。著慈慧・慈眼二祖傳五卷。今行于世。天和元(一六八一)年辛酉。建法師全宗行狀之銅碑於台山東谷。以勧重興台山之功。二年壬戌。辭凌雲院。隱台山藥樹院。時人稱曰藥樹院。貞享二(一六八五)年乙丑。請解脫院大王。以藥樹院付弟子秀胤。自號遍知院。元錄(祿カ)二年(一六八九)己巳孟春。染疾自知不起。命侍者奉來淨土三聖像。燒香禮膽(瞻カ)而化。實是四月七日也。壽七十九。後贈任大僧正

(3) 東叡山涼泉院公侃傳

釋公侃。松平石見守輝政子也。慶安四年(一六五一)辛卯。年甫十二。於因州淳光院出家。稍長登台山。習學教觀。梶井宮最胤親王畀號城南院。延寶三年(一六七五)乙卯。來東叡。謁胤海。遂留爲弟子。嗣主涼泉院。任大僧都。元祿三年(一六九〇)甲(庚カ)午五月六日寂。壽五十一。謚本實成院

(4) 東叡山涼泉院侃海傳

釋侃海。御牧氏。天和三年(一六八三)癸亥。年甫十三。投東叡涼泉

院公侃一剃髮。元錄(祿カ)三(一六九〇)年庚午五月。公侃示レ寂。依輪王寺宮命シテ爲二看坊一。六年癸酉。晉爲二住持一。任二權大僧都一。十二年己卯正月十日寂。壽僅二十九

(5) 比叡山華王院專海傳

釋專海ハ。未レ詳二鄉貫一。幼ニシテ登二叡岳一。積苦修學。智辯兼備。住二東塔華王院一第五世也兼領二三河吉田神宮寺一第三世也任二大僧都一。而志在二隱棲一。常脫ニ却シテ名利一好テ教ニ化下愚一。元錄(祿カ)十三(一七〇〇)年庚辰八月二十三日。以レ疾而寂。壽六十三。所レ著法華百座談義三十卷。未レ上二椊(梓カ)木一。明和九(一七七二)年二月。江都ノ祝融ニ燒失故。逸而不レ傳。可レ惜哉乎

(6) 東叡山見明院覺湞傳

釋覺湞。平井氏。近江蒲生郡馬淵邑人。字ハ性偏(徧カ)。自號二虛堂一。爲レ兒異二倫等一。蔬食誦經。年十二。投二叡岳華王院專海一剃度。後遊二東叡一寓二寶勝院一。講貫之餘卽入二禮懺一。時ノ人稱二胤海法流ノ中學法第一一。元錄(祿カ)十一(一六九八)年戊寅。輪王寺宮命主二府中深大寺一。十五年壬午。轉二常陸不動院一。居ルコト六年。寶永丁亥(一七〇七)歲。遷二東叡修禪院一兼領二不動院一。享保戊戌(一七一八)九月。轉二津梁院一。翌年己亥二月。拜レ命住二見明院一。就二執當職一。事蹟從テ擧ル。在レ職八年。賜二住心院室一。享保乙巳辭レ職。以レ功任二權僧正一。十二年丁未隱棲。自字二性偏(徧カ)一。延享三(一七四六)年丙寅正月二十日寂。春秋八十二。所レ著天台四教儀集註撮要三卷。止觀大意撮要一卷。十不二門指要鈔撮要二卷。教義二卷

(7) 東叡山觀成院賢空傳

釋賢空。小林氏。備前人也。延寶三(一六七五)乙卯。年甫十三。從二州之銘金山主賢原一祝髮。七年己未。初登二台山一學ニ習兩業一。後遊二東叡一師ニ事胤海一。天和二(一六八二)年壬戌。海公登二叡山一附隨還レ山。元錄(祿カ)三(一六九〇)年庚午。再遊二東叡一隨ニ侍准后大王一。四年辛未。領二台山喜見院一。而躬常在二東台一。十一年戊寅。瑠璃殿創成。大王鈞(欽カ)命管レ事任二大僧都一。翌年己卯。主二涼泉院一。由レ是繼ニ承胤海僧正ノ法脈一也。寶永六(一七〇九)年己丑。觀成院新建。則轉爲二開基一焉。又更ニ司二津梁院一第九世也享保三(一七一八)戊戌八月二十二日寂。壽五十五

(8) 比叡山慈光院靈如傳

釋靈如。未レ詳二郷貫一。早投二東叡山觀成院賢空一剃度。後歴二住山門ノ慈光院・東叡ノ修禪院・同ク眞如院開山堂別當也一。谷中ノ感應寺一。任二大僧都一。自號二莊嚴院一。淨業最モ勵ム。寶暦九年(一七五九)己卯冬隱居。亦自稱二本實院一。明和二年(一七六五)乙酉三月二十七日寂。世壽八十

⑼ 東叡山觀成院覺眞傳

釋覺眞ハ。權僧正覺瀉ノ弟子也。後以二賢空ノ法脈一歴二住山門淨泉院・東叡修禪院第十七世也 同觀成院一第三世也 明和二年(一七六五)乙酉五月二十四日寂。壽六十八

⑽ 比叡山玉林院貫中傳

釋貫中。未レ詳二郷貫一。早投二常陸木原ノ如來寺一剃度。後登二東叡一爲二權僧正覺瀉附弟一。修二教觀ノ大義一。學成主二山門玉林院一。後年繼二胤海僧正ノ法脈一。移二東台見明院一第十世也 任二大僧都一。寛延三年(一七五〇)庚午八月二十一日寂。春秋五十七。所レ著教觀綱宗大義二卷。幷二鳥石集詩文稿 六卷。禪餘錄隨筆 三卷

⑾ 東叡山明王院覺謙傳

釋覺謙。早入二東叡山觀成院一。師二事覺眞一。後聞三見明院覺瀉敷二講止觀一。頓悟二大旨一。初住二山門玉林院一第十五世也 後繼二胤海僧正之法脈一。主二東叡山見明院一第十一世也 明和四年(一七六七)丁亥九月二十一日。座シテ二律制惑亂一退レク院ヲ。同九年(一七七二)壬辰十月二十九日。奉二準(准カ)后宮命一歸レ山。住二明王院一。安永二年癸巳三月。轉二津梁院一。同三年甲午十二月二十五日。再主二明王院一。拜二執當職一。賜二佛頂院室一。在レ職十有八年。紀綱無レ闕。治績洪ニ揚ル。寛政三年(一七九一)辛亥十月。任二權僧正一。五年八月隱棲。專持二淨土佛號一。輪王寺宮賜二佛護院ノ號一。越十月七日。安座而逝。壽七十

⑿ 東叡山津梁院覺挑傳

釋覺挑ハ。日下部氏。河東本所產也。十一歲登二東台一。翌年五月。從二津梁院覺謙一染衣受戒ス。師二事權僧正覺田一。二十一歲登二叡岳一寓二玉林一。今茲勤二竪義一遂業並開檀(壇カ)傳法一。寛政五年(一七九三)癸丑ノ冬。主二玉林院一。回峯練行五百日。任二大僧都一。享和三年(一八〇三)癸亥五月。遷主二東叡山常照院一。文化三年(一八〇六)丙寅三月。拜二御使役一。在レ勤六年。辛未之春。轉二春性院一。續

遷二津梁院一。拜二別當職一。十四年丁丑ノ冬。勤二天台會講師一。翌年九月。浚明院殿三十三回忌法會導師勤仕。有レ賞賜二素絹二卷一。文政七年(一八二四)甲申五月。津梁院火。九年正月。營二落慶供養會一。續侵二寒邪一。累レ日漸大患。自稱二行樹院一。專唱二彌陀嘉號一。以爲二往生要法一也。二月二十五日。安詳而寂。世壽六十四歲

(13) 東叡山東漸院覺田傳

釋覺田ハ。岸氏。幼名豐丸。武藏川埼(崎カ)ノ人也。年甫九歲。登二東叡山一。隨二侍初ハ壽昌院ノ主ニ次ハ護國院ノ主一。後從二見明院覺謙一剃髮。歷二住山門鷄頭・玉林・東叡明王・東漸一。拜二別當職一。享和三年(一八〇三)癸亥五月。轉二住山王觀理院一。任二權僧正一。文化六年(一八〇九)己巳十一月隱棲。賜二唯是院號一。天保六年(一八三五)乙未六月六日。以レ病而寂。壽八十九歲

(14) 東叡山昌泉院寂仙傳

釋ノ寂仙ハ。京都ノ人ナリ。初メ名二千光房一ト。洛東新黑谷寺ノ之掃除ニハハキ僧也。曾テ有リ三武藏深大寺檀越某甲順二禮スルコト西國ノ靈場ヲ一。一日於テ二新黑谷寺一ニ會レ仙ニ。談話數刻。話頭偶ゞ及ブ下下ルノ關東ニ一日可キ二問侯(候カ)ス事上ニ。其ノ夏仙下リ二關東一ニ。訪ヘ二某甲ノ家一ヲ以テ謀ル二向後ノ之事一ヲ。檀越語ル二之レヲ于深大寺ノ覺眞一ニ。眞公納レテ爲ス二弟子一ト。初メ主ル二淨泉院一ヲ。後ニ住ス二昌泉院一ニ。享保十九年(一七三四)甲寅二月二十六日寂ス。壽缺ク

(15) 東叡山自證院覺然傳

釋覺然ハ。幼拜二東叡ノ昌泉院寂仙一染衣。後聽三見明院覺眞ノ講二說教觀一深達二其旨一。歷二住叡岳玉林院・山科ノ林泉院・東叡ノ自證院一。明和八年(一七七一)辛卯九月寂

(16) 武藏國自證院覺元傳

釋覺元ハ。早ク就二東叡自證院覺然一剃度。後聞三見明院覺眞開二演教觀一。默記無レ遺。初住二叡岳行泉院一。繼二觀成院賢空ノ法脈一。轉二麴町龍眼寺一。後移二越後國分寺一。無レ幾而辭。晚年併二領千駄木大保福寺・四谷自證院一。安永七年(一七七八)戊戌ノ九月七日。卒ス二於自證院一ニ。壽六十四

(17) 近江國延曆寺覺寶傳

延曆寺沙門覺寶。字ハ無諍。六條前宰相有言卿之猶子ナリ。本姓土川氏。師後テ改ム二大相氏一ニ。父直正。美濃國大垣城主

戸田采女正ノ之家臣也。文化十年(一八一三)癸酉八月十五日酉刻誕生。幼而叡悟。有二出塵ノ志一。二歳喪レ父。繼父直義視二器量非凡一。鐘(鍾カ)愛慈育。年甫十一。繼父復歿。卽就レ母請二ヒ求ム出家一。母不レ可而曰ク。汝兄直俊ハ病痾不レ堪レ事。繼二我家一者必汝也。汝若出レ家者。君父之恩誰爲二荷負一乎。雖三師務容二母言一。日夜向レ佛祈レ果二其志一。十三歳。得二母聽許一。師二同國神戸邑善學院宗淵一薙染。翌歳秋八月。加二行四度密法一。年十五。登二叡岳一。於二東塔北溪總持坊道場一傳法灌頂。十七歳。宗淵寂。就二其法弟賢淵一修學。二十二歳。再登二叡岳一。隨二侍總持坊德辨一。翌春受二教於慈光院常觀一。天保四年(一八三三)癸巳八月。就二壽量院覺洞一結二師資之約一。自レ此日夜孜孜積二螢雪ノ功一。學業大進。同七年。董二壽量院席一。十三年十二月二日。輪王寺宮法親王。於二滋賀院一刷二優婆提舍ノ法莚一。師奮二智辯於論場一。使二一坐傾動一。先レ是傳二持西山流密灌一。進二大阿闍梨ノ職位一。繙二讀密典一。三密ノ行業得二悉地成就一。十四年。任二延曆寺執行代一。勤務四年。弘化元年(一八四四)甲辰正月。任二大僧都一。三年。仁孝天皇崩御。天下諒闇。敕令レ修二御中陰法會於京都般舟三昧院一。師勤二會奉行一。四年三月。躡二相應和尙ノ行履一。修二行北嶺回峯一一百日。冬十一月。敕令レ修二新朔平門院尊儀御中陰法會於般舟三昧院一。師參勤居二長老席一。嘉永二年(一八四九)己酉十月。敕黄降レ山。延二衆僧於禁闕一。奉二爲新朔平門院尊儀三周回忌一。令レ行二御懺法講於淸涼殿一。三日。師奉レ敕參列。天皇偕レ僧行道散華。皇恩優渥。敕賜二法師位一。三年三月。北野天滿宮九百五十年神忌勤二講師一。同六月。勤二仕長講會講師一。爾後。此會ノ五役追レ年皆勤。安政二年(一八五五)乙卯九月二十一日。靑蓮院宮法親王。奉レ敕有下於二紫宸殿一修上行安鎭國家大法上。師勤二八鎭闍梨職一。三年七月。踏二宗祖大師芳蹟一。開二講法華八軸於戸津別院一。五年三月。再練二行回峯一。滿二二百日一。萬延元年(一八六〇)庚申八月二十四日。第七百日已ニ滿。入堂參籠九箇日。絕二斷穀水一。精修最勵。遂發レ病殆迫二危篤一。念二醫王冥助一。旬日尋而病愈。文久元年(一八六一)辛酉六月二十八日。遇二悲母喪一。動(慟カ)哭數日。懇營二其追福一以酬二養育洪恩一。同十二月十一日。梶井宮昌仁法親王。奉レ敕修行革命御祈願於内裏南殿。師亦參殿。抽丹誠修密法。二年秋九月。慈覺大師千年遠忌。輪王寺宮法親王上洛拜堂。師勤古堅者。三年三月。開闢赤山苦行。六月十日滿行。四年五月二十四日。滿大廻行。尋同八月十日。滿一千日大行。同九月。於竹内曼殊院道場。修行八千枚大護摩。以祈玉體安穩天下泰平。同十月二十八日。奉敕宣。土足參內。親加持玉體。尋有栖川妙勝定院尼宮。於紫野大德寺觀月菴。請師之加持力。復猶父六條有言卿並閣館二十餘人。請師受加持。元治二年(一八六五)乙丑四月。東照宮二百五十年神忌。勤法華會講師。同五月。修八千枚護摩供。祈妙勝定院尼宮之疾。忽有法驗而病頓愈。三年二月(慶應二年十二月カ)。孝明天皇崩御。天下諒闇。敕令修御中陰佛事於般舟三昧院。師預其席。役一長老。同十月。補望擬講。明治二年(一八六九)己巳三月六日。任權僧正。同五月。勤別請竪義講師。同八月。轉住北谷竹林院。兼領壽量院。同拾月。稟承大堂祕訣。補探題職。四年二月。就尾張長榮寺亮阿。傳密脈九流相承其深契。手寫密典數十卷。五年九月六日。於大講堂修十萬枚護摩供。七年五月十四日。拜教導職試補。同九月二十九日。補權大講義。八年十月。遊南紀賽熊野・那智・紀三井寺・野山・粉川(河カ)。續巡回河內・和泉而還。九年二月。於尾張長榮寺之護國堂執行受明灌頂。後巡錫於三河・遠江・信濃・美濃而歸。到處奉賽神社佛閣而祈念天下泰平佛法興隆。六月。布教于丹波・丹後・但馬。法雨潤澤。道俗歸仰益多。十年二月。移居於藥樹院里坊。同十二月。遷主正覺院。十一年。赴化于湖東八郡。同八月二十四日。補權少教正。同十月二十四日。聖上駐輦於大津行在所。咫尺龍顏拜伺天氣。十二年四月。滿葛川參籠四十二箇度。爲總一和尚大大先達。同七月七日。任天台宗管長。同十三年三月。巡教於播磨國。同五月。東上假泊於淺草寺。臨闔宗會議。同七月。飛錫於下野日光山。爲衆徒授圓頓大戒。十四年三月。於東京淺草傳法院爲一山住侶。講說淨土十疑論並淨土往生論。同十二月二十三日。補大教正。十六年五月。巡教北陸道諸國一。十七年八月十八日。任二延曆寺住職一。晉二天台座主一。兼領二滋賀院門跡一。十八年六月十一日。任二大僧正一。十九年六月。兼二淺草寺住職一。於レ是轉二法輪於四方一。振二作大敎一。晝二一シテ宗範一。保二持末徒安寧幸福一。宗運茲揚。台敎茲敷。實堪レ使下人瞻二仰其行德之高上矣。二十三年一月十九日。有二微疾一。越二十五日朝。告二隨侍一曰。滅後省二無益之葬資一。以救二恤村民貧困者一。語畢泊然示レ寂。世壽八十一。著二遮那業學則一卷一。師資性慈仁。平日好レ施。奉レ身甚薄。常誡二驕奢一。越二十八日。行二密葬儀一。燒二全身於平子(ヒラコ)爐竈一。得二舍利數十顆一。三月十三日。以二宗葬一擧二荼毘式一。謚二阿彌嘌智院一。斯日會二葬場一者注二一萬有餘人一。念佛讚稱聲恰如二雷鳴一。

輓覺寶大僧正　　東谷　實秀

職襲二皇華跡一。天台占二座頭一。菩提期二化育一。悲憤警二朋儔一。大戒圓三聚。孤燈密九流。德隆參殿日。身重拜朝秋。變理安二龍象一。鹽梅覆二郡州一。加持延二寶祚一。瑜伽補二丕休一。護國眞言足。回峯苦行修。一年超二佛壽一。千歲貽二孫謀一。脫二此紅塵界一。登二他白玉樓一。不レ堪レ聞二訃哭一。何莫二慕レ恩愁一。委二靡宗門幕一。凌夷道義旒。衲僧排二竹葦一。徒衆乏二箕裘一。外敎今將レ起。憑レ誰建二壯猷一

⑱ 武藏國星野山圓中傳

大僧正圓中。世ゝ姓二藤田氏一。師後改二大照一。其先水戸侯世臣。常陸國茨城郡人。文政元年(一八一八)十一月二十六日出誕。同七年。甫七歲。入二郡之能仁寺一見二空尊法印(圓門僧正法兄)一出家。稱曰二空如一。同十一年十一月。歲十一。登二東叡山一。拜二吉祥院贈僧正圓門師一而得度。更二名圓中一。天保四年(一八三三)。十六歲。勤二修四度加行一。是歲始陪二隆敎律師之講演一。同七年。歲十有九。抽爲二院之知事一。又爲二交衆取締一。是歲十月。入二壇東叡開山堂灌室一受二祕密灌頂一。同十三年三月。歲二十有五。董二職於山門無量院一。同十四年五月。先師圓門公告レ老辭二院務一。於レ是繼レ席。於二吉祥院一而爲二第十一世主職一。兼主二水戸東照宮別當大照寺一。是歲十月。昇二阿闍梨職位一。當時敎授阿闍梨卽眞如院義嚴大僧都也。蓋加行密灌亦從二嚴師一受レ之。嘉永二年(一八四九)四月十六日。先師實

縁院圓門大僧都示レ寂。哀傷追慕。努修二冥福一。是歳十月。（一八五五）登二叡山一遂三業廣學竪義一。爲二竪者法印權大僧都一。安政二年八月。歳三十有八。任二大僧都一。賜二大惠恩院室一。蓋由二水戸中納言慶篤卿所一レ請也。先レ是弘化紀元以來。水戸一藩内訌外災殆如二鼎沸一。上下危懼。不レ能レ安レ堵。於レ是慨然奮起。從二事調停一斡旋之效頗致二和融一。特典恩賞稱二無前一。君上依頼。一藩歸崇。蓋法門之面目也。慶應元年（一八六五）五月。歳四十有八。依二台命一移二武州仙波喜多院一。進任二權僧正一。爾來住山一期十有二年。平素閑靜。其出レ繁入レ閑也。幾思レ轉レ生。況幸得レ免二戊辰兵燹一。實可レ謂二宿善多福人一矣。明治二年（一八六九）二月。暨三東叡山衆受二歸住恩命一。掃三集餘灰一。修二補破屋一。專任二再興一。是歳代二關東寺院總衆一而上京。拜三伏闕下一。具狀以哀三詐（訴カ）法親王冤枉一。後遂得二天宥一。同五年五月。歳五十有五。教部開省之始。最先拜二大講義之命一。尋推爲二熊谷縣神佛協同中教院長一。同九年三月。決然辭職。避レ塵養レ志。十三有‐七‐年于今一。同二十年十二月。更爲二僧正一。同二十四年三月。進爲二權大僧正一。同二十五年三月四日。得レ病。豫知レ不レ起。專詑（託カ）二治於一醫一。不三敢顧二念他事一。同年六月三日。進爲二大僧正一。同月四日。特請二妙運大和尚一更受戒。以資二臨末之大事一。同月五日。能久親王遣レ使臨レ床慰三問病狀一。越六日。特染二尊毫一。辱賜二嘯玄院號一。同月七日。自指麾。贈三配遺意於舊交知人一。且起座。自記二絶筆一畢。顧三視侍坐一曰。能事了矣。同月八日曉天。頭北面西。唱名聲裏安然示寂。越レ日容顏猶レ生。同月九日。修二葬儀於吉祥院一了ヌ。而荼毘埋二遺身舍利於寛永寺塋域一

⒆ 東叡山青龍院亮映傳

釋亮映。號石欒。本姓金剛氏。後改二細島一。岩代國安積郡駒谷人。以二慶應二年（一八六六）丙寅九月四日一出誕。明治九年（一八七六）六月四日。歳甫十一。剃三度於岩代國田村郡光照寺一。諱曰二融田一。十年春。遊三學于福島觀音寺一。受二箟舜海師之鉗槌一。居三年。十二年自二貳月一至二四月一。勤三修四度於光照寺一。負芨（笈カ）登二東叡山一。苦學有レ年。十五年十月。入二東叡灌室一。相三承三部傳法灌頂一。十六年七月。拜二大講義亮常一爲レ資。

改二名亮映一。十七年四月七日。拜二教導職試補之命一。九月七日。爲二墨陀(田カ)長命寺住職一。十二月。特三許木蘭色衣一。十八年八月二十五日。補二權律師一。十二月二十二日。補二大律師一。十九年十二月二十四日。補二權少僧都一。二十年十月。登二北嶺一。遂三業廣學竪義一。是月二十四日。補二少僧都一。二十一年春。開二闔宗大會議於台麓一。扈二其師凌雲院宮部亮常僧正一登レ山。淹留亙レ月而歸。二十六年九月。依レ願解三免長命寺住職一。十月二十七日。繼三襲師席一。董三席青龍院一。兼二主長命寺一。二十九年六月九日。補二權大僧都一。先レ是罹二肺患一。自知二不起一。唯願二西往一。圓寂前一日。尚能自記二病床日誌一。且自如三手二書遺偈一章一。是月十日曉天病革。頭北面西。安三詳示三寂於大江之畔櫻樹之閒一。越十二日。荼毘葬二于東台北隅一。世壽三十一。法臘二十一。臨終偈曰。是生是死是何緣。劫劫塵塵網所纏。大事秖今終不誤。出關一笑訪金仙。師爲レ人天資穎悟。擧措不レ苟。行持清廉。終始如レ一。人皆服レ焉。嘗擧二圓頓學會幹事一。亦選三任顯揚會創立員一。出承三乏福田會育兒院幹事一。入輔三佐東叡貫首內護一。多年致事師誠。迎二母寺門一。頗勖二孝道一。發三刊新誌一弘二闡大教海之內外一。修二求聞持大法一。懇三祈悉地一開三創佛教圖書縱覽一。以轉二法輪於離言說中一。凡莫レ利不レ擧。無レ弊不レ斷。而教觀該通。論談生レ風。餘力及二外典一。尤嗜二國風一。可レ謂。鷄群之一鶴。台門之瑚璉也。惜哉。秀而不レ實。天忽奪レ之。嗚呼悲哉

明治二十九年(一八九六)六月。東叡山吉祥院大照圓朗記

揭三載四明餘霞誌第百貳號一

⑳ 三河國瀧山寺亮泉傳

瀧山寺亮泉。號二白水一。又號二甘愚菴・集仙窟一。姓管生氏。江戶人。父某。母某。父仕二明石侯一。有レ故家除。子三人出爲レ僧。師其仲子也。幼入二東台一。就二青龍院亮如上人一。奉二衣鉢一。時年十三。又修二教觀學於隆教順師一。益加二精進一。復從二慧澄律師一受二菩薩戒一。天保十四年(一八四三)。卓三錫於三河瀧山玉泉院一。後轉二住同山常心院一。任二權大僧都法印一。稱二一山長老一。明治四年(一八七一)。皇城火。師聞曰。余輩雖二塵外之躬一。豈可レ不レ報二涓滴之恩一哉。因收二香火之資若干一。獻二之於

朝。朝乃賜賞状。以明治十七年十月十八日示寂。距生文化七年（一八一〇）三月二日享年七十五。師爲人澹迫（泊カ）遺世。風流嗜和歌。又好讀書架藏一萬餘卷。旁善詩文。而於戒律有所嚴守。嘗惡世僧濫行。將有督責。惜乎。法綱不振。邪說横行。遂不達其志。知者深歎之。其碑銘曰。以澄我心。以淨我身。茲斷其妄。而全其眞。後世仰之曰。此古名德墳

明治二十一年（一八八八）八月。明宮尙藥從五位淺田惟常記

㉑ 武藏國淺草寺韶舜傳

淺草寺韶舜。字薫契。號如風。本姓木村氏。師後改唯我氏。出雲國島根郡（ママ）人也。父清輔。石橋氏。有故繼木村氏系統。生師文政八年（一八二五）乙酉四月一日。庭有古墳。至於載誕苺苔自剝如洗。親黨嘆異。幼性岐嶷。不類凡童。天稟沈毅而夙有脫塵之風。天保八年（一八三七）丁酉。年肇十三（或云。天保六年。年甫十一。可考）詣郡圓流寺事泰道僧統落丱染衣。顯密之末領知數載。後學州鰐淵山。究台衡道積螢雪功又數年。弘化元年（一八四四）甲辰。主嚴王院。而公常以謂。山雲淡於法林。澗水貫於寶瓶。思遠探玄。行漸逾人。獨止色空。每慕宗匠。同三年。登比叡山受三密瑜伽灌頂。而未詎幾歸故山。制閭山規矩十條維持山規。衆徒皆靡風化。四年丁未。再登叡岳。齒東溪白毫院覺洞輪下。困學苦節。撞鐘大鳴。且期三七日修法華三昧。血書法華經一部。既而還鰐山。嘉永二年（一八四九）十月。任權大僧都。三年。聘請覺洞僧正于鰐淵。倶資講玄。次亦屈（儀カ）招宗淵闍梨。與共坐於三密瀉瓶之式。兼傳梵唄法義。是歲遍歷因伯二州諸刹到處降大法雨。道俗渴仰。慕師德風。群參座下。不知其數。安政元年（一八五四）甲寅。辭院。亦入于東溪雙嚴院道盈之室。三年庚戌（丙辰カ）。奉輪王寺宮之命主西溪護心院。五年二月。先帝躬親行法華懺摩於清涼殿二七日。以擬仁孝天皇十三齊忌。師與其員。別敕賜大法印之賞。六年正月。德川家慶公薨去。於東叡山中堂行兜錫杖深密法。師勤之導師。同八月。於西塔轉法輪堂行法華勸學會。師勤講

師。文久二年(一八六二)壬戌。敕被執行慈覺大師千年遠忌於叡山前唐院。師勤堂達。元治元年(一八六四)甲子。奉命移轉行光房密室於護心院西隣。力振鉆鉾。坊者穴太流行傳之灌室。而延暦寺子院中巨刹也。是歲任大僧都。慶應元年(一八六五)乙丑十月。勤法華會行事。二年。帶宗務下關東。滯留一年。幹公私眞俗事。而屢獻書于幕府。明治創業。王政復古。萬緒維新。朝廷置神祇官。廢神佛混淆。遠近都鄙。排佛毀釋論大興。神儒二道徒交出攻擊佛徒。其極遂有火山王僧形神器之兇擧。滿山衆徒。嗷嗷岌岌。色勃皆溢。心震不置。翕然集於大政所。鐫諭頻頻。理極于此。條刺(切カ)酸功。於是乃三塔衆徒各選其任者。于時師端遇東塔大衆之選。與石泉信如・率谷考恭俱出京都。相扶持提携而建白政府。銜嶮侵鋒。死以痛論其不可。廟議爲之動。廢佛論漸減其勢。既而擢賜大檀那院室。補本宗管領職。明治二年(一八六九)己巳八月。爲淺草寺別當。師有閱藏志。祈刻聖觀世音一千軀滿願。四年四月。日光輪王寺宮舊殿火。山徒騷然。師往鎭撫

慰籍大衆。是歲夏。各宗同盟會興。設其總黌於谷中天王寺。師主管之。五年。朝廷置教部省。則師赴調。次開設大中教院。日夜精勵教義。以功補大講義。同十月。官令僧尼用姓氏。師平素自稱天上天下唯我獨愚。今取之名姓氏。號唯我(ユイガ)焉。六年一月。就大教院議事職。二月四日。辭本山移淺草寺。三月三日補權少教正。尋建說教所於横濱。勸請淺草寺觀世音分體。明年。亦開設出張所於新瀉港。是歲。北海道開拓使巡視管下。師隨使往彼地。布教說法。僅一年法雨普霑。時有惡徒。搆讒訴官。官不明察而免教導職。師不憾焉。卻憫惡徒心情。戒愼是勖。既而官審其無辜解禁。惡徒翻心服師德望。同年九月。補中講義。八年二月。任中教院會計課長。尋就副院長心得。同三月。兼掌說教取調掛。補大講義。同十月。進權少教正。九年春。補少教正。尋巡遊九州。布教化還。秋九月。各宗同盟以有福田會育兒院及和敬會組織之擧。師爲之發起者一人。冬十二月。補權中教正。十二年一月。

轉二中教正一。抑師移二于淺草寺一也。夙夜專念二繼興一。繕二完悲閣一。裁二理蘭若一。更二支院地一。灌頂授戒二諦ノ事業マテ。實有二金龍山中興之偉勳一矣。同年八月。升二遮那業實戒阿亮大阿闍梨之檀(壇カ)一。拜二眞言衆流之玉函一。授二得全寶一。復再受二圓頓戒儀一。潔二色心戒相一。從レ是身被二弊衣一心護二明珠一。不レ聞二寺事一。託二情於考盤一。爲二芝蘭交一。十八年。兼二住西溪覺林坊一。同八月。聞二道盈大僧正之訃一。飛二錫於叡岳一。讀經誦呪以酬二教導之恩一。十九年　(ママ)月。任二大僧正一。爾後應二諸宗學徒之屈請一。鳴二講鐘于妙門室一。邂逅ノ次宿二於台麓雙嚴院別墅一。豫知二死處在一レ此。倏チ賦二辭世詩及國歌一。寄二妙門寂順大僧正一。而剃沐更レ衣無レ病。跏坐而寂。實是歲三月三十日也。齡六十二。法夏五十。荼二毘于台麓平子一。獲二舍利數粒一。分二瘞遺骨於西溪・金龍・鰐淵三所一。于嗟。師之一世顯密事業蓋太多焉。殊其最勝者ニハ。初陟ル二叡岳一。巡イタルヤ二法華總持院舊趾一乎。喟然嘆曰。院是九院隨一ニシテ鎭二國道場也。未ルハ二再興一レ之。茫茫乎トシテ五二百一年于茲一。便チ自志二再復一。時忽有レ傳二慈覺大師ノ相承ナル一字金輪法一。爾後至二命終一修法不レ懈也。若夫斷食苦行。三部衆尊七日行法及以ヒ教化符(菩カ)提等。則天下所レ知。雖レ千二萬ストモ其言一。終二不レ能レ盡二於此一也。遺弟有二澄諦三輪氏泰良村田氏韶玄牧野氏一。就レ中。澄諦傳二師遺鉢一。亦扇二師風一矣。平常文詞數十篇。泰良輯レ之。題シテ曰二如風遺稿一。行二于世一焉

㉒ 權少僧都牧野韶玄傳

法師韶玄。牧野氏。信濃國北佐久郡小諸人ナリ。父某ハ云レフ系ルト二小諸城主胤族一。維新之後暨テレ移二籍於東京一。師亦隨レ父而往ク。夙有レ所レ感。就二淺草寺韶舜大僧正一剃髮染衣。卽孜孜研二精教觀一。既而洞究二玄樞一無レ所二凝滯一。在二衆中一嶄然顯二頭角一。明治丙戌(一八八六)春三月。會二韶舜學督遷化一。依レ之從二法兄澄諦三輪氏一更修二禪觀一。庚寅(一八九〇)之秋。始テ登二本山一。入二延暦寺文書課一執二筆硯勞一。師爲レ人寡默沈斷而剛毅ナリ。常用二心於台教興隆一。復無二他念一。座右ニ所レ置法華八軸耳。而以レ弘二演斯經一爲二要期一。如二東京不二眞法華講社創設一者。亦云二與テ有レ力。師性蒲柳之質。常扶レ病操觚徹夜。朗朗聲猶不レ絕。明治二十四年二月。病復起。入二

大津病院一。閲レ月歸二本山一。先レ是補二權少僧都一。同六月初旬。病再發焉。在二京都妙法院一加養數日。枕頭猶不レ離二文墨一。寄二稿四明餘霞一。未レ幾東上。就二佐佐木醫師一（名二東洋一）受二治療一。稍得二輕快一。是冬十一月五日。病突如革。溘焉示レ寂。世壽僅二十二

㉓近江國西教寺眞朗傳

西教寺眞朗。諱考恭。字眞朗。本姓小野氏。師後改二率溪（ヒキタニ）一。父有正ハ越後國三島郡與板城主井伊侯之藩士。母ハ同國長岡町新井氏ノ女也。天保七年（一八三六）丙申正月十五日生。弘化四年（一八四七）丁未六月。登二東叡山一。從二覺成院考映一剃度。嘉永三年（一八五〇）庚戌三月。滿二四度加行一。安政二年（一八五五）乙卯九月。於二東台眞如院之灌室一。從二金剛義觀一受二灌頂一。六年四月。登二叡岳一。隨二侍横川惠心院眞洞一。習二學一家大義一。同九月。主二禪定院一。七年三月。爲二清水谷公正卿猶子一。文久元年（一八六一）辛酉三月。於二湖西來迎寺一傳二承元應寺相傳之天台菩薩戒一。同八月。入二鷄足院灌室一。受二三部都法大阿闍梨ノ職位一。同十月。法華會廣學竪義。就二惠心院探題大僧正會下一爲二竪者法印一。先レ是國母大祥忌。敕黄降レ山。座主宮率二衆僧於大内一。修二法華懺法講一三日。詔師列二大衆一。天皇偕レ僧行道誦經。皇恩優渥。賞レ功賜二大法師位一。時歳二十八。法臈十七ナリ。三年十二月。被レ修二革命御祈願於禁廷南殿一。師亦預レ席。元治甲子（一八六四）四月。蹋二相應和尚行履一。廻二叡峯一百箇日。翌年乙丑六月。祈下參二籠於葛川ノ明王堂一成中就悉地上。果獲二法驗一。同十月二日。於二法勝寺一稟二承圓戒之祕訣一。慶應二年（一八六六）冬。孝明天皇崩御。天下諒闇。於二般舟三昧院一嚴二作佛事一。師列二其席一。勤二御籠居僧一。明治三年（一八七〇）庚午。補二別當代一。管二清淨行院ノ室一。任二大僧都一。五年四月。教部省徵ス。上京則直補二權訓導一。六年。累遷補二權少教正一（五年七月。補二權大講義一。同九月。補二大講義一）尋巡二教西南諸國一。到處道俗歸嚮。大施二法益一。七年十月。兼領二西教寺一。十一年六月。得二官準一而公二稱眞盛派一。同八月。補二權大教正一。十二年。建二眞盛上人廟於西教寺一。十三年。補二大教正一。十六年。上京。有レ敕故圓戒國師眞盛賜二慈攝大師諡號一。師奉二宣旨一而歸レ山焉。十七年。教導職廢。十八年十一月。末門僧侶薦二職

班於大僧正。十九年。興二既廢灌室於戒光山一。二十五年七月。養痾。浴二於攝津有馬溫泉一數日。稍得二輕快一。只爲二行脚倉レ程太速。大星殞レ館。實明治壬辰七月五日也。享年五十六。同九日。歸二葬於戒光山一。瘞二西敎寺之墓田一。謚二興祖心院一。越八月四日。以二宗制一營二本葬於戒光山一。會者注二六千有餘一。師夙有下煽二揚本宗一志上。而中レ道遷レ化。識者惜レ之。嗚呼悲哉

輓二率溪大僧正一　　村田寂順

泰斗高懸天一方。忽然逝矣使二我傷一。力回二衰運一揚二西敎一。號請二大師一輝二戒光一。兜率溪涼炎氣盡。樂邦風靜妙蓮香。空前絕後中興業。誰繼二盛門一爲二棟梁一

㉔ 近江國延曆寺實源傳

延曆寺實源。福井縣越前國今立郡鳥羽人也。族姓津田氏。明治維新後基二太政官布告一師單リ冒二三浦氏一。三浦氏慈眼大師天海族稱也。師時二住二南光坊一。故執爲レ氏。父諱善質（センシチ）。母某氏。嘗夢二白光滿一レ室姙ム。以二文政元年（一八一八）戊寅九月九日午刻一生二於岡野邑一。年甫十一。師（トシテ）二同國足羽郡福井城內瑠璃光山泉藏院實順（權大僧都）一薙染。四年（〔天保カ〕）（一八三三）癸巳七月。開二闢四度行法一。至二七月一滿ス。九年戊戌十月二十八日。始登二叡岳一。就二東塔南谷吉祥院實雅一。探二敎觀奧祕一。積二積（螢カ）雪功一。十二年辛丑十月。爲二谷交衆一。弘化元年（一八四四）（天保十五年カ）甲辰十一月朔。吉祥院實雅西逝。師繼二其席一。二年乙巳九月。於二日增院之灌室一受職灌頂。尋登二大阿闍梨職位一。後就二遺敎院順忍一相二承三昧流之祕頤一。又登二戒壇院一從二白毫院覺道一傳二受大戒一。同年十月。在二探題正覺院豪敬之會下一遂二廣學竪義一。補二權大僧都一。嘉永四年（一八五一）辛亥七月。被レ修二新朔平門院尊儀御中陰於京都北野般舟三昧院一。師奉レ敕參勤。萬延二年（一八六一）辛酉三月。就二正覺院豪海（久住氏）一傳二受元應寺戒灌頂一。文久三年（一八六三）癸亥六月。勤二長講會役者一。同會五役於レ是皆勤。元治元年（一八六四）甲子七月。於二戸津東南寺一講二法華十軸一。布二法施一十箇日。道俗歸レ化。猶二水就一レ低。九月。任二大僧都一。十月。奉二爲新淸和院尊儀御追福一被レ修二御懺法講於淸涼殿一。師奉レ敕參二列法會一。明治二年（一八六九）己巳十二月。轉主二南光坊一。三年七月。法華會行ル。師勤二廣

學竪義講師並問者一。四年正月（十三日）太政官傳下達依二敕宣一任二權僧正一之旨上。尋相二承大堂祕訣一。就二探題職一（探題大僧正覺寶傳二其祕訣一）八年七月（十五日）補二權大講義一。十二年五月（十日）補二權少教正一。十五年七月（二十二日）補二少教正一。翌年十月（二十五日）補二權中教正一。十八年六月（二十六日）任二僧正一。十九年六月（一日）任二權大僧正一。二十年十月（二十九日）上ル二大僧正一。二十三年（四月四日）荷二一宗輿望一晉二天台座主一。是月九日。聖上皇后行二幸-啓シタマフ於滋賀縣廳一。仍參觀而奉レ伺二天機一。抑吾立杣佛閣堂舍者。維新以前ハ幕府下二命諸侯一。而期二五十年一加二修理一爲二常規一。明治之初。爲レ奉二還寺錄一。三院伽藍臻二廢頽倍一レ舊。師稟二承法統一也。勸二奘宗門一醵二集淨財十餘萬圓一而起二土木ノ工一。二十四年之春。先營二繕根本中堂一。次竣二轉法輪堂・橫川中堂一。翌年。三塔堂舍悉告二落成一。於レ是佛殿法樓。燦然聳二立林閒一。香煙縷縷繞二僧房一。所レ謂覺寶和上ハ創二之于前一。實源座主承二之于後一者歟。可レ謂下是比二于天正再興當年一其功決不上レ出二藥樹院全宗・正教坊詮舜之下一也。二十七年甲午十月九日（午前六時）示レ疾入レ寂。世壽七十七。法臘六十。越十一日。荼二毘遺骸於平子葬場一。舍利迸出。獲下明朗透徹者一顆。帶二紫色光一者數粒上。師爲レ人眉目清秀。頷有二圓珠一。一見知二有道人一。資性寬仁大度。能納二衆ノ言一。從二驅鳥（烏カ）時一簡然沈靜。言苟不レ發。言ヘバ必中ル。登山以來。殆六十年。行業純誠。戒珠潔白。正レ法講トシテ如二晝一一。是卽所二以人天導師四生ノ依怙一也

㉕ 近江國延曆寺光映傳

延曆寺光映。字曇覺。號二棘樹一。又稱二一如庵一。赤松氏ハ豐後。國東郡中村人也。文政二年（一八一九）己卯十二月十九日生。天資聰敏。幼而不レ好二嬉戲一。不レ食二葷肉一。出則聚レ沙爲リレ塔。入則兀二坐佛前一。父母奇トス焉。暨レ長常求二出家一。以二嫡長一父不レ許レ之。文政十一年戊子。始達二其志一。十月。赴二于江都一。十三年十一月（二十四日）拜二東台見明院光千一薙染。時歲甫十二。天保五年（一八三四）十一月。初拜二謁貫首大王一。六年正月。入二交衆列一。是歲受二三部密灌一。十年。歸省二雙親一。尋登二叡岳一。十二年十月。遂二廣學竪義大業一。十五年七月。主ル二本住院一。弘化二年（一八四五）乙巳九月。從二此秋一閱二大藏經一。旁涉二獵四庫一。弘化

進二大阿闍梨位一。遊二魚山一傳二受梵唄祕曲一。三年正月。仁孝天皇崩御。奉レ敕參二勤御中陰佛事一。嘉永元年（一八四八）戊申六月。轉二金臺院一。時二北溪多事一。圓如大僧正携レ師委レ事。三年三月。轉二東台修禪院一。以嗣二光千法統一。七年。勤二年行事一。安政二年（一八五五）乙卯十月。更遷二壽昌院一。任二別當職一。五年五月。進二大僧都一。是ノ年勤二溫恭院殿ノ中陰佛事一。尋爲二冷泉爲理卿ノ猶子一。文久元年（一八六一）辛酉。應二盛岡侯ノ招一。往與二藩政一。同十月。爲二管領宮扈從一。賜二清涼林院室一。許レ被二著スルコトヲ萌黄玉蟲衣一（衣俗稱二御用召一者也）此月有二五箇ノ度人一。二年十一月。勤二天台會場一。三年八月。奉二王命一轉二住大和談山竹林院一。任二學頭一。進二權僧正一。乃令三弟子光弼ヲシテ繼二承法統一。尸ム二等覺院一。是ノ歲十月上洛。天皇賜レ謁。靑蓮院宮尊融親王賜二紫衣一。慶應三年（一八六七）丁卯八月轉レ正。十月。再拜二天顏一。四年閏四月。聞下彰義隊據二東台一將ニ擧レ兵。急往謁二管領宮公現親王一。特旨アリ。賜二獅子王院ノ稱竝緞子衣一。五月（十五日）果有下征二討彰義隊一之役上。爾後奔二走戎馬之閒一。備ニ嘗二艱苦一。人爲レ有二天海僧正之風操一焉。十二月（二十八日）寓二大阪四天王寺一。明治二年（一八六九）己巳十月。聞二管領宮ノ見一レ宥。則住二叡麓金臺別院一。王嘗所レ賜號者以二高尚故一自謙シテ稱二如如院一。從レ此永絕二世緣一。專修二淨業一。三年三月（八日）捕吏以二嫌疑一來リ逼ル。師大喝曰。捕二有官ノ人一有レ法。汝等知レ之乎。吏不レ能レ對。乃正服乘レ輿。使二吏護衞一而行。留レ聽數日。應對如レ流。事輒ク解ク焉（同十七日歸院）先レ是著書最多。弘化丙午（一八四六）秋。有レ所レ感火レ之。其存者。天台圓宗列祖略傳一卷。初學暗誦要文一卷。武峯論話一卷。竹林寱語一卷。龜桑夜談一卷。台門指月鈔二卷。西遊記骨目一卷。三張眉目一卷。遊行噴飯集一卷。國産名譽一卷。默坐消遣集一卷。山中奇僧傳二卷。皆足三以誡二天下後世一。平素顯密精修。而師不三敢獨自善二其身一。慈慧之行。濟度之志。終世不レ倦。渴仰者日ゞ多。八年（一八七五）（ア明治カ）乙亥。以レ事往二于東京一。三月（八日）特拜二權大僧正一。四月（四日）董二延曆寺一。此月適二千葉縣一治二廢寺騷擾一。六月。創二設天台宗大敎院一。七月。拜二盲僧所管之命一。則定二其憲軌一。八月。定二宗徒座次法及衣體規則一。九月。制二天台宗規一。十月（三日）入レ寺行二晉山式一。尋（同月九日）相二承探題祕訣。同月二十九日。再往二東京一。十一月。始行二策進會一。九年正月。定二台宗學科一。七月。巡二敎シテ北陸一還レ山。八月。任二天台座主職一。九月。淸二掃叡岳戒壇(壇カ)院一。復二古受戒三聖一。大革二圓宗面目一。十一月。董二シテ吾カ列祖一普達二全國一。十二月。令下闔宗ヲシテ普設中叡山敎會上。十年丁丑正月。定二試驗章程一。尋考二査シテ寺院ノ存沒一ヲ而定二其等階一。七月。移二大敎院於本山一。八月。二條左府齊敬。促レ駕問レ法。九月十五日圓戒相承。十一月二十一日有二祝融ノ炎(災カ)一。全寺燒失。十一年一月。舊滋賀院成後。爲二延暦寺代一。此年修二理山上堂舍一二月始レ工十月。奏二請主上臨幸一。敕令二參議大限重信代臨レ山是月十八日也。有レ雨十一月。令三村田寂順上二願寺要四條一。同月二十五日朝彥親王來訪二禪室一。十二年四月。上表シテ辭レ職不レ聽。五月十日拜二大敎正一。七月十五日移二里坊一。九月十一日如二上願一敕アリ。許二法華會復興一。則十月一日開闢修行焉。此月十二日宮內大輔杉孫七郞巡二視三塔一。十一月十五日岩倉右府來叩二篷(蓬カ)戶一。十三年五月。復二滋賀院號一。賜二世祿二百石一。斯月始開二一宗公會於東京一。師東上矣。十四年。再營二繕山上ノ堂舍一。六月。上表シテ辭レ職。八月。聽許。尋移二金台別院一養レ病。十九年二月十九日應レ請再住二四天王寺一。管二理寺務一旁講二經論一。多潤二法澤一。二十一年七月七日更領二毘沙門堂門跡一。進二大僧正一。校二正護國三部妙典一。施二訓點一梓(梓カ)行。緇素皆喜。二十七年六月二十八日以レ病退二隱金台別院一。二十八年八月十五日午前四時西向念レ佛。安祥入寂。世壽七十七。法臘六十六。葬二遺骨于叡岳寶幢院之坎溪一。諡二棘樹院一。銘曰

維昔叡祖。高步二天門一。趺二坐幽峒一。開二拓敎源一。六宗傾レ鋒。一乘乃敦。佛日傳レ輝。千歲破レ昏。運泊二像末一。降二斯兒孫一。繼レ絕興レ廢。百世德蓄。寶訓織錦。貽幾萬言。克剛克柔。調二和乾坤一。雙樹日翳。提河水奔。卓乎鴻業。於戲可レ諼

⒇ 山城國毘沙門堂行全傳

毘沙門堂行全。近江國高島郡大溝人ナリ。天保十一年(一八四〇)庚子。師二叡岳大林院幸顯一薙髮。習二學顯密一。後襲二師席一主二大林院一。安政二年(一八五五)。禁裏新造成。座主ノ宮於二紫宸殿一

嚴修大安鎭法。師參勤。萬延元年(一八六〇)庚申。任横川別當代。同十二月(十九日)別敕任大僧都。慶應元年(一八六五)八月。爲菊亭實順猶子。三年十月。禁裏常御所修理完成。座主率衆僧參內修法。師預其席。明治戊辰元年(一八六八)十二月(三日)預大觀心院室。蒙萌黄玉蟲衣被着恩命。三年六月。長講會講師勤仕。八月。選慈眼堂別當就之。五年。任中講義。累進任權中教正(七年。權大講義。八年。大講義。九年。權少教正。十二年。少教正。十三年。權中教正。各任)七年八月。命中教院長代理。十一年。補大教院執事。因東上執職務。九年十月(四日)轉住京都山城毘沙門堂。十二月。傳受鎭將夜叉法于養源院僧雲。十年九月。任泉涌寺改革取締。十八年五月。門跡稱號復舊公稱。同七月(十一日)兼董山門惠心院。尋任執行代。十八年七月。補權僧正。累進極官(同年九月。僧正。十九年六月。權大僧正。二十一年三月。大僧正。各任)明治二十一年三月十四日示寂。葬于毘沙門堂西北之隅。謚大觀心院。弟子行慶(原田氏)行敬(今出川氏)倶不汚師風。慶住上州澁川眞光寺。敬領叡岳大林院。

㉗ 山城國鞍馬寺晃秀傳

鞍馬寺晃秀。幼名善之亟(丞カ)。安藤氏。伯耆國河村郡久原村人。文政(化カ)元年(一八〇四)甲子八月三日生。父彌三郎。母多與。有二叔。爲僧。曰良然寂安。安公携師入叡岳圓教院。時甫九歲。四度行滿。後特修回峯行三百箇日之業。文政五年。爲鞍馬寺大藏院澄秀弟子(時年十九)刻苦淬礪。通法門大義。尋董大藏院。更轉月性。及明治變革晉鞍馬寺主職(住カ)。先是文化十一年(一八一四)甲戌。本堂塔頭皆燼。本尊寓由岐神殿五十一年于茲。師深憂之謀再建。衆議紛然。師挺身當之。東下請資金。時不輒行。師請願益力。遂得金三千兩。百方勸進以起其工。會明治維新。事業益艱。而堅忍不屈。竟能成其功。莊(嚴カ)宏瑰麗。有加於舊。以明治六年(一八七三)之春行遷座式。師既建本堂。乃辭任。號信樂庵。隱退數年。同十五年。再爲住職。愈老愈勵。夙夜匪懈。法德益高。歸依愈多。同二十四年之冬。山下失火。樓門・敕使門皆災。倶爲古建造物。師深惶懼謀再建。時未到歲益老。乃詫(託カ)副住眞晃以其事。晃公拮据經營。至師寂後其功乃成。輪奐復舊。

是皆師之餘德也。師爲レ人勤儉淸苦。自ラ持極素。待レ人不レ簡ニ尊卑一。能竭ニ其歎一最好ニ和歌一。諷詠自娛。明治三十四年辛丑一月示レ病。二十一日。口唱ニ念佛一。安然而寂。世壽八十四。臘七十五。葬ニ于鞍馬山一。其將レ逝也。作レ歌述レ懷。可三以見ニ其所養一。曰。加里曾米酒。也登徒佐太兔天。韋之可杼毛。計布波加遍良武。茂登能壽美加爾。翌年一月。建ニ塔于山麓小野寺一。謚ニ大信行院一。晁公篤實重厚。克紹ニ其志一。可レ謂。此師而有ニ此師一矣

㉘上野國龍藏寺興善傳

龍藏寺興善。號ニ豁靜一。靑柳氏。東京府士族松永左衞門二男。文政十三年（一八三〇）庚寅四月十五日。生ニ於江戶湯島中坂下一。天資聰敏。天保八年（一八三七）八月三日投ニ牛込安養寺一得度。師ニ事淺草金剛院興運一稟レ敎。尋隨ニ武藏金鑽寺了現一修レ觀。遊ニ東台勸學講院一。硏ニ討顯密大道一。後經ニ歷總野諸寮一殆二十年。終始無レ倦。略通ニ達一家玄門一。元治ノ初（一八六五）七月依ニ管領宮命一董ニ下總小見德星寺一。慶應元年十一月。轉住ニ上野勢多郡龍藏寺一。明治四年（一八七一）。拜ニ宗規格正諸國巡回之命一。五年七月。補ニ訓導一。累進到ニ權僧正一。二十五年。依ニ寺門維持功績一特任ニ僧正一。先レ是兼領ニ叡山覺常院一。受ニ紫衣被著特許一。三十一年七月。任ニ權大僧正一。是月微恙就レ牀。九日。託ニ後事弟子興賢一而安祥圓寂。世壽六十九。謚ニ至誠心院一。翌年六月。遺弟等建ニ碑於龍藏寺之塋域一。師爲レ人剛毅不レ撓。人皆葵向ス。溫乎容願（顏カ）。敎ニ導四衆一。撫ニ育法子一。以レ百數レ之。就レ中。興謙（賢カ）住ニ東京出山寺一。以ニ呪力一聞。興賢夙卒ニ大學一。現董ニ師席一。可レ謂。師芳德不レ愧ニ古人一也

㉙近江國西敎寺眞全傳

西敎寺眞全。諱澄諦。舊姓小林。師後改ニ三輪（ミワ）氏一。出雲國神門郡稗原村人。弘化元年（一八四四）甲辰十一月二十四日生。資性溫厚。夙有ニ出塵ノ志一。嘉永五年（一八五二）三月。師ニ同國島根郡西尾ノ圓隆寺諦信一得レ度染レ衣。時年甫九歲。安政五年（一八五八）。入ニ鰐淵寺一修ニ四度加行一。萬延元年（一八六〇）三月。始登ニ叡岳一。隨ニ侍行光坊韶舜唯我氏一學ニ得一家敎觀一六年。深通ニ玄妙一。先レ是文久二年（一八六二）九月。入ニ正覺院道場一受ニ祕密灌頂一。同十月。

在二探題行光坊道盈ノ會下一。遂二業廣學竪義一。慶應元年(一八六五)十月。主二東塔西谷護心院一。二年九月。於二行光坊灌室一開壇傳法。瀉二穴太ノ法流一。明治六年(一八七三)四月。得二教導職試補一。後累進至二大講義一。二十年九月。爲二善光寺別當大勸進副住一。翌年戊子十月。兼領二東京府下目黑龍(瀧カ)泉寺一。二十四年十一月。補二權大僧正一。二十七年六月。應二貞盛派上下懇請一。移二籍于同派一。晉二本山西教寺貫首一。尋任二大僧正一。就二管長職一。同十月。行二慈攝大師四百年遠忌一也。勸(獎カ)二奘宗門一。修二飾祖堂一。開二通新道一。以嚴修二旬餘ノ法會一。宣二揚祖風一。二十八年。深慨二教學不一レ振。革二勸學寮之組織一而開二設中學林一。令二末徒就一レ學。遂(逐カ)レ年課程能ク整。卒レ業十餘人。終ニ至レ要二大學林之開設一。因定二其基礎一。又侵二寒暑一累年巡二錫伊勢・近江一。專施二誠勸ノ教益一。親諭二派門ノ要旨一。師爲宗感慨。猶不三以爲二足。三十二年四月。更開二闔宗會議一。企二圖教學基金勸募一。門葉緇素能體二其意一。復近當レ將レ擧二功果一。師溘焉而逝。實明治三十三年庚子二月八日也。世壽五十七。法臘四十九。越同十三日。營二密葬式一。諡二歡喜光院一。建二塔于祖廟南一

(30) 攝津國能福寺慈晃傳

能福寺慈晃。加藤氏。常陸水戶ノ人ナリ。父ハ水戶侯ノ臣ナリ也。弘化三年(一八四六)丙午四月八日。生二江戶同藩邸一。爲レ人溫雅英邁。幼ニシテ慕二佛法一。萬延元年(一八六〇)。投二日光山修學院生緣一薙髮ス。尋テ登二叡岳一。傳レ密受レ戒。螢雪維レ勤メテ三學無レ闕。明治元年(一八六八)。董二西塔寶乘院一。六年。拜二教導職試補一。九年。補二訓導一。十年　月(ママ)。兼領二攝津兵庫能福寺一。移ル于此一ニ。又任シ二兵庫縣下宗務取締一。進二中講義一。十二年。補二權大講義一。後累進任二僧正一。被レ許二紫衣一。十七年。親ク鑄二造如意輪勸(觀カ)世音銅像一建二立シ境内一ニ。彫二刻西國靈場ノ本尊一安二置堂殿一。二十四年。自ラ鑄二造シテ長ケ三丈八尺ノ靑銅盧舍那佛像一而奉二安境域一。屈二請各宗派管長一。執二行スルコト開眼供養會一六日。一日開會中ノ群參ハ以二百萬一數ユ。人稱シテ曰二兵庫大佛一。終至レ倍二蓰スルニ土地ノ殷(賑カ)振一。日淸之役ニハ拜二從軍布教師一ヲ。隨二近衞師團一。渡二滿州一。傳道慰問。祭葬追悼スルコト半歲餘。二十七年十月。更ニ航二台灣一。布レ教亦半

歲。二十八年六月。以レ病歸ル矣。天台座主深嘉二其勳績一。特ニ進メテ二教班一任二權大僧正一ニ。又別賜二緋紋白大五條一。以慰二籍シタマフ其勞一。三十年十二月中旬。病勢再革ルヤ也。豫メ知二死期一ナルヲ。招二法緣一託二寺門後事一。同二十日夜。召二弟子一示二臨終ノ要訣一。且ツ詠二國風一爲二辭世一。後結レ印唱レ名。安祥トシテ圓寂ス。世壽五十二。法臘三十八

⑶1 日光輪王寺門跡諶厚傳

輪王寺諶厚ハ。彥阪氏。號二樂只一ト。別ニ稱二掣龍子一ト。信濃國水內郡長野ノ人ナリ。天保五年(一八三四)甲午正月二十五日ニ生ル。父ハ藤井穀昌。母ハ小泉氏。三歲ニシテ有レ病垂トスレ死ニ。會フ三一義僕ノ決レ死祈ルニ二冥助ヲ於觀音薩埵一。病遂ニ愈ユ。垂髫ニシテ而有二出家ノ志一。一夕請レ父ニ。父雖二懇諭痛切ストト一不レ聽。乃チ借二僧衣一令ルニ二戲レニ著セ一レ之レヲ。嘻嘻トシテ出レ外ニ。示二容儀ヲ于人一曰ク。吾爲レ僧矣ト。父知レ不レ可レ奪二其志一。師二事セシム日光山護光院第十二世諶貞一。貞公ハ以レ爲二師ノ叔父一也。弘化二年(一八四五)乙巳。年甫十二。修二四度加行一。嘉永元年(一八四八)戊申。隨テ二魚山實光院觀海一受二聲明業一。二年己酉。列リテ二諸講筵一ニ能ク論二宗要一。

衆皆推服ス。三年庚戌。受二三部ノ灌頂一。號二迅疾金剛一。入二隆敎律師之門一。聽二一家小部之講一。兼受二梵綱(網カ)十重戒一。就二慈觀僧正一聽二法華玄義一。旁修二日天子一千日行法一。安政二年(一八五五)乙卯。歲二十二。奉二管領宮慈性法親王ノ令旨一ヲ而承二護光院第十三世諶常師ノ法兄也之後一。尋就二大寶和尚一相二承悉曇一。傳二玄法ノ軌一。後傳二受密門諸儀軌一。文久三年(一八六三)癸亥。行二大悲懺一。又修二法華三昧一各三七日。慶應元年(一八六五)乙丑三月。弟子アリ。剃度ス。四月。敕シテ令レ行ハ二東照宮二百五十回神忌於日光山一。出勤焉。是歲王師征二毛利氏一。天下漸多事也。三年丁卯。發二大誓願一。爲レ期二三十三月一ヲ。登二中禪寺ノ本宮一祈二禱寶祚無窮天下太平令法久住山內安全于二荒ノ大神一ニ。在二寒風冷雨之閒一無レ所二懈怠一。四年。有リ二戊辰役一。四月。山內復將レ爲二戰場一。人心恟恟。遂會ス丁人ノ密告ルニ丙擁二東照宮神輿一而走乙奧州甲。已ニシテ而甲乙騷擾。及トシレ追二神輿一。來二本坊監守ノ廳一。請レ旨者續續接レ踵。師乃チ進言シテ曰下東照宮ノ神靈永ヘニ在二我晃嶺之墳塋一。斷乎トシテ無レ動。宜ク上令二告レ衆勿ラレ惑ヒ。監守稱シトレ佳。如二其言一爲ス焉。是以人心始

得安定。是歲神佛分離令出。閏四月。依山務要路之請。起草日光三社並東照宮沿革記。爲保祭儀之舊典。五月。有東台役。輪王寺宮遭遇危難。挺身移會津。德川幕府奉還大政。隨廢止日光諸料。宮御領亦官沒。師于時三十四歲也。秋七月。推選日光山總代。出府訴願晃嶺維持並宮御無罪。陳辯最勗。又就德川宗家懇請山僧救助。滯京五十餘日而歸山。政府下命。自此年十月至明年二月。準據舊錄救助。德川宗家及舊緣諸侯等別出資助成。二年五月。師再爲總代出京。四年一月。晃嶺始行神佛分離事。乃爲可三社及東照宮屬神祇。佛堂僧院撤廢之奉還寺地寺領。僧衆寄歸叡岳。師二推總代。上書日光縣令而辯疏大勤。其要旨曰。日光山者開祖以來爲歷朝之敕願所賜寺領。嵯峨帝之朝賜滿願寺號。加旃。同帝皇子仁慧法親王以後歷朝令皇子統管山務。事蹟昭昭不可舉數。然卽今毀佛寺放僧徒。恐空先帝叡慮。湮滅金枝玉葉之芳躅云云。縣令深有所感動。既而賜輪王寺宮舊居于山僧令合居於此。停僧坊稱號爲滿願寺一稱。給遞減祿稟米壹百石。而命以區劃山內于神域・佛地。而神域所在佛堂可移轉是於佛地。命令儼然。山徒復騷。抑晃岳佛閣僧院者。德川氏於旺盛時聚天下之富所營造。而結構盡善美。一柱一楹千金猶爲難得。如何得僧徒微力能移轉之哉。則衆議以請願三年之延期。官允之。是歲依三門室令旨置寺務職。師任管事。五月。滿願寺火。先是師亦雖奉合併之旨移居於滿願寺一隅。盡力護光院復舊焉。顧寛永年間德川家康公臣彥坂光正（通稱九兵衞）者。依命仕紀伊宰相賴宣。及公神靈鎭座日光。來爲天海大僧正弟子以祈公冥福。歿後大僧正授是法號云護光院殿實潤正宗居士。與一寺蹟號護光院。瘞遺骨於境內。後幕府及紀伊侯給寺祿而不乏以至師。然今也雖革命秋不忍使此忠臣數百年跡湮滅。乃欲議光正遠裔彦坂重禮于靜岡分劃寺地。以墳墓所在一半地為彦坂氏永借。式保存舊院一坊於此。三月。獨曳杖而遠到靜岡。訪重禮經營其事。苦辛慘憺之後歸山者。滿願寺本院僧房已歸灰燼。以師剛毅猶有落膽色。滿願寺亦德川氏麋財所建造。輪奐之美結搆之秀非筆舌能所盡。然而一山衆徒皆依命。各沽却其寺院及家具以集合斯寺。座席未煖。一朝而歸烏有。衆徒艱苦不可名狀。師亦雖在艱苦之裏。嘗所劃策護光院再興鋭意努之。併尚不能存寺號。唯僅得為彦阪墳墓之供所而已。師遺憾可察也矣。五年壬申。政府新置教部省。四月。補權訓導。是冬。依管長命巡教岩代・磐城・陸前。尋改氏稱彦阪。十二月。滿願寺食堂成。六年癸酉三月。自奥州歸復命。補訓導(三月二十二日)此月有日光波支(之カ)利大黑天開扉事件。師先自奥州歸也。養痾而在粟(栗カ)山溫泉。數日聞紛議歸山。衆徒推薦學頭代。九月。拜命爾來千辛萬苦解決開扉事件之紛議。十月。還致寺寶三十九點。先是堂塔移轉三年延期之期限已到。當局督責亦甚急也。本坊留守僧某。馳使于東京旅寓訴師。師腹背受難。忘寢食拮据從事。是歳制山務整理法二十一條。請認可。十一月。管長允之。同二十五日。任宗務廳議事。十二月(十五日)有賞許萌黃玉蟲衣被着。七年甲戌二月(四日)任中教院庶務(十二日)任教導取締。七月。堂塔移轉劃策蒙官許。以起其工于相輪樘。明年三月。樘成。此時關移轉而又生紛議。不解殆三閱年。同八月(二十四日)補少講義。九月(二日)改學頭代稱執事。拜命更置副執事。師自歷訪有緣侯伯請移轉事業之助成。募集義損金。又企本坊再建。內佛殿・書院・寺務所・居間・浴室・學寮等。漸次落成。十二月。招請東京市ヶ谷自證院亮榮(修多羅氏)薦滿願寺主(住カ)職。是月設原籍於日光山內。八年乙亥三月。請官購得曩所奉還寺地。以分山衆為其原籍及資本地。九月(十九日)補大講義。十一月(二十五日)

兼二中教院講究課掛一。九年丙子一月九日町家失レ火。延テ燒二ク護光院殿正宗居士之供所一ヲ。翌年。得二紀伊家ノ助成一再二建本坊之南一。九年三月。起二三佛堂移轉ノ工事一。六月。聖上東巡。以二滿願寺一充二行在所一。下二賜ス金百圓一ヲ。八月二十一日特旨アリ。賜二御內帑金三千圓一ヲ。蒙ル下移二轉スルモ三佛堂一ヲ不レ可レ失二舊觀一之恩命上。十二年乙（己カ）卯四月。護光院復興許二公稱一ヲ。五月六日。補二滿願寺副住職一。七月二日請二願シテ編二入スルコトヲ御堂山官林五町五反餘步于大猷廟ノ境域一ニ。乃チ受二允許一ヲ。是ノ月。三佛堂移轉竣工ス。十三年庚辰八月。保晃會組織成ル。八月。從テ二大椙覺寶一受二圓頓戒一ヲ。十二月。以二滿願寺一爲二內務省直轄寺一。十四年辛巳二月。山衆請フレ浴センコトヲ下具二狀師之勸勞一褒賞下賜之恩命上ニ。七月六日滿願寺亮榮以レ老辭二其職一。十五年壬午五月十二日。晉ム二滿願寺主（住カ）職一ニ。八月八日。許サル二支院十四箇坊ノ復舊一ヲ。十二月。申二請輪王寺號ノ復舊一。同月十四日補二權少教正一。十六年一月。特ニ許二紫衣一。五月。奉シテ二崇叡會長二品朝彦親王之令旨一ニ。就二地方勸進委員一ニ。九月十七日北白川宮能久親王登晃。賜二法服料金壹百圓一。十月五日。得二輪王寺號復稱許可一。更得レ旨。以二滿願寺住職一直ニ爲二輪王寺住職一焉。十七年甲申一月。歎二願輪王寺ノ永續方法一。五月。依レ願編二入シ慈眼堂境內ノ法親王之塋域ヲ于宮內省所轄御陵墓一ニ。置二守部モリベ一。十八年乙酉。以二輪王寺一列二延曆寺別院一。爲二直轄寺院一。六月二十七日任二權僧正一。八月十日任二僧正一。十一月九日出二願門跡號ノ公稱一。十二月九日有二官準一。十九年丙戌一月二十五日有栖川宮熾仁親王薨。依レ旨賜二御守護佛並御祕藏之佛像法具ヲ于師一。師後ニ永ク納ム二輪王寺一。八月。有栖川宮威仁親王賜二御額一。曰二得天眞一ト。二十年丁亥五月。北白川宮能久親王賜二御額一。曰二清淨窟一。九月。又賜二銀盃一。是ノ月登二叡岳一。遂二業廣學竪義一。重テ受二ク圓頓大戒一。十二月八日。補二權大僧正一。二十二年己丑一月。參內シテ奉二伺天機一。特賜二賢所參拜一。是歲。有栖川宮威仁親王歸朝。賜二印度將來ノ貝多羅葉經一帙一。二十三年庚寅三月。宮內省賜二輪王寺維持資金五千圓一。尋設二定永續方法一。七月。常宮・周宮兩內親王御登晃。賜二銀盞一。二十四年辛卯。依二委託官林

規則一。請二願シテ舊寺領上地山林六十五町歩餘之委詑（託カ）一得二許可一。二十五年壬辰十月。營二慈眼大師二百五十回祥忌一。北白川宮能久親王。於二大師ノ靈殿一行二御歌講頌ノ式一。以資二シタマフ追善ノ法供一ニ。九月四日天台座主實源。嘉シ二師ノ功績一賜下嘗所二慈眼大師之被着一シタマフ七條袈裟上。二十七年甲午一月。任二宗政顧問一。三月九日。聖上銀婚式祝典參內シテ拜賀ス。八月一日。大詔煥發。對レ淸宣レ戰。十日。參內シテ奉二伺天機一。二十三日。行フテ二藥師經一千部讀誦滿願會一祈ル二皇師ノ連勝一。十一月三日。奉二爲メニ聖體安穩皇威顯揚ノ一。率二衆僧一讀二誦藥師經三千部一。別又親ク修二藥師ノ法五十座・鎭將夜叉ノ法二十一座・大多勝神ノ法二十一座・摩訶迦羅天ノ法一萬座・勝軍不動護摩七座一。三十日。發錫奉二伺シ北白川宮能久親王於大阪一。十二月三日。奉二伺ス有栖川宮熾仁親王於廣島一。親王冒二御惱一賜レ謁。四日。奉二伺天機於大本營一。二十八年乙未一月。修二佛名會並施餓鬼會一。擬二戰病死者ノ追福一七日間。二十四日。有栖川宮熾仁親王薨ス。天下哀傷。二十七日。奉レ祈二御冥福一。五月二十九日任二大僧正一。七月。依二熾仁親王之御遺志一。賜二親王御製作茶椀並白紹一疋一。十一月五日北白川宮能久親王薨。都鄙痛恨。奉ルコトレ祈二御冥福一四十九日ナリ。二十九年丙申一月九日請下願ス奉二崇シ能久親王ノ御分靈於日光一併テ建中設墓碑上。六月。賜二能久親王御遺物料金壹封一。是月十一日歴代法親王尊靈殿造營費補助トシテ賜二御內帑金一。十月二十日尊靈殿成ル。二十四日。奉二崇能久親王ノ御分靈於尊靈殿一ニ。奉レ諡二鎭護王院一。先レ是御廟塔成ル。官民競テ獻二銅佛器・石燈籠等一。以テ完二備ス淨塋ノ莊嚴一ヲ。三十一年戊戌五月中旬。憂レ腦越レ月。漸ヾ劇甚ナリ。六月十六日。入二赤十字社病院一。朝野ノ貴紳豪士來リテ問二病狀一者多シ焉。七月一日。召シテ二法門院貞典學頭實敎院厚觀支院總代弟子諶照一附二託後事一。同四日。遂以テ二危篤一歸錫ス。常宮・周宮兩內親王御使臨二輪王寺一。賜二慰問ノ辭一。五日。發レ訃。世壽六十五。荼二毘于含滿一。小松宮彰仁親王染二金剛心院ノ四字一ヲ下賜ス焉。弟子諶照錄シテ二師ノ行業一ヲ而傳二于世一。題シテ曰二金剛心院大僧正諶厚行業記一

㈹　近江國世尊寺普潤國師傳

世尊寺普潤。諱堯霈（普潤其字也。師後用爲通稱）號一雨。別稱三草庵。岩佐氏。筑後國浮羽郡益生田村人也。母某。岩佐氏。以文政十二年（一八二九）己丑十月二日生。天資剛毅果斷。夙有出塵志。一日隨父遊高良山宿蓮臺院。時住僧視其中指有指環之痕奇焉。師雖苦請于父母不許（蓋以嫡子故也）年甫十二。潛行而投蓮臺院。就即超僧都薙髮。名曰即眞。年十五。更從御井寺亮恩受得度式。解行一致弘收衆望。弘化二年（一八四五）乙巳。住持塔頭一音院。然非神龍長池中物。四年丁未。登叡岳。就西塔大仙院光觀研鑽敎觀三年。略通大義。時學侶多疎勤學。故所其友唯有宮小路浩潮翁耳。浩潮者筑前人。曩剃髮在台嶺。日夜入輸（輪カ）墨三昧。師專研尋敎觀。所其修異而其交如水魚然。偶聞癡堂律師在黑谷青龍寺。俱敲其門問訊。律師一日謂師曰。非解行相應畢竟鼠（鼠カ）卿耳。子志決者。直介安樂律院性憲和尚。宜仰之師範。師大感激。早欲得本師認容。忽

卒歸國。以聞超公。公深愛法器而許其請。嘉永五年（一八五二）正月。從性憲和尚改衣入律。名改堯霈。乃拜輪主資成和尚受五八戒。六年癸丑。仰性憲于證明師誓受十重禁戒。是歳四月。始隨侍東台淨名院慧澄和尚修習顯密。夙夜勵精十有餘年。聽講法華玄義・法華文句・摩訶止觀前後三回。就中。在玄義開講席者。隨聽隨錄。後遂成篇。題曰法華玄義釋籤傍註。十卷。明治庚子。命京都貝葉書院附剞劂而行于世。安政三年（一八五六）正月。拜澄公爲形同沙彌。後設字稱普潤。蓋是基曰一雨普潤三草春也。澄公詩句也。四年。傳受梵唄祕曲。慶應元年（一八六五）二月。輪王寺宮公現法親王延師聽講。尋拜侍讀。明治二年（一八六九）七月七日從安樂院忍達和尚。誓受十善戒並瑜伽・梵網重輕兩戒。同十日。受具足戒。六年一月。住備前國圓山佛心寺。七年一月。命中教院講究課。十一月二日就諸宗合併中教院講究課專務。八年三月七日轉近江阪（坂カ）本泰門庵。十二月二十四日轉安樂律院。十年八月朔日任天台

宗大教院講究課一。十三年十二月。爲ニル第一號中學林黌長一。後轉ニ大學黌講師一。十四年十月十五日補ニ大講義一。十五年二月二十五日創ニ設ス祕藏窟大學林於安樂律院一。刷ニ新既倒ノ規矩一。十七年四月五日補ニ權少僧正一。(ママ)十九年十二月朔日住ニ洛東聖護院町有門院一。同月二十二日陞ニ僧正一。二十年二月。拜ニ行光坊淑榮清見氏一就ニ三部都法大阿闍梨ノ職位一。越テ三月十八日轉ニス紀伊粉川(河カ)十禪院一。是時應ニ晃山ノ屈請ニ而之キ。大ニ開ニ講筵一留ルコト三春秋。二十三年四月十八日領ニ日光興雲院一。二十五年四月二十日任ニ比叡山大學林講師一ニ。尋テ董ニス台麓世尊寺一ヲ。師從レ重ニ春秋一。育英之志彌マ篤ク。雖ニ席不レ暖。連環講貫無ニ虚日一。治績大ニ揚ル。三十二年十月。任ニス大學黌講主一ニ。講ニ法華玄義・文句・摩訶止觀一。三十三年七月十六日受ニ國師之德號一。是歲十月獲レ病。天台座主皎然深憂。賜ニ休養ノ資一ヲ。及ニフヤ病革ルニ也。侍僧準ニシテ古例ニ而將レ奉ニ安來迎佛一。師曰。臨終與ニ平生一亦何異。我心既決。汝等復タ勿レト憂フコト。指シテニ壁閒ニ所レ揚クル衣座室三字一曰ク。是レ卽チ來迎佛ナリ也ト。言畢テ翛然而寂ス。實ニ三十四年一月四日也。世壽七十三。夏臘三十一。荼ニ毘シ南山平子一ニ。得ルコト二舍利一數十顆。分ニ遺骨一爲レ二。一ヲ埋ニメ飯室谷ノ安樂院ノ廟下一ニ。一ヲ瘞ニス東塔東谷ノ陵下一ニ。所レ著。戒儀源流章一卷。師體軀强健。而執レ志尤モ厚シ。前後ニ移住スルコト凡十有三寺。講外ノ禮拜課誦不ニ少モ懈一。如下キ修ニ補シ佛像一ヲ再ニ興スルカ廢寺上ヲ亦頗ル多シ。時ニ又寄セ興ヲ風月。唫詠積テ滿レ筐ニ。自ラ撰シテ曰ニフ探題詩稿一。上ニ梓シテ頒チ人ニ。以テ爲レ樂焉。初メ叡岳無ニ寮房ノ可レ居。各宗ノ僧ニシテ來學スル者不レ得レ已還之ス。師深ク憾トシレ之。三十一年十一月。上ニ書シテ天台座主一ニ請フ建ニ設留學生ノ寮一ヲ。詞意甚切ナリ。竟ニ見レ聽。師乃チ率先シテ投レ資。人亦喜捨シテ助レ之。遂ニ得タリ竣功スルコトヲ。是レ三十二年六月也。四十年一月。門人等相謀建ニ碑於叡岳文珠(殊カ)樓ノ東下一ニ。勒シテ師ノ道蹟一永傳ニ于世一。碑銘ニ曰ク。夙究ニ教觀一。精義入レ神。常持ニ戒律一。清行軼レ倫。天賜ニ福壽一。豈無ニ其因一。敎而不レ倦。展矣反レ眞

(33) 近江國延曆寺孝成傳（一八四五）

延曆寺考(孝カ)成。俗姓梅谷氏。弘化二年乙巳十月十五日。生ル二

福井縣今立郡鯖江村田中氏。天性溫良。寡慾清淨。宿善所萌。齠齔抱出塵志。安政三年（一八五六）三月。緬攀台嶠投雙嚴院道盈大僧正室剃髮染衣。爾來朝叩教觀玄旨。夕探密門祕賾。加旃。文久三年（一八六三）。寓居魚山。學聲明音律于覺秀僧都。練習積功。遂稟祕曲。元治二年（一八六五）七月。爲魚山遮那院住持。明治六年（一八七三）七月。肇補教導職試補。以來累進任大僧正極官。九年八月。轉住三千院門跡。十六年五月。奉崇叡會長朝彥親王之欽命巡化于山口・廣島之諸縣下。到處道俗攝化。法益無限。二十六年八月。勤修戸津講演。二十七年。補擬講。翌年乙未。進已講。三十二年七月。受大堂祕訣而登探題職。師自髫角始至耆年終。一宗經歷無不履習。學德並秀。行業無闕。是以三十四年十二月四日。晉天台座主。爲延曆寺貫首。常握敎權之樞軸總覽三千之門末。振宗威於寰宇。揚治績於朞年。寔是可謂人天之導師・釋門之棟梁也。雖然。定業有限。世緣爰盡。溘然示寂。實大正三年（一九一四）八月二十三日也。世壽七十歲。翌月二十一日。以宗葬埋遺骨於大原三千院廟下。諡（無量慈心カ）院。弟子有孝永・考（孝カ）忍・成演。永繼法統領三千院。

㉞ 近江國延曆寺觀澄傳

天台座主縛曰羅心院探題大僧正觀澄大和尚者。俗姓山岡。號梅里老人。天稟溫厚。氣宇清廉。稟生於美濃國大垣藩井深家。宿緣所追。幼有出塵志。負來登我立杣。從大乘院慈幢律師薙髮。號名慈運。遇同師之易簀。後就法曼院觀暠上人。亦改名觀澄。奉仕一師十有餘歲。爾來專研教觀奧義。深探密乘祕賾。螢雪多年。未嘗出山門。修北嶺回峯行十有餘旬。又勤葛川參籠。逮三十一個度。苦修練行。其功不空。遂蒙阿奢羅之靈益。從是信仰道念愈勵。讀誦行業日不懈。於自明治八（一八七五）年至同十五年閒。勤仕長講五役及戸津講演。尋補望擬講。二十四年九月。登出世龍門補擬講。同二十八年。爲法華大會已講。三十年。任西部大學兼中學黌長。監督黌務。愛撫學徒猶如赤子。職員諸生仰其德望。辭其職也皆無不惜。三十二年九月。依一宗公選爲曼（殊カ）珠院門跡。同年十月。受大堂相承之祕訣登探題職。既而補大僧正。學德兼備。行業雙絕。是以三十七年秋。晉天台座主領延曆寺貫首。自握教觀之樞軸。親統鑑（監カ）一宗之門末。宗運爰振。治績從揚。時維當日露戰役。忽下訓諭於末徒。奬勵忠誠報國之大義。躬自不厭老骨。慰普訪全國各師團傷病院軍人之勞苦。以來每歲飛錫於方隅。布教於都鄙。攝化道俗其數無算。入則自行益加精勵。出則化他彌發欣淨。雖隱名愈顯。雖裏天已知。陰德內滿。陽報隨來。以是名聲響教界。法雨霑自他。仰之其德高于四明巓。款之其學深于大湖底。誠是可謂人天之良導師・釋門之棟梁也。其他終生之行業不可勝計。雖然。定業有限。世緣已盡。安禪如睡。示寂滅相。明治四十四年六月九日也。世壽七十二。越七月九日。以宗式擧送葬典。建塔於慈眼堂之西。謚曰羅心院。

㉟ 伊勢國西來寺圓達傳

西來寺圓達。諱眞稱。小泉氏（舊姓服部。後相續其師小泉圓隆俗籍改小泉）。幼名淺吉。伊勢國員辨郡治田村人也。天保十四年（一八四三）癸卯二月八日生。父服部新七。以農爲業。嘉永六年（一八五三）六月一日師伊勢久知野眞福寺圓隆薙染。時甫十一。安政二年（一八五五）。謁大空於桑名佛眼院習學經史。翌年受鬼島廣蔭・佐佐木弘綱于國學講受。尋聞僧一具于古事記・日本書記（紀カ）釋義。六年。登西教寺勸學寮。就大寶守脫聽講四教儀集註・金錍論。文久初。學廣洲・義光二師研教觀要義。慶應初。侍慧忍（近江成願寺僧）的門（京都大雲院僧）二匠檢淨土法門。先是文久三年（一八六三）十一月。董眞福寺。明治五年（一八七二）十月。從叡山總持坊觀達汲穴太法流。傳三部祕許。曾受廣貫僧正口訣得戒門深祕。又穿法道和尚心髓究稱門奧義。以通達自行化他之要門。十一月。補權訓導。六年五月。轉津鄕西方寺。七年十月。任三重縣中教院講師。八年四月。補權少講義。累進遂任權大僧正（十二年四月。講（權カ）中講義。十六年四月。中講義。十九年十二月。大僧都。二十年十一月。權僧正。二十九年八月。僧正。三十四年十月。權大僧正。各補任）九年七月。任中教院講究課兼說教課掛。十年一月。稟西教寺考恭之旨。擔開派立門之重任。東奔西走。或謀僧徒。或訴官府。喚起台宗分離之輿論。竟到得眞盛派獨立公稱之允許。爾後宣揚派祖教風。飛錫行化。無處不到。是以群衆景仰。道譽交至。十五年。任盛門教饗正議。十六年一月。在于盛門勸學寮。講安心要書。以論決戒稱二門之宗髓。九月。以特旨。慈攝大師號宣下。稟命復演教諭於派內。十一月十五日應越前門侶之屈請。晉于武生引接寺。二十五年五月。任布教課長。六月。辭引接寺。三十四年二月。繼西來寺法燈。旁鞅掌地方宗務。年有于茲。四十三年春。偶得病。翌年辛亥五月。退西來寺。相地于寺門一隅。結構小庵。閉友風月。以養餘命。大正三年（一九一四）甲辰（寅カ）十月十八日。溘焉歸寂。世壽七十二。法臘六十一。謚法壽院矣

(36) 尾張國長榮寺實戒傳

長榮寺實戒。諱亮阿。本姓有澤氏。師後改洞松氏。越中國礪波郡佐野人也。以寛政十二年（一八〇〇）庚申正月元日朝噉（瞰カ）出時誕。產時頭上有三寸許白髮三筋。生後七日剃除復如本生。及再剃終不生。人以奇焉。幼信佛乘。求爲沙門。父母不聽。後私落髮以重請。父見其志不可奪。乃許。文化十四年（一八一七）十一月二十四日拜叡岳金光院亮照得度染衣。苦學精修。超越同侶。常出離之念切而專志捨身修行。以血書寫法華・金光明・仁王經・菩薩戒經等各十餘部。而到歲三十。晝夜不臥。連夜籠于釋迦堂。修練禪觀三星霜。尋留學洛東智積院學庠。研討俱舍性相課程。一日師爲浴漢夫（灌カ）焚火。偶寮中教師二人沐浴。俱相語曰。吾等日所教講。雖專在于出離生死要道。反省自己安心未定。脚跟下事夫甚危矣。

如ニシテレ斯クノ而空ク過ンカレ日ヲ乎。恐クハ自ラ救フコト不シテレ了ラ竟ニ背ント下
爲ルニ佛弟子一本懷上ニ。可シレ恐ル可シトレ愼ム。師微カニ聞テレ之ヲ長嘆
息シテ曰ク。噫。身ハ荷ニ負スルモ教講之責一ヲ。脚跟下ノ事未タレ定マラ。
而何ソ足ンレ爲ルニ二人ノ師一耶ト。因決シテレ意ヲ拂ヒレ衣ヲ。飛シテレ錫ヲ登ニ大
和ノ金剛山一ニ。斷食靜觀スルコト六十餘日。以テ求ニ出纏ノ要道一ヲ。
先キレ是ヨリ遊ニ歷シテ南都一ニ。就テ二北室律院ノ叡辯一ニ受ニ五八十重
禁戒一ヲ。尋テ稟ク二南山ノ律儀一ヲ。後登リ二紀伊ノ天乃川テンノカハ一ニ。祈ニ
誓スルコト辯財天一數旬。毎夜露ニ坐シテ巖頭一ニ精ニ修スルニ觀法一ヲ。
尊天侍シテレ坐ニ護ル二修觀ノ床一。滿スルノ二九十日一ヲ曉。頓ニ開ニ一心三
觀ノ深旨一ヲ。獲タリ二出離生死ノ要道一。從リレ是レ心胸如ニ明月一。常
蒙ムル二尊天ノ加護一。師修觀ノ夕。一樵夫來リテ曰ク。師ハ是レ何人ソ
乎。師入テレ定ニ默然タリ。樵夫在テレ側ニ頻リニ起スカレ定ヲ故ニ。師從レ
定起キテ而開クニレ目ヲ。既ニ經タリ二一周日一。師ノ修觀ノ狀以テ可シレ見ル
矣。樵夫深ク仰ニ信シテ師一ヲ。爾後日日辨シテレ食ヲ贈ル焉。已ニシテ而
大雨頻リニ續キ。天ノ川暴漲シテ水潦氾濫シ。絕ニツコト送齊ノ途一ヲ月
餘。師食シテ二松花一ヲ而得タリレ無キコトレ恙。後行ニ乞シテ村落一ニ化ニ度ス
里民一ヲ。老若景ニ仰シテ其德行一ヲ爭フテ施スレ之ニ。偶マ到ルニ二一農

家一ニ。僅ニ有ルノミ二可レ與レ狗ニ殘飯一。婦執テ投スレ鉢ニ。師請テ而飡シ。
以テ全フセリ二過午不食ノ戒一。師在ル二金剛山一時。神人告テ曰ク。尾
張ニ有二豪潮トイフ者一。汝須クト二往テ隨フレ之ニ。乃チ履ミ二神語一ヲ。去リテ
往ク二尾張一ニ。豪潮律師時ニ住シテ二于柳原長榮寺一ニ講經演說ス。
一日聚メテ二衆徒一語テ曰ク。明日有リ二一奇僧亮阿トイフ者一。來テ
投センレ我ニ。是レ可レ繼ニ吾法燈一ヲ者也ト。師卽チ到テ叩クレ門ヲ。衆
大ニ驚嘆ス。師謁シテ二潮公一ニ而結フ二師資ノ芳契一ヲ。實ニ是レ天保五(一八三四)
年甲午五月十五日也。六年乙未七月三日。潮公圓寂ス。
越テ十月。繼キテ二師席一ヲ薰(董カ)ス二長榮寺一ヲ。尾張ノ國主德川慶勝公
歸ニ依シ其高德一ニ。常ニ請シテ二城中一ニ令レシム修セ二密法一ヲ。同十一年庚
子四月。登テ二金峯山一ニ參ニ籠スルコト藏王堂一ニ三七日。祈ニ誓ス出
離得脫一ヲ。七月。奉シテ二國主ノ命一ヲ登リ二信濃ノ御嶽山一ニ。造リ二壇ヲ於
頂上一ニ修スルニ二胎藏界ノ大法一ヲ。晴天白日ニシテ無キコト二雲影一二
剋ナリ。時ニ里人アリ。曰フ下此山如クレ是ノ無キコト二雲影一未ニ嘗テ聞一
也上ト。是レ諸天善神來テ納ニ受シタマフ法味一ヲ故ナリ。翌年辛丑七
月。爲メニ二先師七周忌追福一ノ。屈ニ請シテ魚山實光院觀海一ヲ。
行フ二羅漢講式一ヲ。式ハ者是レ魚山五箇祕曲之一也。十三年壬

寅。彫二刻シテ釋迦・彌陀等ノ影像一ヲ。一刷三禮シテ作リ二三千枚一ヲ。爲レ軸シテ頌(須カ)ツ二篤信一ニ。十四年癸卯。從二叡岳星光院ノ前住豪觀一。傳二授ス四箇ノ大法・六個ノ祕法諸尊法並ニ諸密印等一。後二師告二弟子一曰ク。我常ニ修スルニ二觀法一瑜伽三密之心月冷カ也ト。是ノ歳三月。拜二伊勢西來寺宗淵眞阿一一代ノ密法悉ク傳テ無レ遺スコト。所謂台密十三流是レ也。弘化二乙巳(一八四五)七月。於二名古屋城一造壇圖像シテ而修ス二胎金曼荼羅供一ヲ。國主慰スルコト二其勞一ヲ甚タ厚シ矣。八月。遣シテ二侍僧一ヲ于南都一ニ。圖二寫セシム唐招提寺ノ金堂一ヲ。明治七年(一八七四)三月。補ス二大講義一ニ。十二月。拜二權中教正一ヲ。同十年。轉二住シテ大阪四天王寺一ニ大ニ化二導ス道俗一ヲ。十二月。進ム二權大教正一ニ。師持律堅固ニシテ到ル處景慕崇信スル者甚タ多シ。法雨亦普ク潤フ。修ス二護摩供一ヲ六萬餘座。修スルコト二胎金ノ諸會一ヲ一萬餘座。修スルコト二四箇ノ大法一ヲ十餘度。浴シ二密灌一ニ沾ニ二圓戒一ニ者三萬餘人。受ニ融通念佛一ヲ者六萬人。受クル二三部ノ大法一ヲ者百餘人。受クル二諸流總傳一ヲ者大相覺寶・唯我韶舜・坊城皎然等十七人ナリ。造レ寺二所。一ハ者柳原ノ護國堂十一間四面ノ堂一ハ者諸輪ノ長榮寺ナリ十一間。造二丈六ノ阿彌陀立像・五大尊・十二天各六尺ノ立像也。藥師・十二神將・四天王ノ像並ニ密壇密具諸曼荼羅一。寫スコト二諸大乘經典一ヲ不レ知二其數一。明治十五年三月羅(罹カ)ルレ病。臨終ノ前日集二諸ノ弟子一ヲ親ク授二十念一ヲ。十五日。與レ衆ト同ク唱フ二彌陀ノ名號一ヲ。及テ二於日沒一ニ。頭北面西。如レ眠ルカ而寂ス。世壽八十三。法臘六十六。同十八日。荼二毘ス于大阪ノ天王寺村一ニ。獲ルコト二舍利一ヲ數顆。十九年十二月二十日贈ル二大僧正一ヲ。遺法ノ弟子習道。高木氏。後住シテ二于信濃善光寺一ニ大ニ轉ス二法輪一ヲ

(37) 武藏國喜多院慈薰國師傳

喜多院慈薰。號ス二裸堂一ト。荷香子・金翅道人・仙洲・星野山人等ハ其別號ナリ也。櫻木谷サキヤ氏。其ノ先ハ出ツ二松平讃岐守ノ家臣千葉氏一ニ。父ハ名嚴量。眞宗高田派ノ僧ナリ。母ハ正木氏。師ハ第二子ナリ也。以二天保五甲午歳(一八三四)二月十日一ヲ。生レ二於江戸下谷南松寺一ニ。小字ヲ稱二千代丸一ト。幼ヨリ穎悟强記ニシテ資性硬直。年甫メテ九歳。辭シテ二罔極一ヲ而入リ二東叡山壽量院一ニ。拜シテ二院主慈善一ヲ受レ度。稱ス二諱ヲ慈薰一ト。善公以テ二其法器一ナルヲ愛撫スルコト甚タ厚シ。時ニ勸學講院ノ講師廣照トイフ者以テ二博學一ヲ聞ユ。徒衆

數十。法鼓甚タ旺ンナリ。善公佯レ師見ニ廣照一曰ク。此兒奇骨アリ。請フ。幸ニ教誨セヨ。後チ必ス有レ爲ナリト。照公快諾シテ提耳太タ努ム。師亦黽勉。疾ク既ニ超レ衆ニ。弘化二年(一八四五)乙巳三月。隨ニ阿闍梨考俊一修ニ四度ノ祕法ヲ。翌年丙午。辭シテ講院ヲ歸リテ加ハリニ一山ノ僧次一ニ。稱ニ圓乘房一ト。法叔　慈明亦篤學ノ人ナリ。師就テ習ニ法儀ノ古實一ヲ。慧澄和尚住シニ于淨名律院一ニ。汲ミニ四明尊者ノ學流一ヲ。博聞洽達。德譽頗ル高ク。諸國ノ學徒不レ問ニ自他宗一ヲ翕然トシテ集ルニ其會下一ニ。師年十五ニシテ入リニ于和尚ノ之門一ニ。日夜勵精刻苦スルコト數年。粗ボ通ニ教觀ノ大旨一。進テ涉ニ獵內外ノ郡(群カ)籍一ヲ。議論縱橫。辯難ノ鋭鋒殆ント有ニ不ルノ可ラレ當ル之慨一。以テ屢ハ迫ルニ和尚一ニ。和尚寄レ書而切ニ誡メレ之ヲ曰ク

御出精結構被レ存候。疑難ノ御書簡拜見仕候。餘程骨ヲ折御考ヘト相見ヘ候。乍憚申上候。如レ是ニ學問被成候而ハ學問ガ皆ナ僻ヒカミ申候。此ノヒガミノツクハ何ナニカラツクゾト云コトヲトクト胸ニ手ヲ置キ御考ヘ。ソコニ御氣ガ付候ワバ分レ可申候。ソコニ御氣ガツカネバ何ヲ云テモ愈愈僻ミヲマシ。果テハ取リ所ロナキ人ガデキル樣ニ相成候。此段ヲ御心得御考ヘ。申所ヲナルホドト思召候ハバ。其上ニテ御答可申進候。其御心ノツカサルニ答ヲスルハ無益ニ御座候。千萬憚多キ申分ナガラ。貴僧樣ノ御爲メト存シ候ヘバ無遠慮申上候。頓首

六月八日　　　慧澄

敬具

圓乘房樣

師拜シテヨリ此ノ書ヲ態度一變。捉テニ大體一ヲ而後入リニ細目一ニ。秩序整然。叩テニ釋教ノ奧祕一ヲ識見壓スニ儕輩一ヲ。嘉永六年(一八五三)癸丑。師年二十。逢ニ其ノ師ノ遷化一ニ沈ムニ憂悔一ニ。既ニシテ奮然決意スラク謂。生者必滅。會者定離ハ是レ理數(教カ)ノミ耳。安ソ徒ラニ爲ニ動(慟カ)哭スルコト一。不レ若。自今以往勵精シテ竭シニ力ヲ研學一ニ。捧ゲニ身ヲ實修一ニ。發ニ揚祖詁一ヲ以テ爲ントニ末代之明燈一ト矣。又謂ク。叡岳ハ者高祖創始之靈場。所ニ以ノ一宗ノ依テ立ツ一之本據ニシテ而又タ各宗ノ源泉也。有下ント攀テ拜ニ祖廟一ヲ接シテニ多クノ龍象一ニ深ク所中研鑽上スル。蹶然負テレ笈ヲ登ニ叡岳一ニ。四明峯高ク聳ニ雲表一。琶(琵カ)琶湖深ク洗フニ山

脚。眞是四神相應靈地也。師怡悦不能措。遍見學匠。未能醫求法渴。伏失望身於高祖廟前。誓再來下山。轉到信州戸隱。謁勸修院慈谿後。實修練行閲三年。安政四年（一八五七）丁巳五月。辭歸江戸。再入于澄和尚之門。究小乘三藏義。文久三年（一八六三）癸亥。薫（董カ）比叡山無量院。遂曩日高祖廟下之誓。次隨三井寺大寶和尚學唯識。如斯師通內學各派。與其曾所學大沼枕山俱爲人所推稱。然年未達而立。所銳氣迸與天性剛直相待。居常往往有凌儕輩之傾者乎。母堂遙寄書切驚之。師接此書大感悟。裝幀常揭壁閒爲箴焉。而其剛毅遂天性也。時際明治維新。海內騷然。教海亦有神佛分離・排佛毀釋事。師慨然論曰。抑吾祖傳教大師。基本地垂迹之深旨。稽法華一實神道之大義。開合致我國體妙門。綿綿一千一有餘年于茲。世閒愚輩不解事理。猥爲分離之而得。蓋傷天台一家之命脈者而。抑又我國體如何。豈可堪浩歎乎。我有必挽回之所盡矣。惟後年一實神道記出版之擧者全爲是乎。未幾許下山。移湖東東南寺。明治六年（一八七三）。爲講究所議事。七年。爲編輯專任。補少講義。八年。著台門初步二卷・布教論一卷。九年。任講究課詰。進權大講義。尋爲講究課。十三年。依天台座主之命就大藏經縮刷校合員。上京。時恰聞母堂病。馳趣病蓐。看護甚努。併遂不癒。以九月三日逝去。歲七十六。師痛哭甚深。其至孝蓋出天稟。十七年九月。依赤松光映之推薦。轉豐後兩子寺。十八年。補權大僧都。命地方講師。依而集管內僧侶。專勉講學指導。古文孝經國字疏一卷。此時成云。二十年三月。進大僧都。四月。應東叡山大衆之懇請。開講筵於寛永寺。講貫天台四教儀集註・十不二門指要鈔・護法論等。乃護法論國字疏之著有。十月。轉陸中毛越寺。次補權僧正。二十三年。由天台座主之招命登祖山。於滋賀院殿閣。講述指要鈔・妙宗鈔・

護法論等ヲ一歸東ス。次テ進ミ二僧正一ニ。命二大學林支校長一ヲ。赴任直チニ講二授シ法華玄義其ノ他所定ノ學科一ヲ。併テ統二督セリ學徒一ヲ。二十五年三月。有二校舍移轉改築之議一也。辭レ職ヲ卜シ二矯(僑カ)居ヲ于根津一ニ。課餘如下講二授シ台學及遺教經等於大道學館一ニ亦不レ顧レ他者上ノ然リ。二十八年。補二望擬講一ニ。後年有下リシモ可レ補二探題職一ニ內命上固辭ス。蓋シ因レル有二所見一乎。二十九年。補二權大僧正一ニ。同年十一月。仍リ二一宗ノ公撰一ニ轉二仙波ノ喜多院一ニ。爲ニ無レク止ム辭ス二大學校長ノ職一ヲ。是ノ日。依リ下多年盡二シタル力ヲ興學育英一ニ功勞上ニ。特ニ辱ス二天台座主之感賞一ヲ。三十三年。補二大僧正一。由來師ハ慨二歎ス吾佛教界之萎微不レ振。偶マ田中弘之〔舍身居士〕有下ルヤ振二起シテ佛教一ヲ爲レルノ涵二養セント國民ノ德性一ヲ之擧上耶。師以レテ符ヘルヲ二素懷ノ一部一ニ。與二釋雲照・渡邊南隱一ト倶ニ進テ爲リ二發起一ト。提テ二老軀一ヲ托二鉢分三衞シ東京市街一ヲ。或ハ街頭ニ談レ法。或ハ庭前ニ說レ道。互ル二巡化數年一ニ。既ニシテ而擧テ二所レ集淨財一ヲ充ツ二東亞佛教會之資金一ニ。三十三年六月。曾テ基キ三師ノ所二建議一スル。本山出二版スル一實神道記一ヲ也。擧レテ師ヲ爲ス二委員長一ト。記ハ者叡岳無量院慈本ノ

著ニシテ而述ブ二一實神道ノ之深旨一ヲ。及ヒ二刻成一ルニ。獻シテ二之ヲ于宮內省一ニ奉レリ供シ二乙夜之覽一ニ。是亦タ實二現スル素志ノ一部一ヲ者也。翌年辛丑七月。天台座主特ニ賜フ二國師ノ德號一。先レ是師移二喜多院一ニ也。洪(浩カ)三嘆シ堂宇頗ル荒廢殆無二昔日之觀一。孜孜トシテ畫二策シ之カ興復一ヲ。請レ官勸レテ民ニ。終ニ得二境內一萬餘坪ノ下戾一。完二成諸堂之營繕一ヲ。有ルハ二喜多院之今日一者全ク師之賜也。明治四十年春二月。感二微恙一就レク蓐ニ。既ニシテ而自知レ不レ起タ也。具ニ遺二命シ後事一ヲ。二十七日。頭北面西。掩然トシテ如レク眠ルカ示寂ス。享年七十有四。法臘六十六。翌日附シ二于茶毘一ニ。三月五日。葬リ二院ノ塋一ニ。安ス二支骨於南松寺及東叡山勸善院一。翌年六月。稟タル二師之敎養一ヲ者十數人。胥レテ議ヲ編二輯シテ師ノ遺稿一ヲ。附二之ヲ于鉛槧一ニ以テ出ス二于世一ニ。題シテ曰フ二裸堂國師遺稿一ト。所レ收ムル有二默後餘響四卷・遊晃日記一卷並ニ碑文・鐘銘・序跋・法話・講義・論議・祝辭・法則・歎德・弔文及尺牘等都テ八十一篇一。師ノ座右銘ニ云ク。敎觀權實ハ者吾關鍵也。戒定慧學ハ者吾茶飯也。西方淨土ハ者吾舊蘆(廬カ)也ト。足ン三以テ知二其爲レ人矣

(38) 常陸國三光院惠潤傳

三光院惠潤。姓ハ倉嶋氏。信濃國更級郡松代ノ人也。以テ天保五年甲午(一八三四)ヲ生ル于松代城主眞田侯ノ藩中ニ。幼ニシテ投シ同國佐久郡茂田井無量寺ニ。師トシテ寺主惠道ヲ薙髮シ。四度已滿シテ登ル東叡山ニ。歷侍シテ凌雲院義嚴・志常・亮瑞ノ三學頭ニ。研鑽シテ教觀ノ二門ヲ深ク達シ玄致ニ。既ニ而列ス交衆ノ班ニ。學識並ヒ高ク。以テ論場ノ義虎・東台ノ明匠ヲ為ル衆ノ所ニ推服スル。東叡大王ノ宮命シテ令ム就カ凌雲院御手替之要職ニ。時ニ金井之恭・岸田吟香等ノ士。出入シ師ノ門ニ親ク請ヒ示教ヲ。師後ニ轉スルモ三光院ニ。尚ホ慕テ德風ヲ屢々為ニ往訪ヲ。就中。如キ金井氏ノ仰景スル高德ヲ餘リ。臨ミ其薨去ニ遺言シテ請ヘリ師ニ引導ヲ云フ。慶應二年(一八六六)丙寅。奉シテ欽命ヲ董ス常陸國鉾田ノ三光院ヲ。爾來四十有餘年。道心堅固ニシテ從ヒ士民ノ教化ニ。德澤潤ス四方ニ。世俗稱シテ鉾田ノ活佛也ト。歸依尊崇スル者不知其數ヲ。為人高邁ニシテ誠實アリ。對スル人ニ以テ慈悲ヲ。財法ノ二施莫不到。持己戒律嚴肅。毫モ無シ粗略。又能クシ風流韻事ニ。茶道達ス其堂奧ニ。明治四十三年(一九一〇)庚戌二月二十七日。以疾逝ク矣。世壽七十七。法臈六十六。越テ三月三日。營ム葬儀ヲ。會葬焚香スル者五千餘人。皆受ケ師ノ教誨ヲ者而已

（東京淺草寺貫昭國師傳は目次のみ本文缺）

（底　本）叡山文庫池田藏、書寫年不明史宗輯一册本

（校訂者　武　覺超）

近世天台僧傳集　終

近世天台僧寶傳資料

近世天台僧寶傳資料目次

〔近世天台僧寶傳資料〕

1 尾張長榮寺實戒亮阿傳

釋ノ實戒。諱ハ亮阿。俗姓ハ有澤氏。越中國礪波郡佐野村之人也。寛政十二年(一八〇〇)正月元日。旭日之昇ト同時ニ生ル。產ル時頭上。三筋ノ之有リ白髮。長サ三寸。第七日剃レ之。如ク元生ス。再剃レ之後チ不レ生。自リ幼常ニ求ム出家ヲ于父母ニ。父母知テ其志ノ不ヲレ可レ奪。終ニ計(許カ)レ之。又切ヨ斷陰莖ヲ。文化十四年(一八一七)十一月二十四日。拜シテ台嶺金光院亮照律師ヲ而薙髮ス。爾來出離之念切ナリ。乃チ專ラ志ヲ于捨身之修行ニ。法華・金光明・仁王・菩薩戒經等血書。到ルニ三拾歲ニ。常住不臥。且ツ每夜於釋迦堂ニ修スルコト觀念ヲ三年。復タ登リ金剛山ニ。斷食定坐十餘日。有リ神人告テ曰。尾州有豪潮ナル者。汝須ク往テ從レ之。師拜シテ而去。乃チ之ク尾州ニ。潮師時ニ住ス于長榮寺ニ。一日聚テ衆徒弟ヲ。語テ曰。嘗テ有リ一奇僧。來テ投セン我ニ。是レ可レ繼吾カ法燈ヲ者也。師卽チ往テ叩ク門ヲ。衆大ニ警(驚カ)歎ス。自レ是學業日ニ進ム。天保六年(一八三五)十月。尸トル潮師カ跡ヲ于長榮

寺。國公尾張城主從一位慶勝公大歸依。常請城中加持。及令修密法。明治元年(一八六八)三月補大講義。同年十二月拜權中敎正。明治十年轉住大阪四天王寺。同年十二月進權大敎正。持律堅固而到處景慕崇信者甚多。密典繙三密行業。得悉地成就。修護摩供六萬座。修胎金諸會壹萬餘座。修四箇大法十餘度。浴密灌霑圓戒者幾三萬人。受融通念佛者六萬人。受三部大法者壹百餘人。又受諸流傳法者十七人。造寺二箇所(柳原護國堂。諸輪村長榮寺也)造丈六彌陀立像。及五大尊。十二天各六尺。藥師幷十二神。四天王。密檀(壇カ)密具諸曼荼羅。寫經卷不知其數矣。明治十五年罹疾。臨終之前日。集諸弟子。授十念。十五日與衆同唱彌陀名號。日沒北首右脇。如眠而逝。春秋八十三。法臘六十六。同十八日荼毘大阪天王寺村。舍利數粒出。明治十九年十二月二十二日。贈大僧正

2 尾張長榮寺開祖豪潮傳

釋豪潮。諱寛海。號無所得道人。又八萬四千煩惱主人。寛延二己巳年(一七四九)六月十八日。於肥後國玉名郡山下村。眞宗安養寺內專光寺誕生。寶曆五乙亥年(一七五五)九月。父貫道曰。余曾雖及出家精(淸カ)僧之志願三度。有故障不遂。二子之內必一子可繼余志。汝當年七歲。繼余志願。於同郡天台宗繁根木山壽福寺豪旭阿闍梨之會下。可出家得度。故同年同月出父母之寺。至繁根木山得度。爾來孜孜積螢雪之功。內外之學大進。又長書畫詩歌。好修禪定。至臨終常住不臥。爾後不幾師逝。諸信徒請師跡住職。師告曰。我師跡不可繼。吾行未成。衆頻乞之。仍而師謂衆曰。我又有乞衆。若違我意卽辭之。衆皆諾矣。於此一日會衆。寺內所藏酒器。積悉大庭。以槌破却之。又倉庫中所貯米錢等。無所殘出而施之。衆曰。無貯朝如何。師曰。道心中有衣食。何患不貯衣食。且違前約。衆大警(驚カ)歎矣。自是雖富財寶。無一留皆施

之。又戒業堅固而。不怠三密之行。得悉地成就。靈驗如神。又在寺內一古松樹掩山門。師對松樹曰。古松久倒何日。我居住中倒幸甚。若至後年。有倒不得營山門。不思議其夜倒。山門之外聊無障。又發大願。全國建八萬四千寶篋印塔。終滿願所至造准胝尊。寫經卷不可數。某局羅疾。奉內敕參內加持。忽法驗效。仍而賜赤栴檀香木・黃金數十枚。又所賜以香木准胝菩薩像造三軀。修准胝供貳拾六萬座。文政己卯年(一八一九)十月六日。師七十有餘歲。尾張國名古屋城主。正二位德川大納言源齊朝卿。師請肥後熊本城主。城主愛材不應請。於此齊朝卿。請幕府。幕府以內命。尾張國老成瀨隼人正使者。而至熊本邸終請之。但歸國三年之以期日不聽淹留。而名古屋禪宗請萬松寺。爾來國公祈念無懈。人民法益受者日夜不知其數。其后同國知多郡岩屋寺村天台宗岩屋寺住職。天保六年(一八三五)同國愛知郡字柳原。城主建立新寺號長榮寺。即爲國公之祈願所。轉住之無怠。修三部之大法幷護摩供不暇枚擧。法驗益顯。道俗之歸仰彌厚。救貧民施藥等其數難擧。諸人於今知之。又以內敕宣下寬海大師。堅祕不語人。天保六年閏七月三日逝。春秋八十七。中枚村時雨菴中埋葬矣。長榮寺中興第一世也

3　法曼院大僧正慶算傳

前大僧正者。華山院左大臣定廣公之孫也。寬永十一(一六三四)年甲戌某月日生。正保元年(一六四四)甲申。甫十一就光慶權僧正薙染。號自性院。聰明秀朗。登山從千手院秀仙。稟敎傳觀。從京師智積院澄傳。學悉曇臻其奧。常憂法曼和尚遺跡永廢。以興復爲心。承應元年(一六五二)壬辰。兼管京師養源院。三年甲午。傳法曼流密灌奧旨於久遠壽院准三后公海。及兼法曼密室。萬治元年(一六五八)戊戌八月。傳第五灌頂及受三部祕記。後任大僧都。寬文二年(一六六二)壬寅二月十

六日。補大阿闍梨。卽其夜爲受者某爲阿遮梨。南溪吉祥院實隆爲之教授師。同十九日。金藏院天榮亦補大阿遮梨。卽其夜爲受者某爲阿遮梨。算自爲教授（於善住院修行）三年癸卯。因和尚遺跡建立法曼道場。爲法曼院中興第一世。於之圓滿名隨沒。坊亦隨沒（今寶珠院卽其舊跡）是年任權僧正。先是白輪王寺法親王。奏贈相應權僧正。乃敕許之（口宣下今尚在院）又欲畫和尚眞影而無所本。乃求之四方。得於峨山二尊院。因命畫工圖之。兩部曼荼羅・五瓶・五鈴・灌頂器具。次第營造之。猶恐其不永固也。則凡係當流祕記蜜（密カ）籍。遠求近尋無弗親寫。於是乎。爲蜜（密カ）乘弘傳第一之道場也。四年十一月。於當室始行灌頂。七年丁未。依輪王寺尊敬親王命。於信州戶隱山開灌頂壇爲教授師。八年戊申。修慈惠大師祕密大法。十一年辛亥。轉任正僧正。十二年壬子。從本院執行正覺院豪觀僧正。受元應寺戒灌頂。延寶七年（一六七九）己未冬。轉任大僧正。天和元年（一六八一）辛酉十二月。從初二日至八日之間。於清涼殿御修法會。算參其左壇導師。二年壬戌五月。補無動寺別當政所職。元祿七年（一六九四）甲戌春二月十日逝去。壽六十有二

4　寶珠院可透傳

一乘菩薩僧可透。字祖關。不知何許人。初寓學橫川解脫溪。後移無動寺。爲俊之資。寶永六年（一七〇九）仲秋。主院。高才卓識。好學甚篤。嘗所著之書。天台大師別傳句讀二卷。教觀綱宗釋義講翼二卷。四教儀集解義斷八卷。（「四明カ）十義書耳聽記二卷。法界次第初門箋錄三卷。盂蘭盆經新疏講翼（「論カ）。唯識述記序解。顯戒論贊宗鈔各一卷。其餘不具枚擧。常爲學徒講授。正德元年（一七一一）辛卯季秋。補大阿遮梨。三年癸巳。誓紀爲籠山大比丘。院前有孤峯。高聳直續叡南峯。透常對之見書。靈空和尚一日來于此。見峯

聳臨于透院宇。卽題成文峯。自作記贈透。記中悉以稱揚透。成文峯號亦從是而起。紀後讓院于孚介。退居備前佛心寺。講誦諸律師(部カ)。大弘律儀。凡當時本宗兼學之徒。律儀之作法悉以透爲規則也。享保十九年(一七三四)甲寅正月二十九日寂。

5　法曼院法印快倫傳

法印快倫者。初住播州書寫山松壽院。慶長年閒。初登于無動寺溪。主當院法曼院。氣宇剛正。高才博識。嘗著法華科註十卷・音義三卷・義例私註四卷・天台性相私見聞一卷。七帖見聞序並行于世。後應慈眼大師命。住東叡。爲學徒講誦孜孜。住仙波喜多院。正保元年(一六四四)甲申仲秋十八日寂。

6　法曼院政所法印賢榮傳

法印賢榮者。未詳氏族。自號寶藏房。永祿年初。入行門修行回峯。十一年(一五六八)戊辰二月。補無動寺別所(當カ)政當(所カ)職受敕印。元龜二年(一五七一)辛巳(未カ)季秋。織田平信長。來寇于一山。此時榮自奉負敕印與心性不動一軀。兵煙之閒。偶遁隱于京師華頂之麓。得尊影敕印倶全。天正年閒。又負影與印歸山。以興復爲力。其功甚多。文祿四年(一五九五)乙未八月十八日。以曩壤(曩カ)陀羅尼之祕曲。傳尊朝法親王。此蓋爲以同季秋上旬。於禁中有五壇之修法會當其用也(以自古禁中熾盛光御修法。必被用此陀羅尼故也)。慶長十三年(一六〇八)戊申十二月二十三日寂。

7　法曼院大僧都正偏傳

大僧都正偏。字惠光。相州人。權僧正玄照弟子。享保十年(一七二五)乙巳。登本山。寓學什善坊義空。十三年戊申。主當院法曼院。十八年癸丑九月。補大阿遮梨。元文四年(一七三九)己未。從貫主大王公遵親王蒙回峯七百日命。先是自行百日已勤。故以第八百日爲要期。寬保

（一七四二）二年壬戌仲秋。補葛川目代職。是年任大僧都。延享元年（一七四四）甲子。七百日已滿。持呪甚驗。二年乙丑。修赤山苦行。七月十六日。大廻入洛之跡（後カ）。失火院宇燒亡。仍移玉照院。修殘行。三年丙卯（寅カ）。更蒙千日命。第九百日大廻。日日洛中洛外。貴賤群集男女渴仰。預益者甚多。至第千日。遐邇庶民老若群集于東麓。於社頭受加持者。日益加矣。是年八月終遂千日大滿已。於是座主靑蓮院尊祐親王。以是奏之朝廷。十月十日。賜行門興隆三塔威嚴綸旨。拜天顏。櫻町天皇加持玉體。親王・皇子・皇后・女院。亦受其加持。此北嶺行門一盛事也。大凡千日滿行者。因遂密業。拜天顏。加持玉體。雖爲古常例。本山再興後。此事久廢焉。是年也。偏因遂大行滿。更受玉體加持美敕。蓋繼絕興廢。可謂當時顯耀行門。四年丁卯。更修回峯百日。五年戊辰春。重造營院宇。後補無動寺政所。寶曆五年（一七五五）乙亥。移主法曼院。七年丁丑春。轉覺樹王院。住四年。終寂彼院。寶曆十年庚辰六月十四日也。春秋五十七

8 正覺院探題大僧正豪實傳

大僧正貞超。和州添上郡産。姓大西氏。年甫十三。從談山貞法院觀洞薙髮。安永五年（一七七六）丙申五月。登台嶺。爲什善坊貞慶之資。天明三年（一七八三）癸丑（卯カ）夏五月。主院。後移法曼院。補政所職。遂千日大行滿。葛川參籠五十餘度。職進探題。更轉學頭正覺院。改名豪實。補執行大僧正。天保三年（一八三二）正月二十九日寂

讚曰。天台座主一品親王自有叡嶽巡禮行以來。未聞修之一千日。而又葛川行法五十餘及者也。況於職兼貫主師範及執行探題。官至大僧正者乎。但其有之者。獨豪實上人也歟。盛哉。天保三年二月

天台座主一品親王　御花押アリ

9　晃嶺華藏院慈觀傳

日光山華藏院前大僧正慈觀大和尚者。以寛政六(一七九四)庚寅(甲カ)稔。誕于下野國安蘇郡佐野莊植野邑。俗姓木塚氏。生(悟カ)穎性聰敏。過絕群輩。不食葷腥。夙有出塵志。當山華藏院九世慈滂。知其法器。請之其親。以為弟子。文化元(一八〇四)甲子季(年カ)二月十五日。遂剃度具戒。于時季(年カ)十一歲。一授經卷。則善誦之。後終不忘。同二乙丑年。授度四度加行。同三丙寅歲。得入交衆之席。始臨論場也。雄辨機揵(捷カ)。出人意表。古老目之為荷法有賴。同五戊辰年。隨慈滂轉立石寺。往留羽州四年。供養奉持之暇。跋涉內外典籍。精力過絕。遂得目病。痛楚不可謂。其師亦憂泄痢。甚危篤。忍痛苦看護之閒。誦藥師之呪三洛叉。且誓願曰。廣大之慈悲。設得愈師之病。善延壽。則誦藥師經一萬卷。迴向法界。師疾頓愈。目病亦快。然遂日得誦經満願。受日天子千日法。專務焉。次三成就之生涯。朝起則先拜日天。後務諸餘之法。以為常課。八季(年カ)辛未。再歸山。入澄神庵師之門。講學益務。夜以繼晷。後雖先進者。恥之者多。遂有出藍之名。文政五(一八二二)季(年カ)壬午二月三日。受台命住職華藏院。時年二十有九。同八乙酉年。攀台嶽登廣學竪義之高座。具傳燈大法師位。同九年春三月八日。成就辨天修儀頓成之法。蓋繼慈滂之志也。同十一戊子之季(年カ)。勤府庫役。天保二(一八三一)辛卯之稔。被三部傳法教授職之命。就觀察院贈權僧正天敬。三密瑜伽之密法。山王理智一源之宗旨。古來相承者。傾瓶傳焉。頃季(年カ)障緣以屢起。修大威德法一百日。成就之日。得大威德之尊像。相傳甲將信玄護持之尊也。障緣亦隨消毒焉。同五甲午稔十月二十三日。受中禪寺上人之鈞命。頃歲稔頻不登。餓莩充道路。老弱轉溝壑。慈愍之雖盛于中。救濟之術盡。是以發大誓願。以春正月二十八日登補陀洛。

籠居別院。修瑜伽深密之大法。懇祈諸尊之冥鑑。請和光之擁護。嚴寒如冬。深雪埋林巒。無麋鹿之跡。堅氷閉大湖。絕水离(禽カ)之影。風威裂肌膚。四支生皸皴(皺カ)。痛楚艱難。譬之無物。然更每有。顧身命益確實。冥感無違。不三旬而。身心共安。于是愈知靈驗之不唐捐。精修盡誠。遂成就八千枚。以四月二十八日滿願。至五月七日下山。修練之閒。異靈雖屢多。祕不語人。偶遇其機。則擧示一二。以爲增進之緣而已。果其秋大有稔。萬民鼓腹。歡色盈野。同八丁酉季(年カ)五月十五日。拜任大僧都。同十二年辛丑之春閏正月。文恭大君薨。送瑩(塋カ)東台。時居一臈。倍(陪カ)法筵。同十四癸卯季(年カ)四月。大將軍詣宮廟。蓋是希世之大奠。且以大將軍新受職位。革弊之新令下朝野。公事繁宂(冗カ)。以一臈兼府庫之役。事事明辨。周旋敏揵(捷カ)。官吏悅服。山埜無不依賴者。同季(年カ)十一月轉妙道院。弘化元季(年カ)(一八四四)甲辰。應貫主之命。爲一山之

開講筵。釋觀音疏。同年自八月至十一月。執行三部灌頂十二會。翌年乙巳春二月。依海信院大僧正海嚴。及大衆之懇請。傳山家灌頂之密法兩日兩夜畢。授法者十有一人。嘉永元戊申(一八四八)稔正月。大王下鈎(鈞カ)命。於御前令講法華玄義。闡幽顯微。四座傾首。大王大歡。同二月十五日蒙台命住修學院。補學頭職。被任權僧正。同二己酉季(年カ)春正月四日。有賜紫之鴻命。同三庚戌季(年カ)二月八日。再登營。轉正僧正。同五壬子之稔閏二月五日。幕府又召之。轉大僧正。自之前貫主法王祭奠法務之暇。每令講論疏。親視聽之。安政四丁巳(一八五七)之稔。下鈞命在職之中每歲賜金三十兩。充糜粥費。以報講誦之勞也。萬延元庚申(一八六〇)之年四月。慈性大王。賜親所持之扇。寵異之。同年六月法王賜所着之菊(麴カ)塵鈍(緞カ)子之直綴衣。寵榮異他。文久二壬戌(一八六二)之稔。有滿山諸堂修理之事。正外遷坐之式。專代貫主之法務勤焉。師稟性端嚴。慈愛滿中。天質蒲柳。然

英氣絶倫。行履嚴肅。故人畏而愛之。其交不揀緇素・道俗・官史・韻客。雅不雅皆應之。唯以一誠耳。故一邂逅者。不能忘其德。記性亦過人。一目者永不忘之。以穎敏之資。博及和漢之典。故事理融釋。洞然盡眞。質問疑義。氷山泥海。解之若夏日之日。似揵(捷カ)風行船。迷津取針。瞽者知方。學徒恆充輪下。去一方。皇張教綱。唱贊禪慧者。亦爲不少。是以行化之聲譽。馳四方。殊住華藏之後。一山之法務。內外之樞機。知無不爲。舊復以爲己任。古典舊式之廢缺者。逐歲月振興之。開山講・新宮八講之類。永爲一山之式典。其餘繁繁不暇枚擧也。十不二門指要鈔者。教觀樞要。學者不謂先進後進。以爲涉教海之寶筏。貞享刊本。已近磨滅。校合諸本。一洗舊弊。而流通海內。大部私記世無善本。夙有對校經論上梓之志。然緣未熟。遂不果。識者

以爲遺憾矣。年已近稀古。屢雖乞骸骨。大王固不許焉。文久二壬戌年。(一八六二)時年六十有九。又以嬰病。頻乞退隱。都五。大王深愍之。每歲賜金十五兩。充藥餌令保養。從其意。後又依法券(眷カ)之懇願。每歲賜三十兩。自之長謝世緣。結茅菴華藏之境內。摸擬天台之三山築假山。以爲行樂之地。又安置法華・仁王・金光明之瑩塔其上。建山王祠鎭護。廻向法界。貫主大王遙聽之。親書功德林院徽號賜之。以名艸蘆。自之後置身於此閒。放情於山水風雲之閒。悠悠自得。養眞性。病亦隨日輕。脩練禪坐。任意之所欲。性來嗜和歌。人目爲吉水和尚之後身。每有暇則吟詠。以消憂遺(遣カ)情。一吟一詠人傳以爲至寶。慈愍之念猶不能停。病有閒。則講四教儀及集註。併指要鈔・五小部等。開示教觀之大要。又解析大部。數鞭撻後進。依是屢日充門。然甚不

爲勞焉。師自幼遇顯密口決祕抄。則自抄之。甚(其カ)務。後年充棟。其餘內外典籍。百方營求。之超萬卷。海內奇書無不藏焉。偶遇丙午災厄。悉擧爲烏有。後又省饘粥費。多年盡力求之。遂充屋梁。新營倉庫假山之傍藏之。蓋爲防災也。護法念慮其厚以可知焉。然至抄錄之類。未能得其半。語一及之則痛惜色顯面矣。今年春當開山大士千五十年之遠忌。適雖發舊痾。强扶病拭老眼。撰述和讚以授工。摺三千餘部。且併法嗣慈亮宿願印刻之佛像。七月三日詣中禪寺。親挖(施カ)之登嶺群參之徒。遍結無上之勝緣。三日而歸。非慈悲內薫務善。爲是日不足者。則不能爲之也。平生事業宜推一知其餘焉。宜哉。當今兩法王尊崇之爲國寶。滿山依賴之爲法幢。七月晦日偶感惡風臥寢。然三時勤行不至廢怠。自知不可起

誦念益務。十日朝。命待(侍カ)者。時不遠。速拂一室。剃髮沐浴易新衣。召衆告曰。業障深重。生涯罹危篤疾三。眼疾將失精四。遭火困水。其餘障礙七顚八倒。然能持依身。年已超希古。今又一切病苦消除。得住正念者。蓋是據三社和光之擁護。不動明王之靈鑑。廣大深恩譬無物。實難遭難遇善惡影響人皆知之。一念之善是大菩提。一念之惡是奈落迦。諸佛之慈愍。雖一滴之善。能廻入大悲誓願海。以爲度生之緣。故雖一念微小。善惡可不揀焉乎。雖彌陀超世之悲願。唯由斯一念耳。爾等深思之。當專賴大悲加持。機根下劣。障緣深重。今偶得斯生。須臾輪轉去。乃忽感異生。今而不停斯一念。則亦何時善遇大悲之智光。努力之努力之。語畢盥漱。對來迎三尊之影像。端然合掌。又令待(侍カ)者數輩。唱慈救呪。靜鳴磬唱佛號。待(侍カ)氣息盡。越十一日。朝輝(暉カ)將拂扶桑臨

咸池上之時。宛然終焉。時年七十三。法臘六十三

10 護國院生順傳

師諱生順。字風山。俗姓漆氏。作州人。貴族時國公之苗裔也。父名某。母某氏。師幼而不凡。容貌奇偉。性質慈良。每見沙門至其家喜而親之。稍長父母察其方外緣。託中藏山圓融寺生盛。執童子之役。既而祝髪。受台教孜孜不懈。且善書梵漢倶通。一日自思。龍子豈肯求生于蹄涔。即杖錫來東武。時慈眼大師敷揚大教于武之星野山。海內仰之如景星。師往願受教。大師見形容不凡。許侍左右。於是晝則勤行公務。夜則專研教觀。兼探密乘。旁究禪要之日久。自爲衆所推。曁寛永初。大師開山東叡。師相東嶺幽邃之地。新刱一院。榜曰護國。雖矱（矩カ）甚廣。未幾護摩堂・客殿・書院・廚庫。煥然一新。荘麗雄偉。頗稱巨觀。大師聞之大悦。賜一千金以旌其功焉。人初見其基大。以爲其不知量者。至于此自愧。又大師建大雄寶殿于院中央安置古昔佛工春日所刻。釋迦・文殊・普賢像。而以院定爲闔山之塔所。蓋其擧同於日光山妙道院也。畢功之日。大師與闔山衆共落慶焉。既而僧舍門廊所宜有者悉皆備焉。於是師欲普拯群迷結衆勤不斷念佛。今已若干年一日不闕。又師時時升座説法。四方緇素聞風慕化奔走相聚。法筵無所容。時師加持九重符。有請求者授焉。此符也靈妙善避刀箭。有人疑之即掛符於狗頸。恣射之。數矢皆不中。開視之乃有箭痕。疑者大駭謁師懺罪感嘆不已。又師於江島石窟內修頓成法時。有神女日獻奇菓。喫之味甘。不辨其何物也。一日神女請彌陀名號。師即書而與焉。神女謂曰。吾欲

報斯法恩。師之所欲何事。師知是龍女答曰。我每憂為風波溺死者。我與名號者。請君救其難。神女許諾。授以印璽（其形如甕。故俗稱曰甕判）水瓶（容水纔二合許。毎歳除日。汲江島石窟内之水。容之以為硯滴。終一歳之閒。用之未嘗竭）鈴（其音殊妙。振之祈則。無不感應者也。以上三者。師常寶惜而。不令人妄觀也。師沒而後忽失所在）而後請名號者甚衆。時豐州刺史日根野織部正者。家藏佛舍利。曾齎泛西海。忽為龍神所奪去。後復得舍利。恐復為佗所奪。謁師求脱其難之符。師書彌陀名號一百幅而與。且謂曰。海上遇難。則投此名號。刺史拜謝而去。後泛西海。俄風雨大作。舟將覆。衆人危懼投名號於水中。時神女忽現。走潮蹴波取其名號而去。風亦止。刺史大喜歎曰。護國師之功德。非凡情之所能測也。寛永（一六三〇）七年庚午。師兼領妻驪瀧泉寺。乃不動明王顯靈之勝地。而慈覺大師之創建也。星霜甚久。寺宇悉廢。唯草堂破屋而已。甲子歳。大猷君出遊于此。誤失所愛之鷹。左右奔走。索捜不得。君自詣堂。祈明王之加被。須臾所失鷹。飛來于堂前之松樹。君大悦。命大寶殿前。二王門側。架鐘樓。丹青輪奐。隨喜瞻拜者。憧憧弗絶。於是日修護摩供。祝國利民。以為永式。至今一日莫懈。十一年甲戌。師請官修葺殿閣。鼎革寺宇。其莊麗有加于前。正保（一六四五）二年乙酉。師兼領總州三途招提數載之閒。興廢修懷（壞カ）。且造彌陀小像一千軀安奉之。慶安二年（一六四九）己丑。丁慈眼大師七周忌辰。開別請竪義會。時請僧正周海。為證義者。擢胤海為問者。而推師為竪義者。師既登猊座。立兩科義。業曰。梨耶一念。副曰。權乘下種。時敵者詞鋒甚熾。聽人傾耳。師輒決擇無滯。已暨證者辨論。師與之對辨。其旨甚圓妙。四衆嘆服。此會四十年來棄廢。自此而後。於叡嶽相續。至今不絶。四年辛卯。官給金若干移護國院于北嶺。就其趾建大猷君廟。承應二年（一六五三）癸巳。師兼董長沼宗光寺。爲權僧正。興廢修壞。如三途招提。又親設八祖像。使人瞻禮敬仰。師或夜夢。神人峨冠偉服。容貌甚嚴。師問。鄕（卿カ）爲誰。答曰。影向月也北野之天津風。師知是北野神。欲次其句而覺。一日會達和歌者。次爲百韻。時有狩野信悦者。齎菅丞相手所寫肖像來。謂曰。此靈像我家藏之已久。夢神告曰。奉我于護國院。否則必災。如是者三。請師奉之。師亦語嘗所夢。相與感歎。燒香瞻禮。以爲鎭刹之神。是像幷和歌。今尚存矣。又師毎歳除夜。詣江島。修天女法。一朝因夢想鑿地。獲辨財天暨十五童子像。感喜交集。齎歸護國院。命工繪飾焉。其靈也一切祈願無不應。又夢天女告曰。今日大黑天來。師宜供養。翌日果有人。持大黑天像來。乃傳教大師之手刻也。師感喜贖之。是諸像今見在矣。一日師慨然有終焉之志。欲奉彌陀靈像。時有齎彌陀像來者。其梵相殊妙。殆非庸工之所能。及且有像記。乃前青蓮院宮某親王之眞蹟也。曰。昔惠心僧都之手刻。是像貯以寶龕。龕内又自繪曼荼羅。以與安養尼。而令事之云。師生難遭想。喜不自勝。捨金三百贖之。是像與記俱今尚在焉。蓋師之志其餘則推而可見也。明暦元年（一六五五）乙未六月八日。罹微恙。問疾者雲至。且請名號者。屨滿門庭。左右皆欲趾（距カ）之。師不聽。悉書與之。一日紫雲靉靆。集于庭際。四方緇素。望之競來。師知死期至。集諸子囑後事。自嗽口洗面更衣。燒香面彌陀像。端坐合掌而化。實明暦二年（一六五六）丙申三月二十八日也。由遺命停龕三日。顏貌如生。緇素瞻禮。至數萬人。哀慕涕泣。如失怙恃。門人奉全身葬于院之西北。世壽七十。臘五十有一。元祿

(一六九六)九年丙子。敕贈大僧正。師平生來弗拒去不追。不擇緇素。諄諄善誘。輪下常不減一千餘指。自公卿大夫至士庶。無不歸敬。而其自處。則麁袍糲食。綽然有餘裕。每見凍餓者。分食與衣。且造釋迦・彌陀・藥師小像。凡五十餘軀。繪觀音像若干幅。修廢寺若干。門弟子出據師位者衆。而擢爲僧正者。僅五人耳。萬治元年(一六五八)戊戌。慈海夢梵僧告曰。汝師生順者。無量壽佛之化身也。嗚呼師當宗中興之日。多感靈異。能興荒廢。使人遠罪遷善。非乘願輪而來者。不能與於斯。

11 護國院宋順傳

師諱宋順。字證月。號慈海。俗姓源氏。武州荏原郡人也。父名某。母清水氏。夢日入懷有娠。復夢胎中有法華經八軸。而生師。于時寛永元(一六二四)年甲子九月十九日。師幼而不好畜(蓄カ)髮。有塵外志。父母不敢拒焉。九歲而投身於生順僧正。爲驅烏。僧正見之。謂曰。我昨夜夢詣明王堂顧視阪下有米囊。童子自囊中出執我衣不放。想是福惠兒。佗日爲大法器。既而祝髮受戒天台山南光祐盛公。稍長而學術日進。令聞四達。明曆三年(一六五七)丁酉五月。住護國院。兼領瀧泉寺。時歲三十有四。未幾令亮順補席。卜草堂於瀧泉寺側。若有終焉之志。延寶五年(一六七七)丁巳。星野山虛席。守澄親王。選師主之。師不得已而應命。是歲十月二十六日爲大僧都。時歲五十有四。明年戊午十二月四日。擢爲權僧正。天和二年(一六八二)壬戊(戌カ)八月二十日。大樹君。召師住持東叡山凌雲院(第四代住持)。時歲五十有九。是歲十一月兼領天台山寶園院。明年五月補西塔執行職。貞享二年(一六八五)乙丑四月轉正。冬十二月管轄紅葉山。時歲六十有二。元祿二年(一六八九)己巳春。辭西塔執行。先是捨資。鼎革寶園院。修葺西樂院。元祿五年冬示疾。踰年不愈。一朝淨掃室內。掛二十五聖來迎像。點燈燒香。手捻念珠。口唱佛號。端座而逝矣。實元祿六年二月十六日未刻也。壽七十。臘五十有八。門人奉全身。葬院西北。師爲人容貌短小。而博學强記。所著有四教(〔天台カ)儀集解標指鈔十八册。三大部序勘文三册。既行于世。又訂法華・仁王・藥師・六字・聖無動・理趣分・寶筐(篋カ)印陀羅尼經等。或附音釋。以印施焉。又嘗奉天眞親王命。講法華玄義・法華科註。其外所講書編。不暇枚擧。雖他宗疏鈔。無不加朱墨。令師所讀玩書册。盡藏於凌雲院法庫。又平生異跡甚著。每詣明王堂。有二神狗來衞。(〔師カ)恃(特カ)見之。餘人不能見。或修不動明王法。則二童子現于檀(壇カ)上。或行明星供。則明星降于華曼器。或行辨天法。則稻穗現于檀(壇カ)上。又嘗江城某婦病疾危篤。痛苦特甚。技窮術盡。醫療不效。將死。因乞救于師。師爲期七日。修不動明王法。及第七日。有一沙門。到夫病家。請見病婦。其夫有難色。沙門變色曰。我自妻驪來。夫不得已。延沙門見之。沙門手撫病婦腹。痛苦忽止。疾病立愈。闔家大喜。時忽失沙門所在。師聞之曰。是不動明王之應現也。此等事人之所見聞。是故上自王公下及士庶。靡不望風向化焉。元祿六年癸酉。賜贈大僧正。

12　護國院亮順傳

師諱亮順。字圓山。俗姓井田氏。乃井田攝津守是政曾孫。武州多摩郡人也。幼而不凡。嬉戲聚砂爲塔。供養三寶。且拜神祇(祇カ)。有幕下士押田氏者。見其穎悟。欲養爲子。父母察有方外之志。而不與。生順聞之。卽到井田氏家。請父母喜而與之。一日慈眼大師。過護國院。見師謂曰。此兒他日爲大器。師歲十有三而祝髮。十有九而登日光山。師事亮慶。

一日諸友。會于大樂院。作連歌百韻。以師善書。請爲執筆。連歌已畢。歸路過修學院。圓義僧正問曰。今日有何事。師答曰。會于大樂院。作連歌百韻。僧正曰。發句如何。師答曰。某作某句。僧正曰。其次如何。師答曰。某作某句。僧正問不止。遂至百韻。師皆答之。一句不失。僧正拍手嘆曰。子非凡器。自此而後。師聲價日倍。承應元年壬辰（一六五二）。住藤本院。時歲二十有六。慈海師曾講法華于長沼宗光寺。師走輪下受其記（說カ）。又師嘗夢隣院火發延及藤本院。如是夢一月之間十餘度。師誓期三日修慈惠供一千供壞（攘カ）災。時慈海師遣人告曰。我氣衰倦于將迎。欲使子補我席。已以聞守澄親王。子心（必カ）莫辭。至此方知前夢表是。輭災竟不得已。强而應命住護國院。兼領妻驪瀧泉寺。時歲三十有四。此年詣江島。謂岩本院曰。我曾夢詣此島。有一大德沙門。引吾到石窟內。有一婦人。儀服甚美。傍有二天童女。年將十五。沙門告我曰。是生身辨財天。今見此島。宛然如嘗所夢。明年。師期五十日修天女祕法。滿日天女寶龕下。有一白蛇長八寸許。師感喜不自勝。封之寶篋內。永爲修儀本尊。此白蛇今見在。此年十月。當慈眼會講。師論海中權實。寶勝院某時稱義龍。二人相謀。各作難問十餘條。以難殺。師決擇無滯。還作反問十餘科。聞者莫不服。守澄親王。聞之大悅。師曾植松於瀧泉寺。有枝葉如蓋。師自祝曰。我久住是寺。則汝必莫枯。奇哉。數十松皆枯。而是松特枝葉繁茂。今玄關側。鬱鬱如蓋者是也。師曾作和歌曰。與路津世を。軒端の松に。契りをき。繁れるかけに。住そうれしき。又有檀越華屋九左（衞カ）門者。曾其家六人同病。一者婦。一者女。餘者奴婢。醫藥不效。卒延師請救護。時六人出見。師乃知狐惑。詰（誥カ）曰。此非病。必有所祟者。婦乃動眼答曰。我是尾長者。師曰。是尾長者。憑人凡有三。一有恨而憑。二者求而憑。三爲人所請而憑。除是三之外。無可崇(祟カ)理。汝等有恨歟。有求歟。抑又爲人所請歟。曰。有求。我等元棲其處。九左衞門家衰賣其地去。我等今棲身無地。願於護國院後山。爲我等建三祠。我號大白大明神。一人我婦福田大明神。餘者我眷屬也。師曰國土廣如此。何故求建祠於吾山耶。婦人答曰。其地清淨故願焉。師曰。是非難事也。汝等莫患。我今爲汝等修不動明王祕法。因此功德。近趣人天。遠趣佛果。六人謹而隨喜。修法已畢。師謂曰。我歸院建祠。汝等須速去。彼答曰。今日不吉。後日去。師莫疑。又彼謂曰。恐雨天歟。師曰。信哉。鴻雁嘶風。野干愁雨。天氣正好。汝等莫愁。彼聞喜。師便歸院。既而三祠成。擧家來拜。熟視野狐未離。師乃謂曰。三祠已成。尾長者何不離耶。其婦曰。多謝。昨夜師見何事耶。師答曰。昨夜只見多點火。彼曰。是吾眷屬之所作。卽出拳曰。請師奉之。師開見其拳有舍利一粒。時林中忽有金鼓聲。彼曰。我眷屬歡喜奏樂。師乃與衆誦經。便歸方丈時忽一人迷悶倒地。泣曰。師何不爲眷屬誦經。師聞之復未(來カ)爲眷屬誦經。六人聽受而喜。師謂曰。汝等所願已滿足。須速去。彼答曰。唯。卽六人出戶倒地。野狐乃離。三祠見在。其眷屬祠者榜曰辨財天是也。貞享四年(一六八七)丁卯五月。奉天眞親王命到京。時賜大僧都。元祿四年(一六九一)辛未。住良田山長樂寺。爲權僧正。此寺修葺久斷荒蕪已甚。師到則修殿堂造佛像設法器。不歲餘煥然一新。且新建開山堂洎開山塔作渡月橋。文殊山建文殊石像。遠近無不瞻禮贊嘆。時公辨大王賜

領二行スル嚴院ノ室一ヲ。元祿七年甲戌。師自カラ思。人貴レ知レ止。何汲汲外求。終辭シテ還二妻驪一ニ。專ラ勤二淨業一ヲ。時ニ歲六十有八。師曾テ二請フテレ官ニ修二葺ス瀧泉寺一ヲ。凡ソ如キハ二大日堂・經藏・百觀音堂・子安堂・鬼子母堂・虛空藏堂・愛染堂・地藏堂・觀音堂・彌陀千體堂・八幡堂・天滿堂一ノ。皆ナ是レ師ノ之手澤ナリ也

13　凌雲院大僧正慈等逸事

慈等大僧正。仙波喜多院ニ住スルコト二十八年。八十歲ニシテ東叡凌雲院ニ轉ズ。博學深解。沈默寬裕。諄諄人ヲ教ヘテ倦マズ。殊ニ禪定ニ精熟シテ。其ノ所得測ルベカラズ。仙波ニ在ルノ閒。夜閒ハ常ニ慈惠堂ニ入テ禪座ス。屢〻奇瑞アレドモ人ニ語ラズ。自ラ手册ニ書シテ帳中ニ祕ス。滅後門人之ヲ閱スルモ。遺志ヲ繼ギテ亦世ニ示サズト云フ。或ル時人ニ語テ曰ク。堂下波浪ノ聲アリ。子等モ亦之ヲ聞クヤト。然ルニ他人之ヲ聞ク者ナシト（堂下井泉アリ。其深サヲ知ラズ。故ニ堂ヲ潮音堂ト名クト云フ）公。在仙波ノ時。一山僧俗。三百餘人。喜多院ニ隨從スル者。八十餘人。內秀デタル者十人アリテ。當時十哲ト云フ。其內ノ一人寺中。仙境坊ノ住職ナル者。滑稽ノ癖アリ。夏日公ガ講釋ノ席ニ於テ。狂歌ヲ詠シテ云フ。ヘビナラバ。カ程ノコトモ。アルマヒニ。蛇ニ由ル故ニ。長ヒ講釋ト（案ズルニ公ノ講談中。ジヤニ由テト謂フ連辭多キ口癖アリシカ）公。後ニ之ヲ聞テ怒ラズ大笑スト。以テ公ノ寬裕ヲ知ル。又十哲ノ一人。學寮寮主。成就坊ハ。天台會ノ講師ニ所レ立。公ノ說ニ違シテ彼地ヲ逐ハル。以テ公ノ嚴ヲ知ル。公在仙波中。講談一日モ怠ラズ。東台凌雲院轉住後。講ヲ中堂ニ開キ。其ノ標示札ヲ廣小路袴腰ニ建ツ。蓋シ實觀大僧正以來ノ事ニシテ。而シテ日日ノ參聽者雲ノ如シト。此ノ事隆敎律師ノ咄ハナシナリト。公年始嘉禮トシテ登營ス。此ノ日總出仕ト稱シテ。營中諸席。人ヲ以テ滿ツ。皆正禮ノ執行ヲ待ツ。其ノ閒數時閒ナリ。偶マ禪宗ノ長老。公ノ右ニアリ。談止觀ノ病患境ニ及ブ。公從容トシテ閉チテレ眼ヲ長文暗記シ。且ツ義解ス。一座道俗トナク。皆驚歎聳聽セリト。普門律師。佛國歷（曆カ）象編ノ選アリ。上木セントスルニ當リ。天文臺之ヲ許サズ。樞機ヲ以テ輪王王府ノ藏版ト爲シ。公ニ請フテ序セントス。公

彼ノ書ヲ通覧シテ曰ク。肯テ命ニ戻ルニアラザルモ。天文歴(暦カ)象ハ四邪命ノ一。而シテ密教其ノ事アルモ。卽事而眞出世無漏ノ法門ナリ。豈ニ世俗ノ學藝ト闘論スルモノナランヤ。是レ恐クハ却テ破佛法ノ因縁ナラント。公ト律師ト論辨往復。前後數年ニ亙リシト。而シテ王命懇到已ムヲ得ズ之ニ序ス。而シテ其ノ末文ニ曰ク。此ノ書モ亦タ不レ無レ裨益ニ於佛法ニト。今流通ノ本。此ノ序ヲ見ズ。公常ニ曰ク。觀心ニ非ンバ眞正ノ極樂往生決定心ヲ生セズ。坊等ボンラ學問セヨト。公常ニ夜夕閒兒輩ヲシテ身體ヲ按摩セシム。一夕鄕キヤフノ公之ヲ役ス。久シテ異常ヲ覺フ。怪テ之ヲ伺ヘバ。鼻息絶ヘ玉筋ヲ垂レ。已ニ遷寂ニ歸セリ。由テ驚テ之ヲ人ニ告グト（玉筋ヲ垂ルハ。禪定成就ノ驗シナリト）

朱書　昭和二十八年(一九五三)七月七日朝九時迄ニ朱點ヲ加ヘ校了ス

史宗老衲

---

14 久遠壽院准三宮公海傳

先師久遠壽院准三宮。諱ハ公海。姓ハ藤原氏。花山ノ院左大臣定熙公ノ之嫡孫ニシテ而左少將忠長朝臣ノ之子ナリ也。母ハ藤原氏。號ス教證院ト。東本願寺ノ開祖教如之長女ナリ也。師以テ慶長十二年(一六〇七)丁未十二月十二日ヲ生ル焉。父忠長有テ故貶セラル于東奧ニ。其ノ弟定好襲ク爵ヲ。故ニ師幼ニシテ而鞠ル于母家ニ。元和六年(一六二〇)庚申。師年十四而シテ慈眼大師適ヾ自リ關東來テ在リ京ニ。聞テ師貴族ノ之子テ且ツ有ルヲ儀觀。乃チ就テ母家ニ乞レ之ヲ約シテ以テ爲ントス繼嗣ト。母家允許ス。遂ニ從テ大師ニ往ク東武ニ。元和九年癸亥。師年十七。從テ大師ニ往ク駿府ニ。薙ル髮ス于總持院ニ。其ノ前宿夢ミラク。異人口カラ授クト法華經安樂行品ノ遊行無畏・如獅子王ノ二句ヲ(大正藏九、三九中)。寤メテ語ル左右ニ。聞ク者皆曰ク。是レ他日必ス爲ンコト法主ト之兆カ乎。寛永元年(一六二四)甲子。大師開キ東叡山ヲ創ム寛永寺ヲ。自リ是師侍シ大師ニ常ニ居ス於此ニ。研究シ教觀ヲ修練ス瑜伽ヲ。傍ラ習ヒ國風ヲ詠歌シテ暢ヒ情ヲ。屢ヾ就テ中ノ院前ノ內大臣通村公ニ而求ム正ヲ焉。初メ後陽

成帝歸仰大師。以毘沙門堂門室（堂昔在左京京極出雲寺。世稱寺曰毘沙門堂）久廢欲興復之。敕賜其號于大師。大師付之師。從此稱師曰毘沙門堂主。大相國秀忠公。欲以師爲攝家之猶子（近世冒他家姓。他家侍（待カ）之如子。謂之猶子）乃請九條太閤幸家公。太閤允其請。且贈法性寺忠通公・後京極良經公眞蹟以爲證云。傳而見在。三年丙寅。師年二十。時大相國與嗣君家光公上京。依大相國命師偕大師追隨上京。秋九月六日。帝行幸二條城。御宴累日。一日有和歌御會。命竹契遐年題。師亦預賦焉。師自直敍法眼累官進權僧正。寬永十三年丙子。大將軍家光公。改修日光山東照宮廟而成。敕賜供養儀大設法會。大師爲導師。師與良恕・最胤諸親王同列法席。十七年庚辰。師年三十四。二品堯然親王。奏請補師一身阿闍梨職曰。爰公海者。夙汲玉泉四明之法水而智海難量。殊仰金剛五部之宗風而惠日高照。推其重器尤堪瀉瓶云云。春三月二十日。敕依請。四月二十二日。從堯然親王受五佛灌頂。二十年癸未冬十月二日。大師寂。家光公令師繼大師席住東叡山。兼領比叡・日光兩山管攝台宗。從此家光公款遇愈篤。正保二年（一六四五）乙酉。敕改日光山東照大權現社號稱宮。遣今出川前大納言藤原經季卿宣命。師主神前之儀。是歳師請公府新置日光山學頭一員號修學院。及增子院五宇。以居衆徒五人。併舊凡二十院。家光公又增附五千石地。併舊凡一萬石云。三年丙戌。家光公於三州瀧山寺營東照宮別廟而成。家光公請師修奉請儀。師遣法印見海代修之。四年丁亥。師年四十一。冬十月二十一日。轉任僧正。慶安元年（一六四八）戊子二月。師上款狀欲傳三部密法於尊敬親王。敕聽之（或謂尊敬親王受密法於堯然親王。師爲教授者記録之妄也。宣旨及疑（款カ）狀具在）三月四日。轉大僧正。先是師謂。先師鴻業踰倫朝野崇信。台宗中興實師之力。可以次四大師。遂以去年十二月十六日。因園藏人頭基福朝臣上款

狀ヲ一。奏三請ス賜ンコトヲ二大師ノ號ヲ一。四月十一日。敕シテ賜フ二諡リヲ慈眼大師ト一。五條少納言爲康朝臣。齎シテ二敕書ヲ一到リ二日光山ニ一詣テ二塔前ニ一宣讀ス。是月十七日。丁ル二東照宮三十三回忌ニ一。家光公於テ二日光山ニ一大ニ設ケ二法會ヲ一追三修ス冥福ヲ一。帝敕シテ修スル二法華八講ヲ一者五日。師與ニ堯然・道晃ノ諸親王ト一共ニ爲ル二證義者ト一。其ノ餘曼多羅供・法華讀誦・圓戒灌頂・一切經轉讀等ノ法事。師多ク爲リ二導師一（事詳カナリ二二條攝政康道公ノ日光山修善雜記ニ一）朝延（廷カ）及ヒ將軍家。以テ三師領スルヲ二台宗ヲ一事皆ナ委トスレ師ニ。親王公卿預カルレ會ニ者皆受ク二師ノ指揮ヲ一。二年己丑。與ニ尊敬親王ト一上ルレ京ニ。八月二十一日。師詣リレ闕ニ就テ二清閑寺左少弁熙房ニ一上リレ表ヲ。謝スレ賜ルコトヲ二大師ノ諡ヲ一。二十六日。丁ル二後陽成帝三十三回ノ御忌ニ一。招キ二衆僧ヲ於仙洞ニ一修スル二法華懺ヲ一者五日。師爲リ二第五日ノ導師一。三年庚寅。日光山ノ金堂成ル。修ス二供養ノ儀ヲ一。師爲ルテ二導師ト一主ル二其ノ事ヲ一。四年辛卯。家光公改テ二伊賀國主藤堂和泉守藤原高虎朝臣カ所ノレ造ル東叡ノ東照宮ヲ一而新ニ營ス二宮廟ヲ一。至テ二四月ニ一而成ル。帝敕シテ賜フ二供養ノ儀一。師與ニ尊敬親王ト一遞ニ爲ル二導師ト一。四月二十日。大將軍家光公薨ス。遺命シテ葬ル二于日光山ニ一。師爲リ二導師ト一。送葬ノ之儀皆由ル二師ノ斷ニ一。九月。三州鳳來寺東照宮ノ別廟成ル。先キレ是ヨリ戊子ノ歲。家光公有二造營ノ之命一。至テレ是ニ而成ル。嗣君家綱公。請テレ師ニ修セシム二奉請ノ儀ヲ一。師遣シテ二法印豪倪ヲ一代テ修セシムレ之ヲ。承應元年（一六五二）壬辰四月。東叡大猷院ノ影殿成ル。帝敕シテ賜フ二供養ノ儀ヲ一。家綱公爲メニ二小祥ノ忌辰ノ一始メテ修ス二讀法華萬部會ヲ一。師定ム二其ノ儀ヲ一。至ルマテレ今ニ一ニ遵フ二其ノ制ニ一而不レ改メ。十二月二日。大將軍家綱公ノ所生増山氏逝ス。號ス二寶樹院ト一。葬ル二于東叡ニ一。師爲リ二導師ト一。二年癸巳四月。家綱公附セラル二日光山大猷院影殿祭料三千石餘ノ地ヲ一。三年甲午。師時ニ年四十八。統三領スルコト台宗ヲ凡テ十二年。而シテ讓ル二法務ヲ於一品尊敬親王ニ一。別ニ築ヒテ二一室ヲ於東叡ノ之西北ニ一而居ス焉。家綱公賜フテ二五百斛ノ邑ヲ一以テ爲ス二退休ノ之資ト一。且ツ贈テ下所ノ二嘗テ毀ツ一殿材ヲ上以テ營ス二其ノ室ヲ一。初メ大師臨テレ終ニ所ノレ囑スル二家光公ニ一者五事。與三復スル毘沙門堂ヲ一其ノ一ナリ也。師受ケ二其ノ志ヲ一屢ハ告ク二公府ニ一。至テ二寛文五年（一六六五）乙巳ニ一。家綱公賜フ二地ヲ於山城ノ國宇治ノ郡山科ノ鄕ニ一。更ニ捨シテ二五百石餘ノ地ヲ一永ク充ツ二香積ノ之資ニ一。師乃チ到リテレ京ニ就テ二其ノ地ニ一刊リレ

木闢山創毘沙門堂。普請之次堀地適得銅像毘沙門天一軀。師大悅敬而奉之。常常隨身。傳而見在。明年丙午秋九月落成。冬十月三日。修本尊遷座儀。本尊者。傳教大師之手刻。而大師嘗所感得也（傳教大師。以叡山中堂藥師佛餘材刻。其像長一寸八分。授之桓武帝。帝常置之冠中。後復傳之皇子葛原親王。傳至親王十三世孫民部卿平親範。別造丈六像。藏小像于其中。新建堂奉安。堂廢其像傳在僧正公嚴坊官今小路法印壽運妻某氏所。某氏嘗奉之大師。大師授之家光公。至家綱公還之于師。今本尊是也）於是乃能成大師之遺囑。遂辭東叡居于此。然將軍家每追福祖考。莫不請師於關東。寛文十年庚戌。師奏後西院上皇。乞以予爲繼嗣。延寶六年(一六七八)戊午十月二十六日。剃度予於毘沙門堂。八年庚申五月八日。大將軍家綱公薨。嗣君綱吉公奉遺命將葬于東叡。十六日守澄親王（延寶元年尊敬改名守澄）適寂。故嗣君遠請師。以爲導師。天和二年(一六八二)壬戌。師年七十六。付毘沙門堂於予。奏後西院上皇。賜號久遠壽院。遂卓庵於寺之西畔。以爲終焉之所。元祿五年(一六九二)壬申。丁嚴有院家綱公十三回忌。大將軍綱吉公。仍先規修讀法華萬部會於東叡。先是師以老耄辭其招請。然予向應綱吉公之請。來住東叡統領台宗。茲年欲法會之次。受三部灌頂。因告公府。復請師東叡。三月。師上款狀。奏請授予一身阿遮梨職。四月六日。敕依請。於是不得已而來東叡。五月。爲予開三部密壇。予告師之勳業於綱吉公。綱吉公奏請賜師准三宮。六月十一日。敕許。賜邑三百戶。時年八十六矣。元祿八年乙亥秋八月。師嬰疾。至京師烏丸里第而保養。綱吉公命京尹小笠原佐渡守源長重朝臣。以問疾。予亦以護淨院大僧都公然。系師之親里。且其手度。遣往候焉。矢田陪法橋好行副之。師病問(開カ)召養源院權僧正湛翁・尊重院大僧都公慶兩僧曰。我繼慈眼大師席。棟梁台門。十有餘年。且以守澄・公辨兩親王爲繼嗣。又得將軍家兩主爲大檀越。而爲諸候(侯カ)百辟之所瞻仰。深自慙懼。豈復有求於斯世耶。但大師囑我以毘沙門堂興復之任。我奉承之。其事已成。然資緣闕少。恐後難持。是我遺憾矣。如今繼嗣公辨親王。住持東叡。大將軍歸依尤篤。願達予意。增香積之資。兩僧卽報之于予。予請之公府。速蒙允許。予以書報。師大悅。至十月十五日夜。疾革。師以毘沙門堂其所草創。欲到彼取滅。十六日遂輿而歸。枕上置彌陀佛像。燒香燃燈。侍瞻之者。十有餘輩。或誦經呪。或唱佛名。至是日晩。泊然而逝。壽八十九。臘七十三。奉全身葬于毘沙門堂雙林院北。又比叡・日光・東叡三所。各建爪髮塔。予於東叡・山科。七十日閒。命修冥福。王侯卿士緇素之徒。贈經致賻者最多。又遣凌雲院僧正義道於山科。代禮靈塔。予自幼隨從。熟其爲人。天資質直。溫柔有威。其接人也。不念舊惡。不懷猜忌。是以承其思（恩カ）遇者。仰慕眷戀。沒身不忘。嗚呼。師自繼大師席以來。每日光・東叡・紅葉山法會。或奉敕命。或應將軍家之請。屢爲導師。或爲郡國牧守及末山徒屬。所屈請。爲導師者亦多矣。且郡國每營東照宮別廟。必請師奉請。師常遣僧代修其儀。平常創寺建堂納經卷造法器。其事居多。安藝之廣島。陸奧之仙臺。備前・因幡・筑前等之國主。各於本國。建東照宮。別創一宇。掌祭儀。請寺號及奉請之儀。師各命其號。遣權僧正晃海・法印亮盛等。代奉請。且奥州南部法輪院。泉州岸和田海岸寺者。新所建立。讃州妙法寺・大通寺。石見幸榮寺者。改日蓮宗。仰師之德風。皆爲毘沙門堂末派也今謹錄其大者。以傳來裔。其或傳說不詳。年紀難徵者。漏略尚多。可勝嘆哉

時

寶永五年戊子十月十六日（一七〇八）

東叡山第五世前天台座主准三宮一品公辨親王謹撰

15 藥樹院全宗法印傳

法印全宗。別號德運軒云藥樹院法印。隱醫爲施藥院祖也近江州甲賀郡。丹波氏子。幼而聰敏。性好慈濟。禮叡山橫川檢校剃度。適元龜閒平信長兵起。而叡山佛

刹。一皆遭焚。緇徒星如散。公尋反初服。乃隱於醫。與豐臣秀吉公。爲布衣交。名聞籍籍。由斯而著焉。及秀吉公正位帥府。卽起宗爲大醫院位正四品。而恩遇特隆於衆。朝野重之。宗嘗謁伊勢大神宮。見郡吏迫取田地歲課甚酷。神民苦之。乃爲上聞。而免其吏。神宮(官カ)以金爲謝。宗曰。吾所以奏陳者。爲敬神明也。非有饑寒之迫。諸君豈不知哉。竟却之。尋値京師疾疫。宗施藥餌十旬。以濟得活者莫計其數。起死回生之功。不減藥王大士在世時也。人皆德之。未幾宗復還僧服。而法印之職就授。常以叡山起廢爲懷。一日從容啓秀吉公曰。是山自傳教大師卓錫。桓武帝創建以來。今將千載。誠護國道場。不可一日廢也。自元龜之變。而災於火。僧侶逃亡。佛燈失照。甚非國家之福。倘欲鼎新。今正其時。敢以爲請。秀吉公曰。吾欲爲之甚易。但先主若有治命。不敢背也。觀卿福祿(縁)才力綽有餘裕。倘爲倡起。衆縁必集。吾亦當輸二千石。以助共成勝事。不亦美乎。於是宗乃罄鉢資。幷鳩衆縁。竭力經營。不日成之。而一乘戒壇院・客人神祠。暨藥樹・月藏・東光諸坊院。皆次第就緒。僧衆仍集。克復舊觀。有如彈指頃也。秀吉公。聞之喜甚。爰給官田三千石。爲當山香積之需。而宗從此留心淨業。常行念佛三昧。一日覺報縁將盡。乃謂門弟子曰。吾平昔惟以濟人爲懷。興復茲山爲念。今頗酬夙志。可無遺恨。死後不願汝等列百味之珍饈。作萬善之追嚴。惟用一簣之土。以覆遺骸。一杯之水。以昭靈鑑。附於當山足矣。言訖化去。時當慶長四年(一五九九)十二月十日也。世壽六十有九。其門弟子。皆如命治葬。遠近緇白。無不哀悼焉。嗚呼世有一德一行可稱者。人尚不敢沒其平素。況宗

功在二山門一ニ。澤及二民物一ニ。處レスルコト身ニ至テ約。爲レスルコト法甚ダ勤タリ。

16 鶴林院大僧正實俊傳

大僧正實俊ハ。木村氏。難波ノ兵後。父母在レ洛ニ生焉。不レ能ニ鞠養一スルコト。棄二之ヲ於某街一ニ。外祖母收テ而養レフ之ヲ。數歳登二叡山淨教坊一ニ。實善命シテ以二吉祥院實祐一ヲ。爲レ師剃度。寛永六年（一六二九）實祐被レリ害ヲ。實善モ亦歿ス。故ニ未レタ及二志學一ニ。踵二實藏坊一ヲ。正保元年（一六四四）本照院守澄親王。學二フトキ洛東青蓮院一ニ。爲二ル侍讀一ト。四年親王發二ス東武一ヲ亦從フ焉。明暦ノ閒猶在テ御所一ニ。知二ル一宗ノ事一ヲ乃今ノ執當。人乃以テ淨教ヲ稱ス。後ニ爲二聖光院法印憲海ノ弟子一ト。住二持ス常照院一ニ。兼ヌ二加州ノ神護寺一ヲ。其ノ知二ルトキ宗ノ事一ヲ。初主リ二羽州ノ立石寺一ヲ。後領ス二武州龍眼寺一ヲ。寛文元年（一六六一）。加州相公ノ家臣。今枝民部近義聽テレ法ヲ。爲二父朝散太夫法名宗二一ノ。創ス二洛北ノ蓮華寺一ヲ。寺後樹テレ碑ヲ。延テ以テ爲ス二第一祖一ト。五年初テ賜二十住心院ノ號一ヲ。秋歸レ山ニ。擢二ラル探題一ニ。尋テ至二ル東武一ニ。六年又隨テ二本照院親王一ニ入レ洛ニ。九年病ム。辭ス二知宗ノ事一ヲ。尋テ爲二ル和州妙樂寺ノ學頭一ト（圓妙樂寺者多武峯也）。十年歸ル山ニ。解脱院守全親王。在リ二志賀院一ニ。萬治帝命シテ爲ス傳ト。十二年爲ル二權僧正一ト。延寶六年（一六七八）轉ス二僧正一ニ。補スルコト二執行職一ニ。僅ニ一年餘。戒壇頽廢ス。自捐テ二百金一ヲ。用テ以テ修補ス。其ノ不レ足ラ者ハ。白シ二本照院親王一ニ。兼テ募ル二攝州大阪ノ信士木村法壽一ニ。妙樂寺學頭坊舊ト幾シ二大職冠ノ廟一ニ。深ク患テ失ハレ火ヲ災ノ及ンコトヲ。遷ス二于他所一ニ。人皆德トスレ之ヲ。又タ補ス二法勝寺ノ和尚一ニ。法勝寺ハ久廢ス。彼ノ寺ノ戒灌。今於テ二湖西ノ西教寺一ニ修スレ之ヲ。其ノ修スルトキ二戒灌一ヲ。所レ施財物分毫不シテレ受ケ。皆ナ爲ス二寺有一ト。講シテ二法華玄義釋籤一ヲ。著ハス二三部源流一揆三百冊・附錄六十六冊・周覽百五十冊及ヒ日吉新記一冊一ヲ。天和二年（一六八二）患レ眼。讓リ二坊ヲ於實觀一ニ。隱ル二于台麓一ニ。以テ二實藏坊一ヲ稱スレ之ヲ。退休ノ之後。稱スルコト二彌陀ノ名一ヲ。孳孳トシテ弗レ輟マ。元祿十五年（一七〇二）八月十一日逝ス。年八十有五。時ニ有ヨ二村翁一。見二紫雲滿チレ空ニ。天華亂飛シ。樹色變スルヲレ常ヲ。傍ニ有二一嫗一。指示不レ見云。後チ稱ス二鶴林院一ト。寶永五年（一七〇八）贈ル二大僧正一ニ。弟子僧正實觀・權僧正實興（准カ）。白シテ二準三宮一品公辨親王一ニ所レ

奏

17　大阿闍梨實然傳

實然。山口氏。洛陽人。妙齡從西塔地定院覺然剃度。未幾覺然遷寶園院。讓地定於實然。俊喜其聰明過人。以爲弟子。居淨教坊(傍書方今實藏坊)。讓地定於門人秀雲。俊病東叡往瞻養焉。常照院加州國主所建。俊嘗欲以其臣不破氏子(權僧正實興)踵席。以年未滿二十。實然嗣。於福聚院爲大阿遮梨。爲本照院守澄親王。講佛制比丘六物圖。未幾罹病。夢往一淨土菩薩教云。文殊淨土。然云。我平生欲生極樂。此土非素所願。乃欲去西。菩薩云。極樂緣未熟。暫還娑婆乃得往生。欲終之前。告諸弟子云。死後頂上猶煖知生淨土。果如其言。乃作遺偈二句。著布納衣。合掌誦光明眞言七遍。及稱彌陀名數十聲而逝。寛文十一(一六七一)年十一月二十九日也。年二十五。秀雲後受沙彌戒。性不虛讚。侍病具記病中用心。臨終奇相。非此可盡。荼毘護國院。舍利無數。

18　實觀僧正傳

實觀。字體具。初名實增。字相如。三州額田郡岡埼(崎カ)人。姓平。氏中根。母太田氏。寛文元(一六六一)年辛丑三月二十二日壬申生焉。六歲從俊至東叡常照院。十歲又從登山。十二年壬申(子カ)六月四日就師剃度。延寶元(一六七三)年癸丑冬就師修四度密法。三年乙卯十月爲法法(法カ)華會立者。及於法曼院傳法灌頂。天和二(一六八二)年壬戌十二月住持。貞享二(一六八五)年乙丑五月兼城州蓮華寺。十月於法曼院爲大阿遮梨。三年丙申(寅カ)六月任權大僧都。爲御懺法冓(講カ)賞。元祿九(一六九六)年丙子。洛陽以三昧流失傳。蒙曼殊院良應親王之敎。往常州黑子千妙寺。就權僧正亮宣。傳法灌頂。尋爲大阿遮梨。十二年己卯六月擢望擬講。九月爲從一位俊廣卿(小川坊城)猶子。十四年辛巳五月轉大僧都。寶永元年(一七〇四)甲申十月爲法華會擬講。二年乙酉四月補法勝寺和尚。十一月爲別請竪義立者。其月爲上乘院權僧正尊通・尊勝院法印慈晃。於青蓮院傳法灌頂。四年丁亥七月改坊今名。蓋復舊也。八月任權僧正。十一月補執行。是月應准三宮一品公辨親王命。往于東叡。十二月住持凌雲院及仙波喜多院。五年戊子正月轉僧正。閏正月辭法勝寺和尚。八月歸山。十月爲法華會探題。是月復往東叡。

19 極樂坊大僧都敬諶傳

大僧都法印敬諶。上之野州山上郡人。父磯田若狹守苗裔。母鶴加谷氏。寛永十二年(一六三五)乙亥十二月晦日酉時出胎。慶安元年(一六四八)戊子正月薙髮。寛文三年(一六六三)癸卯六月朔始上祖山。用土州材重造院宇。延寶元年(一六七三)癸丑十二月二十五日。移住駿州久能山德音院。元祿四年(一六九一)辛未三月住持東叡現龍院。十二月任大僧都。厥後受一品大王命。遠詣信州善光寺。親拜彌陀及輔弼二大士。光明如日。見者驚異。十五年壬午賜功德院室。六月二十四日右脇而滅。指頭數珠。自然搖動。咸聞宮中絹(紘カ)管聲。壽六十八。臘五十五。四十年間修護摩者。一萬餘座。其餘密行。不可牧(枚カ)擧。弟子歡喜亮珍。十如亮深。圓通諶盛。禪林諶空等。奉遺體塔于現龍側。

20 正覺院權僧正豪盛傳

執行探題權僧正豪盛。其初住藥樹院。天正十三年(一五八五)乙酉。移住當院(傍書 正覺院)爲本願主。再造根本中堂。同年六月十四日。因再興當山之勳賞。朝廷推任權僧正(口宣在院)。其探題職。當山災火之前。既爲其職。天正法華會再興。雖有擢探題之人。或辭或亡。至于慶長盛有言。探題當職唯我所擔也。而探題職相承隆昌乃盛功有大者也。又興今津堂三十講。自昇座所講演。或人記之爲三卷傳

於世ニ一。所レ謂豪盛三十講是レ也。又法華二十八品ノ大意一巻自所ナリニ著述スル一云云。文祿四年（一五九五）乙未爲テニ本願主ト一。再ヒ造ルニ十禪師ノ祠ヲ一。慶長年中當院山麓ノ之坊。悉ク造ニ立ス之ヲ一。同十三年（一六〇八）戊（戊カ）申。付シニ院事ヲ於豪海ニ一。猶ヲ居スニ當院ニ一。慶長十五年庚戌六月二十九日寂ス。壽八十有五也

21 教王院權大僧都一空傳

權大僧都一空。本名ハ曉道ト。華洛ノ人ナリ也。姓ハ和氣氏。童稚ニシテ而喪ヘレ父ヲ。事フレ母ニ。性敏貞固。口ニ不ニ浮語ナラ一。母使ムレ學ハレ醫ヲ。孜孜トシテ不レ倦マ。十有八歳。潛ニ欲シテレ避ントレ世ヲ。不ニ敢謀レ母。特詣ニ誓願寺一。拜ニ阿彌陀佛一。誓自薙髮。乃登ニ無動寺一。謁ニ周海闍梨一（海後遷ニ武叡凌雲院一）而受レ業。正保二年（一六四五）乙酉。主ニ於當坊一。萬治ヂ三年（一六六〇）庚子辭スレ坊ヲ。乃薫（董カ）ニ泉州槇尾山一。自號ニ知足院一。常ニ居ニ台麓一。讀ムニ法華數千部ヲ一。一日誦シニ尊勝陀羅尼經一。大得ニ奇特（驗）一。兼テ通ニ悉曇ニ一。亦タ善クスニ聲道ヲ一。貞享三年（一六八六）丙寅八月十九日。自知ニ死到一。身心無レ苦。專ラ念ニ地藏尊一而座亡ス。壽六十有六

22 教王院權僧正宣存傳

權僧正宣存ハ。野之上州人也。母祈ニ菅原ノ廟一而妊。將レ產之夕。化人來扣レ門。婢出問。誰邪。化人曰。明旦產兒。宜レ號ニ宮松丸一。婢ノ曰。何來耶。化人曰。自ニ菅原一來。語畢テ便不レ見矣。十有三歳登ニ東叡ニ一。師ニ事權僧正宣祐ニ一（東漸院ノ開基眞光院室ノ祖）。承應二年（一六五三）癸巳六月二日。恭奉ニ請久遠壽院准三宮ヲ一以爲スニ戒師ト一。乃薙髮。師賜ニ公字一。卽名クニ公祐ト一。寬文三（元カ）年辛丑。主タリニ於東叡圓珠院ニ一。明年遊ヒニ學當峯ニ一。寬文四年（一六六四）甲辰。住ニ持當坊ニ一。改ムニ名ヲ賢空ト一（後改レ賢見）。坊ノ之造營未タレ半者全造畢。寬文十二年（一六七二）壬子。移ニ東漸院ニ一。聊有ニ功名一。天和二年（一六八二）壬戌六月。補ニ執當一。解脫院一品大王。賜以ニ守字ヲ一。卽改ムニ守改ト一。後移ニ圓珠院ニ一。同年十二月。賜ニ傳法心院室一。同三年癸亥二月。任スニ大僧都ニ一。貞享元年（一六八四）甲子。兼ニ越之後（頭越后ノ藏王トハ今尙有レ之耶。又所在郡村名拜承仕度）州藏王別當一。同三年丙寅十一月。辭スニ執當ヲ一。卽改テ名ニ宣存ト一。元祿元年（一六八八）戊辰十二月。補ニ紅葉山別當ニ一（頭紅葉山別當何國ナリ哉）。任スニ權僧正一。同三年庚午。董ニ淺草寺一。入寺ノ之初。最患ニ其ノ破

壞ヲ。伽藍修營不レ堪二其力一。遂ニ逐二先代ノ之願一。今復タ請二諸ヲ官吏ニ一。未タレ經二二旬ヲ一。乍チ拜レ命ヲ。時哉歴代ノ之願海一時塡矣。卽チ令三淺草寺始爲二御修理地一。殿門塔閣恰如二新宮(營カ)一。〔頭〕水戸相公ノ額現存セルヤ 水戸相公寄レ額ヲ。加煥而點二淺草川一。始爲二放生池一。勸二乎大檀越備後守牧野氏某一後ニ號ス大夢ニ 新ニ寄二華鯨一ニ。始報二十二時ヲ一。令三寺務坊始爲二院室一ト。以二傳法心院ヲ一。始爲二永號ト一。堂社坊宇咸ク加二修營ヲ一。新ニ請二法蘊一藏ヲ一。更ニ啓三建論場ヲ一。月兩會鳴二論鼓一。會會設二精義ヲ一。或ハ自ラ講二經論一。策三進諸生一。猶ヲ金三書法華・梵綱(網カ)・小阿彌陀・地藏本願等ノ衆典一。更ニ書二金字普門品六十餘軸・金字般若心經數十部一

〔頭註〕金字普門品及般若心經現存致候哉。若シ御差問無レ之候ハハ。我ガ降魔大師寶前へ御奉納被レ下間敷哉。勿論何レモ一巻にて宣布(宣カ)　以上奥田本によりて記入す　史宗

或ハ有二字字三禮而金書者一。其孳孳爲レ善ト。歳無二虛日一。可レ謂務矣。居四年。退院シテ而。後蟄三居台麓一。自ラ號二默堂一ト。謹テ讀二法華千數百部一。常ニ修二光明眞言ノ法ヲ一(爲カ一)。以二日課一。寶永五年(一七〇八)戊子三月十七日。安然而亡ス。春秋七十

23 行光坊法印雄盛傳

法印雄盛ハ。越ノ之前州足南郡飭(筯カ)生田ノ人ナリ。姓ハ小寺氏。從二開基法印圓俊一。第十五世ナリ也。弘治三年(一五五七)丁巳登レ山ニ。寓二ス佛頂ノ尾華王院一ニ。元龜二年(一五七一)辛未。回祿ノ之後遊二于諸山一ニ。修三造シ坊舍ヲ一。執三行ス密壇(灌カ)ヲ一。天正十一年(一五八三)癸未。歸二ル于本山一ニ。同十二年甲申。起三立シ當室ヲ一。又建三造ス千手堂并圓常院一。同十七年己丑。法華會再興ノ時。記錄未レ聚ラ。事識ノ之人左(尤カ)鮮シ。盛當テレ撰ニ。爲二衆擧代一ト。慶長二年(一五九七)丁酉。重テ造二灌頂道場ヲ一。同四年巳(己カ)亥閏三月。擢二探題職一ニ。同十年乙巳七月二十四日逝ス。壽七十三。弟子賢祐記二ス師ノ行業ヲ一

24 地福院法印圓智傳

法印圓智ハ。備之前州ノ人ナリ。創三建ス此ノ院ヲ一。兼三主ル備前ノ遍照院・伯州大山西樂院一。天正十七年(一五八九)己丑九月。擢ニル擬

講。慶長四年(一五九九)己亥閏月。爲講師。同五年庚子。爲正覺院住職。移住習禪院(豪盛在院故也)。改名豪圓(圓智移西山室用豪字)。同九年甲辰三月。進新題者。同十六年辛亥六月五日。示寂於備州遍照院。圓智於再興當山。其功最多矣。建今津堂。修於供養。自表白言。爰堂勵介爾志。捧毛端營。伺四明洞。見三津浦。挹流尋源。在高僧(祖カ)傳教御廟。聞香討根。在百枝法樂御堂。進起立之。退造功之。全是非名聞。殆亦不要利養。且爲佛家興廢(繁カ)。且爲衆生利益耳云。又八講講師者(堂供養時)祈句言。更(爰カ)大願主圓智法印大和尚位者。悦吾山之再興。建淨土院。崇農(曩カ)祖之遺跡。歎法席之破廢。育修學者。專止觀之鑽仰。剰思大師開基之齊(齋カ)會。企此東南寺起立云。又創建西麓赤山神祠。其棟牌所記。慶長七年本願主圓智敬白。九月八講之時書云。其餘造院等。不能盡載。又於伯州大山・備前遍照院。有大功。自彼所稱揚

25　正教坊阿闍梨詮舜傳

阿闍梨詮舜。姓ハ藤原。父名某。母某氏。其先世貫武藏國兒玉。正慶建武之間。避亂移居近江國滋賀郡。遂生阿闍梨。幼而有出塵之志。兄賢珍先既出家故父峻辭拒斥。阿遮梨云。方今諸家説佛教者不一。吾崇奉天台教法既有年矣。世衰道微。不勝慨嘆。冀再興台宗於吾東方。父感其篤志。亦知不可奪而許之。遂十四歳離家。從西塔(比叡山)正教坊詮運阿遮梨。祝髮而受具戒。顯密兼學。晨講夕演。弗敢少懈。當時僧徒。進止放肆。其志道之徒。亦邪正混淆。遺教幾于熄矣。會元龜年間。比叡山佛刹。焚毀兵燹。僧徒離散。阿闍梨逃寓於觀音寺。誓佛曰。吾素有志願。然今難遂。本山焦土。未曾一日不忘懷。唯冀佛刹復舊。僧徒再集。倘事不就。期再生以遂我志。賢珍一日候豊臣太閤。誘阿遮梨亦令拜謁。大閤見其生質勇悍氣標潔直。眷顧甚篤。同時全宗阿遮梨。曾住藥樹院。後以醫術顯時號施藥

院一ト。深受二太閤之眷注一。亦タ有下再三造舊山一ヲ之志上。與二阿遮梨一有レ舊。故與二俱二結約。全宗興二東塔一。阿遮梨復二西塔一ヲ。舊山碩學探題豪盛等來而俱二議レ之ス。既而太閤被レ允三以奏二朝廷一ニ。且募二諸國樂レ助ヲ。時太閤與二平信雄公一。搆レ難在二美濃國一。阿遮梨入三出其ノ營中一ニ。屢ゞ請二太閤一下レ教曰。宜ク下與二豪盛・全宗一募中ヘシ緣諸國上。候（侯カ）二國家昇平一。後宜三以酬二爾輩素志一。故阿遮梨謝而還。就二前大納言藤原慶親卿一以聞。許三豪盛裁二募疏一。諸人募二諸國一。國郡縣里。不レ論二貴賤一。不レ分二緇素一。喜二寺再建一。施二資材一者。日積月榛。阿遮梨特以三爲先建一タツルヲ二西塔院本堂一。釋迦堂重復。衆將レ造二新造（像カ）一。時阿遮梨詮舜。忽感二瑞夢一。因深怪レ之。依レ夢覓二舊本尊於當國高嶋郡水尾村一。果得合二夢告一。阿遮梨大驚喜踊躍乃迎來。奉レ安三置本堂一。寔天正十三年（一五八五）十二月二十八日也。諸堂坊舍漸經營。招三集散徒一。賢珍遷化也。稟二遺囑一。住三持近江國栗太郡觀音寺一。爲二其第八世一。依レ舊掌二湖舟民戶並賦稅等事一。甚有二德惠一。人和民賑。文祿改元。太閤征二朝鮮國一。至二肥前一。從レ行淹留。以參三預軍事一三年。築二伏見城一。又預二經營ノ事一。處分適レ意。寵遇優渥。其ノ四季（年カ）。園城寺僧徒謀叛。緣坐被レ放寺遂廢。以二其所レ占大津土田一。被レ寄三與之一。與二全宗一拜謝而退營三建西塔本堂一。稱二轉法輪堂一。今尙見存矣。其餘堂宇及經像等。次第復二舊觀一。先レ是以二座主ノ命一。告二太閤一。與二賢珍一俱計。喜三捨私財一。造二日吉二宮神殿等及祭禮器具一。寔文祿（一五九三）二年也。慶長紀元秋。僧徒議曰。大津與レ山相違。於レ事不レ便。請賜二阪本村一。以二其意一告二全宗一。會時有レ病。阿遮梨訴二諸太閤一。改給二上阪本村及葛川村之地一。葛川者以二廻峯行者參籠之地一故。鄕者特與（乞カ）レ之。五年皆（春カ）疾病。二月十九日。知レ不レ起。囑二徒弟一曰。吾山今既興復及舊所レ蓄。經論古書漸集。僧徒亦稍歸。然非二往日十之一一。吾嘗就二山王（上カ）一三所建二經藏一。欲下遍告二天下一。探三索散逸書籍一以收藏上。有レ志而未レ遂。此可レ憾。汝等勉レ之言畢而。稱二佛號一安詳而逝矣。世壽六十一。徒弟奉二遺囑一。以二全身一藏二于西塔北尾谷一云。太閤愛二阿遮梨ノ之才一。欲レ令二還俗一。以微諷レ之。阿闍梨正レ色以辭。太閤知二其不一レ可レ奪。

而不二復彊一。且曰。前言戲レ之耳。嗚呼若二阿遮梨一者。可レ謂弘毅守レ道而不レ移。其接二流俗一和而不レ同。修レ身功純馳レ外之意不レ萌。九原不レ可レ起。名不レ待レ文。而傳有二言行超レ衆者而不二表章一レ之。將何以爲二聳レ善扶レ俗之勸一耶。雖三余不レ講二西方之敎一。蓋將以期レ傳二信於百世之下一而已矣

26　寂光院權僧正亮雄傳

初名二導祐一。生二攝州坪井氏一。後爲二樋口正三位藤原信考卿猶子一。甫十五歲。從二實相雄尊公一薙染。已而遊二學園城一。寓二東塔總持坊一肄レ業。正保四年(一六四七)開二祕密灌頂壇一。慶安四年(一六五一)領二本坊一。寬文元年(一六六一)奉レ敕ヲ修二歡喜法一ヲ。速疾立レ效ヲ。皇情大悅ヒ。明曆元年(一六五五)敍二法印一。延寶紀元(一六七三)任二大僧都一。時本山伽藍頽圮(圯カ)。二年甲寅詣二武城一。啓二大將軍一。請三官脩二葺之一。以レ故寓二東武一幾許年。甚爲竭レ力。至二貞享ノ末一。鼎葺(革カ)造成。天和元年(一六八一)兼二尸常州千妙寺一。賜二金剛壽院號一。三年癸亥任二權僧正一。貞享四年(一六八七)改二造本坊一。元祿三年(一六九〇)奉二輪王大王命一。領二柏原成菩提院イン一。時辭二千妙寺一。更賜二惠恩院號一。一日示二微疾一。以二元祿五年壬申九月六日一。於二本坊一順世。享壽七十九歲。法臘六十四夏。雄天資誠實。學行匪レ懈。持念之閒。有二神龜一繞レ壇。異鳥和レ鈴テウ等。靈感非レ一二。凡有レ所二祈請一。應驗如レ響。平常資二法會一。請レ經造レ像等。興福(復カ)亦多。詳別二有レ記

27　安祥院權大僧都秀雲傳

秀雲。字孤巖。產二于肥後州隈本一。幼齡投二州之藤崎神護寺一脫白。至二二十歲一。出二西關一赴二東武一。綿二歷二祀一。登二于本山一。寬文年中領レ院。苦讀精學。常不レ出レ門。延寶中付二院ヲ公淵一。行二化關西一。經二二十許年一。元祿十二年(一六九九)己卯旋二當山一ヲ居僅六七年。而赴レ請遊二攝陽一。寓二大念佛寺一講經說法。寶永三(一七〇六)丙戌年將レ往二東武一。終二于途一。其年九月十五日也。雲應二化海西一。日專ラ勤二講說一。皁素蟻集。蒙レ化者無レ限。講二法華一數遍。每レ至二藥艸諭(草喩カ)品一。天必ス降スレ雨ヲ。人皆ナ異レ之

28 星光院法印光謙傳

光謙。字靈空。出二筑前州結城氏一。寛文五年(一六六五)從二州ノ之松源院豪光法印一祝髮。八年戊申登二本山一寓二于觀泉坊一習學。十一年辛亥主二本坊一。貞享二年(一六八五)辭レ院。爲二律徒一去隱二洛西一。元祿六年(一六九三)輪王大王定二飯室安樂院一爲二律刹一。招爲二之主一。累歲講二法華疏・摩訶止觀等書一大闡二法化一。寶永三(一七〇六)年辭二安樂院一退二憩東麓一

29 無量院法印舜雄傳

舜雄。姓ハ伊藤氏。濃州岐阜ノ人也。延寶元年(一六七三)六月從二北谷正教坊一移二住ス當坊一。改二名賀順ト一。天和二年(一六八二)爲二葛川ノ目代一ト。貞享三年(一六八六)付二院ヲ弟子舜海一遷二泉州岸和田海岸寺一。元祿辛己(巳カ)十四年(一七〇一)五月二十八日逝。建二塔ヲ彼寺後山及茲溪墓尾一。雄修二練密乘一數有レリ顯レス應。貞享中皇太子不豫。召レ雄冥禱。所患忽除。南京某王患レ妖。諸僧不レ驗ス。及二雄呪一レ之立效。常有二敕命一加持祈禱。曾加二僧正一不レ受。公卿士庶。重病產難。求二法救一者甚タ多シ

30 惠心院權僧正亮信傳

探題權僧正亮信。始住二山門横川滿藏院一。先レ是住二常州(二カ)千妙寺一。後應二甲州太守信玄之請一時至二甲州一。法華三會講師已勤。元龜二年(一五七一)冠火離山。天正(セウ)十年(一五八二)承二敕命一興二復横川中堂一。天台座主尊朝親王令旨云。就二山門再興之義一横川中堂起立之事。對二亮信僧正一被レ成二敕許一。又豐太閤贈二亮信僧正一書曰。就二今度山門造營儀一申出横川之儀。爲二願主一可レ被二起隆一云云　幷喜二捨靑銅一萬貫一。令レ造二横川諸堂一。於二山門再興之儀一其功爲レ大。同十二年募レ緣建二立當坊一。次秀吉卿寄二捨鵝目一萬貫一建二立當院殿堂一。同十二年賜二法華會興復之輪(綸カ)旨於探題職中一。同十七年十一月二十七日興二復別請立義一。探題勤レ之。豎者行光坊祐盛。問者乘實房豪雄。同十九年辛卯某月寂。世壽五十七。僧臘四十六

31 惠心院權僧正等譽傳

別當探題權僧正等譽。始住二三井一。次住二西塔南谷正教(光カ)坊(院カ)一。正保二年(一六四五)移二轉當房一。領二首楞嚴院別當職一。同年三月十日任二權僧正一。慶安元年(一六四八)於二日光一被レ修二御八講一。時爲二結衆一。又爲二一切經轉讀之導師一。同年十月十三日被レ補二廣學竪義探題職一。其年大樹欲レ聞二天台宗旨一。卽依二華園院御宸筆七箇法門一談二宗旨一。大樹信レ之。因令レ領二談山學頭職一。應二竹内御門跡ノ命一。講二法華科註・指要鈔一。明暦二年(一六五六)與二智積院運敞一筆二談本宗教觀之旨一。萬治元年(一六五八)八月十五日夜寂。壽六十九。葬二阿彌陀峯一

32 鷄足院法印覺深傳

覺深。字非際。自號二天均子一。實應弟子。延寶九年(一六八一)十月從二靜光院一移住。同六年四月奉レ敕三季修二祕密供一。貞享三(一六八六)年八月禁裏懺法御講任二大僧都一。元祿二年(一六八九)十月爲二望擬講一。同六年補二擬講一。同十年預二淨蓮臺室一。同月補二探題一。同十二年四月十九日付二法於圓瑜一。同六月任二權僧正一。移二轉正覺院一。著二ス山王知新記・三大師傳各三卷。瀧尾權現靈託記・樹下御法・貞享三年禁裏御八講記・大會新記・天台大師和讃註各一卷一。及校定者多。不二盡記一

「山門舊記」

頭註 覺照。初メ住二シ香芳ノ定光院ニ一。中ハ住二シ都率谷ノ鷄足院ニ一改二ム名ヲ覺深ト一。後ニ住二シ正覺院ニ一改二ム名ヲ豪寛ト一。修シテ二求聞持法・祕密供・聖天供等ヲ一大ニ得二タリ修驗ヲ一。初メ住二セシ定光院ニ一時。於テ二日光山ニ一感二シ瀧尾權現ノ靈託ヲ一。歸テレ山ニ建テレ祠ヲ以テ爲ス二鎭主ト一。事達シ二天聽ニ一。以テ二其ノ記ヲ一藏メラル二宦庫ニ一。平生ノ著述ニハ山王知新記・三大師傳・瀧尾權現靈託記・大會新記・樹下ノ御法・貞享御八講記・智者大師和讃注・元祿寶永東國記行小夜千鳥各一卷。官任シ二大僧正ノ一職補セラル二探題ニ一。

33 安樂院玄門和尚傳

名智幽。字玄門。姓茨木氏。寛文六年(一六六六)丙午生二於勢州津府一。延寶六年(一六七八)戌(戊カ)午投二勢州一乘寺等海(順カ)一脱素。七年己未從二尾州觀心院珍舜僧正一薙髮。天和二年(一六八二)壬戌登二本山一ニ

寓ニ於西塔喜見院一習學。貞享四年（一六八七）丁卯春主ニ一乘寺一。秋辭レ寺爲ニ律徒一隱ニ洛西一師ニ事靈空一。元祿二年（一六八九）己巳依ニ妙立一爲ニ形同沙彌一。六年癸酉從ニ靈空一遷ニ本院一。十一年戊寅夏爲ニ法同沙彌一。秋九月受具。寶永三年（一七〇六）丙戌因ニ靈空退一レ院。稟ニ東叡大王命一繼レ席

34 青龍寺法橋良雄傳

良雄。姓某氏。年甫十九歲上レ山。投ニ實傳上人一薙染。寬文七年（一六六七）修ニ完本堂庫裏等ヲ一改ニ造鐘樓ヲ一。元祿元年（一六八八）增レ址ヲ改ニ造ス本堂ヲ一。六年癸酉修ニ飾ス本尊ヲ一。七年甲戌九月十日逝。壽七十七。先レ是寬文九年卽ニ寺ノ東畔一築ニ室（數カ）敷楹一退靜。雄嘗立レ堂ヲ之時。三年閉關。足不レ踏レ地ヲ。持名十百萬遍。蓋消三其所二侵傷一。常ニ勤ニ修淨業一。課レ佛三萬。禮誦四時。（終カ）修身不レ懈。時時感ニ異光一聞ニ妙音一。垂終之時金光滿レ室。行實詳別ニ有レ傳

35 法曼院贈大僧正相實傳 或ハ題ニ相實贈大僧正傳一ト是レ也

釋ノ相實。字ハ百壽。攝政大政大臣實賴ノ之後胤。中將參議從三位顯實ノ之三男。靜明律師ノ之姪也。桂林房三昧和尙ノ之上足ニシテ而相生房法務ノ之弟。卽チ台密法曼流ノ開祖ナリ也。必ス有ニシ托胎ノ奇瑞。誕生ノ徵祥。幼稚ノ精誠。得度ノ誓約等一。當時ニ闕レ傳ヲ。茲ニ不ニ得テ而議一セ焉。康和年閒。初テ修ニス普賢延命ヲ於椒閨ノ舍一ニ。時ニ年十九。長治元年（一一〇四）。智泉房ノ院昭。奉ニテ院宣ヲ一修ニス冥道ヲ於蓮華藏院一ニ。助伴六口。行玄・相豪・聖昭・相實・忠快・（映カ）覺審ナリ也。年二十四。自リレ爾已來タ。博識高明ニシテ。解行雙ヒ富メリ矣。嘗テ行ニスルコト如意輪ヲ一十二年。不レ出ニ門（閫カ）困ヲ一。不レ滅サ香火ヲ。悉ク學ニヒ地上ノ三十七流ヲ一。亦タ盡ニス他門小野・廣澤ノ諸家ヲ一矣。實嘗テ曰。往昔隨ニテ圓師ニ一受ニテ金界ヲ一立印セシ時キ。問テ曰。五佛加持・灌頂。四佛（繫カ）華鬘。何ソ至テレ鬘ニ無ニキヤ大日鬘一耶。師曰ク。大日鬘ハ是最モ祕セリ焉。猥リニ不レ授ケニ于初心一ニ。問曰ク。資在テレ前キニ。自リニ對受記ノ中一得ル焉。希クハ授ケタマハンカ乎。師ノ曰。鑑ルニ汝カ之器量ヲ一。不レ似ニ于始行ノ人一ニ。感歎不レ少ナカラ。速ニ印シテ授ケンレ之ヲ。問テ曰。五佛ノ鬘隨テレ部ニ其ノ形有リヤレ異ルコト耶。答テ曰ク。無ニシ以テ

異ナルコト一。皆是レ華鬘ナリ也。自餘ノ佛菩薩皆ナ以テ二華鬘ヲ一爲二首ノ莊リト一。問テ曰ク。凡ソ鬘トハ者聚集スルノ之道名也。何ソ但タ限テレ花ニ有リヤ二此ノ稱一耶。既ニ扶桑ノ女人ハ集メテレ花ヲ以テ爲二首ノ莊ト一。名テレ之ヲ稱レ鬘カツラト。天竺ノ鴦堀ハ集テレ指ヲ爲スレ鬘ト。以テ爲二首ノ莊一ト。名テレ之ヲ稱二指鬘一ト。由レ之觀レ之。五佛ノ鬘隨テ有レ差耳。應ニ大日集メテ二塔婆ヲ一爲レ鬘ト。北佛集メテ二羯磨ヲ一爲ヒ鬘ト也。華鬘ハ(應カ)廣ニ是レ西佛ノ鬘ナル一。何ソ可ヤレ通二五佛ニ一耶。爰ニ師微笑シテ歡喜最モ甚シ。鳴シテレ舌ヲ默止シ。良ヤヤ久シテ連聲ニ曰タマハク。此ノ事未曾有ナリト也。篤ク祕シテ二心藏ニ一唯タ授二于一人ニ一。勿レ及フコト二于二ニ一。勸誡最モ重シ也。後過二東寺ノ最闍梨ニ一覆二問スルニ此ノ事ヲ一。問答往復。宛モ亦タ如シレ前ノ。而シ聖指鬘ノ處。弄脫歡喜最モ甚シ。而シテ曰ク。我此ノ法受行スルコト數十年。稍ヤ爲ス三齡滿ントニ八旬ニ一。而ルニ年來不二覺知セ一焉。亦タ無シ二如レ此ノ問尋ノ人一也。阿彌陀院モ亦復如シレ是ノ。殆ント蒙ル二三師ノ印可ヲ一。永久四年(一一一六)八月。三昧良祐開ニ初度ノ壇ヲ一。理覺房幷相實受ク二其ノ法化ヲ一。號ス二無障金剛ト一。年三十六。然ルニ蘇悉地ハ自ニ陽宴一受ケ。胎金ハ自ニ良祐一傳フ。合行自ニ相豪一受ニ許可ヲ一。自ニ陽宴一受ニ灌頂ヲ一。元永元年(一一一八)六月。摸スニ胎ノ對受記ヲ一於天台別院六波羅寺ニ一。七月。移スニ星點ヲ一於洛東長樂ニ一。保安元年(一一二〇)。初テ修スニ七佛藥師供ヲ一於禁庭ニ一。同三年四月。於テ法曼院ニ一寫スニ圓師ノ合行許可ノ奏(卷カ)ヲ一。大治二年(一一二七)。實開ニ初度ノ壇ヲ一。戒光房靜然受ク二其ノ法化ヲ一矣。年四十七。同三年五月。依ニ清涼ノ傳ニ記ニ兩部ノ略許可ヲ一。授クニ之ヲ出雲路ノ弁ノ阿闍梨政春ニ一。天承元年(一一三一)七月。於テ圓陽房ニ奉リ受ス後授ノ許可幷ニ合行ノ密印ヲ一。長承四年(一一三五)正月。以テ二教王房賢暹ノ式ヲ一爲シテレ本ト。依リ口決・瞿醯・義釋等ノ文ニ粗ボ加フ添削ヲ一。保延元年(一一三五)六月。初ノ修シテ焰魔天ヲ於二條殿ニ一祈ル二五宮ノ不豫ヲ一。十一月。修ニ烏樞沙魔ニ一祈ル后ノ平產ヲ一。於テ八條ノ大宮ニ授ニ之ヲ於靜ニ一。同四年六月。修シテ護諸童子ヲ祈ニ中宮ノ安康ヲ一。七月。修シテ焰魔天ヲ於東三條殿ニ祈ル北ノ政所ノ安全ヲ。大ヒニ有レ驗焉。殿下ノ感悅無シレ極リ。賜フ纏頭一襲・車牛一匹ヲ。當時ノ眉目不レ可ニ勝テ計フ也。奉テ院宣ヲ修ニ藥師供ヲ於根本中堂ニ一祈ル一院ノ不豫ヲ。時ニ金剛壽院ノ池蓮華一莖ニ兩華發ク。八月。修シテ聖觀音法ヲ於東三條殿ニ一祈ル宇治大相國ノ安康ヲ。十二月。修シテ文殊八字ヲ於白

川殿祈姫宮不平。年五十八。同五年五月。飾十壇於震殿祈美福門院安產。師師意樂不同。壇上莊嚴亦異。實修焰魔天立幟標。曳線獻爉(蠟カ)燭及飲供一面。自餘九人全不用也。三井道覺難曰。五色絲以五佛眞言縒。不可曳焰魔壇。實答曰。五色絲必不以五佛眞言。藥師・千手・童子經等線皆以本呪縒焉。今焰魔壇絲以焰魔呪縒有何咎哉。況大悲壇而豈缺之哉。難者禁口。修烏樞沙魔祈近衞院降誕。同六年十月。修護摩於西內裏。亦記安鎭法。立四箇壇修一字金輪。祈崇德院不豫。時中堂修法開二十五壇。年六十。永治元年(一一四一)七月。修尊勝佛頂於鳥羽殿。十壇別立小壇供帝釋・善住等。此其始也。諸人皆驚耳目。八月。修冥道於勝光明院北廊。十一月。令法橋轉法眼。康治元年(一一四二)二月。修聖觀音。四月。修冥道。六月。奉禪定聖主命修佛眼第三度於白川殿。同修文珠(殊カ)八字。祈皇后不平。夏奉歡喜光

院需。開軌研志。記彌陀祕法。大發于深義。十一月。修佛眼部母祈一院不豫。同二年正月。修七佛藥師祈皇后安康。此法古來無不斷經。始依實諷諫焉。六月。諮問安鎭法要於敎令院南圓記之。修文殊八字祈一院。天養元年(一一四四)。修七佛藥師於禁庭。十二月。奉法隆寺命草觀自在三摩地。久安元年(一一四五)四月。釋不動面門水波文義示同朋。修彌陀護摩祈鳥羽院逆修。同二年三月。中堂僧侶燒于延命院。四月朔。山上成亂矣。青蓮院自修令法久住。亦傳命於實修文珠(殊カ)於長等無動。九月。述大佛頂壇・不動本誓・四大明王法。同四年閏六月。修彌陀護摩。祈一院逆修。十月。奉院宣修不空羂索幷葉衣於賀陽院殿。代于行玄修鎭宅於高陽白川殿。司魚山大緣充法印。同六年十一月。修尊勝佛頂祈一院不豫。仁平元年(一一五一)。修九壇護摩於尊勝寺彌陀堂。同二年。述毘那夜迦祕供。世人惑耳驚心。九月。述彌陀五支法。年七十三。充無動寺

別當。同三年七月。修尊勝佛頂祈美福門院逆修。久壽二年(一一五五)二月。奉中院請。述觀自在法大發奥旨。阿彌陀院隨喜感歎。中堂遮梨亦請註文。亦蒙兩師印可。保元元年(一一五六)。修文殊八字祈東宮不平。閏九月。修大白衣并七佛藥師於四條內裏西妻祈十月朔日蝕。同二年七月。述請雨法并先蹤應驗。同三年四月。開兩檀(壇カ)護摩祈禪定女院寶壽長遠。五月。述光明祕供曰。近代人師。不知不聞(大正藏九、八中)不問不答。台嶺密宗殆墜于地矣。每誦法華如我昔所願今者已滿足經文。獨自思惟文意。喜悅意迫流淚數行也。雖有漏身深信佛敎則無迷惑心。雖着五欲曾植善本則豈墮三惑(惡カ)耶。平治元年(一一五九)正月。述四天王金輪佛頂法。時住鈴聲山極樂寺。五月。記四天王寺來由。永曆元年(一一六〇)五月。注木像現作證。廣(應カ)保元年(一一六一)七月。述十界梵漢兩名畢。時號無動寺次官。實嘗往于豐之前州宇佐宮欲誦法華一千部。同十月。出華洛。十一月。至安樂寺嚴祐坊。宿果滿宿願矣。同二年閏二月。應同輩請抄金界祕密檀(壇カ)畢。又欲往于高良玉垂社。有故不果。轉法華一部饗于法筵矣。三月出國。四月入洛。年八十二。又灌頂道場用懸曼者。諸流自元無也。唯敷曼一事耳。實於長等用懸曼此其始也。又如灌頂金夜問境界相。他曰。好相者。於凡夫不可有則言非其作。終輒除焉。唯實曰。言非凡作。何但此事而已哉。一部始末皆果上相也。熟(孰カ)是凡作耶。但是迷中而示悟。因中而示果。以故一部皆爾。何但略此一事耶。遂用焉。於是他曰。自達也。奇特也。其爲英賢被推類此。又述我乘內證智安覺無非境界抄。審印信請等。永萬元年(一一六五)乙酉七月十五日。先是於七日知死期。結印誦明。溘然入寂矣。時年八十五

36　光圓院舜空傳

釋ノ舜空。字ハ太玄。姓ハ山岸氏。下ノ之野州ノ人ナリ也。年十四歳。従テ二東叡山護國院ノ慧順僧正一ニ。薙染。十五歳。遊ヨ學スルコト台山ノ楞嚴院ニ三年。尋テ師ヨ事止観院ノ西谷ノ光圓舜掌一ニ。二十一歳ニシテ。遂ニ繼ニ其ノ席一ヲ。轉ヨ移行光坊。室亡何退隱。卜シテ二會心菴ヲ于杉生ニ幽居スルコト七年。喜ヨ捨シテ菴幷ニ資具ヲ於安樂律院一ニ。更ニ開キテ二知足菴一ヲ。以テ為ス修(終カ)焉ノ所一ト。嘗テ以テ二白金許多錢一ヲ。喜ヨ捨シテ止観・楞嚴ノ二院一ニ。置ク二法華讀誦會一ヲ。又享保十五年（一七三〇）庚戌。以テ二白金二千錢一ヲ。施ヨ入シテ無動寺一ニ。置テ二法華讀誦會一ヲ。永ク為ス二無畫（盡カ）ノ財一ト。蓋シ擬スル二往生ノ資糧一ニ也

（無動寺大乗院『舜空』靈牌裏書）

37 東漸院官田僧正傳

權僧正官田ハ。羽州村山郡舟町ノ人ナリ也。文化十四（一八一七）乙（丁カ）丑年ニ。登リ二東叡山一ニ。拜シテ二津梁院大僧都覺桃一ヲ薙染ス。天保十二（一八四一）辛丑年七月ニ。繼ギテ二于法系一ヲ主タリ二常照院一ニ。同十四年十月。於テ二開山堂一ニ。開ク二三部ノ傳燈ノ密場一ヲ。弘化二（一八四五）乙巳年。登リテ二台嶺一ニ。勤ム二法華會ノ竪者一ヲ。同三年十月十六日。依リテレ命ニ轉ス二壽昌院一ニ。續テ補ス二大僧都一ニ。嘉永四（一八五一）辛亥年七月十八日。依テレ命ニ轉ス二東漸院一ニ。安政元（一八五四）甲寅年。勤ム二慈性大王ノ之扈從一ヲ。同四丁巳年仲呂二十七日。賜フ二靈山院ノ室一ヲ。同五戊午年暮秋。受ケテレ命ヲ上ルレ京ニ。蓋シ伏見滿（久カ）宮公現親王ノ奉迎ナリ也。翌六年仲春。供奉シテ下ルレ關ニ。文化元辛酉年夷則。拜シテレ命ヲ轉ス二羽黒ノ寶前院一ニ。九月任ス二權僧正一ニ。明治二（一八六九）己巳年以テレ故ヲ蓄フレ髮ヲ。時ニ年六十七。法臘五十三也。明治四年十月七日示スレ寂ヲ。俗壽六十九歳ナリ

（門下大僧都順田手記）

38 〔亮阿實戒ノ行實記〕

釋ノ實戒。諱ハ亮阿。俗姓ハ有澤氏。越中ノ國礪波郡佐野村ノ人也。寛政十二（一八〇〇）年正月元日。旭日昇ル時生ノ產ス。其ノ時頭上ニ三筋ノ白髪生タリ。長三寸。第七日ニシテ剃ルレ之。又如レ前生フ。復タ剃ルレ之。從レ爾シ後ハ不レ生。自レ幼常ニ信ニ佛乘一ヲ。父母ニ求レトモ二出家一センコトヲ不レ許サ。依テ獨身ニ落髪ス。父母泣クヾ許。

歳十八才ニシテ。和州南都ニ趣キ。墨師大隅ト云人ニ語イケルニ其志ヲ一。大隅感心シテ。法隆寺一山北室律院ノ叡辨律師ノ元ニ案内ス。此ノ師ハ八宗ニ秀タル碩徳ナリ。師直ニ得度セシム。授クルニ五戒八齊(齋カ)十重禁戒ヲ以テス。夫ヨリ倶舍唯識等ノ諸論始。終南山ノ律儀ヲ學。又胎金兩部ノ大法ヲ傳フ。一日モ無レ怠ルコト。或ル時ハ吉野天之河御所坊ニ住居シ。辨天ヲ祈ルニ利生驗。又河内國上ノ大(太カ)子叡福寺ノ塔中ニ安居シ時ハ。日日行乞ヲ致シ。又和州金剛山ノ庵室ニ安居シ。晝夜ヲ不レ分禪定無レ怠ルコト。於ニ此ノ室一降魔。又大和國之六條村ノ農人丈助トイフ者。娘難產ノ後孤得ニ地獄感一。其生子親與諸共ニ獄率引立テ行キ責見告。依六親者驚テ實戒律師ノ元ヘ走リ附。何分濟ヒ給ヘト乞フ。依レテ之ニ師行イテ祕密加持ヲ加ヘ。夫ヨリ六親者ニ念佛勸メケレハ。是時產婦念佛ノ聲ニ誘ハレ共ニ口ヲ動カス樣ニ成リ。其驚氣ノ如ク產婦平陰(穩カ)ニ成タリト云。其外人人濟幾千人不レ知ラ其數ヲ一。而後登リニ比叡山ニ一。謁シテ金光院方明亮照律師ニ一。傳教大師傳ヘ給フ所ノ一乘圓頓戒法ヲ受ク。晝ハ師ノ元ニ仕ヘ。夜ハ相輪塔ノ元。或ハ釋迦堂ノ床。二內堂等床ニ。薦ヲ以テ坐トシ。禪定ヲ修シテ夜明スコト常ナリ。又再ヒ和州天之河還テ。法華・金光明・仁王般若・菩薩戒經等書寫。自身臂ヨリ血ヲ出シ。以ニ其ノ血ヲ一書寫シ。又服(股カ)ノ皮ヲ剥イテ爲ニ表題一トス。或ル夜辨才天告テ曰ク。汝修行將ニ至レリ。從レ是尾張國豪潮ト謂者是有緣僧也。夢覺テ後三日ヲ經テ出立ス。亮照律師ノ元ニ至リ其事語。師云。幸幸(幸カ)ヒ豪潮師我能ク知ル所ノ僧。遊旁行ケヤト書簡ヲ認メラル。其ノ三日前ニ。潮師聚レ衆語テ曰ク。近近ニ一人奇僧來ル。是レ我法燈ヲ可レ繼人ナリ。然第三日夜。叩イテレ門ヲ來ル。是レ戒師也。衆大ニ驚歡(歎カ)ス。夫ヨリ潮師拍ツテレ手ヲ歡喜シ。我遺法ノ人ハ是ナリト定メ。時ハ天保五年甲午(一八三四)五月十五日。夫ヨリ戒師替ツテ豪潮律師ニ一。日日護摩供・準胝供等ヲ修行スルニ無レ怠ルコト。師ノ行德聞ヘニ四方ニ一。然ルニ天保六(年カ)乙未七月三日。潮師化ヲ遷ルニ樂邦ニ一。夫ヨリ國主豪潮師ノ如クニ。歸依深厚ニシテ。天保十一年。胎金大曼荼羅令レ畫。開ニ大檀(壇カ)一。受明結緣灌頂行フ。浴ル人不レ知ラ其ノ數ヲ一。天保十一庚子年七月。國主依テレ命ニ。信州木曾登リ御嶽山ニ於テ頂上ニ。修スルニ胎藏界大法ヲ一。晴天白日ニシテ二時間無ニ散雲一モ。里人ノ云ク。昔ヨリ此山ニ如レ此雲ノ不レ出未タストレ聞カ云フ。是レ諸天善神法味

納受給故嘆。天保十二年辛丑七月三日。先師豪潮和尚七回忌相當。羅漢供之式行（是魚山五箇祕曲之一也。本尊釋迦・普賢・文殊・十六羅漢・善月禪師感得。水戸黄門公問（開カ）板石摺十六幡（幅カ））魚山實光院觀海請待。式傳（導師實戒律師。威儀師觀海僧都。讚衆供養弟子中）同十三年。釋迦・藥師・彌陀幷諸佛判彫刻一體三禮。三千佛摺押軸爲。天保十四年癸卯山門前星光院豪觀律師四箇大法・六箇祕法・諸尊法密印等傳。有時實戒師弟子告云。我常觀法修。瑜伽三密之胸月冷也演。又天保十五甲辰年三月。勢州西來寺眞阿僧都云（此師天台宗諸流繼給戒師初密法師也。實大阿闍梨云可人也）我一代密法悉傳無殘處。幷是相承人者戒尊者外無之。願爲令法久住傳給依賴。從元有志師依請待無殘叩底薄墨密印迄傳授被致。弘化二乙巳（一八四五）（丁年カ）七月。尾張御屋形御殿於書院胎金曼荼羅供被爲行事數度也。同年八月。和州南都使僧遣。招提寺金堂圖寫（此堂昔聖武天皇御代。唐鑑眞和尚御請待之砌清涼殿其儘金堂被爲遊處。格別道場）

39〔豪潮律師ノ行實記〕

釋豪潮。諱寛海。亦無所得道人。復謂八萬四千煩惱主人。寛延二己巳（一七四九）年六月十八日。於肥後國玉名郡山下村。眞宗安養寺內專光寺誕生。寶曆五乙亥（一七五五）年九月。父貫道曰。余曾雖及出家。精（清カ）僧之志願三度。有故障不遂。故二子一子可繼余志。汝當年七歲。繼余志願。同郡天台宗繁根木山壽福寺豪旭阿闍梨元連行。師見此兒謂。有異相。必可成明德謂。出家得度。夫學業日進。夏短夜附枕無臥。歲十六才。登比叡山。豪恕大僧正會下住山。修學十餘年。而後歸國。壽福寺住職。院內酒器悉聚。入立臼舂之。持律堅固。四十歲至迄。夏夜蚊帳不用。五體蚊喰次第施血。常坐牀床。日夜準提觀音爲本尊。悉地成就之人也。自夫九州之諸侯。不歸依人無之。或時肥前國之於長崎。約明（程カ）州呈赤城云人。天台山圖令摸寫。此圖面自古雖有。猶一度山廻改圖寫。大日本東肥豪潮大律師奉贈有。此

圖ハ山門淨土院ノ寶庫ヱ被レタリ納メ。其ノ後聖護院宮一品盈仁新(親カ)王之依テ二奏門(聞カ)一ニ。奉リ二內敕ヲ一參內ス。某ノ局ヲ奉ルニ二加持シ一忽チ有リ二法驗一。赤栴檀香木ト。黃金數十枚トヲ賜ル。以テ二內敕ヲ一寬海宣下。從リレ夫レ京都東ノ森積善院ニ住シテ。諸病加持ヲナシケルニ。一人トシテ無シレ不ルハ二平愈セ一。其ノ後チ細川家ノ依テレ請ニ。歸ル二熊本一ニ。文政二年(一八一九)十月齡七十有餘歲也。其ノ後尾張名古屋城主。正二位尾張德川大納言齊朝卿ノ應シテレ請。名古屋禪宗萬松寺ニ來ル。城內ヘ參殿シテ而加持ヲナシケルニ驗シアレ。從レ爾東京ヘ下リ。市ケ谷ノ於テ二屋形一ニ。尾張中納言齊隆卿ノ加ニ持スルニ二病氣ヲ一。速ニ快氣セラル。時ハ文政三年庚辰十月。四方ノ諸侯或ハ加持ヲ受ケ。或ハ十念ヲ受ル人數多ナリ。文政四年九月歸國ノ砌リ。於テ二薩埵峠一ニ。詠シテ二富士山一ヲ詩ヲ吟セラル。「一睡ス芙蓉ノ頂。覺來テ將ニ欲レ還ントト。枕邊明月落。足下白雲飛ト。」夫レヨリ追追進步シテ。尾張國知多郡岩屋寺村天台宗岩屋寺ニ住職ス。是寺ハ觀音ノ靈場ナリ。然ルニ城內ヘ道隔タル故ニ。金城ノ艮ニ當ル。愛知郡柳原ニ被レ爲レ築カセ二新寺一ヲ。國家鎭護ノ爲ニ祈ス願所ト一。卽チ今ノ長榮寺是也。文政六年此寺ニ引移リ。日日準提護摩供無クレ怠タルコト。本尊ハ金城ニ持傳ヘタマヘル所ノ。赤栴檀香木ニテ。國主ヨリ京都大佛師赤尾右京彫刻スル。準提觀世音菩薩也。自リレ爾其ノ名普ク聞ヘ二四方一ニ。一人トシテ不ル二信仰セ一者無レ之。其ノ外三密加持ナシケルニ。利益ト行德ハ不レ暇アラ二枚擧スルニ一。全國ニ八萬四千ノ寶筐(篋カ)印塔ヲ建立ス（其大イナル塔ハ豐前彥山中段一基。尾張名古屋萬松寺ニ一基。東京淺草ニ一基。其外國國大中小ノ塔ヲ建立スルハ其數多）其外準提觀音大小尊像ヲ彫刻シテ。諸寺院ニ令レ納ムルコト數多。諸經卷モ亦タ如レ是ノ。于レ時自ラ辭世ヲ吟テ曰ク。「欲スルニレ得ント二長生樂一ヲ。終ニ無シ二不老ノ家一ニ。雪ハ殘テ二頭上一ニ白シ。春ハ入テ二眼中一ニ霞ム。」時天保六年(一八三五)歲次丁(乙カ)未七月朔三日。臨終ヲ告ケレ衆ニ。唱テ二彌陀寶號一ヲ。湛然(時雨カ)トシテ入ルレ寂ニ。時年春秋八十有七。尾張國西春日井郡中枚村兩菴境內ニ埋葬ス。洞松山長榮寺中興第一世也。國主德川家ヨリ以テ二使者ヲ一備ヘラルト二香儀ヲ一云云

40　里見山光明寺境內墓碑彌〔陀〕號之記

安壽院法印大僧都德麟師ハ。上野國碓氷郡里見村。里見山。阿彌陀院。光明寺。第二十四世ノ住職ニシテ。信濃國更

科郡何某村ニ生ル。幼ニシテ東叡山ニ登リ。津梁院ニ薙髪ス。而后比叡山溪廣院ニ久住シ。山門執行代ノ職務。數年勉勵ノ薫功ニ因リ。天台座主輪王寺宮一品大王ノ欽命ヲ蒙リ。文化元(一八〇四)甲子歳正月中。同國群馬郡榛名山學頭・別當ノ兩職ヲ兼タリ。天保中。職ヲ徒弟堯淳ニ譲リ。身ヲ念佛三昧ニ安住シ。晝夜勤行怠慢無カリシモ。弘化元(一八四四)辰(ア甲カ)年ニ至リ僧臘既ニ七十。此年初冬老疾ニ罹リ。室ヲ假設シテ病床ニ在。猶ヲ常住執行ノ如シ。曾テ空ニ向ツテ彌陀ノ名號ヲ印ス。其所為非凡ナリ。然ルニ同年十二月二十三日ノ夜半。西ニ向ヒ彌陀ノ定印ヲ結ヒ。奄然寂ヲ示ス。侍者慟哭。僧俗集リ。病床ノ調度ヲ治ム。既ニシテ曉ニ及ヒ。假設天井ノ椙板皎皎タル光アリ。人人希有ノ思ヒヲナシ。仰キ見ルニ彌陀尊號顯然タリ。蓋シ師カ平素ノ空印三昧ヲ得タル者歟。實ニ道徳ノ模範。末世佛門ノ燈燭ト謂ツヘシ。當時東台管領執當。信解院法印亮端。法親王ノ命ヲ奉シ。榛嶺ニ登リ。親シク之ヲ驗視スルニ。字形髣髴タリ。嗟奇ナル哉。妙ナル哉。宿ニシテ亦復顯然皎皎タリ。卽チ同山別當。佛龕ニ納メ祕藏シ置ケリ。明治維新神佛分裁ニ會シ。粗暴ノ社徒。之ヲ火中ニ投シ終ニ烏有トナス。實ニ慨歎ノ至リ也。然リト雖トモ當時其眞影ナル六字ノ形ヲ摸刻シテ。今尙ヲ同寺境内墓碑表面ニ存セリ。是ヲ以テ僅カニ其事績ノ一斑ヲ窺フニ足ルノミ

法孫天台沙門池田志芳謹誌

41 德門贈大僧正遺骨舍利化成之現況

寛永寺貫首中教正松山德門師ハ。奥州ノ人ニシテ。東台大僧都德印法印ニ從ヒ。津梁院ニ薙髪シテ。滿成院德潤探題大僧正ノ法脈相承シテ。圓珠院ニ住職シ。金輪ヲ念スルコト常住不斷ナリ。尋テ春性院ニ轉シ。復タ津梁院輪住シ。嚴有・浚明兩院ノ別當タリ。既ニシテ大佛頂院ノ室ヲ拜シ。暫時執當假役ヲ命セラレ。兼テ公現法親王ニ侍讀ス。維新際幕府大政返上。官軍進入ノ時ニ膺リ。法親王ノ命ヲ奉シ。慶喜公謝罪為メ。甲州路ニ趣キ。事務ヲ處理シ。欽命ヲ完フシテ歸ル。此時褒賞ヲ下賜セラルルコト若干。戊辰擾亂ノ後。東台ノ燈火既ニ滅スルヲ回復シ。殊ニ東台根本中堂再建ニ盡

力シ。頗ル其功ヲ奏セリ。嘗テ教部省ニ出仕シ。台宗ノ擴張ヲ謀リ。後東台學頭淩雲院ニ昇進シ。復タ寛永寺ニ普(晉カ)山ス。明治十五年(一八八二)壬午年六月二十五日。病ヲ(ヿ以テか)逝西ス。時ニ年六十一。却說。師病床ニ在ルトキ。北白川宮殿下訪問ヲ辱フスルコト數回。臨終ニ及ヒ即菩提樹院ノ號ヲ賜フ。闍維ノ梵莚(華カ)ヲ行フニ際シ。諸宗ノ大德皆是ニ列ス。殊ニ皇族ハ喜(嘉カ)彰親王殿下ヲ初トシテ。花族ハ從一位松平慶永公ヲ初メトシテ。臨場ヲ辱フシ。其他代香ヲ賜フ。後遺骸ヲ燒却スルニ至テ。弟子志芳徹夜之ニ侍シ。即チ其滅スルヲ待テリ。翌朝ニ至リ。法類擧テ遺骨ヲ迎フ。此ノ時灰燼ノ中ヨリ舍利數十粒出現ス。其色青・黄・白ノ三種アリ。今尙津梁院ニ藏スルハ。東台滿山衆徒ノ知ル處ナリ。今茲ニ本山法務課ノ告示ニ基キ。師ノ逸事ヲ略記シ。以テ之ヲ上言ス

〔頭〕奧田本ニ依リテ之ヲ追記ス。史宗

右上毛碓氷郡里見村常福寺住職法眼志芳敬白

附言　尙委細ハ武州川越喜多院權大僧正松山邦仙及東台津梁院僧都最上德光ノ兩氏ニ就テ御質問有ランコトヲ懇禱ス

---

42 那羅延院宮御履歴

入道眞仁親王

桃園天皇御猶子。閑院一品典仁親王息。實母家女房

明和五年(一七六八)六月五日誕生。號時宮

六年四月十六日當室相續

安永七年(一七七八)七月二十一日爲二御養子一。七(八カ)月十六日親王。寛(實カ)名周翰。九月二十五日讀書始。十月二十六日入室得度。戒師靑蓮院尊眞親王

八年五月六日改衣。九月一日加行開白

天明二年(一七八二)六月二十七日補二一身阿闍梨一。九月二十四日灌頂。二十八日瑜祇灌頂。大阿闍梨日嚴院堯忠僧正。十一月十一日二度加行闕(開カ)白。十二月二十三日爲二護持僧一

天明三年四月四日灌頂受二法蔓(曼カ)院一

四年十一月十六日住山

五年十二月十六日敍二二品一

六年八月二十日補二天台座主一
天明九年三月四日安鎮修法幸(奉カ)敕皇居造營
天明九年六月二日奉レ敕祈二日雨一
寛政二年(一七九〇)九月二十六日新內裏安鎮法勤修。十月十一日仙洞安鎮。二十六日女院安鎮
三年三月十三日後白河院六百回聖忌於二蓮花王院一。曼供阿闍梨
五年二月二十一日從二花山院大納言愛德卿一能書方傳授。八月十九日勸學大會誠證
六年二月十五日皇后御祈安鎮。十八日聽二牛車一
七年二月二十五日不レ滿二年齡三十一敍二一品一。持レ典而初例也。敍二一品一。十一月二十七日辭二座主一
八年十月六日門室傳法開函見
十一年十二月二十九日奉レ敕蘇悉地略法奉二傳授一
文化二年(一八〇五)二月二十六日下二向于關東一。四月二十日歸路。八月九日寂。三十八步(歳カ)。二十四日葬二于法住寺一。號二那羅延院宮一

文化二年七月二十四日違例。二十六日呈レ醫。案二於關白一。八月九日薨去

43　大寶和尚著述目錄

妙宗鈔講述　五卷　嘉永二年(一八四九)己酉四月開講八月滿講
妙玄講述　二十卷　嘉永三戌年開同五年子年滿
六合釋講述　壹卷　嘉永三戌年開滿
八識規矩證義講述　貳卷　同上
磨光韻鏡講述附唐韻口傳　貳卷　嘉永五子年開滿
悉曇字記講述　壹卷　同上
菩薩戒疏講述　貳卷　嘉永六丑年開滿
摩訶止觀講述　六卷　嘉永七寅年開安政三(一八五六)辰年滿
因明纂解講述　三卷　安政二卯年開明春滿
悉曇連聲捷徑切韻口訣　一卷　安政五戌(戊カ)午年開滿
四教集註科　一卷　安政四丁巳年開明夏滿
金光明玄記科　一卷　同上　四教集註與隔日講也
觀音疏科　一卷　安政五戌(戊カ)午年開滿

起信論講述　一卷　安政六己未開滿 三月八日開。四月七日滿

金剛錍講述　一卷　同上　四月二十四日開 五月十一日滿

指要鈔講述　二卷　同上　五月十六日開 七月六日滿

觀音玄記講述　四卷　同上　八月八日開 九月二十九日滿

佛心印記箋要講述　一卷　同上　十月二日開 同月十一日滿

法華文句記講述　安政六未年當秋日光輪番下向ニ付 第一卷十月二十七日開。明春閏三月六日止

十不二門指要鈔科　壹卷

妙宗鈔講述再治　五卷　萬延元甲(庚カ)申(一八六〇)三月開 七月滿

妙玄講述再治　發起日光山惣衆　萬延元甲(庚カ)申九月二十二日開講 文久二(一八六二)二月二十九日迄

祕密儀軌傳授抄　第一・第二　玄法軌已而(而已カ)。日光山惣衆發起 文久三六月十六日ヨリ七月二十八日

悉曇字記講述再治　壹卷　文久三五月二十五日開 六月十日滿。日光山惣衆

祕密儀軌要略傳授抄　四卷　元治元(一八六四)甲子六月八日開筵 明年閏五月八日滿筵
會數三十六席

右ハ大儀軌・四部儀軌・十五經・豐山版十二卷軌・十三卷軌悉有ニ此內一。安政五年(一八五八)所成傳授抄今般再治スル者ナリ。發起山門總衆

天台四教儀集註科再治　慶應二年(一八六六)六月 發起山門總衆

大學集註講述　一卷　明治二年(一八六九)二月二十四日 於ニ寺門上光院內一講。四月三日滿

中庸集註講述　一卷　明治二巳年六月九日於ニ同院一開筵。隻日講 也。同三年四月一日滿講

論語集註講述　明治三庚午年四月二十五日 於ニ光淨院一表ヲ講開筵

字彙韻圖講述　明治五壬申年九月十六日開 二十八日滿

古事記講述

始終心要始終戒要科

圓頓章合記句解科

和尙履歷

一。出生　文化元年(一八〇四)甲子三月五日勢州三重郡水澤村眞宗淨願寺產

一。入寂　明治十七年(一八八四)二月十日歿　行年八十一歲

44 師資相承血脈ノ文譜 朱

朱 二線ハ法華譜ニ依リテ引ク

載ス二于天台小部集釋第二卷ノ山家餘雋ノ下卷一

朱 一釋迦牟尼如來

朱 二摩訶迦葉——朱 三阿難陀——朱 四商那和修

朱 五優婆毱多——朱 六提多迦（朱（迦多））——朱 七遮迦（朱 彌——）

朱 八佛陀難陀（朱（馱）朱（提））——朱 九佛陀密多——朱 十脇比丘

朱 十一富那奢（朱（遮））——朱 十二馬鳴——朱 十三毘羅

朱 十四龍樹——（朱 以下法華相承譜ニハ十祖アリ）——須利耶蘇摩——羅什 朱 キレル

傅大士　雙林寺ノ傅大士。深ク解リ二妙經ノ之深義ヲ一

「惠文」　齊高ノ惠文禪師。故ラニ得二論文ノ之幽旨ヲ一。南岳ノ惠思ニ傳フ二此ノ妙文ヲ一

惠思——天台智者　天台ノ智者大師。稟ケ二受シ彼ノ二聖ノ之付屬ヲ一而解リ二一乘三學ノ之玄旨ヲ一

灌頂——智威——惠威——玄朗

湛然——道邃——最澄

一　近世天台僧寶傳略　一册　津金僧房主人手寫并蒐錄

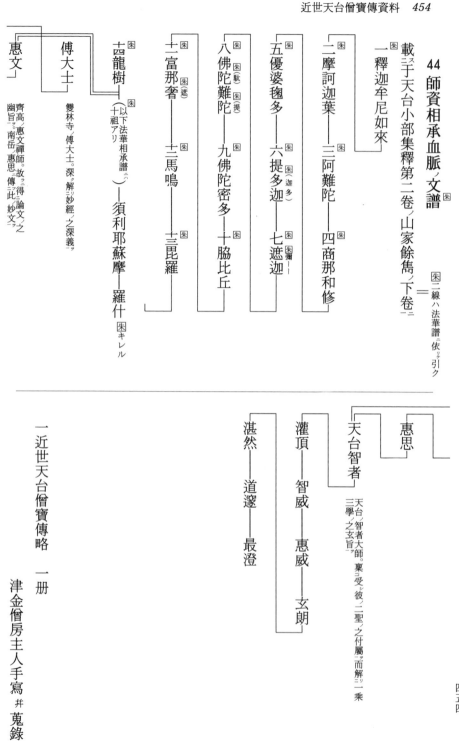

（底　本）叡山文庫池田史宗藏、書寫年不明一册本

（校訂者　佐々木邦世）

近世天台僧寶傳資料　終

(題簽)近世天台僧傳集

近世天台僧略傳

目次

以上

(1) 法曼院 第三世前大僧正慶算

華山院左大臣定廣公孫。寛永十一年(一六三四)甲戌某月日生。正保元年(一六四四)甲申。甫十一就光慶權僧正薙染。號自性院。聰明秀朗。登山從千手院秀仙稟教傳觀。京師智積院澄傳學悉曇臻其奧。常憂法曼和尚遺跡永廢。以興復爲心。承應元年(一六五二)壬辰。兼管京師養源院。三年甲午。傳法曼流密灌奧旨於久遠壽院准三宮。及兼法曼密室。萬治元年(一六五八)戊戌八月。傳第五灌頂及受三部祕記。後任大僧都。寛文二年(一六六二)壬寅二月十六日。補(「院カ」)大阿闍梨。即其夜爲受者某爲阿闍梨。南溪吉祥實隆爲之教授師。同十九日。金藏院天榮亦補大阿闍梨。即其夜爲受者某爲阿闍梨。算自爲教授。於善住院修行。三年癸卯。因和尚遺跡建立法曼道場。爲法曼中興第壹世。於之圓滿名隨滅。坊亦隨沒。今寶珠院即其舊基。是年任權僧正。先是白輪王寺法親王。奏贈和尚權僧正。乃敕許之。口宣于今尚在院。又欲畫和尚眞影而無所本。乃求之四方。得於峨山二尊院。因命畫工圖之。兩部曼荼羅・五瓶・五鈴・灌頂器具。次第營造之。猶恐其不永固也。則凡係當流祕記密籍。遠求近尋。無弗親寫。於是乎。爲密乘弘傳第一之道場也。四年十一月。於當室始行灌頂。七年丁未。依輪王寺尊敬親王命。於信州戸隠山開灌頂壇。爲教授師。八年戊申。修慈恵大師祕密大法。十一年辛亥。轉任正僧正。十二年壬子。從本院執行正覺院豪親僧正受元應寺戒灌。延寶七年(一六七九)己未冬。轉任大僧正。天和元年(一六八一)辛酉十二月。從初二日至八日之間。於清涼殿御修法會。算參其左壇導師。二年壬戌五月。補無動寺別當政所職。元錄(祿カ)七年(一六九四)甲戌春二月十日逝去。春秋六十有二

(2) 什善坊 第八世大僧都重華

字寂照。初號玄慶。字四擇。信州人。年甫十一。從本州善光寺慶運祝髮。聰明秀朗。年十七。於本

寺一閲明藏。尋登山住學紅葉溪。正德三年(一七一三)癸巳。主當院。於法曼院補大阿闍梨。華自初入佛門。好書博覽。以故早通内外諸典。古今歴史。和漢之風俗。嘗所著述書。二百題輔助記三卷。指要鈔助解二卷。淨信堂答問合璧記。金錍折重抄。指要〔鈔カ〕別理隨緣備釋。摩訶止觀奇字抄等各一卷。就中輔助記彫梓。學者盛流傳之。享保五年(一七二〇)庚子四月。校天台座主記諸本。別繕書一部。藏明王寶庫。爲古今座主記冠。後任大僧都。十八年癸丑春二月。移法曼院。便補無動寺政所。嘗從妙光院覺同學祕教三年。五部祕經・諸尊別軌悉臻其奧。是年冬十二月中旬。帝迎東山院帝五五聖忌。敕四大寺嚴修八講。空亦參預。敕令役第三日夕座問者。已講貫統亦受敕而登階講第五卷。空初擧經龍女疑其權者歟其實者歟。次問補處智力知久遠事耶否。兩箇往復時稍移。而雖難陳倶窮其淵源多多益辨。以空之雄論如

雲起馳辯如懸河。堂上諸家聽衆不覺放聲一皆稱美問者。勸賞大僧都以讓玉照眞了。且就當會改名義空。元文元年(一七三六)丙辰十一月。輪王寺新宮公遵親王。於出雲寺修受灌頂。則以空爲教授師。寛保元年(一七四一)辛酉九月。受兩法花會講師宣。四年甲子三月。別請竪義會勤立者。延享二(一七四五)乙丑春三月。將軍修法花八講於紅葉山。空參預。是年遂兩法花會講師。賞賜維摩院室。四年丁卯九月。爲別請會第一問者。寛延三年(一七五〇)庚午九月。補探題。是年法花會五卷日之夜竪義勤證義。同冬任權僧正。四年辛未春。移正觀院便補西塔院執行及學頭職。同年三月二十八日。公啓法親王。於出雲寺修受灌頂。乃欲復令以空爲教授師。空以已辭室之故固辭而不聽再命。不得止終爲教授師。蓋以是時法曼室無主故也。十月二十四日。衆行別請竪義會於楞嚴院。空當其證義者。因自下等覺一轉入于妙覺算以爲

業義。復下約如妙(明カ)空一空一切空算爲副義。乃令其會立者忍達法師答定正理所蘊在。達者衆中之耆宿而久有學解名。然於所下約如妙(明カ)空算。謬成不了。更出自己手眼巧附會經釋。以募其所立。是時也。空特逞天縱之妙解。博引諸經之明文深難所立不正。以故及往復數番。立者茫然忽失措對之處。於是乎。遂斷副義所答處之未判。業義所答則以得失相半決之。一會聽衆駭然嘆其精斷之明白且的當也。空初登本山時。志遂鴻業。以故學業勵晝夜。經論祖釋悉莫不研究。其論場名譽于今傳之。嘗在法曼室時。感靈夢預自稱安樂行院。寶歴(暦カ)二年(一七五二)壬申。轉任正僧正。三年癸酉秋八月七日寂。春秋六十有七

(3) 第四世一乘菩薩僧可透 寶珠院

字祖關。不知何許人。初寓學横川解脱溪。後移無動寺。爲俊之資。寶永六年(一七〇九)仲秋。主院。高才卓識好學甚篤。嘗所著之書。天台大師別傳句讀二卷。教觀綱宗宗(釋カ)義講翼二卷。四教集解義(〔儀カ)斷八卷。十(〔四明カ)義書耳聽記二卷。法界次第箋錄三卷。盂蘭盆新(〔經カ)疏講翼。唯識述(〔論カ)記序解。顯戒論贊宗鈔各一卷。其餘不具枚擧。常爲學徒講授。正徳元年(一七一一)辛卯季秋。補大阿闍梨。三年癸巳。誓紀爲籠山大比丘。院前有孤峯。高聳直續叡南嶺。透常對之見書。靈空和尚一日來于此。見峯聳臨于透院宇。即題成文峯。自作記贈透。文載草堂雜錄記中悉以稱揚透。成文峯之號亦從是而起。紀後讓院于孚介退居備前佛心寺。講誦諸律部大弘律儀。凡當時本宗兼學徒。律儀之作法悉以透爲規則也。享保十九(〔年カ)甲寅(一七三四)正月二十九日寂

(4) 第二世法印快倫 眞乘院

初住播州書寫山。慶長年閒初登于無動溪。主當院。氣宇剛正。高才博識。嘗著法華科註十卷・音義三卷・義例私註四卷・天台性相私見聞一卷・七帖見聞序。並行于世。後應慈眼大師命往東叡。爲學

徒講誦。住仙波喜多院（十妙院）。正保元年（一六四四）甲申仲秋十八日寂

(5) 第一世政所法印賢榮

未詳氏族。自號寶藏房。永祿年初入行門修行回峯。十一年（一五六八）戊辰二月。補無動寺別當政所職受敕印。元龜二年（一五七一）辛巳（未カ）季秋。織田平信長來寇于一山。此時榮自奉負敕印與心性不動一軀。兵煙之閒。偶遁隱于京師華頂之麓。得尊影敕印俱全。天正年閒。又負影與印歸山。以興復爲力。其功甚多。文祿四年（一五九五）乙未八月十八日。以曩曩陀羅尼之祕曲傳尊朝法親王。此蓋爲以同季秋上旬於禁中有五壇之修法會當其用也（以下自古禁中熾盛光御修法必被用此陀羅尼故也）慶長十三年（一六〇八）戊申十二月二十三日寂

(6) 第十一世大僧都正徧（眞乗院）

字惠光。相州人。權僧正玄照弟子。享保十年（一七二五）乙巳。登本山寓學什善坊義空。十三年戊申。主當院。十八年癸丑九月。補大阿闍梨。元文四年（一七三九）己未。從貫主大王（公遵親王）蒙回峯七百日命。先是自行百日已勤。故以第八百日爲要期。寬保二年（一七四二）壬戌仲秋。補葛川目代職。是年任大僧都。延享元年（一七四四）甲子。七百日已滿。持呪甚驗。二年乙丑。修赤山苦行。七月十六日。大廻入洛之（後カ）跡。失火院宇燒亡。仍移玉照院修殘行。三年丙寅。更蒙千日命。第九百日大回。日日洛中洛外貴賤群集男女渴仰預益者甚多。至第千日遐邇庶民老若群來于東麓。於社頭受加持者日益加矣。是年八月終遂千日大滿已。於此座主青蓮院尊祐親王以是奏之朝廷。十月十日。賜行門興隆三塔威嚴之綸旨。拜天顏（櫻町天皇）加持玉體。親王・皇子・女院・皇后亦受其加持。此北嶺行門一盛事也。大凡千日滿行者。因遂密業。拜天顏加持玉體。雖爲古之常例。本山再興後。此事久廢焉。是年也。偏因遂大行滿。更受玉體加持之美敕。蓋繼絕興廢。可謂當時顯耀行門。四年丁卯。更修回峯百日。五年戊辰春。重營造院宇。後補無動寺政所。寶曆五年（一七五五）乙亥。移主法曼院。七年丁

丑春三月。轉二江府覺樹王院一。住ルコト四年。終二寂二彼院一。
寶曆十年庚辰六月十四日ナリ。春秋五十七

(7) 第（什善坊）十四世探題大僧正豪實貞超

和州添上郡ノ產。大西氏。年甫テ十三。從テ二談嶺貞法院觀洞一薙髮。安永五年（一七七六）丙申五月。登二本山一爲二貞慶之資一ト。天明三年（一七八三）癸丑（卯カ）夏五月。主レ院。後移二法曼院一。補二政所職一。遂二千日大行滿一。葛川參籠五十餘度。職進二探題一。更ニ轉二學頭正覺院一。補二執行大僧正一

讚

自レ有二叡嶽巡禮行一以來。未レ聞二脩レ之一千日而又葛川行法五十餘及者一也。況於レ職兼二貫主・師範及執行・探題一官至二大僧正一者乎。但其有レ之者。獨豪實上人也歟。盛哉

天保三年（一八三二）二月

天台座主一品親王（頭妙法院教仁親王也）　御花押アリ

東叡山
護國院初二三代傳

(8) 護國院開祖贈大僧正生順傳

師諱生順。字風山。俗姓漆氏。作州人。貴族時國公之苗裔也。父名某。母某氏。師幼而不レ凡。容貌奇偉。性質慈良。每見三沙門至二其家一喜而親レ之。稍長父母察三其有二方外緣一。託二中藏山圓融寺生盛一。執二童子之役一。既而祝髮。受二台敎一孜孜不レ懈。且善レ書梵漢俱通。一日自思。龍子豈肯求二生于蹄涔一。卽杖レ錫來二東武一。時慈眼大師敷二揚大敎于武之星野山一。海內仰レ之如二景星一。師往願レ受レ敎。大師見二形容不一レ凡。許レ侍二左右一。於レ是晝則勤二行公務一。夜則專研二敎觀一。兼探二密乘一。旁究二禪要一。勤レ之日久。自爲レ衆所レ推。暨二寬永初大師開二山東叡一。師相二東嶺幽邃之地一。新捌二一院一。榜曰二護國一。雉（矩カ）矱甚廣。未レ幾護摩堂・客殿・書院・廚庫。煥然一新。莊麗雄偉。頗稱二巨觀一。大師聞レ之大悅。賜二一千金一以旌二其功一焉。人初見二其基大一。以爲二其不レ知レ量者一。至二于此一自愧。又大師建二大雄寶殿于院中

央一。安三置古昔佛工春日所レ刻釋迦・文殊・普賢像二。而以レ院定爲二闔山之塔所一。蓋其擧同二於日光山妙道院一也。畢レ功之日。大師與二闔山衆一共落慶焉。既而僧舍門廊所レ宜レ有者悉皆備焉。於レ是師欲三普極二群迷一結レ衆勤二不斷念佛一。今已若干年。一日不レ闕。又師時時升レ座說法。四方緇素聞レ風慕レ化奔走相聚。法筵無レ所レ容。時師加三持九重符一。有二請求者一授レ焉。此符也。靈妙善避二刀箭一。有人疑レ之。即掛二符於狗頸一恣射レ之。數矢皆不レ中。開レ符視レ之乃有二箭痕一。疑者大駭謁レ師懺レ罪感嘆不レ已。又師於二江島石窟內一修二頓成法一。時有二神女一。日獻二奇菓一。喫レ之味甘。不レ辨二其何物一也。一日神女請二彌陀名號一。師即書而與レ焉。神女謂曰。吾欲レ報二斯法恩一。師之所レ欲何事。師知二是龍女一答曰。我每憂下爲二風波一溺死者上。我與二名號一者。請君救二其難一。神女許諾。授以二印璽其形如レ甕。故俗稱曰二甕判一水瓶容レ水纔二合計。每歲除日。汲二江島石窟內之水一容レ之以爲二硯滴一。終二一歲一之閒用レ之未二嘗竭一鈴一其音殊妙。振レ之祈則無レ不二感應一者也。以上三者。師常寶惜而不レ令二人妄觀一也。師沒而後忽失二所在一而後請二名號一者甚衆。時豐州刺史日根野織部正者。家藏二佛舍利一。曾齎泛二西海一。忽爲二龍神一所二奪去一。後復得二佛舍利一。恐二復爲レ佗所一レ奪。謁レ師求下脫二其難一之符上。師即書二彌陀名號一百幅一而與。且謂曰。海上遇レ難則投二此名號一。刺史拜謝而去。後泛二西海一。俄風雨大作。舟將レ覆。衆人危懼投二名號於水中一。時神女忽現。走レ潮蹴レ波取二其名號一而去。風雨亦止。刺史大喜。歎曰。護國師之功德。非三凡情之所二能測一也。寬永七年(一六三〇)庚午。師兼三領妻驪瀧泉寺一。乃不動明王顯靈之勝地。而慈覺大師之創建也。星霜甚久。寺宇悉廢。唯草堂破屋而已。甲子歲。大猷君出遊二于此一。誤失二所レ愛之鷹一。左右奔走索搜不レ得。君自詣レ堂祈二明王之加被一。須臾所レ失鷹飛三來于堂前之松樹一。君大悅命建二大寶殿一。前二二王門一側架二鐘樓一。丹青輪奐。隨喜瞻拜者憧憧弗レ絕。於レ是日修二護摩供一。祝レ國利レ民以爲二永式一。至レ今一日莫レ懈。十一年甲戌。師請レ官修三葺殿閣一鼎三革寺宇一。其莊麗有レ加二于前一。正保二年(一六四五)乙酉。師兼三領總州三途招提一。數載之閒。興廢修懷(壞カ)。且造二彌陀小像一千軀一安三奉之一。慶安二年(一六四九)己丑。丁二慈眼大師七周忌辰一。開二別請竪義會一時。請二僧正周海一爲二證義者一。擢二胤海一爲二問者一。而推レ師爲二竪義者一。師既登二猊座一立二兩科義一。業曰。刹那一念。（〔頭〕刹那ハ恐クハ梨耶ノ誤ナラン）副曰。權乘下種。時敵者詞鋒甚熾。聽人傾レ耳。師輒決擇無レ滯。已暨二證者辨論一。師與レ之對辨。其旨甚圓妙。四衆嘆服。此會四十年來棄廢。自レ此而後。於二叡嶽一相續。至レ今不レ絕。四年辛卯。官給二金若干一移二護國院于北嶺一。就二其趾一建二大猷君廟一。承應二年癸巳（一六五三）。師兼二董長沼宗光寺一。爲二權僧正一。興廢修壞如二三途招提一。又親設二八祖像一。使二人瞻禮敬仰一。師或夜夢。神人峨冠偉服容貌甚嚴。師問。卿爲レ誰。答曰。影向月也北野之天津風。師知二是北野神一。欲レ次二其句一而覺。一日會下達二和歌一者上。次爲二百韻一。時有二狩野信悅者一。齎二菅丞相手所レ寫肖像一來。謂曰。此靈像我家藏レ之已久。夢神告曰。奉二我于護國院一。否則必災。如レ是者三。請師奉レ之。師亦語二嘗所レ夢。相與感歎。燒香瞻禮以爲二鎭刹之神一。是像幷和歌。今尚存矣。又師每歲除夜詣二江島一修二天女法一。一朝因二夢想一鑿レ地。獲二辨財天曁十五童子像一。感喜交集齎歸二護國院一。命レ工繪飾焉。其靈也一切祈願無レ不レ應。

又夢天女告曰。今日大黑天來。師宜二供養一。翌日果有レ人。持二大黑天像一來。乃傳敎大師之手刻也。師感喜贖レ之。是諸像今見在矣。一日師慨然有二終焉之志一。欲レ奉二彌陀靈像一。時有下齎二彌陀像一來者上。其梵相殊妙。殆非三庸工之所二能及一。且有二像記一。乃前靑蓮院宮某親王之眞蹟也。曰。昔惠心僧都手刻。是像貯以二寶龕一。龕內又自繪二曼荼羅一。以與二安養尼一。而令レ事レ之云。師生二難レ遭想一。喜不二自勝一。捨二金三百一贖レ之。是像與レ記俱今尚在焉。蓋師之志其餘則推而可レ見也。明曆元年（一六五五）乙未六月八日。羅（罹カ）二微恙一。問レ疾者雲（如カ）至。且請二名號一者屢滿二門庭一。左右皆欲レ距（距カ）レ之。師不レ聽悉書與レ之。一日紫雲靉靆。集二于庭際一。四方緇素望レ之競來。師知二死期至一。集二諸子一囑二後事一。自漱レ口洗レ面更レ衣。燒香面二彌陀像一。端坐合掌而化。實明曆二年丙申三月二十八日也。由二遺命一停レ龕三日。顏貌如レ生。緇素瞻禮。至二數萬人一。哀慕涕泣。如レ失二怙恃一。門人奉二全身一葬二于院之西北一。世壽七十。臘五十有一。元祿九年（一六九六）丙子。敕贈二大僧正一。師平生來弗レ拒去不レ追。不レ擇二緇素一。

諄諄善誘。輪下常不レ減二一千餘指一。自二公卿大夫一至二士庶一無レ不二歸敬一。而其自處。則麁袍糲食。綽然有二餘裕一。每レ見二凍餓者一分レ食與レ衣。且造二釋迦・彌陀・藥師小像一凡五十餘軀。繪二觀音像一若干幅。修二廢寺一若干。門弟子出據二師位一者衆。而擢爲二僧正一者僅五人耳。萬治元年戊(一六五八)戌。慈海夢梵僧告曰。汝師生順者。無量壽佛之化身也。嗚呼師當宗中興之日。多感二靈異一能興二荒廢一使二人遠レ罪遷レ善。非下乘二願輪一而來者上不三能與二於斯一

(9) 護國院第二世贈大僧正慈海傳

師諱宋順。字證月。號二慈海一。俗姓源氏。武州荏原郡人也。父名某。母清水氏。夢二日入レ懷而有レ娠。復夢三胎中有二法華經八軸一。而生二師于寛永元年甲子(一六二四)九月十九日一。師幼而不レ好二畜(蓄カ)髪一。有二塵外志一。父母不二敢拒一。九歳而投二身於生順僧正一爲二驅烏一。僧正見レ之謂曰。我昨夜夢下詣二明王堂一顧二視坂下一有二米嚢一童子自二嚢中一出執二我衣一不上レ放。想是福惠兒。佗日爲二大法器一。既而祝髮。受二戒天台山南光祐盛公一。稍長而學術日進。令聞四達。明曆三年(一六五七)丁酉五月。住二護國院一兼二領瀧泉寺一。時歲三十有四。未レ幾令二亮順補レ席。卜二草堂於瀧泉寺側一若レ有二終焉之志一。延寶五年(一六七七)丁巳。星野山虛レ席。守證(澄カ)親王選レ師主レ之。師不レ得レ已而應レ命。是歲十月二十六日。爲二大僧都一。時歲五十有四。明年戊午十二月四日。擢爲二權僧正一。天和二年(一六八二)壬戌八月二十日。大樹君召レ師住二持東叡山凌雲院一第四代住持　時歲五十有九。是歲十一月。兼二領天台山寶薗院一。明年五月補二西塔執行職一。貞享二年(一六八五)乙丑四月轉レ正。冬十二月管二轄紅葉山一。時歲六十有三。元祿二年(一六八九)己巳春。辭二西塔執行一。先レ是捨レ資。鼎二革寶薗院一修二葺西樂院一。元祿五年冬示レ疾。踰レ年不レ愈。一朝淨二掃室内一掛二二十五聖來迎像一點燈燒香。手捻二念珠一口唱二佛號一端坐而逝矣。實元祿六年癸酉二月十六日未刻也。壽七十。臘五十有八。門人奉二全身一葬二院西北一。師爲レ人容貌短小。而博學強記。所レ著有二(┌天台カ)四教集解標指鈔十八冊・三(┌大カ)部序勘文三冊一。既行二于世一。又訂二法華・仁王・藥師・六字・聖無動・理趣分・寶筐(篋カ)印陀羅尼經等一。或附二音釋一。以印二施焉一。又嘗奉二天眞親王命一講二

法華玄義・法華科註一。其外所レ講書編不レ暇二枚擧一。雖二他宗疏鈔一無レ不レ加二朱墨一。令下師所二讀玩一書册盡藏中於凌雲院法庫上。又平生異跡甚著。每レ詣二明王堂一有二二神狗一來衞。恃(「師カ)(特カ)見レ之。餘人不レ能レ見。或修二不動明王法一。則二童子現二于壇上一。或行二明星供一。則星降二于華曼器一。或行二辨財天法一。則稻穗現二于壇上一。又嘗江城某婦。病疾危篤痛苦恃(特カ)甚。技窮術盡醫療不レ效。將レ死。因乞二救于師一。師爲期二七日一修二不動明王法一。及二第七日一有二一沙門一。到二夫病家一請レ見二病婦一。其夫有二難色一。沙門變レ色曰。我自二妻驪一來。夫不レ得レ已。延二沙門一見レ之。沙門手撫二病婦腹一。痛苦忽止。疾病立愈。闔家大喜。時忽失二沙門所在一。師聞レ之曰。是不動明王之應現也。此等事人之所二見聞一。是故上自二王公一下及二士庶一。靡レ不二望レ風向一レ化焉。元祿六年癸酉。賜二贈大僧正一。

⑽護國院第三世權僧正圓山傳

師諱亮順。字圓山。俗姓井田氏。乃井田攝津守是政曾孫。武州多摩郡人也。幼而不レ凡。嬉戲聚レ砂爲レ塔。供二養三寶一。且拜二神祇一。有二幕下士押田氏者一。見二其穎悟一欲二養爲レ子。父母察レ有二方外之志一而不レ與。生順聞レ之。即到二井田氏家一。請二父母一喜而與レ之。一日慈眼大師過二護國院一見レ師謂曰。此兒他日爲二大器一。師歲十有三而祝髮。十有九而登二日光山一。師二事亮慶一。一日諸友會二于大樂院一作二連歌百韻一。以二師善一レ書。請爲二執筆一。連歌已畢。歸路過二修學院一。圓義僧正問曰。今日有二何事一。師答曰。會二于大樂院一作二連歌百韻一。僧正曰。發句如何。師答曰。某作某句。僧正曰。其次如何。師答曰。某作某句。僧正問不レ止。遂至二百韻一。師皆答レ之。一句不レ失。僧正拍レ手歎曰。子非二凡器一。自レ此而後。師聲價日倍。承應元年壬辰(一六五二)。住二藤本院一。時歲二十有六。慈海師曾講二法華于長沼宗光寺一。師走二輪下一受二其說一。又師嘗夢三隣院火發延及二藤本院一。如レ是夢一月之閒十餘度。師誓期二三日一。修二慈惠供一千座一攘レ災。時慈海師遺(遣カ)レ人告曰。我氣衰倦二于將迎一。欲レ使三子補二我席一。已以聞二守證(澄カ)親王一。子心(必カ)莫レ辭。至レ此方知。前夢表二是輭災一。竟不レ得レ已。强而應レ命住二護國院一。兼二領妻驪瀧泉寺一。時歲三十有四。此年詣二江島一。謂二岩本院一曰。我曾夢詣二此島一。有二一大德沙門一。引レ吾到二石窟內一有二一婦人一。儀服甚美。傍有二二天童女一。年將二十五一。沙門告レ我曰。是生身辨財天。今見二此島一。宛然如二嘗所レ夢。明年。師期二五十日一。修二天女祕法一。修法滿日。天女寶龕下。有二一白蛇長八寸計一。師感喜不二自勝一封二之寶篋內一。永爲二修儀本尊一。此白蛇今見在。此年十月。當二慈眼會講師一論二海中權實一。寶勝院某時稱二義龍一。二人相謀各作二難問十餘條一以難殺。師決擇無レ滯。還作二反問十餘科一。聞者莫レ不レ服。守（澄カ）證親王聞レ之大悅。師曾植二松於瀧泉寺一有二枝葉如レ蓋。師自祝曰。我久住二是寺一。則汝必莫レ枯。奇哉。數十松皆枯。而是松恃（特カ）枝葉繁茂。今玄關側鬱鬱如レ蓋者是也。師曾作二和歌一曰

よろつよを　軒端の松に　契りをきて
繁れるかけに　住そうれしき

又有二檀越華屋九在（左カ）衞門者一。曾其家六人同病。一者婦。一者女。餘者奴婢。醫藥不レ效。卒延レ師請二救護一。時六人出見。師乃知二狐惑一。詰曰。此非レ病。必有二所レ崇（祟カ）者一。婦乃動レ眼答曰。我是尾長者。師曰。是尾長者。憑レ人凡有レ三。一有レ恨而憑。二者求而憑。三爲レ人所レ請而憑。除二是三一之外。無二可レ崇（祟カ）理一。汝等有レ恨歟。有レ求歟。抑又爲レ人所レ請歟。曰。有レ求。我等元棲二其處一。九左衞門家裒賣二其地一去。我等今棲レ身無レ地。願於二護國院後山一。爲二我等一建二三祠一。我號二大白大明神一。一人我婦福田大明神。餘者我眷屬也。師曰。國土廣如レ此。何故求レ建二祠於吾山一耶。婦人答曰。其地淸淨故願焉。師曰。是非二難事一也。汝等莫レ患。我今爲二汝等一修二不動明王祕法一。因二此功德一近趣二人天一遠趣二佛果一。六人謹而隨喜。修レ法已畢。師謂曰。我歸レ院建レ祠。汝等須二速去一。彼答曰。今日不レ吉。後日去。師莫レ疑。又彼謂曰。恐天雨歟。師曰。信哉。鴻雁嘶レ風。野干愁レ雨。天氣正好。汝等莫レ愁。彼聞喜。師便歸レ院。既而三祠成。擧レ家來拜。師熟視野狐未レ離。師乃謂曰。三祠已成。尾長者何不レ離耶。其婦曰。多謝。昨夜師見二何事一耶。師答曰。昨夜只見レ多二點火一。彼曰。是吾眷屬之所レ作。卽出レ

拳曰。請師奉ㇾ之。師開二見其拳一有二舍利一粒一。時林中忽有二金鼓聲一。彼曰。我眷屬歎(歡カ)喜奏ㇾ樂。師乃與ㇾ衆誦ㇾ經。便歸二方丈一時忽一人迷悶倒ㇾ地。泣曰。師何不下爲二眷屬一誦經上。師聞ㇾ之復來爲二眷屬一誦ㇾ經。六人聽受而喜。師謂曰。汝等所願已滿足。須二速去一。彼答曰。唯。卽六人出ㇾ戶倒ㇾ地。野狐乃離。三祠見在。其眷屬祠者榜曰二辨財天一是也。貞享四年(一六八七)丁卯五月。奉二天眞親王命一到ㇾ京。時賜二大僧都一。元祿四年(一六九一)辛未。住二良田山長樂寺一爲二權僧正一。此寺修葺久斷。荒蕪已甚。師到則修二殿堂一造二佛像一設二法器一。不二歲餘一煥然一新。且新建二開山堂洎開山塔一。作二渡月橋一。文珠(殊カ)山建二文珠(殊カ)石像一。遠近無ㇾ不二瞻禮贊嘆一。時ニ公辨大王賜フ二領二行嚴院ノ室一ヲ。元祿七年甲戌。師自思。人貴知ㇾ止。何汲汲外求。終辭還二妻驪一。專勤二淨業一。時歲六十有八。師曾二請ㇾ官修三葺瀧泉寺一。凡如二大日堂・經藏・百觀音堂・子安堂・鬼子母堂・虛空藏堂・愛染堂・地藏堂・觀音堂・彌陀千體堂・八幡宮・天滿宮一。皆是師之手澤也

右三祖傳。亮順弟子津梁義存所ㇾ記也。其先住二養玉院一之日。託二諸宗邸一達二之朝鮮一需二文士之削正一。翰官視ㇾ之稱二記事整詳一而返云

第十世法孫周順謹識

右三師之傳。義存師所ㇾ記而藏二于寶坊一有ㇾ年二於此一。然爲二蠹蟲一被ㇾ災不ㇾ可ㇾ讀者多矣。現住周順師患二其湮滅一而新二卷軸一以獎(裝カ)飾焉。順師素方外交也。且祖墓在二于此境一。故使三余繕二寫之一。余亦不ㇾ獲ㇾ辭寫藏焉。于ㇾ時明和四(一七六七)年丁亥夏伍望後日。先登部下騎士櫻井源元眞謹識

(11) 前大僧正實觀

本院第七世。延暦寺執行探題。實藏坊第三世。兼二仙波星野山第三十三世學頭。越後藏王別當一。元文己未(一七三九)八月退院。相州高麗寺自號二念生菴一。寛保甲子(一七四四)正月二十三日戌刻示寂。世壽八十有四

右凌雲院墓地石塔裏面ノ文

⑿〔凌雲院慈等大僧正傳〕

慈等大僧正逸事記

余少年ノ時。本宗ノ古徳明匠ニシテ其傳ノ散佚スル者ヲ編集スルノ志アリ。而シテ資性多病又多事。遂ニ果サズ。茲ニ明治二十二年(一八八九)春。偶偶圓中老闍梨ハ一宗當時ノ古老ニシテ且ツ仙波喜多院ノ先住職タルヲ以テ。頗ル慈等大僧正ノ事歴ニ委シト聞キ。往年ノ癖忽チ勃興シ其逸事ノ亡失センコトヲ悲ミ。吉祥院朗公ノ介ニ由リ。其ノ編述ヲ老闍梨ニ請フ。老闍梨。余ノ蕪言ヲ容レ。數葉ヲ記シテ之ヲ恵マル。今其中ノ要略ヲ拔萃スト云フ

貫昭記

慈等大僧正。仙波喜多院ニ住スルコト二十八年。八十歳ニシテ東叡凌雲院ニ轉ズ。博學深解沈默寛䘿(裕カ)。諄諄人ヲ敎ヘテ倦マズ。殊ニ禪定ニ精熟シテ其ノ所得測ルベカラズ。仙波ニ在ルノ時。夜閒ハ常ニ慈恵堂ニ入テ禪座ス。屢屢奇瑞アレトモ人ニ語ラズ。自ラ手册ニ書シテ帳中ニ祕ス。滅後門人之ヲ閲スルモ遺志ヲ繼テ亦世ニ示サズト云フ。或時ニ人ニ語テ曰。堂下波浪ノ聲アリ。子等モ亦之ヲ聞クヤト。然ルニ他人之ヲ聞ク者ナシト（堂下井泉アリ。其深サヲ知ラズ。故ニ堂ヲ潮音堂ト名クト云フ）

公在仙波ノ時。一山僧俗三百餘人。喜多院ニ隨從スル者八十餘人。内秀タル者十人アリテ當時十哲ト云フ。其内ノ一人。寺中仙境坊ノ住職ナル者。滑稽ノ癖アリ。夏日公ガ講釋ノ席ニ於テ狂歌ヲ詠シテ云（ヘビナラバ。カ程ノ事モアルマヒニ。蛇ニ由ル故ニ長ヒ講釋）（案スルニ公ノ講談中ジヤニ由テト謂フ連辭多キ口癖アリシカ）公後ニ之ヲ聞テ怒ラズ大笑スト。以テ公ノ寛裕ヲ知ル。又十哲中ノ一人。學寮寮主成就坊ハ天台會ノ講師ニ所レ立。公ノ說ニ違シテ彼地ヲ逐ハル。以テ公ノ嚴ヲ知ル

公在仙波中。講談一日モ怠ラズ。東台凌雲院轉住後。講ヲ中堂ニ開キ。其標示札ヲ廣小路袴腰ニ建ツ。蓋シ實觀大僧正以來ノ事ニシテ。而シテ日日ノ參聽者雲ノ如シト。此事隆敎律師ノ咄ナリト

公年始嘉禮トシテ登營ス。此日總出仕ト稱シテ營中諸席人ヲ以テ滿ツ。皆正禮ノ執行ヲ待ツ。其閒數時閒ナリ。偶偶禪宗ノ長老。公右ニアリ。談止觀ノ病患境ニ及ブ。公縱

容閉眼。長文暗記。且ツ誦出シ。且ツ義解ス。一座道俗トナク皆驚歎聳聽セリト

普門律師。佛國歴（暦カ）象編ノ選アリ。上木セントスルニ當リ。天文臺之ヲ許サズ。樞機ヲ以テ輪王王府ノ藏版ト爲シ。公ニ請テ序セントス。公彼ノ書ヲ通覽シテ曰ク。肯テ命ニ戻ルニアラザルモ。天文歴（暦カ）象ハ四邪命ノ一。而シテ密教其事アルモ固ト。卽事而眞出世無漏ノ法門ナリ。豈ニ世俗ノ學藝ト鬪論スル者ナランヤ。是レ恐クハ却テ破佛法ノ因縁ナラント。公ト律師ト辨論往復前後數年ニ亙リシト。而シテ王命懇到。已ムヲ得ズ之ニ序ス。而シテ其末文ニ曰ク。此書モ亦不レ無（キニシモ）レ裨二益於佛法一ト。今流通ノ本此序ヲ見ズ

公常ニ曰ク。觀心ニ非ンバ眞正ノ極樂往生決定心ヲ生セズ。坊（ボンラ）等學問セヨト

公常ニ夜夕閒。兒輩ヲシテ身體ヲ按摩セシム。一夕卿（キャフノキミ）　公之ヲ役ス。久シテ異常ヲ覺フ。怪テ之ヲ伺ヘハ。鼻息絶ヘ玉筋ヲ垂レ。已ニ遷寂ニ歸セリ。由テ驚テ之ヲ人ニ告グト云 玉筋ヲ垂ルルハ禪定成就ノ驗ナリト

卿ノ公名ハ慈恔。武州川越近村ノ產。公或時逍遙ノ際。村舍中幼兒ノ啼アリ。尋テ之ヲ聞ケバ千手陀羅尼ナリ。公其凡兒ナラザルヲ察シ出家ヲ約シテ歸ル。後チ山門學頭正觀院ニ住職。大僧正ニ任。精學强記一時ノ英豪ナリシト云

圓中師云。以上余弱年ヨリ先輩良友等ヨリ聞ク所ヲ述ス。若シ公ノ年譜履歴等ハ凌雲院境內墓碑ニアラント。余由テ之ヲ凌雲院ニ質ス。然ルニ右碑文ノ類。實ニナシ。嗚呼時勢變遷名匠ノ功績。湮滅知ルベカラザルニ至ル。慨歎セザルベケン哉

貫昭又識

⒀　備中甘露菴沙門僧敏傳

釋僧敏。字密成。俗姓小西氏。讚州三野郡寺家邑人也。幼而沈重。不レ狎二群童一。神性豪邁。有二老成之風一。天明五年（一七八五）。齡甫九歲。就二備中福壽院慈圭一。祝髮染衣。事レ師孝順。交レ衆恭謹。學二四教三觀宗義一。敏年十歲。聽三一禪僧擧二不生不滅一。卽詰問。和尚無レ死乎。僧曰。否。誰不レ死。敏云。是何云二不生不滅一。僧驚無レ答矣。嘗從二拙齋翁一學二經

史三年。于斯寬政九年(一七九七)攀登台嶽。習練教觀。秋八月。謁唯聞和尚于浪速天王寺。受菩薩戒。壞色其衣。乃侍唯諾。螢雪無懈。于時德本上人。盛揚道化。文化六年(一八〇九)二月。抵勝尾寺初見上人。聞安心起行要。徹頭徹尾。信解開發焉。文化八年春二月。聞師逝于洛東有門菴。爾來歸錫備中。閑棲迂盦。常鎖柴門。謝絕賓侶。寂寥地禪誦自娯。亡幾移居藝海嚴嶋。尖頭茅屋。唯足容膝。拾薪汲水。頭陀爲生。有偈曰。單居孤嶋意恆空。偶遇芳春感不窮。世事百端晨夕改。年華一樣古今同。禪麟義虎歸泉下。野鬼閑神遍域中。法運陵遲難忍見。誰人復正仰眞風。禪餘屢見寶壽院瑞幢律師。傳醍醐正流。次參永明泥牛禪師。究五位宗風。禪師直下鉗鎚。敏兩牛(手カ)掩耳。禪師器許。夏竟歸于嚴嶋。閱虛堂錄。有省發焉。或有示學人二偈。曰。狂歇從來在我家。心迷徒想隔天涯。泥牛銜草游蒼海。木偶撚髭見白花。了了了時無一物。空空空處具千差。敎禪畢竟須冥會。競異爭同與道睽。問我聞君曾習禪。不傳妙道若何傳。鐵手生翼過南海。木馬乘舟上北天。正午尋花入林裏。淸宵待月坐窓前。難知山衲平常意。刻苦須看斯二聯。文政八年(一八二五)。寓居廣嶋。講四教義及法華會義・三教指歸。兼弘通專修念佛。緇素渴仰。道聲震遐邇。十年四月。講四教義及十不二門於黃(吉カ)備淸瀧寺。四方來依者。星羅雲結。法雷大震。十二年春二月。掛錫洛東建仁寺。補緝嚴嶋高麗藏經散片六百餘軸。留寓之閒。白雀巢簷。時人稱歎護法奇瑞也。天保五年(一八三四)。遊化東讚。講經接衆。藝備讚州。四部依慕。潤法雨者。不知其幾。化導日熾也。齡旣古希。殆倦應接。閑居藝海猪口嶋。期一千日不出菴門。嘉永四年(一八五一)春三月。應請石州。弘通念佛。誓約日課者。二千六百餘人。五月還于猪口嶋。嘉永五年。老病危篤。九月七日。命徒棹輕舟。將還備中甘露菴。九日午時。泛舟笠岡洋中。忽爾金剛合掌。高稱往生願文。字道分明也。次唱彌陀佛二十餘返。稱名漸微。而恬然逝焉。保壽七十六。慧命六十九。門人茶(荼カ)毘于眞嶽山。乃塔其傍矣。敏風範懍然。眼光射

人。性度質朴。持律甚嚴。絹帛不レ纏レ身。三白活命。讚ニ仰
蘊(藕カ)益一。兼ニ學台密禪淨一。坦然無ニ偏頗一。故參學輩。禪教混
雜。法澤普潤焉。有ニ神國決疑編考證・念佛追福編・散心
持名往生編・六字名號呼法辨 並 釋難等十餘部一。並盛行ニ
于世一矣。贊曰。曩予侍ニ敏師於藝備一。委察ニ其行履一。生平
行說。不レ滯ニ一方一。禪教融會。蔑ニ予(矛カ)盾陋一。特具ニ正法眼一。
曄(曄カ)然光大也。古人云。教外無レ禪。禪外無レ教。展矣哉。達
人同レ轍焉。抑能說能行。晨昏孜孜。寒暑未ニ曾須臾有ニ傾
搖懈倦之色一。嗚呼亹亹敏師。澆季國寶矣

右續本朝高僧傳卷之上拔鈔別傳。須ニ委悉而通ニ史
略一。古今史家文法其口得可レ鏡也

美作國圓通寺沙門甑瓦道契草

（底　本）叡山文庫池田藏、書寫年不明一冊本

（校訂者　佐々木邦世）

近世天台僧略傳　終

史傳　3

校訂者：天台宗典編纂所　**編纂委員**：武　覺超・坂本廣博
浦井正明・佐々木邦世

解題担当者：編纂研究員　山口興順・中川仁喜
長谷川裕峰・柴田憲良

天台宗典編纂所

（初版）〈嘱託編輯長〉藤平寛田
〈編　輯　員〉一色皓湛・小川晃洋・弓場苗生子
〈嘱託編輯員〉那波良晃・吉田慈順
〈編纂研究員〉成田教道

天台宗祖師先徳鑽仰大法会記念

不許複製

續天台宗全書　史傳3　日本天台僧傳類Ⅱ

平成三十年(二〇一八)三月三十一日　第一刷発行

編纂　天台宗典編纂所
滋賀県大津市坂本四-六-二（〒五二〇-〇一一三）
電話〇七七-五七八-五一九〇

刊行代表者　理事長　杜多道雄
天台宗教学振興事業団©
滋賀県大津市坂本四-六-二（〒五二〇-〇一一三）

発行者　澤畑吉和

発行所　株式会社　春秋社
東京都千代田区外神田二-十八-六（〒一〇一-〇〇二一）
電話〇三-三二五五-九六一一

印刷所　図書印刷株式会社
東京都北区東十条三-十-三十六

製本所　ナショナル製本協同組合
東京都板橋区東坂下一-十八-八

装丁者　河合博一

定価：函等に表示

本文組版：電算写植　本文用紙：中性紙

ISBN978-4-393-17141-7　第1回配本(第Ⅲ期全10巻)

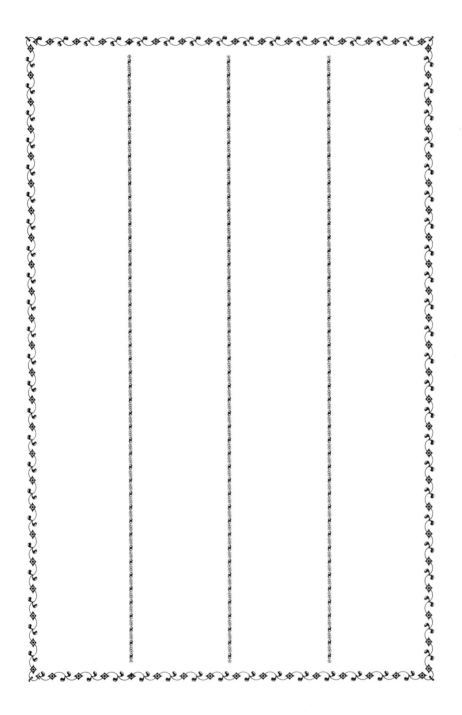

續天台宗全書（第Ⅲ期第一回配本）史傳3　日本天台僧傳類Ⅱ　解題

『續天台宗全書』史傳3（第Ⅲ期第一回配本）解題概要

本巻は、第Ⅰ期『續天台宗全書』史傳2「日本天台僧傳類Ⅰ」に続くもので、主に江戸時代以後の近世期を中心とした日本天台諸師先徳の伝記類を翻刻した。

本巻には、次の八書目を集録翻刻した。

①『重興籠山一乗僧略伝』三巻、
②『山中奇僧伝』二巻、
③『東叡山寛永寺子院歴代年譜』四巻、
④『東叡山寛永寺子院歴代主僧記』三巻、
⑤『近世台宗高僧伝』二巻、
⑥『近世天台僧伝集』一巻、
⑦『近世天台僧宝伝資料』一巻、
⑧『近世天台僧略伝』一巻、

今解題は、これ等の内容の簡単な説明を行うことにする。

重興籠山一乗僧略伝　三巻

Jū-kō-rō-zan-ichi-jō-sō-ryaku-den.

〈**撰　者**〉明記なし（池田長田（一八七六～一九六四）書写）。
〈**異　名**〉一乗僧略伝（対校本表題）。
〈**成　立**〉明記なし（明治三十八年（一九〇五）書写）。
〈**底　本**〉叡山文庫池田史宗蔵、三巻一冊写本。
〈**対校本**〉叡山文庫浄土院蔵、三巻三冊写本。
（**校訂者**　武　覺超）

本書は、比叡山に住山した籠山僧についての伝記集である。

伝教大師最澄は、『山家学生式』により十二年籠山制を比叡山に定めたが、以来およそ一二〇〇年以上受け継がれている。本書は、この籠山僧の近世期伝記集である。

表題の「重興」は元亀の法難以後、豊臣秀吉と徳川家康・秀忠・家光の三代による比叡山の復興、および天海大僧正等による比叡山・東叡山・日光山の三山再興と開創・草創。そして、尊敬(守澄)法親王が天台座主に任ぜられ、さらに輪王寺門跡として管領の宮が創立せられた。その後、妙立・霊空・玄門などによって一期籠山の祖式による籠山行が復興されたことを「重興」と言うのであろう。

本書には、元禄時代の1吉祥院潮流伝より、昭和年代118本行院善浄まで、総計百十八名(伝記を欠く者も含む)の伝記が記述され、底本では、上(五〇名)・中(五〇名)・下(十八名)の三巻より成っている。なお各巻頭には総目が付けられており記載者僧名を一覧できる。なお、底本と対校本(第一～第三)では巻区切り・記載順序が異なっている。

本書の成立について、まず本翻刻の底本は、叡山文庫池田長田(史宗)師蔵三冊本を用いた。それは奥書に、長田師が明治三十八年(一九〇五)無動寺住山の時に「法華清浄土院蔵本」を謹写したものであり、さらに昭和十八年(一九四三)に上巻を、昭和二十八年(一九五三)に全巻を再校したとあり、さらに総目録が付記されていることから底本に採用した。また対校本の叡山文庫浄土院蔵本には、底本に記載されていない七名の各師伝記が記述されている。

本書の記述内容・形式については、上巻冒頭には、

一。登壇ノ人アル時ハ。先ツ仮リニ其ノ伝ヲ記シ置キ。六月会ニ至テ。衆中一覧ノ上ニテ。念入レ書キ載スベシ。ヒタト書キ続クユヘ。伝ノ終リ見合セ白紙残シ置クベシ

一。兼学或ハ死亡等ノ事。六月会ニ吟味シテ書キ加フベシ

享保十年四月下浣日識

とある。つまり一には、登壇者がある時には先ず仮の伝記を書記し、六月会において入念に確認し、書き続けられるよう準備しておくこと。また、兼学や死亡等については、これも六月会において良く吟味して記述するようにとの二点が示され、享保十年(一七二五)注意書きとしている。伝教大師最澄の命日に、その遺徳を偲んで始められた六月会が、籠山僧の吟味の場として機能した点は、大変興味深い。

内題の直後には、「述シテ曰ク。住山ノ僧ニ於テ一乗ノ号ヲ附与スルコト。事一心戒文ニ見ユ。今名ノ上ニ於テ。一乗ノ二字ヲ加フルコト。祖式ヲ全カラザレバ。則チ之ヲ加ヘザル也」とあり、「一乗」の号を冠した僧名についての注意書きも見られる。また底本の総目次は、比叡山内の子院名・僧名・字名、そして没年月日が記述されており、一覧でき有用である。

さて、各人師の記述形式は、僧名、字名、出生地、剃髪時の師匠、住山の子院名、登壇受戒の年時、遮那・止観業の記載、籠山時の年齢、俗寿や法臘などである。受戒の表記は各伝記において区々であるが、後半からは「自誓」受戒の表現が出てく

る点は注意が必要であろう。また、一紀十二年の間に病いとなり満行できないことも多く、当時の環境の厳しさが垣間見える。その他、本書巻中86星光院豪観の記事には、望擬講・戒灌頂・別請竪義竪者・両会講師・探題へと法階を進む姿が確認でき、江戸中期の実態が浮き彫りとなっている。

本書は、近世期から近代における天台宗総本山である比叡山における一乗籠山僧について、その動向を僅かながら窺うことのできる貴重な伝記集である。

参考：武覺超著『比叡山仏教の研究』「三、比叡山十二年籠山行の変遷と意義」（法藏館、二〇〇八年刊）

（長谷川裕峰）

山中奇僧伝　二巻

San-chū-ki-sō-den.

〈撰　者〉（正）林下拙夫誌、（続）樹間頑夫記。
（赤松光映撰（一八二〇～九五）か）

〈異　名〉奇僧伝拾遺（続内題）。

〈成　立〉（正）天保十四年（一八四三）。
（続）弘化三年（一八四六）。

〈底　本〉叡山文庫池田史宗蔵、二巻一冊写本。

（校訂者　武　覺超）

本書は、比叡山に住山した奇才ある諸師についての伝記的な短編集である。

著者は、正・続ともに序文があり、正編序文には「天保十四星在癸卯（一八四三）…　林下拙夫誌」、続編拾遺の序文には「弘化三歳次丙午（一七四六）…　樹間頑夫記」とあり、本書の成立状況がこの序文により明らかである。なお、続編拾遺の序文には、「ここに山中奇僧伝と称するもの有り。余得てこれを読むにその人を評品するや……」とあり、執筆著者が異なるようである。しかしながらこの執筆者である両人については、現在のところ良く判らない。

ただし、本書の著者については、本巻所収⑥『近世天台僧伝集』㉕近江国延暦寺光映伝に、光映師の著書が多く示され、その一覧中に「山中奇僧伝二巻」とある。これによれば本書は二三三世天台座主赤松光映（文政二年（一八一九）～明治二十八年（一八九五））が著者と言うことなる。なおこの「光映」については、本書「奇僧伝拾遺」の㉛考忠の記事には「釈の考忠は内学に精しく議論に名あり。天保辛丑（一八四一）の春壮して卒す。光映これを悼むの序に云く。……」とあることが注意される。各伝記の中には、その人となりを表現した讃が挙げられているが、何のために作られたものであるか不明であり、残念である。

本書には正・続合わせて四十五名の諸師が収載されるが、所謂る高僧の伝記では無い。けれども記事掲載の諸師は、各々が才能豊かな僧侶と認められている人師である。

（長谷川裕峰）

東叡山寛永寺子院歴代年譜　四巻

Tō-ei-zan-Kan-ei-ji-shi-in-reki-dai-nem-pu.

〈撰　者〉明記なし。

〈異　名〉東叡山暦記。東叡山歴記。

〈成　立〉明記なし（正徳三年（一七一三）か）。

〈底　本〉叡山文庫双厳院蔵、四巻二冊写本。

〈校訂者　浦井正明〉

本書は、東叡山寛永寺を構成する各子院の歴代住職について、それぞれの出自、経歴、生没年、特記事項について記載した年譜である。寛永寺内の子院三十六箇院（別に清水堂記あり）について、寛永初年以降の開基から起筆して、正徳年間にかけての歴代住職の経歴がそれぞれ記されている。

本書の底本は、比叡山の双厳院に伝来した写本であるが、一冊目の奥書によれば、その原本は戸隠山勧修院堯威の蔵本である。堯威は第六十二代の戸隠山別当で、文政四年（一八二一）比叡山渓広院より戸隠山に移転、天保九年（一八三八）に上野国榛名山に退いている。その堯威所蔵本を慈本（一七九五～一八六九）が文政十年（一八二七）に書写し、天保十年（一八三九）に洛東渋谷、恐らく無量寿庵においてさらに校勘を加えている。慈本は伊勢の生まれで字を泰初、羅渓と号した。比叡山に登り、安楽律の具足戒を受け、教観二門を学び、西塔無量院に住した。文藻に勝れるとともに、敬雄撰『天台霞標』（『仏全』125・126）を増補し、『列祖伝記』『伝教大師略伝』等を編纂する等、天台宗の史伝編纂に並々ならぬ熱意を示している。本書挟紙の目録には、本書に該当すると思われる無量院本『東叡世譜』二巻以外に異本とおぼしき地福院本『東叡世譜』一巻や比叡山各坊の世譜も記されることから、慈本が多くの世譜を書写、入手していたことがわかる。慈本は一時戸隠山に寓しており、本書はその折に別当であった堯威から原本を借用し書写したものと思われる。戸隠山別当は比叡山や寛永寺から就任する慣例だが、戸隠山が寛永寺末であったことから堯威が年譜を所持していたのであろう。その後明治十六年（一八八三）に道盈が朱点を付している。

本書の構成は、子院ごとに歴代住職を第一世から羅列し、それぞれの人物について俗姓出自・剃度受戒・師匠・転住や修学の経歴・経歴法階や諸役就任等が、時系列で詳細に記述されている。いわば、近世編纂僧伝類の一般的な記述形式にのっとっているといえよう。本書は学頭凌雲院から始まるが、御霊屋別当や堂別当、平坊（一般子院）の別に編集されたものではなく、子院の並び順に秩序は見られない。凌雲院や護国院の記事は特に詳細であるが、松林院のように記述内容が少ないものもあり一律ではない。加えて、個人の記述にも精粗が見られ、真如院第六世慧順・第七世慧潤のように記事を欠くものも見られる。これらは、本書の記事が特定の編者によって編纂されたわけではなく、各子院に歴代の伝を提出させて編集した可能性を示している。また、子院によっては百年も経たないうちに来歴不詳の住職が出てきているが、これは寛永寺子院住職の多くが転住を前提にしていたことに起因するものであろう。

本書における編纂の特徴としては、子院によって異なるも元禄・宝永から正徳年間で記事が擱筆していることが挙げられる。最下限は正徳三年（一七一三）であり、本書の成立はこの時期に求められよう。ここで想起されるのが東叡山寛永寺第五世輪王寺宮公辨法親王（一六六九～一七一六）の命による編纂事業である。公辨は、天台宗の史伝や故実の編纂事業に並々ならぬ情熱を注いでいる。日光山では記家の制度を定め『日光山満願寺勝成就院堂社建立旧記』等を編纂させており、寛永寺における本書もその事業の一環と考えられる。

寛永寺の子院歴代は、既刊の類本として『東叡山寛永寺子院歴代主僧記』全二巻（『続神道大系』戸隠（二）所収）が存在する。これは天王寺福田蔵本を底本に、国立国会図書館本と対校している。こちらはおおむね文化年間（一八〇四～一八）までの記事を所載するが、まず各子院記事の冒頭に子院開基の説明が加えられてから世代を連ねる体裁となっている。『続神道大系』の解題によれば正徳五年（一七一五）の起筆を想定している。想像を逞しくするならば、公辨の指示によって正徳三年に成立した『東叡山寛永寺子院歴代年譜』に続く世代記録として、間を置かず『東叡山寛永寺子院歴代主僧記』が編纂されたと見ることもできるが、子院の並び順も異なり、正徳年間までの両者の記事を比較すると内容に多少の異同が見られるため、諸本の成立過程についてはさらなる精査を必要とする。同解題によれば、他に同書名で明治二十一年（一八八八）奥書を有する寛永寺蔵本や草稿的な内閣文庫本、記事の簡略な大正十五年（一九二六）成立の寛永寺蔵『東叡山寛永寺世代略記』（未見）も存在する。

もっとも『東叡山寛永寺子院歴代年譜』の方がより記事が詳細で、内容も比較的正確であるため、寛永寺初期の住僧を知るための基本史料には本書が適していよう。一方で『東叡山寛永寺子院歴代主僧記』は『東叡山寛永寺子院歴代年譜』で伝を欠く真如院第六世慧順・第七世慧潤の記事も所載しており、正徳三年以降の住職の情報はこれに拠らねばならない。そのため、両者を併用することにより記事の補完が可能となる。ともに記事の正確さには、編纂物であることを考慮しなければならないが、近世天台僧の中核ともいえる寛永寺の住僧について一覧できる貴重な史料である。

（中川仁喜）

東叡山寛永寺子院歴代主僧記　三巻

Tō-ei-zan-Kan-ei-ji-shi-in-reki-dai-shu-sō-ki.

〈撰　者〉明記なし。
〈異　名〉当山子院歴代記（題簽）。東叡山子院記（扉書）。
〈成　立〉明記なし（文化九年（一八一二）か）
〈底　本〉東叡山寛永寺蔵、三巻三冊写本。
（校訂者　浦井正明）

本書は、東叡山寛永寺を構成する各子院の歴代住職について、それぞれの出自、経歴、生没年、特記事項について記載した年譜である。寛永寺内の子院三十六箇院について、寛永初年以降の開基から起筆して、文化九年（一八一二）頃を下限とする歴代住職の経歴がそれぞれ記されている。まず各子院記事の冒頭に子院開基の説明が加えられてから世代を連ねる体裁となっている。本書の構成は、子院ごとに歴代住職を第一世から羅列し、それぞれの人物について俗姓出自・剃度受戒・師匠・転住や修学の経歴・経歴法階や諸役就任等が、時系列で詳細に記述されている。いわば、近世編纂僧伝類の一般的な記述形式にのっとっているといえよう。本書は学頭凌雲院から始まるが、御霊屋別当や堂別当、平坊（一般子院）の別に編集されたものではなく、子院の並び順に秩序は見られない。凌雲院や護国院の記事は特に詳細であるが、松林院のように記述内容が少ないものもあり一律ではない。

本書の底本は、東叡山寛永寺に伝来した写本である。三巻三冊で書写年は不明である。一冊目の奥書によれば、寛永寺本院（本坊のことか）所蔵の子院記が慶応四年（一八六八）の上野戦争で散逸して中巻のみが残った。そのため春性院守慶の所蔵本を用いて上下巻を補填することになり、眞如院義深が書写していたものの、養壽院記のなかばで義深が亡くなってしまった。そのため後賢の補写を乞うと、明治二十一年（一八八八）九月十二日の筆者不明奥書にある。それを受けて上巻には同年冬に慶順が補写し、翌二十二年三月に加點、一校したことが記されている。現住永順が柴田某に補写させ、残りを奥書の筆者が補って全巻を完備したともあり、本院所蔵の中巻を基軸に、上下巻を明治の写本で補った取り合わせ本であることがわかる。

春性院所蔵本を補写のために提供した守慶は、後に第十八代東叡山輪王寺門跡に就任した篠原守慶である。上野戦争の折には本坊附として輪王寺宮公現法親王に扈従し、宮の奥羽潜行から新政府への帰順まで付き従った人物でもある。その後春性院住職として寛永寺の復興に尽力した。戦争によって廃絶した東叡山勧学講院の後進である天台宗東部大学黌(現財団法人駒込中学校)の創設に尽力し、明治三十二年(一八九九)その黌長にも就任した。書家豊道春海の叔父にもあたる。補写に尽力した慶順は上野戦争時の護国院住職で、永順も明治九年(一八七六)覚成院、明治十六年(一八八三)護国院へ転住し護国院の維持に全力を尽くすと同時に、旧記を案じて精細に法系の伝記を録したと伝えられる人物である。寛永寺子院の記録を復興するために、一丸となって失われた旧記の復元に当たっていることがわかる。

本書の類本が『東叡山寛永寺子院歴代主僧記』全二巻(『続神道大系』戸隠(二)所収)として翻刻されている。これは天王寺福田蔵本を底本に、国立国会図書館本と対校している。本書とほぼ同内容であり、本書の奥書から国立国会図書館本は寛永寺本より古い書写であると推測できる。補写の基となった春性院所蔵本等もそうだが、江戸期の同系統写本は寛永寺本院所蔵本を原本に、必要に応じて書写され、伝播したのであろう。『続神道大系』の解題によれば、同系統本は正徳五年(一七一五)の起筆を想定している。寛永寺の子院歴代には、正徳三年(一七一三)頃に成立したと見られる『東叡山寛永寺子院歴代年譜』(本巻所収)が存在する。想像を逞しくするならば、『東叡山寛永寺子院歴代年譜』に続く世代記録として、間を置かず『東叡山寛永寺子院歴代主僧記』が編纂されたと見ることもできるが、各記事の精粗はあるものの記述方式にぶれが無く、擱筆時期も揃っている事等を鑑みて文化九年頃の一括編纂と見ることもできよう。『東叡山寛永寺子院歴代年譜』とは子院の並び順も異なり、正徳年間までの両者の記事を比較すると内容に多少の異同が見られるため、諸本の成立過程についてはさらなる精査を必要とする。同解題によれば、同書名で明治二十一年(一八八八)まで書き継がれた寛永寺蔵本が紹介されているが、これが本書であろう。ただし前述のごとく書き継ぎ本とは考えにくい。同解題によれば、他に草稿的な内閣文庫本、記事の簡略な大正十五年(一九二六)成立の寛永寺蔵『東叡山寛永寺世代略記』(未見)も存在するという。

本書は『東叡山寛永寺子院歴代年譜』で伝を欠く真如院第六世慧順・第七世慧潤の記事も所載しており、正徳三年以降の住職の情報はこれに拠らねばならない。そのため、両者を併用することにより記事の補完が可能となる。寛永寺子院の歴代を再調査して伝を発掘している可能性も指摘できよう。個別の記事に精粗が見られることから、本書も記事が特定の編者によって編纂されたわけではなく、各子院に歴代の伝を提出させて編集した可能性を示している。両者ともに記事の正確さには、編纂物であることを考慮しなければならないが、近世天台僧の中核ともいえる寛永寺の住僧について一覧できる貴重な史料である。

（中川仁喜）

近世台宗高僧伝　二巻

Kin-sē-tai-shū-kō-sō-den.

〈撰　者〉 明記なし（福田堯穎編（一八六七～一九五四）か）。

〈成　立〉 明記なし。

〈底　本〉 天王寺福田蔵、二巻二冊写本。

（校訂者　坂本廣博）

本書は、書名が示す通り日本近世における天台宗高僧の伝記集である。ただし本書そのものには外題・内題は見当たらず、巻数表記もなく、ただ外表紙に見出しのごとく当該巻の収載僧名が書き出されているのみで、また編著者名や序・跋・奥書の類もない。

外表紙には、昭和二年（一九二七）の天王寺書庫（福田蔵）完成まで使用されていたと思われる「福田堯穎蔵書」印（以降は「天王寺福田蔵」印）が捺されているが、後述の理由から、本書はこの所蔵者福田堯穎師が書写、編輯したものと考えられる。

『近世台宗高僧伝』という書名は、昭和三十八年刊『福田蔵目録』にみえるが、これより後、同五十二年刊行の『渋谷目録』増補分には「久遠寿院公海伝他」の名で出ているのは、増補分の方が調査と編輯開始が先だったのであろう、その際には原状そのままに命名されたものが、『福田蔵目録』編輯人によって固有の名称を与えられたことを推測させる。

本書の内容は、二巻にわたって計五十の僧名（各巻目次参照）が掲げられているが、光謙（霊空）ら五名は重複している（記事は同文ではない）ので実数は四十五名である。その中には古代に生きた相応・相実の二名も含まれるが、相応の伝は「附録」のみで寛延四年（一七五一）の成立であり（『続天全』史伝2所収の別伝の底本とされた）、相実の伝は寛政八年（一七九六）の成立なので（同じく別伝の一部対校本とされた）、ともに成立年としては近世といえる。そして他の四十三名の生没年は、最古の者が豪盛（一五二六～一六一〇）、最新の者が実戒（一八〇〇～八二）および徳門（一八二二～八二）である。

また、続巻の慈周（六如）・慈等（百如）伝の前に明治二十二年（一八八九）付、東叡山寿昌院住職慈尚師から天台宗務支庁長村田寂順師宛て両僧履歴の調査報告書を、また慈等伝の後半に同年の円中師筆「逸事記」を収載しているのが最終年紀である。

さて、本書に取り上げられた天台僧は、確かに顕密二教、念仏行、修験、霊威、戒律、比叡山復興、宗徒育成、民衆教化などで多大な功績のあった人達で、それぞれに貴重な資料であるが、同時代には他にも多数の高僧が存在した中で本書に採られた基準は定かでない。

この点、本巻に収録されている叡山文庫池田史宗蔵の同師輯⑦『近世天台僧宝伝資料』一巻、同⑧『近世天台僧略伝』一巻(以下、丸数字のみ表記)と本書を対照してみると、種々の面できわめて相似していることが分かる。

たとえば本書は、⑦所収の大半三十七名、⑧所収の十三名全員を載せていて、その排列順もかなり近しい。

また記述内容をみると、本書は第一巻と第二巻に東叡山凌雲院七世実観(一六六一〜一七四四)を掲げ、ともに『東叡山寛永寺子院歴代主僧記』(本巻所収)にも引く実観自伝のほぼ同文を引いているが、第一巻の伝文はその前半部のみで後半部を欠落していて、⑦に同じい。そして⑧は実観の墓碑銘だけを載せているが、本書の第二巻の伝文は自伝全文のあとにこの墓碑銘を加筆して合体している。

また、備中国甘露庵二世僧敏(密成、一七七六〜一八五一)の伝は、本書と⑧、および真言宗の碩学道契(一八一六〜七六)述『密成尊者行業略記』(刊年不明、和文)、同じく道契撰『続日本高僧伝』(慶応三年(一八六七)撰、明治三十九年刊)の記事しか管見に入らないが、道契は他宗ではあるが僧敏の学徳を慕ってその許で三年間修行していたので、その伝文の信憑性はきわめて高い。

なお、⑧に収める僧敏伝は、文末に道契の署名と奥書を有し、それによれば、本伝を道契みずから抜粋したものが『続日本高僧伝』の記事であるといい、別伝の存在(おそらく前記『行業略記』のこと)にも触れている。そして本書には、⑧の署名と奥書部分を除いた同文がみられる。

すなわち、実観伝・僧敏伝の例からは、本書の伝文は⑦または⑧に拠らなければ書けないことが明らかとなるが、本書には⑦・⑧には取り上げない僧も七名みられる。これら各僧には他に別伝が存するので、結局、本書は⑦・⑧および何部かの別伝から随時転写した諸伝を若干構成し直して二巻の書と成したものということができるであろう。

さて、⑦・⑧をみずから筆写、蒐輯した池田史宗(長田)師(一八七六〜一九六四)は、長野津金寺住職であったが、古書蒐輯家、僧伝研究家として知られ、また明治後期〜大正期には天台宗務庁文書課員、『四明余霞』主幹、教学部長などとしても活躍した。

一方、本書の所蔵者福田堯穎師は、東京谷中天王寺住職であったが、やはり明治後期には本山で宗学の研鑽に勤しみ、また天台宗大学林などで教鞭をとっていた。

両師の交渉の詳細は不明だが、明治四十三年付、池田師から福田師宛て玄旨帰命壇研究に関わる摩多羅神像模写の進呈状が遺されている(『福田老師書簡集』)ように、本書もこうした学問的交流の中で成立したものであろう。

(山口興順)

近世天台僧伝集　一巻

Kin-sē-ten-dai-sō- den-shū.

〈撰　者〉明記なし(池田長田輯(一八七六～一九六四))。

〈異　名〉近世天台僧宝伝略(題簽)。

　　　　近世天台僧伝備考(扉題・目次)。

〈成　立〉明記なし(大正三年(一九一四)以降か)。

〈底　本〉叡山文庫池田史宗蔵、一巻一冊写本。

(校訂者　武　覺超)

本書は、表題の『近世天台僧伝集』は写本の内題から取られているが、扉題には「近世天台僧伝備考」とあり、題簽には「近世天台僧宝伝略」とあり、それぞれ表記が異なる。なお、⑧『近世天台僧略伝』の題簽が「近世天台僧伝集」とあり、本書の内題と一致する。

本書は、池田長田師によって蒐集された蔵書の一つである。長田師は、明治九年(一八七六)神奈川県横浜市に生まれ、八歳のときに長野県北佐久郡横鳥村(現在の立科町山部)にある津金寺の長辨和尚のもとへ。十一歳で剃髪・得度。その後、比叡山の天台宗大学に進学。卒業後は、宗務庁に入庁、文書課長、教学部長を歴任した。大正六年(一九一七)四十二歳のときに津金寺に戻り、昭和三十九年(一九六四)に没するまでの四十八年間を住職として務めた。明治から昭和初期における天台宗きっての古書蒐集家であり、その蔵書は、生前より親交のあった叡南祖賢師を経て、昭和四十年(一九六五)四月一日付けで叡山文庫に寄託、入蔵されている。総冊数は六九九一冊を数え、天台宗に係わる仏書がほとんどである。長田師が雅号を「史宗」としたことから「池田史宗蔵書」と名付けられている。

本書の成立年については、記載がなく不明であるが、本書中の人物の没年の下限が大正三年(一九一四)十月十八日であることから、これ以降に著されたことが判明する。写本の伝来についてもまた不明である。

内容は、江戸時代から明治・大正時代までの天台宗僧侶三十九名(うち一名は目次のみ)の伝記を集めた高僧伝と呼ぶべきものである。各僧侶の出生から死没までの経歴について、出家・得度・受戒・灌頂・広学竪義といった経歴行階、長講会・戸津説法を経て望擬講・已講・探題へと出世する経歴法階、僧階の補任、法服の下賜、さらには修行・修学・信仰の具体相が記されている。一方、訓導・少講義・中講義・大講義・少教正・中教正・大教正といったすでに廃止された教導職について記される。教導職は、明治五年（一八七二）に教部省が置かれたのと同時に設置された宗教官吏で、明治十七年（一八八四）に政教分離により廃止された。また、『梵網経』に基づく十重四十八軽戒を、十重戒と四十八軽戒とに分けて受戒している記事や、瑜伽戒と梵網戒を同時に受戒している記事は、戒律研究の上で注目すべき史料である。他方、明治の廃仏毀釈、比叡山の根本中堂・転法輪堂・横川中堂の修繕と落成、日清・日露戦争の際の従軍布教師、天台宗大教院の創設、宗徒の座次および衣体の規則、天台宗規の制定、宗会議の開催、教学基金の勧募の企図などといった当時の社会状況や比叡山の状況、天台宗の行政に関する記事も多く見られる。

参考：櫻井松夫編『津金寺の歴史』（津金寺の歴史刊行会、二〇〇九年刊）
渋谷亮泰編『昭和現存　天台書籍綜合目録』増補編（法藏館、一九七八年刊）

（柴田憲良）

近世天台僧宝伝資料　一巻

Kin-sē-ten-dai-sō-hō-den-shi-ryō.

〈撰　者〉明記なし（池田長田手写蒐録（一八七六～一九六四））。
〈成　立〉明記なし（明治十九年（一八八六）以降か）。
〈異　名〉近世天台僧宝伝略（奥書識語）。
〈底　本〉叡山文庫池田史宗蔵、一巻一冊写本。
（校訂者　佐々木邦世）

本書は、表題の『近世天台僧宝伝資料』は写本の内題から取られているが、奥書識語には「近世天台僧宝伝略」とあり、これは⑥『近世天台僧伝集』の題簽の表記と一致する。

本書は、池田長田師によって手写、蒐録された「池田史宗蔵書」の一書である。

本書の成立年は、不明。写本の伝来もまた不明であるが、「凌雲院大僧正慈等逸事」の末尾に、昭和二十八年（一九五三）七月七日朝九時までに朱点を加えて校了したと池田師による朱書が見られる。一方、「尾張長栄寺実戒亮阿伝」の明治十九年（一八八六）十二月二十二日没とする記事が伝記中の年限の最下限を示すため、本書の成立はこれ以降と考えられる。

内容は、江戸時代から明治時代までの天台宗僧侶のべ四十二名（うち二名重複あり）の高僧伝および「大宝守脱律師著述目録」、「師資相承血脈譜」である。

「師資相承血脈譜」は、『天台小部集釈』「山家余雋」の「師資相承血脈文」を図示したもので、伝教大師最澄撰『内証仏法相承血脈譜』「天台法華宗相承師資血脈譜」に基づく。

高僧伝については、⑤『近世台宗高僧伝』、⑥『近世天台僧伝集』、⑧『近世天台僧略伝』に収載される人物との一致が複数名確認できる。特に本書と⑤⑧との関連性は見逃せない。⑤に関しては本書四十名中三十七名が一致している。⑤は、福田堯穎師（一八六七～一九五四）が収集したものである。福田は、二十二～三歳のころに、浅草寺の奥田貫昭国師（一八四六～一九〇〇）の教化を強く受けた。戒行を特に重視した奥田は、豪潮・実戒という偉大な道徳者の行跡、実歴を挙げて福田を教訓したという。豪潮・実戒については本書でも重視されており、筆頭に伝記を載せ、38・39には二人の行実記を取り上げている。また、本書中には「奥田本」による追記を示す注記があり、池田蔵書である⑥の㊴には目次のみであるが「東京浅草寺貫昭国師伝」と記載されている。一方、⑧に関しては、全十三名中十一名が本書に取り上げられており、字句の異同はあるが、ほぼ同文である。

（柴田憲良）

近世天台僧略伝　一巻

Kin-sē-ten-dai-sō-ryaku-den.

〈撰　者〉明記なし（池田長田蒐録（一八七六～一九六四））。
〈成　立〉明記なし。
〈異　名〉近世天台僧伝集（題簽）。
〈底　本〉叡山文庫池田史宗蔵、一巻一冊写本。
（校訂者　佐々木邦世）

本書は、表題を『近世天台僧略伝』としており、これは写本の内題から採用したものである。題簽には「近世天台僧伝集」とあり表記が一致しないが、⑥『近世天台僧伝集』の内題と一致することから齟齬が生じたものと思われる。

本書は、池田長田師によって蒐集された「池田史宗蔵書」の一書である。

本書の成立については不明とせざるを得ない。⑿「凌雲院慈等大僧正伝」中の奥田貫昭（一八四六～一九〇〇）が記した「慈等大僧正逸事記」に明治二十二年（一八八九）春とあるのが、本書が成立した当初から書かれていたものかははっきりしない。写本の伝来についてもまた不明である。

内容は、江戸時代の天台宗僧侶十三名（他に別記注一名）の伝記を集めた高僧伝と呼ぶべきものである。

本伝記は、義存が記録した「東叡山護国院初二三代伝」、「凌雲院墓地石塔裏面ノ文」、奥田貫昭による記録、真言僧の道契（一八一六～一八七六）が撰述した『続日本高僧伝』（一八六七年成立）からの抄出によって構成されている。

また、本書に取り上げられた人物と、⑤『近世台宗高僧伝』、⑦『近世天台僧宝伝資料』所収の人物との共通性については、本書の成立を考える上で重要である。

（柴田憲良）

＊次回配本は、法儀2「常行堂聲明譜 法則類聚」を予定。

法儀2「常行堂聲明譜 法則類聚」収録予定書目

・『常行堂聲明譜』二帖（日光山輪王寺蔵、写真版）
・『忌日法則』一冊（叡山文庫真如蔵 二種）
・『延命抄』一冊（叡山文庫双厳院蔵）
・『法則集』一冊（叡山文庫双厳院蔵他 六種）
・『法則集指南集』一冊（天王寺福田蔵）
・『文殊楼外遷座法則』二通他（叡山文庫無動寺蔵）

編纂だより

天台宗典編纂所

平成二十六年一月二十二日に開催された天台宗典編纂所 所長・副所長会議、並びに、天台宗教学振興事業団理事会において、第Ⅲ期『續天台宗全書』の刊行事業計画が承認され、平成二十八年五月十二日には、天台宗教学振興事業団と株式会社春秋社とにおいて出版契約が締結された。その間は第Ⅱ期『續天台宗全書』の出版刊行中であり、平成二十九年一月二十六日には最終巻が無事出版され、第Ⅱ期全十巻が完成した。

平成二十九年度に入り、編纂所の職員は慌ただしい中でも、第Ⅲ期『續天台宗全書』出版に向けて、資料収集・原稿作成・整理・校正などの作業を進め、ここに第一回配本「日本天台僧傳類Ⅱ」を出版刊行することができた。

この出版刊行は、天台宗の法宝・財産となり、これを蓄積していくことが、人材育成・若手研究者の育成にも繋がる重要な事業である。編纂所の職員も、すでに第二回配本・第三回配本の出版に向けて作業を進めている。

天台宗諸寺院・諸大徳はもとより、宗外の先生方に深謝するとともに、この事業が魔事無く続くよう、今後ともご指導・ご援助賜りたく、お願い申し上げます。

《第Ⅲ期『續天台宗全書』全十巻 刊行予定書目》

◎史傳部　一冊　近世高僧傳の重要書を刊行。

〈一回配本〉史傳3　日本天台僧傳類　Ⅱ

◎法儀部　一冊　日光輪王寺蔵聲明譜および法則集を刊行。

〈二回配本〉法儀2　常行堂聲明譜　法則類聚

◎密教部　一冊　天台密教の事相書を刊行。

〈三回配本〉密教5　事　相　Ⅱ

①師説集　一巻　相実述　政春記
②師説集　四巻
③息心抄　七巻
④船中抄　五巻　その他

◎顕教部　四冊　『文句伊賀抄』全十巻（南北朝時代）および、平安末から鎌倉・室町の重要書を刊行。

〈四回配本〉顕教8　法華文句伊賀抄上　一～三巻　祐朝編

〈五回配本〉顕教9　法華文句伊賀抄中　四～六巻　祐朝編

〈六回配本〉顕教10　法華文句伊賀抄下　七～十巻　祐朝編

〈十回配本〉顕教11

①止觀外勘鈔　十四巻
②心地教行決疑　六巻
③草木成佛私記　一巻

◎論草部　二冊　『肝要口決抄』二十巻（南北朝時代）と『被接義私記』『六即義私記』（未再治本）を刊行。

〈七回配本〉論草6

①被接義私記　良源撰
②六即義私記（未再治本）源信撰
③肝要口決抄　上

〈八回配本〉論草7　肝要口決抄　下

◎口決部　一冊　惠心流口伝の重要書、忠尋著述類を刊行。

〈九回配本〉口決3　惠　心　流　Ⅱ

①法華五部書　②九帖鈔
③無縫目　④無銘　⑤天台宗祕決要集
⑥天台法門名決集　⑦指要記
⑧類聚切紙口傳鈔　その他

＊わずかな出版書目の変更をお許し下さい。